# ROM

# BILDATLAS
# DER WELTKULTUREN

# ROM

Tim Cornell und John Matthews

BECHTERMÜNZ VERLAG

# INHALT

Chronologische Übersicht 6
Vorwort 8

## Erster Teil: Italien und das Republikanische Rom

Frühgeschichte und Aufstieg Roms 10
*Frühes Latium* 30
*Die Etrusker* 32
Die Eroberung Italiens und des Mittelmeerraums 34
*Das archaische Rom* 52
Krise und Reform 54

Aus dem Englischen übertragen von Dr. Barbara Kinter und Dr. Marcus Würmli

Genehmigte Lizenzausgabe für Weltbild Verlag GmbH, Augsburg 1998

Landkarten: Liz Orrock, Zoë Goodwin
Umschlagmotiv: Zefa
Kleine Bildmotive: Zefa, AKG, Berlin
Umschlaggestaltung: Studio Höpfner-Thoma, München
Gesamtherstellung: Fournier A. Gráficas, S. A., Vitoria
Printed in Spain
ISBN 3-86047-795-1

*Frontispiz:* Nil-Mosaik aus Pompeii.

# Zweiter Teil: Von der Republik zum Kaiserreich


Der Übergang zum Prinzipat 66
*Stadtleben in Pompeii* 86
*Das republikanische Rom* 88
*Rom in der frühen Kaiserzeit* 90
*Ostia, der Hafen Roms* 92
*Die römischen Staatskulte* 94
*Orientalische Kulte* 96
*Die römischen Kaiser* 98
*Die Armee zur Zeit Traians* 100
Flavier und Severer 102
*Das Verkehrsnetz in der römischen Welt* 114


# Dritter Teil: Die Provinzen


*Africa* 118
*Spanien* 124
*Gallien und Germanien* 128
*Britannien* 134
*Das Donaugebiet* 140
*Griechenland* 146
*Kleinasien* 150
*Der Osten* 156
*Ägypten und die Cyrenaica* 164


# Vierter Teil: Der Niedergang des Imperiums


Innerer Zerfall und Neubeginn 168
*Die römische Portraitkunst* 180
*Das alltägliche Leben* 182
*Römische Technologie* 184
*Öffentliche Spiele* 186
Konstantin der Große und das vierte Jahrhundert 188
*Die Bürokratie* 202
*Die Stadt Konstantins* 204
*Rom zur späten Kaiserzeit* 206
Der Fall des Weströmischen Reiches 208
*Ravenna* 218
Das Ostgotenreich und die Rückeroberung 220
*Das römische Erbe* 224

Bildquellenverzeichnis 226
Bibliographie 228
Register geographischer Namen 230
Register 237

# CHRONOLOGISCHE ÜBERSICHT

Diese Übersicht wird ergänzt durch die Liste der Kaiser auf S. 98–99.

| | 800 v. Chr. | 600 v. Chr. | 500 v. Chr. | 400 v. Chr. | 300 v. Chr. | 200 v. Chr. |
|---|---|---|---|---|---|---|
| **ROM UND ITALIEN** | Gründung Roms 753<br>Tarquin I. 1616–579<br>Wachstum der Stadt | Servius Tullius 579–534<br>Reorganisation der Tribus, der Armee und der zivilen Institutionen<br>Tarquin II. 534–509<br>Beginn der Republik 509<br>Vormachtstellung Roms in Latium | Niederlage der Latiner am Lacus Regillus 499<br>Einfälle der Sabiner, Aequer und Volsker<br>Herrschaft der Patrizier<br>Die Samniten erobern Camponia<br>Belagerung und Erstürmung von Veii 405–396 | Plünderung Roms durch die Gallier<br>Patrizier und Plebejer teilen sich in das Konsulat<br>Latinerkrieg 340<br>Auflösung des Latinischen Bundes, Campania wird dem römischen Staatsgebiet einverleibt<br>römische Kolonisation und Eroberung Italiens 334–264<br>2. Samnitenkrieg 327–304 | 3. Samnitenkrieg 298–290<br>Invasion des Pyrrhus 280–275<br>Anfänge der Münzprägung (ca. 280)<br>1. Punischer Krieg 264–241<br>Gallier dringen in Italien ein 225<br>2. Punischer Krieg 218–202 | Prozesse gegen die Scipionen 187<br>Cato (Censor) 184<br>direkte Besteuerung römischer Bürger abgeschafft 167<br>Tribunat von T. und C. Gracchus<br>Marius siebenfacher Konsul: 107, 104–100, 86<br>Sieg über die Cimbern und Teutonen 102–101 |

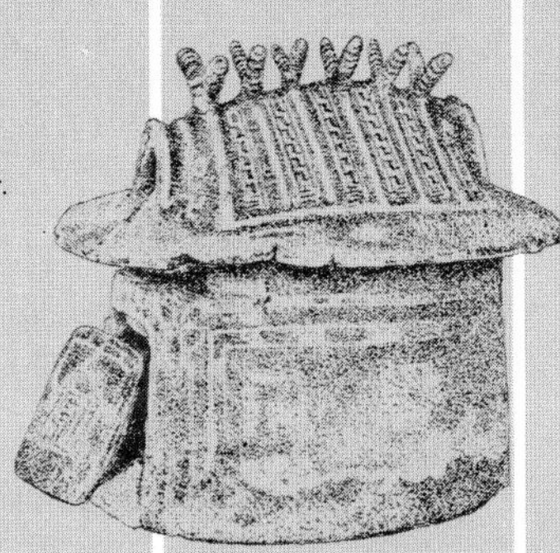
Hüttenurne, um 800 v. Chr.

Apollo von Veii, um 500 v. Chr.

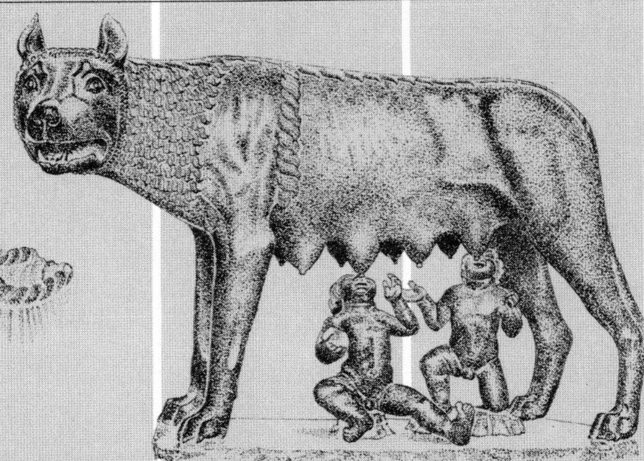
Die Kapitolinische Wölfin, frühes 5. Jh. v. Chr.

Münze des Hannibal, um 210 v. Chr.

| | 800 v. Chr. | 600 v. Chr. | 500 v. Chr. | 400 v. Chr. | 300 v. Chr. | 200 v. Chr. |
|---|---|---|---|---|---|---|
| **KUNST UND ARCHITEKTUR** | primitive Hütten auf dem Palatin<br>Gräber mit orientalisierenden Beigaben in Caere, Praeneste usw.<br>erste Steingebäude in Rom | Tempel der Diana, Fortuna und Mater Matuta, um 560<br>Servianische Mauer<br>Tempel des Iupiter Capitolinus 509<br>etruskische Grabmalereien → | Tempel des Saturn 497<br>Tempel der Ceres 493<br>Tempel des Castor 484<br>Tempel des Apollo 431 | Roms Stadtmauer wiederhergestellt<br>Tempel C in Largo Argentina, um 350<br>Via Appia, Aqua Appia (312) | Tempelbauprogramm in Rom (302–272)<br>feine römische Töpferwaren<br>Aufschwung der Industrie<br>Grab der Scipionen (um 280)<br>Circus Flaminius 221 | griechische Kunst findet Eingang in Rom (ab 200)<br>Basilica Porcia (Forum Romanum) 184<br>Basilica Aemilia 179<br>Tempel der Fortuna (Praeneste), um 120 |
| **LITERATUR, PHILOSOPHIE, WISSENSCHAFT** | | früheste lateinische Inschriften, um 600 | Zwölftafelgesetz 451–450 | | Appius Claudius Caecus, Rethoriker<br>Livius Andronicus, Naevius, Plautus, Ennius, Statius Caecilius, Pacuvius, Dichter und Dramatiker<br>Cato, Rhetoriker, Historiker, Gelehrter | Terenz und Accius, Lustspieldichter und Dramatiker, Lucilius, Satiriker, L. Calpurnius Piso und Caelius Antipater, Historiker, C. Gracchus, L. Crassus und Q. Hortensius, Rhetoriker |
| **AFRICA, SPANIEN, WESTLICHES MITTELMEER** | Gründung Karthagos 814<br>Phönizier siedeln im westlichen Mittelmeerraum<br>griechische Kolonisation Siziliens und Süditaliens (ab 750)<br>griechische Kolonie Massilia (Marseilles) 600 | Die Griechen Phokäas werden bei Alalia (Korsika) von den Etruskern und Karthagern besiegt 535<br>erster Vertrag zwischen Rom und Karthago 509 | Niederlage der Karthager bei Himera 480<br>Hieron besiegt die Etrusker bei Cumae 474<br>Niederlage der Athener bei Syrakus 413 | zweiter Vertrag zwischen Rom und Karthago 348<br>Timoleon vertreibt die Karthager aus Sizilien 344<br>Agathokles, Tyrann von Syrakus (317–289), dringt in Afrika ein | Sizilien wird römische Provinz 241<br>Eroberung von Sardinien und Korsika 238<br>Karthagisches Reich in Spanien 237–218<br>Römer besetzen das karthagische Herrschaftsgebiet in Spanien und errichten zwei neue Provinzen 206 | Krieg mit den Keltiberern und Lusitanern 197–133<br>3. Punischer Krieg (149–146), Zerstörung Karthagos (146)<br>1. Sklavenkrieg 136–132<br>Iugurtinischer Krieg 112–105<br>2. Sklavenkrieg 104–102 |
| **GALLIEN, BRITANNIEN UND MITTELEUROPA** | Hallstadt-Kultur | | La Tène-Kultur<br>Kelten dringen in Norditalien ein (Zerstörung Roms 390) | | Galliereinfall in Makedonien, Griechenland und Kleinasien 279<br>Gallierinvasion in Italien<br>Schlacht bei Telamon 225 | Rom erobert Gallia cisalpina 202–191<br>Gallia Narbonensis wird römische Provinz (121?)<br>Wanderung der Kimbern und Teutonen, um 120–100 |
| **GRIECHENLAND UND DER OSTEN** | erste Olympiade, 776<br>Homer, Hesiodos, um 700<br>Zeit der griechischen Kolonisation (ab 750)<br>Zeit der griechischen Tyrannen, um 655–510 → | Kyros der Große gründet das Persische Reich, um 550–530<br>Vormachtstellung Spartas auf dem Peloponnes, ab 560<br>Persistratos Tyrann von Athen 546–528 | Ionischer Aufstand 499–494<br>Perserzüge 490 und 481–479<br>Vormachtstellung Athens 478–404<br>Bau des Parthenon 447–432<br>Peloponnesischer Krieg 431–404 | Schlacht von Leuktra 371<br>Makedonien wird unter Philipp II. zur beherrschenden Macht Griechenlands 359–336<br>Alexander der Große erobert das Perserreich 333–323<br>Dynastie der Seleukiden in Syrien und Mesopotamien →<br>Dynastie der Ptolemaier in Ägypten → | Besetzung Athens durch die Makedonier 261<br>Römisch-Illyrischer Krieg 229–219<br>Dynastie der Attaliden im Westen Kleinasiens 281–133<br>Dynastie der Antigoniden in Makedonien 277–167 | 2. Makedonischer Krieg 200–197<br>Syrischer Krieg 191–188<br>3. Makedonischer Krieg 172–168<br>Zerstörung von Korinth 146 |

| 100 v. Chr. | n. Chr. | 100 n. Chr. | 200 n. Chr. | 300 n. Chr. | 400 n. Chr. | 500 n. Chr. |
| --- | --- | --- | --- | --- | --- | --- |
| Bundesgenossenkrieg 91–89<br>Bürgerkrieg: Diktatur Sullas 83–82<br>Spartacus-Aufstand 73–71<br>1. Triumvirat 60<br>Bürgerkrieg: Diktatur Caesars 49–44<br>2. Triumvirat 43<br>Herrschaft des Octavian/Augustus 31 v. Chr.–14 n.Chr., | Brand Roms<br>flavisch-traianische Dynastie 69–117<br>Vesuvausbruch 79<br>iulisch-claudische Dynastie 27 v. Chr.–68 n.Chr. | Antonionische Herrscher 117–93 | Severer 193–235<br>Verteilung des röm. Vollbürgerrechts an alle freien Provinzialen 212<br>Zeit der Soldatenkaiser (235–305)<br>Einführung der Tetrarchie durch Diocletian 293 | Große Christenverfolgung (303–05)<br>Wiedereinführung der Religionsfreiheit 313<br>Konstantin Alleinherrscher 324–37<br>Heidnische Restauration durch Iulian scheitert 361–63<br>Athanasianismus wird Staatsreligion 380<br>Reichsteilung 395 | Ravenna wird kaiserlicher Hof 402<br>Westgoten unter Alarich plündern Rom 410<br>Vandalen plündern Rom 455<br>Absetzung des letzten weströmischen Herrschers<br>Barbarenkönige in Ravenna 476–540. | byzantinische Rückeroberung Italiens 540 |

Augustus als Pontifex, spätes 1. Jh. n. Chr.

Collosseum, 79 n. Chr.

Diocletian und Maximian, um 300 n. Chr.

Mosaik von Iustinian in Ravenna, um 560 n. Chr.

| 100 v. Chr. | n. Chr. | 100 n. Chr. | 200 n. Chr. | 300 n. Chr. | 400 n. Chr. | 500 n. Chr. |
| --- | --- | --- | --- | --- | --- | --- |
| Tabularium 78<br>Theater von Pompeii 55<br>Caesar-Forum 46<br>Augustusbogen 21<br>Thermen der Agrippa 19<br>Marcellus-Theater 17<br>Ara Pacis Augustae 9<br>Augusteisches Forum 2 | Bauprogramm in Rom<br>Colosseum eingeweiht 79 | Traiansforum 112<br>Wiederaufbau des Pantheon (118–28)<br>Hadrians-Villa in Tivoli (126–34) | Severische Gebäude in Leptis Magna<br>Thermen des Caracalla (Rom) 216<br>Aurelianische Stadtmauer (Rom) 271 | Konstantinsbogen<br>Kirchenbauprogramm in Rom, Jerusalem und Konstantinopel | Kirchenmosaike in Ravenna | Wiederaufbau der Kirche St. Sophia in Konstantinopel |
| Cicero, Rhetoriker,<br>Caesar, Historiker<br>Lucretius, Dichter und Philosoph<br>Sallust und Livius, Historiker<br>Catullus, Vergil, Horaz, Tibullus, Propertius, Ovid, Dichter | »Silberne Periode« der lateinischen Literatur<br>Seneca, Rhetoriker<br>Persius, Lucan, Martial, Dichter<br>Plinius d. Ä., Historiker<br>Plinius d.J., Briefe<br>Tacitus, Historiker | Iuvenal, Dichter<br>Sueton, Historiker<br>Apuleius, Romanschriftsteller | Ulpian, Papinian, Juristen<br>Tertullian, christlicher Apologet | Ausonius und Claudianus, Dichter<br>Lactantius, christlicher Apologet<br>Ambrosius Hieronymus, und Augustinus, christliche Schriftsteller<br>Symmachus, Rhetoriker<br>Ammianus Marcellinus, Historiker | Hieronymus' *Vulgata* fertiggestellt, um 404<br>Orosius, Historiker<br>Servius und Macrobius, Gelehrte<br>Codex Theodosianus 429–37<br>Sidonius Apollinaris, Dichter | Boethius, Philosoph<br>Cassiodorus, Historiker und Minister |
| Revolte des Sertorius in Spanien 80–72<br>Niederlage der Pompeianer in Spanien (49) und Africa (46)<br>Schlacht von Munda (45)<br>Sextus Pompeius kontrolliert das westliche Mittelmeer 40–36<br>Eroberung Nordwest-Spaniens durch Agrippa 27–19 | Annexion von Mauretania (42) | | Expansion römischer Siedlungen im nördlichen Africa | Ursprünge des Donatistischen Schismas | Vandalen erreichen Spanien<br>Königreich der Vandalen in Karthago 439 | byzantinische Rückeroberung<br>Vandalenreich in Afrika<br>byzantinische Eroberung Südspaniens 554 |
| gallische Eroberungen Caesars 58–51<br>Expedition nach Britannien 55–54<br>Noricum und Raetia werden Provinzen 16-15<br>Tiberius erobert Pannonia 12–9 | Rebellion des Vindex 68<br>Römer besetzen Britannien 43<br>Grenze in Germanien wird vorverlegt<br>Konsolidierung der Donaugrenze in Illyricum<br>Dakerkriege 86–92 | Dacia wird Provinz (107)<br>Kriege von M. Aurelius mit den Markomannen<br>Invasion Dacias durch Barbaren 167 | Gallisches »Reich« 259–73<br>Rebellion in Britannien (Carausius und Allectus 287–96)<br>Trier wird gallische Hauptstadt<br>Goten erhalten Dacia 167 | Ansiedlungsvertrag mit den Goten 376<br>Schlacht bei Adrianopel 378 | Herrschaft der Goten in Südgallien<br>Britannien wird von den Römern aufgegeben und von den Sachsen kolonisiert<br>Burgunder besetzen das mittlere Rhônetal<br>Hunnenreich unter Attila | Franken vertreiben die Westgoten aus Gallien 507<br>Einfälle der Slaven, Bulgaren und Awaren |
| Mithridatische Kriege 88–84, 83–82, 74–63<br>Pompeius erobert den Osten 66–63<br>Niederlage des Pompeius bei Pharsalos 48<br>Niederlage des Brutus und Cassius bei Philippi 42<br>Niederlage des Antonius bei Actium 31 | 1. Judenaufstand 66–73<br>Zerstörung des Tempels von Jerusalem 70<br>Iosephus, jüdischer Historiker | 2. Judenaufstand (Bar-Kochba) 132–35<br>Provinz Mesopotamien 165<br>Plutarch, Pausanias, griechische Schriftsteller<br>2. Sophistik | Sassanidische Dynastie in Persien<br>Unterwerfung des Palmyrenischen Reiches<br>Eindringen der Heruler nach Attica und in den Peloponnes<br>Cassius Dio, Herodian, griechische Historiker<br>Eusebius, christlicher Apologet | Konzil von Nicaea 325<br>Konstantinopel wird als neue Reichshauptstadt eingeweiht 330<br>Invasion der Westgoten in Griechenland 345<br>Eunapios, griechischer Historiker | Hunneneinfall<br>Konzil von Chalcedon 451<br>Olympiodoros, Priscos, Malchos, griechische Historiker | Perserangriff auf Kleinasien<br>Slaveneinfälle auf dem Balkan<br>Nika-Aufstand 532<br>Zosimos, Prokopios, griechische Historiker |

# VORWORT

Dieser Atlas soll einen verständlichen allgemeinen Überblick über die natürlichen Gegebenheiten, die Kultur und Geschichte der römischen Welt bieten. Er umfaßt die Zeit von der Gründung und frühen Entwicklung der Stadt Rom, ihre Ausdehnung und die Eroberung Italiens und des Mittelmeerraums, die Begründung des Kaiserreichs durch Augustus und das nachfolgende Entstehen einer neuen politischen und religiösen Ordnung. Das Werk endet mit dem Zusammenbruch des Westreiches, der späten Blüte unter den Barbarenherrschern des fünften Jahrhunderts und der byzantinischen Rückeroberung Italiens, das als nunmehr verarmte Provinz von Konstantinopel aus regiert wurde. Unsere Übersicht geht von einer historischen Darstellung aus, für die ein weitgehend chronologischer Aufbau angemessen erschien, nachdem es sich hier um eine überaus große Zeitspanne (über 1300 Jahre) und ein breites Spektrum an Veränderungen handelt. Wir hoffen jedoch, daß der Stil unserer Schilderung und unsere Auswahl und Präsentation der Illustrationen, Landkarten und Sonderkapitel ein einheitliches und ausgewogenes Bild ergeben haben, bei dem die thematische Interpretation eine zumindest ebenso bedeutende Rolle spielt wie die historische Darstellung.

Aus dem gleichen Grund - die Länge und Vielschichtigkeit der beschriebenen Zeitspanne - mußten mehrere Autoren hinzugezogen werden, damit der Atlas in jedem der verschiedenen Einzelbereiche jenes Gefühl der Unmittelbarkeit vermitteln kann, das sich aus der direkten Vertrautheit mit der neuesten Forschung ergibt. Wir waren zwar ständig bestrebt, für eine breite Leserschaft zu schreiben, haben jedoch gleichzeitig auf die Ansatzpunkte für wissenschaftliche Kontroversen verwiesen und unseren eigenen Standpunkt offen dargelegt.

Unser eigenes Forschungsinteresse an der frühen republikanischen beziehungsweise spätkaiserlichen Epoche findet seinen Niederschlag darin, daß sich unser Buch nicht wie viele andere auf die »mittlere«, sondern vielmehr auf die »marginalen« Perioden der römischen Geschichte konzentriert. Der Abschnitt über die Provinzen des Römischen Reichs ist im wesentlichen auf das Imperium des 2. Jahrhunderts n. Chr. bezogen (obwohl auch hier in der Auswahl und Beschreibung der einzelnen Örtlichkeiten Veränderungen und Entwicklungen aufgezeigt werden); im allgemeinen jedoch haben wir mit mehr Begeisterung über die Epochen geschrieben, mit denen die Geschichte der römischen Welt beginnt und endet. So wird dem Problem des Wesens der archaischen Gesellschaft Roms und der Christianisierung des Reichs nach Konstantin mehr Aufmerksamkeit geschenkt als den Bürgerkriegen der späten Republik und der dynastischen Politik des iulisch-claudischen Hauses - und wir entschuldigen uns nicht dafür.

Der Historiker Ammianus Marcellinus verurteilte jene Philosophen, die Bücher über die Nichtigkeit menschlichen Strebens schrieben und dann ihren Namen daruntersetzten. Da wir selbst jedoch Historiker sind und die Achtung des Ammianus für die wahrheitsgetreue Wiedergabe von Fakten teilen, halten wir es für angebracht, anzugeben, wer von uns für welchen Teil des Buches verantwortlich ist. Tim Cornell hat den Überblick über die Römische Republik und das Kaiserreich bis zum Tod von Augustus verfaßt, das Material ausgewählt und die Bildlegenden zu den Landkarten, Illustrationen und Einzeldarstellungen und außerdem zu den Charakterisierungen Pompeiis, Ostias und der römischen Religion beigetragen. John Matthews ist in gleicher Weise für die Beschreibung und das Bildmaterial zum Kaiserreich nach Augustus und für Teil III - die Provinzen des Imperiums - verantwortlich. Nachdem wir die Richtlinien gemeinsam festgelegt hatten, arbeiteten wir zwar unabhängig voneinander, aber auch immer in Übereinstimmung miteinander.

Wir haben viel voneinander gelernt und möchten uns gern für die Mitarbeit von Mitgliedern des Verlagsteams bedanken, darunter vor allem bei Andrew Lawson, mit dem wir in einem äußerst erfreulichen Klima gegenseitigen Verständnisses die historischen und geschichtlichen Ziele, die Auswahl und Präsentation der Illustrationen diskutiert haben; wir danken Liz Orrock und Zoe Goodwin für die Bearbeitung des kartographischen Materials und Graham Speake, durch dessen redaktionelle Anregungen das Aussehen des Buches in vielem beeinflußt wurde. Außerdem stellte Ray Davis das Material für die Karte über die im *Liber Pontificalis* verzeichnete Grundbesitzverteilung zusammen, Michael Whitbys Akribie verdanken wir die Grenzkarte zur Zeit Iustinians, und Margaret Roxan hat uns im Zusammenhang mit den Standorten der römischen Armee beraten. Andere Wissenschaftler, darunter insbesondere Benjamin Isaac, Kenan Erim und Brian Croke schulden wir auf die verschiedenste Weise Dank wie auch den vielen anderen, die sich vielleicht gar nicht immer über den Zweck der Anfragen klar waren, die Autoren an sie richteten, denen im Lauf des Schreibens immer deutlicher wurde, wie wenig sie selbst von dieser großen römischen Kultur wußten.

ERSTER TEIL

# ITALIEN UND DAS REPUBLIKANISCHE ROM

SCHWEIZ
ÖSTERREICH
FRANKREICH
ALPEN
Lombardei
Piemont
Liguria
LIGURISCHE ALPEN
Emilia-Romagna
Toskana
ITALIEN
APENNIN
Umbria
Marche
Lazio
Abruzzen
Molise
Campania
Puglia
Basilicata
Calabria
Sizilien
Sardinien
Korsica (Fr)
Trentino-Alto Adige
Venezia-Euganea
Friuli-Venezia-Giulia
Valle d'Aosta
DOLOMITEN
JUGOSLAWI
LIGURISCHES MEER
TYRRHENISCHES MEER
ADRIATISCHES MEER
MITTELMEER
Golf von Venedig
Straße von Bonifacio
Straße von Messina
Straße von Sizilien
Arcipelago Toscano
TUNESIEN
ALGERIEN
MONACO
SAN MARINO
Bern
Lausanne
Genf
L. Léman
Rhône
Rhein
Matterhorn 4477
Mt. Blanc 4807
Ortles 3899
L. Maggiore
L. di Como
L. d'Iseo
Garda-See
Grenoble
Turin
Mailand
Bergamo
Brescia
Verona
Vicenza
Padua
Venedig
Triest
Klagenfurt
Graz
Mur
Ljubljana
Zagreb
Kupa
Rijeka
Krk
Cres
Una
Sav
Zadar
Split
Brac
Hvar
Piacenza
Parma
Reggio nell'Emilia
Modena
Bologna
Ferrara
Ravenna
Forli
Rimini
Genua
La Spezia
Nizza
Toulon
Durance
Ticino
Po
Adda
Oglio
Mincio
Adige
Piave
Trebbia
Panaro
Reno
Ronco
Pisa
Livorno
Arno
Florenz
Arezzo
Cecina
Val di Chiana
Perugia
L. Trasimeno
Chienti
Ancona
Elba
Amiata 1738
Ombrone
Terni
L. di Bolsena
L. di Vico
L. di Bracciano
Tiber
Salto
Rom
Sacco
Pescara
Corno 2914
GRAN SASSO D'ITALIA
Amaro 2795
MONTAGNA DELLA MAIELLA
Sangro
Biferno
TAVOLIERE DELLA PUGLIA
L. di Lesina
L. di Varano
PROM. DEL GARGANO
Foggia
Ofanto
Volturno
Liri
Bastia
Golo
Ajaccio
Sassari
Tirso
Mannu
Cagliari
Neapel
Vesuv 1277
Ischia
Capri
Salerno
Bradano
Basento
Agri
Tanagro
Crati
Ustica
Lipari-Inseln
Egadi
Palermo
Messina
Reggio di Calabria
Ätna
Simeto
Catania
Salso
Pantelleria
Tunis
2000m
1000m
200m
0
Gebirgshöhe
Landesgrenzen
regionale Grenzen
Maßstab 1 : 4 250 000
0
150 km
0
100 Meilen
6°
9°
12°
15°
46°
44°
42°
40°

# FRÜHGESCHICHTE UND AUFSTIEG ROMS

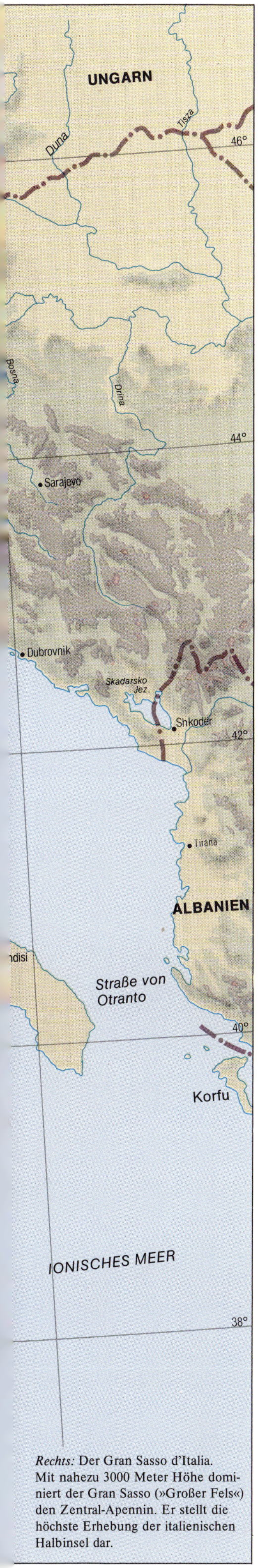


*Rechts:* Der Gran Sasso d'Italia. Mit nahezu 3000 Meter Höhe dominiert der Gran Sasso (»Großer Fels«) den Zentral-Apennin. Er stellt die höchste Erhebung der italienischen Halbinsel dar.

**Die Geographie Italiens**

Das wichtigste geographische Charakteristikum für die geschichtliche Entwicklung Italiens ist die enge Verbindung von Ebene, Hügelland und Gebirge. Nur ein Fünftel der gesamten Landoberfläche Italiens wird offiziell als Ebene (das heißt Land unter 300 Meter Höhe) eingestuft, und 70 Prozent dieses Tieflandes macht die Po-Ebene aus. Der übrige Teil besteht zu zwei Fünfteln aus Gebirge (über 1000 Meter) und die verbleibenden zwei Fünftel aus Hügelland (zwischen 300 und 1000 Meter). Aufgrund dieser das ganze Land kennzeichnenden Höhenunterschiede kommt es zu großen Klimaunterschieden und scharfen Gegensätzen im konkreten Erscheinungsbild der einzelnen Regionen.

Italien ist durch die hohe Kette der Alpen von Mitteleuropa abgeriegelt. Dennoch hat dieses Gebirge Italien nicht vom übrigen Kontinent isoliert, und die verschiedenen Pässe sind schon seit frühester Zeit bekannt. Völkerwanderungen über die Alpen haben in jeder geschichtlichen Epoche stattgefunden – manchmal auf sehr breiter Ebene, man denke nur an das wiederholte Eindringen der Kelten und Kimbern während der republikanischen Ära und an die Invasionen der Barbaren im fünften und sechsten Jahrhundert unserer Zeitrechnung.

Obwohl das italienische Festland unbestreitbar eine geographische Einheit darstellt, sollte man doch zwischen dem kontinentalen und einem »peninsularen«, auf der Halbinsel gelegenen Italien unterscheiden. Ersteres besteht aus der Po-Ebene und den daran grenzenden Gebirgsausläufern, der Alpen im Norden und des Apennin im Süden, also Oberitalien, während das andere mit Ausnahme der Inseln das übrige Land umfaßt. Die beiden Gebiete weisen sowohl im Klima und der natürlichen Topographie wie auch in ihrer kulturellen und wirtschaftlichen Entwicklung bedeutsame Differenzierungen auf.

Im Italien der Halbinsel treffen wir auf ein typisches Mittelmeerklima mit milden Wintern, heißen Sommern und mäßigen jährlichen Niederschlägen; der Regen fällt in den Wintermonaten heftig und intensiv, während in den Monaten Juni, Juli und August eine oft grausame Dürre herrscht. Oberitalien gehört hingegen klimatisch zu Mitteleuropa. Hier gibt es extreme Temperaturunterschiede; der strengen Kälte im Winter entspricht die brütende Hitze im Sommer mit Temperaturen wie auf der übrigen Halbinsel. Die jährlichen Niederschläge sind nicht höher als in anderen Teilen des Landes, jedoch gleichmäßiger über die Jahreszeiten verteilt. Das deutlichste Zeichen für den Klimaunterschied zwischen den beiden Teilen Italiens setzt der Olivenbaum, der fast überall auf der Halbinsel und an der ligurischen Küste wächst, nördlich des Apennins jedoch nicht zu finden ist.

Heutzutage ist die Po-Ebene das landwirtschaftlich ertragreichste Gebiet Italiens, eine Vorherrschaft, die zweifellos auf die Frühzeit zurückgeht. Schon Autoren wie Strabo beschreiben ihre Fruchtbarkeit, die große Bevölkerungsdichte und den Wohlstand ihrer Städte. Der Po selbst, heute wie damals schiffbar bis Turin, stellt eine wichtige Verkehrsverbindung dar. In der Antike standen hier ausgedehnte Waldgebiete, und mit den reichlich vorhandenen Eicheln fütterte man die Schweineherden, deren Fleisch zum größten Teil nach Rom geliefert wurde. In seinem Unterlauf fließt der Po allerdings durch eine weite Überschwemmungsebene, und nur Kanäle und Deiche verhindern größere Hochwasserschäden. Natürlich war der untere Teil der Po-Ebene in vorrömischen Zeiten sumpfig und häufig überflutet, besonders die Regionen Emilia und Veneto; die Sümpfe südlich des Flusses bildeten für Hannibals Invasionsheer im Jahr 218 v. Chr. ein ernsthaftes Hindernis. Doch nach der Eroberung durch Rom wurde das Land mit einem Kanal- und Deichsystem trockengelegt, das der Censor M. Aemilius Scaurus 109 v. Chr. im Gebiet zwischen Parma und Modena angelegt hatte. Weitere Projekte ließen Kaiser Augustus und seine Nachfolger verwirklichen, und während des ersten Jahrhunderts unserer Zeitrechnung war Norditalien eine der reichsten Regionen des Reichs.

Oberitalien wird auf seiner Südseite vom Apennin begrenzt, einem System von Gebirgszügen, das die Halbinsel von den Ligurischen Alpen bis zur Straße von Messina durchzieht und sich entlang der Nordküste Siziliens fortsetzt. Im Norden bildet er eine gerade Linie, die die Halbinsel von der ligurischen Küste im Westen fast bis nach Rimini im Osten schräg durchschneidet; dann wendet er sich in einer sanften Kurve nach Süden und verläuft parallel zur adriatischen Küste; seine höchsten Gipfel sind der Gran Sasso d'Italia (2914 Meter) und die Montagna della Maiella (2795 Meter) in den Abruzzen. Von hier aus durchschneidet er die Halbinsel noch einmal diagonal bis zur tyrrhenischen Küste in Lukanien und zieht sich dann nach Kalabrien hinein und hinüber nach Sizilien. Topographisch unterscheiden sich die beiden Italien also insofern, als ersteres eine von Bergen eingefaßte Ebene ist, während letzteres aus einer von schmalen Küstenstreifen umgebenen Gebirgskette besteht.

Was das Italien der Halbinsel angeht, so besitzen die Küstenebenen eine im Verhältnis zu ihrer jeweiligen Größe überproportionale historische Bedeutung. Vereinfachend gesprochen teilt das Apenningebirge die Halbinsel in zwei voneinander getrennte Tiefebenen. Die Hauptkette des Apennin verläuft viel näher entlang der Ost- als der Westküste, und auf einer Strecke von annähernd 350 Kilometern von Rimini bis zum Biferno gibt es einen sehr schmalen, etwa 30 Kilometer breiten Tieflandstreifen zwischen der Meeresküste und den Bergen des Landinnern. Auf der Westseite jedoch fällt der Apennin in sanften und unregelmäßigen Schwüngen zu den Tiefebenen von Latium und Kampanien und dem hügeligen, aber fruchtbaren Etrurien ab.

Von Molise und dem Nordrand des Gargano-Gebirges im Süden der Halbinsel aus verläuft der Apennin bis nach Lukanien und Kalabrien fast genau südwärts. Östlich dieser Linie liegt das zweitwichtigste Tieflandgebiet der Halbinsel, die Region Apulien, die sich von der Tavoliere-Ebene um Foggia bis zur Spitze der Salentinischen Halbinsel erstreckt.

Die tyrrhenische Seite Italiens hat gegenüber der adriatischen bestimmte natürliche Vorteile; folglich war das nordwestliche Tieflandgebiet (Kampanien, Latium, Etrurien) im Vergleich zum südöstlichen Bereich Apulien kulturell begünstigt. Diese Unterschiede betreffen vor allem das Klima und die Bodenbeschaffenheit. Der wichtigste klimatische Vorzug liegt in der Verteilung der Niederschläge. Nimmt man das Land als Ganzes, so läßt sich sagen, daß der Norden feuchter ist als der Süden, und daß der Westen – die Alpengebiete ausgenommen – feuchter ist als der Osten. Doch dieses allgemeine Schema ist zu differenzieren, denn in den höher gelegenen Gebieten fällt mehr Regen als in den Ebenen; allerdings genügt es für unsere Zwecke, sich die allgemeine Tendenz einzuprägen, indem man die jährliche Niederschlagsmenge von La Spezia an der Nordwestküste (115 Zentimeter) mit der Anconas an der Adriaküste (64 Zentimeter) vergleicht oder die von Neapel (79 Zentimeter) mit der von Bari (60 Zentimeter).

Die tyrrhenische Küste zeichnet sich darüber hinaus dadurch aus, daß hier relativ große Flüsse zu finden sind, von denen mindestens zwei, der Tiber und der Arno, schon in der klassischen Antike schiffbar waren. Hingegen trocknen die Gewässer, die in die Adria münden, im Sommer größtenteils aus, während sie im Winter zu Sturzbächen werden, die den dünnen Humusbelag der Abhänge des Oberlandes mit sich fortreißen. Die Adria ist zudem noch insofern benachteiligt, als sie über keine guten Häfen verfügt.

Als Folge dieses natürlichen Ungleichgewichts hat der Westteil Italiens in der Kulturgeschichte eine bedeutendere Rolle gespielt als der Osten. Schon die frühesten griechischen Siedler wählten statt der öden adriatischen Küste die ionischen und tyrrhenischen Strände, um hier ihre Häuser zu errichten.

Apulien war schon im Altertum ein rückständiger Landstrich. Es verzeichnet die geringste Niederschlagsmenge aller Regionen der Halbinsel (im Jahresdurchschnitt zwischen 57 und 67 Zentimeter) und hat sehr unter der starken Trockenheit zu leiden, besonders im kahlen und flußlosen Hochland von Murge, dem Kalkplateau zwischen Bari und Tarent. Zu Zeiten Ciceros war Apulien der am spärlichsten bevölkerte Teil Italiens *(»Briefe an Atticus«, 13.4.)*, und die ganze Antike hindurch blieb es kulturell weitgehend isoliert und spielte im politischen Bereich eine nur unbedeutende Rolle.

Die andere wichtige Tiefebene erstreckt sich westlich des mittleren Apennin und umfaßt die Regionen Kampa-

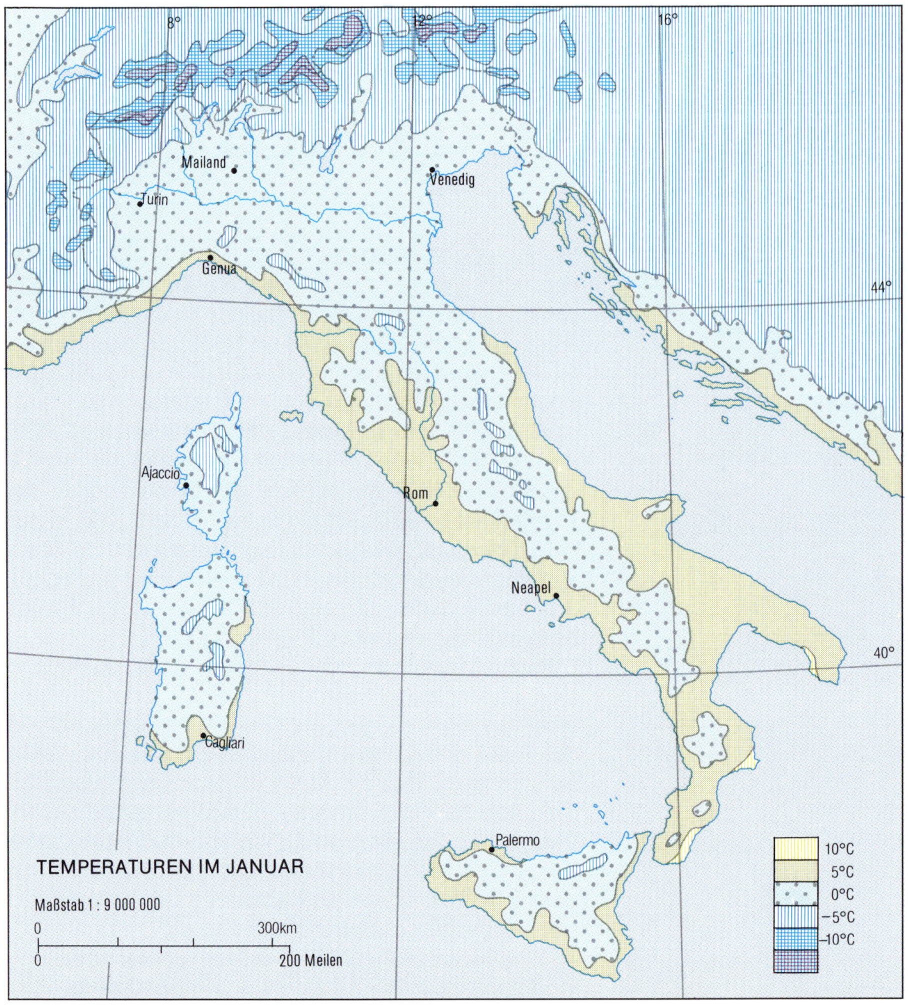


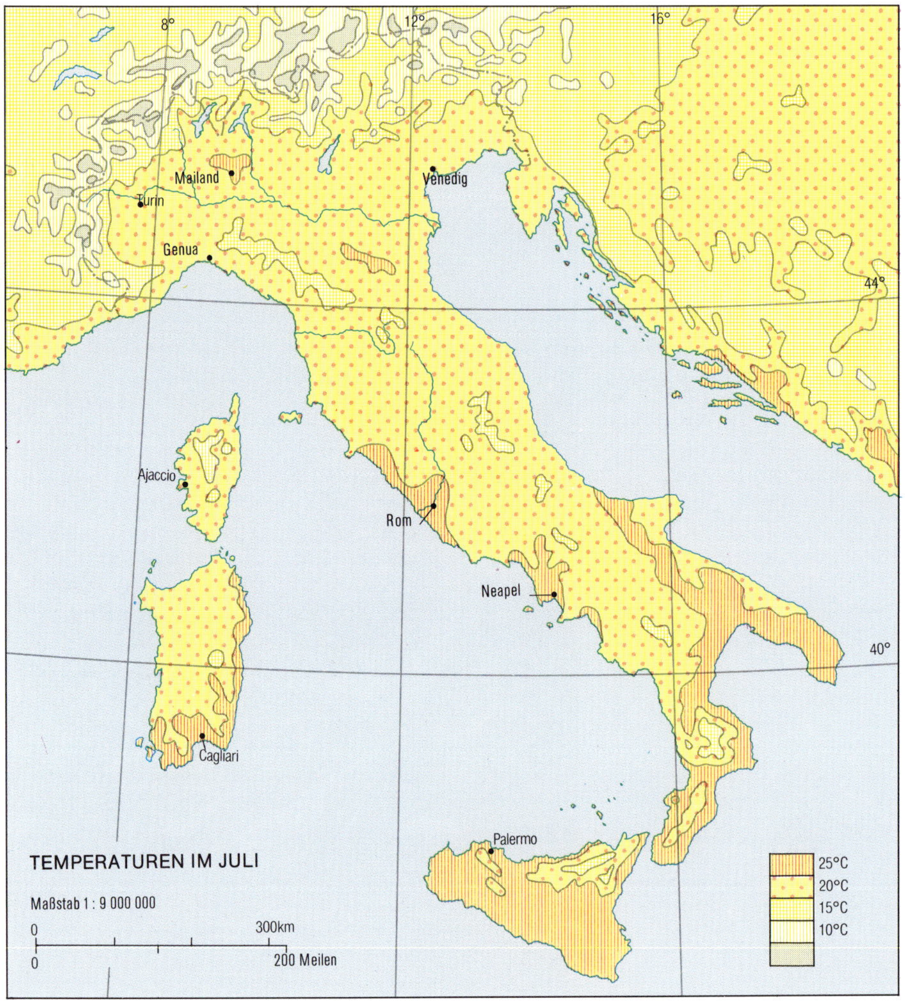

**Temperaturen und Niederschläge in Italien**

Das auffallendste klimatische Merkmal ist der Gegensatz zwischen dem Norden und der eigentlichen Halbinsel. Die Halbinsel weist ein typisch mediterranes Klima mit milden, verhältnismäßig feuchten Wintern und trocken- heißen Sommern auf. Die Ebenen im Norden hingegen gehören klimatisch zu Mitteleuropa: Die Niederschläge sind gleichmäßiger auf die Jahreszeiten verteilt. Ferner kommt es zu großen Temperaturschwankungen: Die Winter können kalt sein, während im Sommer hohe Temperaturen erreicht werden. Es ist auch bemerkenswert, daß die jährlichen Niederschläge im Nordwesten der Halbinsel viel größer als im Südosten sind, während im kontinentalen Italien der Osten mehr Niederschläge als der Westen aufweist.

Die frühesten Spuren menschlicher Tätigkeit in Rom wurden in der Nähe der Tiberinsel, einem alten Flußübergang, gefunden. Die erste Brücke, der *Pons Sublicius,* der weiter stromaufwärts lag, geht der Legende nach auf den König Ancus Marcius zurück. Die Ruinen des *Pons Aemilius,* einer Brücke aus der republikanischen Zeit (2. Jahrhundert v.Chr.), sind heute noch zu sehen (im Vordergrund). Die Insel selbst steht traditionell mit der Heilkunst in Zusammenhang. Nach einer Seuche im Jahre 293 v.Chr. wurde dort dem Aesculapius, dem griechischen Gott der Heilkunst, ein Tempel errichtet. Heute befindet sich auf der Insel noch immer ein berühmtes Krankenhaus, das aus dem 16. Jahrhundert stammt.

nien, Latium und die Toskana. Diese Gebiete sind durch die verschiedensten natürlichen Gegebenheiten geprägt. Ein Netzwerk vulkanischer Erhebungen und Berge verläuft entlang der Westseite Italiens vom Monte Amiata in der südlichen Toskana bis zum noch aktiven Vesuv in der Bucht von Neapel. Der größere Teil dieser Kette besteht aus erloschenen Vulkanen, die von Tuffsteinplateaus umgeben sind. Dazwischen liegen verschiedene Kraterseen, wie etwa der Bolsena, Vico und Bracciano im südlichen Etrurien, der Albano und Nemi südlich von Rom in den Albaner Bergen und der Averno in den Phlegräischen Feldern westlich von Neapel. Der Vulkanboden dieses Gebietes enthält wichtige natürliche Düngestoffe (Phosphate und Pottasche) und ist außerordentlich fruchtbar. Kleine Schwemmlandebenen flankieren die tyrrhenische Küste, während eine an der östlichen Seite endende Kette von Hochbassins das Landesinnere durchquert; die wichtigsten unter diesen Schwemmlandtälern sind der Obere Arno zwischen Florenz und Arezzo, das Val di Chiana, der Mittlere Tiber und die Täler von Liri, Sacco und Volturno, die Latium und Kampanien miteinander verbinden.

Diese Flußtäler bilden auch natürliche Verkehrswege, und zusammen stellen sie die wichtigste Längsroute an der Westseite Italiens dar, der heute auch die Haupteisenbahnstrecke und die Autostrada del Sole von Florenz nach Neapel folgen. Die bedeutendsten Routen von der Küste ins Landesinnere laufen ebenfalls parallel zu Flußtälern, insbesondere entlang des Tiber. Sein Unterlauf ist der Knotenpunkt aller natürlichen Verkehrswege Mittelitaliens, und es ist nicht verwunderlich, daß sich an der am leichtesten zu überquerenden Furt im Tiber – bei Rom – ein wichtiges Zentrum entwickelte. In einer gut zu verteidigenden Lage beherrschte es die Furt bei der Tiberinsel, wo die erste Brücke, der *Pons sublicius* während der Regierung von König Ancus Marcius erbaut wurde. In geschichtlicher Zeit gehörten auch der Handelshafen (der *Portus*) und der Viehmarkt (das *Forum boarium*) zur Stadt. Hier stand auch der »Große Altar« des Hercules, der von den Bewohnern der Gegend aus Dankbarkeit errichtet worden sein soll, nachdem der Held Cacus, den Riesen des Palatins, erschlagen hatte. Der Sage nach war das *Forum boarium* schon vor der Gründung der Stadt ein bedeutender Treffpunkt.

Die geographischen Vorzüge des Platzes wurden von den Römern selbst ganz klar erkannt. So legt Livius dem Camillus folgende Worte in den Mund: »Nicht ohne Grund erwählten Götter und Menschen diese Stelle für die Anlage unserer Stadt – die erquicklichen Hügel, der Fluß, der uns Güter aus den Gebieten des Landesinneren bringt und dazu der Überseehandel, das Meer selbst, gerade nah genug für bestimmte Zwecke und doch wieder nicht so nah, daß fremde Flotten Gefahr bringen könnten, unsere Lage mitten in Italien – all diese Vorteile machen sie zur unübertroffen besten Stelle in der Welt für eine Stadt, die dazu bestimmt ist, groß zu werden«. (Livius, *Ab urbe condita,* 5.54.4.)

**Die Gründung Roms**

Die Anfänge Roms sind schon seit Beginn der Historiographie Gegenstand von Nachforschungen, Spekulatio-

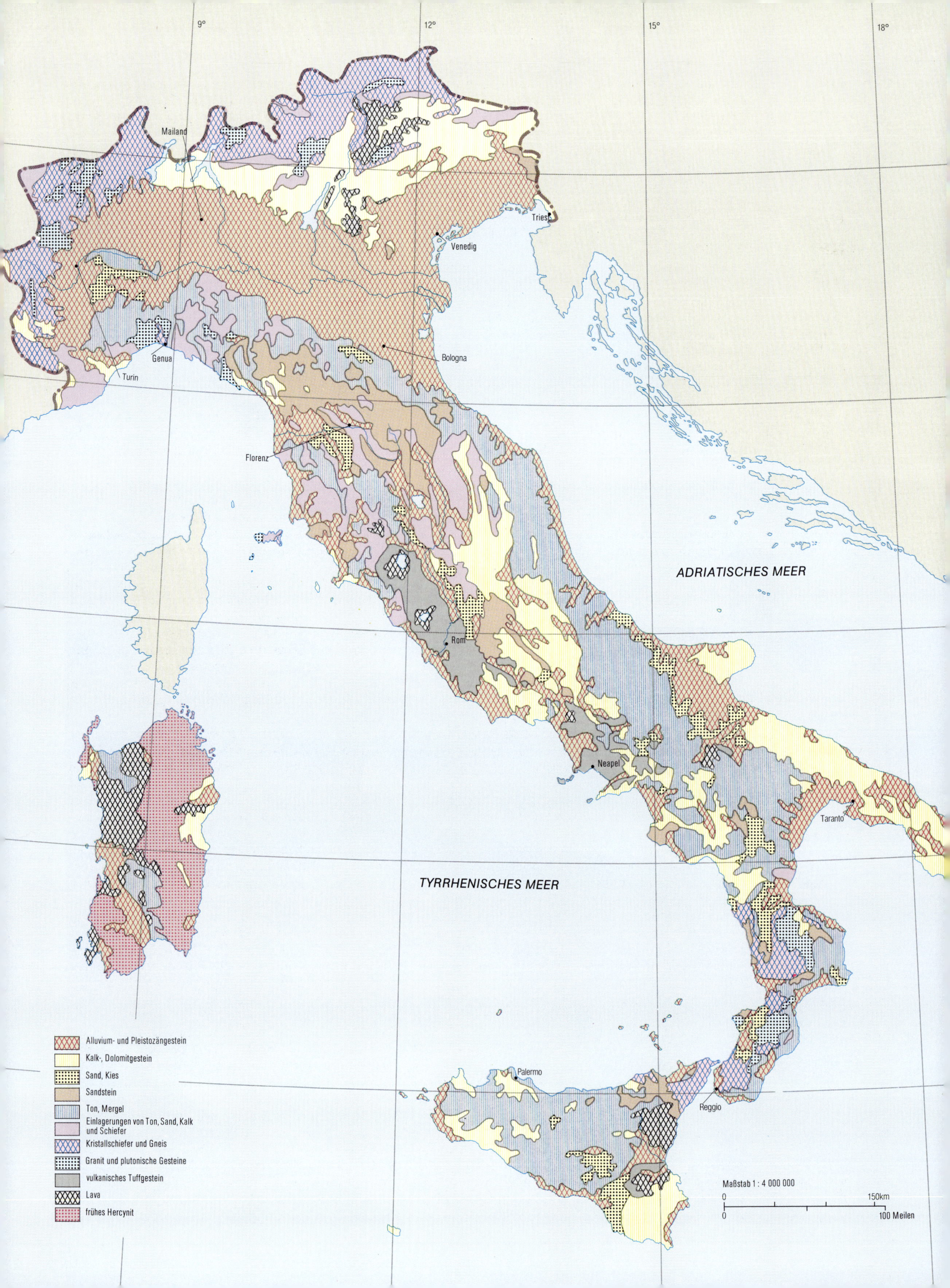

9°
12°
15°
18°
Mailand
Triest
Venedig
Turin
Genua
Bologna
Florenz
ADRIATISCHES MEER
Rom
Neapel
Taranto
TYRRHENISCHES MEER
Palermo
Reggio
Alluvium- und Pleistozängestein
Kalk-, Dolomitgestein
Sand, Kies
Sandstein
Ton, Mergel
Einlagerungen von Ton, Sand, Kalk und Schiefer
Kristallschiefer und Gneis
Granit und plutonische Gesteine
vulkanisches Tuffgestein
Lava
frühes Hercynit
Maßstab 1 : 4 000 000
0
150km
0
100 Meilen

*Oben:* Die Legende von der wunderbaren Errettung von Romulus und Remus wurde zu einem beliebten Thema der römischen Kunst. Dieses Relief auf einem Steinaltar des 2. Jahrhunderts n. Chr. zeigt den Hirten Faustulus, wie er die Zwillinge und die Wölfin in der Nähe des Palatin auffindet.

**Links: Die Geologie Italiens**
Der geologische Aufbau Italiens wird im wesentlichen vom Apennin bestimmt, jener großen Gebirgskette, die das Rückgrat der Halbinsel darstellt. Er besteht in den nördlichen und zentralen Gebieten in der Hauptsache aus Kalk, Sandstein und Ton, in Kalabrien aus Granit. Die Hügellandschaften der westlichen Toskana sind reich an Minerallagerstätten. Weiter im Süden, längs den Küsten des Tyrrhenischen Meeres, liegen Vulkangebiete. In der Region Latium, vom Monte Amiata bis zu den Albaner-Bergen südlich von Rom, sind die Vulkane erloschen, weiter im Süden jedoch noch aktiv. Der Vesuv beispielsweise ist seit der großen Katastrophe am 24. August 79 n. Chr. noch mehrere Male ausgebrochen.

nen und Kontroversen. Bereits im fünften Jahrhundert v. Chr. zählten griechische Historiker Rom zu den Gründungen des troianischen Helden Aeneas, der nach der Plünderung Troias nach Italien geflohen sein soll. Aeneas war allerdings nur einer von mehreren mythologischen Abenteurern, von denen behauptet wurde, sie seien um das westliche Mittelmeer gezogen und hätten an seinen Ufern Siedlungen gegründet. Natürlich ist der historische Gehalt dieser Sagen fraglich, doch waren sie beim griechischen Lesepublikum sehr beliebt und faßten dann auch in Rom Fuß.

Die Römer brachten erst etwa 200 v. Chr. historische Literatur hervor, als ein Senator aus einer vornehmen Familie, Q. Fabius Pictor, die erste Geschichte Roms schrieb. Das griechisch verfaßte Werk ist mit Ausnahme einiger Zitate verlorengegangen. Fabius Pictor stützte sich vermutlich auf priesterliche Archive, Urkunden über führende Adelsfamilien und die Berichte griechischer Historiker; in Verbindung mit den Zeugnissen volkstümlicher, mündlicher Überlieferung und archaischer Inschriften, Monumenten und Relikten stellten diese Quellen wahrscheinlich die Grundlage für seine Schrift. Fabius Pictor schrieb die Gründung der Stadt Romulus zu. Wie die Überlieferung erzählt, wurde Romulus zusammen mit seinem Zwillingsbruder Remus an den Ufern des Tiber ausgesetzt. Eine Wölfin säugte die Kinder, die dann, von Schafhirten gerettet, in den Hügeln am linken Flußufer ihre frühe Kindheit verbrachten. An dieser Stelle gründete Romulus später, nachdem er seinen Bruder aus nichtigem Anlaß getötet hatte, die Stadt, die seinen Namen trug.

Diese berühmte Sage gehörte zur ältesten, einheimischen Überlieferung und bildete schon lange vor Fabius Pictors Zeit einen festen Bestandteil des mythologischen Erbes der Stadt. Aber ab einem bestimmten Zeitpunkt (wann, läßt sich nicht genau bestimmen) wurde die Geschichte von Aeneas auch in Rom übernommen und mit der einheimischen Überlieferung verschmolzen. So entstand mit der Zeit eine allgemein anerkannte Version: Aeneas kam auf seiner Flucht nach Latium und gründete die Stadt Lavinium; nach seinem Tode gründete sein Sohn Ascanius Alba Longa, wo seine Nachkommen über vierhundert Jahre als Könige herrschten. Romulus und Remus stammten aus dieser Linie, da sie die Söhne des Gottes Mars und der Tochter eines der Könige von Alba Longa waren.

Diese erfinderische Kombination von Volksüberlieferung und Vermutung datiert aus dem dritten Jahrhundert v. Chr. Eine solche Version mag es auch bei Fabius Pictor gegeben haben, und sie wurde in späteren historischen Werken übernommen und weiterentwickelt, bis sie in den Händen von Vergil, Ovid und Livius ihre endgültige Fassung erhielt. Historische Elemente der Mythe sind nur schwer auszumachen. Wie schon gesagt wurde, ist die Rolle des Aeneas und der Troianer fast ganz sicher reine Fiktion, obwohl einige Gelehrte darin eine vage Erinnerung an Kontakte zwischen der ägäischen Welt und Italien in der mykenischen Epoche sehen. Die große Bedeutung von Lavinium und Alba Longa spiegelt jedoch die wichtige Stellung dieser Orte als religiöse Zentren in der Frühzeit wider: bemerkenswert ist, daß einige der frühesten archäologischen Spuren ständiger Besiedlung gerade bei Lavinium und im Gebiet der Albaner-Berge gefunden wurden. Zu bedenken ist jedoch, daß die frühesten latinischen Orte auch Rom mit einschlossen, von dem eine spätere Entstehung als Lavinium oder die Siedlungen in den Albaner-Bergen heute noch nicht nachgewiesen ist. Nach der geschichtlichen Überlieferung waren alle historischen Zentren Latiums Kolonien von Alba Longa, und Rom die späteste; aber die Annahme eines chronologischen Intervalls zwischen den Gründungen von Alba und Rom ist eine rein künstliche Konstruktion, die sich auf die Diskrepanz zwischen dem von den Griechen festgelegten Datum (1182 v. Chr.) für den Troianischen Krieg stützt, an dem Aeneas teilnahm, und der festen Überzeugung der Römer, daß ihre Stadt im achten Jahrhundert v. Chr. gegründet wurde. Folglich mußte eine Dynastie von Alba-Königen erfunden werden, damit die Lücke von über 400 Jahren zwischen Aeneas und Romulus geschlossen werden konnte.

Die meisten römischen Autoren waren der Ansicht, daß die Stadt im achten Jahrhundert v. Chr. entstanden ist, obwohl man sich über das genaue Gründungsjahr nicht einig war. Fabius Pictor legte sich auf 748 v. Chr. fest, doch seine Nachfolger setzten sich für andere Möglichkeiten ein (753, 751, 748). Das Jahr, auf das man sich endgültig einigte (753), hatte der Gelehrte M. Terentius Varro am Ende der Republik aufgrund chronologischer Berechnungen angeführt. Reste primitiver Hütten auf dem Palatin scheinen diese These zu bekräftigen, doch andere Funde, vor allem aus den Grabstätten im Tal des Forums, deuten darauf hin, daß es hier mindestens schon im zehnten Jahrhundert erste Siedlungen gab. Der archäologische Befund legt jedoch die Annahme nahe, daß der Palatin der erste Teil der Stadt war, der besiedelt wurde. Folglich läßt sich sagen, daß einige Elemente der Gründungsgeschichte möglicherweise auf Tatsachen beruhen, obwohl Romulus selbst nicht als geschichtlich gelten kann. Doch aufgrund der Überzeugung, daß die Stadt durch einen bewußten »Gründungsakt« entstand, mußte notwendigerweise auch ein Gründer postuliert werden; der gleichen Logik folgte auch die Vorstellung, daß Romulus einige der elementaren Institutionen der Stadt geschaffen habe. So werden ihm der Senat, die Bürgerschaftsbezirke, die *curiae* und so weiter von unseren Quellen zugeschrieben, denen zufolge diese Institutionen so alt sein sollen wie die Stadt selbst. Mit dieser Ansicht hatten sie sicher recht.

Seit den Forschungen Theodor Mommsens im letzten Jahrhundert wird allgemein anerkannt, daß unsere Überlieferung in bezug auf die Verfassungsgeschichte in den wichtigsten Zügen zuverlässig ist, was jedoch weniger für politische und militärische Ereignisse zutrifft. Doch selbst die sensationellsten und romantischsten Teile der überlieferten Geschichte können noch Rudimente historischer Fakten enthalten, wie an einem extremen Beispiel bewiesen werden kann. Einige Monate nach der Gründung der Stadt, heißt es, kam es zum Raub der Sabinerinnen, ein nur zu bekannter Coup, der einen Krieg zwischen den Römern und den Sabinern heraufbeschwor und dann zur Versöhnung und der gemeinsamen Herrschaft ihrer beiden Führer Romulus und Titus Tatius führte. So phantastisch die Einzelheiten dieser Episode auch anmuten mögen, so kann man ihr einen gewissen Wahrheitsgehalt nicht absprechen, denn die Bevölkerung des frühen Roms war mit einem beträchtlichen sabinischen Element durchmischt: zum Beispiel weist die lateinische Sprache viele Ausdrücke sabinischen Einflusses auf, am signifikantesten sind dabei bestimmte elementare Wörter, die Haus und Hof betreffen wie *bos* (»Ochse«), *scrofa* (»Sau«) und *popina* (»Küche«).

Zweitens muß die frühe Vereinigung von Römern und Sabinern unter der gemeinsamen Führung von Romulus und Titus Tatius im Licht der vielen Hinweise angesichts der Tatsache gesehen werden, daß Rom als Verbindung zweier Stadtgemeinden entstand, die eine auf dem Palatin, die andere auf dem Quirinal – oder vielleicht eher durch die Vereinnahmung der letzteren durch die erstere.

Daß Rom ursprünglich aus einer doppelten Stadtgemeinschaft bestand, ist auch die Ansicht unserer Quellen (Livius, 1.13.4, schreibt von der *geminata urbs,* »der zweifachen Stadt«), und der Dualismus bestimmter archaischer Institutionen scheint ihm recht zu geben. So waren zum Beispiel die Salier, die »tanzenden Priester« des Mars, in zwei Gruppen geteilt – die Salier des Palatins und die Salier des Quirinals. Dieser ursprüngliche Dualismus spiegelt sich möglicherweise auch in der Tatsache wider, daß die römischen Bürger zusätzlich *quirites* genannt wurden.

### Die frühen Könige

Nach dem Tod des Romulus wechselten sich Könige sabinischer und latinischer Abstammung ab. Den Sabiner Numa Pompilius, Roms zweiten König, stellt die Überlieferung als einen frommen Mann dar, während dessen friedlicher Regierungszeit die wichtigsten Priesterämter und religiösen Institutionen Roms, insbesondere der Kalender, geschaffen wurden. Ihm folgte der Latiner Tullus Hostilius, ein feuriger Krieger, der einen erbitterten Kampf gegen Alba Longa, Roms Mutterstadt, ausfocht und es schließlich zerstörte. Der nächste König war Ancus Marcius, ein Sabiner, dessen Name in der Überlieferung für die Ausdehnung des römischen Territoriums bis zur Küste und die Gründung Ostias an der Tibermündung steht.

Mit Ausnahme des reichlich chimärenhaften Romulus handelt es sich bei den frühen Königen wahrscheinlich um historische Persönlichkeiten. Zugegebenermaßen erstehen sie aus den Sagen nicht länger als Menschen aus Fleisch und Blut – es ist zum Beispiel ganz offensichtlich, daß der friedliche Numa und der kriegerische Tullus kaum mehr als gegensätzliche Stereotypen sind –, aber es besteht kein Zweifel, daß unter den Königen Roms Männer mit den Namen Numa Pompilius, Tullus Hostilius und Ancus Marcius vertreten waren. Die Überlieferung, die ihre Namen mit besonderen Institutionen und militärischen Errungenschaften verbindet, kann im wesentlichen wohl als zutreffend bezeichnet werden. Darüber hinaus spielen sich alle Geschichten vor einem Hintergrund authentischer Verfassungspraxis ab, der eine zusammenhängende und plausible Rekonstruktion der politischen und gesellschaftlichen Organisation Roms unter den frühen Königen durchaus ermöglicht.

### Politische und soziale Organisation

Es wird erzählt, daß Romulus sich hundert *patres* (»Väter«) zu seiner Beratung auswählte; diese Männer bildeten den ersten Senat, und ihre Abkömmlinge wurden Patrizier genannt. Auch unterteilte er das Volk in drei Bürgerschaftsbezirke (Tities, Ramnes und Luceres). Die Bezirke wurden ihrerseits in dreißig kleinere, *curiae* genannte Einheiten (zehn in jeder *tribus*) eingeteilt, die eigene Beamte und Kulte hatten und zu kultischen Mahlen zusammenkamen. Die *curiae* waren örtlich definierte Gruppen, doch konnte man auch durch Verwandtschaft Mitglied werden. Das bedeutet wahrscheinlich, daß die Curien ursprünglich aus Gruppen von benachbarten Familien bestanden, deren etruskische Namen deutlich die Bedeutung der etruskischen Schirmherrschaft für die Herausbildung des frührömischen Gesellschaftssystems zeigen. Sie bildeten gleichzeitig die konstituierenden Einheiten einer primitiven Volksversammlung, der *comitia curiata*, deren genaue Befugnisse sich jedoch nicht feststellen lassen. Weiterhin wird von Romulus behauptet, er habe eine Armee von dreitausend Mann Infanterie *(milites)* und dreihundert Mann Kavallerie *(celeres)* aufgebaut, wobei jede Tribus eintausend, respektive einhundert zu stellen hatte. Der Oberbefehl über die jeweiligen Tribus-Kontingente oblag einem der Tribunen *(tribuni militium, tribuni celerum).*

An der Spitze des Staatswesens stand der König. Das Königtum war im frühen Rom nicht erblich. Wenn der Monarch starb, wurden die Staatsgeschäfte von den Senatoren weitergeführt, die jeweils für einen Zeitabschnitt von fünf Tagen und mit dem Titel *interrex* (»Zwischenkönig«) amtierten, bis man einen geeigneten Nachfolger gefunden hatte. Der neue König durfte nur mit Zustimmung der Götter eingesetzt werden. Nach Livius wurden sie von den Auguren (den Experten des Wahrsagens) zu diesem Zwecke befragt und machten ihre Entscheidung durch bestimmte Zeichen *(auspices)* kund. Auf diese Weise wurde der König »inauguriert«, ein Wort, das auch in unserer Sprache noch Verwendung findet. Schließlich wurde der König noch durch das Votum der *comitia curiata* bestätigt.

Der König hatte politische, militärische, gerichtliche und sakrale Funktionen, und die von ihm ausgeübte Macht kann in den Begriffen des *imperiums* (oberste Befehlsgewalt) und des *auspiciums* (Erkennen des göttlichen Willens) zusammengefaßt werden. Was den Senat betrifft, so scheint seine Rolle während der Zeit der Monarchie auf eine beratende Funktion beschränkt gewesen zu sein. Allerdings schloß die *auctoritas* der Senatoren ein gewisses religiöses Prestige mit ein, das sie bei Entscheidungen in der Volksversammlung *(comitia curiata)* in die Waagschale warfen; und sie spielten eine fundamentale Rolle bei der Ernennung des Königs durch den *interrex*, der einer der ihren war. Wenn der König starb (oder wenn später in der Zeit der Republik beide Konsuln starben, bevor es einen Ersatz gab), sagte man: »Die Auspizien sind zu den Vätern zurückgekehrt.«

Die Väter repräsentierten Gruppen von hohem gesellschaftlichem Rang, die *gentes* genannt wurden. Die *gens* war im wesentlichen ein Familienverband oder eine Sippe, die sich auf einen gemeinsamen Vorfahren berufen konnte und deren Verwandtschaft sich in einem gemeinsamen Familiennamen ausdrückte. Jedes Mitglied der *gentes* hatte zwei Namen: den Vornamen oder *praenomen* (z.B. Marcus, Gnaeus, Titus) und den Nachnamen oder *nomen* in der Form eines Patronymikums (daher Marcius, Naevius, Titius), vergleichbar den Namen schottischer Clans wie MacDonald, MacGregor etc. Das Doppelnamensystem findet sich auch bei anderen italischen Völkern, so daß man annehmen kann, daß es auch bei ihnen *gentes* gab.

In der geschichtlichen Periode hatten die *gentes* ihre eigenen religiösen Riten und Festtage und auch ihre eigenen charakteristischen Gebräuche, zum Beispiel bei der Totenbestattung. Der Ursprung der *gentes* und ihre Funktion in frühen Zeiten sind in der Forschung jedoch umstritten. Einige Gelehrte haben argumentiert, daß die *gens* eine ursprüngliche Einheit war, die bereits vor dem Entstehen des Staates existierte; nach dieser Meinung handelte es sich um eine autonome politische und wirtschaftliche Organisation mit eigenem Territorium und eigenem allgemein anerkannten Führer. Einige Rudimente dieser hypothetischen »gentilizischen Organisation« sind auch noch in der republikanischen Periode zu finden; ein Beispiel dafür: der Privatkrieg der Fabianischen *gens* gegen die Stadt Veji im Jahre 479 v. Chr. Der Gedanke, daß die *gentes* schon »vor dem Staat« existierten, ist jedoch sehr spekulativ, und ihre Stellung gegenüber den *tribus* und *curiae* liegt im dunkeln. In historischer Zeit bildete die Familie und nicht die *gens* die Grundeinheit der römischen Gesellschaft. Die römische *familia* umfaßte den gesamten Haushalt, sowohl den Besitz wie auch die Perso-

Der Terracotta-Kopf des Hermes stammt von einer Statuengruppe aus dem 6. Jahrhundert; sie stand einst auf dem Dach des Tempels in Veji. Die Skulpturen werden allgemein Vulca zugeschrieben, einem Künstler aus Veji, der auch zur Zeit von König Tarquinius in Rom die Iupiter-Statue für den Tempel auf dem Kapitol anfertigte.

Die *fasces,* Rutenbündel mit herausragenden Beilen, symbolisierten die Macht der höchsten Beamten und wurden von ihren Begleitern, den *lictores,* getragen. Der Überlieferung zufolge waren die *fasces* ursprünglich die Insignien der etruskischen Könige. Diese Ansicht wird durch den Fund eines entsprechenden Eisenmodells in der Etruskerstadt Vetulonia bestätigt.

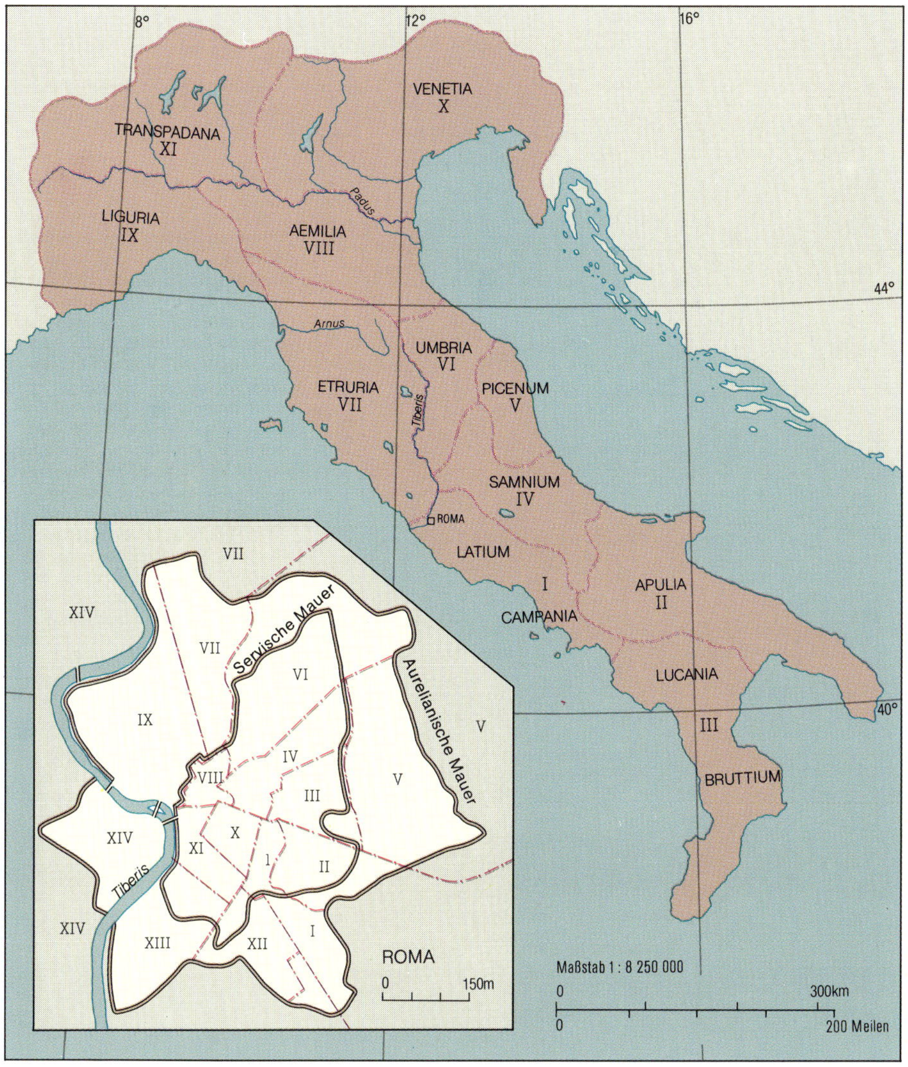


Die Bezirke Roms

I Porta Capena
II Caelimontium
III Isis et Serapis
IV Templum Pacis
V Esquiliae
VI Alta Semita
VII Via Lata
VIII Forum Romanum
IX Circus Flaminius
X Palatium
XI Circus Maximus
XII Piscina Publica
XIII Aventinus
XIV Trans Tiberim

**Die Augusteische Unterteilung Italiens und die Verwaltungsdistrikte Roms**
In der Frühzeit war Italien ein sprachlich, ethnisch und kulturell sehr mannigfaltiges Land. Mit der Einigung unter römischer Herrschaft gingen diese ursprünglichen Unterschiede zum großen Teil, aber nicht gänzlich, verloren. Spuren davon erhielten sich bis auf den heutigen Tag in den Namen der italienischen Regionen. Die erste formelle Unterteilung Italiens in elf Verwaltungsbezirke erfolgte unter Kaiser Augustus. Die Stadt Rom wurde in ähnlicher Weise in 14 Distrikte eingeteilt.

nen, und sie unterstand der Kontrolle des Haushaltsvorstands, dem *pater familias*. Der *pater familias* übte eine unbeschränkte Autorität über alle Mitglieder des Haushalts aus, die sozusagen seiner Macht *(in potestate)* unterworfen waren. Selbst schon erwachsene und verheiratete Söhne hatten keinerlei unabhängigen rechtlichen Status oder Eigentumsrechte, und erst mit dem Tod des Vaters waren sie aus seiner Autorität entlassen. Die väterliche Macht *(patria potestas)* schloß das Recht mit ein, Familienmitglieder zu töten oder sie in die Sklaverei zu verkaufen; lediglich Moral, Sitte und Gebräuche setzten ihm Grenzen; so erwartete man von ihm, daß er sich über wichtige Angelegenheiten mit älteren Verwandten und Freunden beriet, obwohl er nicht gezwungen war, dem Rat zu folgen. Er repräsentierte die Familie in ihren Beziehungen mit anderen Familien und der Gemeinschaft als Ganzem; und ihm oblagen die notwendigen Riten und Opfer für verstorbene Vorfahren und die Götter. Die Familie war auf diese Weise eine Art Miniaturstaat, mit dem *pater familias* als Priester, Gesetzgeber und Richter.

Das Vorherrschen von Privateigentum und seine Konzentration in den Händen des *pater familias* gelten allgemein in unserer historischen Überlieferung als ursprüngliche Charakteristika der römischen Gesellschaft, und sie sind in den frühesten erhaltenen Gesetzestexten vorausgesetzt. Trotzdem ist es möglich, daß dies eine sekundäre Entwicklung darstellt, und daß in archaischer Zeit Eigentum, besonders Landbesitz, der *gens* gemeinsam gehörte. Eine schattenhafte Erinnerung daran findet sich in der Bestimmung des Zwölftafelgesetzes (450 v. Chr.), wonach das Eigentum eines *pater familias*, der ohne Testament oder Erben stirbt, an die *gens* zurückfällt. Jedenfalls hindert uns nichts in der Annahme, daß es in jener Zeit eine viel größere Solidarität unter den die *gens* bildenden Familien gab, daß sie einander benachbarten Besitz bewohnten und daß der einflußreichste unter den *patres* eine Art De-facto-Führerschaft über die *gens* als Ganzes ausübte.

Die Macht und der Einfluß der führenden aristokratischen *gentes* hatten ihren Ursprung teilweise in der Unterstützung einer großen Anzahl Abhängiger, den *clientes*. Die *clientela*, ein Treueverhältnis auf Gegenseitigkeit, war eine der ältesten römischen Institutionen und wird in der Überlieferung Romulus zugeschrieben. Die Beziehung zwischen dem Schutzherrn bzw. Patron und dem Klienten gründete sich eher auf moralische als auf gesetzliche Zwänge, denn der Klient war dem »guten Glauben« *(fides)* des Schutzherrn anbefohlen. Ein Klient kann als ein freier Mann definiert werden, der sich selbst unter den Schutz eines anderen stellte, ihm dafür Achtung zollte und bestimmte Leistungen für ihn erbrachte. In der späten Republik bestanden diese Leistungen in politischer Unterstützung und persönlichen Diensten, doch in früherer Zeit scheinen die Pflichten des Klienten viel weiter gefaßt gewesen zu sein.

Der Status von Patron und Klient war erblich und ging von einer Generation auf die andere über. Es ist überdies möglich, daß die Klienten anfangs zusammen mit den eigentlichen *gentiles* Teil der Struktur der *gens* waren und ebenfalls den gentilizischen Namen trugen. Man kann davon ausgehen, daß den Klienten in archaischer Zeit Landstücke zur Verfügung gestellt wurden, die sie für ihre Schutzherren bearbeiteten, und daß sie zum Kriegsdienst verpflichtet waren; aus dem Reservoir der Klienten rekrutierten die großen *gentes* in der frühen republikanischen Ära ihre Privatarmeen.

## Die Entwicklung der Stadt

Anfänglich war Rom ein kleines Dorf oder eine Ansammlung von Dörfern auf dem Palatin und den benachbarten Hügeln. Ähnliche Siedlungen gab es an anderen Stellen des Latium Vetus, und Ausgrabungen neuerer Zeit geben uns Aufschluß über ihren Charakter. Die Dörfer bestanden aus kleinen dichten Gruppen strohgedeckter Hütten auf den Hügeln, die sich über das umgebende Ackerland erhoben.

Das Leben in diesen Hüttendörfern, wahrscheinlich von kaum mehr als ein paar hundert Menschen bevölkert, muß sehr primitiv gewesen sein. Die Existenz der Dorfbevölkerung war durch eine primitive Landwirtschaft gesichert (hauptsächlich wurden Emmerweizen, Gerste, Erbsen und Bohnen angebaut), dazu kamen Viehzucht (vor allem Ziegen und Schweine), Fischfang, Jagen und Sammeln. Tonwaren, Stoffe und andere für den Haushalt notwendige Gegenstände wurden in Heimarbeit hergestellt. Schroffe Unterschiede bezüglich Vermögen oder Status lassen sich für diese Zeit nicht nachweisen.

Ab etwa 770 v. Chr. gibt es vermehrt Zeugnisse (hauptsächlich noch immer von Friedhöfen), die vor allem auf einen Bevölkerungszuwachs schließen lassen. Zweitens deuten Indizien auf verstärkte Außenkontakte, vor allem mit den griechischen Siedlungen in Kampanien. Ein weiteres Merkmal dieser Periode ist die wachsende Spezialisierung im Handwerk (zum Beispiel der Gebrauch der Töpferscheibe) und das Entstehen wirtschaftlich differenzierter sozialer Klassen. Letzteres Phänomen wird in der zweiten Hälfte des achten Jahrhunderts sichtbar und prägt sich im siebten Jahrhundert zunehmend aus. Die Zeugnisse entstammen wiederum Grabstätten, die an vielen Stellen in Latium, insbesondere während der letz-

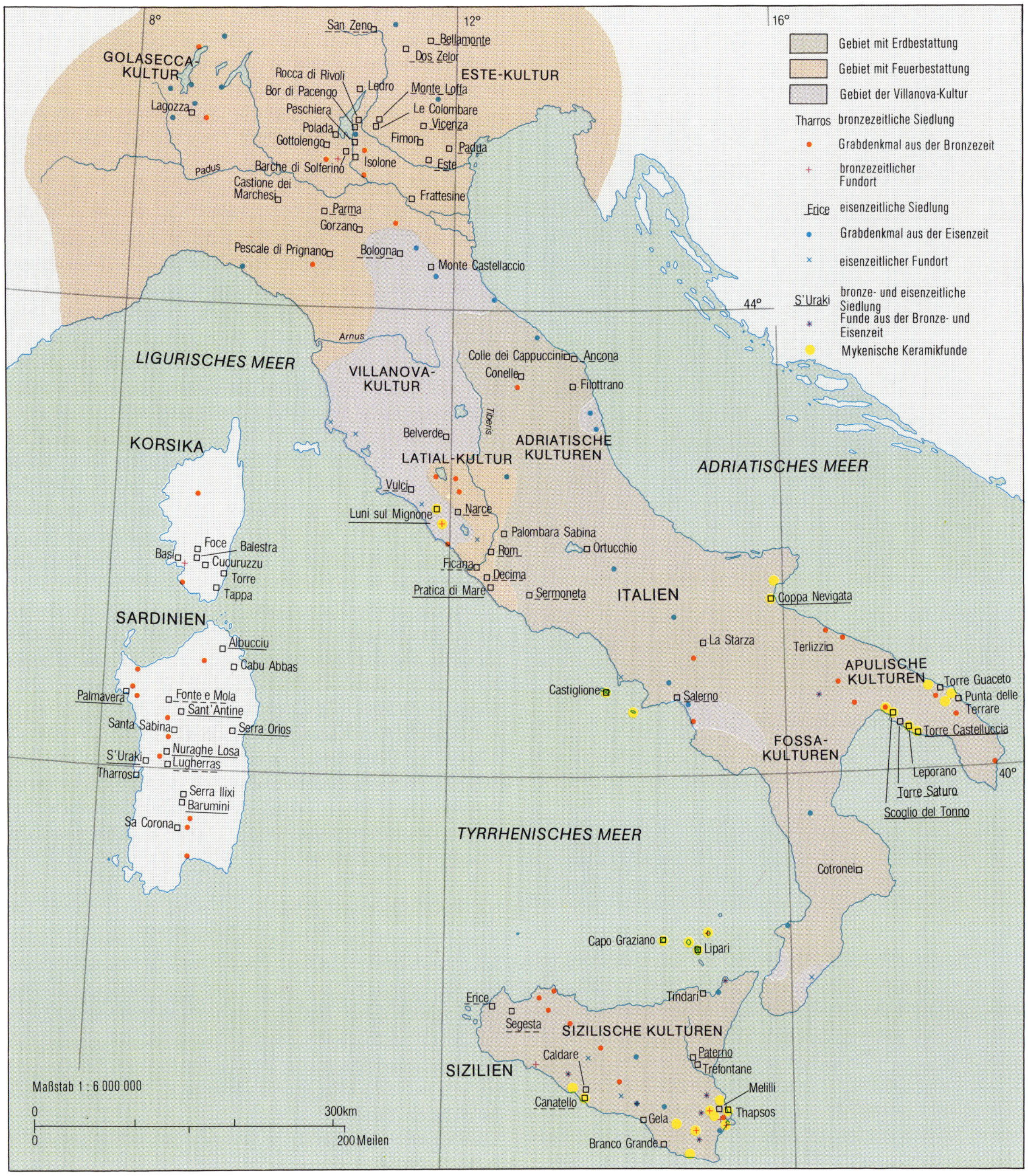


**Bronze- und eisenzeitliche Fundstellen in Italien**
Während der Bronzezeit zeigte Italien in seiner materiellen Kultur eine bemerkenswerte Gleichförmigkeit. Die große Zahl von Fundstellen in gebirgigen Regionen hat zu der Bezeichnung *Apenninkultur* geführt; sie beruhte auf einer Weidewirtschaft mit Transhumanz. Zu Beginn der Eisenzeit im 1. Jahrtausend v. Chr. werden die Nachweise zahlreicher. Sie deuten auf eine allgemeine Zunahme der Siedlungen, sowohl was die Größe als auch was deren Anzahl anbelangt. Zudem treten unterschiedliche lokale Kulturen auf. Nach der Art der Bestattung können wir zwei Gruppen unterscheiden: In Süditalien und im Adriagebiet wurden die Toten begraben *(Fossagräber-Kulturen)*, während die Einäscherung *(Urnenfelder-Kulturen)* in Norditalien, Etrurien und Umbrien westlich vom Tiber die Regel war.

ten Jahre entdeckt wurden. Diese Gräber enthalten außerordentlich reichen persönlichen Schmuck und belegen die fortschreitende Herausbildung einer herrschenden Aristokratie, der es gelungen war, materiellen Reichtum anzusammeln und ihr Vermögen durch Erbrecht zu sichern.

Während dieser Periode wuchsen die Dörfer auf den Gipfeln der Hügel zu großen Haufendörfern an, und einige erhielten künstliche Befestigungen in Form von Terrassen, Erdwällen und Gräben. Zu dieser Entwicklung kam es ganz sicher auch in Rom, das sich weit über das ursprüngliche Dorf auf dem Palatin ausgedehnt hatte und gegen Mitte des siebten Jahrhunderts das Tal des Forums, den Quirinal, Teile des Esquilins und wahrscheinlich auch des Caelians umfaßte.

Gegen Ende des siebten Jahrhunderts v. Chr. scheint sich die Struktur der Siedlung gewandelt und städtische Züge angenommen zu haben. In verschiedenen Teilen ersetzte man die Hütten durch stattlichere Häuser mit Steinfundamenten, Holzfachwerk und Ziegeldächern. Im Bereich des Forums wurden die Hütten abgerissen, und an ihrer Stelle entstand ein symmetrischer öffentlicher Platz. Fundamentreste von Tempeln, öffentlichen Gebäuden und Sanktuarien zusammen mit Fragmenten von Dachziegeln, Terrakotta-Frontispizien und behauenen Friesen werfen ein Licht auf die Veränderungen in jener Zeit.

## Die späteren Könige

Dieser Wandel fällt in die Regierungszeit von Tarquin I. (nach der Überlieferung von 616–579 v. Chr.), der nach unseren Quellen das Aussehen des Stadtzentrums von Rom veränderte, den Circus Maximus und Säulenhallen um das Forum errichten ließ. So erbringen die archäologischen Befunde die allgemeine Bestätigung für die historische Überlieferung, die in der Tat viel echte Information über das letzte Jahrhundert der Monarchie liefert. Die späten Könige sind unzweifelhaft historisch, obwohl man berücksichtigen sollte, daß ihre persönliche Geschichte selbst viele nicht gesicherte Elemente enthält.

*Unten:* Münze des Jahres 54 v. Chr., herausgegeben von Marcus Brutus, dem späteren Mörder Caesars. Auf der Rückseite ist sein Vorfahre L. Iunius Brutus dargestellt; er war um 509 v. Chr. Konsul und gehörte zu den Gründungsvätern der Republik. Auf der Vorderseite sieht man das personifizierte Ideal der *libertas*.

**Etrurien und die etruskischen Städte des 6. Jahrhunderts v. Chr.**
Die Zivilisation der Etrusker entstand im Gebiet, das im Westen vom Tyrrhenischen Meer, im Norden vom Arno, im Osten und im Süden vom Apennin und vom Tiber begrenzt wird. In politischer Hinsicht war das Territorium in mächtige, unabhängige Stadtstaaten eingeteilt, die im 6. Jahrhundert v. Chr. den Höhepunkt ihrer Macht erreichten. Etruskische Siedlungen gab es auch in der Po-Ebene, darunter Felsina (Bologna), Mantua und Ravenna, und in Kampanien, wo Capua, Nola, Pompeii und die Umgebung von Salerno die Hauptzentren darstellten.

Tarquinius Priscus war ein nach Rom zugewanderter Etrusker. Dort nahm man ihn in die einflußreichsten Kreise auf und kürte ihn nach dem Tod von Ancus Marcius schließlich zum König. Er regierte mehr als fünfzig Jahre lang, eroberte Apiolae und mehrere andere latinische Orte, zwang die Sabiner, die römische Oberherrschaft anzuerkennen und brachte die Etrusker unter seine Suprematie.

Seine Nachfolge trat Servius Tullius an, ein Mann dunkler Herkunft, der die Macht nach einer Palastrevolution ergriff, bei der Tarquin umgebracht wurde. Die lange und erfolgreiche Regierung von Servius endete gewaltsam, auch er wurde bei einem von seinem Schwiegersohn und Nachfolger, Tarquin II., unternommenen Staatsstreich getötet. Dieser war entweder der Sohn oder Enkel Tarquins I. Der Nachwelt als Tarquin der Stolze bekannt, erwies er sich als ein brutaler und despotischer Herrscher, der im Jahr 509 v. Chr. schließlich von einer Gruppe Adliger abgesetzt wurde, die eine republikanische Regierung einführten.

Diese Geschichte klingt recht plausibel, die Wirklichkeit aber war wohl komplexer. So präsentierte zum Beispiel Kaiser Claudius Angaben über einen König Roms mit Namen Mastarna, der nicht in der überlieferten Liste der sieben Könige auftaucht, wie sie in den Schriften der Historiker abgehandelt wird. Nach seiner Aussage gab es möglicherweise mehr als drei Regenten im Rom des sechsten Jahrhunderts v. Chr., und die dynastische Geschichte dieser Zeit war wohl auch verwickelter, als die Überlieferung glauben macht.

Das gleiche trifft auch auf den Niedergang der Monarchie zu. Dieses Ereignis soll die Folge der gemeinen Vergewaltigung Lucrezias durch einen von Tarquins Söhnen gewesen sein. Tarquin wurde ausgewiesen, versuchte jedoch mit der Hilfe des Lars Porsenna von Clusium zurückzukehren. Obwohl die traditionellen Geschichtswerke behaupteten, daß Porsennas Angriff hauptsächlich durch Horatius und seine zwei Gefährten, die die Brücke hielten, von den Römern abgewehrt werden konnte, gibt es auch eine Überlieferung, nach der Porsenna Rom eingenommen haben soll. Die unangenehmere Version klingt wahrscheinlicher als die patriotischere (und romantischere), und möglicherweise ist die Abschaffung der Monarchie weniger die Folge des Schicksals von Lucrezia als vielmehr der Invasion des Heeres von Lars Porsenna. Wie auch immer, die anekdotischen Einzelheiten der Geschichte sind nur von zweitrangiger Bedeutung. Wichtig ist, daß die wesentlichen Strukturelemente stimmen und es uns erlauben, konkrete Aussagen über das Wesen der römischen Gesellschaft in der späten Königsperiode zu machen.

An erster Stelle muß festgehalten werden, daß die Monarchie selbst einen merklichen Wandel durchmachte. Die späteren Könige gründeten ihre Stellung auf die Zustimmung des Volkes und forderten die Macht und die Privilegien des Adels heraus. So errang Tarquin I. den Thron, indem er bei den Massen um Stimmen warb und neue Männer in den Senat brachte. Servius Tullius und Tarquin II. gingen noch weiter: sie mißachteten die traditionellen Verfahrensregeln und griffen den Adel frontal an. Beide kamen durch illegale Mittel an die Macht und herrschten, ohne sich um die Zustimmung der Götter oder das Votum der *comitia curiata* zu kümmern. Tarquin II. verzichtete vollkommen auf den Rat des Senats, ließ die einflußreichsten Mitglieder umbringen und führte sich insgesamt wie ein typischer Tyrann auf, vergleichbar jenen, die zur gleichen Zeit in vielen Städten Hellas herrschten. Wie die griechischen Tyrannen verfolgten die letzten drei Könige Roms eine ehrgeizige Außenpolitik, förderten die Künste und betrieben ausgedehnte und grandiose Bauprojekte. Die griechischen Tyrannen versuchten, ihre Stellung zu legitimieren, indem sie sich auf die besondere persönliche Gunst der Götter beriefen; zum Beispiel gab Peisistratos von Athen vor, ein Günstling Athenes zu sein, und auch hierin folgten ihnen die römischen Könige. Anscheinend nahm Servius Tullius eine besondere Beziehung zur Göttin Fortuna für sich in Anspruch und baute ihr einen Tempel auf dem *Forum boarium* (Ausgrabungen brachten in der Tat Fundamentreste eines archaischen Tempels in diesem Teil der Stadt zutage, die aus der Mitte des sechsten Jahrhunderts v. Chr. stammen).

Doch das wichtigste Element der Tyrannis lag in ihrem populistischen Charakter. Die Tyrannen enteigneten teilweise den opponierenden Adel und verteilten dessen Besitz unter ihren Freunden und Anhängern; gleichzeitig schafften sie oligarchische Privilegien ab und dehnten deren Vorrechte auf breitere Gruppen aus. Vor diesem allgemeinen Hintergrund sollten die »Verfassungsreformen« des Servius Tullius gesehen werden. Von Servius wird behauptet, er habe die *comitia centuriata,* eine neue Volksversammlung geschaffen, in der die Bürger in Centuriatskomitien genannte Wählereinheiten eingeteilt und nach ihrem Besitz klassifiziert wurden, und für militärische Zwecke nach den Waffen und der Rüstung, die sie sich leisten konnten. Nach den Quellen arbeitete Servius ein System aus, das aus fünf Infanterieklassen bestand, die nach ihrem Vermögen und den unterschiedlichen Waffen, die sie trugen, unterteilt waren; in dieser Form spiegelt es sicher spätere Verhältnisse wider und kann nicht im sechsten Jahrhundert entstanden sein. Doch es besteht kein Grund, daran zu zweifeln, daß Servius die Centuriatsorganisation einführte. Ihm verdankt Rom vermutlich ein einfacheres System, von dem einige Spuren in alten Quellen vorhanden sind und in dem es nur eine Infanterieklasse gab; diese rekrutierte sich aus Männern mit zumindest minimalem Eigentum, die *adsidui* genannt wurden im Unterschied zu den Besitzlosen, die *infra classem,* d.h. »unter der Klasse« standen und von der Armee ausgeschlossen blieben. Die Armen hießen *proletarii,* da sie nur Nachkommen *(proles)* produzierten.

Nach der am weitesten verbreiteten und akzeptierten Interpretation der spärlichen Zeugnisse umfaßte die Infanterieklasse ursprünglich 60 Centurien (später die Standardstärke einer römischen Legion), und die Kavallerie bildete zusätzliche sechs Centurien. Man kann logischerweise annehmen, daß die Centurie bei ihrer Einführung aus hundert Mann bestand; das bedeutet, daß Rom zur Zeit des Servius Tullius über eine potentielle Streitmacht von 6000 Mann Infanterie und 600 Mann Kavallerie verfügte.

Die Reform des Heeres hing wahrscheinlich mit der Einführung verbesserter Militärtechniken und einer disziplinierten Kampfmethode im geschlossenen Verband zusammen. Es heißt, die Römer hätten diese neuen Taktiken von den Etruskern gelernt, die selbst wiederum die Methoden von der griechischen schweren Infanterie, den Hopliten, übernommen hatten. Die Hopliten waren ähnlich den *adsidui* des Servius Tullius Männer, die genügend Vermögen hatten, um sich mit Waffen auszurüsten. Die Einführung der neuen Techniken gab diesen Männern die Mittel zu politischen Veränderungen, und es wird oft und wohl zu Recht behauptet, daß die Tyrannen nur durch die Unterstützung der Hopliten die Macht ergreifen und die Patrizier herausfordern konnten.

Servius soll außerdem die Grundlage der Bürgerschaft verändert haben, indem er neue territoriale Tribus schuf, denen die Bürger aufgrund ihrer Ortsansässigkeit zugeordnet wurden. Dies hatte zur Folge, daß eine große Zahl Zuwanderer und andere, die nicht Mitglieder der Curien und der Bürgerschaft waren, die römischen Bürgerrechte erhielten. Von da an waren die *tribus* des Romulus und die *curiae* überholt.

Der volkstümliche und anti-aristokratische Charakter der Herrschaft der letzten Könige bildete die Hauptursache für die spätere ablehnende Haltung der Römer gegenüber der Institution des Königtums. In der republikanischen Ära war allein schon der Gedanke an einen König Grund zu einer fast pathologischen Abneigung. Es fällt schwer zu glauben, daß das allein auf die Erinnerung an die Missetaten des Tarquinius zurückgeführt werden kann; viel wahrscheinlicher spielte dabei die mächtige aristokratische Ideologie der herrschenden Klasse der Republik eine ausschlaggebende Rolle. Diese Klasse wurde von einer kleinen Oligarchie von »Edlen« dominiert, die für sich das ausschließliche Recht auf Machtpositionen und Einflußnahme im Staat in Anspruch nahmen und diesem Zustand mit der Bezeichnung »Freiheit« *(libertas)* einen besonderen Rang verliehen. Die Römer waren sich der grundsätzlichen Unvereinbarkeit von Monarchie und *libertas* immer bewußt, und sie hofften letztere zu verteidigen und zu bewahren, indem sie Vorsichtsmaßnahmen gegen das Eintreten der ersteren trafen. Die Überlieferung hat wahrscheinlich mit ihrer Behauptung recht, daß zwei der ersten Handlungen der neuen Führer der Republik darin bestanden, das Volk den Eid schwören zu lassen, nie wieder einen König in Rom zu tolerieren und Gesetze gegen jeden zu schaffen, der in der Zukunft nach einer monarchischen Stellung strebe. Aber was die Patrizier in Wahrheit bewegte, war wohl der Gedanke, daß einer der ihren sich über seinesgleichen erheben würde, indem er sich der Bedürfnisse der Unterpriveligierten annahm und dadurch ihrer Unterstützung sicher sein könnte.

Das erklärt, warum alle Beschuldigungen wegen monarchischer Bestrebungen sich gegen Außenseiter der herrschenden Elite richteten, deren einziges Vergehen nach unserem Ermessen darin bestand, sich persönlich mit aller Kraft für die Armen einzusetzen. Dies war bei dem unglücklichen Spurius Cassius der Fall, der 486 v. Chr. hingerichtet wurde, bei dem 440 getöteten Spurius Maelius und bei M. Manlius, der 382 ein ähnliches Schicksal erlitt. Später wurde auch der Mord an den Gracchen damit gerechtfertigt, daß sie das Königtum angestrebt hätten. Wie absurd diese Beschuldigung auch tatsächlich gewesen sein mag, es ging dabei nicht nur um die rhetorische Wirkung. Zu dieser Zeit wurde sie wohl wirklich von all jenen geglaubt, deren offen ausgesprochener Haß gegen das Königtum eine tiefe, unbewußte Angst vor den niederen Klassen verbarg.

Der *Lapis Niger* ist Roms ältestes öffentliches Dokument. Die bruchstückhafte Steininschrift, die unter einem Marmorboden auf dem Forum gefunden wurde, geht wahrscheinlich auf das frühe 6. Jahrhundert zurück. Der Text ist in einem sehr archaischen Latein gehalten und kaum verständlich. Wahrscheinlich handelt es sich um eine Art ritueller Vorschrift für die Ausübung eines Kultes oder um die Instruktion für die Instandhaltung eines Heiligtums.

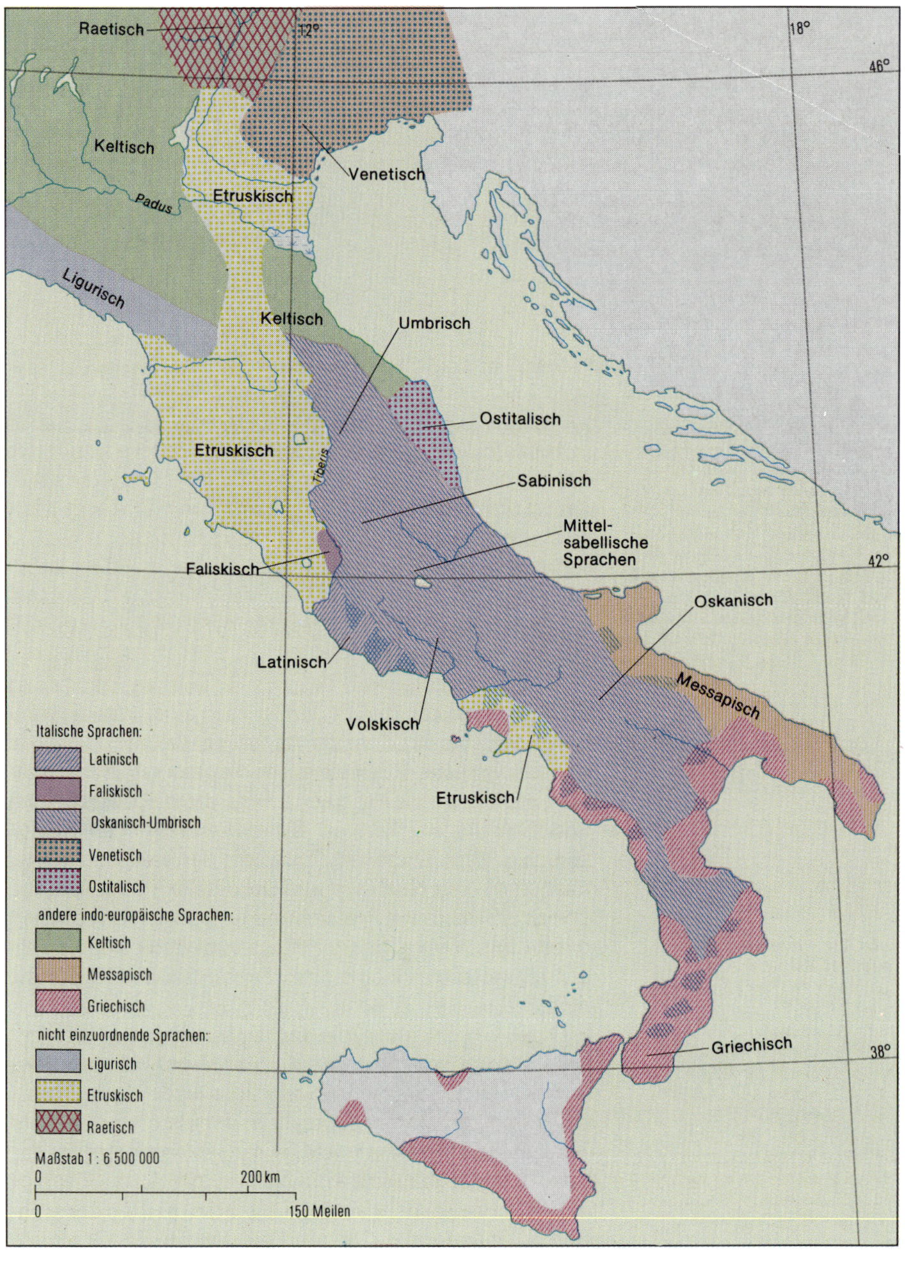

**Griechische und phönizische Kolonien im westlichen Mittelmeergebiet**

Münze von P. Porcius Laeca, 110 oder 109 v. Chr. Die *provocatio,* das Recht, gegen Maßnahmen der Magistrate die Volksversammlung anzurufen, bildete ein grundlegendes Element des römischen Bürgerrechts. Die Münze zeigt den Vorgang einer *provocatio* mit der Inschrift *provoco* (»ich appelliere«).

**Links: Die Sprachen im vorrömischen Italien, 450–400 v. Chr.**
Unsere Kenntnisse von den vorrömischen Sprachen sind leider beschränkt, doch durch Untersuchungen der wenigen Inschriften, Ortsnamen und anderen Hinweise ist es Forschern gelungen, die frühitalienischen Sprachen in deutlich voneinander geschiedene Gruppen zu unterteilen. Die Haupteinteilung unterscheidet zwischen indogermanischen und nicht-indogermanischen Sprachen; die wichtigste der letzten Gruppe ist das Etruskische.

## Das frühe Rom und die Etrusker

Nach der allgemeinen Überlieferung nahm das Königtum mit dem patrizischen Widerstand gegen eine tyrannische Regierung sein Ende, und das erscheint zweifellos überzeugender als eine moderne Theorie, die in der Vertreibung der Tarquinier ein Moment nationaler Befreiung und das Ende einer Ära etruskischer Herrschaft in Rom sieht. Wohl waren die Tarquinier etruskischer Herkunft, das heißt jedoch nicht, daß sie die Marionetten irgendeiner etruskischen Macht gewesen wären, die Rom ihrer Herrschaft unterworfen hätte. Nach den Quellen war Rom unter den Königen eine unabhängige Stadt, und es existieren nicht die geringsten Beweise für eine gegenteilige Annahme (abgesehen von der kurzen Episode des Lars Porsenna).

Andererseits wurde das kulturelle Leben Roms natürlich stark von der etruskischen Zivilisation beeinflußt, was die Überlieferung auch gar nicht leugnet. Zum Beispiel waren die königlichen Insignien, insbesondere die *fasces,* die Rutenbündel mit dem Beil, die die furchteinflößende Macht des Trägers des *imperiums* symbolisierten, von den Etruskern entliehen, ebenso wie die Spiele, der Triumphzug und bestimmte religiöse Kulte und Praktiken. Einige etruskische Götter wurden in Rom eingeführt, große Mengen *bucchero*-Keramik kamen bei Ausgrabungen zutage, und es gibt zahlreiche Hinweise dafür, daß die Römer sie allmählich nachahmten. Etruskischer Einfluß ist auch in der Architektur und Ornamentik offensichtlich, und die Präsenz etruskischer Handwerker in der Stadt wird durch die Geschichte bestätigt, nach der Tarquin II. einen Bildhauer namens Vulca aus Veji damit beauftragte, die Kultstatue für den großen Iupiter-Tempel auf dem Kapitol zu fertigen.

Man hat einige etruskische Inschriften in Rom gefunden, doch der Großteil der Bevölkerung sprach latinisch. Die latinische Sprache weist nur wenige Spuren etruskischen Einflusses auf, und das wäre erstaunlich, wenn die Stadt zu irgendeiner Zeit unter etruskischer Herrschaft gestanden hätte. Darüber hinaus war das Latinische die Sprache der offiziellen Dokumente, zum Beispiel der Inschrift in dem Säulenstumpf des sogenannten *Lapis Niger* aus dem frühen sechsten Jahrhundert v. Chr. Das Vorkommen etruskischer Namen unter den Konsuln der frühen Jahre der Republik weist darauf hin, daß eine Anzahl etruskischer Familien sich in Rom niedergelassen hat. Das beweist darüber hinaus, daß am Ende der Königsherrschaft keinesfalls alle Etrusker aus der Stadt vertrieben wurden.

Viele Beweise sprechen dafür, daß die Römer anscheinend bereit waren, Fremde in ihrer Gesellschaft aufzunehmen. Diese Eigenheit des archaischen Roms, die auch von der historischen Überlieferung voll und ganz bestätigt wird, scheint typisch auch für einige etruskische Städte gewesen zu sein, denn hier weisen Inschriften auf die Existenz von Familien griechischen, latinischen und italischen Ursprungs hin. Nach den Zeugnissen scheint es ebenso eine Art horizontaler Mobilität gegeben zu haben, aufgrund derer Einzelpersonen oder Gruppen sich frei von einer zur anderen Stadtgemeinschaft bewegen konnten und erwarten durften, aufgenommen und sogar auf höchster Ebene in die soziale Struktur integriert zu werden. So ist die einfache Geschichte, nach welcher der ältere Tarquin eine rein persönliche Entscheidung traf, Tarquinia zu verlassen und sein Glück in Rom zu suchen, weitaus glaubwürdiger als moderne Theorien, welche die alte Überlieferung ersetzen sollen.

Bei Ausgrabungen am Tempel der *Mater Matuta* bei Satricum in Südlatium wurde im Jahre 1977 eine wichtige archaische Inschrift gefunden. Im erhaltenen Teil steht: »Die Kameraden von Publius Valerius widmeten dies dem Mars.« Der hier erwähnte P. Valerius mag der große P. Valerius Publicola gewesen sein, einer der ersten Konsuln der Republik. Die eigentliche Bedeutung dieses Textes liegt aber darin, daß er ein Licht auf die Struktur der damaligen Gesellschaft wirft: Sie wurde von Gefolgschaftsgruppen beherrscht, die aristokratischen Führern und Clans verpflichtet waren.

**Die Ursprünge der Römischen Republik**

Im Jahr 509 v. Chr. verbannte eine Gruppe Patrizier Tarquin und setzte gleichzeitig der Königsherrschaft ein Ende. An ihre Stelle trat die etwas seltsame Institution eines Kollegiatsmagistrats, in dem sich zwei Männer die höchste Gewalt im Staate teilten. Die Konsuln, wie man sie später nannte (ursprünglich hießen sie einfach »Praetoren«, doch hier soll der Begriff Konsuln verwendet werden, um Verwechslungen zu vermeiden), wurden von den Centuriatskomitien gewählt und blieben ein Jahr im Amt. Eine Wiederwahl im folgenden Jahr war nicht erlaubt. Die Konsuln besaßen das *imperium* (allerdings unter der Verpflichtung, sich dem formellen Votum der *comitia curiata* zu unterwerfen) und erbten von den Königen alle äußerlichen Zeichen der Souveränität. Um jedoch den Anschein zu vermeiden, man habe lediglich einen durch zwei Könige ersetzt, richteten die Gründer der Republik es so ein, daß die Konsuln die *fasces* nur abwechselnd trugen.

Doch die Macht der Konsuln war noch auf andere, viel wesentlichere Weise begrenzt. Nach der Überlieferung wurde schon im ersten Jahr der neuen republikanischen Herrschaftsform ein Gesetz erlassen, nach dem die Bürger das Berufungsrecht erhielten *(provocatio)*, mit dem sich das Volk gegen eine Entscheidung des Magistrats wehren konnte. Manche Gelehrte bezweifeln die Authentizität dieses Gesetzes und betrachten es als eine fiktive Vorwegnahme ähnlicher Gesetze aus den Jahren 449 und 300 v. Chr.; dafür gibt es keinen Beweis, und die Überlieferung ist in dieser Hinsicht nicht unbedingt unglaubwürdig. Die Handlungsfreiheit des Konsuls war weiter dadurch beschränkt, daß er sich das Amt teilen mußte und daß es auf ein Jahr befristet war. Das Doppelprinzip der Kollegialität und Annuität wurde zum Grundelement der römischen Verfassungspraxis und auf alle folgenden Magistrate – mit der (partiellen) Ausnahme der Diktatur – angewendet. Nach dem Kollegiatsprinzip konnten die Absichten eines jeden einzelnen Konsuls durch das Eingreifen seines Amtsgenossen vereitelt werden, denn man war übereingekommen, daß bei jedem Streit das negative Votum die Oberhand behalten sollte. Die Beschränkung der Amtszeit des Konsuls auf ein Jahr verringerte ebenfalls seine Möglichkeiten, Unheil anzurichten und bildete die Garantie dafür, daß die Kontinuität der Regierung und die politische Führung in Händen des Senats blieben, aus dessen Reihen die Konsuln gewählt wurden und in den sie nach ihrer Amtszeit zurückkehrten. Im Grunde hatte der Senat gegenüber den Konsuln nur eine beratende Funktion, aber da seine einflußreichsten Mitglieder Männer waren, die selbst das Konsulat bekleidet hatten, war sein Rat praktisch bindend für die jeweiligen Amtsinhaber. Der Senat bildete die lebendige Verkörperung der römischen Tradition und ein Reservoir an politischer Weisheit und Erfahrung. In der Praxis stellte er die eigentliche Regierung Roms und die Magistrate nur die ausführenden Organe.

Die Ausnahme von dieser Grundregel war die Diktatur, die im Jahre 500 v. Chr. eingeführt wurde. In äußerst dringenden Notfällen konnte ein Diktator von den Konsuln ernannt werden, der selbständig und unabhängig als oberster Befehlshaber und Staatsoberhaupt wirken sollte. Er hatte einen Gehilfen, den Reiterobersten, der die Kavallerie befehligte, doch dem Diktator klar unterstellt war. Es gab kein Berufungsrecht gegen den Diktator und seine Entscheidungen hatten bindenden Charakter; allerdings war seine Amtszeit auf sechs Monate beschränkt.

Zu den Magistraten gehörten auch die Quaestoren, Gehilfen der Konsuln, die ab 447 v. Chr. durch allgemeine Wahlen gewählt wurden, und die 443 zum ersten Mal gewählten Censoren. Die Censoren erfüllten Aufgaben, die früher den Konsuln oblagen; zu den wichtigsten dieser Pflichten gehörten die Steuerveranlagung, die Festsetzung der Rechte und Pflichten der Bürger und ihre Zuordnung zu den für sie zuständigen Tribus und Centurien. Die Censoren wurden alle vier oder fünf Jahre gewählt und blieben 18 Monate im Amt.

Das neue System war ein sehr kompliziertes Ensemble politischer Institutionen, das nach unseren Kenntnissen keine Entsprechungen in der griechischen Welt oder in Etrurien hatte. Aus diesem Grund haben verschiedene Gelehrte Zweifel geäußert, daß eine derart einzigartige Institution wie das Konsulat zu Beginn der Republik so einfach aus dem Nichts hatte entstehen können: nach ihrer Argumentation soll sich das Konsulat allmählich aus einem primitiven System entwickelt haben, in dem die Staatsgeschäfte von einem für ein Jahr regierenden Diktator geführt wurden oder von einem einzelnen obersten Jahresbeamten *(praetor maximus)*. Für diese Theorie jedoch fehlen stichhaltige Beweise.

Vielmehr gibt es gute Gründe für die Annahme, daß die Gründungsväter der Republik alles andere als politische Ignoranten waren. Eine ihrer gewagtesten und zugleich genialsten Erneuerungen bestand in der Ernennung eines Beamten, der die religiösen Verantwortlichkeiten des früheren Königs übernahm. Dieser Beamte hieß *rex sacrorum* (»Opferkönig«). Seine Funktionen beschränkten sich auf den rein religiösen Bereich, und er durfte kein anderes Amt bekleiden. Dieses strikte Verbot sollte verhindern, daß der Titel »König« irgendwie mit einer politischen Machtstellung in Verbindung gebracht wurde. Nach A. Momigliano, dessen Argumentation wir uns hier anschließen, stellte das Kollegialkonsulat eine nicht gewöhnliche Regierungsform dar, sondern implizierte eine gewisse Reife. Es war die Reife der Männer, die den *rex sacrorum* schufen, um die sakrale Macht der Könige zu isolieren und damit gleichzeitig ineffektiv zu machen. Ganz offensichtlich sah die beginnende römische Republik eine wache und skrupellose Aristokratie am Werk.

In all seiner Perfektion schien das neue System jedoch nicht in der Lage und war vorrangig wahrscheinlich auch nicht daraufhin angelegt, ein geordnetes und stabiles Regieren zu gewährleisten. Im Gegenteil, die politische und militärische Geschichte Roms in der ersten Jahrhundert-

Münze von L. Cassius Caecianus (102 v. Chr.). Die Büste der Ceres auf der Vorderseite erinnert daran, daß Sp. Cassius im Jahre 493 v. Chr. dieser Göttin einen plebejischen Tempel auf dem Aventin geweiht hat.

hälfte der Republik bietet ein verwirrendes Bild von Unruhen und allgemeiner Unordnung. Anscheinend zerfiel die starke, zentralisierte Macht, die von den Königen begründet worden war, mit dem Fall des Tarquinius und wich einem Wiederaufleben chaotischen Wetteiferns zwischen mächtigen und ehrgeizigen Einzelpersönlichkeiten und Gruppen. Diese waren in der Lage, unabhängig von der staatlichen Kontrolle ihre früheren Aktivitäten wieder aufzunehmen und ihre Privatarmeen von Abhängigen und Klienten für ihre politischen und privaten Ziele einzusetzen.

Am besten wird die Situation in den Gründungsjahren der Republik durch die Geschichte des sabinischen Führers Attius Clausus illustriert, der 504 v. Chr. mit 5000 Klienten und Abhängigen nach Rom kam; nachdem er den Namen Appius Claudius angenommen hatte, wurde er Mitglied des Senats, ein Vorfahr der claudischen *gens.* Andere Beispiele für das gleiche Phänomen sind der Staatsstreich des Appius Herdonius, der 460 v. Chr. das Kapitol mit einer Horde von 400 Klienten besetzte, und der Privatkrieg der Fabier und ihrer Klienten, die 475 v. Chr. von den Etruskern in der Schlacht am Cremera-Fluß niedergemacht wurden. Die politische Bedeutung der Fabier zu dieser Zeit wird noch durch die Tatsache bekräftigt, daß bis zu Beginn des Cremera-Kriegs 479 v. Chr. sieben Jahre hintereinander immer ein Fabier einer der Konsuln war; nach der Niederlage wurde erst 467 wieder ein Fabier oberster Magistrat.

Das allgemeine Bild einer von geschlossenen Gruppen oder Banden unter adliger Führung beherrschten Gesellschaft wird heute durch eine erst kürzlich in den Gräbern von Satricum entdeckte Inschrift bestätigt, die eine Widmung an Mars von den »Gefährten des Publius Valerius« enthält. Die Inschrift stammt aus den Jahren um 500 v. Chr., und so erhebt sich die Frage, ob der hier genannte Publius Valerius vielleicht der berühmte P. Valerius Publicola war, einer der Gründungsväter der Republik. Der wichtigste Punkt ist jedoch, daß wir es hier mit einer Gruppe von Männern zu tun haben, die sich nicht als Bürger eines Staates oder Mitglieder einer ethnischen Gruppe definieren, sondern als Gefährten eines einzelnen Führers. Das latinische Wort *sodales,* hier als »Gefährten« übersetzt, kennzeichnet eine durch starken Sinn für Solidarität verbundene Gruppe Männer, die sich ganz einem oder mehreren Führern verschrieben hat. Livius benützt das gleiche Wort, um die Gefolgsleute der Fabier am Fluß Cremera zu beschreiben. Solche Gruppierungen findet man in vielen aristokratischen Gesellschaften; zum Vergleich bieten sich hier zum Beispiel die keltischen *ambacti* (»Umzingler«) an, die die gallischen Häuptlinge begleiteten und eine den Klienten bei Caesar vergleichbare Stellung einnahmen *(Commentarii de bello Gallico, 6.15).*

Anscheinend prosperierte diese Art Gesellschaft eine kurze Zeit lang nach dem Niedergang der zentralisierten und geordneten Herrschaft der Könige. Viele bürgerliche Institutionen wurden aufgehoben, als der Adel 509 v. Chr. die Macht übernahm; zum Beispiel muß man wohl annehmen, daß die Centurienverfassung des Servius Tullius kaum noch effektiv war, als die Fabier mit ihren Klienten an die Cremera marschierten. Doch die Herrschaft des Adels ging im zweiten Viertel des fünften Jahrhunderts zu Ende. Das muß teilweise als Folge der Katastrophe an der Cremera geschehen sein, die allerdings nur eine von mehreren militärischen Rückschlägen war. Doch die wichtigste Herausforderung für das Adelssystem ging von einem völlig neuen Faktor aus, der sich in diesen Jahren bemerkbar machte: der neu organisierten Macht der *plebs.*

**Der Aufstieg der »Plebs«**

Der Gegensatz zwischen den Plebejern und Patriziern bildete den entscheidenden Konfliktherd in der innenpolitischen Geschichte Roms während der ersten beiden Jahrhunderte der Republik; er eskalierte in schweren sozialen und politischen Auseinandersetzungen und führte schließlich zu einem Umwandlungsprozeß im Gefüge von Gesellschaft und Staat. Obwohl die noch erhaltenen Quellen uns eine Menge über diesen allgemein als »Ständekampf« bekannten Prozeß zu berichten haben, können wir ihn leider nicht wirklich verstehen. Dieses Paradox erklärt sich daraus, daß die Hauptgründe für den Konflikt schon lange, bevor die ersten Historiker Roms geboren wurden, beseitigt waren, so daß sie sich nur ganz vage Vorstellungen von diesen Ereignissen machen konnten. Die noch erhaltenen Berichte sind voller irreführender Anachronismen und Verzerrungen; es gibt nur wenige gesicherte Fakten, und jede moderne Rekonstruktion fällt zwangsläufig hypothetisch aus.

Wir könnten die Ursache des Konflikts besser verstehen, wenn wir wüßten, wie Patrizier und Plebejer zu definieren sind. Was die Quellen über die Ursprünge der Unterscheidung zwischen beiden zu sagen haben, ist ganz sicher nicht ausreichend und zumindest teilweise falsch. Sie berichten, daß die Patrizier die Nachkommen der von Romulus erwählten ehemaligen Senatoren waren. Das mag bis zu einem bestimmten Grad wahr sein, denn die Patrizier stellten eine Gruppe von Senatorenfamilien mit bestimmten erblichen Privilegien dar, und dazu gehörte vermutlich das Recht auf eine Stellung im Senat. Der Senat umfaßte tatsächlich zwei Gruppen, die »Väter« und die Beigeordneten *(patres et conscripti);* erstere waren die Patrizier, deren Senatsamt erblich war, während die *conscripti* wahrscheinlich nur auf Lebzeiten in den Senat bestellt wurden.

Die Senatoren aus dem Patrizierstand hatten in der historischen Periode der Republik bestimmte Vorrechte. So wählten sie zum Beispiel den *interrex,* wenn es nötig war, und dieser kam immer aus ihren Reihen. Sie hatten das Monopol über die Priesterämter und das Exklusivrecht auf die Auspizien, und außerdem besaßen sie die *auctoritas,* Entscheidungen der *comitia* zu bewilligen. Daraus kann man schließen, daß der Stand der Patrizier sich ursprünglich durch das Erbrecht auf religiöse Privilegien definierte; diese scheinen einer besonderen Gruppe von Familien während der Monarchie gewährt worden zu sein, als das *interregnum* eine übliche und wichtige Institution war.

Daraus folgt jedoch nicht, daß sich die herrschende Klasse in Rom in der frühesten Zeit nur aus Patriziern zusammensetzte. Dies wird durch die Tatsache widerlegt, daß vier der Könige und einige der frühen Konsuln, darunter Brutus, Plebejer waren – oder zumindest Namen trugen, die später als plebejisch galten. Am wahrscheinlichsten ist wohl, daß die Priesterfamilien des Patriziats eine führende Rolle bei der Gründung der Republik übernahmen und während der ersten Jahre allmählich ihren Einfluß ausdehnten, wobei sie ganz sicher ihre religiösen Privilegien in die Waagschale warfen, bis sie schließlich über das Monopol in der politischen Macht verfügten. In der Zeit bis 486 v. Chr. waren 77 Prozent der Konsuln Patrizier; ihr Anteil stieg in den Jahren zwischen 485 und 445 auf über 90 Prozent. Als 486 v. Chr. der plebejische Konsul Spurius Cassius in Ungnade fiel und hingerichtet wurde, war das vielleicht ein Element im Prozeß der endgültigen Abkapselung des Patriziats. Das Endstadium begann 450 mit dem Verbot der Heirat zwischen den Ständen.

Der Aufstieg der *plebs* verlief parallel dazu, doch seine

Ursprünge sind noch dunkler. Der Terminus *plebs* wird in unseren Quellen manchmal verwendet, um alle römischen Bürger zu bezeichnen, die nicht dem Patrizierstand angehörten, aber das ist sicherlich nicht die originale Bedeutung. Im klassischen Latein meint dieses Wort genauer definiert auch »die Massen« oder »die Gemeinen«, zum Beispiel in solchen Ausdrücken wie *plebs urbana* (»städtische Massen«). Wahrscheinlich umfaßte die *plebs* ursprünglich eine besondere Gruppe unterprivilegierter Leute. Es ist durchaus möglich und sogar wahrscheinlich, daß die *plebs* anfänglich gar keine genau umrissene Gruppe war, sondern eher eine heterogene Ansammlung armer, schwacher und schutzloser Menschen unterschiedlicher Herkunft und Erziehung. Dem Anschein nach umfaßte sie Bauern, Handwerker, Ladeninhaber, Kaufleute und so weiter. Die lange zurückliegenden »Ursprünge« der *plebs* suchen zu wollen, ist sicher der falsche Ansatz für die Klärung dieses Problems. Wichtig ist in erster Linie, daß die Plebejer geschichtlich in Erscheinung traten, als sie in der frühen Republik schon eine organisierte Bewegung waren, und durch die Beschreibung dieser Organisation und die Erforschung ihrer Ziele können wir am ehesten hoffen, das Wesen der römischen *plebs* zu begreifen.

Der Überlieferung zufolge zogen im Jahre 494 v. Chr. die verschuldeten und willkürlich unterdrückten Plebejer gemeinschaftlich aus der Stadt und besetzten den Heiligen Berg (oder, nach einer anderen Überlieferung, den Aventin). Dort begründeten sie für sich eine Art autarken Staat oder einen »Staat im Staat«. Sie riefen eine Volksversammlung, das *concilium plebis,* ins Leben und wählten ihre eigenen als Tribunen bezeichneten Beamten. Vermutlich gab es zu Beginn nur zwei Tribunen, aber später wuchs ihre Zahl auf zehn an. Das Tribunenamt entstand durch die *lex sacrata,* wie sie die Römer nannten. Dies war ein gemeinsamer Beschluß, der durch den feierlichen Eid aller besondere Kraft erhielt. Die Plebejer schworen, ihre Tribunen zu beschützen, und belegten jeden, der ihnen Schaden zufügte, mit einem Fluch. So wurden die Tribunen »sakrosankt«.

Die *lex sacrata* ist auch als Merkmal einer primitiven militärischen Organisation unter den italischen Völkern bekannt. So finden wir zum Beispiel bei den Samniten Kriegerscharen, die darauf vereidigt wurden, ihren Anführern zu gehorchen und sogar in den Tod zu folgen. Es gibt auch ganz offensichtliche Ähnlichkeiten mit den Gefährtenscharen, den *sodales,* der frühen Republik. Die Annahme ist gar nicht so abwegig, daß die Plebejer, die von diesen Gruppen ausgeschlossen waren und sich keines besonderen Schutzes durch den Adel erfreuten, sich entschlossen, als Gegengewicht zu den eng verzahnten Gruppen, auf die sich die Macht der Patrizier stützte, eine rivalisierende Organisation zu bilden.

Die Patrizier selbst stellten nur eine kleine Minderheit innerhalb der Gesamtbevölkerung der Stadt; römische Altertumsforscher schätzten, daß es 509 v. Chr. 136 Patrizierfamilien gab und daß sie den Staat nur aufgrund der Unterstützung durch ihre Klienten beherrschen konnten. Letztere scheinen in vielen Fällen recht wohlhabend gewesen zu sein und verdankten ihre Stellung den Führern, von denen sie abhängig waren; aus diesem Grunde hatten sie ein verständliches Interesse, den Status quo zu stützen. Die Klienten der Patrizier konnten sich Waffen leisten und waren Mitglieder der servianischen *classis,* die sie vermutlich beherrschten. Das erklärt, wie die Patrizier trotz ihrer geringen Zahl ihre privilegierte Stellung behaupten konnten und über 200 Jahre lang unbeschadet überdauerten.

Die Organisierung der *plebs* war ein ungeheuer mächtiges und potentiell revolutionäres Instrument des Wandels. Ihre Stärke beruhte letztlich auf kollektiver Solidarität und nicht auf irgendeiner gesetzlichen Autorisierung, obwohl die Patrizier mit der Zeit die plebejischen Institutionen durch eine Reihe Erlasse wie die *lex Publilia* aus dem Jahre 471 v. Chr. und die Valerio-Horatianischen Gesetze von 449 anerkennen mußten. Das Endstadium erreichte dieser Prozeß im Jahre 287, als die Beschlüsse der plebejischen Standesversammlungen *(plebiscita)* volle Gesetzeskraft erlangten. Die letzte Waffe der *plebs* war die »Lossagung« oder »Sezession«, eine extreme Form bürgerlichen Ungehorsams, die man zwischen 494 und 287 v. Chr. nicht weniger als fünfmal demonstrierte. Bei diesen Gelegenheiten zog sich die *plebs* insgesamt aus der Stadt zurück auf den Aventin, der zu einem Zentrum plebejischer Aktivitäten wurde.

Nach der ersten »Sezession« im Jahre 493 v. Chr. weihte Spurius Cassius, der Konsul dieses Jahres, am Fuß des Aventins Ceres, Liber und Libera einen Tempel. Der Tempel entwickelte sich zu einem wichtigen plebejischen Kultzentrum und wurde auch als Schatzkammer und Archiv benutzt. Zur gleichen Zeit schuf die *plebs* zwei Beamte, die Aedilen, die den Auftrag hatten, für die Instandhaltung und Verwaltung des Tempels *(aedes)* zu sorgen.

Die Volkstribunen gewannen großen Einfluß. Obwohl sie im engeren Sinne keine Magistrate waren und kein *imperium* besaßen, hatten sie doch effektive Macht *(potestas),* die es ihnen erlaubte, wie Magistrate zu handeln. Sie konnten ihren Willen durch Zwang *(coercitio)* durchsetzen; sie waren in der Lage, Strafen, Verhaftungen und sogar die Todesstrafe zu verhängen. Ihre persönliche Unverletzlichkeit ermöglichte es, einzelne Plebejer gegen Übergriffe der Konsuln durch ihren Beistand *(auxilium)* zu schützen. Außerdem konnten sie in allgemeine gesetzgebende, beratende und exekutive Prozesse der offiziellen Staatsorgane eingreifen und durch ihr Vetorecht *(intercessio)* die Geschäfte zum Stillstand bringen.

Die Hauptziele des Plebejeraufstandes in den frühen Jahren galten der Befreiung von Schulden und einer gerechteren Verteilung des Bodens. Bei der Verschuldung scheint es vor allem um eine *nexum* genannte Schuldknechtschaft gegangen zu sein. Wie sie gehandhabt wurde, geht aus unseren Quellen nicht klar hervor. Die wahrscheinlichste Interpretation versteht das *nexum* als einen Vertrag, durch den sich ein freier Mann zu Dienstleistungen als Sicherheit für eine Anleihe verpflichtete; geriet er in Zahlungsverzug, konnte er dazu gezwungen werden, die Schuld abzuarbeiten. Der *nexus* blieb ein Bürger und verlor wenigstens in der Theorie seine gesetzlichen Rechte nicht. Aber die *nexi* wurden in der Praxis auf vielfältige Weise mißbraucht und sahen kaum eine Möglichkeit, sich aus der Schuldknechtschaft zu befreien, wenn sie sich erst einmal darauf eingelassen hatten. Der plebejische Kampf gegen die *nexum* - Knechtschaft führte schließlich zu ihrer Aufhebung im Jahr 326 oder 313 v. Chr. durch die *lex Poetilia.*

An zweiter Stelle stand die Forderung nach gerechterer Verteilung des Bodens. Nach der Überlieferung besaßen die Bauern im frühen Rom außerordentlich wenig Land. Romulus etwa soll seinen Anhängern jeweils ein Areal in der Größe von zwei *iugera* (1 iugerum = 0,25 Hektar = 0,625 Morgen) als *heredium* (Erbgut) überlassen haben. Anderen Quellen zufolge konnte ein Bauer in früher Zeit über ein Stück Land von sieben *iugera* verfügen. Aber da auch diese größere Fläche für den Unterhalt einer Familie nicht ausreichte, müssen wir annehmen, daß die Bauern noch zu anderem Land Zugang hatten. Die wahrscheinlichste Erklärung ist, daß es sich dabei um Staatsland han-

**Rom und seine Nachbarn während der Königszeit**

Der Ausdehnung des römischen Territoriums zur Zeit der frühen Könige - um 700 v. Chr. - wurde beim Fest der Ambarvalia feierlich gedacht. Bei dieser Zeremonie, die jedes Jahr im Mai stattfand, schritten römische Priester, die »Arvalischen Brüder«, die ehemalige Grenze ab, die sich einige Kilometer um die Stadt herum ausgedehnt hatte. Den Quellen zufolge kam es in der Königszeit zu Eroberungen, so daß das römische Staatsgebiet südwärts bis zu den Albaner Bergen und westlich bis zur Tibermündung reichte, wo Ancus Marcius in Ostia eine Festung erbaute. Die Karte zeigt die ungefähre Ausdehnung der Territorien der verschiedenen lateinischen Gemeinschaften am Ende der Königszeit. Die Grenzen, die hier dargestellt sind, beruhen nur auf Vermutungen und folgen dem Verlauf, den K. J. Beloch vorgeschlagen hat. Dieser schätzte die Größe der Territorien in Quadratkilometern wie folgt: Rom 822, Tibur 351, Praeneste 262,5, Ardea 198,5, Lavinium 164, Lanuvium 84, Labici 72, Nomentum 72, Gabii 54, Fidenae 50,5, Tusculum 50, Aricia 44,5, Pedum 42,5, Crustumerium 39,5 Ficulea 37. Rom nahm damit mehr als ein Drittel des Gebiets des Latium Vetus, des alten Latium, ein. Dieses allgemeine Bild wird uns vom Text des Vertrages mit Karthago (509 v. Chr.), in dem Roms führende Stellung in Latium ausdrücklich anerkannt wird, und von zahlreichen archäologischen Nachweisen bestätigt; ihnen zufolge war Rom schon damals ein reicher und mächtiger Staat.

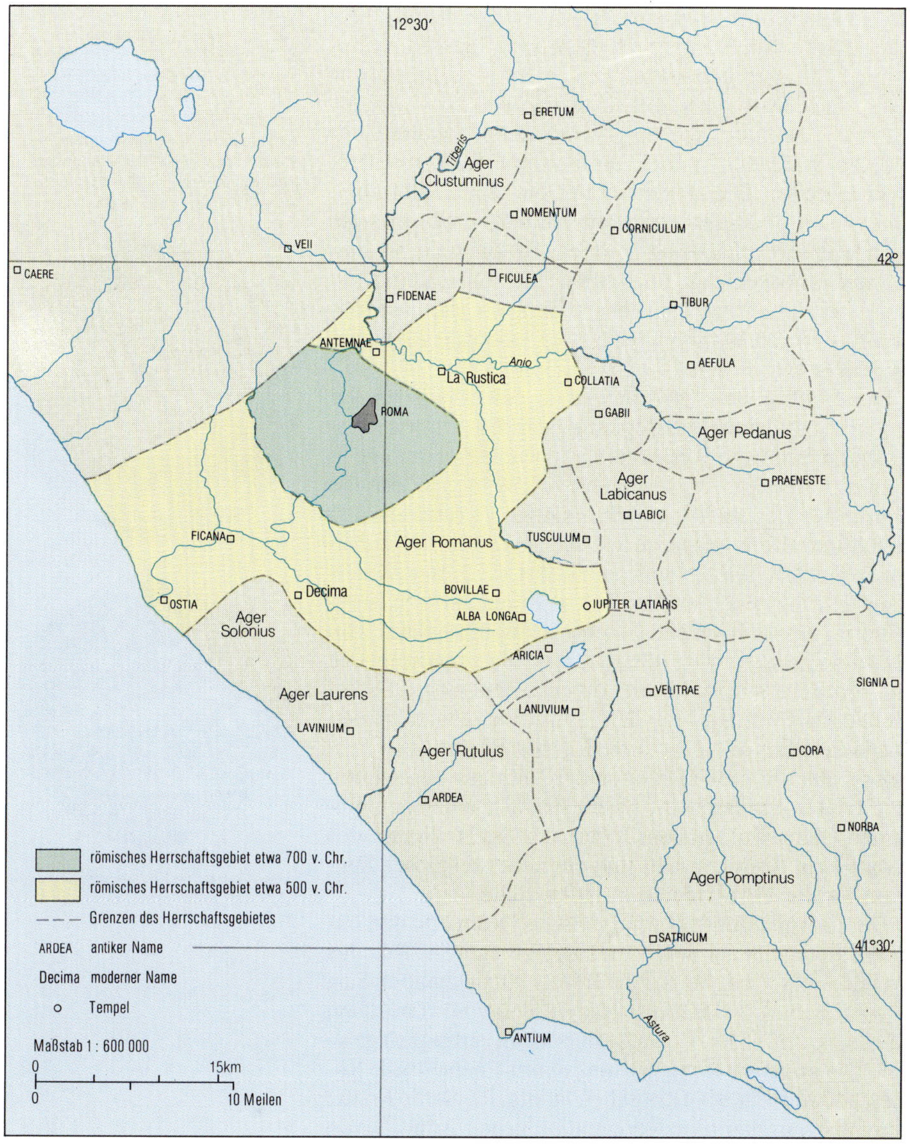


delte, den *ager publicus,* ursprünglich durch Eroberungen gewonnenes staatseigenes Land, das von Einzelnen als Acker- und Weidefläche genutzt werden konnte. Es hat jedoch den Anschein, als sei der *ager publicus* in früher Zeit in der Hand reicher Patrizier gewesen, die ihn ganz einfach ihrem Besitz angliederten und die Armen in Abhängigkeit hielten, indem sie für die Nutzung eine Bezahlung in Naturalien forderten. Während des fünften Jahrhunderts v. Chr. ist von vielen Kampagnen für eine Neuverteilung des *ager publicus* die Rede. Diese Berichte sollte man nicht als anachronistische Rückprojektionen der Bedingungen zur Zeit der Gracchen abtun. Landhunger, Armut und Verschuldung waren durchgehende Merkmale der römischen Gesellschaft und prägten auch schon die früheste Zeit.

Die *plebs* strebte außerdem nach schriftlicher Festlegung und Veröffentlichung der Gesetze. Die Kampagne zur Durchsetzung dieser Forderung führte im Jahr 451 zur Aufhebung der Verfassung und der Ernennung von zehn Legislatoren *(decemviri).* Die *decemviri* waren zwei Jahre lang im Amt und veröffentlichten während dieser Periode das Zwölftafelgesetz. Im Jahr 450 jedoch begannen sie ihre Stellung zu mißbrauchen und wurden abgesetzt. Im Folgejahr erließen die Konsuln L. Valerius und M. Horatius eine Reihe Gesetze, durch die die Bürgerrechte erneut bestätigt und die plebejischen Institutionen anerkannt wurden.

Das Zwölftafelgesetz bildete die Grundlage für das römische Recht. Der vollständige Text ist nicht erhalten, kann jedoch aus Zitaten rekonstruiert werden. Der Form nach handelt es sich um prägnante Verfügungen und Verbote in einer archaischen Sprache. Zum Beispiel: »Wenn er ihn vor Gericht bestellt, laß ihn gehen. Wenn er nicht geht, bestell einen Zeugen. Dann soll er ihn festnehmen.« (1.1) »Wenn er eines anderen Glied verstümmelt hat und sich deswegen nicht mit ihm einigt, wird Vergeltung geübt.« (8.2) Die Zwölf Tafeln waren kein systematischer Codex im modernen Sinn. Im wesentlichen werden die folgenden Themen behandelt: Familie, Ehe und Scheidung; Erbrecht, Besitzrecht und Eigentumsübertragung; Delikte und Vergehen; Verschuldung, Sklaverei und *nexum.* Auf der anderen Seite wurde das öffentliche Recht in seiner Gesamtheit nicht berücksichtigt.

Die Zwölf Tafeln sind eine Mischung aus Kodifizierung und Rechtsreform. Die wichtigste Neuerung bestand im Verbot der Ehegemeinschaft zwischen Patriziern und Plebejern. Diese Verordnung rief stürmischen Protest hervor und wurde vom Tribun C. Canuleius (445 v. Chr.) bald wieder aufgehoben. Abgesehen von dieser Ausnahmeklausel garantierten die Zwölf Tafeln allen freien Bürgern gleiche Rechte, wie es von den Plebejern gefordert worden war. Doch noch immer mußte der einzelne dafür sorgen, daß sich sein Prozeßgegner dem Gericht stellte, und das Urteil hatte er selbst auszuführen. Außerdem waren die Verfahrensweisen im Gesetz nicht festgelegt und blieben der Mehrheit der Römer unbekannt. Unter solchen Voraussetzungen gewährte das Gesetz schwachen Bürgern nur wenig Schutz, und so blieben sie weiterhin von der Förderung und Unterstützung durch die Reichen und Mächtigen abhängig.

**Rom und seine Nachbarn**

Unter den frühen Königen war Rom eine kleine, primitive Siedlung, deren Außenbeziehungen sich auf lokale Kriege und kleinliche Streitereien mit den unmittelbaren Nachbarn beschränkten. Die Überlieferung erwähnt Kriegszüge gegen das etruskische, auf der anderen Seite des Tibers gelegene Veji und gegen die Siedlungen der Alt-Latiner nordöstlich von Rom im Gebiet zwischen Tiber und Anio. Der Hoheitsbereich Roms erstreckte sich sieben Kilometer in jede Richtung und umfaßte insgesamt etwa 150 Quadratkilometer. Doch dieses Gebiet wurde unter den Königen beträchtlich erweitert. Tullus Hostilius erstürmte Alba Longa und vereinnahmte es für Rom, während Ancus Marcius die Grenzen bis an die Küste ausdehnte und dabei dem römischen Staat die Siedlungen Tellenae, Poltorium und Ficana eingliederte. Im sechsten Jahrhundert v. Chr. nahm der Staat nicht nur Kontakte mit den historischen Zentren von Latium wie etwa Tibur, Lavinium und Ardea auf, sondern auch mit den Städten Etruriens und Magna Graecias. Er unterhielt Handelsverbindungen mit Karthago und nahm unter der Herrschaft eines der Tarquinier freundschaftliche Beziehungen zur griechischen Kolonie von Massalia (Marseille) auf, die noch zu Zeiten des Imperiums Bestand hatten.

Servius Tullius soll auf dem Aventin ein der Diana geweihtes Heiligtum erbaut haben, das sich zum gemeinsamen Kultzentrum einer Föderation latinischer Staaten unter Führung Roms entwickelte. Die Begründung dieses Kults und die daran teilnehmenden latinischen Städte werden auf einer archaischen Inschrift erwähnt, die anscheinend noch zu Zeiten des Augustus auf dem Aventin zu sehen war.

Der Bezirk der Diana bildete nur eines von mehreren Kultzentren, die von einigen oder allen latinischen Völkern gemeinsam benützt wurden. Als das heiligste von ihnen galt der *Mons Albanus* (Monte Cavo), wo sich jedes Jahr die Repräsentanten der latinischen Staaten zu einem gemeinsamen Fest zu Ehren Iupiters Latiaris versammelten. Ähnliche Kulte wurden in Lavinium, in Ardea und auf dem Berg Corne in der Nähe von Tusculum gefeiert. In diesen Festen drückte sich ein Verwandtschaftsgefühl unter den Latinern aus, die die gleiche Sprache und Kultur und den Glauben an einen gemeinsamen rassischen Ursprung teilten. Vermutlich versuchte Servius Tullius diese alte religiöse Gemeinschaft für politische Zwecke auszunützen und die Stellung Roms dadurch zu stärken, daß er es zum neuen religiösen Zentrum machte. Nach unseren Quellen war Rom unter Servius Tullius die führende militärische Macht in Latium, und seinem Nachfolger Tarquinus II. gelang es, formelle Hegemonie über die übrigen Latiner zu etablieren. Er soll eine politische Liga oder Föderation latinischer Staaten geschaffen haben, die im Hain von Ferentina *(Lucus Ferentinae)* in der Nähe von Aricia ihren zentralen Versammlungsort hatte; er benützte diese Liga für gemeinsame militärische Unternehmungen unter römischer Führung.

Die Meinung, Rom sei schon im sechsten Jahrhundert v. Chr. die wichtigste Stadt in Latium gewesen, ist durchaus fundiert. Dafür spricht zunächst unser Wissen über ihre Größe und ihr Staatsgebiet. Unter Servius Tullius wurde das *pomerium,* die geheiligte Grenze der Stadt, auf den Quirinal, den Viminal und den Esquilin erweitert. Daraufhin umfaßte die »Stadt der vier Regionen« insgesamt etwa 285 Hektar. Servius Tullius soll Rom außerdem mit einer Mauer befestigt haben. Für diese Überlieferung fehlen jedoch noch schlüssige archäologische Beweise. Die sogenannte »Servianische« Mauer, von der noch eindrucksvolle Reste erhalten sind, stammt aus der Zeit der Republik, folgt jedoch möglicherweise dem Verlauf früherer Befestigungen. Es ist höchst unwahrscheinlich, daß Rom in der monarchischen Periode über keinerlei Verteidigungsmauern verfügte, denn wir wissen, daß andere latinische Siedlungen wie etwa Lavinium im sechsten Jahrhundert von Befestigungswällen umgeben waren. Das vom Ring der servianischen Mauer umschlossene Gebiet beträgt 427 Hektar. Auch wenn man annehmen muß, daß es innerhalb der Befestigung weite, unbebaute Flächen gab, kann kein Zweifel bestehen, daß Rom in der archaischen Periode bereits eine sehr große Stadt war. Ein weiterer Hinweis auf ihr Anwachsen unter Servius Tullius ist das reformierte Militärwesen mit einer Streitmacht von 6000 Mann Infanterie und 600 Reitern. Da sich diese Truppen allein aus den besitzenden Klassen rekrutierten, müssen wir davon ausgehen, daß die Gesamtbevölkerung recht ansehnlich war, vielleicht über 30 000 Menschen betrug.

Schätzungen zufolge umfaßte das römische Territorium um 500 v. Chr. etwa 882 Quadratkilometer und war Teil der neuen, von Servius Tullius begründeten Tribus-Distrikte. Nach dem wahrscheinlichsten Produktivitätsgrad müßte ein solches Gebiet eine Bevölkerung zwischen 30 000 und 40 000 (bei einer durchschnittlichen Besiedlungsdichte von 40–50 Personen pro Quadratkilometer) ernähren können; das entspricht der auf Grundlage der servianischen Armee bereits errechneten Zahl. Im Vergleich dazu waren die anderen latinischen Städte sehr klein. Tibur, die größte unter ihnen, verfügte nur über ein halb so großes Territorium wie Rom. Der römische Staat umfaßte um 500 v. Chr. in der Tat mehr als ein Drittel des gesamten Latium Vetus.

Ein weiterer Beweis für die Macht und die Stellung Roms zu dieser Zeit ergibt sich aus einem vom griechischen Historiker Polybios (200–118 v. Chr.) überlieferten Dokument. Es handelt sich um den Text eines Vertrags zwischen Rom und Karthago aus dem ersten Jahr der Republik. Der Vertrag (ein höchstwahrscheinlich authentisches Dokument) setzt voraus, daß eine Anzahl latinischer Städte den Römern untertan sind, die zudem behaupten, für die Latiner im allgemeinen sprechen zu können: »Die Karthager sollen die Völker von Ardea, Antium, Lavinium, Circeii, Terracina oder irgendeiner anderen Stadt der Latiner, die Untertanen Roms sind, nicht angreifen. Diejenigen Latiner, die keine Untertanen sind, sollen ebenfalls verschont bleiben, und wenn sie doch eine ihrer Städte einnehmen, so sollen sie sie den Römern unbeschädigt übergeben. Sie sollen keine Festung auf latinischem Territorium erbauen. Wenn sie das Territorium mit Waffen betreten, so sollen sie die Nacht nicht dort verbringen.«

Der Vertrag stellt wahrscheinlich einen Versuch der neuen republikanischen Regierung dar, sich internationale Anerkennung zu verschaffen und Roms Hegemonie in Latium zu festigen. Anscheinend vermochten jedoch die Führer der Republik trotzdem nicht zu verhindern, daß die Latiner Roms zeitweise Schwäche ausnützten und einen vereinten Widerstand organisierten. Dieser Widerstand gründete sich auf das schon bestehende Staatenbündnis, das im Hain von Ferentina zusammenkam, von dem die Römer nun allerdings ausgeschlossen waren. Die anti-römische Allianz könnte durchaus mit einem Dokument erklärt werden – der Widmung eines gemeinsamen Diana-Schreins in Aricia durch Egerius Baebius von Tusculum, der sich als »Diktator der Latiner« bezeichnen läßt. Dieser Akt erscheint als ein Versuch, einen gemeinsamen Diana-Kult zu begründen, der das Heiligtum des Aventins in Rom ersetzen und ein neues religiöses Zentrum für die Verbündeten schaffen sollte.

Der darauffolgende Kampf zwischen Rom und den Latinern gipfelte in der berühmten Schlacht am See Regillus im Jahr 499 v. Chr., bei der die Römer einen knappen Sieg davontrugen. Fünf Jahre später wurden vom römischen Konsul Spurius Cassius die Beziehungen vertraglich geregelt. Die beiden Vertragspartner waren einerseits die Römer, andererseits die latinischen Städte. Es wurde Friede vereinbart, militärische Kooperation gegen Angriffe von Dritten und die Teilung der Kriegsbeute und anderer Gewinne aus erfolgreichen Kriegen. Der Vertrag schrieb auch die gemeinschaftlichen Privatrechte fest, die seit archaischen Zeiten unter den Latinern bestanden hatten. Traditionell kam man überein, daß jeder Bürger einer latinischen Stadt, der sich zufällig in einer anderen befand, alle Rechte und Privilegien ihrer Bewohner genießen und die Vollmitgliedschaft schon dadurch erlangen sollte, daß er hier seinen Wohnsitz nahm. In späterer Zeit wurden diese gegenseitigen Rechte unter die juristischen Begriffe *conubium* (das Recht, die Ehe mit einem Partner aus einem anderen Staat einzugehen), *commercium* (das Recht, mit vollem Rechtsschutz Handel zu treiben) und *migratio* (das Recht, durch einen Wohnungswechsel Bürger eines anderen Staates zu werden) subsumiert.

Der Vertrag bildete die Grundlage für eine neue latinische Liga, in der die Römer die beherrschende Rolle spielten. Seine Einhaltung wurde gemeinsam von Vertretern Roms und der anderen Latiner kontrolliert, die sich weiter jedes Jahr im Hain von Ferentina trafen, um Angelegenheiten von allgemeinem Interesse zu diskutieren oder gemeinsame militärische Unternehmungen zu planen. Die verbündete Armee bestand vermutlich zur Hälfte aus Römern und zur Hälfte aus Latinern, wobei die Römer den Befehlshaber stellten. Hierüber herrscht jedoch nicht volle Klarheit, es könnte genausogut möglich gewesen sein, daß sich Römer und Latiner im Oberbefehl abwechselten.

Die militärische Stärke der neu formierten latinischen Liga war schon bald auf die Probe gestellt. Während der

Münzen des Jahres 96 v. Chr., die an den Sieg von A. Postumius Albinus am Lacus Regillus (499 v. Chr.) erinnern. Sie zeigen einen Kavallerieangriff und die göttlichen Zwillinge Castor und Pollux, die der Sage nach auf römischer Seite mitkämpften. Später sollen sie auf dem Forum aufgetaucht sein, wo sie ihre Pferde aus einer Quelle getränkt haben.

Die Inschriften auf diesen Goldtäfelchen aus dem etruskischen Hafen Pyrgi erinnern an den Herrscher von Caere, wahrscheinlich während des frühen 5. Jahrhunderts v. Chr. Der Text ist in etruskischer Sprache abgefaßt und von einer kürzeren Version in Phönizisch begleitet. Diese Tatsache deutet auf enge Beziehungen zwischen den Etruskern und den Phönizisch sprechenden Karthagern hin.

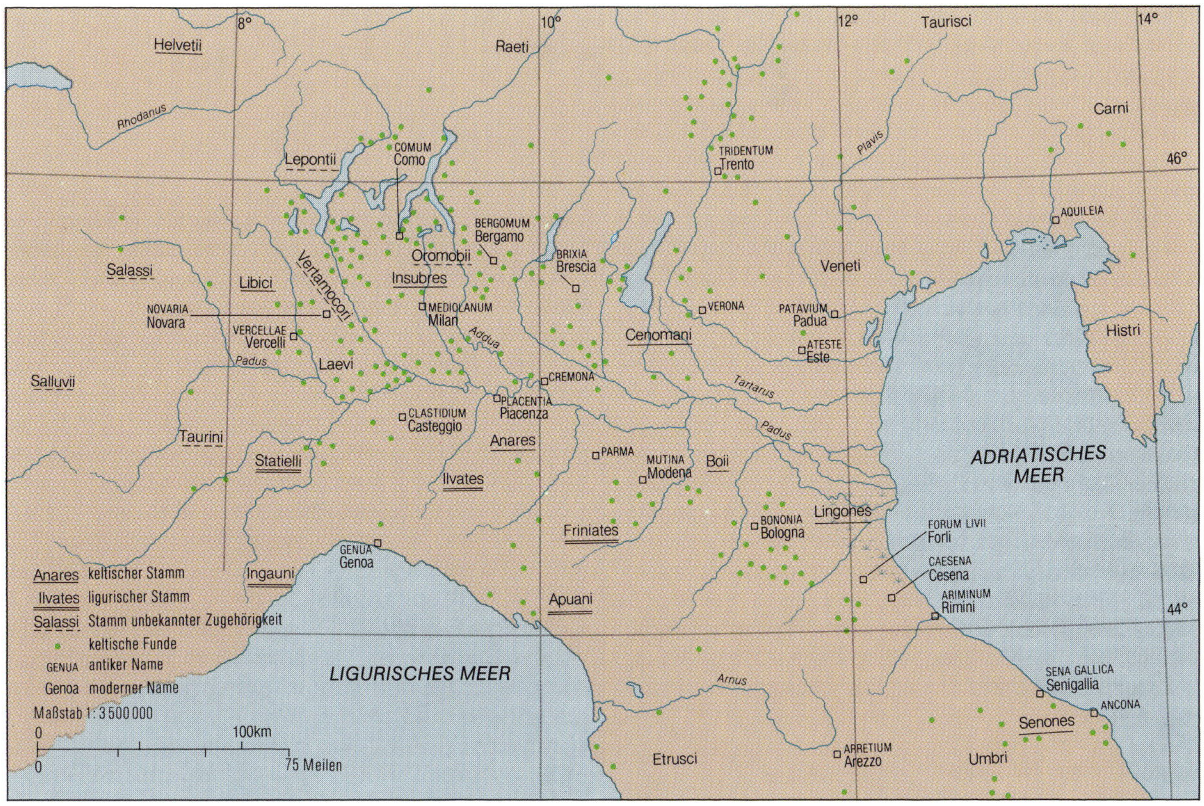


**Norditalien unter keltischer Besatzung**
Eine stark mit Legenden vermischte Überlieferung berichtet uns, die Kelten seien wegen der fruchtbaren Ackergründe und besonders wegen des Weinbaus nach Italien eingefallen. Livius zufolge überquerten die Gallier die Alpen vor 500 v.Chr., während Polybios die Invasion auf die Zeit um 400 datiert. Die Wahrheit liegt ungefähr in der Mitte: Anscheinend siedelten die wichtigsten Stammesgruppen im Laufe des 5. Jahrhunderts – die Insubrer mit ihrer Hauptstadt Mailand, die Boiler um Bologna, die Cenomanen mit ihren Zentren in Brescia und Verona. Die Lingonen und Senonen ließen sich längs der Adriaküste nieder, in dem Gebiet, das später *ager Gallicus* benannt wurde. Das Vorkommen der Kelten bestätigen uns auch archäologische Funde, die über ganz Norditalien verbreitet sind. Ihre Schwerpunkte liegen in der Lombardei, in der Romagna und im oberen Etschtal.

Das Grabgemälde aus dem 4. Jahrhundert bei Paestum zeigt einen lukanischen Jäger. Die Lukaner waren ein italisches, mit den Samniten verwandtes, Volk, das während des 5. Jahrhunderts v.Chr. von den Bergen des Landesinneren zu den Küstenebenen Süditaliens wanderte. Um 400 hatten sie die meisten griechischen Städte an der Tyrrhenischen Küste, darunter auch Paestum, bereits erobert.

Die Münze aus dem Jahre 43 v.Chr. zeigt die archaische Kultstatue der Diana im Hain bei Aricia, einem gemeinsamen Heiligtum der frühen latinischen Völker. Die Göttin ist hier in ihren drei Formen dargestellt: Diana, Hecate und Selene.

ersten Jahre des fünften Jahrhunderts wurde Latium in steigendem Maße durch Einfälle von Feinden jenseits seiner Grenzen, insbesondere der Sabiner, der Aequer und der Volsker, bedroht. Das Vordrängen dieser Völker in die Ebene von Latium war die Folge einer allgemeinen Bevölkerungszunahme im mittleren und südlichen Apennin, die wichtige Konsequenzen zeitigte. Die griechischen und etruskischen Städte in Kampanien und die Griechen weit im Süden hatten ebenfalls zu dieser Zeit mit dem wachsenden Druck der einheimischen Völker des Landesinneren zu kämpfen.

Das Eindringen der Sabiner nach Latium begann in der monarchischen Periode, und bis in die Mitte des fünften Jahrhunderts hinein wird immer wieder von Invasionen berichtet. Ernster jedoch war die Bedrohung durch die Aequer und Volsker, deren Auftauchen an den Grenzen Latiums am Ende des sechsten Jahrhunderts eine dramatische Schicksalswende für Rom und seine latinischen Verbündeten einleitete. Die Volsker waren ein italisches Volk, das einen dem Umbrischen verwandten Dialekt sprach. Kurz vor 500 v.Chr. wanderten sie von ihrer Heimat im Apennin zur Küste und besetzten das Land an der Südgrenze von Latium. Die Kriege der Volsker mit Rom bilden die Szenerie der romantischen Erzählung von Coriolan, dem stolzen Römer, der seine Heimat aus Enttäuschung über die ihm durch die Plebejer widerfahrene Behandlung verließ und sich den Volskern anschloß, die seinen Wert erkannten und ihn zu ihrem Führer wählten. Coriolan führte die Streitmacht der Volsker auf einem siegreichen Marsch durch latinisches Territorium bis acht Kilometer vor Rom, wo ihn nur das Flehen seiner Mutter davon abhielt, seine Heimatstadt anzugreifen. Das ganze fünfte Jahrhundert hindurch dauerten die Einfälle der Volsker an, doch hatten ihre Aktionen gegen 480 v.Chr. bereits ihren Höhepunkt überschritten.

Die zweite größere Bedrohung ging von den Aequern aus, ein Oskanisch sprechendes Volk, das in einem Tal am Oberlauf des Anios und den Hügeln über Praeneste lebte, von wo aus es des öfteren in die Ebene einfiel. Die erbittertsten Kämpfe fanden am Paß von Algidus statt, dem Schauplatz zweier großer römischer Siege in den Jahren 458 und 431 v.Chr. Der erste Sieg wurde unter dem Befehl des L. Quinctius Cincinnatus erfochten, der als der Mann in die Legende einging, der von seinem Pflug abberufen werden mußte, um die Diktatur in einer von Roms größten Notlagen zu übernehmen.

Die lange Folge ermüdender und wechselvoller Kriege im fünften Jahrhundert bewirkte einen merklichen Niedergang des wirtschaftlichen und kulturellen Lebens der Stadt. Ein deutliches Zeichen für diese Wirtschaftsflaute ist die Quantitäts- wie auch Qualitätsminderung des archäologischen Materials. Vom archäologischen Standpunkt aus erscheint die zweite Hälfte des fünften Jahrhunderts v. Chr. als ein dunkles Zeitalter, dem fast kein bekanntes römisches Denkmal oder Kunstwerk zugeschrieben werden kann. Importierte griechische Tonwaren finden sich nach 500 v.Chr. immer seltener und fehlen in der Periode nach 450 fast ganz. Ein ehrgeiziges Tempelbauprogramm, das der Überlieferung nach in Zeiten der frühen Republik begonnen wurde, endet abrupt im Jahr 448 v.Chr. Darüber hinaus deuten auch zahlreiche Berichte über Hungersnöte, Versorgungsengpässe und Seuchen auf die Schwierigkeiten Roms im fünften Jahrhundert hin; die gesellschaftlichen und politischen Konsequenzen werden in den Ereignissen während der Ständekämpfe manifest. Allmählich wurde die Bedrohung durch die Aequer und die Volsker jedoch überwunden – vor allem dank der Intervention der Herniker auf seiten der Latiner. Die Herniker waren ein Volk, das im oberen Sacco-Tal lebte und zu einer Föderation gehörte, die ihr Zentrum in der Stadt Anagnia hatte.

Im Jahre 486 v.Chr. wurde zwischen Rom, den Latinern und den Hernikern ein gleichberechtigtes Dreierbündnis geschlossen, das von entscheidender Bedeutung war, denn das Territorium der Herniker trennte die Aequer faktisch von den Volskern ab. In den späteren Jahren des fünften Jahrhunderts gewannen die Verbündeten allmählich die Oberhand über die Aequer und Volsker, so daß die Römer ihre Kräfte in eine andere Richtung lenken konnten.

Roms großer Gegner an der Nordgrenze war die etruskische Stadt Veji, etwa 15 Kilometer entfernt auf einem

Felsenplateau gelegen. Das Gebiet von Veji erstreckte sich entlang des rechten Tiberufers bis zur Küste, und der Streit mit Rom entstand vermutlich aus beiderseitigen Versuchen, die Salzsümpfe an der Flußmündung und die Handelswege ins Innere auf beiden Seiten des Flußbettes zu kontrollieren. Aus dem fünften Jahrhundert wird von einer ganzen Reihe größerer Kriege berichtet; der erste brachte die Vernichtung der Fabier bei Cremera (477 v. Chr.) und endete 475 mit einem wenig überzeugenden Frieden; im zweiten nahmen die Römer Fidenae ein (426), einen Außenposten Vejis am linken Tiberufer etwa neun Kilometer stromaufwärts von Rom. Bald folgte der entscheidende Kampf. Sein Höhepunkt war die Belagerung Vejis, die nach römischer Überlieferung zehn Jahre lang dauerte (406–396) und an die sich viele Legenden und Geschichten knüpfen – einige augenscheinlich der griechischen Sage vom Troianischen Krieg entliehen. Das Endergebnis war einer der wesentlichsten Wendepunkte in der römischen Geschichte: Veji wurde vom römischen General M. Furius Camillus eingenommen und zerstört und das Territorium der Stadt dem Roms einverleibt. Durch diese Eroberung verdoppelte sich das römische Herrschaftsgebiet auf einen Schlag. Doch nur wenige Jahre später erlitt Rom selbst ein plötzliches und unverhofftes Unglück.

### Das Eindringen der Gallier

Das Einwandern keltischer Völker über die Alpen nach Norditalien hat möglicherweise schon im sechsten Jahrhundert v. Chr. begonnen. So steht es bei Livius, doch bislang gibt es noch keine definitiven Beweise für eine keltische Präsenz in der Po-Ebene vor dem fünften Jahrhundert. Seit 400 v. Chr. jedoch hatten sich die Hauptstämme (Insubrer, Cenomanen, Boier, Lingonen, Senonen) in der später so genannten *Gallia cisalpina* niedergelassen und bedrängten die dortigen etruskischen Siedlungen. Um etwa 350 v. Chr. waren die meisten etruskischen Städte im Po-Tal, Felsina (Bologna) eingeschlossen, von den Galliern eingenommen worden, die auch zunehmend das Italien der Halbinsel bedroht hatten. Einer ihrer Raubzüge fand im Sommer 390 v. Chr. statt, als eine Horde Senonen Etrurien überrannte und über Clusium durch das Tal des Tiber auf Rom zumarschierte.

Am 18. Juli 387, von da an im römischen Kalender als Unglückstag vermerkt, war die den Galliern entgegengesandte Armee am Fluß Allia vernichtend geschlagen worden. Drei Tage später nahmen die Gallier die schutzlose Stadt, plünderten und brandschatzten sie. Nur das Capitol widerstand dem Ansturm und konnte mehrere Monate gehalten werden; spätere Generationen von Römern erzählten die Geschichte, daß bei einem nächtlichen Angriff der Gallier das Schnattern der heiligen Gänse die Garnison gerade noch rechtzeitig wecken konnte. Endlich beschlossen die Gallier abzuziehen, und dabei soll das Angebot einer großzügigen Goldzahlung eine nicht unwesentliche Rolle gespielt haben. Eine patriotische Erzählung behauptet, daß gerade in dem Augenblick, als das Gold gewogen wurde, eine römische Truppe erschien und die Gallier vertrieb.

Diesen buntgewürfelten Heerhaufen habe Camillus zusammengestellt, der zur Zeit der Allia-Katastrophe wegen Veruntreuung der Beute von Veji exiliert war. In Wahrheit kann man die Geschichte vom ehrenrettenden Sieg des Camillus ruhigen Gewissens verwerfen; inspiriert dazu hatte möglicherweise die Tatsache, daß die Gallier auf ihrem Rückweg von einer etruskischen Truppe aus Caere abgefangen und empfindlich geschlagen wurden. Jedenfalls zogen die Gallier sich zurück, und die Römer standen vor einem Scherbenhaufen.

# Frühes Latium

Die meisten Siedlungen des Latium Vetus scheinen ihren Ursprung in kleinen Hüttendörfern zu haben, die auf niederen Hügeln erbaut waren. Doch nur wenige dieser Wohnstätten wurden bisher systematisch erforscht, und unsere Kenntnisse beruhen weitgehend auf den Ausgrabungen in ihren Friedhöfen. Diese Funde sprechen deutlich für eine Entwicklung der sogenannten *Latium-Kultur* vom zehnten bis zum sechsten Jahrhundert v. Chr. Die typologische Klassifikation der ausgegrabenen Gegenstände erlaubt es den Forschern, die *Latium-Kultur* in sechs archäologisch definierte Phasen zu unterteilen: Phase I, um 1000–um 900 v. Chr; Phase IIA, um 900–ca. 770 v. Chr.; Phase IIB, um 830–ca. 770 v. Chr.; Phase III, um 770–730/720 v. Chr.; Phase IVA, 730/720–650/630 v. Chr.; Phase IVB, 640/630–580 v. Chr. In den frühesten Phasen (I–II) waren die Siedlungen nicht mehr als Ansammlungen von strohgedeckten Hütten. Während der Phasen III–IV jedoch wurden sie größer und besser ausgebaut; es entwickelte sich eine spezialisierte Handwerksproduktion, es gab eine Art Außenhandel, und es bildete sich eine reiche Aristokratie heraus. In der sogenannten »orientalisierenden« Periode (Phase IVA und IVB) entstanden – wie die archäologischen Nachweise zeigen – befestigte städtische Zentren. Sie erscheinen in unseren Quellen zur gleichen Zeit als die Stadtstaaten des Latinischen Bundes.

**Archäologische Fundstellen in Latium Vetus**
In den vergangenen Jahren haben unsere Kenntnisse über das frühe Latium enorm zugenommen, da die Archäologen intensive Grabungen durchführten. Sie waren teilweise dazu gezwungen, um vom archäologischen Vermächtnis so viel wie möglich zu retten, bevor es durch das Wachstum der Städte und die mechanisierte Landwirtschaft zerstört wird. Im letzten Jahrzehnt sind durch Haus- und Straßenbauten und andere Bauvorhaben Fundstellen wie La Rustica, Acquacetosa, Laurentina, Decima und Osteria dell'Osa zutage getreten; die Rettungsgrabungen brachten dort sensationelle Funde hervor. Systematische Forschungen wurden auch bei Ficana und Pratica di Mare unternommen; auch sie haben unsere Kenntnisse nachhaltig erweitert.

Die Fürstengräber, die im 19. Jahrhundert bei Palestrina entdeckt wurden, enthielten außergewöhnliche Mengen an Luxusgütern und beweisen damit den Reichtum und die Macht der lokalen Aristokratie. Der abgebildete Silberteller *(unten)* aus der Tomba Bernardini mit den in ägyptischem Stil gehaltenen Szenen stammt möglicherweise aus Zypern. Er datiert aus dem frühen 7. Jahrhundert v. Chr. (Phase IV A).

*Unten rechts:* In den (Phasen I–II A) wurde die Asche der Toten in hüttenförmigen Urnen beigesetzt, zusammen mit winzigen Grabbeigaben, darunter Waffen, handgefertigte Töpferwaren und – in einigen Fällen – grobmodellierte Terrakottafiguren, die Menschen beim Darbringen von Opfergaben darstellen. Die hier abgebildeten Beispiele entstammen Gräbern der Phase II A aus Osteria dell'Osa.

*Ganz unten links:* Geschnitzter ebenhölzerner Vorderarm aus der Tomba Barberini bei Palestrina, der wahrscheinlich aus Syrien stammt (7. Jahrhundert v. Chr., Phase IV A).

*Ganz unten rechts:* In den späteren Phasen wurde die Einäscherung durch die Erdbestattung ersetzt. In der Phase III treten erstmals Metallgefäße und feine Töpferarbeiten als Grabbeilagen auf, von denen einige aus Griechenland und Etrurien stammten. Als Schmuckgegenstände finden wir Spangen, Gehänge, silberne spiralförmige Haarreifen und Glas- und Bernsteinperlen. Die Frau, die in dem hier abgebildeten Grab (La Rustica, Ende der Phase III) beigesetzt war, trug einen Gürtel aus Bronzeblech.

*Unten:* Kleine Figuren aus Bronzeblech, gefunden in einem Votivdepot auf dem Capitol in Rom, wo sich lange vor dem Bau des Iupitertempels ein Heiligtum befand. Solche Votivdepots geben uns wichtige Aufschlüsse über die Kulte während der Eisenzeit.

*Unten rechts:* Zylindrische Cista aus der Tomba Castellani in Palestrina (Phase IV A, Mitte des 7. Jahrhunderts v. Chr.). Die restaurierte Cista, die aus Holz besteht und mit Silberblechstreifen überzogen ist, stammt wahrscheinlich aus einer phönizischen Werkstatt.

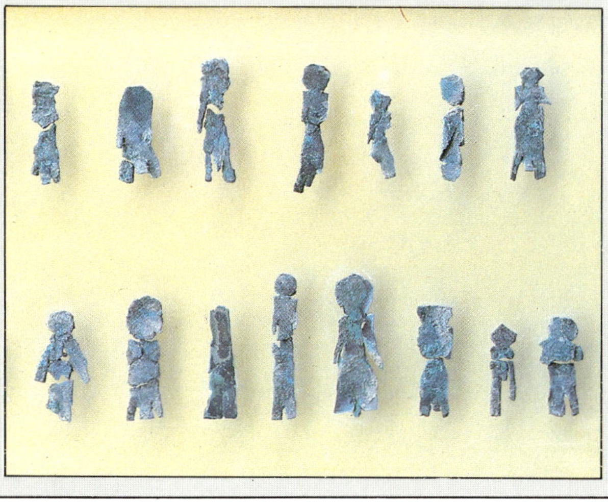

# Die Etrusker

Über die etruskische Kultur ist nur wenig bekannt. Es gab eine etruskische Literatur, doch ist sie uns verlorengegangen, und überdies kennen wir die Sprache nicht. Unsere dürftigen Informationen beruhen auf griechischen und römischen Schriftstellern, die oft unwissend oder voreingenommen waren, und auf den ungenauen Angaben der Archäologen. Der größte Teil der archäologischen Funde stammt von den kunstvollen Begräbnisstätten, die außerhalb der Mauern der großen etruskischen Städte lagen. Die Gräber der adligen Familien waren reich ausgestattet und geben uns einen guten Eindruck von der Lebensweise der oberen Klassen. Dieses Bild ist aber einseitig: Die etruskische Gesellschaft gründete sich auf die Arbeitsleistung leibeigener Landarbeiter, über die wir kaum etwas wissen. Ebensowenig ist über den Charakter ihrer urbanen Siedlungen bekannt, deren Reste nie systematisch erforscht wurden.

*Unten:* Luftbild der Begräbnisstätte Banditaccia außerhalb von Cerveteri (Caere). Die Friedhofsanlage erinnert an eine Stadt, wobei die Gräber wie Häuser angelegt sind.

*Unten:* Tomba dei Leopardi, Tarquinia. Gemälde des frühen 5. Jahrhunderts mit der Darstellung eines aristokratischen Festmahls.

*Unten rechts:* Tomba dell'Orco I, frühes 4. Jahrhundert v. Chr., (Tarquinia). Der Ausschnitt zeigt den Kopf einer Frau mit dem Namen Velia. Das Grab gehörte wahrscheinlich der adligen Familie der Spurinnae.

*Links:* Das Innere der Gräber in Caere (Cerveteri) zeigt Einzelheiten der damals üblichen Hausarchitektur wie man sie hier in der Tomba degli Scudi e delle Sedie (6. oder 5. Jahrhundert v. Chr.) sehen kann.

Unsere Kenntnisse der etruskischen Kunst beruhen zu einem großen Teil auf den Tausenden von Grabbeigaben, wobei besonders die hohe Qualität ihrer Bronzeskulpturen auffällt. Hervorragende Beispiele sind der Krieger von Cagli *(unten)* und die Chimäre von Arezzo *(unten links)*.

# DIE EROBERUNG ITALIENS UND DES MITTELMEERRAUMS

**Roms Neubeginn**

Es ist schwierig, die Auswirkungen der gallischen Plünderung zu bewerten. Die Zerstörung der Stadt hat wenig archäologisch feststellbare Spuren hinterlassen und war vielleicht nur oberflächlich. Die Menschenverluste an der Allia hielten sich vermutlich in Grenzen und konnten auf jeden Fall in nur wenigen Jahren wieder wettgemacht werden. Schon 378 v. Chr. hatte sich der römische Staat soweit erholt, daß er eine dicke Stadtmauer bauen lassen konnte, deren Reste heute noch erhalten sind. Die zehn Kilometer lange, die ganze Stadt umschließende Mauer bestand aus Steinquadern aus den Grotta-Oscura-Brüchen im Gebiet von Veji. Diese Region war noch in römischer Hand und wurde schon bald nach dem Rückzug der Gallier von römischen Siedlern kolonisiert, die vier neuen Tribus zugehörten.

Im Norden des früheren *ager Veientanus* lag das Gebiet der etruskischen Stadt Caere, die zu dieser Zeit mit Rom befreundet war, ihr beim Wiederaufbau half und Roms nördliche Grenze sicherte. Im Jahr 383 v. Chr. entstanden im Norden von Veji in Sutrium und Nepet, den Festungen, die als die »Tore Etruriens« bekannt werden sollten, neue römische Kolonien.

Auf der anderen Seite standen die Römer ernsten Schwierigkeiten in Latium gegenüber. Die Volsker und Aequer griffen wieder an, und den überkommenen Berichten zufolge existierte auch das Bündnis zwischen den Latinern und Hernikern nach der gallischen Plünderung nicht mehr. Aber die Römer konnten ihren Besitzstand wahren und errangen unter der Führung von Camillus, den die spätere Überlieferung als den »zweiten Gründer« der Stadt bezeichnete, mehrere wichtige Siege. Einige Ereignisse verdienen noch Aufmerksamkeit. Einmal in Satricum im Jahr 385 und dann in Setia im Jahre 382 wurde eine römische Kolonie gegründet; 381 bekam Tusculum das Bürgerrecht, sein Territorium wurde dem Roms einverleibt. Doch unter welchen Umständen dies geschah, ist unbekannt; die Jahre nach der Plünderung durch die Gallier stellen die dunkelste Periode in der römischen Geschichte dar. Es hat jedoch den Anschein, als hätte Rom im Jahr 358 v. Chr., als das Bündnis zwischen den Latinern und den Hernikern erneuert wurde, seine frühere Stellung wieder erreicht.

Das Erstarken Roms in der Mitte des vierten Jahrhunderts zeigt sich daran, daß es 348 in der Lage war, einen zweiten Vertrag mit Karthago zu schließen. Im Süden reichte der Horizont Roms nun über die Grenzen Latiums hinaus. Im Jahr 354 schloß es ein Bündnis mit den Samniten, einem Oskanisch sprechenden Volk, das aus einer mächtigen Verbindung von Stämmen des südlichen Apennins bestand. Der Vertrag legte wahrscheinlich die jeweiligen Einflußsphären fest und sah eine Zusammenarbeit gegen feindliche Dritte, wie etwa die Gallier, vor. Im Jahr 343 waren die Beziehungen zwischen beiden Mächten gespannt, doch scheinen die Römer und Samniten nach einer kurzen Periode der Feinseligkeiten (Erster Samnitenkrieg, 343–341 v. Chr.) ihr Bündnis erneuert zu haben; 340 stellte sich ihnen dann eine feindliche Koalition aus Latinern, Campanern, Sidinikern, Volskern und Aurunkern entgegen. Es folgte ein erbitterter Krieg, den die Römer 338 v. Chr. für sich entschieden.

*Oben:* Die republikanische Stadtmauer, von der noch große Teile erhalten sind, wurde im Jahre 378 v. Chr. nach der Plünderung der Stadt durch die Gallier erbaut. Die Bögen sind wahrscheinlich während der Bürgerkriege in den achtziger Jahren des 1. Jahrhunderts v. Chr. hinzugefügt worden.

Die Auflagen, die den Verlierern gemacht wurden, waren von entscheidender Bedeutung, denn sie bildeten das Muster für die künftige Entwicklung der römischen Expansion in Italien. Einige der besiegten latinischen Städte wurden dem römischen Staat integriert, ihre Bewohner zu römischen Bürgern. Andere behielten ihren Status als unabhängige Gemeinschaften, doch von ihnen mußten einige einen Teil ihres Territoriums abtreten. Sie blieben Verbündete Roms, und das hieß im wesentlichen, daß sie in Kriegszeiten militärische Hilfe zu leisten hatten und weiter die Rechte des *conubium* und *commercium* mit den römischen Bürgern besaßen; dennoch durften sie untereinander diese Rechte nicht mehr ausüben, und es war ihnen verboten, politische Beziehungen zueinander zu unterhalten. Auf diese Weise war die alte Latinische Liga endgültig aufgelöst, obwohl weiterhin unter römischer Aufsicht die gemeinsamen religiösen Festlichkeiten stattfanden. Die nichtlatinischen Völker, die am Kampf gegen Rom teilgenommen hatten (die Volsker, Campaner und andere), wurden dem römischen Staat integriert, erhielten jedoch nur begrenzte Bürgerrechte. Diese Halb-Bürgerschaft oder »Bürgerschaft ohne Stimmrecht« *(civitas sine suffragio)* bedeutete, daß sie alle militärischen und finanziellen Pflichten der Bürger zu erfüllen hatten, doch bei den Versammlungen kein Stimmrecht besaßen und auch kein Amt in Rom bekleiden durften. Indem sie dieses eingeschränkte Bürgerrecht auf ganze Stammesgruppen ausdehnten, konnten die Römer ihr Territorium erweitern und ihre Kriegsstärke vergrößern, während gleichzeitig der wesentliche Charakter Roms als eines Stadtstaates gewahrt und die traditionellen politischen Institutionen erhalten blieben. Die angeschlossenen Gemeinden behaupteten ebenfalls ihre eigene Identität und konnten sich praktisch weiter selbst verwalten. Diese autonomen Gemeinden römischer Bürger wurden Munizipalitäten *(municipia)* genannt und stellten die wichtigste Neuerung des Vertrags von 338 v. Chr. dar.

**Rechts: Eroberungskriege und Kolonisation in Italien von 334–241 v. Chr. und Mittelitalien im Jahre 338 v. Chr. (Nebenkarte)**

Zur Zeit der italienischen Eroberungen verlieh Rom besiegten Feinden das römische Bürgerrecht oder zwang sie, Verbündete zu werden. Große Gebiete wurden annektiert und von den Römern neu besiedelt. Nach 338 v. Chr. begann Rom mit der Errichtung von Kolonien als militärische Außenposten im feindlichen Territorium. Die Kolonisatoren stammten zur Hauptsache aus dem römischen Proletariat, obwohl auch einige Verbündete daran beteiligt waren. Im Tausch mit Landzuweisungen in den neuen unabhängigen Kolonien verwirkten sie ihr römisches Bürgerrecht. Die Kolonien besaßen die Rechte des *conubium* und *commercium,* und ihr Status entsprach dem der altlatinischen Gemeinschaften; aus diesem Grund nannte man sie »latinische Kolonien«. An den Küsten wurden zahlreiche kleine Festungen erbaut, die mit einigen wenigen Hundert römischen Bürgern bemannt waren. Im Jahre 311 v. Chr. erhielten sie ein Geschwader kleiner Schiffe unter zwei Befehlshabern *(duoviri navales)* zugeteilt. Diese Küstengarnisonen werden in den Quellen irreführenderweise »Kolonien« genannt. Heute bezeichnet man sie normalerweise als »römische« Kolonien, um sie von den (viel wichtigeren) »latinischen« Kolonien zu unterscheiden.

Schlachtfeld mit römischem Sieg
Schlachtfeld mit römischer Niederlage
310 Datum einer Niederlage durch Rom oder eines Bündnisses mit ihm
vor dem Latinischen Krieg (340–338) gegründete Kolonie
»latinische« Kolonie, nach dem Latinischen Krieg von 340–338
Garnisonskolonie an der Küste
Maßstab 1 : 3 000 000
150km
100 Meilen
ARIMINUM 268
Senones
Arnus
SENA GALLICA 283
AESIUM 247
Picentes
ARRETIUM 311
SENTINUM 295
CORTONA 311
ETRURIA
L. Trasimenus
PERUSIA 311
CAMERINUM 310
FIRMUM PICENUM 264
VOLSINII 280
SPOLETIUM 241
CASTRUM NOVUM 289?
L. Volsiniensis
HADRIA 290-286
VADIMON 283
NARNIA 299
OCRICULUM 308
COSA 273
VULCI 280
Vestini
TARQUINII
Paeligni
Aternus
Marrucini
SUTRIUM c382
NEPET c382
L. Sabatinus
Aequi
CASTRUM NOVUM 264
CARSIOLI 298
ALBA FUCENS 303
Frentani
CAERE 273
Tiberis
L. Fucinus
PYRGI before 191
ALSIUM 247
FIDENAE
ROMULUS
ROMA
Hernici
FREGENAE 245
LABICI 418
? VITELIA 395
ANAGNIA 306
Marsi
TEANUM APULUM
OSTIA c.350
VELITRAE 494
SIGNIA 495
SORA 303
BOVIANUM VETUS 305
ARDEA 442
CORA 501
NORBA 492
AESERNIA 263
ARPI
ANTIUM 467, 338
SETIA c. 383
FREGELLAE 306, 313
LUCERIA 314
Samnites
APULIA
SATRICUM 385
INTERAMNA 312
Liris
LAUTULAE 316
316
TARRACINA 329 or 327
CIRCEII 393
SUESSA 313
Volturnus
MALVENTUM 275
BENEVENTUM 268
AUSCULUM 279
CANUSIUM
CALES 334
MINTURNAE 299
SINUESSA 299
CAPUA
AQUILONIA 293
SATICULA 313
CAUDINE FORKS 321
VENUSIA 291
PONTIA 312
NEAPOLIS 326
CAMPANIA
Lucani
BRUNDISIUM 244
TARENTUM 272
PAESTUM 273
HERACLEA 280
MAGNA GRAECIA
THURII
Bruttii
CROTON
LOCRI
RHEGIUM
römisches Herrschaftsgebiet (Vollbürger)
römisches Herrschaftsgebiet (»Halbbürger«)
latinische Verbündete
nicht-latinische Verbündete
Samnitenbündnis
L. Volsiniensis
Aternus
SUTRIUM
NEPET
L. Fucinus
TIBUR
ROMA
GABII
PRAENESTE
TUSCULUM
ANAGNIA
ALETRIUM
VERULAE
LANUVIUM
SIGNIA
FERENTINUM
CORA
ARDEA
NORBA
ANTIUM
SETIA
Liris
FUNDI
Volturnus
FORMIAE
MINTURNAE
SINUESSA
CAPUA
Maßstab 1 : 2 500 000
50km
50 Meilen

**Innere Konflikte und politische Reformen**

Obwohl sich die Plünderung durch die Gallier auf lange Sicht nur als ein kleiner Rückschlag erwies, waren die unmittelbaren Folgen der Zerstörungen und der wirtschaftliche Zusammenbruch vor allem für die Armen sehr ernst und es erstaunt nicht, bei Livius zu lesen, daß es nach der Katastrophe zu einer neuen, krisenhaften Verschuldung der Plebs kam. Oft werden während dieser Jahre Beschwerden gegen Säumnisklagen verzeichnet, und sie bilden den Hintergrund für die Geschichte des M. Manlius, der wegen des Versuchs, sich zum König zu erheben, 382 hingerichtet wurde. Obwohl Manlius ein Patrizier war, hatte er sich auf die Seite der Plebejer geschlagen und ihnen dadurch geholfen, daß er ihre Schulden aus seinem eigenen Vermögen bezahlte.

Die Aktionen der Plebejer zur Schuldenerleichterung führten 378 v. Chr. zu Unruhen und in den späteren 70ern zu einer Periode politischer Anarchie, während der zumindest in einem Jahr keine Magistrate gewählt wurden. Durch die Licinisch-sextischen Gesetze (367) kam es zu einer kurzfristigen Schuldenerleichterung; anschließende Maßnahmen in den Jahren 357, 352 und 347 sollten die Zinssätze regulieren und verringern. Im Jahr 342 verbot die *lex Genucia* den Geldverleih gegen Zinsen, doch war dieses Gesetz wohl in der Praxis nicht durchzubringen. Schließlich wurde das System der Schuldknechtschaft im Jahr 326 abgeschafft.

Doch letztendlich war es der Gewinn neuen Territoriums durch den Staat und die gerechtere Verteilung an die römischen Bürger, was am meisten dazu beitrug, die wirtschaftliche Misere der Plebs zu bessern. Mehrfach berichtet Livius von Aktionen der Plebs für die Verteilung solchen Landes, das ansonsten als *ager publicus* belassen und von den Reichen in Beschlag genommen wurde. Nach der Überlieferung schränkten die Licinisch-sextischen Gesetze von 367 v. Chr. den Besitz eines *pater familias* an öffentlichem Land und die Zahl der Schafe oder des Viehs, das dort weiden sollte, entscheidend ein.

Licinius und sein Kollege L. Sextius wurden in der römischen Überlieferung für eine ganze Reihe Gesetze gepriesen - das berühmteste von ihnen ist wohl die Zulassung von Plebejern zum Konsulat. Der Hintergrund dieser Reform ist verwirrend. Im Jahr 445 v. Chr. wurde offensichtlich beschlossen, in bestimmten Jahren das Konsulat zu suspendieren und durch drei oder mehr »Militärtribunen mit konsularischer Gewalt« zu ersetzen. Wir wissen nicht, weswegen man dieses neue Magistrat eingeführt hat oder wie die Wahl zwischen den beiden Magistratstypen getroffen wurde. Livius meint, das neue Amt sollte Plebejern offenstehen, doch in den ersten Jahrzehnten des Experiments wurden nur Patrizier gewählt. Darüber hinaus ist es nicht sicher, daß Plebejer je gesetzlich als Konsuln wählbar waren. Fest steht nur, daß gegen Ende des fünften Jahrhunderts (und auf jeden Fall nach 390) öfter Militärtribunen gewählt wurden als Konsuln und daß in den Jahren nach 400 mehr Plebejer darunter waren.

Licinius und Sextius scheinen sich in der Tat für eine Erneuerung des Konsulats eingesetzt und dazu nicht nur gefordert zu haben, daß es Plebejern offenstehen solle, sondern daß eines der jährlichen Konsulämter Plebejern vorbehalten bliebe. In anderen Worten, sie strebten die positive Diskriminierung für plebejische Kandidaten an. Das lief auf eine Neuerung hinaus, die wir ständische Gewaltenteilung nennen sollten.

Die Licinisch-sextischen Gesetze traten schließlich 367 v. Chr. in Kraft, und L. Sextius selbst war der erste plebejische Konsul in diesem neuen System. Zu dieser Zeit hießen die Konsuln noch »Praetoren« oder »Consul-Praetoren«. Doch im Jahre 367 wurde ein dritter Praetor eingesetzt, jünger als die beiden vorhandenen, die man von nun an einfach als Konsuln bezeichnete. Das Praetorenamt wurde so zu einem eigenständigen Magistrat, das im Jahr 337 zum ersten Mal ein Plebejer bekleidete. 356 stieg ein Plebejer zum Diktator auf und 351 war ein Plebejer einer der Censoren. Darüber hinaus sahen die licinisch-sextischen Reformen zusätzlich zur plebejischen die Schaffung einer kurulischen Aedilität vor. Das neue Aedilenamt sollte abwechselnd ein Jahr von den Patriziern und eines von den Plebejern übernommen werden. Das Prinzip der ständischen Gewaltenteilungen wurde 359 auch auf die Censoren und 300 auf die höheren Priesterkollegien, Auguren und Hohenpriester ausgedehnt. Die Angleichung der ständischen Privilegien war schließlich im Jahr 287 v. Chr. erreicht, als die Plebiszite, die Beschlüsse der plebejischen Volksversammlung, Gesetzeskraft erhielten und für die Gemeinschaft als Ganzes bindenden Charakter erhielten.

Eines der wichtigsten Ergebnisse der Gesetze von 367 v. Chr. war die allmähliche Herausbildung einer neuen herrschenden Elite, die die plebejische Oberschicht mit einschloß. Diese Familien konnten sich dadurch profilieren, daß sie eines der höheren »Kuralämter« (Praetor, Konsul, Diktator) erhielten; die Nachkommen solcher Amtsträger hießen *nobiles* (Adlige) und stellten gegenüber dem Patriziat einen Amtsadel dar. Die neue patrizisch-plebejische Elite wurde eine beherrschende Gruppe im Senat und neigte dazu, die höheren Ämter als ureigenste Domäne zu betrachten. Aber der Exklusivität des Adels waren inhärente Grenzen gesetzt. Einer der charakteristischen Züge, die ihn vom früheren Patriziat unterschieden, bestand ja gerade darin, daß ständig neue Familien nachrücken konnten.

Auch der Senat war offen für frisches Blut; einen bedeutenden Prozentsatz der Senatoren stellten daher immer »neue Männer« *(homi novi,* das heißt Senatoren der ersten Generation). Daß ein Neuling bis zum Konsulat aufstieg, bildete natürlich die Ausnahme; das sollte jedoch nicht als ein Zeichen dafür aufgefaßt werden, daß das Amt des Konsuls »erblich« war. Im Gegenteil, die gesamte »klassische« Periode der römischen Geschichte hindurch, sagen wir von 300 v. Chr. bis 200 n. Chr., hatten nur die wenigsten Konsuln Konsuln als Väter. In anderen Worten, der Adel umfaßte eine größere Anzahl Familien als es der Fall gewesen wäre, wenn die Amtsübernahme ein erbliches Privileg dargestellt hätte. Daraus ergab sich, daß die höheren Ämter heiß umkämpft waren und daß der Wettkampf um sie im Laufe der Zeit immer härter geführt wurde.

Das Patriziat repräsentierte weiter eine angesehene und einflußreiche Gruppe innerhalb des Adels. Bestimmte archaische Priesterfunktionen und Ämter *(rex sacrorum, interrex* und andere) blieben auch in Zukunft allein Patriziern vorbehalten, und man sollte beachten, daß bis 172 v. Chr. einer der Konsuln immer ein Patrizier war. Was die Plebs betrifft, die Organisation, die die bürgerliche Gleichberechtigung im vierten Jahrhundert errang, so verschmolzen ihre Institutionen allmählich mit denen der Gemeinschaft als Ganzem, und ihre Führer, die vor 367 v. Chr. in ihrem Bemühen, Zugang zu den hohen Ämtern zu erlangen, mit den Armen gemeinsame Sache gemacht hatten, wurden jetzt zu Mitgliedern des Adels. Das Tribunat war bald nicht mehr als eine untere Stufe auf der Karriereleiter eines jungen, strebsamen plebejischen Adeligen. Um etwa 300 saßen die meisten Tribunen vermutlich im Senat und hatten ganz sicher die Aufstiegsmöglichkeiten und Interessen der Senatorenklasse insgesamt.

*Links:* Bronzestatuette eines samnitischen Kriegers, 6. oder 5. Jahrhundert v. Chr. in voller Ausrüstung – Beinschienen, Helm, Brustharnisch, Gürtel und eine kurze Ledertunika. Er war ursprünglich sicher mit Speer und Schild bewaffnet, doch sind diese verlorengegangen, ebenso der Helmbusch.

*Unten:* Die beiden Ebenholztafeln (erste Hälfte des 3. Jahrhunderts) von Palestrina vermitteln einen genauen Eindruck vom Erscheinungsbild römischer Soldaten zu jener Zeit.

**Die Unterwerfung Italiens**

Das Entstehen des Amtsadels ist eines der Symptome einer vollständigen Umwandlung der römischen Gesellschaft, die sich in der Periode zwischen dem Ende des Latinischen Krieges im Jahr 338 v. Chr. und dem Ausbruch des Ersten Punischen Krieges 264 vollzog. Dieser Wandlungsprozeß verlief parallel zu einer bemerkenswerten, wenn auch kaum belegten Reihe militärischer Eroberungen, die in wenig mehr als einem halben Jahrhundert ganz Italien unter die Kontrolle Roms brachten.

In den Jahren nach 338 v. Chr. machten sich die Römer daran, ihre Zugewinne aus den Latinischen Kriegen auszubauen. Kolonien wurden gegründet in Cales (334) und Fregellae (328), in der strategisch wichtigsten Gegend des mittleren Liris-Tals. Die Siedler, die sich an diesen Kolonien beteiligten, rekrutierten sich hauptsächlich aus dem römischen Proletariat. Im Austausch für ein Stück zugeteilten Landes der neuen Kolonie, die zu einer unabhängigen Gemeinde wurde, verwirkten sie ihr römisches Bürgerrecht. Die Kolonien besaßen die Rechte des *commercium* und *conubium,* und ihr Status entsprach dem der alten latinischen Städte, aus diesem Grunde wurden sie »latinische Kolonien« genannt. Cales und Fregellae waren die ersten in einer langen Reihe solcher Niederlassungen, die mehr als jeder andere Einzelfaktor zur Konsolidierung und allmählichen Einigung Italiens unter Rom beitrugen.

Die Gründung von Fregellae 328 wurde sofort durch eine feindlichen Reaktion der Samniten erwidert, und in Jahresfrist war ein Krieg ausgebrochen, der nahezu 40 Jahre dauern sollte. Der Konflikt wird gewöhnlich in zwei Abschnitte unterteilt: der Zweite und Dritte Samnitenkrieg, die von 327–304 v. Chr., beziehungsweise von 298–290 v. Chr. dauerten.

Die Römer konnten 326 einen frühen Erfolg verbuchen, als die Regierung der griechischen Stadt Neapel beschloß, eine Garnison Samniten hinauszuwerfen und dafür römische Truppen hereinzuholen. Das Ergebnis dieser Episode, der erste formelle Kontakt Roms mit einer griechischen Gemeinde in Italien, war ein äußerst wertvolles Bündnis. Es folgten mehrere Jahre unentschiedener Grenzkriege, bis die Konsuln 321 eine gründliche Invasion in das samnitische Herrschaftsgebiet unternahmen. Der militärische Vorstoß endete mit einem Desaster, denn die römische Armee geriet auf den Claudinischen Pässen in einen Hinterhalt und mußte sich unter schimpflichen Bedingungen ergeben. Die patriotische römische Überlieferung suchte diese Schmach auszugleichen, indem sie eine Reihe glänzender Siege in den darauffolgenden Jahren erfand. Es hat jedoch ganz den Anschein, als habe Rom die Friedensbedingungen der Samniten akzeptieren müssen, denn sie erhielten Fregellae, und bis 316 v. Chr. gab es keine offenen Feindseligkeiten mehr.

Die Römer benutzten die Waffenpause, um ihre Stellung in Kampanien zu festigen und Bündnisse mit Gemeinden in Nord-Apulien zu schließen (zu diesen gehörten Arpi, Teanum und Canusium). 316 wurde der Krieg von den Samniten wieder aufgenommen. Im Jahr 315 fielen sie in Latium ein und gewannen eine offene Feldschlacht bei Latulae in der Nähe von Terracina; aber im darauffolgenden Jahr, nachdem sie latinisches Gebiet zerstört hatten und bis nach Ardea vorgerückt waren, wurden sie ihrerseits von den Römern geschlagen. 313 nahmen sie Fregellae wieder ein und gründeten weitere Kolonien; bei Suessa Aurunca und Saticula (313), bei Interamma an der Liris und auf der Insel Pontia (312). Im Jahr 312 begann der Censor Appius Claudius Caecus mit dem Bau einer Küstenstraße von Rom nach Capua, die noch heute seinen Namen trägt (die *Via Appia).* Von nun an betrieben die Römer eine Politik der Einkreisung, und es bestand keine ernste Gefahr der Niederlage mehr, trotz der Intervention einiger etruskischer und umbrischer Städte im Jahr 311. Die Römer schlugen sie zurück und übten durch einen gewaltigen Vorstoß das Tibertal hinauf bis nach Etrurien und Umbrien hinein Vergeltung. An der südlichen Front endete eine Periode unentschiedener Kriege gegen die Samniten im Jahr 305, als die Römer die Festung Bovianum einnahmen. Im Jahr darauf wurde Frieden geschlossen.

Gegen Ende des Zweiten Samnitenkrieges begannen die Römer, ihre Macht in der bergigen Zone Mittelitaliens auszubauen. 306 wurde ein Aufstand der Herniker niedergeschlagen, und ihre wichtigste Stadt, Anagnia, als *civitas sine suffragio* dem römischen Herrschaftsgebiet eingegliedert; in den folgenden Jahren unterwarf man die Völker der Abruzzen, und nacheinander erlitten die Marser, Paeligner, Marruciner, Frentaner und Vestiner das gleiche Los. Besonders hart traf es die Aequer, die von den Römern in einer Blitzaktion überwältigt worden waren. Ihr Gebiet fiel an Rom, und sie hörten auf, als unabhängiges Volk zu existieren.

Diese Eroberungen wurden konsolidiert durch den Bau einer Militärstraße von Rom durch den Zentralapennin bis zur Adria (die *Via Valeria,* 306 v. Chr.) und die Gründung latinischer Kolonien in Sora (303), Alba Fucens (303) und Carseoli. Ein Feldzug nach Umbrien hinein im Jahr 299 führte zur Gründung einer weiteren römischen Siedlung in Narnia.

298 kämpften die Römer wieder einmal an zwei Fronten. Von jährlichen Schlachten in Etrurien und Umbrien wird ab 302 berichtet, und 298 kam es erneut zu Feindseligkeiten zwischen Rom und den Samniten. Einige der ersten Kriegshandlungen in diesem Zusammenhang sind in der Grabschrift des L. Cornelius Scipio Barbatus, des Konsuls von 298, genannt. Der im zweiten Jahrhundert v. Chr. verfaßte Text lautet: »Lucius Cornelius Scipio Barbatus, gezeugt von seinem Vater Gnaeus, ein tapferer und weiser Mann, dessen edles Aussehen mit seiner Ritterlichkeit übereinstimmte, der euch als Konsul, Censor und Aedil diente, eroberte Taurasia und Cisauna in Samnium, überfiel Lukanien und brachte Geiseln zurück.« Die Grabschrift übertreibt zweifellos das Ausmaß von Scipios Unternehmungen, doch sollte sie der von Livius vorgezogen werden (der seine Feldzüge nach Nord-Etrurien verlegt), da sie auch den immer weiteren Aktionsradius der Römer widerspiegelt.

Im Jahr 295 v. Chr. war dann der Höhepunkt des Dritten Samnitenkrieges, als die samnitische Armee Norditalien erreichte und sich mit den Etruskern und Umbriern verband, die ebenfalls mit Rom im Krieg standen. Gleichzeitig nützten sie die Präsenz der Gallier, die seit 299 v. Chr. ihre Raubzüge über den Apennin wieder aufgenommen hatten. Ein großes anti-römisches Bündnis wurde gebildet, und die Schlacht bei Sentinum in Umbrien brachte im Sommer 295 die Entscheidung. Der Sieg fiel den Römern zu, vielleicht vor allem, weil die Etrusker und Umbrier fehlten, die wegen eines Ablenkungsmanövers abgezogen worden waren; die spätere Überlieferung hielt sich lieber an den heroischen Akt der Selbstopferung des Konsuls P. Decius Mus, der sich selbst und die feindlichen Streitkräfte den Göttern der Unterwelt »weihte«. Danach bestand kein Zweifel mehr über den Ausgang des Krieges. Das Gebiet der Samniten wurde nach und nach erobert, und 290 ergaben sie sich. Sie wurden römische Untertanen, verloren ihre Unabhängigkeit und das gesamte Gebiet jenseits des Volturnus, der die neue Grenze bildete. Dies noch zusätzlich zum Verlust eines großen Landstreifens im südöstlichen Samnium, wo 291 die latinische Kolonie Venusia gegründet worden war.

Die Römer stießen unaufhaltsam weiter vor. Im Jahr 290 besiegte der Konsul M. Curius Dentatus die Sabiner und die Prätuttier, die zu römischen Bürgern *sine suffragio* wurden; einen Teil ihres Landes hat man enteignet und an bedürftige Römer verteilt. Nach dieser Episode erstreckte sich das römische Herrschaftsgebiet über ganz Mittelitalien bis zur Adriaküste, wo die latinische Kolonie Hadria entstand (zwischen 290 und 286). In der nur spärlich belegten Periode, die danach kam, errangen die Römer Siege über die Gallier und unterwarfen die Etrusker und Umbrier, die gezwungen wurden, dem römischen Bündnissystem beizutreten.

| Datum | Straße | Strecke |
|---|---|---|
| 312 | **via Appia** | ROMA—CAPUA |
| ? 307 | **via Valeria** | TIBUR—CORFINIUM |
| ? 287 | **via Clodia** | ROMA—SATURNIA |
| ? 285 | **via Appia** | CAPUA—VENUSIA |
| ? 283 | **via Caecilia** | CURES—CASTRUM NOVUM |
| ? 241 | **via Aurelia vetus** | ROMA—COSA |
| ? 225 | **via Minucia** | FORUM NOVUM—BRUNDISIUM |
| ? 220 | **via Flaminia** | ROMA—ARIMINUM |
| 187 | **via Aemilia** | ARIMINUM—PLACENTIA |
| 187 | **via Aemilia** | BONONIA—ARRETIUM |
| 154 | **via Cassia** | ROMA—ARRETIUM |
| ? 153 | **via Annia** | BONONIA—AQUILEIA |
| 150 | **via Annia** | FLORENTIA—PISAE |
| 148 | **via Postumia** | GENUA—AQUILEIA |
| 142 | **via Postumia** | ARIMINUM—ALTINUM |
| 131 | **via Annia** | RHEGIUM—CAPUA |
| ? 127 | **via Latina nova** | ROMA—CASILINUM |
| ? 119 | **via Aurelia nova** | ROMA—POPULONIA |
| 107 | **via Aemilia Scauri** | POPULONIA—SABATA |

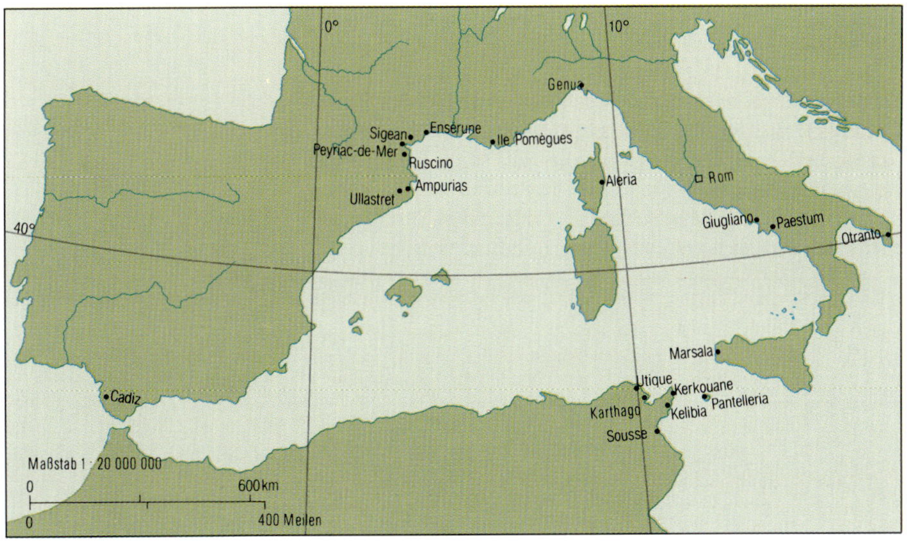


**Oben: Verbreitung römischer Töpferwaren im 3. Jahrhundert v. Chr.**
Zur Zeit der Mittleren Republik entwickelte sich Rom zu einem größeren Handwerks- und Handelszentrum. Unter den hergestellten Produkten waren feine Töpferwaren, die im gesamten westlichen Mittelmeergebiet Verbreitung fanden. Eine charakteristische Form, die aus einer Werkstatt mit der archäologischen Bezeichnung »Atelier des petites estampilles« stammt, wurde an zahlreichen Stellen in Mittelitalien, längs der Südküste Frankreichs, in Südspanien, Korsika, Sizilien und Nordafrika gefunden.

**Links: Römische Straßen zur Zeit der Republik**
Die frühesten römischen Straßen waren nicht mehr als Pfade und Landstreifen, die nach öffentlichem Wegerecht jedermann betreten durfte. Einige Straßen, wie die alte *Via Latina,* die das Sacco-Tal entlangführte, folgten natürlichen Verkehrswegen, wie sie schon seit urdenklichen Zeiten benützt wurden. Die große Errungenschaft der Römer bestand jedoch im Bau von geraden, gepflasterten Straßen, von Brücken und Viadukten, sowie von Durchstichen und Tunneln. In dieser Hinsicht waren bis zu einem gewissen Grad die Etrusker mit ihrem ausgebauten Straßennetz das Vorbild. Die ersten großen Landstraßen wurden zur Zeit der italienischen Eroberungen angelegt und hatten eine strategische Funktion, indem sie Rom mit den latinischen Kolonien verbanden. Die Straßen und die Kolonien bildeten zusammen den wichtigsten Faktor in der Konsolidierung der neugewonnenen Gebiete. Das zweite große Zeitalter des Straßenbaus in Italien fällt in das späte 2. Jahrhundert v. Chr.; dabei handelte es sich in gewisser Hinsicht um eine Investition der Reichsüberschüsse in öffentliche Bauwerke, wodurch einerseits das städtische Proletariat Arbeit fand, und deren Ergebnis überdies für die ganze Gemeinschaft von Nutzen war.

## Der Konflikt mit »Magna Graecia«

Zu Beginn des dritten Jahrhunderts v. Chr. waren die griechischen Städte Süditaliens in einem Zustand fortgeschrittenen Verfalls, eine Folge des ständigen Drucks feindlicher Einheimischer und jahrhundertelangen, gegenseitigen Vernichtungskampfes. Die Römer wurden um 280 in die Angelegenheiten von *Magna Graecia* verwickelt, als die Stadt Thurii sie um Hilfe gegen die Lukaner anging; innerhalb weniger Jahre hatten sich auch Locri, Rhegium und Croton unter Roms Schutz gestellt. Diese Entwicklung beobachtete Tarent mit Sorge, denn der bedeutendsten unter den griechischen Städten war der Machtzuwachs Roms schon seit geraumer Zeit verdächtig. Die Bedrohung veranlaßte die Tarentiner, König Pyrrhus von Epirus, einen ehrgeizigen Herrscher, der selbst nach einer geeigneten Gelegenheit suchte, seine Macht zu vergrößern, um Hilfe zu bitten.

Phyrrhus landete 280 mit einer Streitmacht von 25000 Mann und 26 Kriegselefanten. Zum ersten Mal standen die Römer einer voll ausgebildeten hellenistischen Armee gegenüber, und beim Zusammenstoß bei Heraclea (280 v. Chr.) wurden sie vom Feld gejagt, wobei sie ihren Gegnern jedoch schwere Verluste zufügten. Pyrrhus bot daraufhin den Frieden an, doch wollten die Römer nicht mit ihm verhandeln, solange er noch auf italienischem Boden weilte. Pyrrhus versuchte dann, auf Rom zu marschieren, kehrte aber bei Anagnia um; Capua und Neapel hielten ihre Tore geschlossen, und keiner von Roms Verbündeten schloß sich ihm an. Er wurde sich wohl der Schwere der Aufgabe bewußt, die er in Angriff genommen hatte; Rom war ein gut durchorganisierter Staat, und ihm standen Mittel zur Verfügung, mit denen er auf Dauer nicht konkurrieren konnte. 279 errang er einen zweiten Sieg bei Ausculum, doch seine Verluste waren noch größer als bei Heraclea, und die Schlacht hatte ihn mehr als die Römer gekostet.

Im Jahr 278 beschloß er, Italien fürs erste zu verlassen und es in Sizilien zu versuchen, wo die griechischen Städte seine Hilfe gegen die Karthager erbeten hatten. Die Folge war ein neues Bündnis zwischen Rom und Karthago. Auch in Sizilien versprach Pyrrhus viel und erreichte nur wenig, und als er 275 nach Italien zurückkam, trat ihm bei Malventum (das nach der Schlacht wieder in Beneventum umbenannt wurde) eine römische Armee entgegen, die ihn besiegte. Nun segelte Pyrrhus nach Griechenland zurück, wo er weiterhin seine Talente in nutzlosen Unternehmungen vergeudete; seine brillante, aber letzten Endes folgenlose Karriere endete ein paar Jahre später, als ihm bei einem Straßenkampf in Argos ein Dachziegel auf den Kopf fiel und ihn tötete.

## Die Einigung Italiens

Nachdem Pyrrhus Italien verlassen hatte, festigten die Römer ihre Position. Tarent wurde belagert, und mit seinem Fall (272 v. Chr.) ist es mit Italiens Unabhängigkeit endgültig vorbei. Von dieser Zeit an war die gesamte Halbinsel von der Straße von Messina im Süden bis zu einer zwischen Pisa und Rimini verlaufenden Linie im Norden unter der Kontrolle Roms. Lukanien und Samnium wurden durch die Gründung von Kolonien in Paestum (273), Beneventum (268) und Aesernia (263) gesichert; zwei weitere Kolonien entstanden in Brundisium (244) und Spoletium (241). Diese Gründung war die Folge eines Aufstandes der Stadt Falerii, eine vereinzelte Geste der Herausforderung, die die Römer in einem nur sechs Tage dauernden Feldzug mit ihrer überwältigenden Macht unterdrückten. Die allgemeine Politik der Römer während der italischen Kriege war eine paradoxe Mischung aus Brutalität und genau kalkulierter Großzügigkeit. Ihre Siege hatten regelrechte Massaker (zum Beispiel an den Aurunkern 314 v. Chr. und den Aequern 304), ausgedehnte Beschlagnahmungen von Land und die Massenversklavung von Gefangenen zur Folge. Zum Beispiel kann man, nur auf die Zahlen von Livius gestützt, annehmen, daß während lediglich fünf Jahren im Dritten Samnitenkrieg (297–293) über 60000 Menschen in die Sklaverei geführt wurden.

Doch die endgültige rechtliche Stellung, die Rom seinen besiegten Gegnern auferlegte, war klug berechnet und im Endeffekt für beide Seiten von beträchtlichem Nutzen. Die Gemeinden, die dem römischen Staat nicht mit vollem oder halbem Bürgerrecht eingegliedert wurden, waren durch Bündnisverträge an Rom gefesselt. Wie zu erwarten, gingen viele andere Staaten freiwillig Bündnisse mit den Römern ein, um nicht die Folgen einer militärischen Niederlage erleiden zu müssen. In beiden Fällen waren die Verbündeten verpflichtet, Rom militärische Hilfe zu leisten, wann immer es erforderlich war; das bedeutete in Wirklichkeit, daß sie ihre außenpolitische Unabhängigkeit verloren und zu Vasallen herabsanken, obwohl sie weiterhin ihre inneren Angelegenheiten selbst regeln durften. Andererseits erlegte ihnen Rom keine Steuern oder Tribute auf. Die Situation ähnelte einer Art Partnerschaft, in der die *socii* Rom bei weiteren Eroberungen halfen und einen Teil des Gewinns dafür erhielten. Dieser Gewinn bestand aus versklavten Kriegsgefangenen und aus Land. Natürlich wurde das annektierte Land vollständig in den Besitz des römischen Staates transferiert, woraufhin es entweder verkauft, als *ager publicus* verpachtet oder durch Kolonisierung oder Einzelzuwendung neu besiedelt wurde, doch ist zu beachten, daß die an diesen Projekten beteiligten Siedler Latiner und Italiker ebenso umfaßten wie römische Bürger. Man kann daher sagen, daß die Opfer Roms für die Verluste, die sie ursprünglich erlitten hatten, teilweise wieder entschädigt wurden.

Ein wichtiges Merkmal der Romanisierung Italiens war die Unterstützung, die der Senat dem einheimischen Adel in den verbündeten Staaten angedeihen ließ. Ihrerseits wandten sich die besitzenden Klassen der italischen Gemeinden natürlich an Rom, wenn ihre eigenen Interessen irgendwie bedroht waren. Bei verschiedenen, überlieferten Gelegenheiten intervenierte auch tatsächlich römisches Militär zugunsten der einheimischen Nobilität, um Volksaufstände niederzuschlagen (zum Beispiel in Arretium 302 v. Chr., in Lucania 296 und in Volsinii 264). Dafür erwarteten die Römer die aktive Mitarbeit der Herrenschicht in den verbündeten Gemeinden – und erhielten sie auch. Diese Kooperation sicherte die anhaltende Loyalität der Verbündeten gegenüber Rom. Noch in den dunkelsten Tagen des Zweiten Punischen Kriegs blieb die Mehrheit der Verbündeten treu, obwohl Hannibal immer wieder versuchte, sie auf seine Seite hinüberzuziehen.

Das wichtigste langfristige Resultat der Eroberung der italienischen Halbinsel durch Rom war das allmähliche Verschwinden der ethnischen, sprachlichen und kulturellen Unterschiede. Die fortschreitende Romanisierung erstreckte sich über die folgenden drei Jahrhunderte und war im ersten Jahrhundert, von ein paar Überbleibseln in abgelegenen Gebieten abgesehen, weitgehend abgeschlossen. Am raschesten verlief der Assimilierungsprozeß in den mittleren Distrikten, deren Einwohnern das eingeschränkte Bürgerrecht gewährt worden war; sie wurden dem römischen Staat mit vollen Bürgerrechten allmählich eingegliedert; die Sabiner waren im Jahr 268 v. Chr. die ersten.

Der Assimilationsprozeß betraf auch die Verbündeten. Das läßt sich kaum auf eine absichtliche oder gezielte Politik der römischen Regierung zurückführen; eher war er das natürliche Ergebnis der Tatsache, daß Männer aus den verbündeten Städten zusammen mit römischen Bürgern und unter römischen Befehlshabern Militärdienst leisteten – manchmal über Jahre hinweg. Außerdem wurde die Verbreitung der lateinischen Sprache und der römischen Lebensweise durch die latinischen Kolonien, die es überall im Gebiet der Verbündeten gab, weitergetragen. Diese Kolonien hatten den Status selbstverwalteter politischer Einheiten, da jedoch die Mehrheit der Siedler römischer oder latinischer Herkunft war, bildeten sie in Wirklichkeit romanisierte Enklaven, in denen lateinisch gesprochen und römischer Lebensstil gepflegt wurde.

Die latinischen Kolonien waren miteinander verbunden durch das Netz von Militärstraßen, die zu Beginn der Eroberung gebaut worden waren. Diese großen Straßen, deren Namen (Appia, Aurelia, Flaminia, etc.) das Andenken an die Männer wahren, die ihren Bau initiierten, hatten zunächst vor allem eine strategische Funktion, doch dann verbesserten sie auch die Verkehrsverbindungen allgemein und ermöglichten engere Kontakte zwischen den verschiedenen Regionen Italiens. Die unvermeidliche Folge war die weitere Verbreitung römischen Denkens und römischer Kultur.

### Die römische Gesellschaft zur Zeit der italischen Kriege

Während der Epoche der italienischen Eroberungen Roms wandelte sich die Stadt selbst, und es bildeten sich die typischen politischen, sozialen und wirtschaftlichen Strukturen der mittleren Republik heraus. Die politische Macht lag in den Händen einer Patrizier- und adligen Plebejerelite, die den Senat und die höheren Beamten stellte. Unter diesen Männern waren einige ingeniöse politische Führer, die Roms Außenpolitik festlegten und darauf hin arbeiteten, das Schicksal der niederen Klassen zu verbessern.

Als beispielhaft gelten die Plebejer Q. Publilius Philo und M. Curius Dentatus und der Patrizier Appius Claudius Caecus. Von letzterem wurde gesagt, er sei »der früheste Römer, der sich in unseren Quellen als eine Persönlichkeit darstellt«. Seine praktischerweise auf einer Inschrift aus der Regierungszeit des Augustus aufgezählten Leistungen sind in der Tat eindrucksvoll: »Appius Claudius Caecus, Sohn des Gaius, Censor, zweimal Konsul, Diktator, dreimal Interrex, zweimal Praetor, zweimal Kurul-Aedil, Quaestor, dreimal Militärtribun. Er eroberte mehrere Samnitenstädte und besiegte eine Armee der Sabiner und Etrusker. Er verhinderte den Friedensschluß mit König Pyrrhus. Als Censor ließ er die *Via Appia* pflastern und erbaute einen Aquaedukt für Rom. Er erbaute den Tempel von Bellona.«

Der Adel bildete eine Elite innerhalb einer breiteren herrschenden Klasse, deren Reichtum und Macht sich auf Landbesitz gründeten. Seine Dominanz in der römischen Gesellschaft war die Folge davon, daß seine Mitglieder nahezu ausschließlich die Politik bestimmten: Aus ihren Reihen kamen die Magistrate, sie stellten den Senat, und durch ein ausgeklügeltes System beherrschten sie auch

König Pyrrhus von Epirus (319–272 v. Chr.). Von allen griechischen Königen, die nach Alexander dem Großen herrschten, war Pyrrhus – wie allgemein anerkannt wird – dem legendären Eroberer am ähnlichsten, nicht nur in der Erscheinung und im Temperament, sondern auch in seinen Fähigkeiten. Die Niederlage, die ihm die Römer im Jahre 275 beibrachten, kam für die griechische Welt einer Sensation gleich.

die Volksversammlung. Allein der Adel verfügte über die notwendigen Mittel, um die aufwendige Wahlpropaganda zu bezahlen, und er allein war aufgrund seiner wirtschaftlichen Unabhängigkeit in der Lage, die unbezahlten Staatsämter zu übernehmen, die zudem noch einige finanzielle Verpflichtungen nach sich zogen. Auch stellten seine Mitglieder die einzigen dar, die aufgrund der tradierten Erfahrung und ihrer sorgfältigen Ausbildung über das entsprechende politische Rüstzeug verfügten. Gegenüber den Volksmassen und vor allem gegenüber der Volksversammlung war die Herrschaft der Aristokratie auch durch die besondere Struktur der politischen Institution abgesichert. Rom wurde von jährlich wechselnden Magistraten und einem Senat aus früheren Magistraten regiert. Die Magistrate wurden durch Volksversammlungen gewählt, die allen Vollbürgern offen standen. Die Wahlversammlungen (die verschiedenen *comitia)* hatten auch Entscheidungsgewalt in Sachen Krieg und Frieden, bei Gesetzesvorschlägen und schwerwiegenden Straftaten. Theoretisch war die römische Volksversammlung souverän, doch in der Praxis überwog das oligarchische Prinzip. Die *comitia* konnten nur von Magistraten einberufen werden, die allein befugt waren, sich an das Volk zu wenden und Gesetzesvorschläge einzubringen. Die versammelten Bürger besaßen weder das Recht, zu debattieren noch die vorgelegten Gesetzesvorschläge zu ändern.

Der undemokratischste Aspekt der römischen Volksversammlungen bestand jedoch darin, daß in Gruppen gewählt wurde. In den *comitia tributa* und der Plebejerversammlung, dem *concilium plebis,* entsprachen die konstituierenden Gruppen und Wählereinheiten den örtlichen Tribus. Die Zahl dieser Tribus wuchs allmählich mit der Ausdehnung Roms, bis im Jahr 241 v. Chr. die endgültige Zahl von 35 erreicht war. Diese Gesamtzahl setzte sich zusammen aus vier sogenannten »städtischen« und 31 »ländlichen« Tribus. Bedeutsam an dieser Unterteilung ist, daß nur Landbesitzer sich in den ländlichen Tribus einschreiben konnten, während die landlosen Bewohner der Stadt auf die vier städtischen Tribus beschränkt blieben und so nur minimalen Einfluß auf die Wahl nehmen konnten, obwohl sie wahrscheinlich sogar die Mehrheit der Wahlberechtigten darstellen; denn diese wurden nur in Rom abgehalten. Auf diese Weise begünstigte das System künstlich die reichen Landbesitzer und diskriminierte gleichermaßen das Stadtproletariat und die breite Schicht der Kleinbauern, die aus praktischen Gründen nicht persönlich an den *comitia* teilnehmen konnten. Die Wahleinheiten der Centuriatscomitien bildeten die 193 Centurien, die auf die fünf ökonomisch definierten Klassen verteilt waren: aber die Art der Verteilung gewährleistete, daß die reichste Klasse die größte Anzahl Centurien umfaßte und die Versammlung beherrschte.

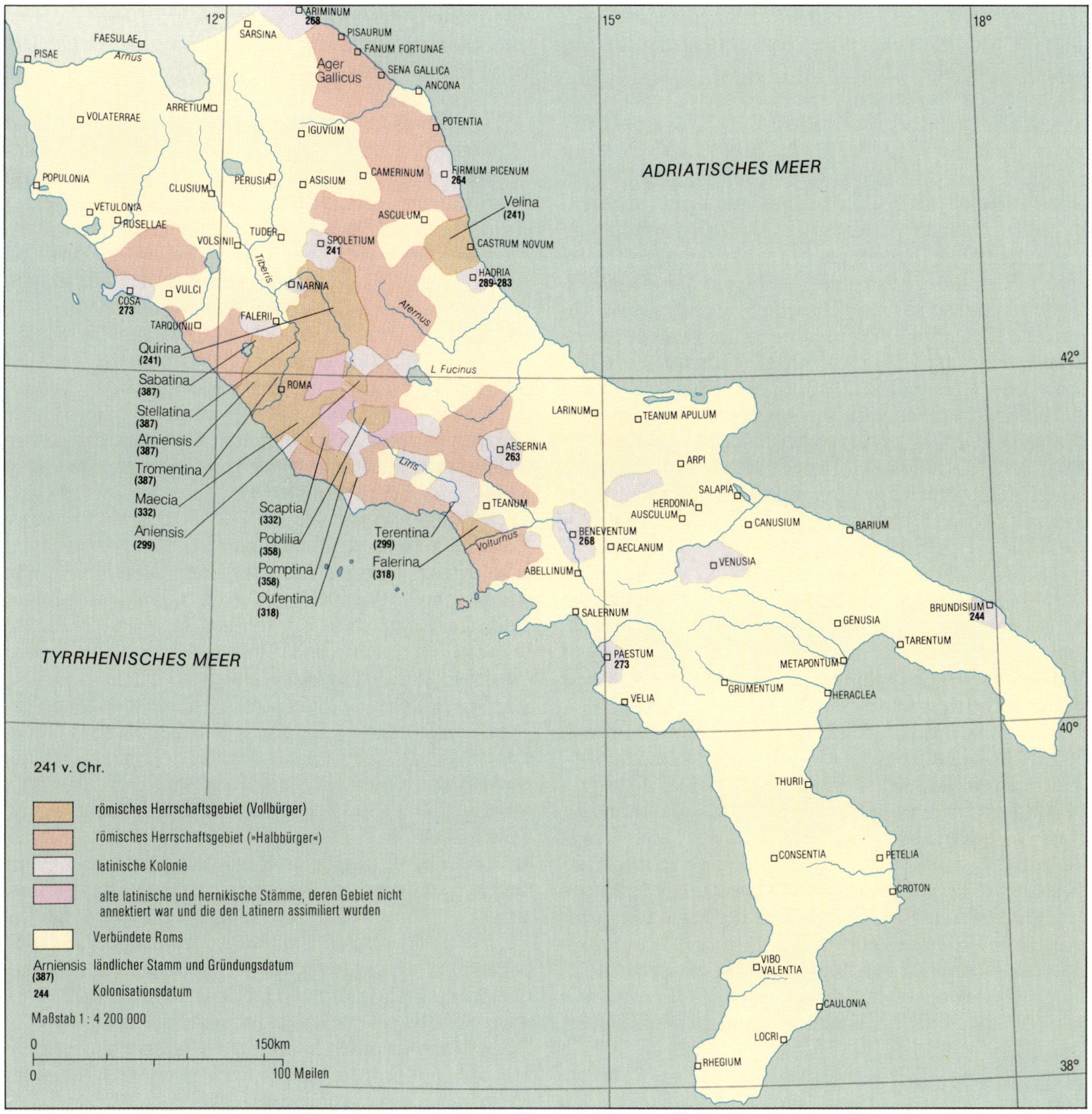


**Das Wachstum des Römischen Staatenbundes**
Der Begriff »Römischer Staatenbund« wird allgemein verwendet, um das System von Bündnissen und Abhängigkeiten zu kennzeichnen, das die Römer während der Eroberung der Halbinsel in den Jahren 338–264 v. Chr. aufgebaut hatten. Besiegte Feinde erhielten entweder den Status von Bundesgenossen, was bedeutete, daß sie Soldaten für die römischen Armeen stellen mußten, oder sie gingen als Bürger im römischen Staat auf. Dabei wurde einigen das volle Bürgerrecht *(civitas optimo iure)* verliehen, während andere nur beschränkte Rechte *(civitas sine suffragio)* besaßen. Dies bedeutete, daß sie alle bürgerlichen Pflichten erwarben, wie die Zahlung von Steuern und die Ableistung von Militärdienst, nicht aber über alle Rechte verfügten. Es war ihnen beispielsweise untersagt, in römischen Versammlungen ihre Stimme abzugeben. Im Laufe der Zeit gewährte man auch den »Halbbürgern« die vollen Rechte, so den Sabinern im Jahre 268 v. Chr. und im Jahr 188 v. Chr. dem Volk von Arpinum. Wahrscheinlich waren alle Halbbürger am Ende des 2. Jahrhunderts v. Chr. zu gleichberechtigten Bürgern geworden. Mit der Ausdehnung der vollen Bürgerrechte schufen die Römer eine Reihe neuer lokaler *tribus,* in denen sie die Neubürger wie auch jene Bürger eingliederten, die auf neuerworbenem Teritorium angesiedelt wurden.

Die Aufteilung der besitzenden Bürger *(adsidui)* in fünf verschiedene Klassen wird in unseren Quellen Servius Tullius (s. S. 21) zugeschrieben, doch in Wirklichkeit war sie wahrscheinlich nur eine spätere Differenzierung in Verbindung mit dem Institut des *tributum*, einer direkten Steuer auf den Kapitalreichtum römischer Bürger. Der Ertrag aus dieser Steuer floß in die Entsoldung des Heeres. Der Sold der Soldaten, das *stipendium,* wurde nach der Überlieferung 406 v. Chr. während der Belagerung von Veji eingeführt, um die Männer für den Verlust ihres normalen Einkommens während der zehnjährigen Belagerung zu entschädigen. Diese Tradition zeigt, daß die römische Armee eine Teilzeit-Miliz war, die sich aus Bauern rekrutierte, die genug Besitz hatten, um sich die erforderliche Ausrüstung leisten zu können, und aus politischen und steuerlichen Gründen in die fünf Besitzklassen aufgenommen wurden.

Man sollte sich dessen bewußt sein, daß der Militärdienst in vielen alten Stadtstaaten nicht als Last galt, sondern als ein Privileg und Statussymbol. Gleichzeitig war man der Ansicht, daß die politischen Rechte eines Mannes von seinem Beitrag für den Staat abhingen. So war der Proletarier, der keinen Besitz hatte und daher selbstverständlich auch keine Steuern zahlen mußte, der Pflicht des Militärdienstes enthoben und von der tätigen Teilnahme am politischen Leben ausgeschlossen. Diese Art System, in der Antike als Timokratie bekannt, gründete sich auf dem Prinzip: »Je höher die Steuerveranlagung, desto größer die militärischen Verpflichtungen und politischen Rechte.« (E. Gabba)

Landbesitz war deshalb der Schlüssel zu politischer Macht im republikanischen Rom. Diese Aussage widerspricht nicht der Tatsache, daß die politischen Führer des späten vierten und frühen dritten Jahrhunderts v. Chr. späteren Zeiten als Muster an Genügsamkeit und ehrenhafter Tugend galten. Das mögen sie auch gewesen sein, wenn man den Luxus und die Verschwendungssucht der späten Republik dagegenhält; aber diese Männer waren keineswegs arm. In dieser Beziehung sind die Geschichten über M. Curius Dentatus, dessen bescheidene bäuerliche Behausung Cato später großen Eindruck machen sollte, oder C. Fabricius Luscinus, der verächtlich die Bestechungsgelder samnitischer Abgesandter zurückwies, die ihn antrafen, als er sich gerade Rüben für sein Abendessen kochte, irreführend. Tatsächlich war es der späteren Überlieferung mehr um das moralische Beispiel dieser Männer zu tun als um ihren wahren wirtschaftlichen Status. Eine gleichermaßen aufschlußreiche Geschichte ist das Schicksal von P. Cornelius Rufinus, der 276 v. Chr. aus dem Senat ausgestoßen wurde, weil er zehn Pfund Silbergeschirr besaß. Doch hier ging es bestimmt darum, daß das Establishment nicht so sehr den Reichtum des Rufinus als solchen mißbilligte, sondern die Art, wie er ihn öffentlich zur Schau stellte.

Es steht jedoch fest, daß in den Dekaden vor und nach 300 v. Chr. der öffentliche und private Reichtum der Römer in unvergleichlicher Weise anwuchs. Der Zugewinn bestand natürlich vor allem in Landbesitz. Das römische Herrschaftsgebiet, das nach dem Ende des Latinerkriegs im Jahr 338 v. Chr. 5525 Quadratkilometer betrug, hatte sich 246 v. Chr. auf etwa 26 805 Quadratkilometer erweitert, das waren mehr als 20 Prozent der gesamten Landoberfläche Halbinsel-Italiens. Die römischen Bürger profitierten auch direkt von der Gründung latinischer Kolonien, die nach neuesten Schätzungen um 241 v. Chr. weitere 10000 Quadratkilometer konfiszierten Landes umfaßten.

Im gleichen Maße wuchs die römische Bevölkerung. Die überlieferten Ergebnisse von Volkszählungen, die allerdings erst zu Beginn des dritten Jahrhunderts plausibel erscheinen, lassen auf eine Gesamtbevölkerung freier Bürger von 750 000 bis einer Million schließen. Zu dieser Zeit war Rom selbst eine der größten Städte des Mittelmeers, mit einer wahrscheinlichen Bevölkerungszahl von mehr als 150 000. Zur Versorgung der Bewohner der Stadt mußten Aquaedukte errichtet werden; der erste war die *Aqua Appia*, von Appius Claudius im Jahre 312 erbaut, dann folgte der *Anio Vetus*, den M. Curius Dentatus 272 begann.

Diese öffentlichen Arbeiten wurden durch die Kriegsgewinne finanziert, die in der Form von Beute und Entschädigungen in die Stadt flossen und ein Bauprogramm auf einem Niveau ermöglichten, wie man es seit den Tagen der Tarquinier nicht mehr gekannt hatte; zwischen 302 und 272 v. Chr. entstanden mindestens elf größere Tempel, darunter der der Bellona (296), des Iupiter Victor (295) und der Victoria (294), ein Zeichen für das wachsende Bedürfnis der Römer an militärischen Kulten. Zwei der Tempel, die jetzt im Largo Argentina in Rom zu sehen sind, können auf die Jahre um 300 v. Chr. datiert werden und gehören ganz offensichtlich zu dieser Serie. Der sich in die Stadt ergießende Reichtum muß auch einen blühenden Dienstleistungssektor geschaffen und ebenso die Nachfrage nach Luxusgütern geweckt haben, die zumindest teilweise durch die einheimische Produktion gedeckt werden konnte. Das läßt sich aus den Überresten besonderer Geräte, wie etwa der Fikoronischen *cista,* und großen Mengen römischer feiner Tonwaren schließen, die an vielen Stellen überall im westlichen Mittelmeer gefunden wurden.

Diese sehr schöne Bronze-Cista aus Praeneste stammt aus dem letzten Jahrzehnt des 4. Jahrhunderts v. Chr. Sie trägt zwei Inschriften: »Dindia Macolnia schenkte dies ihrer Tochter« und »Novios Plautios schuf mich in Rom«. Diese Worte zeigen, daß Rom damals ein wichtiges Zentrum für die Herstellung qualitativ hervorragender Waren war.

Das Anwachsen des wirtschaftlichen Wohlstandes und der kulturellen Ansprüche Roms im frühen dritten Jahrhundert v. Chr. läßt sich an verschiedenen wichtigen Entwicklungen aufzeigen. Die erste ist die immer weiter um sich greifende Sklavenwirtschaft. Die Massenversklavung von Kriegsgefangenen wurde schon erwähnt und beweist, daß sich diese Einrichtung in zunehmendem Maße durchgesetzt hatte. Traditionsgemäß erhielten freigelassene Sklaven *(liberti)*, deren Zahl und Bedeutung vor allem in Rom und den übrigen Städten, aber auch auf dem Lande zunahm, in Rom das beschränkte Bürgerrecht; ihre Nachkommen besaßen dann die vollen Rechte und wurden vollständig assimiliert. Als Beleg für das Ausmaß, in dem die Bürgerschaft von Personen sklavischer Abstammung durchdrungen war, kann die Tatsache gelten, daß unter Appius Claudius 312 Söhne von Freigelassenen zum Senat zugelassen wurden. Die Mehrheit der Sklaven war vermutlich zu häuslichen Diensten bei den Reichen und in Handels- und Produktionsfirmen in der Stadt angestellt; aber es gibt auch Beweise dafür, daß Sklavenarbeit auch schon auf dem Land zur Feldarbeit auf den Gütern eingesetzt wurde.

In diese Zeit fallen auch die Anfänge der Münzprägung. Der Ursprung des römischen Geldwesens ist ein schwieriges und umstrittenes Thema, doch nach der maßgeblichsten, modernen Forschung scheinen die ersten Münzen 280 v. Chr. aufgetaucht zu sein. Vor dieser Zeit benutzte man bei Geldtransaktionen ungeprägtes Metall, das nach einer festgelegten Gewichtsskala bewertet wurde; die Einführung des Prägens vereinfachte das System, so daß es nun möglich war, Zahlungen allein durch das Abzählen der erforderlichen Münzen zu tätigen. Ein gleichermaßen wichtiger Aspekt dieser Neuerung war, daß durch den Prägeaufdruck römische Mythen und römisches Selbstverständnis weithin Verbreitung fanden. Die Prägemünzen wurden in anderen Worten also zu einem Medium, mit dem der Staat in der ganzen Welt Propaganda für sich machen konnte. Im Jahr 269 v. Chr. trug eine

Die Münze von T. Veturius (137 v. Chr.) erinnert an die Übereinkunft, die sein Vorfahr T. Veturius Calvinus (Konsul 321 v. Chr.) mit den Samniten schloß, nachdem diese die römische Armee bei den Kaudinischen Pässen besiegt hatten. Die Szene zeigt, wie zwei Krieger einen Eid leisten, indem sie mit ihren Schwertern ein Schwein berühren.

Frührömische Silbermünzen. Die Rückseite einer silbernen Didrachme von 269 v. Chr. *(unten)* zeigt, wie die Wölfin die Zwillinge Romulus und Remus säugt. Eine spätere Prägung aus der Zeit des Ersten Punischen Krieges hat auf der Vorderseite *(links)* den Kopf der als Göttin personifizierten, bewaffneten Roma, auf der Rückseite *(links unten)* die Victoria mit Palmzweig und Kranz. Diese Darstellungen sind ein Zeichen für Roms wachsendes Selbstvertrauen und seine zunehmende militärische Macht.

Ausgabe römischer Silbermünzen auf der Rückseite eine Darstellung der Zwillinge Romulus und Remus, wie sie von der Wölfin gesäugt werden; eine etwas spätere Serie hatte den behelmten Kopf einer Roma auf der Vorder- und eine Victoria auf der Rückseite. Solche Typisierungen sind Zeichen für Roms wachsendes Selbstvertrauen und das Bewußtsein seiner gewaltigen Macht.

Die Münzprägung war eine griechische Erfindung, und daß Rom sie übernimmt, beweist den wachsenden Einfluß der griechischen Kultur auf das römische Leben. Das zeigt sich auch in Baudenkmälern und Gebrauchsgegenständen, bei denen griechische Stile und Techniken nachgeahmt wurden, und in der direkten Übernahme griechischer religiöser Kulte, wie der des heilenden Gottes Aesculap, dem man 291 auf der Tiberinsel einen Tempel weihte. Auch die Kulte der Siegesgöttin Victoria basierten auf griechischen Mustern. Gleichzeitig wurde der Hellenismus bei der römischen Elite modern. So ist es zum Beispiel bezeichnend, daß einige führende adlige Familien griechische Nachnamen wie Sophus, Philippus und Philo anzunehmen begannen.

Die Nachricht von der sensationellen Niederlage, die eine bis dahin unbekannte italische Republik Pyrrhus beigebracht hatte, war ein gewaltiger Schock für die griechische Welt. 273 v. Chr. schickte der König von Ägypten, Ptolemaios II. Philadelphos, Gesandte nach Rom, zweifellos als eine Art Untersuchungskommission, aber auch als Geste des guten Willens. Die Römer erwiderten den Besuch mit einer eigenen Gesandtschaft nach Alexandria; die drei Senatoren, im diplomatischen Protokoll noch unerfahren, waren verlegen, als Ptolemaios ihnen Geschenke anbot. Am Hof von Alexandria wurde Rom in intellektuellen und literarischen Kreisen zu einem modischen Thema. Kallimachos schrieb ein Gedicht über einen Römer mit Namen Gaius; Lykophron verfaßte ein Epos über ein neues von den Nachfahren des Aeneas gegründetes Troia; und der Gelehrte Eratosthenes verherrlichte das »wunderbare« Regierungssystem der Römer. Unterdessen räumte der Historiker Timaeos, ein Exil-Sizilianer, Rom einen bedeutenden Platz in seiner monumentalen Studie der Völker des westlichen Mittelmeers ein und schrieb auch eine gesonderte Monographie über den Krieg zwischen Rom und Pyrrhus (diese Werke sind nicht erhalten). Vor allem Timaeos machte Rom den Griechen bekannt. Daß er sich der Bedeutung der neuen Macht in Italien bewußt war, rührte aus seiner Kenntnis der sizilianischen Angelegenheiten, und er schien zu ahnen, daß ein Konflikt zwischen Rom und Karthago bevorstand, in dem sich das Schicksal seiner Heimatinsel entscheiden sollte.

### Der Kampf zwischen Rom und Karthago

Die Karthager hatten seit dem Ende des fünften Jahrhunderts ihre Herrschaft über den Westteil Siziliens gefestigt und strebten danach, auch den Osten der Insel ihrem Reich einzugliedern. Karthagos Beziehungen zu Rom waren in dieser Zeit durchaus freundlich. Doch im Jahr 264 v. Chr. wurden Rom und seine Bundesgenossen in einen Krieg mit Karthago verwickelt, der aus geringfügigem Anlaß in Nordost-Sizilien entstand. Diese Situation eskalierte schnell zum ersten in einer ganzen Reihe größerer Kriege, die zu einem dramatischen Wechsel in den Machtverhältnissen der mediterranen Welt führen sollten. In weniger als hundert Jahren hatten die Römer Karthago nicht nur völlig aus dem Feld geschlagen, sondern auch alle größeren Mächte des griechischen Ostens gedemütigt, und 167 v. Chr. waren sie die wirklichen Herrscher des Mittelmeerraums.

Die Ursache der Krise von 264 v. Chr. erscheint auf den ersten Blick als eine nur relativ geringfügige Begebenheit. Der Konflikt entstand, als die Römer auf einen Appell der Stadt Messana (Messina) um Hilfestellung reagierten. Das ursprünglich griechische Messana war zu dieser Zeit in den Händen von Oskanisch sprechenden italischen Söldnern, die es zwanzig Jahre vorher in einem blutigen Coup eingenommen hatten. Die Mamertiner, wie sich diese Abenteurer nannten, fanden natürlich nur wenige Freunde unter den Griechen Siziliens, und als sie von den Syrakusern unter König Hieron II. angegriffen wurden, mußten sie sich erst nach Verbündeten umsehen. Einige ihrer Führer wollten sich an Karthago, den traditionellen Feind der sizilianischen Griechen, wenden; andere setzten sich dafür ein, die Römer zu rufen, deren Sympathie sie durch ihre italische Abstammung zu gewinnen hofften. Die Karthager hatten guten Grund, sich wegen der wachsenden Macht Roms Sorgen zu machen, und als ihre kleine Garnison in Messana von den Mamertinern vertrieben worden war, beschlossen sie, ein Bündnis mit Hieron einzugehen, dessen Armee um diese Zeit die Stadt belagerte.

Die Feindseligkeiten begannen, als eine römische Armee in Messana eintraf und die Belagerungsmächte angriff. Anfängliche römische Erfolge veranlaßten Hieron schon bald, seine Meinung zu ändern; 263 verließ er seine karthagischen Verbündeten und ging zu den Römern über. Es folgten weitere römische Erfolge, und 261 eroberten sie die karthagische Basis in Agrigentum. Jetzt waren beide Seiten gründlich in einen totalen Krieg verwickelt. Polybios schreibt, daß die Römer nach dem Fall von Agrigentum zum ersten Mal an die Möglichkeit dachten, die Karthager zu vertreiben und die ganze Herrschaft über Sizilien zu erringen. Doch sie merkten schnell, daß sie diesen Plan so lange nicht ausführen konnten, wie die Karthager das Meer beherrschten, und so bauten sie mit der ihnen typischen Entschlußkraft eine Flotte. Zu Beginn des Jahres 260 waren 100 große Kriegsschiffe (Fünfruderer) einsatzfähig, eine bemerkenswerte Leistung, wenn man berücksichtigt, daß die Römer bis dahin keine nennenswerten Seestreitkräfte besessen hatten.

In ihrem ersten größeren Seegefecht in Mylae im Jahre 260 v. Chr. gewannen die Römer unter dem Konsul C. Duilius einen bemerkenswerten Sieg. Diesem folgten weitere Erfolge, vor allem bei der Schlacht von Eknomos im Jahr 256, bei der die karthagische Flotte entscheidend geschlagen wurde. Doch Roms Glückssträhne hielt nicht an. Ein Versuch, durch die Entsendung einer Invasionstruppe unter C. Atilius Regulus nach Afrika Karthago direkt zu treffen, war ein Mißerfolg und wurde gänzlich zu einem Desaster, als die Flotte, die entsandt worden war, um die Armee herauszuholen, auf der Rückreise in einem Sturm Schiffbruch erlitt (255). In Sizilien gelang es den Römern, Panormus (Palermo) 253 einzunehmen, und zwei Jahre später gewann L. Caecilius Metellus dort eine entscheidende Schlacht, bei der er über 100 Elefanten erbeutete. Doch auf See erlitten die Römer weitere Rückschläge; einer der Höhepunkte war die katastrophale Niederlage von Drepana (249). Ende des gleichen Jahres wurde der Rest der Flotte fast ganz durch einen Sturm vernichtet. Der Krieg zog sich in den nächsten paar Jahren unentschieden dahin, obwohl die Karthager unter Hamilkar Barkas, dem Vater Hannibals, in Sizilien einige Vorteile errangen. Doch im Winter 243–242 hatten sich die Römer ausreichend erholt, um den Seekrieg wieder aufzunehmen. Eine neue Flotte wurde gebaut, und ein überwältigender Sieg bei den Ägatischen Inseln vor der Westküste Siziliens im Jahr 241 beendete schließlich den Krieg. Aufgrund der von dem Sieger C. Lutatius Catulus gestellten Friedensbedingungen erklärten sich die Karthager bereit, Sizilien zu verlassen, alle italischen Kriegsgefangenen auszuliefern und eine hohe Entschädigung zu zahlen (man einigte sich schließlich auf 3200 Talente, die in zehn Jahresraten zu begleichen waren).

So endete einer der schlimmsten Vernichtungskriege der Alten Geschichte. Die Verluste auf beiden Seiten waren enorm; nach einer zurückhaltenden Schätzung verloren die Römer und ihre Verbündeten über 100000 Mann und mehr als 500 Kriegsschiffe, und die Verluste der Karthager waren wahrscheinlich ebenso hoch. Erschreckendes Leid traf die Bewohner Siziliens. Mehrere größere Städte (Panormus, Agrigentum, Camarina, Selinus) wurden geplündert und ihre Einwohner in die Sklaverei geführt. Es wird berichtet, daß die Zahl der in Agrigent 261 versklavten Personen 25000 betragen haben soll. Nach der Meinung von Polybios war der Erste Punische Krieg »in seiner Dauer, Intensität und Zahl der Operationen der größte Krieg in der Geschichte«.

Die Bedingungen des Friedensvertrags schwächten die Position der Karthager außerordentlich; zudem kam es als Folge davon zu einem Aufstand der Söldner, der sich zu einem erbitterten und blutigen Kampf steigerte (241–238). 238 nützten die Römer diese Lage aus und eroberten Sardinien, das früher im Besitz Karthagos gewesen war, ein Vorgehen, für das es laut Polybios nicht die geringste Rechtfertigung gab. Gleichzeitig betrieben sie die Unterwerfung Korsikas, und nach einigen Kämpfen wurde auch diese Insel römischer Besitz.

Sizilien stellte für die Römer die wichtigste Beute aus dem Sieg von 241 dar. Mit Ausnahme bestimmter privilegierter Städte wie Messana und des Königreichs Syrakus wurden die verschiedenen Gemeinden Siziliens Untertanen und zahlten den Zehnten als Steuer. Ab 227 v. Chr. kam die Verwaltung dieser neuen Besitztümer unter die Verantwortlichkeit von Magistraten mit *imperium,* und zu diesem Zweck wurden zwei neue Praetorämter geschaffen, eines für Sizilien und eines für Korsika und Sardinien. Das Gebiet, in dem ein Magistrat sein *imperium* ausübte, hieß »Provinz« *(provincia)*, ein Begriff, der in Zukunft für alle außerhalb Italiens gelegenen Teile des römischen Reiches Anwendung fand. Die Aufgabe des Praetors war es, die Verteidigung der Provinz zu sichern, Gesetz und Ordnung aufrechtzuerhalten und die Steuereintreibung zu überwachen.

Während diese Angelegenheiten geregelt wurden, richteten die Römer ihre Aufmerksamkeit nach Norditalien, wo die Gallier wieder einmal unruhig geworden waren. Ihre Feindseligkeit gründete zumindest teilweise auf einem Erlaß des Tribuns C. Flaminius (232 v. Chr.), der sich auf die Verteilung des *ager Gallicus* an römische Bürger bezog und vermutlich die Vertreibung von Galliern, die sich dort seit 283 als Siedler niedergelassen hatten, bedeutete. Im Jahr 225 wurde eine Invasionsarmee der Gallier bei Telamon in Etrurien schwer geschlagen und über den Apennin zurückgetrieben. Die Römer wollten ihren Sieg sichern und drangen in die Po-Ebene vor. Mediolanum (Mailand) wurde 222 eingenommen, und der Prozeß der Eingliederung des cisalpinischen Gallien hatte begonnen. 218 wurden zwei große latinische Kolonistengruppen nach Placentia (Piacenza) und Cremona geschickt. Sie hatten sich kaum niedergelassen, als Hannibals Armee in Italien einfiel.

Nach der doppelten Katastrophe, dem Aufruhr der Söldner und dem Verlust Sardiniens, hatten die Karthager damit begonnen, in Spanien ein neues Reich aufzubauen. Dieses Werk wurde von Hamilkar Barkas 237 begonnen, und sein Schwiegersohn Hasdrubal setzte es fort. Rom beobachtete die Entwicklungen mit scharfem Auge und forderte und erhielt 226 Zusicherungen, daß die

*Ganz oben:* Die altphönizische Stadt Karthago, die der Überlieferung zufolge im Jahr 814 v. Chr. gegründet, und im Jahre 146 v. Chr. von Scipio Aemilianus völlig dem Erdboden gleichgemacht wurde. Die heute erhaltenen Reste gehen auf die römische Periode zurück, als Caesar die Stadt neu erbauen ließ. Kürzlich durchgeführte Ausgrabungen legten jedoch einige Spuren der alten punischen Stadt und ihrer Hafenanlagen frei.

*Oben:* Bronzebüste des römischen Aristokraten »Brutus«, wahrscheinlich aus dem späten 4. Jahrhundert v. Chr.

**Rechts: Der Erste Punische Krieg**
Der erste große Krieg zwischen Rom und Karthago begann, als Rom zugunsten der Stadt Messana 264 v. Chr. in Sizilien eingriff. Weil keine der beiden Seiten zulassen konnte, daß die Insel in den Besitz der anderen überging, eskalierten die Streitigkeiten schnell zu einem großen Konflikt. Die Römer bauten eine Flotte und stachen 260 v. Chr. in See. Der Krieg wurde dann 20 Jahre lang zu Lande und zu Wasser weitergeführt, wobei beide Seiten enorme Verluste erlitten. Schließlich erwiesen sich Roms Ressourcen als größer als die von Karthago, und nach dem römischen Sieg bei den Ägatischen Inseln im Jahre 241 ergaben sich die Karthager. Sizilien fiel an Rom und wurde die erste römische Provinz.

Die Münze von C. Metellus (125 v. Chr.) stellt Iupiter in einem Streitwagen dar, der von Elefanten gezogen wird. Die Münze erinnert an den Sieg von L. Metellus bei Panormus (Palermo) im Jahre 251 und an die Beute von über 100 karthagischen Kampfelefanten.

Karthager ihre Aktivitäten auf das Gebiet südlich des Ebro beschränken würden. Die Probleme begannen erst wirklich, als Hannibal, der Nachfolger Hasdrubals 219, gegen Saguntum anrückte. Saguntum lag zwar weit südlich des Ebro, war jedoch trotzdem ein Verbündeter Roms. Hannibal ignorierte Roms Forderung, Saguntum nicht anzugreifen, und als die Stadt fiel, wurde eine Gesandtschaft mit einem Ultimatum nach Karthago geschickt, um seine Unterwerfung zu fordern. Livius beschreibt die dramatische Szene im karthagischen Senat. »Fabius (der Anführer der römischen Gesandtschaft) machte aus seiner Toga einen Bausch und sagte: ›Hier bringen wir euch Krieg und Frieden. Was euch von beiden beliebt, das nehmt!‹ Gleich nach dieser Äußerung wurde ihm in nicht minder schroffem Ton zugerufen, er solle geben, was er wolle. Und als er den Bausch wieder entfaltete und erklärte, er gebe den Krieg, antworteten sie insgesamt, sie nehmen ihn an und werden ihn mit dem gleichen Mute führen, mit dem sie ihn annehmen ...«

Vermutlich hofften die Römer, Hannibal in Spanien bekämpfen zu können und gleichzeitig durch die Entsendung eines Expeditionscorps nach Afrika Druck auf Karthago auszuüben. Doch diese Pläne wurden von Hannibal durchkreuzt, der seine Streitkräfte prompt von Spanien aus auf die Grenzen Italiens zumarschieren ließ. Im Herbst 218 v. Chr. erreichte er mit 20000 Mann Infanterie und 6000 Mann Kavallerie Oberitalien, und die gallischen Stämme der nördlichen Ebene schlossen sich ihm sofort an. Mit ihrer Hilfe gewann er vor Ende des Jahres 218 die ersten größeren Gefechte am Ticinus und an der Trebia.

Die Haltung der Gallier muß Hannibal ermutigt haben, der hoffte, daß sich die italischen Verbündeten gegen Rom erheben würden. 217 rückte er nach Etrurien vor und gewann einen überwältigenden Sieg am Trasimenischen See, doch obwohl er mit allem Nachdruck den Anschein erweckte, daß er nur mit Rom in Streit liege, und alle seine nicht-römischen Gefangenen freiließ, hielten die Verbündeten doch weiter zu Rom. Hannibal hatte sich offensichtlich verrechnet, wenn er einen großen Aufstand erwartet haben sollte: die Oberklassen der verbündeten Gemeinden sahen ihre Interessen bei Rom gut aufgehoben und konnten bei dieser Lage der Dinge keinen Vorteil darin sehen, sich einem ausländischen Eindringling anzuschließen, und vor allem nicht einem, der mit den verhaßten Galliern verbündet war.

Im Jahr 216 feierte Hannibal bei Cannae in Apulien sei-

**Italien während des Krieges mit Hannibal**
Zu Beginn der Auseinandersetzungen verhielten sich die italischen Verbündeten Roms loyal, obwohl der Karthager alle Anstrengungen unternahm, sie für sich zu gewinnen. Mit der Katastrophe von Cannae änderte sich die Lage. Livius schreibt: »Wieviel größer aber diese Niederlage als die früheren gewesen ist, zeigt die Tatsache, daß die Treue der Bundesgenossen, die bis zu diesem Tag unerschüttert gewesen war, zu wanken begann, fürwahr aus keinem anderen Grunde, als weil sie den Glauben an den Bestand des Reiches verloren hatten. Folgende Völkerschaften fielen zu den Puniern ab: Campaner, Atellaner, Cataliner, Hirpiner, Apuler, zum Teil, Samniten außer den Pentrern, alle Bruttier, Lukaner. Dazu kamen Unzentiner und fast das gesamte griechische Küstengebiet. Tarentiner, Metapontiner, Crotonienser und Loerer sowie alle cisalpinischen Gallier.« Dem ist hinzuzufügen, daß die größte aller Städte, das kampanische Capua, im Jahre 215 von Rom abfiel. Die Römer aber begannen fast unverzüglich den verlorenen Boden zurückzugewinnen: Als die griechischen Städte im Jahre 212 v. Chr. überliefen, hatte Rom bereits wieder Samnium und Nordapulien unter Kontrolle. Capua fiel 211, Tarentum und Thurii 209. Im Jahre 206 war Hannibal gezwungen, sich in den äußersten Süden, nach Bruttium, zurückzuziehen.

nen größten Sieg, eine der schlimmsten militärischen Katastrophen für Rom, bei der vielleicht um die 30000 Mann ums Leben kamen (die antiken Quellen geben noch weit höhere Zahlen an). Nach Cannae gab es ein paar Überläufer bei den Verbündeten, und weite Gebiete im Süden, darunter ein großer Teil von Samnium, Lukanien und Bruttium gingen zu Hannibal über. Einige Städte in Apulien und vor allem Capua in der Campania sagten sich ebenfalls los. In diesem Stadium konnte Hannibal mit Recht annehmen, daß die Römer um Frieden bitten und daß er den Krieg mit einem für Karthago günstigen Vertrag würde beenden können. Die blinde Verweigerung der Römer, irgendwelche Friedensbedingungen anzuerkennen, bedeutete, daß Hannibals Unterfangen gescheitert war, auch wenn es noch so sehr nach dem Gegenteil aussah. Er konnte noch weitere römische Verbündete für sich gewinnen (Tarent und andere griechische Städte schlossen sich ihm 212 an), und 215 erhielt er die Unterstützung Philipps V. von Makedonien und des Königreichs Syrakus nach dem Tod des bejahrten Hieron II. Trotz all dieser Erfolge wurde seine Position zusehends schwächer. Der Grund dafür lag in der von den Römern angewandten Taktik (Q. Fabius Maximus, »der Verzögerer« hatte sie erfunden), offene Feldschlachten zu vermeiden und einen Zermürbungskrieg zu führen. Die Zeit war auf ihrer Seite und alles wendete sich zu ihren Gunsten. Sie verfügten noch über große Reserven an Soldaten und Vorräten; Hannibal indes war von seiner Heimatbasis abgeschnitten, und bis jetzt hatten sich ihm die großen Hafenstädte erfolgreich widersetzt. Roms Verbündete in Etrurien, Umbrien, Picenum und Mittelitalien hielten an ihrer Unterstützung fest, und so konnte Rom dem Feind eine einige Front entgegensetzen, während das von Hannibal im Süden kontrollierte Gebiet mit befestigten, loyalen Enklaven durchsetzt war, und zu ihnen gehörten die meisten großen Städte und die latinischen Kolonien. Hannibal blieb an seine Operationsbasis im Süden gebunden, während die Römer beinahe nach Belieben das Gebiet seiner Verbündeten plündern und nach und nach zurückerobern konnten. Wie Polybios schon festgestellt hat, waren die Römer imstande, ihre Kräfte aufzuteilen, doch Hannibal konnte immer nur an einer Stelle sein.

Allmählich übernahm Rom die Initiative. Im Jahr 211 erlitt Hannibal einen schweren Schlag, als Capua nach einer langen Belagerung fiel. Sein Versuch, die Stadt durch einen plötzlichen Marsch auf Rom zu entsetzen, war ein hoffnungsloser Mißerfolg, obwohl sein Erscheinen vor den Stadtmauern für ein paar Tage Verwirrung stiftete. In der Zwischenzeit operierten die Römer erfolgreich gegen die Karthager in Sizilien; Syrakus wurde 211 von M. Claudius Marcellus eingenommen und geplündert, und 210 wurde ein allgemeiner Aufruhr niedergeschlagen. In Spanien hatten römische Expeditionsstreitkräfte unter Pub-

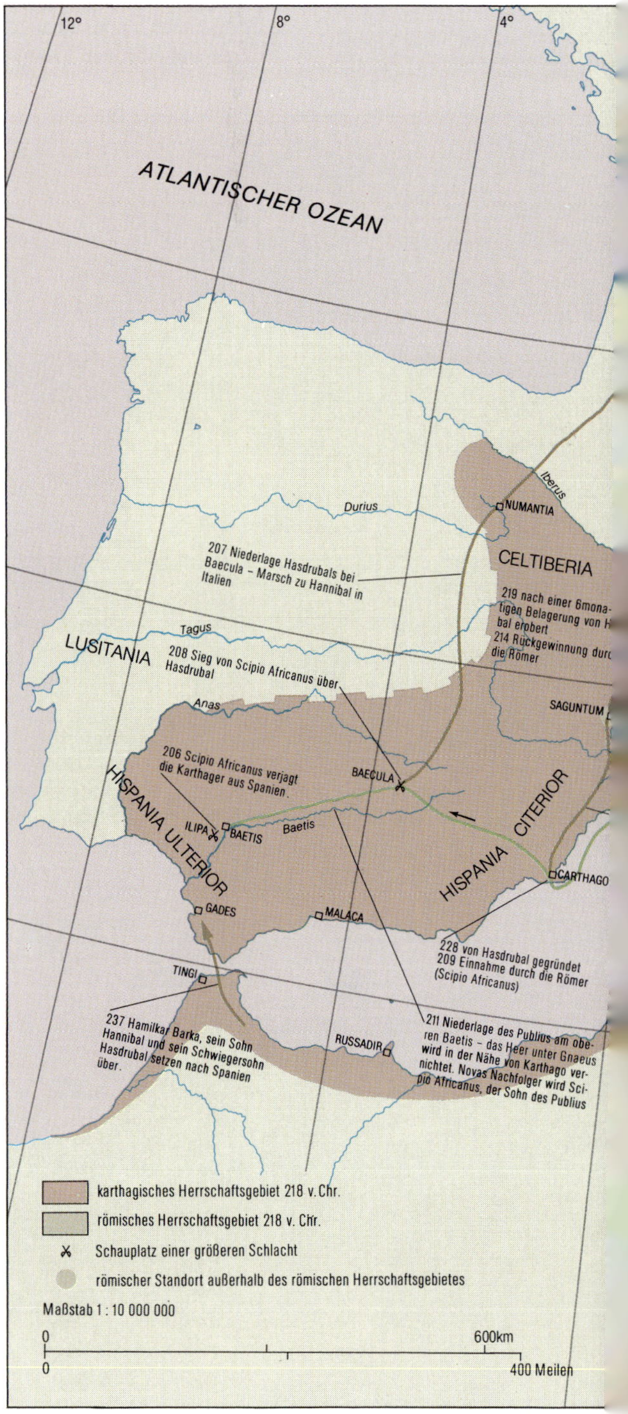

lius und Gnaeus Scipio die Karthager unter Kontrolle gehalten. 215 besiegten sie Hasdrubal, Hannibals Bruder, bei Ibera, und 212 eroberten sie Sagunt zurück. Einen schweren Rückschlag gab es 211, als die Scipionen geschlagen und getötet wurden, aber die Römer schickten sofort Verstärkung und ernannten 210 den jungen Sohn und Namensvetter Publius Scipios zum Befehlshaber, der gleich mit einer offensiven Strategie losschlug. Im Jahr 209 unternahm er einen Überraschungsangriff auf Carthago Nova (Cartagena) und eroberte es. Im folgenden Jahr besiegte er Hasdrubal in einer offenen Feldschlacht bei Baecula, war jedoch nicht in der Lage, ihn daran zu hindern, seine Armee aus Spanien abzuziehen und sich auf den Weg zu seinem Bruder in Italien zu machen. Hasdrubal überquerte im Frühling 207 die Alpen und kam schnell in Richtung auf die Adria voran, wo er in Umbrien zu Hannibal stoßen wollte. Doch noch bevor sich die beiden Streitkräfte vereinigen konnten, wurde Hasdrubal von einer römischen Armee unter C. Claudius Nero am Metaurus abgefangen und entscheidend geschlagen. Um diese Zeit gab es für Hannibal keine Hoffnung mehr, und er zog sich nach Bruttium zurück. 203 ergab er sich in das Unvermeidliche und schiffte seine – noch unbesiegte Armee – zurück nach Afrika ein. Die Rückkehr war notwendig geworden, weil der junge Scipio nach seinem Sieg über die Karthager in Spanien den Senat überreden konnte, ihm zu erlauben, einen Angriff in Afrika zu führen, der 204 begann.

Hannibal kehrte heim, um Karthago zu verteidigen, das er zuletzt im Alter von neun Jahren, 237 v. Chr., gesehen hatte. Zur entscheidenden Kraftprobe kam es 202 bei Zama, wo Scipios Streitkräfte in einem harten Kampf endlich siegten. Hannibal selbst handelte den Friedensvertrag aus, der Karthago auf den territorialen Status vor Kriegsbeginn beschränkte, es seiner Flotte beraubte und eine in 50 Jahresraten zu zahlende Entschädigung von 10000 Talenten auferlegte.

**Der Zweite Punische Krieg**
Hannibals Einfall nach Italien im Jahre 218 v. Chr. überraschte die Römer und vereitelte ihren Plan, Karthago direkt anzugreifen. Die Römer führten gegen Hannibal in Italien einen Abnützungskrieg und verfolgten in Spanien und Sizilien eine dreiste, offensive Strategie, die schließlich im Jahre 204 in der Invasion Afrikas ihren Höhepunkt fand. Mit dieser Taktik gewannen die Römer langsam die Oberhand. Die Karthager sandten Hannibal keine Verstärkung, und ihre Verbündeten, die Gallier in Norditalien und Philipp V. von Makedonien, erwiesen sich als wenig hilfreich. Hannibal war schließlich gezwungen, zur Verteidigung Karthagos heimzukehren, und im Jahre 202 wurde er in der Nähe von Zama von Scipio Africanus endgültig besiegt.

*Oben:* Mauerreste der Stadt Alba Fucens am Fuße des Monte Velino (2487 Meter). Sie wurde im Jahre 303 v.Chr. als Kolonie im Territorium der Aequer gegründet. Belgische Ausgrabungen, die seit 1949 im Gange sind, haben zur Entdeckung größerer Bruchstücke geführt. Wie die meisten römischen Kolonien war die Stadt schachbrettartig angelegt und von beeindruckenden Verteidigungsmauern umgeben. König Perseus von Makedonien wurde nach seiner Niederlage bei Pydna (167 v.Chr.) hier interniert.

**Der wachsende römische Imperialismus**

Der Friedensvertrag beseitigte die Bedrohung durch Karthago, und Italien, das während der sechzehn Jahre dauernden Besetzung durch Hannibal Verwüstung und Plünderung erlitten hatte, konnte wieder aufatmen. Dennoch führte der Sieg über Karthago nicht zu einer sofortigen oder drastischen Reduzierung von Roms militärischen Verpflichtungen; noch Jahrzehnte nach 200 kam es zu größeren Kriegen in Norditalien, Spanien, Sardinien und im östlichen Mittelmeer, wo römische Armeen oft jahrelang beschäftigt waren. P. A. Brunt hat dargelegt, daß plausible Schätzungen der Zahl von Italienern im Kriegsdienst während dieser Zeit den Eindruck erwekken, daß auch noch nach dem Ende des Hannibal-Krieges ein enormes Bedürfnis an Kampfeskraft bestand und daß sie 191–190 die gleiche Höhe wie in der schlimmsten Krise dieses Kampfes erreichte.

Im Jahr 203 v.Chr. nahmen die Römer die systematische Eroberung des cisalpinischen Gallien wieder auf, die 224 begonnen hatte, durch Hannibals Invasion jedoch unterbrochen worden war. Verschiedene heftige Schlachten in der Po-Ebene führten 191 zur Niederlage des mächtigsten cisalpinischen gallischen Stammes, der Boier. Cremona und Placentia wurden befestigt und weitere Kolonien gegründet, und von Placentia nach Ariminum (Rimini) wurde 187 die *Via Aemilia* gebaut (nach der die heutige Region Emilia benannt ist). Dann wandten sich die Römer der Aufgabe zu, die kriegerischen Stämme von Ligurien und des nördlichen Apennin zu unterwerfen. Gegen 175 war dieser Prozeß nahezu abgeschlossen, obwohl der Widerstand in einigen Gebieten sporadisch noch weitere 20 Jahre anhielt. 178–177 wurde nach der Gründung einer Kolonie im strategisch wichtigen Aquileia (181) auch die istrische Halbinsel erstürmt.

In Spanien hatte Karthago ein bedeutendes Gebiet im Südosten der Halbinsel abgetreten, für das ein ständiges, stehendes Heer, normalerweise zwei Legionen, erforderlich war. Dieses Gebiet wurde nach dem Abzug der Karthager im Jahr 206 in zwei Provinzen aufgeteilt, *Hispania ulterior* und *Hispania citerior* (Jenseitiges und Diesseitiges Spanien). 197 wurde die Zahl der jährlichen Praetoren von vier auf sechs erhöht, um die neuen Provinzen mit regulären Magistraten zu versorgen. Während dieser frühen Jahre plünderten die Römer Spanien systematisch aus, was ihnen natürlich den Haß der einheimischen Bevölkerung eintrug. Der Widerstand ging vornehmlich von den kriegerischen Bergvölkern aus, die Truppenabteilungen angriffen und sogar Plünderungszüge in die festen römischen Siedlungen unternahmen. 197 brach in *Hispania ulterior* eine Revolte aus, die sich schnell auf beide Provinzen ausdehnte und auch die Stämme des Landesinneren ansteckte. Trotz des energischen Eingreifens von Cato im Jahr 195 endete der Krieg doch erst 179, als T. Sempronius Gracchus die Provinzen befriedete und ein Bündnis mit den Keltiberern schloß.

Danach folgten fünfundzwanzig Jahre relativen Friedens, bis ein neuer Kampf gegen die Lusitaner unter ihrem Führer Viriathus (154–138) ausbrach, und ein zweiter Strauß gegen die Keltiberer gefochten wurde (153–151). Diese Kriege erwiesen sich als außerordentlich schwierig und kostspielig für die Römer und als katastrophal für die Spanier, die zahllose Greuel erleiden mußten. Der letzte Aufstand der Keltiberer im Jahr 143 führte zu weiteren langen und brutalen Auseinandersetzungen. Dieses mit am wenigsten erbauliche Kapitel der römischen Geschichte wurde 133 v.Chr. abgeschlossen, als Scipio Aemilianus (der Adoptivenkel des Siegers von Zama) Numantia im Gebiet des oberen Duero, die wichtigste Festung der Keltiberer, einnahm und zerstörte. Eine dauernde militärische Präsenz war jedoch weiterhin notwendig, und die nordwestliche Ecke Spaniens blieb bis in die Zeit des Augustus unbesiegt.

Es ist offensichtlich, daß sich die Römer im westlichen Mittelmeer auf eine imperiale Politik eingelassen hatten, deren Ziel es war, auf Kosten der einheimischen »Barbaren« ihren bestehenden Besitz zu vergrößern. Dies führte zu einer langen Reihe gallischer und spanischer Kriege. Zu erwähnen sind auch die ernsten Aufstände unter den Bewohnern Sardiniens (181–176) und Korsikas (181 und 166–163 v.Chr.). Die Eroberung der *Gallia Narbonensis* (Provence) zwischen 125 und 121 v.Chr. war eine Fortsetzung dieser Politik, die schließlich zur Besetzung des gesamten kontinentalen Galliens durch Caesar (58–50 v.Chr.) und zum Eindringen in Germanien unter Augustus führte.

Die Römer scheinen sich ob dieser Vorgehensweise keine moralischen Skrupel gemacht zu haben, und der Senat war ganz offensichtlich bereit, die groben und oft höchst fragwürdigen Methoden seiner Befehlshaber zu dulden. So wurde 151 v.Chr. Ser. Sulpicius Galba, der Tausende Lusitaner ermordete, nachdem sie sich bereits ergeben hatten, bei seinem Prozeß freigesprochen, obwohl seine Schuld allen in die Augen stach. Nur sehr wenige Leute in Rom kümmerten sich darum, was mit den Barbaren geschah.

Im östlichen Mittelmeer, wo am Ende des Krieges gegen Hannibal noch einiges unerledigt war, entwickelte sich ein komplexeres Muster der Ereignisse. Hier hatten es die Römer mit einer kulturell fortgeschrittenen Welt etablierter politischer Gemeinschaften zu tun, die nach dem Zerfall des Reichs von Alexander dem Großen (356–323 v.Chr.) entstanden waren. Am Ausgang des dritten Jahrhunderts v.Chr. bestand ein relatives Mächtegleichgewicht zwischen den größeren Königreichen – den Antigoniden von Makedonien, den Attaliden von Pergamon in Kleinasien, den Seleukiden in Syrien und Mesopotamien und den Ptolemaiern in Ägypten. Dazwischen lagen die griechischen und ägäischen Staaten; zu den wichtigsten unter ihnen gehörten Athen, Sparta, Rhodos, die Acheiische Liga (die die Städte der nördlichen Peloponnes umfaßte) und der Ätolische Bund im nordwestlichen Griechenland.

Rom war zum ersten Mal 229 v.Chr. östlich der Adria vorgedrungen, als es der Königin Teuta von Illyrien den Krieg erklärte, da ihre Untertanen Seeräuberei betrieben und den italienischen Handel behinderten. In zwei kur-

*Unten:* Das groma, ein römisches Instrument zur Feldvermessung, bestand aus einem an den vier Enden mit Loten versehenen, rechtwinkligen Kreuz, das im Zentrum auf einer Stange befestigt war.

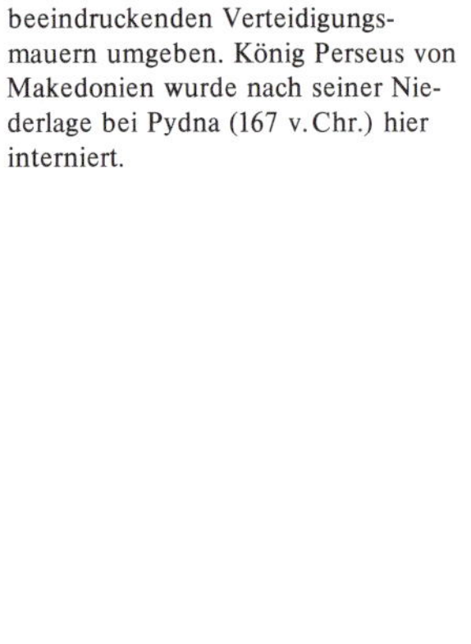

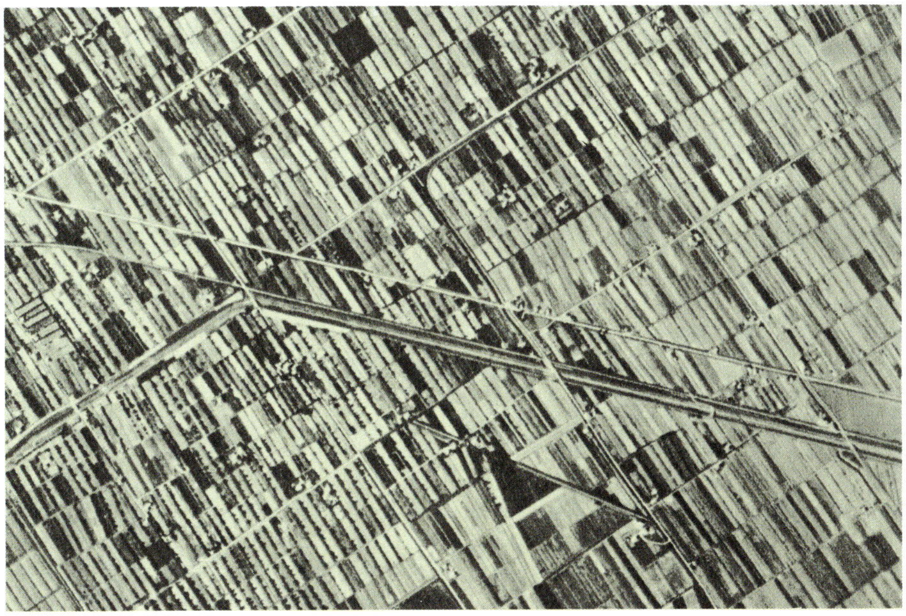

*Oben rechts:* Bei der Landvergabe an römische Kolonisatoren wurde das betreffende Gebiet in große Quadrate von 200 *iugera* (50 Hektar) aufgeteilt. Spuren dieses Systems konnte man durch Luftaufnahmen in vielen Teilen Italiens und in den Provinzen nachweisen. Die Fotografie zeigt aufgeteiltes Land in der Emilia.

*Oben rechts außen:* Viele italienische Städte, die aus Kolonien hervorgegangen sind, spiegeln noch heute deren rechtwinkelige Straßenanordnung wider. Ein Beispiel ist die Stadt Florenz, die auf das zur Zeit des Augustus gegründete Florentia zurückgeht.

**Rechts: Römische Kolonisation in Italien (2. Jahrhundert v. Chr.)**
Rom fuhr nach dem Krieg mit Hannibal mit seiner traditionellen Kolonisationspolitik fort, indem es einige existierende latinische Kolonien ausbaute und in Vibo und Thurii in Süditalien neue gründete. Die Römer pflegten ihren Kolonien optimistische Namen wie Valentia (»Stärke«) und Copia (»Überfluß«) zu geben. In den neunziger Jahren des 2. Jahrhunderts v. Chr. entstanden eine Reihe von Kolonien an den Küsten Süditaliens. Sie sollten eine mögliche Invasion durch den Seleukidenkönig Antiochos III. verhindern, dem man das Schlimmste zutraute. Die römische Besetzung Liguriens und des cisalpinen Galliens wurde auf die übliche Weise durch die Gründung von Kolonien konsolidiert. Da es aber offensichtlich immer schwerer fiel, Römer zur Aufgabe ihrer Bürgerrechte zu bewegen, gab die Regierung die Errichtung latinischer Siedlungen auf und begann statt dessen mit dem Aufbau großer Kolonien römischer Bürger. Parma und Mutina (183) waren die ersten Niederlassungen dieses neuen Typs. Nach der Gründung von Luna im Jahre 177 gelangte die römische Kolonisation zu einem abrupten Ende, und sie wurde bis zum Ende des Jahrhunderts nicht wieder aufgenommen. Die einzige Ausnahme stellte Auximum (157) dar, dessen Entstehungsdatum allerdings von einigen Forschern bezweifelt wird.

zen Feldzügen (der Erste und Zweite Illyrische Krieg, 229–228 und 221–219 v. Chr.) demütigte Rom die Illyrer schwer und besaß nun die direkte Kontrolle über verschiedene griechische Städte an der illyrischen Küste. Diese Entwicklungen erweckten Argwohn bei Philipp V. von Makedonien, der 215 Roms Schwäche nach Cannae ausnützte und sich mit Hannibal verbündete. Die Römer reagierten 211, indem sie einen Pakt mit den Ätoliern, alten Feinden Philipps, schlossen, die die Hauptlast des Krieges übernahmen. Weitere griechische Staaten traten bald dem Bündnis bei, und die Römer konnten feststellen, daß sie die Bedrohung durch Philipp gebremst hatten, ohne viel eigene Streitkräfte eingesetzt zu haben. Die Ätolier jedoch, verärgert über die mangelnde römische Unterstützung, beschlossen 206, ihre Verluste abzuschreiben und einen Separatfrieden mit Philipp zu schließen. Die noch mit dem Problem Hannibal vollauf befaßten Römer taten es ihnen ein Jahr später gleich.

Erst nach Hannibals Niederlage wandten sie ihre Aufmerksamkeit wieder dem Balkan zu, wo Philipp bestrebt war, seine Macht in der Ägäis auszubauen, und Illyrien bedrohte. Im Jahr 200 begann der Zweite Makedonische Krieg. Während ihres zweijährigen, fruchtlosen militärischen Vorgehens hatten die Römer allerdings an der diplomatischen Front bemerkenswerte Erfolge zu verzeichnen, denn sie gewannen die Unterstützung der Staaten Mittel- und Südgriechenlands, nachdem sie zu erkennen gegeben hatten, daß es ihr alleiniges Ziel war, Philipp aus Griechenland zu vertreiben und auf Makedonien zu beschränken. Schon bald konnten sie diese Politik durchsetzen, als sie Philipp in der Schlacht bei Kynoskephalai im Jahre 197 v. Chr. entscheidend schlugen. Bei den Isthmischen Spielen von 196 verkündete der römische Befehlshaber T. Quinctius Flaminius einem begeisterten Publikum, daß die Römer die Absicht hätten, den griechischen Staaten ihre Freiheit und Unabhängigkeit zu belassen. Zwei Jahre dauerte es, bis alles geregelt war, und im Jahr 194 wurden alle römischen Truppen aus den Balkanländern abgezogen.

Zu diesem Zeitpunkt entstanden ziemlich große Spannungen zwischen Rom und dem Seleukidenkönig Antiochos III., der in Kleinasien operiert hatte und 196 in Thrakien eingefallen war. Beide Mächte beobachteten die Bewegungen des anderen mit ziemlicher Besorgnis; umfassende Verhandlungen fanden statt, begleitet von Propagandakampagnen, die moderne Beobachter mit dem Kalten Krieg verglichen haben. Im Jahr 192 nahmen die Ätolier, die darüber verärgert waren, daß Flaminius ihnen nicht erlaubt hatte, einige ihrer früheren, von Philipp wieder geräumten Gebiete neu zu besetzen, die Festungsstadt Demetrias ein und forderten Antiochos' Beistand. Dieser sah seine Chance und entsandte eine kleine Expeditionsstreitmacht, die jedoch innerhalb eines Jahres durch ein römisches Heer, das sie bei den Thermophylen besiegte, aus Griechenland vertrieben wurde. Dann fielen die Römer unter dem Befehl von L. Scipio (dem Bruder des Africanus, der das Heer begleitete) in Asien ein und besiegten die Seleukiden in einer offenen Feldschlacht bei Magnesia (190 v. Chr.). Im Frieden von Apamea (188) war Antiochos gezwungen, sich bis hinter das Taurus-Gebirge zurückzuziehen, eine riesige Entschädigungssumme zu zahlen und seine Elefanten und die Flotte zu übergeben. Im Jahre danach drang der Konsul Cn. Manlius Vulso in das Gebiet der Galater ein, tötete viele von ihnen und machte reiche Beute. Schließlich kam es 188 zu einer endgültigen Regelung mit Antiochos, die in Apamea vertraglich niedergelegt wurde. Seine früheren Gebiete in Kleinasien wurden zwischen Rhodos und Eumenes II. von Pergamon, dem Nachfolger Attalos' im Jahr 197, aufgeteilt. Dann zogen sich die römischen Truppen ganz aus Griechenland und Asien zurück.

Diese bemerkenswerten Entwicklungen stellen uns unvermeidlich vor die Frage nach der Absicht der römischen Politik im östlichen Mittelmeer und – allgemeiner – nach den Ursprüngen und dem Anwachsen des römischen Imperialismus. Allgemein gesprochen lassen sich die modernen Forschungsmeinungen zu diesem Thema in zwei Kategorien unterteilen. Bestimmte Historiker behaupten, daß das Anwachsen des römischen Reichs das zufällige Ergebnis einer vorwiegend defensiven Politik war: die Römer führten Krieg, um ihre Interessen und die ihrer Verbündeten gegen reale oder nur vorgestellte Bedrohungen zu verteidigen. Diese Meinung stimmt bis zu einem gewissen Grad mit der Behauptung der Römer überein, sie hätten nur »gerechte Kriege« geführt. Andere Gelehrte jedoch glauben, daß der Imperialismus die logische Konsequenz der römischen Lust an Krieg und ihrer Gier nach Land und Beute darstellte. Nach dieser Ansicht war ihre Politik bewußt aggressiv, und das ganze fromme Gerede von »gerechten Kriegen« war entweder eine zynische Propagandaübung oder eine naive Erfindung patriotischer Geschichtsschreibung.

Rom zerstörte im Jahre 146 v. Chr. die griechische Stadt Korinth als warnendes Beispiel für das übrige Reich. Vom römischen Korinth, das von Iulius Caesar als Kolonie gegründet wurde, sind beeindruckende Ruinen erhalten geblieben, darunter das hier abgebildete Theater.

Der Haken bei diesen beiden Interpretationen ist, daß sie sich nur mit den bewußten Zielen und Motiven der Handelnden befassen, die aber nicht notwendigerweise die Ereignisse, in die sie hineingezogen waren, verstanden oder beherrschten. Sogar noch auf der bewußten Ebene sind solche Erklärungen vermutlich zu schematisch und ausgetüftelt. So ist es zum Beispiel unwahrscheinlich, daß die Römer 200 Makedonien den Krieg erklärten, weil sie dachten, daß Philipp eine Bedrohung für ihre Interessen darstellte, oder weil sie ihre Aggressivität loszuwerden suchten. Livius weist auf ein viel einfacheres und überzeugenderes Motiv hin: Philipps Bündnis mit Hannibal im Jahr 215 war ein »Dolchstoß in den Rükken«, über den man nicht hinwegsehen konnte, und sobald die Römer mit Hannibal fertig waren, fuhren sie nach Griechenland hinüber und gaben Philipp die Abreibung, die er verdiente.

Die bedeutendste Tatsache im Hinblick auf das Wachstum des Römischen Reichs ist die, daß es ein Ergebnis einer ganzen Reihe siegreich erfochtener Kriege war. Wir müssen uns deshalb nicht nur die Frage stellen, weswegen die Römer so viele Kriege unternahmen, sondern auch, warum ihre Unternehmungen so erfolgreich waren. Bei der abschließenden Analyse ergibt sich auf beide Fragen die gleiche Antwort: Die Römer konnten eine sehr effiziente Militärmaschinerie in Bewegung setzen, und sie hatten riesige Reserven an Kampfeskraft zu ihrer Verfügung, mit denen ihre Gegner nicht konkurrieren konnten. Sie besaßen eine unendliche Ersatzkapazität und selbst große Verluste warfen sie nicht um, wie der Zweite Punische Krieg gezeigt hat. Livius hatte ganz recht, als er (mit Bezugnahme auf den Trasimenischen See und Cannae) erklärte: »Keine andere Nation in der Welt hätte eine solche grausame Reihe von Katastrophen erleiden und nicht dadurch überwältigt werden können.«

Roms militärische Macht beruhte letztlich auf dem Bündnissystem, das das Ergebnis seiner Eroberung Italiens war. Indem die Römer aus ihren *socii* aktive Militärpartner machten, statt passive, steuerzahlende Untertanen waren sie schon von vornherein auf eine militaristische Zukunft ausgerichtet. Sie hatten eine schlagkräftige Organisation aufgebaut, die benutzt werden mußte, wenn man von ihr profitieren wollte; Krieg und Eroberung wurden so zu einer logischen Notwendigkeit. Das bedeutete in der Praxis, daß die römische Regierung es sich leisten konnte, den Krieg als ein politisches Instrument in

Umständen zu verwenden, wo andere Staaten durch die Risiken abgeschreckt worden wären, oder sich außerstande gesehen hätten, die möglichen Verluste wieder wettzumachen. Die ständige Ausübung des Kriegshandwerks auf immer breiterer Ebene führte zu einer noch größeren militärischen Effizienz und Erfahrung und ließ ein militärisches Ethos entstehen, das die römische Gesellschaft in allen Schichten durchdrang.

Die Ergebnisse der großen militärischen Erfolge waren der Zuwachs an Land, Reichtum (in der Form von Steuern, Kriegsbeute und Entschädigungen), Sicherheit und Macht. Die Römer glaubten, ein Anrecht auf diese Vergütungen zu haben, die sie für die Kosten und Mühen der kriegerischen Operationen entschädigten, zu denen sie gezwungen waren. Die Eroberungen wurden außerdem durch die Vergünstigungen gerechtfertigt, die das römische Gesetz den Untertanen des Reiches gewährte: Zivilisation für die Barbaren, Stabilität und Ordnung für die aufsässigen Griechen. Außer denen, die verrückt oder arrogant genug waren, sich zu widersetzen, konnte jeder von den Römern profitieren.

*tu regere imperio populos, Romane, memento*
*(hae tibi erunt artes), pacisque imponere morem,*
*parcere subiectis et debellare superbos.*

(»Denke daran, Römer, daß es an dir ist, die Völker zu beherrschen. Dies soll deine Aufgabe sein: die Wege des Friedens zu bestimmen, die Besiegten zu schonen und die Stolzen durch Krieg zu zähmen.« Vergil, *Aeneis* 6.851–53.)

Die römische Herrschaft realisierte sich je nach den Umständen in unterschiedlichen Formen. Wie wir gesehen haben bevorzugten die Römer im westlichen Mittelmeergebiet eine Politik der Annexion, direkte Herrschaft und eine ständige militärische Präsenz; im griechischen Osten hingegen vermieden sie die Annexion und herrschten indirekt durch ortsansässige Regierungen, die theoretisch unabhängig von Rom waren, von denen jedoch erwartet wurde, daß sie in Roms Interesse handeln würden. Tatsächlich waren die nominell freien Staaten Griechenlands von Rom in fast der gleichen Weise abhängig wie die Klienten von ihren Herrn (s. S. 19); ob die Römer selbst zur Beschreibung ihrer Beziehungen mit diesen Staaten den Terminus *clientela* benützten oder nicht, so besteht doch kein Zweifel, daß der Begriff »Klienten-Staaten« die Situation der »freien« Bündnispartner unter der Kontrolle Roms genau charakterisiert.

Es vergingen nahezu 20 Jahre, bis die Römer eine militärische Intervention in der griechischen Welt für nötig hielten. Dann wurde im Jahr 171 ein römisches Heer über die Adria gesandt, um mit Perseus, der 179 der Nachfolger seines Vaters Philipp V. in Makedonien geworden war, abzurechnen. Es heißt, die Römer seien wegen des Wiederauflebens der makedonischen Machtpolitik, die schon vor dem Tod Philipps begonnen hatte, besorgt gewesen, und sie wurden es noch mehr, als Perseus versuchte, eine Versöhnung zwischen sich und den griechischen Staaten zu erreichen. Die Behauptung, er bereite den Krieg gegen Rom vor, mag unbegründet gewesen sein, obwohl die Römer wahrscheinlich wenig erbaut darüber waren, daß er die niederen Klassen in den griechischen Städten aufzuwiegeln versuchte; wie in Italien tendierten die Römer auch in Griechenland ganz selbstverständlich dazu, die Interessen der besitzenden Klasse zu unterstützen (obwohl es Ausnahmen zu diesem allgemeinen Muster gibt). Perseus verzeichnete einige anfängliche Erfolge und siegte 171 bei Callinicus in einer offenen Feldschlacht, doch 168 erlitt er bei Pydna gegen die römischen Truppen unter dem Sohn des bei Cannae gefallenen gleichnamigen Konsuls, L. Aemilius Paulus, eine entscheidende Niederlage. Das makedonische Heer wurde fast vollständig aufgebracht, und Perseus ergab sich kurz darauf.

Die Friedensregelung nach der Schlacht von Pydna war hart, und sie illustriert zugleich, bis zu welchem Grad sich die Haltung Roms seit 190 verändert hatte. Makedonien wurde in vier getrennte Republiken aufgeteilt, und seine Bewohner gezwungen, zum halben Satz, den Perseus erhoben hatte, Tribut an Rom zu zahlen. Auf diese Weise profitierten die Römer von den Vorteilen der direkten Herrschaft, ohne die Lasten der Verwaltung und Verteidigung tragen zu müssen. Den Molossern von Epirus, die sich nach dem Sieg bei Callinicus mit Perseus verbündet hatten, war ein grausames Los beschieden. Ihr Herrschaftsgebiet wurde systematisch geplündert und die Bevölkerung in die Sklaverei geführt. Dann ging man gegen anti-römische Elemente in den griechischen Staaten vor; tausend Mitglieder der achäischen Oberklasse wurden nach Italien verschleppt und dort ohne Prozeß interniert. Der berühmteste unter diesen Gefangenen war der Historiker Polybios. In Asien wurden Pergamon und Rhodos, die ihren Kriegseintritt absichtlich verschleppt hatten, mit Gebietsverlust bestraft. Rom demonstrierte so, daß es allein bedingungslosen Gehorsam von seinen Untertanen akzeptieren würde.

Mit Hilfe dieser Methoden waren die Römer in der Lage, die Griechen noch weitere 18 Jahre indirekt zu beherrschen. Dann zwang gegen 150 v. Chr. ein Aufstand in Makedonien unter der Führung eines Prätendenten mit Namen Andriskos zu einer neuerlichen Intervention. Andriskos wurde 148 geschlagen und Makedonien eine reguläre Provinz. Zwei Jahre später ereilte die Achäische Liga nach einem fruchtlosen Aufstand das gleiche Schicksal, und ihre Gebiete fielen unter die makedonische Provinzverwaltung. Korinth wurde als Exempel für die übrige Welt geplündert und die Demokratien in den griechischen Städten durch timokratische Verfassungen (s. S. 42) ersetzt. Dies war eine entscheidende Epoche in der Ausdehnung des Römischen Reichs. 150 v. Chr. brach der Dritte Punische Krieg aus, als Rom in einen Streit zwischen Karthago und König Masinissa von Numidien eingriff. Auf die nachdrücklichen Ermahnungen des alten Cato hin beschlossen die Römer, die Stadt zu zerstören. Die Karthager leisteten erbitterten Widerstand, aber schließlich mußte sich die Stadt dem Befehlshaber Scipio Aemilianus ergeben und wurde dem Erdboden gleichgemacht (146 v. Chr.). Ihr Herrschaftsgebiet bildete von nun an die neue Provinz Africa.

# Das archaische Rom

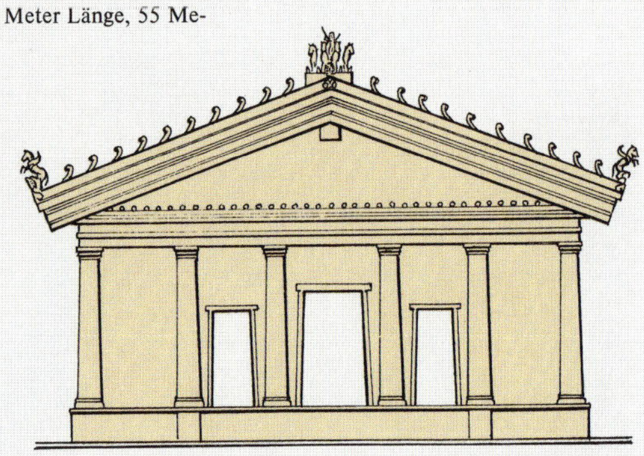

Rekonstruktion der Vorderansicht des großen Tempels von Iupiter, Iuno und Minerva (nach Gjerstad); er wurde von den Tarquinern erbaut und von den ersten Konsuln im Jahre 509 v. Chr. eingeweiht. Das Gebäude war mit ungefähr 64 Meter Länge, 55 Meter Breite und einer geschätzten Höhe von 40 Metern einer der größten archaischen Tempel des Mittelmeergebietes. Er blieb bis zum Jahre 83 v. Chr. vollständig erhalten, wurde dann aber bei einem Brand zerstört.

Die frühesten Funde in Rom bestehen aus Feuerbestattungsgräbern auf dem Forum, das vom zehnten Jahrhundert v. Chr. an den Siedlungen auf den umgebenden Hügeln als Friedhof diente. Eisenzeitliche Fundamentspuren von Hütten und Pfahllöchern deuten auf eine frühe Bautätigkeit auf dem Palatin, ebenso die Legende, Romulus habe seine Stadt auf diesem Hügel gegründet. Später dehnte sich die Siedlung auf das Forum aus, so daß vom achten Jahrhundert an der Esquilin als Hauptbegräbnisstätte fungierte. Ende des siebten Jahrhundert wurden die Hütten auf dem Forum niedergerissen und ein öffentlicher Platz angelegt. Mit dem Bau von Steinhäusern, Tempeln und anderen öffentlichen Gebäuden erhielt die Siedlung einen urbaneren Charakter. Den Quellen zufolge fand diese Entwicklung unter der Herrschaft von Tarquinius I. (616–597 v. Chr.) statt. Livius schreibt, Tarquinius habe Land um das Forum für den privaten Hausbau zur Verfügung gestellt und selber Geschäfte und Säulenhallen gebaut. Sein Nachfolger Servius Tullius vergrößerte die Stadt weiterhin, bezog auch den Esquilin, den Quirinal und den Viminal mit ein, umgab die Stadt mit einem Wall und unterteilte sie in vier Distrikte. Dieses überlieferte Wachstum Roms im sechsten Jahrhundert wird durch die archäologischen Funde bestätigt.

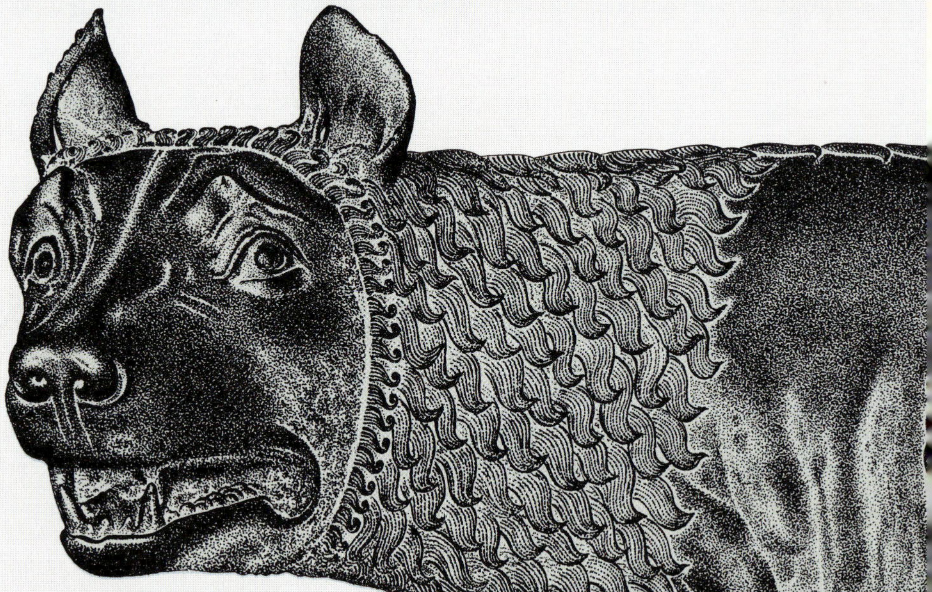

Die meisterhafte Bronzeskulptur der »Kapitolinischen Wölfin« stammt von ungefähr 500 v. Chr. und entstand möglicherweise in einer etruskischen Werkstatt. Die Figuren der Zwillinge wurden in der Renaissance hinzugefügt, doch sprechen gute Gründe dafür, daß diese Restauration berechtigt war. Dies würde bedeuten, daß die Legende von Romulus und Remus am Ende der Königszeit bereits zum festen mythologischen Erbe gehörte.

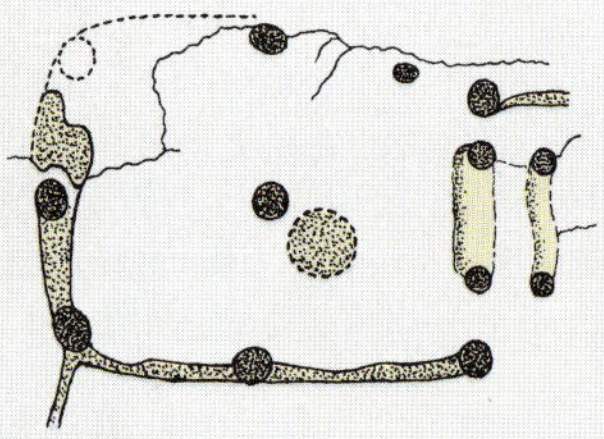

*Links:* Auf dem Palatin, auf dem der Überlieferung zufolge Romulus seine Siedlung angelegt hatte, wurden Spuren einfacher Hütten aus dem 8. Jahrhundert v. Chr. gefunden. Die Römer bewahrten als Andenken an diesen frühen Zustand eine einfache Schäferhütte, die *Casa Romuli,* liebevoll bis in die Kaiserzeit auf.

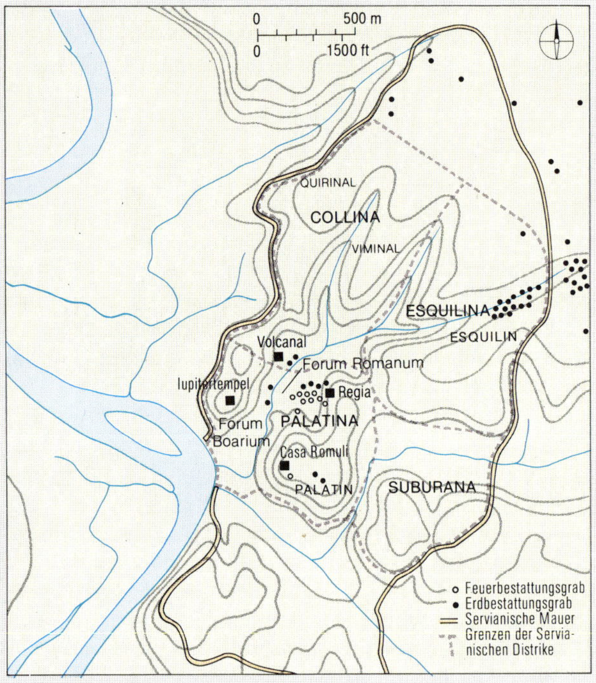

*Oben:* Zweihenkeliges bemaltes Gefäß aus einem Erdbestattungsgrab auf dem Esquilin, wahrscheinlich aus dem späten 8. Jahrhundert v. Chr.

*Oben rechts:* Urne aus einem Grab auf dem Forum Romanum. Solche Urnen sind eindeutig den menschlichen Behausungen nachgebildet; die Fundamente ähnlicher ovaler Hütten hat man auf dem Palatin gefunden.

*Rechts:* Gefäß mit einer Hüttenurne und Grabbeigaben aus einem Feuerbestattungsgrab auf dem Forum (Grab Y, 10.–9. Jahrhundert v. Chr.)

Ein Terrakotta-Fries von der Regia, einem sakralen Gebäude auf dem Forum, in dem der König und später der *rex sacrorum* ihre religiösen Funktionen ausübten. Die erste Regia wurde um das Ende des 7. Jahrhunderts v. Chr. erbaut. Der Fries gehört zu einer späteren Rekonstruktion und stammt wahrscheinlich aus der zweiten Hälfte des 6. Jahrhunderts.

*Links:* Bruchstücke einer archaischen Statuengruppe, die Hercules und (vermutlich) Minerva darstellen, gefunden nahe dem Tempel auf dem Forum Boarium. Die Statuen gehörten wahrscheinlich zum Akroterium, d. h., sie standen auf dem Giebelfirst des Tempels und bildeten einen Teil seines Schmuckes. Die Ikonographie und der Stil der Skulpturen sind ostgriechisch und lassen vermuten, daß die Statuen von ionischen Handwerkern um das Jahr 530 v. Chr. hergestellt wurden.

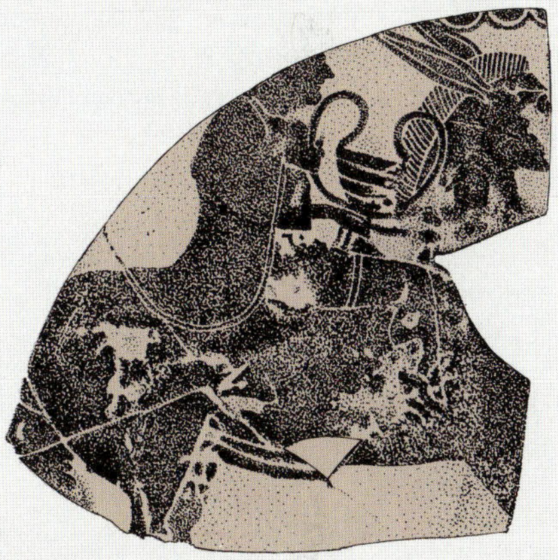

*Oben:* Bruchstück eines attischen schwarzfigurigen Kraters (Mischkrug), ungefähr 570–560 v. Chr., der die Rückkehr des Hephaistos in den Olymp darstellt. Das Fragment wurde im Votivdepot des »Lapis Niger«-Heiligtums gefunden, das die Forschung als Schrein des Vulcanus (Vulcanal) identifiziert hat. Dies legt die Vermutung nahe, daß die Römer schon im 6. Jahrhundert v. Chr. den Vulcanus dem Hephaistos gleichgesetzt haben.

*Darüber:* Miniaturtafel aus Elfenbein in Form eines liegenden Löwen. Sie wurde in einem Votivdepot gefunden, das mit dem archaischen Tempel auf dem Forum Boarium (2. Hälfte des 6. Jahrhundert v. Chr.) in Zusammenhang stand. Auf dem Rücken des Löwen ist eine etruskische Inschrift erhalten geblieben – »araz silqetenas spurianas«, die sich wahrscheinlich auf die Personen bezieht, die das Opfer im Heiligtum darbrachten.

# KRISE UND REFORM

**Die Folgen der Reichsbildung**

Die Punischen Kriege und die damit einhergehende Eroberung des Mittelmeerraums hatten einen Umwandlungsprozeß ausgelöst, der zu erheblichen Veränderungen im staatlichen und gesellschaftlichen Gefüge der neuen Weltmacht Rom führte. Die immensen Kriegsgewinne, die sich in den Händen der Oberschicht angesammelt hatten, wurden vornehmlich in Grundbesitz investiert; dadurch kam es zur Bildung großer Landgüter, für deren Bewirtschaftung die nunmehr reichlich vorhandenen Sklaven herangezogen wurden. Auf der anderen Seite ist eine zunehmende Verarmung und Proletarisierung der italischen Bauernschaft festzustellen. Schon antike Autoren hatten diese Veränderungen klar erkannt, und der englische Historiker Toynbee bezeichnete die daraus resultierenden Folgen als die späte Rache Hannibals an den Römern.

Auf der politischen Ebene führten die kriegerischen Unternehmungen des Senats gegen Hannibal und sein erfolgreiches Vorgehen in den daraus entstandenen auswärtigen Verpflichtungen zu einer Stärkung der Adelsherrschaft; vom Volk erzwungene Gesetzesänderungen und Angriffe auf die herrschende Ordnung gab es im Jahrhundert nach dem Tribunat von C. Flaminius im Jahr 232 v. Chr. (s. S. 44) kaum. Es war eine Periode scheinbarer politischer Ruhe und Stabilität, auf die Cicero später als eine Art Goldenes Zeitalter senatorialer Herrschaft zurückblicken sollte.

Der Senat selbst war in zwei rivalisierende Gruppen zerfallen. Diese Parteien bildeten ad-hoc-Bündnisse aus Freunden und Verwandten, um besondere politische Ziele durchzusetzen, und veranlaßten ihre Klienten und ihr Gefolge, bei den Wahlen für die »richtigen« Kandidaten zu stimmen. Es handelte sich bei ihnen aber keinesfalls um dauerhafte politische Parteien, und obwohl einige »Freundschaften« gewiß länger als andere dauerten, darf man kaum annehmen, daß die römische Politik von festgefügten und erblichen Bündnissen adliger Familien oder *gentes* bestimmt wurde. Die Rivalität zwischen Einzelnen und Gruppen hatte Tradition und sicherte das Gleichgewicht, doch die Spannungen innerhalb der Senatsoligarchie nahmen zu, als die Magistrate mehr Gewinn abzuwerfen begannen und der Wettstreit um die höheren Ämter immer härter wurde.

Im Verlauf des Krieges gegen Hannibal hatte sich aus militärischen Zwängen heraus ergeben, daß der Oberbefehl erfolgreicher Generäle über die statutenmäßige Grenze von einem Jahr hinaus verlängert wurde. Während diese Neuerung vom praktischen Standpunkt aus gerechtfertigt gewesen sein mag, hatte sie allerdings gefährliche politische Folgen, denn sie ermöglichte es ehrgeizigen Einzelpersönlichkeiten wie Scipio und Flaminius, sich den Zwängen des Systems der Annualität und Kollegialität der Ämter zu entziehen. Diese Männer hoben sich von ihresgleichen auch dadurch ab, daß sie einen auffälligen und luxuriösen Lebensstil pflegten und mit ihrer Kenntnis der griechischen Kultur prahlten. Die anderen Adeligen beeilten sich, es ihnen gleich zu tun, und die Folgen waren stärkere Rivalität um die Ämter, Selbstbereicherung, Korruption und ein blinder Hellenismuskult. Diesen Tendenzen arbeitete vor allem der Censor M. Porcius Cato (234–149 v. Chr.) entgegen, der bewußt einen einfachen und asketischen Lebensstil pflegte. Cato machte sich über den zur Schau gestellten Hellenismus lustig und setzte sich für die Belebung altrömischer Tugenden ein. Seine Bemühungen, den traditionellen Zusammenhalt der Oligarchie zu wahren, veranlaßten ihn, Scipio politisch zu attackieren, und dieser wurde dann 184 v. Chr. dazu gezwungen, sich aus dem öffentlichen Leben zurückzuziehen. Cato unterstützte Gesetze gegen den Luxus und sprach sich häufig gegen Bestechung, Korruption und Machtmißbrauch aus.

Catos Ablehnung bestimmter Aspekte des Hellenismus war nicht allein auf Vorurteile gegründet. Er selbst sprach griechisch und verstand mehr von der griechischen Kultur als die Mehrzahl derer, die er angriff; er setzte sich auch tatkräftig für griechisches Gedankengut ein, wenn es sich konstruktiv auf römische Bedürfnisse übertragen ließ. Cato war es auch, der den Bau der ersten römischen Basilika während seiner Censur im Jahr 184 v. Chr. anordnete. Dies ist eines der vielen Beispiele öffentlicher Bauten im griechischen Stil, die während dieser Epoche entstanden.

Doch das bedeutendste Beispiel für die Übernahme griechischen Gedankentums ist das Aufblühen lateinischer Literatur, zu dem Cato selbst einen entscheidenden Beitrag leistete. Der früheste lateinische Autor war Livius Andronicus, ein Grieche, der nach der Eroberung Tarents im Jahr 272 v. Chr. als Gefangener nach Rom gebracht wurde. Andronicus übersetzte die *Odyssee* ins Lateinische und verfaßte Tragödien nach griechischen Vorlagen. Seinem Beispiel folgten Gn. Naevius (c. 275–200 v. Chr.) und Q. Ennius (239–169), die beide sowohl Epen wie Dramen schrieben. Anzumerken ist, daß Lateinisch nicht die Muttersprache dieser Männer war. Naevius stammte aus dem oskanischsprachigen Kampanien, und Ennius war ein Messapier aus Rudiae. Dasselbe trifft auf den Umbrier T. Maccius Plautus, den Kelten Caecilius Statius und den Afrikaner P. Terentius Afer (Terenz) zu, die alle während der ersten Hälfte des zweiten Jahrhunderts v. Chr. lateinische Komödien im griechischen Stil hervorbrachten (die Werke von Plautus und Terenz sind noch erhalten). Weitere herausragende Persönlichkeiten dieser Frühphase waren die Tragiker M. Pacuvius (220–ca. 130 v. Chr.) und C. Accius (170–ca. 90 v. Chr.) und der Satirenschreiber C. Lucilius (ca. 180–102 v. Chr.). Catos Leistung bestand in der Schöpfung lateinischer Prosa. Zu seinen Werken gehörten zahlreiche Reden, von denen 142 Cicero bekannt waren, der sie sehr bewunderte, eine Studie über die Landwirtschaft, die noch erhalten ist, und eine historische Arbeit mit dem Titel *Origines*. Die Verfasser früherer römischer Geschichtswerke (zum Beispiel Fabius Pictor) hatten ausschließlich in Griechisch geschrieben. Das Einzigartige an den *Origines* war, daß das Werk sowohl die Geschichte der italischen Völker wie die Roms behandelte.

Cato ging es also darum, die griechische Kultur konstruktiv zu verwerten und den korrumpierenden Einfluß von Reichtum, Luxus und Machthunger, den er mit dem Hellenismus als indirekte Folge verband, zu bekämpfen. Doch soweit wir sehen können, hatte Cato keine Einsicht in die tiefergehenden und ernsteren Folgen des römi-

*Oben:* Der Torso des Apollo aus einem Tempel in Falerii (spätes 4. oder frühes 3. Jahrhundert v. Chr.) ist wahrscheinlich die Arbeit eines griechischen Bildhauers. Dieses Meisterstück »italo-hellenischer« Kunst dokumentiert, wie Mittelitalien zu jener Zeit von der griechischen Kultur beeinflußt wurde.

*Oben rechts:* Der kreisrunde, im griechischen Stil erbaute Tempel auf dem Forum Boarium (fälschlicherweise auch Tempel der Vesta genannt) datiert wahrscheinlich aus dem späten 2. Jahrhundert v. Chr. und stellt das früheste uns erhaltene Beispiel eines Marmortempels in Rom dar.

schen Imperialismus. Während der Zeitspanne seines Lebens veränderte sich die Landwirtschaft Italiens durch einen Prozeß, der mit der Zeit zu einer größeren Agrarkrise führen sollte. Die offensichtlichsten Symptome dieser Entwicklung waren die Verelendung und Verdrängung der italischen Bauernschaft, eine Folge der mehr als ein halbes Jahrhundert währenden militärischen Auseinandersetzungen.

Die Kriege beeinflußten die Volkswirtschaft Italiens auf zweierlei Weise. Zunächst zeigten sich direkte Auswirkungen der Invasion Hannibals, durch die das Land vor allem im Süden verwüstet und ganze Gemeinden ausgelöscht wurden. Als die Römer zum Beispiel im Jahre 209 v. Chr. Tarent einnahmen, wurde die gesamte Einwohnerschaft in die Sklaverei geführt, und von der einstmals blühenden Stadt blieb nichts als verlassene, halbzerstörte Häuser und Mauern. Während die Kriegsfolgen die Produktionskapazität der Landwirtschaft nicht unbedingt beeinträchtigen mußten, reichte allein die Zerstörung der Ernten und Gebäude und die Vernichtung des Viehbestands aus, um viele Bauernfamilien zu ruinieren und weite Gebiete zu entvölkern. Die indirekten Auswirkungen des ständigen Krieges trafen jene Bauern noch viel gravierender, die langen Kriegsdienst zu leisten hatten. Das traditionelle römische Heer war eine Bauernmiliz, die sich als ausreichend und effizient erwiesen hatte, als die Kriege noch aus örtlich und zeitlich begrenzten Konflikten mit benachbarten Gemeinden bestanden; sie genügte den militärischen Verpflichtungen Roms während und nach den Hannibalkriegen nicht mehr, als immense Mengen Soldaten über Jahre hinaus und in fernen Gebieten des Mittelmeers gebraucht wurden.

Es wird geschätzt, daß in den 35 Jahren nach der Niederlage Hannibals das vereinte römische und italische Heer durchschnittlich über 130000 Mann im Sold hatte; das stellt einen sehr hohen Prozentsatz der männlichen Bevölkerung Italiens dar. Man nimmt an, daß im Durchschnitt etwa 13 Prozent der männlichen Bürger Roms während der letzten zwei Jahrhunderte der Republik unter Waffen standen; das bedeutet, daß über die Hälfte der erwachsenen Männer mindestens sieben Jahre ihres Lebens in den Legionen Dienst leistete. Ein solcher Grad militärischer Verpflichtungen erwies sich als verhängnisvoll für die Klasse der Kleinbauern. Viele Bauernfamilien waren auf diese Weise für lange Zeit oder sogar auf Dauer, wenn die Männer in der Schlacht umkamen, ihrer wichtigsten Arbeitskraft beraubt. Die Bauernhöfe verfielen, Schulden wurden gemacht, und oft folgten Verkauf oder Vertreibung. Dieser Prozeß wurde dadurch beschleunigt, daß die Reichen ihre Kriegsgewinne zunehmend in italischem Landbesitz zu investieren suchten; eine Vermehrung des Großgrundbesitzes *(latifundia)* und die Proletarisierung der Kleinbauern waren die Folge.

Auf den Gütern wurden vorwiegend Sklaven als Arbeitskräfte eingesetzt. Sklaven waren reichlich vorhanden – dank der militärischen Siege und der sich daraus ergebenden Massenversklavung besiegter Völker: man konnte sie für groß angelegte landwirtschaftliche Unternehmungen zu Gruppen zusammenfassen, sie waren relativ billig und hatten außerdem den Vorteil, daß sie nicht zum Militärdienst einberufen werden konnten. Auf diese Weise kamen die großen Mühen und Opfer der im Heer dienenden Bauern vor allem den Großgrundbesitzern zugute, mit anderen Worten, die römischen Soldaten bäuerlicher Herkunft kämpften letztendlich für ihre eigene Vertreibung (Keith Hopkins).

Die Zunahme der Latifundien im zweiten Jahrhundert war begleitet von neuen Agrarmethoden, mit deren Hilfe die Erträge beträchtlich gesteigert werden konnten. Über diese Neuerungen informiert Catos Werk *»Vom Landbau« (De agricultura),* ein für Eigentümer mittlerer Güter bestimmtes Handbuch (er geht vor allem auf Besitzungen zwischen 25 und 60 Hektar ein); sie wurden von Sklaven unter der Aufsicht ortsansässiger Verwalter bewirtschaftet. Cato beschäftigt sich besonders mit dem Anbau von Wein und Oliven, die gute Erträge einbringen, und der Viehhaltung, Zweige, für deren Rentabilität großes Anfangskapital und ausreichender Landbesitz erforderlich sind. Ausgedehnte Weideflächen gab es vor allem in Süditalien, wo ganze Gebiete im Zweiten Punischen Krieg entvölkert worden waren. Ein Großteil dieses Landes gehörte praktisch zum *ager publicus,* denn Rom hatte es den abtrünnigen Staaten weggenommen, doch die römische Regierung duldete die Aneignung solchen Landes und war wegen der gesetzlichen Beschränkung dieses Besitzes nicht besonders streng. Es ist sehr wahrscheinlich, daß mit dem *ager publicus* in anderen Teilen Italiens in gleicher Weise verfahren wurde.

Viele der vertriebenen Bauern wanderten in die Städte ab, vor allem nach Rom, wo es aufgrund des verschwenderischen Umgangs der Reichen mit Luxusgütern, Dienstleistungen und politischen Bestechungsgeldern gute Arbeitsmöglichkeiten gab. Die öffentlichen Ausgaben trugen auch ihren Teil bei zur Entwicklung einer städtischen Marktwirtschaft. Das Einkommen des Staates in der Form von Kriegsbeute, Entschädigungen und Steuern war immens; nach dem Frieden mit Makedonien im Jahr 167 v. Chr. wurde das *tributum* aufgegeben, und danach keine direkten Steuern auf das Eigentum römischer Bürger in Italien mehr erhoben. Ein hoher Prozentsatz des öffentlichen Einkommens floß wieder in die Bezahlung und Versorgung des Heeres. Der Rest wurde für die aufwendigen Bauprojekte ausgegeben, die Rom und die Städte Italiens im zweiten Jahrhundert v. Chr. einleiteten (es gibt keine Beweise dafür, daß der Bauboom in den dreißiger Jahren des ersten Jahrhunderts erlahmte, obwohl das allgemein angenommen wird). Das Wachstum der Städte schuf einen Markt für die Agrarprodukte der Gutsherrn, während die Bedürfnisse des Heers - Wolle und Leder - vor allem durch die süditalienische Viehzucht befriedigt wurden.

Die Städte entwickelten sich außerdem zu Zentren für Handwerk und Kleinindustrie, die sich wahrscheinlich auf Sklavenarbeit gründete. Der Hauptabnehmer für handwerklich hergestellte Güter war zweifellos das Heer, das eine regelmäßige Ausstattung mit Kleidung, Ausrüstung und Waffen benötigte. Seine Versorgung lag in den Händen von Einzelnen oder von Unternehmen, die um die Regierungsaufträge wetteiferten. Diese Staatspächter hießen *publicani*. Sie verhandelten über den Bau und die Reparaturen an öffentlichen Gebäuden, Straßen und anderen Einrichtungen, und sie kauften die Rechte für staatseigene Minen, indirekte Steuern (wie Zölle und Hafenrechte) und Pachten für öffentlichen Grund. Die Verträge, die alle fünf Jahre von den Censoren vergeben wurden, waren außerordentlich lukrativ und von großer wirtschaftlicher Bedeutung. Polybios berichtet, daß es in Rom kaum jemanden gab, der nicht entweder am Verkauf dieser Verträge oder an irgendwelchen Geschäften, die damit zusammenhingen, beteiligt war. Sie brachten den führenden Staatspächtern Wohlstand und Macht, denn sie bildeten außerhalb des Senats eine einflußreiche gesellschaftliche Gruppe (Senatoren war es nicht erlaubt, sich an öffentlichen Verträgen zu beteiligen).

### Die Herausforderung durch die Gracchen

Der Prozeß der Verstädterung und das Wirtschaftswachstum führten zu einer ganzen Anzahl störender Nebenwirkungen, die den Zeitgenossen nicht verborgen blieben. Die anhaltende Vertreibung der Kleinbauern war nicht nur besorgniserregend wegen des daraus entstehenden menschlichen Elends, sondern auch deswegen, weil sie zu einer allmählichen Abnahme potentieller Reserven für das Heer führte, die sich üblicherweise aus der Klasse der *adsidui* rekrutierten; enteigneten Bauern wurde nur noch der Status von Proletariern zuerkannt, und sie durften keinen Militärdienst mehr leisten. Schwierigkeiten beim Ausheben von Legionären sind in den Jahren nach 150 v. Chr. häufig belegt. Außerdem war man auch immer mehr besorgt über die große Anzahl Sklaven, die nach Italien gebracht wurden, um an Stelle der freien Bauern das Land zu bearbeiten. Im Jahr 136 v. Chr. kam es zu einem größeren Sklavenaufstand in Sizilien; Zehntausende liefen davon, und der Aufruhr konnte nur unter größten Schwierigkeiten unterdrückt werden. Ähnliche Erhebungen gab es zur gleichen Zeit auch in Italien, und Rom sah sich einem allgemeinen Zusammenbruch von Recht und Ordnung gegenüber.

Der Verfall der inneren Sicherheit, die wachsenden Schwierigkeiten, Militärpersonal auszuheben, und die katastrophale Situation des Landproletariats waren die Probleme, die Tiberius Gracchus, der Enkel des großen Scipio, während seines Tribunats 133 v. Chr. anzugehen versuchte. Sein sorgfältig ausgearbeitetes Ackergesetz war einfach in der Formulierung, in der Form gemäßigt und in seiner Wirkung revolutionär. Gracchus schlug vor, die enteigneten Bauern auf öffentlichem Grund neu anzusiedeln. Das notwendige Land sollte durch Beschränkung des Grundbesitzes aus Gemeindeland auf 1000 *iugera* (250 Hektar) beschafft und die Einziehung

*Oben:* Auf der Münze von P. Licinius Nerva (113/112 v. Chr.). sind römische Bürger bei der Stimmabgabe abgebildet. Sie erinnert an das System der geheimen Abstimmung, das in der zweiten Hälfte des 2. Jahrhunderts v. Chr. durch eine Reihe von Gesetzen eingeführt wurde.

*Links:* Der runde Tempel in Tivoli (Tibur) ähnelt stark dem Tempel auf dem Forum Boarium in Rom (s. S. 55) und stammt aus der gleichen Zeit. Er belegt, daß sich der griechische Baustil gleichermaßen in den Städten Italiens wie in Rom durchgesetzt hatte.

*Unten:* Das Heiligtum der Fortuna Primigenia in Palestrina (Praeneste), eines der beeindruckendsten Bauwerke der damaligen Zeit. Der große Gebäudekomplex, der wahrscheinlich auf das Ende des 2. Jahrhunderts v. Chr. zurückgeht, hatte seine Vorbilder in den hellenistischen Heiligtümern in Pergamon und Rhodos.

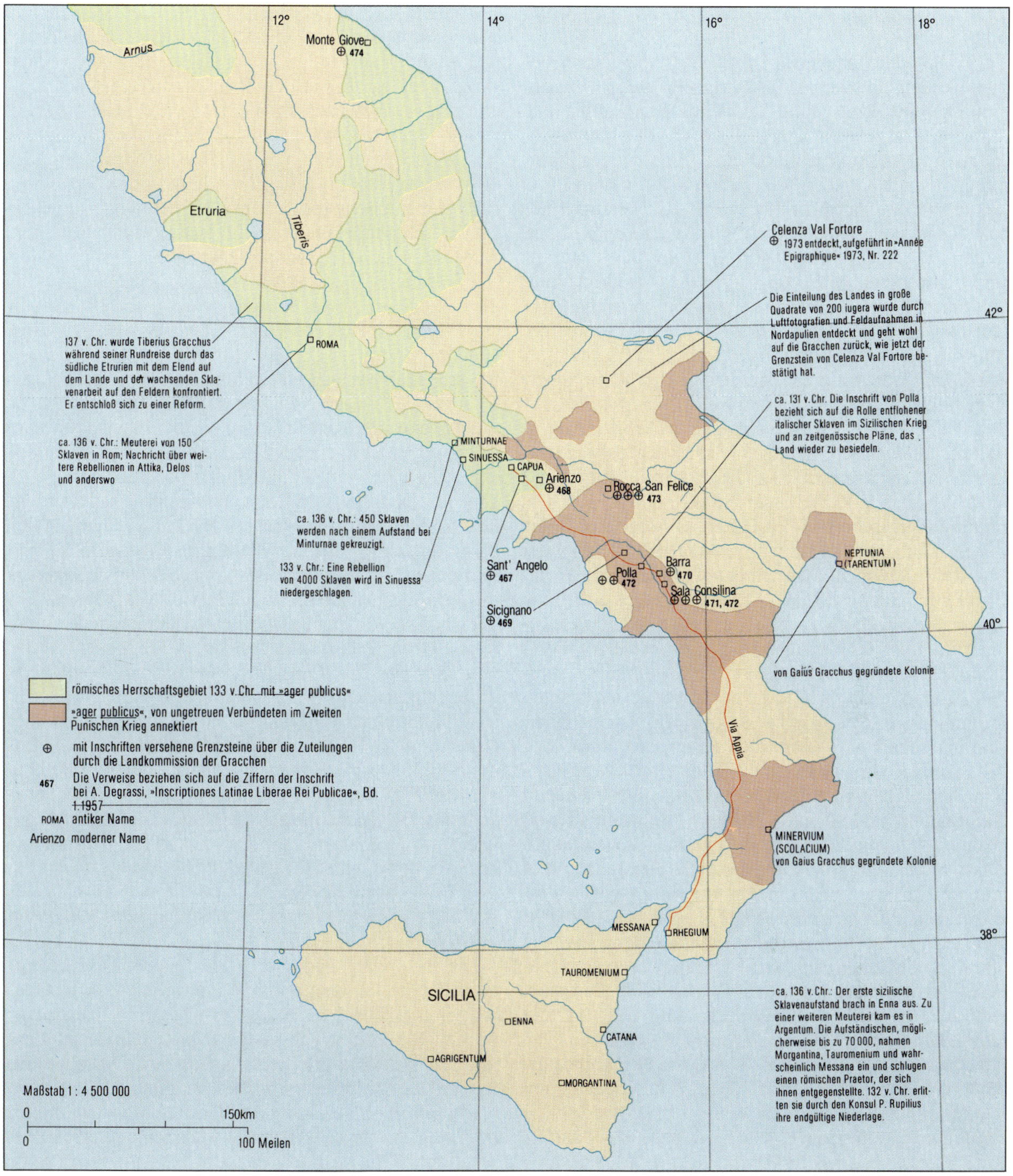


**Die Landreformen der Gracchen**
Zur Zeit der Gracchen sah sich der römische Staat mit dem Problem wachsenden Großgrundbesitzes und, als Folge davon, einer zunehmenden Verarmung und Proletarisierung der bäuerlichen Bevölkerung konfrontiert. Viele freie Bauern Italiens wurden von ihrem Land vertrieben und durch Sklaven auf den großen Gütern ersetzt. Die Auswirkungen dieser Vorgänge konnte Tiberius Gracchus bei einer Reise durch Etrurien im Jahre 137 v. Chr. studieren. Ein paar Jahre zuvor war in Sizilien eine größere Erhebung ausgebrochen, der kleinere Revolten in Rom und Italien folgten. Tiberius wollte das freie Bauerntum wiederherstellen, indem man den *ager publicus* in kleinen Parzellen armen Bürgern überließ. Sein Agrargesetz stieß auf entschiedenen Widerstand der Nobilität und führte schließlich zu seiner Ermordung. Trotzdem konnte die von ihm eingesetzte Landkommission die Neuaufteilung vollziehen. Spuren ihrer Tätigkeit finden wir auf den beschrifteten *termini* (Grenzsteinen), die noch in verschiedenen Teilen Italiens zu sehen sind. Gaius Gracchus führte das Werk seines Bruders fort. Zu seinen Maßnahmen gehörten auch noch mehrere Gesetze über die Gründung von Kolonien (z. B. Scolacium und Tarentum).

*Umseitig:* Das Forum in Rom. Blick durch den Septimius Severus-Bogen auf den Tempel der Vesta.

und Neuverteilung von einer Dreimännerkommission überwacht werden. Das Geniale an diesem Konzept war die Tatsache, daß es überlieferte Rechte auf Privateigentum nicht verletzte; es betraf im Gegenteil nur jene, die sich schon außerhalb des Gesetzes begeben hatten. In der Praxis bedeutete jedoch der Gesetzesvorschlag von Gracchus eine große Bedrohung für die einflußreichen Grundbesitzerkreise, und es kam zu heftigem Widerstand. Andererseits gab es vor allem unter der Landbevölkerung eine breite Unterstützung, und sie kam nach Rom geströmt, um für das Gesetz zu stimmen. Ein Versuch, die Vorlage zu blockieren, schlug fehl, als Gracchus seinen widersetzlichen Amtsgenossen M. Octavius absetzen ließ; das Gesetz kam durch, und die Ackerkommission, die von Tiberius Gracchus selbst, seinem Bruder Gaius und seinem Schwiegervater Appius Claudius gebildet wurde, konnte ihr Amt übernehmen.

Doch die Opposition regte sich wegen der politischen Implikationen, die dieses Vorgehen mit sich brachte. Gracchus hatte wie üblich das Gesetz ohne Befragung des Senats vorgeschlagen; er hatte das Veto eines Kollegen mit wahrscheinlich ungesetzlichen Mitteln abgewiesen, und nun arbeitete er für seine eigene Ackerkommission. Außerdem hatte er nicht gezögert, eine besonders günstige Situation auszunützen, als Attalus III. von Pergamon starb und sein Königreich den Römern überließ. Gracchus veranlaßte sofort, daß das Vermächtnis angenommen werden und der Königsschatz als Betriebskapital an die Neusiedler verteilt werden sollte. Die Opposition war über diese noch nicht vorgekommene Einmischung in die traditionell dem Senat vorbehaltene Kontrolle über die öffentlichen Finanzen empört. Als Gracchus schließlich seine Kandidatur für ein zweites Tribunat bekanntgab und noch weitere Gesetzesvorhaben durchblicken ließ, gab es Ärger, und man sprach von *regnum* (s. S. 22). Am Tag der Wahl versuchten einige Senatoren gemeinsam mit ihren Gefolgsleuten die Volksversammlung zu sprengen, und im darauf folgenden Aufruhr wurden Tiberius und 300 seiner Anhänger getötet. Danach kam es zu einer allgemeinen Hexenjagd, bei der viele Gracchus-Anhänger von einem Sondergericht des Senats zum Tode verurteilt wurden.

Die Unverletzbarkeit des Tribunenamts war durchbrochen worden, und zum ersten Mal in der Geschichte der römischen Republik hatte ein politischer Konflikt mit Blutvergießen geendet. Dennoch ist es unwahrscheinlich, daß man zu diesem Zeitpunkt die Bedeutung des Ereignisses erkannt hat. Die Ackerkommission bestand fort und führte ihre Arbeit weiter, wobei sich herausstellte, daß die Reform auch bei den Bundesgenossen auf wenig Gegenliebe stieß, da sie die Einbeziehung des Staatslandes ebenso betraf, ohne daß sie von der Ackerverteilung profitieren konnten. Doch in anderer Hinsicht schien das Leben in Rom wieder in normalen Bahnen zu laufen. Aber das Beispiel des Tiberius Gracchus lebte weiter und wurde bald von anderen Tribunen nachgeahmt. Schon wenige Jahre darauf unternahm Gaius Gracchus, der jüngere Bruder von Tiberius, einen noch radikaleren Angriff auf die bestehende Ordnung. Gaius Gracchus war zwei Jahre hintereinander Tribun (123 und 122 v. Chr.) und setzte eine ganze Reihe neuer Gesetze durch.

Diese Gesetze von Gaius Gracchus lassen sich unter vier Hauptgruppen subsumieren. An erster Stelle sollten eine Reihe wichtiger Maßnahmen die öffentliche Wohlfahrt fördern. Er brachte ein Ackergesetz ein, das die Vorlage seines Bruders festschrieb und noch dazu die Gründung von Kolonien in Italien vorsah; zumindest zwei von ihnen wurden wirklich realisiert (Minervium und Neptunia). Ein radikalerer Schritt war der Versuch, eine Kolonie (Iunonia) in Karthago selbst zu gründen. Andere Maßnahmen sahen ein öffentliches Arbeitsprogramm vor, verbesserte Bedingungen für die Soldaten sowie die staatliche Versorgung mit Getreide und dessen Verteilung an die Bürger zu einem von der Regierung subventionierten Festpreis. Als zweites versuchte Gracchus, das Staatsbudget zu verbessern, indem er neue Zolltarife erhob und es durchsetzte, daß die Steuern der ungeheuer reichen Provinz Asien (auf ein Zehntel ihres Gewinns geschätzt) von den Staatspächtern eingebracht werden sollten; durch die öffentliche Versteigerung der Verträge würde der Staat ein für fünf Jahre garantiertes Einkommen erhalten, während die Staatspächter das Risiko und die Last der schwankenden Verwaltungskosten zu tragen hatten. Daß Gracchus sich so für die Staatsfinanzen einsetzte, hing damit zusammen, daß er verschiedene Wohlfahrtsprogramme durchsetzen wollte, alles, was er tat, war auf das Ziel gerichtet, die römischen Überseeprovinzen auszubeuten, so gut es ging, und daß die Gewinne dem Nutzen des Volkes als Ganzem zugute kommen sollten.

Drittens ging Gaius gegen die Korruption im Senat vor und versuchte, den Ämtermißbrauch einzudämmen. Er verbot gerichtlich die Verschwörung und gab den Erlaß heraus, daß Sondertribunen wie jene, die nach dem Tod seines Bruders die Säuberungsaktion durchgeführt hatten, nicht ohne öffentliche Zustimmung eingesetzt werden durften. Darüber hinaus reformierte er das Verfahren gegen Staatsbeamte, denen Unterschlagung und Mißwirtschaft vorgeworfen wurde. 149 v. Chr. war eine eigene Dauerkommission von Senatoren eingesetzt worden, die solchen Vergehen nachgehen sollte (vielleicht aus Anlaß des Skandals um Ser. Galba, s. S. 48). Doch die Erfahrung hatte gezeigt, daß es den Senatoren mehr darum ging, die schändlichen Handlungen ihrer Kollegen zu decken als Gerechtigkeit zu üben, und das Komitee erwies sich als Fehlschlag. Gaius machte mit diesem beliebten System der »internen Untersuchung« Schluß und ersetzte es durch ein reguläres Untersuchungsgericht, das nur aus Nicht-Senatoren bestand. Die Richter sollten aus dem Stand der Ritter gewählt werden, also aus der besitzenden Klasse. Ein unglücklicher Aspekt des neuen Systems bestand jedoch darin, daß die Staatspächter innerhalb des Ritterstandes an Einfluß gewonnen hatten, so daß Provinzstatthalter, die mit den Staatspächtern bei der Ausbeutung der Provinzen unter einer Decke steckten, damit rechnen konnten, bei einem möglichen Prozeß in Rom freigesprochen zu werden. Diese Interessengemeinschaft führte dazu, daß im Jahr 92 v. Chr. Rutilius Rufus von dem Repetundengericht wegen Erpressung verurteilt wurde, nachdem er versucht hatte, sich über den Amtsmißbrauch der Staatspächter in der Provinz Asien zu informieren. Der Fall war berühmt und offensichtlich der erste dieser Art; es ist wenig wahrscheinlich, daß solche Folgen zur Zeit von Gaius Gracchus vorhergesehen worden waren.

Schließlich versuchte Gracchus, das Bürgerrecht auf eine breitere Basis zu stellen, indem er den Latinern das römische und anderen italischen Verbündeten latinische Bürgerrechte verlieh. Der Gesetzesvorschlag – nicht der erste dieser Art (ein Gefährte von Gracchus hatte einen ähnlichen Erlaß im Jahr 125 eingebracht) – war vielleicht eine Antwort auf die wachsende Unzufriedenheit der herrschenden Klasse in den verbündeten Staaten, die sich sehr gegen das Vorgehen der Gracchischen Ackerkommission gewehrt hatte. Jedenfalls wurde das Gesetz von der Plebs verworfen, die ihre Vorrechte nicht teilen wollte. Zu dieser Zeit (Ende des Jahres 122 v. Chr.) verlor Gracchus allmählich an Unterstützung und konnte das dritte Tribunat im Jahr 121 v. Chr. nicht erringen. Sobald seine Amtszeit zu Ende war, versuchte man, einige seiner Gesetze rückgängig zu machen, das erste war die Gründung der Kolonie in Karthago. Gracchus und sein Gefolge betrachteten dies als Kampfansage, worauf der Senat erstmals den Ausnahmezustand *(senatus consultum ultimum)* ausrief. Gracchus und seine Freunde flohen auf den Aventin, den alten Zufluchtsort der Plebejer (s. S. 26), wo sie umzingelt und niedergemacht wurden; man vermutet, daß bei diesem schauerlichen Massaker 3000 Menschen ums Leben kamen.

Die historische Bedeutung des Gaius Gracchus liegt vor allem im Umfang und in der Reichweite seiner Gesetzgebung. Etwas Ähnliches hatte man in Rom zuvor noch nicht gesehen, und bis zur Diktatur von Iulius Caesar sollte sich das auch nicht wiederholen. Das ganze römische Estabishment war bis in seine Grundfesten erschüttert worden, und es bestand kein Zweifel mehr, daß die Epoche der unbestrittenen oligarchischen Herrschaft endgültig zu Ende war. Die Gracchen hatten die traditionelle Rolle der Tribunen als Schutzherrn der Plebs wieder aufleben lassen und dem Volk das Recht auf eine Gesetzgebung, die seinen eigenen Interessen entsprach, zurückgegeben. Gaius Gracchus hatte nicht die Absicht, dem Senat und den Magistraten die politische Führung und die Verwaltung zu entziehen, doch hoffte er, sie dem Volk gegenüber durch Volksversammlungen und mit Hilfe einer unabhängigen Justiz, die sich aus einer außerhalb der Politik stehenden Klasse zusammensetzte, verantwortlich zu machen.

### Die Epoche von Marius und Sulla

Das elende Ende des Gaius Gracchus bedeutete einen Sieg für die reaktionärsten Elemente des Staates. Doch ihr Triumph war nur von kurzer Dauer. Fast unmittelbar darauf begannen sich die Tribunen wieder aufzulehnen, und die *populares* (politische Führer, die die Ziele und Methoden der Gracchen übernahmen) bekamen in den Jahren nach 114 v. Chr. Gelegenheit zu einem bedeutenden Angriff, denn Rom sah sich damals unerwartet mit einer ernsten militärischen Krise konfrontiert. In jenem

Jahr erlitt der Konsul M. Porcius Cato (ein Enkel des berühmten Censors) in Makedonien eine katastrophale Niederlage durch die Skordisker, einen Stamm in Thrakien, der die römische Provinz überfallen hatte. Zur gleichen Zeit traf die Nachricht von einer Völkerwanderung zweier germanischer Stämme, der Kimbern und Teutonen, ein, die sich den Grenzen Italiens näherten. Dies schuf Panikstimmung in der Stadt, und es wurde versucht, mit archaischen Riten – sogar Menschenopfern – die Götter günstig zu stimmen. Das gleiche war schon einmal zur Zeit der Schlacht von Cannae geschehen, und die Römer waren sich ganz klar bewußt, daß sie wieder einmal in großer Gefahr schwebten.

Die senatoriale Oligarchie hatte während der Punischen Kriege durch ihre militärische Führung und erfolgreiche Außenpolitik eine Position unbestrittener Autorität erlangt. Doch diese Fähigkeiten fehlten ganz offenbar in den römischen Senaten der Zeit nach den Gracchen. Im Jahr 113 ließ sich der Konsul Cn. Papirius Carbo auf einen Kampf mit den Kimbern bei Noreia ein und erlitt eine vernichtende Niederlage. Italien überstand die bedrohliche Lage nur, weil die Germanen aus unerfindlichen Gründen beschlossen, westwärts in Richtung Gallien zu ziehen, doch wenige Jahre später kehrten sie zurück und schlugen die römischen Heere in drei verschiedenen Fällen im südlichen Gallien (109, 107, 105). Die letzte dieser Niederlagen, die Schlacht bei Arausio, endete in einem schrecklichen Massaker, und Italien blieb der Gnade der Germanen ausgeliefert.

In der Zwischenzeit war in Rom ein gereiztes Klima entstanden wegen des Fehlverhaltens des Senats bei einer Krise in Nordafrika, wo ein numidischer Prinz mit Namen Iugurtha lästig zu werden begann. Die Rolle des Senats in dieser Angelegenheit war eine Mischung aus Unentschlossenheit, Korruption und Inkompetenz, was den Gegnern der Optimaten die Möglichkeit gab, gegen sie vorzugehen. Als ein römisches Heer im Jahr 110 schmählich von Jugurtha besiegt wurde, schlug ein Tribun vor, eine besondere, aus Rittern bestehende Untersuchungskommission, einzusetzen, um das Verhalten des Senats in dieser Angelegenheit zu überprüfen. Daraufhin wurde ein Teil des Adels ins Exil geschickt, darunter war auch L. Opimius, der Mörder von Gaius Gracchus. Diesem vor einer Generation noch unvorstellbaren Ereignis folgte im Jahr 108 die Wahl von C. Marius zum Konsul.

Gaius Marius war ein »neuer Mann« aus der volskischen Stadt Arpinum. Seine Wahl resultierte aus einer geschickten Kampagne, bei der er den Adel angriff und aus seiner nichtaristokratischen Herkunft eine positive Eigenschaft machte. Marius erlangte eine riesige Gefolgschaft und wurde nicht nur zum Konsul gewählt, sondern durch Volksabstimmung auch dazu ernannt, anstelle des Senatskandidaten Q. Metellus, den er der Inkompetenz bezichtigt hatte (in diesem Fall wahrscheinlich ungerechterweise), den Krieg gegen Iugurtha zu führen. Nach verschiedenen Mißerfolgen besiegte Marius Iugurtha im Jahr 105, und er wurde 104 in Abwesenheit zum zweiten Mal zum Konsul gewählt. Nachdem er Rom verlassen

**Rom und die Mittelmeerwelt (146–70 v. Chr.)**
Mit der Zerstörung von Korinth und Karthago im Jahre 146 kam die römische Expansion zu einem vorläufigen Stillstand. Die folgenden Generationen mußten den Zusammenbruch des politischen Gleichgewichts erleben, das seit dem Ende der Hannibalischen Kriege geherrscht hatte. Gleichzeitig kam es zu einer bisher nicht dagewesenen Reihe militärischer Rückschläge. In den Jahren 146–70 v. Chr. sahen sich die Römer in allen Teilen ihres Reiches Unruhen und Revolten gegenüber. Die herrschende Aristokratie erwies sich bei ihren Gegenmaßnahmen als korrupt und unfähig. Der Tiefpunkt wurde 105 v. Chr. erreicht, als Germanen eine römische Armee bei Arausio vernichteten, und Rom der völlige Untergang drohte. Fast ebenso schwerwiegend war der Aufstand der Ostprovinzen während des Vormarsches von Mithridates im Jahre 88. Diese Erhebung stellte eine Reaktion dar auf die lange, kriminelle Ausbeutung und Unterdrückung durch die Römer. Die Krisen konnten nur dadurch gelöst werden, daß die Römer fähigen und ehrgeizigen Männern bislang unbekannte Machtbefugnisse im Staate einräumten.

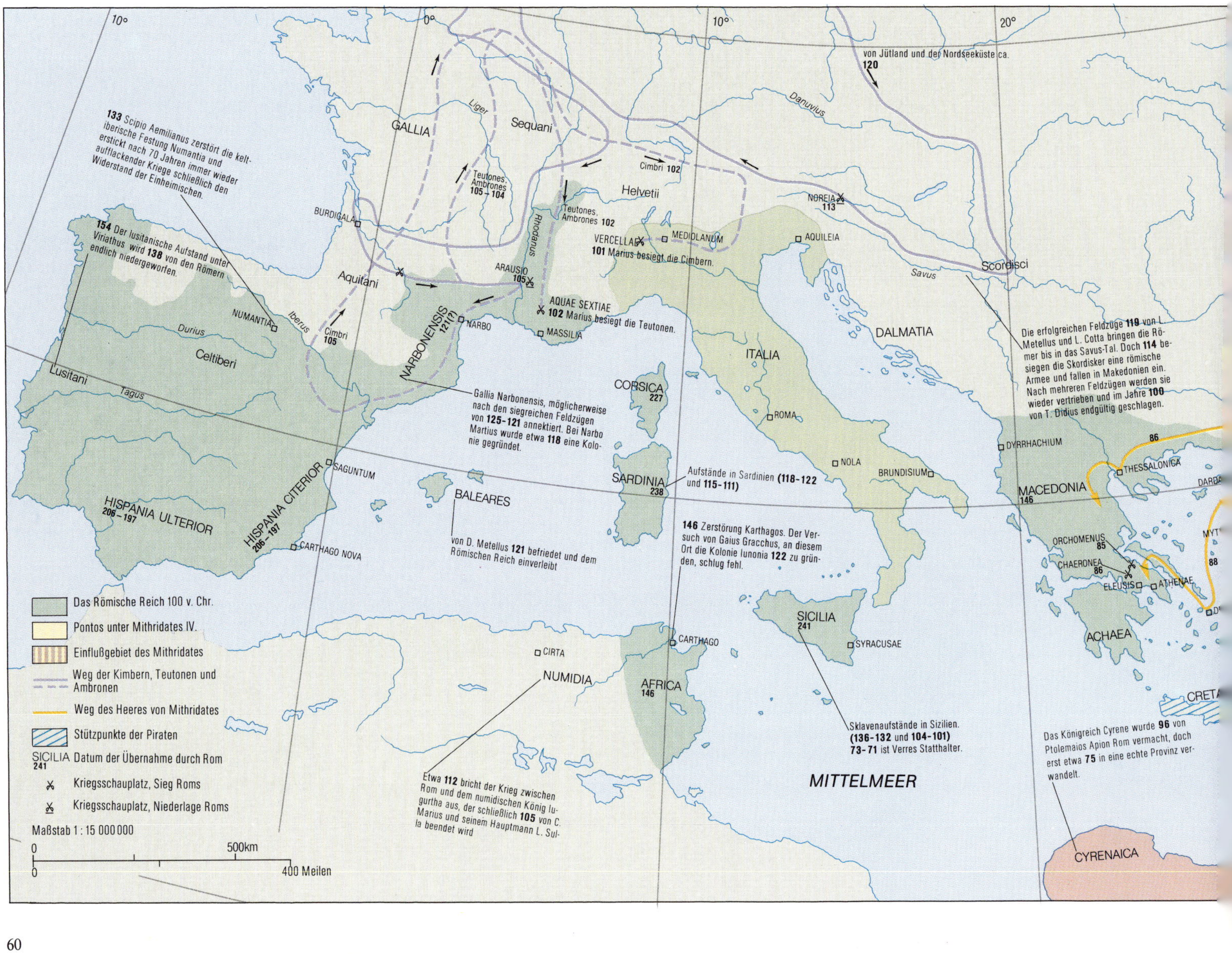

hatte, kam es unter der Führung von Q. Servilius Caepio, dem Konsul von 106, kurzfristig zu einer konservativen Richtungsänderung. Doch als Caepio im Jahr darauf bei Arausio geschlagen wurde, verlor die Oligarchie endgültig die Nerven. Caepio mußte sein *imperium* abgeben und Marius, der Volksheld, wurde beauftragt, Italien vor den Germanen zu retten. Doch die Bedrohung durch die Barbaren ließ zeitweilig nach, und so hatte Marius Gelegenheit, eine systematische Reform des Aufbaus, der Ausbildung und der Ausstattung des römischen Heeres durchzuführen (104–102 v. Chr.). Während dieser Zeit wurde er gegen das Prinzip der Annuität jedes Jahr aufs neue zum Konsul gewählt, bis er schließlich die Teutonen bei Aquae Sextiae (102) und die Kimbern bei Vercellae (101) besiegte. Im Triumph kehrte Marius nach Rom und zu seinem sechsten Konsulat im Jahr 100 zurück.

Die Siege wurden von einem Heer erkämpft, das Marius in eine effiziente und disziplinierte Streitmacht verwandelt hatte. Seine Militärreformen bewirkten, daß die Männer, die in einem sozio-ökonomischen Sinn schon Professionelle waren, auf einen professionellen Standard gebracht wurden. Für seinen Feldzug gegen Iugurtha im Jahr 107 war Marius von der üblichen Praxis, Truppen aus der Klasse der *adsidui* zu rekrutieren, abgewichen und hatte sie einfach durch Freiwillige aus dem Proletariat ersetzt. Wie bereits gesagt wurde, war der Anteil der *adsidui* im Lauf des zweiten Jahrhunderts ständig gesunken. Die Gracchen hatten versucht, die Klasse der Kleinbauern wieder zu erneuern, aber sie waren nicht an die

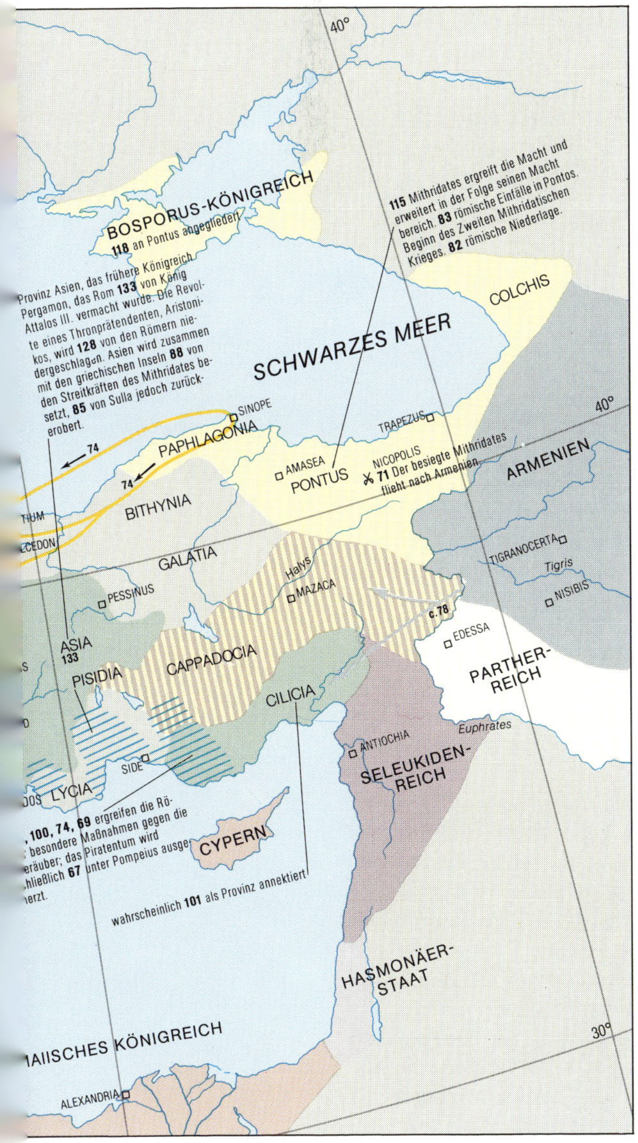


Wurzeln des Problems vorgestoßen. Laut P. A. Brunt bestand von vornherein ein Widerspruch in der Zielsetzung der Gracchen, die die Anzahl der römischen Soldaten bäuerlichen Ursprungs anheben wollten, während der Militärdienst gleichzeitig so verheerend für die Bauernschaft wirkte. Auf jeden Fall wurde in den Jahren nach dem Tod von Gaius das Vorhaben der Gracchen durch eine Reihe von Gesetzen wieder aufgehoben und muß auf Dauer als Fehlschlag angesehen werden. Bei dem allmählichen Niedergang der Bauernschaft konnte man das Problem des Rekrutierens nur lösen, indem man entweder den Besitzstand als Qualifikation für den Militärdienst senkte, wie es tatsächlich schon einige Male vor 120 geschah, oder ihn völlig ignorierte, wie es Marius 107 tat.

Den Quellen zufolge war das Heer schon zu diesem Zeitpunkt »proletarisiert« und das Vorgehen von Marius nur noch das Endstadium bei der Bildung eines Berufsheeres, das nicht mehr vom Teilzeitdienst der Bauern abhing. Der Zusammenhang zwischen Besitzstand und Militärdienst war nun völlig aufgehoben, und das Soldatentum wurde ein Beruf für Männer ohne Landbesitz. Die Folge war jedoch, daß die proletarischen Armeen anfingen, dauernde Belohnungen für ihren Dienst zu fordern, und da der Staat nicht darauf eingerichtet war, ein gesetzliches System der Landverteilung an entlassene Veteranen zu erstellen, wandten sich die Männer statt dessen an ihren Feldherrn, damit er für sie sorgte. So wurden die Heere in den Händen skrupelloser Befehlshaber, an denen in der späten Republik kein Mangel herrschen sollte, zu Instrumenten des politischen Konflikts.

Diese Konsequenzen hatte Marius bestimmt nicht vorausgesehen, doch bestimmte Elemente waren unmittelbar erkennbar. Im Jahr 103 verfügte der Tribun L. Appuleius Saturninus, daß große Gebiete in Africa an die Veteranen des Iugurthischen Krieges verteilt werden sollten. Während eines zweiten Tribunats im Jahr 100 setzte er sich für weitere Landzumessungen und die Gründung von Kolonien in den Provinzen zugunsten der Veteranen der germanischen Kriege und eines neueren Feldzugs in Sizilien ein, wo ein zweiter Sklavenaufstand stattgefunden hatte (104–101). Diese und andere Gesetzesvorschläge wurden von den Veteranen kräftig unterstützt und der Volksversammlung mit Hilfe von Gewalttätigkeiten aufgezwungen. Ende des Jahres hatte sich die Lage derart verschärft, daß Marius zu einer Intervention gezwungen war, damit die Ordnung wiederhergestellt werden konnte. Saturninus und seine Gefolgsleute ergaben sich, doch Marius vermochte nicht, sie vor einem Lynchmob zu retten. Saturninus' Gesetze wurden dann vom Senat rückgängig gemacht. Das Endergebnis war, daß Marius sich kompromittiert hatte und seine Veteranen nicht ihre erhofften Entschädigungen erhielten.

Der durch die Invasionen der Germanen ausgelöste Schock ließ unterschwellige Spannungen und Spaltungen innerhalb der römischen Gesellschaft zutage treten und beschleunigte den Prozeß des politischen Niedergangs. Eines dieser auf eine Krise hinsteuernden Probleme war die Verschlechterung der Beziehungen zwischen Rom und den italischen Verbündeten in der Dekade nach der Schlacht von Vercellae. In den Punischen Kriegen hatte Rom an der Spitze eines Bündnisses freier italischer Gemeinden gestanden und sie in den Sieg über fremde Eindringlinge geführt. Doch während der ausgedehnten Kriege des zweiten Jahrhunderts – in Spanien, Griechenland, Asien und Afrika – bekamen die Verbündeten langsam den Eindruck, daß sie keine freien Partner mehr waren, sondern Untertanen, die die Lasten für Kriege zu tragen hatten, an denen sie gar nicht interessiert waren und die ihnen auch keinerlei Nutzen einbrachten. Einnahmen

Die Münze des C. Fundanius (101 v. Chr.) zeigt C. Marius auf seinem Triumph nach dem Sieg über die Cimbern und Teutonen.

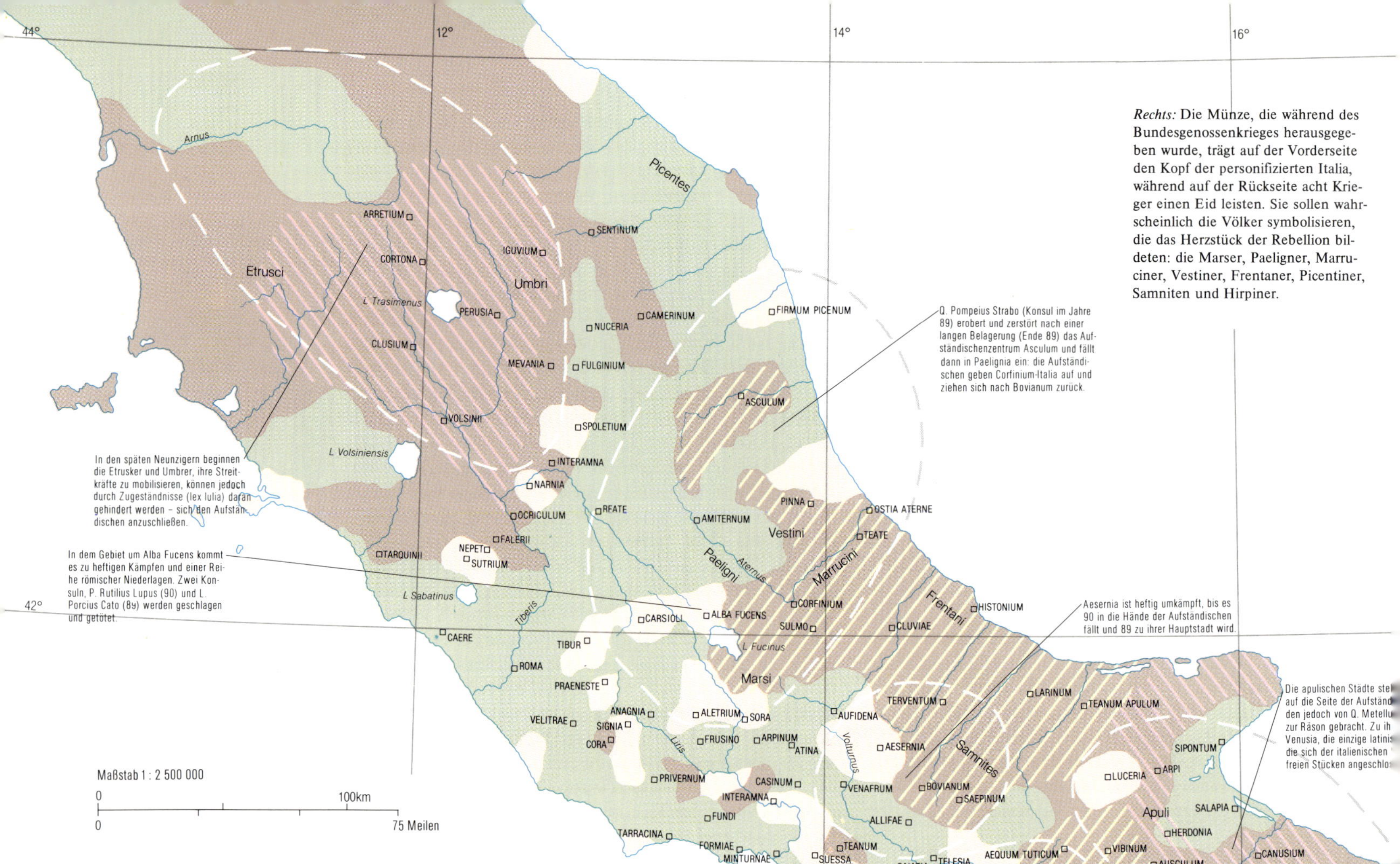


*Rechts:* Die Münze, die während des Bundesgenossenkrieges herausgegeben wurde, trägt auf der Vorderseite den Kopf der personifizierten Italia, während auf der Rückseite acht Krieger einen Eid leisten. Sie sollen wahrscheinlich die Völker symbolisieren, die das Herzstück der Rebellion bildeten: die Marser, Paeligner, Marruciner, Vestiner, Frentaner, Picentiner, Samniten und Hirpiner.

aus der Kriegsbeute, Entschädigungssummen und die Steuern der Provinzen versetzten Rom nach 167 v. Chr. in die Lage, seine Soldaten zu bezahlen, ohne den eigenen Bürgern direkte Steuern auferlegen zu müssen (s. S. 56); das traf jedoch nicht für die Verbündeten zu, die sich auf ihre eigenen Einkünfte stützen mußten. Außerdem erscheint es plausibel, anzunehmen, daß die Römer die Lasten ihren Verbündeten übertrugen, die verpflichtet waren, einen immer größer werdenden Teil der gesamten römischen Streitkräfte zu stellen. Die Verbündeten waren auch direkt betroffen von politischen Entscheidungen Roms, ohne ein Mitspracherecht dabei zu haben. Dazu gehört zum Beispiel das Ackergesetz von Tiberius Gracchus; es ist nicht ganz klar, in welchem Ausmaß die Bundesgenossen von seinen Maßnahmen betroffen wurden, aber nach unseren Quellen hatten viele italische Landeigner über den *ager publicus* verfügt und waren durch die Bodenkommission vertrieben worden. Wie wir gesehen haben, versuchte Gaius Gracchus sie dafür zu entschädigen, indem er ihnen das römische Bürgerrecht in Aussicht stellte; seine Bemühungen waren vergeblich, doch wurde das volle Bürgerrecht für die *socii* allmählich zu einem immer attraktiveren politischen Ziel. Als Vollbürger bekämen die Italiker das Appellationsrecht gegen römische Magistrate, ein Mitspracherecht bei politischen Entscheidungen, direkten Zugang zu den Staatsaufträgen (insbesondere das Recht, bei öffentlichen Verträgen mitzubieten) und die Möglichkeit, in den Senat zu gelangen oder ein anderes Amt zu übernehmen.

Der allgemein vorherrschende Unmut wurde durch die Germanenkriege noch verstärkt, die Römer und Italiker in einem Überlebenskampf vereinten, ohne daß sich an den schändlichen Statusunterschieden etwas änderte. Wahrscheinlich war sich Marius dieser Problematik bewußt und unterstützte das Anliegen der Verbündeten; ebenso wahrscheinlich ist es, daß Saturninus die Absicht gehabt hatte, sie an seinen Kolonialsiedlungen zu beteiligen. Und wenn das so war, dann muß die Aufhebung der saturninischen Gesetze bei den Verbündeten bittere Enttäuschung hervorgerufen haben, und sie wurden noch mehr verärgert, als die Konsuln des Jahres 95 v. Chr. hart gegen jene Italiker vorgingen, die sich widerrechtlich als römische Bürger hatten registrieren lassen. Schließlich setzte sich der Tribun M. Livius Drusus im Jahr 91 für die Gewährung des Bürgerrechts an die Italiker als Teil eines umfassenderen Programms ein, das Gesetzesvorschläge für agrarische Niederlassungen in Italien und den Provinzen und eine Reform der Untersuchungsausschüsse mit einschloß.

Unglücklicherweise verfügte Drusus über wenig diplomatisches Geschick, und sein Anliegen brachte ihm nur allgemeine Feindseligkeit ein. Der Vorschlag, das Bürgerrecht auszudehnen, hatte keine Chance, und es wurde wahrscheinlich nicht einmal darüber abgestimmt. Der Tod seines einflußreichsten Helfers, des Redners L. Crassus, bedeutete für Drusus die politische Isolation; seine Gesetze wurden vom Senat wieder aufgehoben, und gegen Ende des Jahres kam er unter geheimnisvollen Umständen ums Leben. Für die Verbündeten, die alle ihre Hoffnungen auf Drusus gesetzt hatten, war der legale Weg versperrt. Vor Ende des Jahres 91 brach dann ein be-

*Rechts:* Das Tabularium, eines der schönsten erhaltenen Bauwerke der Republik, steht am westlichen Ende des Forums. Das Gebäude wurde 78 v. Chr. von Q. Lutatius Catulus errichtet und ersetzte einen früheren Bau, der 83 v. Chr. durch Feuer zerstört worden war. Das Tabularium diente als Staatsarchiv.

**Italien und der Bundesgenossen-Krieg (91–89 v. Chr.)**
Der Bundesgenossen-Krieg begann im Jahre 91 v. Chr., weil sich die Römer beständig geweigert hatten, ihren italischen Verbündeten die vollen Bürgerrechte zuzugestehen. Die Aufständischen bildeten einen unabhängigen Staat mit dem Namen Italia, dessen Hauptstadt Corfinium war. Das Zentrum der Revolte lag in den südlichen und zentralen Gebieten der Halbinsel: Es beteiligten sich daran die Oskisch sprechenden Völker des Zentralapennins (besonders die Marser), die Samniten und Lukaner und die Stadt Asculum in Picenum. Mit der Ausnahme von Venusia blieben die latinischen Kolonien wie auch die griechischen Städte Rom gegenüber loyal. Die Etrusker und Umbrier griffen erst gegen Ende in den Krieg ein und gehörten zu den ersten, die auf Grund der *lex Iulia* die römischen Bürgerrechte erhielten.

waffneter Aufstand aus.

Es begann der Bundesgenossenkrieg (auch Marsischer Krieg genannt, 91–88). Die Voraussetzungen für die *socii* waren durchaus günstig, denn die Entwicklung traf die Römer unvorbereitet, und sie selbst besaßen inzwischen eine Bundesorganisation mit Corfinium als Hauptstadt. Ihr vereinigtes Heer (die Quellen sprechen von über 100 000 Soldaten) konnten einige Gefechte siegreich gestalten, und so sah sich Rom zu politischen Zugeständnissen in der Frage des Bürgerrechts gezwungen. Im Jahr 90 v. Chr. erließ der Konsul L. Iulius Caesar ein Gesetz, das allen loyalen Stämmen und auch denen, die ihre Waffen niederlegten, das römische Bürgerrecht gewährte. Gegen 89 war der Krieg im großen und ganzen vorüber, die im Süden noch übrigbleibenden Widerstandsnester wurden in den darauffolgenden Jahren ausgemerzt.

Kaum war die italische Krise beigelegt, da kamen schlimme Nachrichten aus den Ostprovinzen. Schon seit einigen Jahren hatte Rom den Aufstieg des Königreichs von Pontus unter seinem ehrgeizigen Herrscher Mithridates VI. (121–63 v. Chr.) mit Sorge beobachtet. Im Jahr 89 ging ein römischer Praetor übereilt gegen Mithridates vor, und dessen Vergeltung führte zur Invasion der kleinasiatischen Provinzen und zu einem Massaker aller dort wohnenden Römer (88 v. Chr.). Nach unseren Quellen sollen an einem einzigen Tag 80000 Menschen getötet worden sein. Das ist eine wilde Übertreibung; wahrscheinlich handelte es sich nur um eine vierstellige Zahl, aber auch das ist reine Vermutung.

Zu dieser Zeit lebten Römer und Italiker als Steuereintreiber, Händler, Geldverleiher und Grundbesitzer über alle römischen Provinzen verstreut. Besonders zahlreich waren sie in Sizilien, das schon seit dem dritten Jahrhundert von den Römern ausgebeutet worden war; zum Zeitpunkt des Ersten Sklavenkrieges (136 v. Chr.) gehörten die meisten Grundbesitzer zum römischen Ritterstand, und während der Statthalterschaft von Verres (73–71 v. Chr.) gab es in den Städten viele italische Einwohner. Ihre Anwesenheit in Nordafrika läßt sich aus der Geschichte über ein Massaker an italischen »Händlern« *(negotiatores)* im Jahr 112 v. Chr. bei Cirta ableiten, das den Iugurthischen Krieg auslöste. Oft ließen sich die Soldaten in den Provinzen, in denen sie gedient hatten, nieder, vor allem in Spanien, wo eine ganze Anzahl italischer Gemeinden entstand. Im Hinblick auf das südliche Gallien erzählt uns Cicero (74 v. Chr.), daß es von Händlern überlaufen, vollgepackt mit römischen Bürgern sei. Kein Gallier schließe ohne einen römischen Bürger einen Handel ab; kein Denar wechsle den Besitzer, ohne daß es einen Eintrag in den Büchern der römischen Bürger darüber gäbe. Cicero charakterisiert die Römer in Gallien als »Steuerpächter, Bauern, Viehzüchter und andere Geschäftsleute«. Italische Händler waren vor allem im Osten, insbesondere in Griechenland, auf den Ägäischen Inseln, und dem westlichen Kleinasien sehr zahlreich. So zeigt zum Beispiel eine Inschrift um 103 v. Chr. in Griechenland, daß mindestens 10 Prozent des Grundes der Stadt Messene in der Hand von Römern und Italikern lag. Ein wichtiges Zentrum war die Insel Delos, die die Römer im Rahmen ihrer Wirtschaftssanktionen gegen Rhodos 167 v. Chr. zum Freihafen gemacht hatten. Delos entwickelte sich zum Mittelpunkt des Sklavenhandels, und nach Strabo wurden dort täglich mehr als 10 000 Transaktionen getätigt. In der Provinz Asien selbst waren die italischen Bewohner von den *publicani* – Gesellschaften angestellt, denen man das Recht verliehen hatten, dort aufgrund des Gesetzes von Gaius Gracchus direkte Steuern zu erheben. Sie waren berüchtigt für ihre Plünderungsaktionen (man denke an den Fall des unglücklichen Rutilius Rufus) und zogen sich den Haß der einheimischen Bevölkerung zu, die 88 begeistert bei dem Massaker des Mithridates mitmachte. Mithridates konnte sich als Befreier der Griechen von den verhaßten Römern, »den gemeinsamen Feinden der ganzen Menschheit« aufbauen. Gegen Ende des Jahres 88 hatten seine Streitkräfte die Ägäis überrannt und fielen in Griechenland ein.

Der Auftrag, ein römisches Heer gegen Mithridates anzuführen, wurde L. Cornelius Sulla, einem der Konsuln von 88 übergeben. Sulla war ein skrupelloser Adeliger aus einer alten Patrizierfamilie (einer seiner Vorfahren war der berüchtigte Rufinus, s. S. 42). Er hatte das Kriegshandwerk als Leutnant von Marius bei den afrikanischen und germanischen Feldzügen gelernt und sich als Befehlshaber im Bundesgenossenkrieg einen guten Ruf erworben. Er schien deshalb prädestiniert mit Mithridates fertigzuwerden. Doch diese Entscheidung war eine Enttäuschung für Marius, der den Befehl für sich selbst erhofft hatte. Man nahm ganz allgemein an, daß der Sieg über Mithridates sowohl leicht wie einträglich sein würde, und Marius war vor allem deswegen wütend, weil der Preis an Sulla gehen sollte, mit dem er einige Jahre zuvor schon Streit gehabt hatte.

Um sein Ziel durchzusetzen, bediente sich Marius der Dienste eines Tribuns, P. Sulpicius, der als Gefolgsmann der *optimates* (den Konservativen im Senat) sein Amt angetreten hatte, doch aus irgendwelchen Gründen verbittert war. Sulpicius brachte verschiedene Gesetzesvorschläge ein, darunter einen, durch den die neu eingebürgerten Italiker gleiches Wahlrecht erhalten sollten, und einen weiteren, aufgrund dessen Marius statt Sulla den bevorstehenden Feldzug leiten sollte. Dann überstürzten sich die Ereignisse. Begleitet von heftigen Straßenkämpfen wurden die Gesetze von Sulpicius durchgebracht. Sulla reiste zu seinem Heer bei Nola in Kampanien, wo er sich der Loyalität seiner Truppen versicherte. Daraufhin marschierte er sofort auf Rom, das sich widerstandslos ergeben mußte. Die Entwicklung kam für Marius völlig überraschend, doch er konnte nach Afrika entkommen; Sulpicius wurde getötet und seine Gesetze aufgehoben. Nachdem er verschiedene verfassungsrechtliche Maßnahmen eingeleitet hatte, die schon auf die Diktatur abzielten, wandte sich Sulla gen Osten.

Sobald er Rom verlassen hatte, brachen neue Zwistigkeiten aus. Einer der Konsuln des Jahres 87, L. Cornelius Cinna, versuchte, das Gesetz des Sulpicius in Hinblick auf die Neubürger wieder einzubringen, wurde jedoch von seinem Amtskollegen Cn. Octavius, einem Gefolgsmann Sullas, daran gehindert. Es kam wieder zu Aufruhr, und Cinna mußte fliehen, aber Marius, der aus Afrika zurückgekehrt war, machte sich gern zu seinem Verbündeten. Nun marschierten Cinna und Marius ihrerseits auf Rom, nahmen die Stadt und richteten ein neuerliches Terrorregime ein. Dann trat Marius zum siebenten Mal das Amt des Konsuls an, starb jedoch wenige Tage darauf (86 v. Chr.). Sein Gefährte Cinna versuchte, die Ordnung wiederherzustellen; es kam zu einem Kompromiß über die neuen Bürger, Sulla wurde geächtet und ein »offizielles« Heer unter dem Befehl von L. Valerius Flaccus nach Asien entsandt.

Die Ereignisse der Folgejahre sind schwer zu bewerten, da die Quellen einseitig zu Sullas Gunsten sprechen. Diese Tendenziösität ist zum Teil auf Sullas eigene Memoiren zurückzuführen, die zwar nicht erhalten sind, die historische Überlieferung jedoch stark beeinflußt haben. In Rom wurde die Regierung von Cinna kontrolliert, der in vier aufeinanderfolgenden Jahren Konsul war (87–84) und ganz offenbar eine starke Gefolgschaft hinter sich wußte. Die oberen Stände schienen sich zumindest ruhig verhalten zu haben; bei diesem Stand der Dinge waren die führenden Senatoren kaum bereit, zu Sulla überzugehen, und, soweit wir wissen, tat es auch kein einziger.

Im Osten hatte Sulla die Streitkräfte des Mithridates nach dem Sieg bei Chaeronea im Jahr 86 v. Chr. aus Griechenland vertrieben; im gleichen Jahr erschien Valerius Flaccus mit seinem Heer und griff Mithridates in Kleinasien an. Flaccus wurde bald von seinem eigenen Unterfeldherrn, Flavius Fimbria, ermordet, doch der Krieg ging weiter, und Fimbria konnte einige Erfolge verbuchen. Sulla jedoch schloß 85 mit Mithridates einen für diesen äußerst günstigen Frieden und wandte sich dann gegen Fimbria, dessen Truppen zu ihm überliefen. Sullas Abrechnung mit Asien war sehr hart; er erlaubte seinen Soldaten, beliebig zu plündern und quartierte sie in den Städten ein.

Im Jahr 83 kehrte er nach Italien zurück, und es schlossen sich ihm junge Opportunisten wie M. Crassus und Q. Metellus Pius und besonders der junge Pompeius an, der aus eigener Initiative drei Legionen ausgehoben hatte. Seine Gegner waren in Auflösung begriffen und sozusagen führerlos (Cinna war bei einer Meuterei im Jahr 84 ermordet worden), und Sullas Einfluß wuchs, je deutlicher es wurde, wer gewinnen würde. Aber dennoch kam es zu erbitterten Kämpfen in Italien, wo sich die Samniten den »Marianern« anschlossen, und auch in den Provinzen, wo sie eine beträchtliche Gefolgschaft besaßen. Doch gegen Ende 82 saß Sulla in Rom fest im Sattel, nachdem er die Samniten bei der Schlacht am Collinischen Tor besiegt hatte, und der Sohn des Marius bei Praeneste geschlagen und getötet worden war. Der Widerstand in Sizilien und Africa wurde von Pompeius schnell erstickt und er erhielt dafür einen Triumphzug (wahrscheinlich 81) und den Beinamen *Magnus* (»der Große«).

In Rom führte Sulla eine Säuberungsaktion unter seinen Gegnern durch; es kam zu den berüchtigten »Ächtungen« *(proscriptiones),* das heißt, ihre Namen wurden auf öffentlichen Listen verzeichnet, und sie selbst für vogelfrei erklärt. Tausende sollen umgekommen sein, darunter über 40 Senatoren und 1600 Ritter *(equites)*; ihr Besitz wurde konfisziert und an Sullas Gefolgsleute verteilt, von denen viele sich riesige Reichtümer verschafften (ein schändliches Beispiel ist Crassus). Sulla bestrafte Gemeinden in Italien, die sich ihm widersetzt hatten, indem er ihr Land vereinnahmte und es an seine Soldaten verteilte; 120000 Menschen sollen in Kolonien, vor allem in Etrurien und Kampanien, angesiedelt worden sein.

Um seiner Position Legalität zu verleihen, ernannte sich Sulla zum Diktator, ein Amt, das seit dem Zweiten Punischen Krieg nicht mehr in Anspruch genommen worden war. Mit dieser Machtbefugnis erließ er eine Reihe Gesetze (81 v. Chr.), mit denen er hoffte, wieder stabile Verhältnisse herzustellen und zu verhindern, daß es erneut zu solchen Mißständen käme, wie sie seit der Zeit von Tiberius Gracchus in Rom geherrscht hatten. Vor allem suchte er das Tribunenamt zu schwächen, indem er seine Veto- und Gesetzgebungsgewalt einschränkte und den Tribunen nicht erlaubte, zu weiteren Magistraten aufzusteigen. Er erhöhte den Senat auf 600 Mitglieder und beauftragte ihn Schöffen für die ständigen Geschworenengerichte zu stellen, die ebenfalls gründlich umorganisiert wurden. Es entstanden eine ganze Reihe regulärer Gerichte für die Abwicklung besonderer öffentlicher Verbrechen: Wucher, Verrat, Bestechung, Unterschlagung, Betrug, Gewaltanwendung, Mord, etc. Verschiedene hatte es schon vor Sulla gegeben (zum Beispiel das Gericht für Wucher), doch andere wurden erstmals von ihm eingesetzt.

Sulla regelte auch die Ämterlaufbahn neu und schrieb ein Mindestalter für das Quaestoren- (30), das Praetoren- (39) und das Konsulamt (42) vor. Als Quaestor kam man automatisch in den Senat, und, um die Zahl der Senatoren auf sechshundert zu halten, wurden die jährlichen Quaestorenstellen auf 20 erhöht. Die Anzahl der Praetoren stieg von sechs auf acht, um genügend Statthalter für die Provinzen zur Verfügung zu haben. Schließlich schaffte er die staatlich subventionierten Getreidezuteilungen ab.

Sulla legte die Diktatur Ende 81 freiwillig nieder, war 80 Konsul, zog sich 79 ins Privatleben zurück und starb Anfang 78. Er ließ ein Vermächtnis der Bitterkeit und des Hasses zurück, das die letzte Generation der römischen Republik überschatten sollte. Es ist bemerkenswert, daß ein Mann, der in seinen eigenen Taten nichts als Verachtung für Legalität, menschliches Leben und Besitzrechte zeigte, solch eine entschlossene Anstrengung gemacht haben soll, Ordnung und Stabilität wiederherzustellen. Das Endergebnis war ein Mißerfolg, da besteht kein Zweifel. In seinen Bemühungen, die Mißstände der Republik zu heilen, ging Sulla die Symptome an, jedoch nicht die Ursache. Der Widerstand der Tribunen während des vorangegangenen halben Jahrhunderts war das Ergebnis einer tiefliegenden Unzufriedenheit, die man nicht einfach durch neue Gesetze aus der Welt schaffen konnte. Die erzwungene Regelung für seine Veteranen schuf nur noch mehr Unruhe auf dem ebenen Land in Italien und lieferte neue Anlässe für Umsturzversuche. Sulla hatte eine Regierungsstruktur begründet, in der die senatoriale Oligarchie mehr Macht als je zuvor besaß, aber sie war durch Gewalt und unter Blutvergießen entstanden. Sullas wichtigste Gefolgschaft bestand aus Speichelleckern und Opportunisten, die als erste die Schwächen seines Systems ausnützten, sobald es ihn nicht mehr gab; während die eigentlichen Nutznießer der neuen Ordnung, die Optimaten, weder den Willen noch die moralische Autorität hatten, um sie auf Dauer behaupten zu können. Nach E. Badian war der fatale Makel der sullanischen Oligarchie, daß sie mit dem Bewußtsein ihrer Schuld regieren mußte.

L. Cornelius Sulla (ungefähr 138–78 v. Chr.) entstammte einer alten Patrizierfamilie, die sich allerdings nicht besonders ausgezeichnet hatte. Er diente zunächst unter Marius im Krieg gegen Iugurtha und gegen die Cimbern. In den späten neunziger Jahren kam es zum Streit mit Marius. Der Konflikt erreichte seinen Höhepunkt im Jahre 88, als Marius beauftragt wurde, das Kommando gegen Mithridates zu übernehmen, das zuvor Sulla zugedacht worden war. Dieser reagierte mit einem Marsch auf Rom und zwang seine Gegner zum Nachgeben. Nach vierjährigem Feldzug im Osten kehrte er nach Italien zurück, zwang die Marianer endgültig in die Knie und errichtete im Jahre 82 eine erbarmungslose Diktatur.

Mithridates VI. von Pontus (132–63 v. Chr.) übernahm im Jahre 120 in noch kindlichem Alter die Nachfolge seines Vaters. Er begann die Erweiterung seines Reiches, indem er den größten Teil der Nordküste des Schwarzen Meeres überrannte und Gebiete in Armenien okkupierte. Im Jahre 88 rückte er in die Provinz Asien vor und besetzte die Ägäischen Inseln, wobei er sich als Befreier darstellte und den Haß der Griechen gegen die Römer ausnützte. In späteren Feldzügen wurde er von Sulla, Lucullus umd Pompeius geschlagen, und angesichts einer Meuterei im Jahre 63 v. Chr., an der auch sein Sohn teilnahm, ließ er sich von einem Offizier töten.

ZWEITER TEIL

# VON DER REPUBLIK ZUM KAISERREICH

# DER ÜBERGANG ZUM PRINZIPAT

**Die Nachwirkungen Sullas und der Aufstieg von Pompeius**

Fast die gesamte einflußreiche Opposition gegen Sulla war den Proscriptionen zum Opfer gefallen. Eine bedeutende Ausnahme bildete Q. Sertorius, ein früherer Vertrauter von Marius und Cinna, der sich 83 beim Herannahen Sullas in seine Provinz Spanien zurückgezogen hatte. Zeitweilig von dort vertrieben, kehrte er 80 zurück und begann mit Unterstützung sowohl der einheimischen Spanier wie der römischen und italischen Bewohner einen allgemeinen Aufstand. Die Truppen unter Q. Metellus Pius, die man gegen ihn entsandt hatte, waren wenig erfolgreich; im Jahr 77 begriff der Senat, daß er Verstärkung schicken mußte.

In der Zwischenzeit hatte sich die römische Regierung mit dem Konsul von 78, M. Aemilius Lepidus zu befassen, der eine Revolte der unter Sulla enteigneten Bauern in Faesulae (heute Fiesole) unterstützte und mit einem in Gallien gesammelten Heer gegen Rom vorrückte. Pompeius, der vom Senat ein Sonderkommando erhalten hatte, stellte sich ihm entgegen und konnte den Angriff ohne große Mühe abwehren. Nun bot Pompeius an, mit seinem Heer Metellus in Spanien zu Hilfe zu kommen. Da ihm ein loyales Heer den Rücken stärkte, konnte der Senat sein Angebot kaum ablehnen; gegen Ende 77 wurde Pompeius zum Prokonsul ernannt, um sich in den Befehl gegen Sertorius zu teilen.

Auf Pompeius' Abmarsch folgte eine unsichere Periode oligarchischer Herrschaft, die von gelegentlichen Agitationen für die Wiederherstellung des Volkstribunals bedroht war. Im Osten annektierte Rom die Provinzen Bithynien und Cyrene im Jahr 74, mußte jedoch einen neuerlichen Krieg gegen Mithridates führen. Den Befehl bekam L. Licinius Lucullus, ein früherer Gefolgsmann Sullas. Während dieser Zeit litt die römische Welt außerdem unter Plünderungen durch Piraten. Doch das ernsteste Problem für die römische Regierung während der späten Siebziger bildete der Aufstand des Spartacus, der letzte und größte Sklavenkrieg der klassischen Antike. Spartacus war ein Gladiator aus Thrakien, der 73 entkam und auf dem Vesuv eine Streitmacht geflohener Sklaven zusammenstellte. In kurzer Zeit verfügte er über ein Heer von Zehntausenden von Sklaven (nach unseren Quellen sogar 120000), die zwei Jahre lang plündernd durch Italien zogen und römischen Truppen, die man gegen sie entsandte, erfolgreich Widerstand leisteten. Schließlich wurden die Sklaven in Bruttium von M. Licinius Crassus geschlagen, der 71 mit einem Riesenheer gegen sie antrat (acht oder zehn Legionen). Spartacus kam um, und über 6000 gefangene Sklaven wurden entlang der *Via Appia* gekreuzigt. Die Reihen der Kreuze reichten von Rom bis Capua. Man sollte sich dessen bewußt sein, daß weder der Spartacus-Aufstand noch die sizilischen Revolten wirklich revolutionäre Bewegungen waren, sondern vielmehr die zum Scheitern verurteilten Versuche der Sklaven, ihrem elenden Schicksal zu entfliehen und sich an ihren Herren zu rächen. Anzeichen für eine bewußte revolutionäre Ideologie oder eine ausgesprochene Bewegung gegen die Sklaverei als solche fehlen völlig.

In Spanien, wo eine erste Schlacht bei Sagunt im Jahre 75 unentschieden ausgegangen war, machten Pompeius und Metellus bis 72 nur langsame Fortschritte; im gleichen Jahr wurde Sertorius von einem seiner eigenen Offiziere umgebracht. Pompeius führte den Krieg daraufhin schnell zu einem Ende und brachte seine Truppen zurück nach Italien, wo er rechtzeitig ankam, um die Überreste des Heers von Spartacus endgültig zu schlagen. Dann taten sich er und Crassus zusammen, und obwohl sie einander mißtrauten, beschlossen sie, gemeinsam für das Konsulamt von 70 zu kandidieren. Pompeius war rechtlich nicht für das Amt qualifiziert, denn er zählte erst 36 Jahre und hatte noch kein Magistrat innegehabt. Doch die Regierung – mit der Klugheit eines Mannes, der seine Brieftasche einem Dieb übergibt, ohne darauf zu warten, daß man ihn darum bittet – interpretierte die Verfassung zu seinen Gunsten.

Pompeius' Ansehen hatte einen vorläufigen Höhepunkt erreicht. Er war populär, begabt und sah gut aus,

*Oben:* Pompeius Magnus (106–48 v. Chr.). »In seiner Jugend«, schreibt sein Biograph Plutarch, »zeigte Pompeius einen sehr einnehmenden Gesichtsausdruck, der für ihn sprach, noch bevor er seine Lippen öffnete. Doch sein angenehmes Äußeres war nicht ohne Würde, und selbst in der Blüte seiner Jugend erkannte man eine bewundernswerte fürstliche Haltung. Mit dem vorne leicht gelockten Haar, mit seinem glänzenden, flinken Blick erschien er Alexander dem Großen ähnlicher als alle Statuen dieses Fürsten. So kam es, daß ihm manche im Ernst den Namen Alexander gaben, und er wies dies nicht zurück«.

*Unten:* Dieses Bauwerk, das üblicherweise unter dem Namen »Altar des Domitius Ahenobarbus« bekannt ist, wurde möglicherweise von L. Gellius Publicola, Censor des Jahres 70 v. Chr., errichtet. Der Fries der einen Seite zeigt Szenen aus einer römischen Steuereinschätzung *(census)*. Auf der linken Seite wird ein Bürger eingetragen, während in der Mitte das *lustrum* (Reinigungsopfer) stattfindet, wobei eine Kuh, ein Schaf und ein Schwein geopfert werden.

**Rechts: Die Kolonisation Italiens im 1. Jahrhundert v. Chr.**
In der späten Republik stellte die Kolonisation ein Mittel dar, mit dem revolutionäre Führer die Masse ihrer Anhänger belohnen konnten. Sulla gründete für seine Veteranen Kolonien in Gebieten, die er seinen Feinden abgenommen hatte. Viele davon entstanden neben bereits bestehenden Städten, die dadurch zu Doppelgemeinden wurden. Auch Caesar, Antonius und Augustus siedelten ihre Gefolgschaft in Kolonien an.

*Unten:* M. Tullius Cicero (106–43 v. Chr.) entstammte einer wohlhabenden Familie aus Arpinum. Er verdankte es zum großen Teil seinen außergewöhnlichen Fähigkeiten als Redner, daß er im Jahre 63 Konsul wurde und zu den führenden Köpfen des Senats zählte. Seine Reden, mehr noch seine rhetorischen und philosophischen Abhandlungen machten ihn zur dominierenden intellektuellen Gestalt seiner Zeit. Ciceros umfangreiche Korrespondenz, die uns erhalten geblieben ist, gibt uns unschätzbare Einblicke in das politische Leben und in die damaligen oberen Gesellschaftsschichten. Cicero wurde im Jahre 43 v. Chr. brutal ermordet.

und man verglich ihn schon mit Alexander dem Großen. Er verfügte über eine treue Gefolgschaft nicht nur bei den Soldaten und beim Volk, sondern auch in den Provinzen, wo er sich der einheimischen Bevölkerung gegenüber mit Mäßigung und Achtung verhalten hatte. Er machte deutlich, daß er Sullas System reformieren wolle, und daß Crassus sein Amtskollege sein sollte. Danach war die Wahl der beiden nur noch eine Formalität.

Als Konsuln stellten Pompeius und Crassus die Macht des Tribunats wieder her und unterstützten ein Gesetz (70), das dem Monopol des Senats auf die Geschworenengerichte ein Ende setzte. Die Gerichte sollten sich zu gleichen Teilen aus Senatoren, Rittern und Bürgerlichen zusammensetzen. Dies war die Antwort auf die offensichtlich weiterbestehende Weigerung des Senats, den Amtsmißbrauch der eigenen Mitglieder zu untersuchen. Noch vor diesem Gesetz war der Prozeß gegen Verres wegen seiner sizilischen Mißwirtschaft trotz der Obstruktion durch die Optimaten durchgesetzt worden. In diesem schändlichen Fall führte Cicero die Anklage, und seine Rede gegen Verres ist noch heute eines der überzeugendsten Plädoyers gegen offizielle Mißwirtschaft, die es je gegeben hat.

Nach dem Sieg über Spartacus wurde das Piratenproblem akut; in den frühen Sechzigern waren die Piraten dazu übergegangen, italienische Küsten zu überfallen, Landgüter zu plündern und Reisende auf der *Via Appia* zu entführen. Als die Getreideversorgung der Stadt darunter zu leiden begann, verlangte die öffentliche Meinung nach Taten; so wurde Pompeius 67 auf Antrag des Tribunen A. Gabinius gegen den Widerstand des Senats mit weitreichenden Machtbefugnissen und enormen Mitteln an Soldaten und Geld versehen und hatte innerhalb von drei Monaten die Meere vollständig von den Seeräubern befreit, eine wirklich erstaunliche Tat im Hinblick auf Organisation und Taktik.

Im Jahr darauf schlug der Tribun C. Manilius vor, daß das *imperium* von Pompeius erweitert werden sollte, damit er den Krieg gegen Mithridates beendigen könne. Lucullus war bei seinen Truppen in Ungnade gefallen, da er sie daran gehindert hatte, die Städte der östlichen Provinzen zu plündern, zudem ging er gegen die ausbeuterischen Praktiken der Steuerpächter vor, und sie waren entschlossen, ihn abzuschieben. Der Vorschlag des Manilius, den Cicero (jetzt Praetor) unterstützte, fand ein überwältigendes, positives Echo, und der mißliebige Lucullus mußte seinen Platz für Pompeius räumen.

Pompeius blieb weitere vier Jahre im Osten. Während dieser Zeit machte er kurzen Prozeß mit Mithridates, eroberte ganz Anatolien und Syrien und rückte südlich bis nach Jerusalem vor, das er 63 erstürmte. Er annektierte Syrien, vergrößerte Cilicia, verband Pontus mit Bithynien und umgab die neuen Provinzen mit einem Ring von Klientelkönigreichen, die Steuern an Rom zahlten und auch einen Schutz gegen die Parther bilden sollten. Pompeius brüstete sich, mit diesem einzigen Feldzug das Einkommen des römischen Staates aus den Provinzen um 70 Prozent gehoben zu haben. Er brachte reiche Beute zurück und war in der Lage, seine Soldaten mit einer Schenkung von 1500 Denar belohnen zu können, was einem Sold für 12½ Jahre entsprach. Bei all dem handelte er hauptsächlich auf eigene Initiative, ohne den Senat zu konsultieren, und verhielt sich ganz allgemein wie ein absolutistischer Herrscher – der er in der Tat wirklich war.

Die politische Atmosphäre in Rom wurde in diesen Jahren von Gedanken über den abwesenden Pompeius beherrscht, von den Ängsten, was er wohl bei seiner Rückkehr tun würde. Die Spannung steigerte sich durch eine Währungskrise (ihre Ursachen sind unklar, da wir nur wissen, daß die Geldmenge seit den Siebzigern abgenommen hat); daraus ergaben sich Kreditknappheit, weit verbreitete Verschuldung und Unzufriedenheit und Not bei den Armen. Soziale Unruhe und wirtschaftlicher Mangel nährten umfassende politische Intrigen, bei denen die Gegner von Pompeius versuchten, während seiner Abwesenheit ihre eigene Position zu stärken. Zu den wichtigsten Rivalen gehörten Crassus, und der junge Caesar.

Im Jahr 63 unterstützten Crassus und Caesar den Gesetzesvorschlag des Volkstribunen Rullus, der eine großzügige Landverteilung an die städtische Plebs und die Veteranen von Pompeius vorsah. Diesem Vorhaben widersetzte sich Cicero erfolgreich mit der eher schon perversen Begründung, daß es eine Bedrohung für die Interessen des Pompeius bedeute, zu deren selbsternanntem Hüter er sich gemacht hatte. Was Crassus und Caesar unternahmen, weckte in konservativen Kreisen tiefen Argwohn, und es gab viel Gemunkel über Verschwörungen und Bedrohungen der öffentlichen Ordnung. Das Hauptziel dieser Ängste war jedoch ein schlecht beleumdeter Patrizier mit Namen L. Sergius Catilina, der sich für das Konsulat des Jahres 63 hatte aufstellen lassen und eine Bodenreform und die Aufhebung von Schulden in Aussicht stellte. Diese Bedrohung vereinte die besitzenden Klassen hinter dem Gegenkandidaten Cicero, der haushoch gewann, obwohl er ein »neuer Mann« war. Als Catilina auch bei den Wahlen des Jahres 62 durchfiel, versuchte er es mit einem Staatsstreich, den Cicero jedoch verhinderte, indem er die Rädelsführer kurzerhand verhaften ließ. Catilina selbst floh nach Etrurien, wo ein allgemeiner Aufstand ausgebrochen war; dieser wurde ohne Schwierigkeiten niedergeschlagen und Catilina dabei getötet. Seine Verbündeten in Rom fanden auf Ciceros Befehl den Tod. Dieses Vorgehen führte später zu einer ernsten Kontroverse, denn die Verschwörer hätten als Vollbürger nicht ohne einen Prozeß hingerichtet werden dürfen. Pompeius war entsetzt, als er die Nachricht bekam und schrieb Cicero einen eisigen Antwortbrief auf dessen Bericht über seine Verfahrensweise.

Die Verschwörung Catilinas offenbart das Ausmaß von Verschuldung und Armut. Zu den unzufriedenen Gruppen gehörten die Opfer von Sullas Enteignungen, die Familien der Söldner, Sullas eigene Veteranen, die sich verschuldet hatten, und die städtische Plebs, auf der hohe Mieten und erschreckende Lebensbedingungen lasteten. Das flache Land war in Italien während der zwanzig Jahre vor dem Sieg über Spartacus weitenteils verwüstet worden. Die umfangreichen Wehrverpflichtungen in den Siebzigern und Sechzigern hatten den fortschreitenden Prozeß der Landflucht beschleunigt, und die Agrargesetzgebung konnte das kaum bremsen. Die Gewalt nahm zu, da verzweifelte Menschen ihr Heil in der Kriminalität suchten. Gauner und Terroristen machten Rom unsicher, und es gab keine Polizei, um die Ordnung aufrechtzuerhalten. Die Verschuldung war auch in der Oberklasse zu einem Problem geworden, da immer größere Summen Geldes in den Wettbewerb um hohe Ämter gesteckt wurden, die den wenigen Erfolgreichen reichen Profit einbrachten, die vielen, die scheiterten, jedoch ruinierte. Die »Karrieren« von Catilina und seiner Gefolgschaft aus frustrierten Adligen geben ein beredtes Beispiel für diesen ungesunden Stand der Dinge.

Ende 62 landete Pompeius in Brundisium. Dort entließ er zur allgemeinen Erleichterung sein Heer und kehrte zu seinem Triumphzug nach Rom zurück, wo er vermutlich hoffte, das bequeme und würdevolle Leben eines hochgeachteten Politikers führen zu können. Er hatte erwartet, daß der Senat seine Regelung im Osten bestätigen

*Rechts:* Die Rekonstruktion der großen Villa bei Settefinestre im Gebiet von Cosa (1. Jahrhundert v. Chr.). Seit dem Jahre 1976 führen englische und italienische Archäologen dort gemeinsam Ausgrabungen durch. Vorläufige Ergebnisse deuten darauf hin, daß die Villa das Zentrum einer großen landwirtschaftlichen Produktionsstätte (besonders für Weinbau) war, die von Sklaven bewirtschaftet wurde.

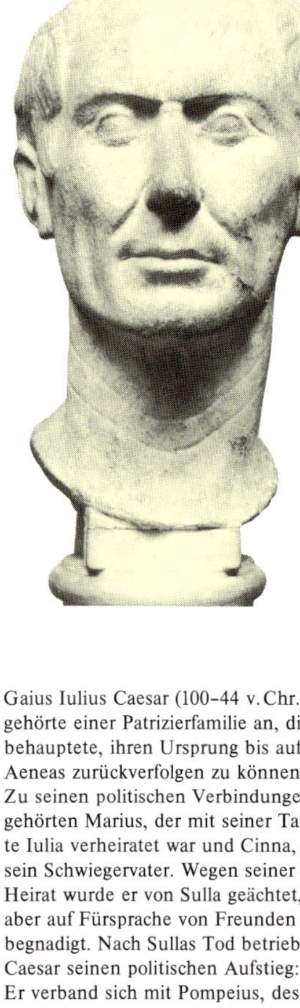

Gaius Iulius Caesar (100–44 v. Chr.) gehörte einer Patrizierfamilie an, die behauptete, ihren Ursprung bis auf Aeneas zurückverfolgen zu können. Zu seinen politischen Verbindungen gehörten Marius, der mit seiner Tante Iulia verheiratet war und Cinna, sein Schwiegervater. Wegen seiner Heirat wurde er von Sulla geächtet, aber auf Fürsprache von Freunden begnadigt. Nach Sullas Tod betrieb Caesar seinen politischen Aufstieg: Er verband sich mit Pompeius, dessen Belange er unterstützte, und mit Crassus, dem er viel Dank und vor allem sehr viel Geld schuldete. Im Jahre 60 schlossen die drei ein Abkommen. Caesar sollte Konsul werden und sein Amt dann dazu verwenden, die jeweiligen Interessen der Verbündeten zu fördern. Den Hauptnutzen aus dem »Ersten Triumvirat« zog Caesar. Er richtete es so ein, daß er ein Sonderkommando in Gallien erhielt; seine dortigen militärischen Erfolge gaben ihm schließlich die Mittel an die Hand, zur absoluten Macht zu gelangen. Caesar war außergewöhnlich vielseitig begabt, als Redner, Schriftsteller, Soldat, Politiker und Verwaltungsfachmann. In der Verfolgung seiner eigenen Interessen war er völlig skrupellos, und da er für das republikanische Regierungssystem nur Geringschätzung empfand, versuchte er es bewußt zu zerstören.

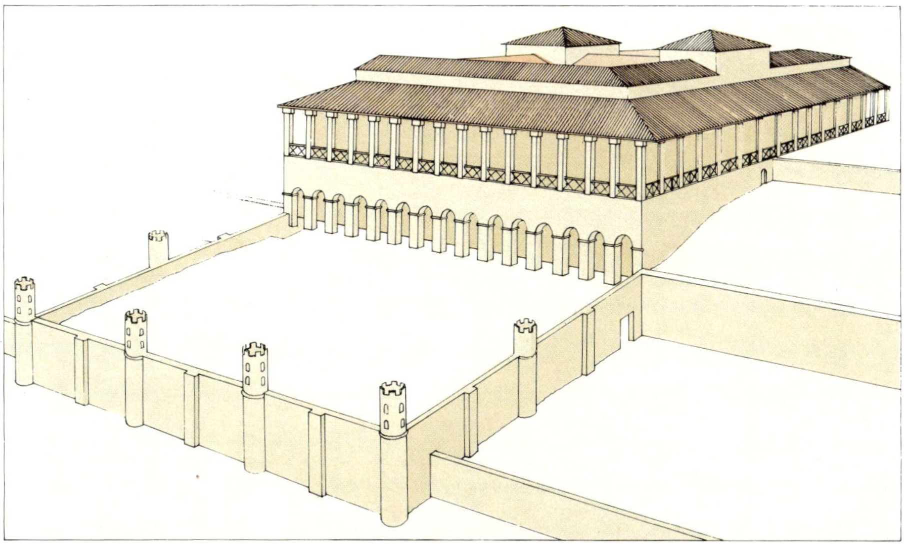

Das Fresko aus Pompeii zeigt eine *villa marittima* (Villa am Meer), eine luxuriöse Behausung. Solche Villen waren in den letzten Jahren der Republik häufig anzutreffen, weil die wohlhabenden Römer ihren Urlaub gern weit weg von der Stadt verbrachten. Die meisten dieser Villen wurden an der Bucht von Neapel gebaut.

und Land für seine Veteranen zur Verfügung stellen würde. Doch seine Forderungen stießen auf Widerstand bei den Optimaten unter Führung des Lucullus. Lucullus hatte die Unterstützung von M. Porcius Cato, einem protzig auftretenden Reaktionär, dessen hervorstechendste Eigenschaft seine Abstammung von Cato, dem Censor, war, dem er nachzueifern suchte. Diese Männer und ihre Freunde brachten es fertig, Pompeius mit seinen Wünschen eine ganze Weile hinzuhalten, und führten so unbewußt ihren eigenen Niedergang und den Ruin der Republik herbei.

### Das Ende der Republik

Die Taktik der Optimaten trieb den enttäuschten Pompeius mit der Zeit in ein Bündnis mit Crassus und Caesar. Dieser als Erstes Triumvirat bekannte Pakt war eine informelle Abmachung in der traditionellen Weise, doch die Verbindung der ungeheuren Popularität von Pompeius, des Reichtums und der Beziehungen von Crassus und des politischen Scharfsinns von Caesar erwies sich als unwiderstehlich. Caesar erlangte 59 das Konsulat, und als er im Amt war, brachte er ein Gesetzespaket ein, das die Wünsche aller drei Partner erfüllte. Pompeius' Anordnungen im Osten wurden bestätigt und seine Veteranen zusammen mit einer großen Anzahl verarmter Familien auf dem Land angesiedelt, mit Hilfe von Gesetzen, die der durchgefallenen Maßnahme von 63 glichen.

Ein anderes Gesetz verfügte einen Pachtnachlaß für die Steuerpächter Asiens, eine Regelung, die vor allem Crassus begünstigte, der wahrscheinlich finanziell beteiligt war. Schließlich gewährte Caesar sich selbst für fünf Jahre einen Sonderbefehl in Gallien und Illyrien. Bei allen seinen Maßnahmen arbeitete Caesar Hand in Hand mit der Volksversammlung gegen die Senatsmajorität. Im Verlauf des Jahres wurde das Triumvirat durch die Heirat des Pompeius mit Caesars Tochter Iulia gefestigt; außerdem sorgten die Triumvirn dafür, daß im Folgejahr ihnen genehme Konsuln gewählt wurden.

Im Jahr 58 ging Caesar in seine Provinz ab, wo er mit der Eroberung des kontinentalen Gallien begann. In Rom beherrschten die Aktivitäten des Tribuns P. Clodius (ein Mitglied der stolzen claudischen *gens,* der sich von einer plebejischen Familie adoptieren ließ, um als Tribun kandidieren zu können) das politische Leben. Clodius baute auf seine große Gefolgschaft unter der städtischen Plebs, in deren Interesse er mehrere Gesetze, als erstes ein radikales Getreidegesetz, erließ. Die von G. Gracchus eingeführte und dann von Sulla wieder aufgehobene subventionierte Getreideverteilung war in begrenzter Form 73 wieder eingeführt und von Cato 62 ausgedehnt worden. Clodius führte die unentgeltliche Versorgung des Volkes mit Getreide ein und er legalisierte die Bildung von *collegia* (Zünfte oder Genossenschaften), so daß er das städtische Proletariat für politische Zwecke einsetzen konnte. Andere Gesetze bewirkten die Exilierung Ciceros (wegen des Mordes an den Catilinariern) und die Ausschaltung Catos, der nach Cypern abgeschoben wurde. Zuerst arbeitete Clodius als Verbündeter der Triumvirn, doch war er keineswegs ihr Agent; gegen Ende des Jahres griff er Pompeius bei den verschiedensten Gelegenheiten an. Im Jahr 57 versicherte sich Pompeius der Hilfe eines anderen Tribuns, T. Annius Milo, der eine rivalisierende Schlägerbande aufstellte und gegen den Mob des Clodius offen vorging. So wurde Clodius in Schach gehalten, und Pompeius konnte es erreichen, daß Cicero zurückgerufen wurde. Im gleichen Jahr (57) bekam Pompeius für fünf Jahre den Sonderauftrag, die Getreideversorgung der Stadt zu regeln, eine Aufgabe, die er mit der ihm eigenen Effizienz erfüllte, obwohl es weiterhin ab und zu Versorgungsengpässe gab.

Im Jahr 56 brachte Caesar bei einem Treffen in Luca im cisalpinischen Gallien eine Erneuerung des Bündnisses zustande. Pompeius und Crassus teilten sich 55 in das Konsulat und erhielten auf fünf Jahre Spanien und Syrien als Provinzen. Während Crassus einen Feldzug gegen die Parther vorbereitete, ließ Pompeius seine spanischen Provinzen durch Legaten (Abgesandte, die von ihm direkt beauftragt wurden) indirekt regieren, so daß er selbst in Rom bleiben und weiterhin die Getreideversorgung überwachen konnte und so auch die Kontrolle über die Stadt behielt. Der Oberbefehl Caesars in Gallien wurde für weitere fünf Jahre verlängert.

Das erneuerte Bündnis zeigte allmählich die ersten Risse. Im Jahr 54 starb Pompeius' Gemahlin Iulia, und die persönliche Bindung mit Caesar war beeinträchtigt. Ein Jahr später gab es das Triumvirat nicht mehr, denn Crassus unterlag und starb bei der Schlacht von Carrhae (Harran), und so endete sein übereilter Versuch, in das Reich der Parther einzudringen. Das Verhältnis zwischen Pompeius und Caesar wurde daraufhin noch gespannter. Währenddessen herrschten in Rom Gewalt und Anarchie, die regulären Regierungsgeschäfte kamen fast zum

Stillstand und fast zwei Jahre lang fanden keine Wahlen statt. Zu Beginn des Jahres 52 trafen Clodius und Milo auf der *Via Appia* zusammen, und Clodius wurde bei der darauffolgenden Schlägerei getötet. Durch dieses Ereignis kam es zu Zwischenfällen, bei denen das Senatsgebäude abbrannte. Schließlich ernannte der Senat Pompeius zum alleinigen Konsul, und allmählich wurde die Ordnung wiederhergestellt.

Zu diesem Zeitpunkt hatte Caesar Gallien fast vollständig erobert, und seine zweite fünfjährige Amtszeit näherte sich ihrem Ende. Aus Angst vor Caesar verbündete sich Pompeius mit den Optimaten, und sie versuchten, Caesars Absicht zu durchkreuzen, direkt nach seinem gegenwärtigen Oberbefehl ein zweites Konsulat und (vermutlich) einen weiteren, langfristigen Auftrag zu erhalten. Der Senat wollte Caesar vom gallischen Kommando ablösen, doch der bestochene Tribun C. Scribonius Curio legte sein Veto ein; alle weiteren Verhandlungen endeten ergebnislos. Am 7. Januar 49 v. Chr. verabschiedete der Senat schließlich das *senatus consultum ultimum,* in dem Caesar zum Staatsfeind erklärt und Pompeius aufgefordert wurde, die Republik gegen Caesar zu verteidigen. Die mit Caesar sympathisierenden Tribunen (unter ihnen Marcus Antonius) flohen aus der Stadt. So blieb Caesar nur der Weg des Staatsstreichs, und drei Tage später überquerte er den Rubicon mit seinem Heer und fiel in Italien ein.

Mit Beginn der Bürgerkriege war die Republik, definiert als Herrschaft der Magistrate, des Senats und des Volks von Rom, bereits tot. Seit 60 v. Chr. war die Regelung der öffentlichen Angelegenheiten von der Oligarchie auf die Dynasten übergegangen, die von ihren Privatarmeen und einer breiten Klientel unterstützt wurden und durch Sonderkommandos die Beschränkungen des Annualitätensystems umgehen konnten. Die von Sulla wiederhergestellte Oligarchie hatte sich als unverantwortlich, korrupt, selbstsüchtig und gleichgültig erwiesen und konnte nicht mehr der Achtung oder Loyalität einer nennenswerten sozialen Gruppierung sicher sein. Die besitzenden Klassen Italiens hatten kein Vertrauen mehr in eine Regierung, die ihre führenden Männer von hohen Ämtern ausschloß und nicht in der Lage war, Ordnung und Stabilität zu garantieren; die Armen gaben ihre Scheinfreiheiten und unwirksamen politischen Rechte gern an Führerpersönlichkeiten hin, die ihre Unterstützung brauchten und daher für ihre materiellen Bedürfnisse sorgten. Die Stellung von Pompeius Mitte der Fünfziger mit seiner Kontrolle der Getreideversorgung, seinem Einzelkonsulat 52 und seinem *imperium* in Spanien (das 52 für weitere fünf Jahre verlängert wurde) gab schon einen Vorgeschmack auf die kommende Kaiserzeit.

Porträt eines namentlich nicht bekannten Galliers auf einer Münze des Jahres 48 v. Chr., die der Siege Caesars gedenkt.

## Der Triumph Caesars

Die Eroberung Galliens war eine beachtliche militärische Leistung. Die Einzelheiten werden in den sieben Büchern *De bello gallico,* von Caesar wahrscheinlich 51 oder 50 veröffentlicht, geschildert (ein achtes Buch über die Ereignisse von 51–50 wurde später von A. Hirtius herausgegeben). Das Werk sollte ganz sicher die Taten seines Autors rechtfertigen und sein Prestige in Rom mehren, aber es ist trotzdem ein meisterlicher Bericht über den Fortgang der Ereignisse. Der Feldzug selbst begann 58, als Caesar die Helvetier angriff, die seiner Ansicht nach eine Bedrohung für die römische Provinz darstellten. In den ersten drei Jahren eroberte er den größten Teil Galliens entgegen dem Uhrzeigersinn und unterwarf die

**Der Aufstieg Iulius Caesars**
Die Ereignisse des Gallischen Kriegs und der Bürgerkriege (58–45 v. Chr.).

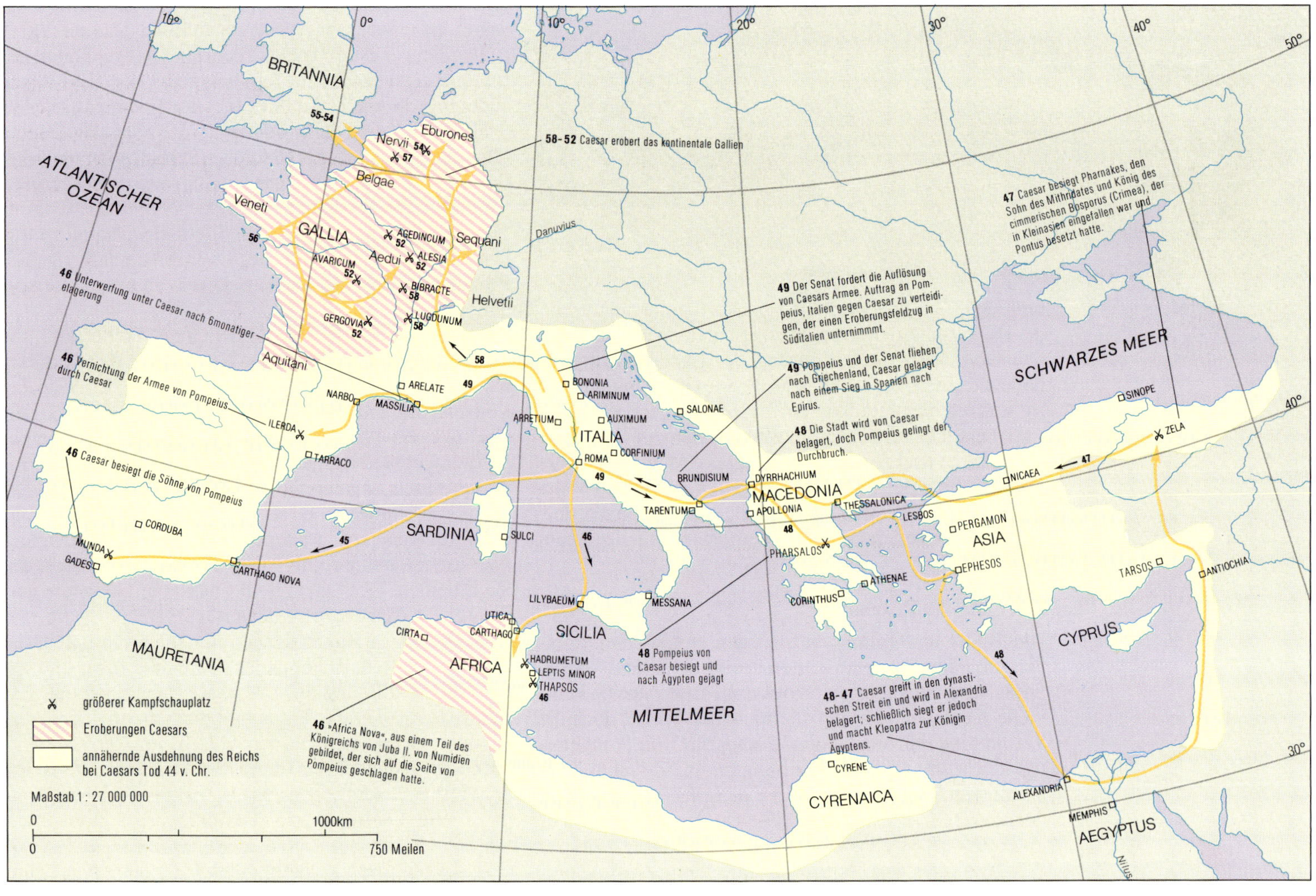

Die von den »Befreiern« 43/42 v. Chr. herausgegebene Münze zeigt zwei Dolche und einen *pileus* (eine kegelförmige Filzmütze), das Symbol der *libertas*. Die Aufschrift EID.MART (»Die Iden des März«) verweist auf Caesars Todestag.

Die Münze aus dem Jahre 39 v. Chr. trägt auf der Vorderseite das Porträt von Marc Anton, während auf der Rückseite Octavia, die Schwester Octavians, zu sehen ist, die Antonius im Jahre 40 v. Chr. nach der Versöhnung von Brundisium geheiratet hat. Die Scheidung der Ehe vier Jahre später führte zu einem erneuten Bruch zwischen Antonius und Octavian und beschleunigte das Aufflakkern des Bürgerkriegs.

Stämme in der Franche Comté und im Elsaß (58), in Belgien und der Normandie (57), und in der Bretagne und entlang der atlantischen Küste (56). In den Jahren 55 und 54 wagte er sich über den Rhein und machte auch zwei Einfälle in Südengland. Bei seiner Rückkehr hatte er es mit einem Aufruhr unter den Belgiern zu tun: nach einem wilden Kampf wurde er im Jahr 53 unterdrückt. 52 brach in Mittelgallien unter Vercingetorix eine Revolte aus. Vercingetorix wurde in Bribacte (in der Nähe von Autun) zum Oberbefehlshaber ausgerufen, doch Ende des Jahres konnte ihn Caesar in der Festung Alesia in Burgund einschließen und nach einer einen Monat lang währenden Belagerung gefangennehmen. Im Jahr 51 waren dann die letzten Widerstandsnester ausgehoben, und Caesar konnte sich wieder der römischen Innenpolitik zuwenden. Die Gallier wurden erst einmal sich selbst überlassen – als Klientelstaaten, die einen jährlichen Tribut von bis zu einer Million Denar entrichten mußten.

Als Caesar zu Beginn des Jahres 49 in Italien einfiel, wollte sich ihm Pompeius nicht stellen, sondern inszenierte einen listigen Rückzug über die Adria und begann, seine Streitkräfte auf dem Balkan zu organisieren. So fiel Italien kampflos Caesar zu. Er marschierte nach Rom und bemächtigte sich der Staatskasse. Dann eilte er nach Spanien, wo er die Legaten des Pompeius zur Kapitulation zwang. Ende 49, inzwischen zum römischen Dikator ernannt, begab er sich nach Osten, und es kam zum entscheidenden Gefecht mit Pompeius im Sommer 48 bei Pharsalos in Nordgriechenland. Pompeius floh nach Ägypten, wo man ihn hinterrücks ermordete. Caesar, der ihm gefolgt war, mischte sich in die dortigen Thronstreitigkeiten ein und stellte sich auf die Seite von Kleopatra, die seine Geliebte wurde. Trotz heftigen Widerstandes gelang es ihm mit der Zeit, Kleopatra und ihrem Bruder Ptolemaios XIV. die Herrschaft zu sichern. Auf der Rückkehr nach Rom über Kleinasien, wo er einen von Pharnakes, einem Sohn des Mithridates, angezettelten Aufstand niederschlug, begnadigte Caesar alle Gefolgsleute von Pompeius (wie etwa Cicero) und regelte die Angelegenheiten der Stadt. Dann (Ende 47) ging er nach Africa, wo die Pompeianer nach dem Sieg über Caesars Stellvertreter im Jahr 49 eine Militärbasis errichtet hatten. Caesar schlug die Republikaner bei Thapsus und nahm die Provinz Africa im Sturm. Die überlebenden Pompeianer, unter ihnen die zwei Söhne des Pompeius, flohen nach Spanien, doch Cato beging in einer dramatischen Szene in Utica Selbstmord, um Caesar nicht die Gelegenheit zu geben, ihn zu begnadigen. Bei seiner Rückkehr nach Rom feierte Caesar einen prachtvollen Triumphzug, doch noch vor Ende des Jahres wurde er in Spanien gebraucht, wo die Söhne des Pompeius ein Heer zusammengestellt hatten. Die Republikaner erlitten schließlich auf dem Schlachtfeld bei Munda 45 ihre endgültige Niederlage; der junge Gnaeus Pompeius wurde getötet, aber sein Bruder Sextus überlebte für einen neuen Kampf. Anfang Oktober war Caesar wieder in Rom. Weniger als sechs Monate später brachte man ihn um.

Während seiner kurzen Aufenthalte in Rom ließ Caesar ein breites Programm politischer, gesellschaftlicher und verwaltungspolitischer Reformen anlaufen, das hier nur knapp zusammengefaßt werden kann. Dringlich war zunächst das Problem der Armut und Verschuldung. Schon im Jahr 49 reduzierte Caesar die Schulden bis zu 25 Prozent, und im Jahr 48 wurde ein Erlaß des Pachtzinses gewährt, der sich wahrscheinlich im Jahr 47 wiederholte. Eine große Anzahl armer Bürger und entlassener Veteranen sollten auf Pachtgrund und in Kolonien in Italien und vor allem in den Provinzen angesiedelt werden. So konnte die Zahl der Getreideempfänger in Rom beträchtlich reduziert werden. Caesars Soldaten erhielten 5000 Denar, und der reguläre Jahressold für Legionäre wurde von 120 auf 225 Denar erhöht. Andere Maßnahmen betrafen die Getreideverteilung, den städtischen Verkehr, verboten die Kollegien (für die jüdischen Synagogen wurde eine Ausnahme gemacht) und reformierten die Wucher- und Bestechungsgesetze. Die Steuerpachten wurden aufgehoben und die Provinzen Legaten unterstellt, die Caesar selbst bestimmte. Im Jahr 49 gewährte er allen Bewohnern von *Gallia cisalpina* das römische Bürgerrecht (sie waren nach dem Bürgerkrieg ausgeschlossen worden); er gestand auch Provinzkommunen wie zum Beispiel Gades in Spanien Bürgerrechte zu und gewährte Städten in Südgallien und Sizilien latinische Rechte.

Er belohnte viele aus seiner Gefolgschaft, indem er sie zum Senat zuließ, dessen Mitglieder sich schnell auf 900 erhöhten. Er unternahm eine Reihe großartiger Bauprojekte, darunter als das eindrucksvollste ein neues Forum, das um den Tempel der Venus Genetrix erbaut wurde, der Ahnherrin der Iulier (die Arbeit begann 54 und war 46 beendet). Zu seinen herausragenden Projekten gehörten auch die Entwässerung der Pontinischen Sümpfe und die Schaffung einer einheitlichen Gemeindeordnung. Die westliche Zivilisation verdankt Iulius Caesar auch den 365-1/4-Tage-Kalender, der am 1. Januar 45 v. Chr. eingeführt wurde, und dessen siebter Monat ihm zu Ehren den Namen *Iulius* trug.

Caesar, der seinen besiegten Gegnern mit relativer Milde begegnete, Proskriptionen und Massenverfolgungen gab es nicht, regierte während seiner letzten Lebensjahre als König – nur der Titel fehlte ihm dazu. Im Jahr 46 wurde er für zehn Jahre zum Diktator ernannt; 44 erhielt er das Amt auf Lebenszeit, hinzu kam 46 das ständige Konsulat. Der Senat überhäufte ihn mit nie zuvor erlebten Ehren: Er wurde »Oberster Sittenrichter« und »Vater des Vaterlandes« und genoß als *divus Iulius* göttliche Verehrung. Obwohl er den Titel *rex* vermied und das Königsdiadem ablehnte, das ihm Antonius 44 bei den Luperkalien anbot, schmückte er sich mit königlichen Insignien (wie die Purpurtoga); seine Statue wurde bei den alten Königen auf dem Capitol aufgestellt, und er ließ Münzen mit seinem Porträt prägen. Er begann außerdem, einen eigenen Ehrenkult zu installieren.

Caesar machte kein Geheimnis aus seiner Verachtung für die Republik und ihre Verfassung. Er allein ernannte die Beamten, hielt die »Konsularwahlen« mehrere Jahre im voraus ab, berief den Senat nur ein, um ihn über seine Beschlüsse zu informieren, und brachte Tribunen, die sich ihm widersetzten, zum Schweigen. Als ein Konsul am letzten Tag des Jahres 45 v. Chr. starb, hatte Caesar schon einen neuen Mann für die restlichen Stunden des Jahres erwählt. Solche Vorkommnisse bedeuteten eine schwere Beleidigung für Männer wie Cicero, die noch etwas auf die Traditionen des Staates hielten. Die Ermordung Caesars an den Iden des März 44 durch eine Gruppe adliger Senatoren mit M. Iunius Brutus, C. Cassius Longinus, D. Brutus und C. Trebonius an der Spitze war sicherlich eine grausame und sinnlose Tat, die zu einem noch schlimmeren Bürgerkrieg führte als dem, der gerade geendet hatte, aber irgendwie war sie auch verständlich. Caesar hatte diese Entwicklung kommen sehen, und vielleicht hat er von dem bevorstehenden Attentat sogar gewußt.

### Marcus Antonius und der neue Caesar

Der Tod Caesars rief zunächst Verwirrung und Bestürzung hervor, dann folgte ein erbitterter Kampf um die Macht. An der Spitze der Caesarianer standen der Konsul Marc Anton und der Reiterführer M. Aemilius Lepidus.

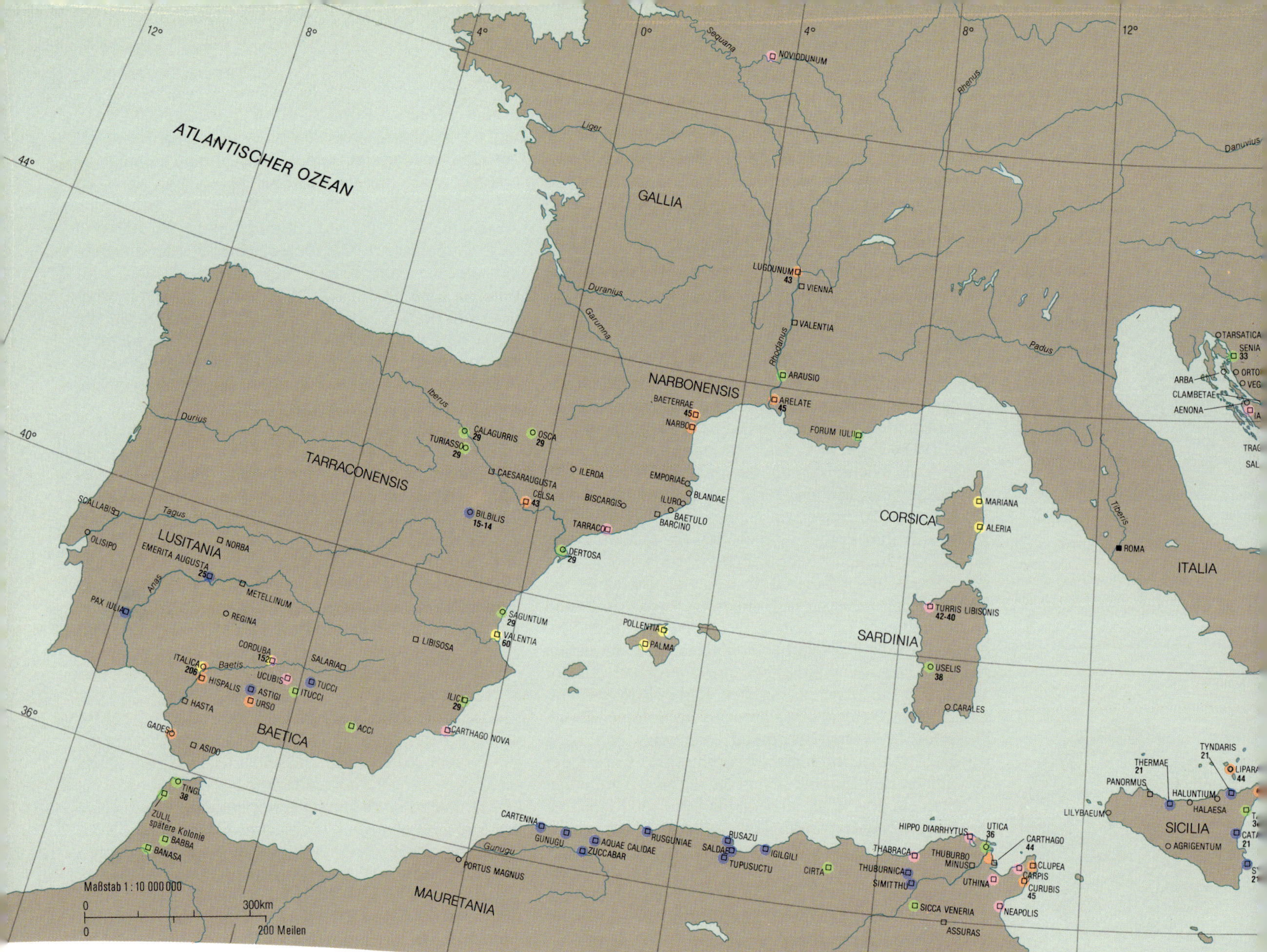


Antonius besaß die Unterstützung des Heeres in Italien, das sich gerade zum parthischen Feldzug gesammelt hatte; er gewann auch die städtischen Massen für sich, indem er ihre Emotionen wachrief und das Testament Caesars listig ausnützte. Nachdem er sich mit den Hauptverschwörern Brutus und Cassius (die unbehelligt die Stadt verlassen durften) und mit den konservativen Optimaten unter Führung Ciceros geeinigt hatte, schien Antonius die Kontrolle zu gewinnen. Aber schon wenige Monate nach Caesars Ermordung ergab sich ein neuer, unerwarteter Faktor. Es stellte sich heraus, daß Caesar C. Octavius testamentarisch zu seinem Erben ernannt und ihn als seinen Sohn adoptiert hatte.

Oactavius war der Enkel von Iulius Caesars Schwester; väterlicherseits entstammte er einer Familie dunkler Herkunft aus der Stadt Velitrae. Im Jahr 44 zählte Octavius 19 Jahre und studierte in Griechenland, als er die Nachricht vom Mord am Diktator erhielt. Er beschloß, sofort nach Italien zurückzukehren und sein Erbe anzutreten; die Warnungen seiner Eltern, sich nicht in Schwierigkeiten zu begeben, schlug er in den Wind. In Rom wurde er von Antonius sehr kühl empfangen, der über sein Erscheinen nicht gerade entzückt war; diese Haltung trieb ihn in die Arme der Optimaten, die ihn in ihren Kampf gegen Antonius einzuspannen gedachten. Cicero schrieb, der Junge solle gelobt, gepriesen und politisch gefördert werden.

Im Jahr 43 begab sich Antonius zu einem Provinzkommando nach Gallien. In Rom ließ Cicero haßerfüllte Schmähreden gegen ihn los (die sogenannten *Philippica)* und überredete den Senat, eine Streitmacht, angeführt von den Konsuln und Octavius, gegen ihn zu entsenden. In zwei Schlachten bei Mutina wurde Antonius geschlagen, doch auch die Konsuln fanden den Tod; daraufhin übernahm Octavius den Oberbefehl und verlangte für sich selbst das Konsulamt. Der Senat erklärte Antonius zum Staatsfeind, gab aber dem Verlangen von Octavius nicht statt; so marschierte er an der Spitze des Heeres auf Rom und erzwang das Konsulat mit Gewalt. Währenddessen taten sich andere führende Caesarianer, darunter Lepidus, mit Antonius zusammen. Octavius hatte seinerseits die Unterstützung der Heere in Italien und der städtischen Plebs, die sich ihm als Caesars Erben anschloß.

Gegen Ende des Jahres verständigten sich die caesarischen Führer, ihre Differenzen beizulegen und gegenüber dem Senat und den Republikanern eine gemeinsa-

**Die Auswanderung römischer Bürger in die Provinzen**
Die wichtigsten sozialen und wirtschaftlichen Probleme der ausgehenden Republik wurden schließlich durch die erzwungene Auswanderung römischer Bürger in die Provinzen gelöst. Caesar begann mit großangelegten Kolonisationen und siedelte über 80000 Bürger und ihre Familien in mehr als dreißig Kolonien an, meist Proletarier aus der Hauptstadt sowie Veteranen. Caesar gestand auch vielen bereits existierenden Ge-

meinden das römische Bürgerrecht zu, insbesondere in den westlichen Provinzen; diese erhielten dadurch den Status von *municipia.* Augustus setzte Caesars Politik in noch größerem Maße fort. Er gründete rund 75 Provinzniederlassungen. In den *Res Gestae* schreibt er: »Ich gründete Kolonien von Soldaten in Afrika, Sizilien, Makedonien, in beiden spanischen Provinzen, in Achaea, Kleinasien, Syrien, Gallia Narbonensis und Pisidia.«

me Front zu bilden. Antonius, Octavius und Lepidus wurden als Triumvirn gewählt (eine Dreierbehörde der staatlichen Organisation); von den Provinzen erhielt Antonius Gallia cisalpina und Comata, Lepidus die Narbonensis und beide Spanien, Octavian Africa, Sicilia, Sardinia und Corsica. Danach begannen sie, sich ihrer Gegner zu entledigen, indem sie auf Sullas alte Methode der Ächtung zurückgriffen. Den Quellen zufolge wurden an die 300 Senatoren (darunter Cicero) und 2000 Ritter während des folgenden Terrorregimes umgebracht.

Im Jahr 42 marschierten Octavius und Antonius gegen Brutus und Cassius, die die östlichen Provinzen beherrschten, und schlugen ihre Heere bei Philippi. Daraufhin ging Antonius in den Osten (Asien, Syrien, Ägypten) ab, während Octavian in Italien die Ansiedlung der Veteranen von Philippi durchführen sollte. Sein rigoroses Vorgehen brachte die italischen Städte gegen ihn auf, die in L. Antonius, dem Bruder des Triumvirn, einen entschiedenen Fürsprecher fanden. Die Spannungen eskalierten zu militärischen Auseinandersetzungen, als Lucius schließlich für die enttäuschten Italiker zu den Waffen griff. Nach ein paar Monaten wurde er in Perusia (Perugia) eingeschlossen, das Anfang 40 v. Chr. fiel; er selbst kam davon, doch seine Gefolgschaft wurde getötet. Als Marc Anton gegen Ende des Jahres zurückkehrte, stand die totale Konfrontation unmittelbar bevor; aber die Soldaten auf beiden Seiten verweigerten den Kampf und zwangen ihre Führer zu einem friedlichen Ausgleich. Im Vertrag von Brundisium wurde das Triumvirat erneuert und die Provinzen neu verteilt: Antonius erhielt den Osten, Octavian den Westen, und Lepidus, »ein nicht so ganz verdienstvoller Mann«, mußte mit Africa vorliebnehmen.

Im Jahr darauf führte Antonius einen Feldzug gegen die Parther an, der 36 eine Niederlage einbrachte, doch 34 gelang es ihm, Armenien zu erobern. Danach blieb er bei Kleopatra, von der er sich immer mehr hatte verzaubern lassen. In der Zwischenzeit war Octavian mit Sextus, dem aufständischen Sohn des Pompeius, fertiggeworden (36) und führte den Befehl bei einem erfolgreichen Feldzug in Illyrien. Ab 33 festigte er seine Stellung in Italien und begann mit einem Propagandafeldzug gegen Antonius, indem er aus dessen Affäre mit Kleopatra Kapital schlug und das römische Vorurteil gegen Orientalen ausschlachtete. Im Jahr 32 leisteten die Städte Italiens einen persönlichen Bündniseid auf Octavius und forderten seine Führung in einem nationalen Kreuzzug gegen Antonius und Kleopatra. Der Feldzug selbst, der kurz darauf erfolgte, endete mit dem völligen Sieg in der Seeschlacht von Actium vor der griechischen Westküste im Jahre 31 v. Chr.; Antonius und Kleopatra entflohen nach Alexandrien und begingen Selbstmord.

### Das Prinzipat von Augustus

Mit dem Triumph von Actium besaß Octavius die ungeteilte Macht im Reich. Nach einer Übergangszeit gelang es ihm, seine Herrschaft auf verfassungsgemäße Grundlagen zu stellen. Er vermied den offenen Absolutismus Caesars und fungierte als verfassungsrechtlich abgesicherter *princeps* (Erster unter Gleichen). Er stellte Frieden und Wohlstand wieder her und regierte unangefochten 45 Jahre lang. Bei seinem Tode im Jahr 14 v. Chr. hatte er die Herrschaftsnachfolge seiner eigenen Familie und die Fortdauer eines monarchischen Systems gesichert, das Jahrhunderte überdauern sollte.

Als der Frieden wiederhergestellt war, unternahm Octavius die ungeheure Aufgabe, eine von 20 Jahren Bürgerkrieg zerstörte Gesellschaft neu aufzubauen. Gleich zu Beginn machte er deutlich, daß er die traditionelle Form der Verfassung wieder einführen wollte. Die Schwierigkeit dabei war, daß er sein Amt eigenmächtig übernommen hatte und trotz der überwältigenden Unterstützung keinen gesetzlichen Auftrag besaß. Im Januar 27 v. Chr. gab Octavius in einer großen Geste seine Ausnahmegewalt an Senat und Volk von Rom zurück. Man kam dann überein, daß er für zehn Jahre ein Sonderkommando und eine *provincia* erhalten sollte, zu der Spanien, Gallien, Syrien und Cilicia gehörten, Gebiete, in denen der Hauptteil des Heeres stand und die er durch Legaten regieren lassen konnte. So wurde seine Stellung durch die Gewährung eines *imperiums* legalisiert, das an die außerordentlichen Imperien der späten Republik anknüpfte (zum Beispiel das des Pompeius im Jahr 55). Er blieb auch weiter Konsul und erhielt zahlreiche Ehren wie den Titel *Augustus*. Im Jahr 23 entdeckte man einen auf sein Leben geplanten Anschlag; er beschloß, auf das Konsulat zu verzichten, und das zweifellos deswegen, weil seine ständige Neuernennung Ärger erregte und die Konsulatsämter den anderen Adligen verschloß. Doch er regierte seine riesige Provinz als Prokonsul weiter, und außerdem wurde ihm ein übergeordnetes *Imperium* auch für die Senatsprovinzen verliehen. Im gleichen Jahr (23 v. Chr.) erlangte er das Tribunat auf Lebenszeit; 19 v. Chr. gewährte man ihm die Insignien (und vielleicht auch die Vollmachten) der Konsuln; augenscheinlich eine Geste gegenüber dem Volk, das Augustus drängte, Konsul oder Diktator auf Lebenszeit zu werden.

In solchen Angelegenheiten zeigte er starke Zurückhaltung und erweckte den Eindruck, als sei ihm an außerordentlichen Ehren gar nicht gelegen. So schreibt er zum Beispiel in den *Res gestae* (dem eigenen Lebensbericht, der nach seinem Tode veröffentlicht wurde), daß der Senat und das Volk von Rom ihn dreimal zur Sittenaufsicht ohne einen Kollegen und mit der höchsten Gewalt berufen wollten, er aber ein Amt, das nicht mit den Gebräuchen der Vorfahren vereinbar sei, nicht angenommen habe. Augustus behauptete, er hätte nicht mehr legale Macht als die anderen Magistraten besessen, sei ihnen in der *auctoritas* jedoch überlegen gewesen; in Wirklichkeit meint er damit wohl, daß ihn seine persönliche Autorität dazu befähigte, seinen Willen unabhängig von seinen rein rechtlichen Machtbefugnissen durchzusetzen. Es fanden weiter Wahlen statt, sie wurden mit der Zeit jedoch zur reinen Formalität; gegen Ende seiner Regierungszeit ernannte Augustus praktisch alle Magistraten selbst. Eine ernsthafte politische Opposition gegenüber dem Kaiser stand nicht mehr zur Debatte. Aufgrund seiner tribunizischen Gewalt hatte er das absolute Vetorecht, doch soweit wir wissen, mußte er es nie ausüben; seine *auctoritas* genügte vollauf.

Silberdenar aus der Zeit um etwa 18 v. Chr. Das Prägebild auf der Rückseite, zwei Lorbeerzweige mit der Legende »Caesar Augustus«, erinnert an die Ehren, die dem Kaiser 27 v. Chr. zuteil wurden, als der Senat beschloß, die Türpfosten seines Hauses mit Lorbeer zu schmücken.

Nach der Einrichtung des Prinzipats wurde die *res publica* wiederhergestellt. Der Begriff Republik sollte nicht die faktische Vorherrschaft des Augustus beschönigen, sondern vielmehr die Rückkehr zu normalen Verhältnissen nach dem Chaos der vorangegangenen 20 Jahre und die Wiederbelebung der Regierungsmaschinerie dokumentieren. Augustus reduzierte während seiner Regierungszeit mehrmals den Umfang des Senats um die »unwerten« Mitglieder und stellte die reguläre Geschäftsordnung wieder her. Im Gegensatz zu Caesar behandelte er den Senat und seine Traditionen mit der größten Achtung. Die Statthalter in den Provinzen und andere Beamte stammten ausschließlich aus seinen Reihen. Die sogenannten »öffentlichen« Provinzen wurden per Los Prokonsuln zugewiesen, die für ein Jahr regierten, während die kaiserlichen Provinzen Legaten unterstanden, die Augustus selbst ernannt hatte. Die Prokonsuln und Statthalter waren in der Regel ehemalige Praetoren oder (in den wichtigeren und angeseheneren Provinzen) frühere Konsuln. Senatoren wurden auch für den Oberbefehl über einzelne Legionen und eine ganze Reihe anderer Verwaltungsposten in Rom eingesetzt, wie zum Beispiel als praetoriale Kuratoren für die Straßen, als Staatsschatzpraefekten und auch als Konsularkuratoren (im öffentlichen Dienst, bei Aquaedukten, etc.). Während der Kaiserzeit degenerierten die traditionellen Ämter zu Ehrentiteln ohne eigentlichen Aufgabenbereich; ihre Funktion lag in dem Statusgewinn, den sie mit sich brachten, und der ihre Träger für wichtige militärische und administrative Stellungen im Reich qualifizierte. Der kaiserliche Senat war weniger eine beratende Versammlung als eine Versammlung von Verwaltern.

Für eine Anzahl anderer administrativer Aufgaben stellte Augustus Männer aus dem Ritterstand an, in erster Linie als seine persönliche Garde (die Prokuratoren) und dann in steigendem Maße auch als Beamte in seinen eigenen Provinzen, zum Beispiel als Steuerpächter und Statthalter in kleinen Provinzbezirken wie den Alpen. Ritter wurden auch zu einer ganzen Reihe höherer Militär- und Verwaltungsposten berufen, die Männer mit erwiesener Leistungskraft und unbestrittener Loyalität erforderten. Solche Stellungen waren die des Praefekten der Praetorianergarde (das Elitecorps, die in Italien stationierte Leibgarde des Kaisers), des Praefekten für die Getreideverteilung *(annona)* und des Praefekten von Ägypten (der

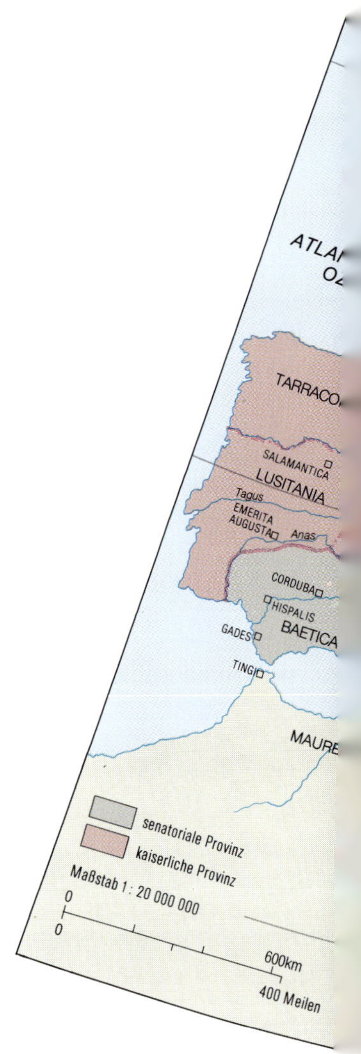

**Die Regierung des Römischen Reiches zur Zeit des Augustus**
Über die Einteilung des Imperiums schreibt der Geograph Strabo (ungefähr 63 v. Chr. bis etwa 21 v. Chr) wie folgt: »Augustus teilte sein gesamtes Reich in zwei Teile, den einen für sich selbst und den anderen für das römische Volk ... und er teilte jeden dieser zwei Teile in mehrere Provinzen; die einen davon heißen kaiserliche Provinzen und die anderen öffentliche Provinzen. In seine Provinzen entsendet der Kaiser Legaten und Prokuratoren ... während Praetoren und Konsuln das Volk in den öffentlichen Provinzen vertreten.« Die Statthalter der letzteren, die unter dem Namen »Prokonsuln« bekannt sind, waren ältere Senatoren, die für die Dauer eines Jahres per Los ausgewählt wurden. Die Legaten der kaiserlichen Provinzen stammten gleichfalls aus dem Senatorenstand; doch erfolgte ihre Ernennung direkt durch den Kaiser und sie dienten solange, bis er sie zurückberief. Die auffälligste Ausnahme von diesem System bildete die öffentliche Provinz Ägypten; sie wurde von einem Praefekten verwaltet, den der Kaiser selbst bestimmte.

reichsten Provinz des Reiches und darin eine Ausnahme, daß sie nicht von einem Senator regiert wurde).

Die Klasse, der die erneuerte Republik am meisten zusagte und die auch den meisten Nutzen daraus zog, war das römische Besitzbürgertum, das unter der republikanischen Oligarchie vom öffentlichen Leben ausgeschlossen war, also jene Leute, die man gewöhnlich als *equites* bezeichnet. Die Mehrheit dieser wohlhabenden römischen Bürger stammte nicht aus Rom, sondern aus den Gemeinden und Städten Italiens. Augustus selbst gehörte einer solchen Familie an und fand beim italischen Kleinadel die meiste Unterstützung, eine These, die durch die Herkunft seiner führenden Gefolgsleute untermauert wird: sein Schulfreund M. Vipsanius Agrippa, ein Italiener unbestimmter Herkunft; C. Maecenas, ein Etrusker aus Arretium; T. Statilius Taurus aus Lukanien in Süditalien. Neue Familien italischer Herkunft taten sich unter Augustus im Senat hervor und bekleideten die für den Ritterstand vorgesehenen öffentlichen Ämter. M. Salvius Otho, der Sohn eines Ritters, gehörte einer alten etruskischen Familie an und gelangte unter Augustus in den Senat; sein Sohn wurde 69 Kaiser. Ähnlich stammte Vitellius, ein weiterer Kaiser des Jahres 69, von P. Vitellius aus Nuceria in Kampanien ab, der Ritterprokurator unter Augustus gewesen war.

Die Interessen und Ansprüche der italischen Mittelklasse wurden durch ein nationales Programm der moralischen und geistigen Erneuerung erfüllt. Augustus gab sich als Fürsprecher der römischen Tradition und versuchte, die alte Staatsreligion, die moralischen Normen des Familienlebens und die gesetzlichen Formen republikanischer Regierungsweise mit neuem Leben zu erfüllen, die in den Wirren der letzten Jahrzehnte stark gelitten hatten. Er ließ alte religiöse Feste und Kultpraktiken, die in Vergessenheit geraten waren, wieder aufleben, füllte Freistellen bei der archaischen Priesterschaft auf und ließ die Tempel und heiligen Gebäude in der Stadt Rom erneuern. In den Jahren 18 und 17 v. Chr. gab er Gesetze gegen sexuelle Freizügigkeit heraus; die Scheidung wurde verboten und der Ehebruch zu einem zivilrechtlich verfolgbaren Verbrechen. Er belegte unverheiratete Personen mit finanziellen und beruflichen Einbußen und belohnte Paare, die Kinder in die Welt setzten. Diese Maßnahmen wurden durch ein Konsulatsgesetz des Jahres 9 v. Chr. geändert; natürlich wurde darüber geklatscht, daß die Konsuln, die dieses Gesetz durchbrachten, Junggesellen waren. Eine weitere Quelle der Heiterkeit bildete die Tatsache, daß Iulia, die einzige Tochter des Kaisers, für

ihr skandalöses sexuelles Verhalten so bekannt war, daß man sie 2 v. Chr. auf eine Insel verbannte. Es ist unwahrscheinlich, daß die Ehegesetze die Geburtenrate steigern sollten; diese Gesetzgebung muß vielmehr als ein Versuch gesehen werden, den Lebenswandel der höheren Klassen zu steuern, deren Dekadenz und Vergnügungssucht für die späte Republik charakteristisch waren. Die alte Vorstellung, daß es die Pflicht aller römischen Bürger sei, zu heiraten und Kinder zu bekommen, wurde so zur öffentlichen Politik. Augustus führte außerdem Gesetze gegen den Luxus ein und beschränkte die exzessiven und wahllosen Freilassungen von Sklaven.

Schriftsteller und Künstler förderten die Ideale der Regierung und wurden von des Kaisers Freund Maecenas aktiv ermuntert. Zu diesem Dichterkreis gehörten Propertius, der in der Hauptsache Liebesgedichte schrieb, aber auch Preislieder auf Augustus, und Horaz, dessen Gedichte voll von freundlichen Verweisen auf den Kaiser und seine Politik sind. Im Jahr 17 v. Chr. verfaßte Horaz die *Carmen saeculare* (»Lied der Jahrhundertfeier«) für das große Fest, mit dem der Beginn eines neuen Zeitalters *(saeculum)* gefeiert wurde. Die Hymne beschreibt die Leistungen von Augustus und begrüßt die Rückbesinnung auf die alten Tugenden. Der größte unter den Dichtern des augusteischen Zeitalters war Vergil, zu dessen Werk Eklogen gehören, ein didaktisches Gedicht über die Landwirtschaft *(Georgica)* und die *Aeneis,* ein Epos über die Sage von Aeneas, dem Vorfahren der iulianischen *gens* und legendären Helden der römischen Überlieferung; das Gedicht schildert die Größe Roms und hebt die Leistungen von Augustus hervor. Diesen Männern kann man ihre Aufrichtigkeit in der Lobpreisung der neuen Ordnung gewiß nicht absprechen. Andererseits handelte sich der Erotik-Dichter Ovid das Mißfallen des Kaisers ein (vor allem mit seinem Werk *Ars amatoria)* und wurde 8 v. Chr. aus Rom verbannt. Eine der wichtigsten literarischen Persönlichkeiten der Zeit war der Historiker Livius, dessen großartige Schilderung der Geschichte Roms 142 Bücher ausmachte. Der Bericht enthielt Beispiele großer Männer und edler Taten und zog vor allem die ernüchternden Lehren aus dem moralischen Niedergang. Auch die bildenden Künste blühten unter Augustus, da Maler, Bildhauer und Architekten den Auftrag erhielten, die Stadt zu verschönern und den Idealen der neuen Epoche Ausdruck zu verleihen. Bedeutende Zeugnisse der »offiziellen« Kunst sind der Friedensaltar und die Statue des Augustus von Prima Porta, klassische Beispiele stilistischer und technischer Vollkommenheit, die jedoch wegen mangelnder Wärme und Lebendigkeit kritisiert worden sind.

In Rom setzte Augustus das Werk von Iulius Caesar fort und führte ein breites Programm öffentlicher Bauten durch. Tempel, Theater, Säulengänge und Triumphbögen schossen überall aus dem Boden und dienten dem Kaiser als Bestätigung für seine Behauptung, er habe die Stadt aus Ziegel in eine aus Marmor verwandelt. Er errichtete ein neues Forum (2 v. Chr. eingeweiht) und entwickelte das Gebiet des Campus Martius; hier waren die wichtigsten Baudenkmäler der Säulengang der Octavia, das Marcellus-Theater und sein eigenes Mausoleum. Im gleichen Gebiet erbaute Agrippa das Pantheon und das erste der großen kaiserlichen Bäder. Außerdem errichtete Agrippa zwei neue Aquaedukte und kontrollierte die Wasserversorgung der Stadt. Zu diesem Zeitpunkt betrug die Einwohnerschaft vermutlich eine Million, von der die meisten in erbärmlichen Verhältnissen lebten. Die große Mehrheit hauste in Slumhochhäusern, die schlampig gebaut und kaum beleuchtet waren: es gab keine Heizung, und sie konnten jederzeit einstürzen oder in Flammen

aufgehen. Die Wohnungen der Armen glichen kurzfristig bezogenen Herbergen, ohne sicheren Besitztitel und mit außerordentlich hohen Mieten. Die Kanalisation war äußerst primitiv; die Abwasserkanäle *(cloacae)* verliefen zwar unter den Straßen, doch nur die Häuser der Reichen waren direkt an sie angeschlossen. Epidemien häuften sich; bei Ausgrabungen kamen Massengräber mit Tausenden von Leichen zum Vorschein. Es gab keine öffentlichen Krankenhäuser oder irgendeine medizinische Versorgung. Nachts waren die Straßen dunkel und gefährlich; Mord, Einbruch und Überfall gehörten zum täglichen Leben.

Augustus war auch darin der Nachfolger Caesars, daß er sich für die Stadt und ihre Verwaltung verantwortlich fühlte. Er begrenzte die Höhe der Wohnblöcke auf 21 Meter und schuf eine Feuerbrigade von 7000 *vigiles* (»Wachen«) unter einem Praefekten aus der Ritterklasse. Aus administrativen Gründen wurde die Stadt in 14 Regionen und 265 Bezirke unterteilt, die ihre eigenen lokalen Vertreter wählen konnten. Die Aufgabe, in den Straßen für Ruhe und Ordnung zu sorgen, oblag drei »Stadtkohorten«, und sie standen unter dem Befehl des Stadtpraefekten, der meist ein älterer Ex-Konsul war. Die immer wie-

*Rechts:* Die Ara Pacis Augustae. Über dieses bedeutende Denkmal schreibt Augustus in den *Res Gestae:* »Nach meiner Rückkehr von Spanien und Gallien [13 v. Chr.] ... beschloß der Senat, einen Altar des Augusteischen Friedens in der Nähe des Campus Martius zu meinen Ehren zu errichten, und befahl, die Magistrate und Priester und die Vestalinnen sollten dort jedes Jahr ein Opfer darbringen.« Der Altar selbst und seine Umfriedung sind mit Reliefs bedeckt, die verschiedene Aspekte des neuen Zeitalters darstellen. Der Südfries der umgebenden Mauer zeigt eine Prozession von Mitgliedern der kaiserlichen Familie, von der ein Teil hier abgebildet ist. Über die Namen der einzelnen Gestalten ist man sich nicht einig, doch stimmen die Forscher allgemein darin überein, daß die dominierende Gestalt, die dem Zug mit bedecktem Kopf folgt, wohl Agrippa in Begleitung ihres jungen Sohnes Gaius Caesar darstellt. Das andere Kind ist möglicherweise Germanicus, der zwischen seinen Eltern Antonia Minor und Drusus steht.

*Links:* Porträt des Augustus von Prima Porta (nahe Rom). Es gibt verschiedene Meinungen über die Bedeutung der Figuren auf der Brustplatte. Doch die Szene in der Mitte zeigt deutlich, wie eine römische Standarte einem besiegten Barbaren entrissen wird. In den *Res Gestae* schreibt Augustus: »Durch meine Siege gewann ich in Spanien, Gallien und Dalmatien einige Standarten zurück, die andere Kommandanten eingebüßt hatten. Ich zwang die Parther dazu, mir die Beutestücke und Standarten dreier römischer Armeen zurückzugeben und als Bittsteller um die Freundschaft des römischen Volkes nachzusuchen.«

*Unten:* Das Theater des Marcellus. Der Bau des Theaters begann unter Iulius Caesar, doch wurde es erst von Augustus vollendet, der es dem Gedächtnis an seinen Neffen und designierten Nachfolger Marcelus gewidmet hat.

derkehrenden Tiberüberschwemmungen verursachten viele Tote durch Ertrinken und unterspülten die Grundmauern der Gebäude; also richtete Augustus einen aus Senatoren bestehenden Ausschuß für die Flußufer ein. Die Getreideversorgung wurde neu organisiert und die Zahl der kostenlosen Empfänger im Jahre 2 v. Chr. auf 200000 beschränkt. Auch die Plebs erhielt von Zeit zu Zeit Zuwendungen und wurde durch Spiele und Attraktionen unterhalten und von ihren eigentlichen Problemen abgelenkt. Ihre Begeisterung für das neue Regime war grenzenlos.

Gegen Ende seiner Regierung hatte Augustus einen starken und effizienten Regierungsapparat aufgebaut und die Loyalität und Achtung aller Klassen zu Hause und im Ausland gewonnen. Die Provinzen waren unter der Republik von Statthaltern und Steuerpächtern, die keiner wirksamen Kontrolle unterstanden, rücksichtslos ausgebeutet worden. Das Prinzipat trat diesem Mißstand entgegen. Den Provinzbewohnern wurde Frieden geboten, Sicherheit, ein Punkt, der wesentlich zu ihrer Loyalität beitrug, und die Aussicht auf eine starke Regierung, die ihre eigenen Beamten und Vertreter unter Kontrolle hatte. Die Maßstäbe der Regierung in den Provinzen waren immer noch lange nicht ideal, aber es steht außer Zweifel, daß die neue Ordnung allgemein begrüßt wurde.

Im Jahr 2 v. Chr. erhielt Augustus den Titel *Pater Patriae* (»Vater des Vaterlandes«), eine Auszeichnung, die natürlich Assoziationen an die feste, aber freundliche Hand eines *pater familias* erweckte (s. S. 19). Der 19jährige revolutionäre Anführer, der sich die Macht durch Waffengewalt erobert hatte, war längst vergessen. Eine der größten Leistungen des Augustus bestand darin, daß er die potentesten Kräfte der revolutionären Veränderung und insbesondere das Heer neutralisieren konnte. Nach Actium verringerte er die Zahl der Soldaten drastisch und siedelte die entlassenen Veteranen in den Kolonien in Italien und den Provinzen an. Die 28 Legionen (etwa 140000 Mann), die bestehen blieben, wurden auf Dauer zusammen mit einer ungefähr gleichen Anzahl Hilfstruppen (in den Provinzen ausgehobene Truppen von Nicht-Bürgern) an den Grenzen stationiert, und die Dienstzeit auf zwanzig Jahre festgesetzt. Bei ihrer Entlassung erhielten sie Land oder eine Entschädigungszahlung in bar. Im Jahr 6 v. Chr. wurde das System durch die Bildung einer Militärkasse institutionalisiert, die zunächst durch eine Schenkung des Kaisers selbst bestückt und dann aus dem Einkommen zweier neuer Steuern aufgefüllt wurde, die eine betrug ein Prozent Verkaufssteuer, die andere fünf Prozent Erbschaftssteuer. Mit dem neuen System erreichte Augustus eine Entpolitisierung des Heeres und die loyale Bindung an die Person des jeweiligen Kaisers. Das Heer blieb diesem Bündnis auch unter den Erben von Augustus treu, bis mit dem Tod von Nero 68 für kurze Zeit neue Bürgerkriege ausbrachen.

Augustus führte ein einfaches, fast bescheidenes Leben; seinem Charakter nach war er eher kalt und humorlos. Er besaß eine gute Menschenkenntnis und hatte eine glückliche Hand bei der Wahl seiner Freunde und Mitarbeiter, von denen ihm die meisten bis zu seinem Ende treu blieben. Sein Privatleben war geprägt von Tragödien und Leid, obwohl er der Liebe und der Loyalität seiner dritten Frau Livia in ihrer 53 Jahre währenden Ehe stets sicher blieb. Trotz seiner angegriffenen Gesundheit, wurde er 77 Jahre alt und starb am 19. August 14 n. Chr. friedlich in Nola.

**Die iulisch-claudische Dynastie**

Die Nachfolge des Augustus war vom ersten Augenblick an eine Sache dynastischer Erbfolge, verbrämt durch die gesetzlichen, vom Senat gelieferten Formen. Augustus hatte zuerst seinen Neffen Marcellus erwählt, dann seinen Gefolgsmann Marcus Agrippa, mit dem er seine Tochter Iulia verheiratete. Als auch Agrippa (12 v. Chr.) starb, wurde Tiberius widerstrebend dazu gezwungen, sich von seiner Frau, mit der er glücklich verheiratet war, scheiden zu lassen, und Iulia zu ehelichen. Es war die einseitige Förderung von Agrippas jungen Söhnen, Gaius und Lucius, dazu seine Abneigung gegenüber Iulia, die zum berühmten Rückzug des Tiberius auf die Insel Rhodos im Jahre 6 v. Chr. führte; dort gab er sich der Muße und der von ihm überaus geliebten griechischen Kultur hin. Als im Jahr 2 beziehungsweise 4 n. Chr. Gaius und Lucius starben, wurde der nach Rom zurückgekehrte Tiberius von Augustus adoptiert und mußte seinerseits Germanicus adoptieren. Bei all diesen Gelegenheiten wurde der Senat herbeizitiert, damit er die gesetzlichen Ermächtigungen gab wie etwa die Gewährung des *imperiums* und die tribunizische Gewalt, die die Stellung der gewählten Nachfolger garantierten.

Tiberius, dem die Verbindlichkeit von Augustus fehlte, war über seine Behandlung verärgert, und außerdem hatte es sich herumgesprochen, daß er nicht als erster zum Nachfolger erwählt worden war; auch mochte man ihn nicht wegen seiner stolzen Überheblichkeit und wegen seines laxen Umgangs mit der Wahrheit. Am meisten kritisiert wurde während seines Prinzipats die Anwendung der *maiestas*. Die republikanische *lex maiestatis* umfaßte weit mehr als den modernen Begriff des Verrats; sie betraf vielmehr alles, »was die Majestät des römischen Volkes mindern konnte«. Unter dem Prinzipat wurde sie nicht nur auf Rebellion und Verschwörung angewendet, sondern auch auf mangelnde Achtung dem Kaiser gegenüber und in manchen Fällen auf beleidigende Kommentare über Senatoren. Auf diese Weise konnte sie in der Tat die Freiheit der Rede und die Möglichkeit, den Kaiser zu kritisieren, beeinträchtigen.

Anklagen wegen der *maiestas* kamen vor den Senat, der seine Macht dadurch erweitert sah und sich in eine Art Gerichtshof verwandelte und aufgrund einer eher quasi-gerichtlichen Prozedur Prozesse gegen die Opfer von Denunziationen führte. Tiberius versuchte zunächst, den Gebrauch der *maiestas* zu beschränken. Erst später und vor allem nach dem Fall von Tiberius' Minister Seianus finden wir diese Herrschaft des Schreckens vor, für die sein Prinzipat berühmt war. Zum Teil lag die Schwierigkeit darin, daß es Rom an einem System öffentlich-rechtlicher Strafverfolgung mangelte, daß es also dem einzelnen Bürger überlassen blieb, die Initiative für eine Anklage zu übernehmen. Des weiteren war die finanzielle und in immer höherem Maße auch politische Motivation für eine Anklage ganz beträchtlich. Ein erfolgreicher Kläger in einem Kapitalverbrechensverfahren wie *maiestas* erhielt einen Teil des Besitzes des Verurteilten und konnte damit rechnen, die Gunst des Kaisers für die Beseitigung von Gegnern oder Kritikern des Regimes zu erhalten. Aber es war der Senat, der die »Prozesse« führte, wobei persönliche Feindschaften und Fehden bei der Urteilsfindung eine nicht unwesentliche Rolle spielten, und Senat wie Kaiser haben sich gleichermaßen die Schuld dafür zuzuschreiben, daß es zu so vielen *maiestas*-Anklagen unter Tiberius kam.

Der Tod des Tiberius im Jahr 37 n. Chr. wurde sowohl vom Senat wie auch vom Volk mit großem Jubel begrüßt, denn gerade für die unteren Schichten hatte er wenig getan. Nachdem er schon immer eher menschenscheu gewesen war, verbrachte er die letzten zehn Jahre seines Lebens abgeschieden auf Capri, nur in Gesellschaft seiner engsten Freunde, die zumeist Literaten und Astrologen waren. Man kann die Kolportagen über seine Sexualgewohnheiten ruhig als die reine Erfindung von Quellen beiseite lassen, die wußten, daß man sie nicht widerlegen konnte und daß das auch niemand versuchen würde.

Die Herrschaft von Tiberius' Nachfolger Gaius (Caligula) begann recht vielversprechend, mündete jedoch nach einer Krankheit, die offensichtlich sein geistiges Gleichgewicht durcheinander brachte, in eine von Launen geprägte Tyrannei, die mit seiner Ermordung im Jahr 41 endete. Es ist versucht worden, das Prinzipat von Gaius in einem rationalen Kontext zu sehen, und man hat sogar zum Beispiel die Ansicht verbreitet, er habe die Vorstellung gehabt, das Prinzipat in eine pompöse hellenistische Monarchie nach orientalischem Muster umzuwandeln. Falls er einen solchen Plan wirklich gehabt haben sollte, würde dies ein mangelndes politisches Urteilsvermögen beweisen, das man schon fast als Wahnsinn bezeichnen könnte.

Der nach dem Mord an Gaius unverhofft zum Kaiser gekürte Claudius erwies sich als ein ernsthafter und fleißiger, ja sogar pedantischer Monarch, der sich administrativen Verbesserungen, öffentlichen Arbeiten – die eindrucksvollste ist der Ausbau des Hafens von Ostia – und ausländischen Eroberungen widmete. Kritik an seinem Prinzipat wurde vor allem deswegen geübt, weil er seinen eigenen Freigelassenen zuviel Macht zugestanden haben soll und sich allzusehr in eigentlich senatoriale oder »öffentliche« Belange eingemischt hat. Man kann sich die Vorliebe für Freigelassene damit erklären, daß Claudius keinerlei eigene Machtgrundlage im Senat oder in Palastkreisen besaß. Als er von der Praetorianergarde zum Kaiser ausgerufen wurde, diskutierte der Senat gerade über eine Wiederherstellung der Republik und war über sein Auftauchen wenig beglückt.

Die staatsmännischen und menschlichen Tugenden von Claudius konnten seinen persönlichen Mangel an Würde und das demütigende Chaos in seinem Privatleben für die öffentliche Meinung nicht wettmachen. Seine zweite Frau, Messalina, wurde nach einer Verschwörung mit einem Senator namens Silius, der an seine Stelle treten sollte, hingerichtet; den Nachwirkungen dieser Affäre können wohl viele der Hinrichtungen an Senatoren und Rittern zugerechnet werden, über die zeitgenössische Quellen berichten. Der dritten Frau von Claudius, seiner Nichte Agrippina, gelang es, ihren Sohn Domitius Nero zum Kaiser adoptieren zu lassen und ihn als Nachfolger des Claudius herauszustellen.

Neros Amtsantritt im Jahre 54 (von Claudius heißt es, er sei an einem vergifteten Pilz gestorben) war von Versprechen, das augusteische Prinzip der Gewaltenteilung zwischen Kaiser und Senat wiedererstehen zu lassen, begleitet. Eine Zeitlang wurden diese Versprechungen auch gehalten – vor allem, als er noch unter dem Einfluß seines Lehrers, des stoischen Philosophen Seneca, stand; aber das gelang in der Hauptsache nur dadurch, daß man seinen perversen Neigungen nachgab, aber zu keinem guten Ende, wie sich herausstellen sollte. Nachdem Nero 59 seine Mutter ausgeschaltet hatte, entwickelte sich seine Herrschaft zu einer grausamen, wenn auch recht farbigen Tyrannei, während der Nero seiner Leidenschaft für die Musik und das Wagenrennen frönte und Senatoren und Philosophen, die sich ihm widersetzten, zu Tode hetzen ließ. Mit seiner aufwendigen Hofhaltung erhielt er sich jedoch die Beliebtheit beim römischen Volk. Der Friedensvertrag mit Armenien wurde mit phantastischen Festlichkeiten gefeiert; der armenische König Tiridates erhielt seine Krone persönlich vom Kaiser überreicht. Im Jahr 66 unternahm Nero eine Demonstrationsreise durch Griechenland und kam mit mehr als 1600 Lorbeerkränzen für Siege in Theater- und Sportwettbewerben nach Rom zurück. Doch seine Stellung verschlechterte sich zusehends. Nach dem Brand von Rom im Jahre 64 hatte er Griechenland ausgeplündert, um mit seinen Kunstwerken die wiederaufgebaute Stadt zu schmücken, und in weiten Kreisen wurde angenommen, daß Nero bei dem Feuer selbst im Spiel war. Um den Verdacht der Brandstiftung von sich abzulenken, begann er die Verfolgungen der Christen und ließ sie in seinen Gärten als »lebende Fackeln« verwenden, eine Maßnahme, die seine Unpopularität noch steigerte.

Während der gesamten iulisch-claudischen Epoche gab es keine wirkliche Opposition gegen das Institut des Prinzipats und nur vage Versuche, die Republik wiedererstehen zu lassen. Die stoische Philosophie, zu deren prominentesten Vertretern neben Seneca der Senator Thrasea Paetus gehörte, propagierte die Teilnahme am öffentlichen Leben unter der Herrschaft eines Monarchen. *Libertas*, das politische Ideal dieser Gruppe, hatte sich wäh-

Nach Caligulas Ermordung im Jahre 41 n. Chr. wurde Claudius, der sich im Palast versteckt hatte, zu den Kasernen der Praetorianer gebracht und zum Kaiser ausgerufen. Auf der abgebildeten Münze *(unten)*, die an diese Episode erinnert, reichen sich Claudius und ein Standartenträger der Praetorianer die Hände; die Legende heißt übersetzt: »Von den Praetorianern erhalten.«

Der junge Nero im Kreise seiner Ratgeber. Zu ihnen zählten Seneca, der Gardepraefekt Burrus und Neros Mutter Agrippina. Die abgebildete frühe Münze *(unten)* ist deswegen bemerkenswert, weil sie die Stellung der Agrippina ausdrücklich anerkennt.

**Rechts: Die Verteilung der Legionen in den Provinzen**
Die Tabelle zeigt die Stationierung römischer Legionen in den Provinzen zu drei verschiedenen Zeitpunkten – 24, 74 und 150 n. Chr. Diese Daten wurden deswegen gewählt, weil zu jenen Zeiten im allgemeinen Friede und Stabilität herrschte. Dabei haben kurzfristige Bewegungen der Legionen in Krisenzeiten keine Berücksichtigung gefunden, wie etwa in den Bürgerkriegen von 68–69. Ebensowenig sind zeitweilige Variationen aufgenommen, beispielsweise die Konzentration von sieben Legionen in Syrien während des jüdischen Aufstandes in den sechziger Jahren und der Aufbau der Donaufront während der Kriege von 86–112. Die Tabelle zeigt dennoch deutlich, daß es eine langfristige Verschiebung im Gleichgewicht der Kräfte zwischen der westlichen und östlichen Hälfte des Reiches gab. Während die Armeen in Spanien und Germanien reduziert wurden, nahm deren Zahl im Balkan und im Osten zu. (Die Informationen für diese Tabelle verdanken wir J. C. Mann und Margaret Roxan.)

### Verteilung der Legionen auf die Provinzen

| **Provinzen** | **24. n. Chr.** | **74 n. Chr.** | **150 n. Chr.** |
|---|---|---|---|
| AFRICA | III Augusta | III Agusta | III Augusta |
| SPANIEN | IV Mecedonica<br>VI Victrix<br>X Gemina | VII Gemina | VII Gemina |
| BRITANNIEN | | II Augusta<br>II Adiutrix<br>IX Hispana<br>XX Valeria Vitrix | II Augusta<br>VI Vitrix<br>XX Valeria Vitrix |
| GERMANIA INFERIOR | I Germana<br>V Alaudae<br>XX Valeria Victrix<br>XXV Rapax | VI Victrix<br>X Gemina<br>XXI Rapax<br>XXII Primigenia | I Minervia<br>XXX Ulpia |
| GERMANIA SUPERIOR | II Augusta<br>XII Gemina<br>XIV Gemina<br>XVI | I Adiutrix<br>VIII Augusta<br>XI Claudia Pia Fidelis<br>XIV Gemina | VIII Augusta<br>XXII Primigenia |
| PANNONI | VIII Augusta<br>IX Hispana<br>XV Apollinaris | XIII Gemina<br>XV Apollinaris | Superior:<br>I Adiutrix<br>X Gemina<br>Inferior:<br>XIV Gemina<br>II Adiutrix |
| DALMATIA | VII<br>XI | IV Flavia | XIII Gemina |
| MOESIA | IV Scythica<br>V Macedonica | I Italica<br>V Alaudae<br>V Macedonica<br>VII Claudia Pia Fidelis | Superior:<br>IV Flavia<br>VII Claudia Pia Fidelis<br>Inferior:<br>V I Italica<br>Macedonica<br>XI Claudia Pia Fidelis |
| CAPPADOCIA | XII Fulminata | XII Fulminata<br>XVI Flavia | XII Fulminata<br>XV Apollinaris |
| SYRIA | III Gallica<br>VI Ferrata<br>X Fretensis<br>XII Fulminata | III Gallica<br>IV Scythica | III Gallica<br>IV Scythica<br>XVI Flavia |
| JUDAEA | | X Fretensis | VI Ferrata<br>X Fretensis |
| ÄGYPTEN | III Cyrenaica<br>XXII Deiotariana | III Cyrenaica<br>XXII Deiotariana | II Traiana |
| ARABIA | | | III Cyrenaica |

| **Legionen** | **24 n. Chr.** | **74 n. Chr.** | **150 n. Chr.** |
|---|---|---|---|
| I Adiutrix | (ausgehoben c.68) | Germania Superior | Pannonia Superior |
| I Germana | Germania Inferior | (aufgelöst c. 70) | |
| I Italica | (ausgehoben c. 66) | Moesia | Moesia Inferior |
| Minervia | | (Ausgehoben c. 83) | Germania Inferior |
| II Adiutrix | (ausgehoben c. 70) | Britannia, | Pannonia Inferior |
| II Augusta | Germania Superior | Britannia, | Britannia, |
| II Traiana | | (ausgehoben c. 104) | Ägypten |
| III Cyrenaica | Ägypten | Ägypten | Arabia |
| III Gallica | Syria | Syria | Syria |
| IV Flavia | (ausgehoben c. 70) | Dalmatia | Moesia Superior |
| IV Macedocina | Spania | (aufgelöst c. 70) | |
| IV Scythica | Moesia | Syria | Syria |
| V Alaudae | Germania Inferior | Moesia | (aufgelöst c. 86) |
| V Macedonica | Moesia | Moesia | Moesia Inferior |
| VI Ferrata | Syria | Syria | Judaea |
| VI Victrix | Spania | Germania Inferior | Britannia |
| VII Claudia | Dalmatia | | |
| Pia Fidelis | | Moesia | Moesia Superior |
| VII Gemina | (ausgehoben c. 68) | Spania | Spania |
| VII Augusta | Pannonia | Germania Superior | Germania Superior |
| IX Hispana | Pannonia | Britannia | (aufgelöst c. 132?) |
| X Fretensis | Syria | Judaea | Judaea |
| X Gemina | Spania | Germania Inferior | Pannonia Superior |
| XI Claudia Pia | Dalmatia | | |
| Fidelis | | Moesia Inferior | Germania Superior |
| XII Fulminata | Syria | Cappadocia | Cappadocia |
| XIII Gemina | Germania Superior | Pannonia | Dalmatia |
| XIV Gemina | Germania Superior | Germania Superior | Pannonia Superior |
| XV Apollinaris | Pannonia | Pannonia | Cappadocia |
| XVI | Germania Superior | (aufgelöst c. 70) | |
| XVI Flavia | (ausgehoben c. 70) | Cappadocia | Syria |
| XX Valeria | | | |
| Victrix | Germania Inferior | Britannia | Britannia |
| XXI Rapax | Germania Inferior | Germania Inferior | (aufgelöst c. 92) |
| XXII Deiotariana | Ägypten | Ägypten | (aufgelöst c. 125) |
| XXII Primigenia | (ausgehoben c. 40) | Germania Inferior | Germania Superior |
| XXX Ulpia | | (ausgehoben c. 104) | Germania Inferior |

rend des Kaiserreichs von dem republikanischen Begriff der Freiheit von monarchischer Herrschaft in das Recht auf Redefreiheit und Kritikmöglichkeit unter einem solchen Regime verwandelt. Die Beteiligung am politischen Leben wurde erst dann nicht mehr geduldet, wenn sich eine Regierung wie die Neros zu Tyrannei und Grausamkeit entwickelte, denn einem Philosophen war es unmöglich, einem solchen Gewaltherrscher zu dienen, ohne seine grundsätzliche Integrität als moralisches Wesen zu verlieren. Zu diesem Zeitpunkt war es seine Pflicht, sich aus dem öffentlichen Leben zurückzuziehen – eine Entscheidung, die im Fall des Paetus eine offene Mißbilligung darstellte. Sein demonstratives Fernbleiben vom Senat bildete den Hauptgrund für seine Denunzierung, die ihn 66 in den Freitod trieb. Seinem Beispiel folgten fast unmittelbar darauf Seneca selbst und sein Neffe, der Dichter Lucanus. Sie waren gemeinsam mit vielen anderen verdächtigt worden, ein Mordkomplott gegen Nero geplant zu haben, um ihn durch einen völlig unbekannten Senator mit Namen Piso zu ersetzen. Diese im Jahr 65 grausam unterdrückte Verschwörung fiel in den Niedergang der letzten Jahre Neros und deutete das Ende der iulisch-claudischen Epoche an.

Im Frühling 68 machte ein gallischer Senator mit Namen Iulius Vindex, der zu dieser Zeit Statthalter der Provinz *Gallia lugdunensis* war, bei den Provinzbefehlshabern die Runde, um sie zu einem Aufstand aufzuwiegeln. Sein Appell fand nur bei Ser. Sulpicius Galba Gehör, dem früheren Statthalter von *Hispania tarraconensis*, der sich mit der Unterstützung von Vindex und einer kleinen Garnison in Spanien, die er durch eine von ihm selbst ausgehobene Legion vergrößerte, zum Kaiser ausrufen ließ. Vindex wurde in der Nähe von Vesontio (Besançon) vom Statthalter von *Germania superior*, Virginius Rufus, geschlagen, der sich gegen den Wunsch seiner Truppen dem römischen Senat unterstellte. Im Juni 68 erkannte der Senat Galba als Kaiser an. Der zum Staatsfeind erklärte Nero ließ sich auf der Flucht töten. Doch Galba, der nur wenig Anhang besaß, und der sich durch seine strengen Maßnahmen unbeliebt machte, konnte sich nicht lange halten; im Januar 69 wurde er von den Praetorianern durch M. Salvius Otho ersetzt. Inzwischen hatten die germanischen Heere Aulus Vitellius, den Galba als Statthalter nach *Gallia inferior* entsandt hatte, zum Kaiser ausgerufen. Otho versuchte, die Provinzen durch Zugeständnisse für sich zu gewinnen, doch fast der ganze Westen schloß sich Vitellius an, der zwei Heere nach Italien in Marsch setzte. Nachdem er eine Schlacht gegen die vorrückenden Streitkräfte verloren hatte, beging Otho Selbstmord, ohne die Ankunft der illyrischen Truppen abzuwarten, die ihn hätten retten können. Als auch vom Senat bestätigter Kaiser zog Vitellius daraufhin in Rom ein; doch gegen seine Herrschaft wandten sich die Legionen im Osten, die ihrerseits T. Flavius Vespasianus zum Prätendenten erhoben, und auch die Donau-Legionen schlossen sich ihm an. Im entscheidenden Gefecht an der Cremona obsiegte die flavische Seite, und bei der Einnahme Roms durch die Streitkräfte Vespasians im Dezember 69 kam Vetellius um Leben. Die letzten Winkel vitellischen Widerstandes waren bald ausgeräumt, und auch der Aufstand am Rhein, angezettelt von dem batavischen Hilfsbefehlshaber Iulius Civilis, wurde 70 niedergeschlagen. In der Folgezeit brachte die Regierung des Vespasian, der ein gutes Verhältnis zur römischen Aristokratie gewann, sowie die seiner Söhne Titus und Domitian für Italien und viele Provinzen eine wirtschaftliche und administrative Konsolidierung.

## Die Sicherung der Grenzen

Wie bei seinen Maßnahmen im Innern, so läßt sich auch in der Außenpolitik von Augustus ein einheitlicher Zug erkennen: Sein Ziel war die Abrundung und die Konsolidierung des Reiches. Nach Auflösung der an den Bürgerkriegen der späten Republik beteiligten Armeen verfügte er noch über 26, später auf 28 aufgestockte, Legionen. Mit diesen relativ bescheidenen Streitkräften leitete er die Befriedung teilweise schon eroberter Provinzregionen ein. Erst nachdem dies erreicht war, wandte er sich weiteren Annektierungen zu.

Einen der Hauptunruheherde bildete das nordwestliche Spanien mit seinen Bergfestungen und aufsässigen einheimischen Stämmen. Nachdem diese schwierigen Kriege im Jahr 19 v. Chr. abgeschlossen waren, sandte Augustus einen Teil seines spanischen Heeres an die germanische Grenze und nach Illyrien. In Spanien verblieb eine Besatzung von vier Legionen, die gegen Ende der iulisch-claudischen Epoche auf eine einzige reduziert wurde. Als nächstes wandte sich Augustus Raetien und Noricum zu, Regionen, die eine mögliche Bedrohung für die Landwirtschaft und Siedlungsgemeinschaften in Norditalien wie auch für den Verkehr mit der so wichtigen Provinz Illyrien darstellten. Im Osten kam trotz öffentlicher Eroberungsbegeisterung ein friedlicher Ausgleich mit den Parthern zustande (19 v. Chr.), die auch die bei Karrhai verlorenen Feldzeichen zurückgaben, und die römischen Interessen wurden durch Klientelkönigreiche gesichert, die für ihre Loyalität weitgehende Unabhängigkeit erhielten. Die Könige von Judäa sind das am besten bekannte Beispiel hellenistischer Königreiche, die unter römischem Patronat noch einmal eine späte Blüte erlebten. Nach dem Tode Kleopatras, der letzten aus der Reihe der Ptolemaier, wurde Ägypten von Praefekten aus dem Ritterstand als die persönliche Domäne des Kaisers regiert. Senatoren durften es nicht einmal betreten.

Nach Beendigung dieser Feldzüge, an denen Augustus manchmal persönlich teilnahm, wurde das Heer dazu eingesetzt, die Rheingrenze zu sichern, Vorstöße auf die Elbe zu unternehmen und Illyrien zu befrieden. Nachdem dies scheinbar erreicht war, betrieb Augustus die Annexion des Königreichs von Maroboduus, das nördlich der Donau zwischen Illyrien und den neu besetzten Teilen Germaniens lag. Im Jahr 6 v. Chr. fiel die gesamte Nordgrenzenpolitik in sich zusammen, da in Illyrien ein Aufstand ausbrach, und der Feldzug gegen Maroboduus abgebrochen werden mußte. Im Jahr 9 v. Chr. wurde die Erhebung nach erbitterten Kämpfen niedergeschlagen, doch im gleichen Jahr erlitten Quinctilius Varus und seine drei Legionen durch den Germanen Arminius an einem unbekannten Ort im Teutoburger Wald eine vernichtende Niederlage, drei Legionen gingen verloren. Man warf Varus Inkompetenz vor, doch die näheren Umstände des Desasters sind kaum bekannt; zu seiner Entschuldigung kann man allerdings vorbringen, daß der Aufstand in Illyrien Varus in einer Provinz isoliert zurückgelassen hatte, die nun von der Rheinfront aus als exponierte und verletzliche Stellung gelten mußte.

Ziel der iulisch-claudischen Politik im Norden war es, die Grenze durch die Errichtung von Legionärslagern auf der römischen Seite und durch Brückenköpfe über den Rhein zu sichern, ein Konzept, das nach der Rückeroberung Illyriens auf die Donaugrenze Anwendung fand. Das Heer in diesen und anderen neu eroberten Provinzen erwies sich als ein wirksamer Faktor für die Romanisierung, da durch die Lager inoffizielle Siedlungen *(canabae)* entstanden und bald auch zivile Städte *(municipia)* gegründet wurden; ein besonders gutes Beispiel dafür ist Carnuntum an der Donau.

Der Titus-Bogen in Rom erinnert an die Niederschlagung der jüdischen Revolte durch Vespasians Sohn Titus im Jahre 70 n. Chr. Das Relief zeigt, wie die Beutestücke des zerstörten Tempels von Jerusalem im Triumphzug nach Rom gebracht werden.

Dic Empfchlung dcs Augustus, das Reich nicht weiter auszudehnen, wurde von Tiberius strikt befolgt, der aber dennoch in Thrakien eingreifen und einen Aufstand in Numidien unter der Führung des Stammeshäuptlings Tacfarinas niederschlagen mußte. Im Osten sicherte Tiberius' Adoptivsohn Germanicus die Position eines den Parthern angenehmen Klientelkönigs auf dem Thron von Armenien durch einen ausgedehnten Feldzug, bei dem er auch Palmyra und Petra besuchte, Karawanenstädte mit Verbindungen zum Partherreich. Commagene wurde römische Provinz.

Die 43 von Claudius, dem Nachfolger des krankhaft überspannten Caligula, unternommene Invasion Britanniens scheint schon sehr bald nach seiner Thronbesteigung geplant worden zu sein. Ihre Motive sind in der Forschung umstritten. Trotz des in Britannien schon erreichten hohen Grades der Romanisierung ist es unwahrscheinlich, daß die Provinz je Tribut an Rom zahlte, aber möglicherweise hatten die Römer das auch gar nicht ins Kalkül gezogen. Wahrscheinlich strebte Claudius nach Feldherrnruhm, um seine persönlichen Mängel als Kaiser aufzuwiegen. Natürlich spielte er die Eroberung hoch – er nahm ja selbst am Feldzug teil (in Begleitung von Elefanten, deren Anblick auf die Briten gewiß großen Eindruck machte), nannte seinen Sohn Britannicus und empfing im allgemeinen eine vorher nicht erlebte Zahl von militärischen Ehrungen. Doch ist die wahrscheinlichste Erklärung für die Invasion wohl die, daß Britannien freundlichere Beziehungen mit den belgischen Fürsten Galliens unterhielt, als Rom dulden wollte. Nach den Quellen gab es vor der Eroberung rege wirtschaftliche und politische Kontakte über den Kanal, und Claudius und seine Berater hatten wohl den Eindruck, daß Gallien ohne die Annexion auch Britanniens nicht sicher wäre.

Claudius reduzierte auch den Status Mauretaniens auf den zweier prokuratorischer Provinzen (Mauretania Tingitana und Mauretania Caesariensis), als es nach dem Tod seines Klientelkönigs zu Unruhen kam. Diese Annektierung, die bedeutender war, als aus den noch zugänglichen Quellen hervorgeht, vervollständigte die Befriedung der an das westliche Mittelmeer grenzenden Länder. Unter Nero kam es zu neuen Schwierigkeiten mit dem Reich der Parther und mit Armenien. Nach fast zehn Jahren militärischer Kampagnen und schwieriger diplomatischer Verhandlungen war der Partherkönig Vologaeses endlich einverstanden, daß sein Favorit Tiridates Rom besuchen sollte, um dort die Krone Armeniens von Nero selbst in Empfang zu nehmen. Durch dieses Übereinkommen fiel Armenien an die Parther, zu denen es aus ethnischen Gründen auch gehörte.

Judäa, ein Klientelkönigreich zu Zeiten des Augustus,

Die Münze mit der Legende »IVD (aea) CAP (ta)« und der Darstellung einer Palme und deprimierter Gefangener feiert das gleiche Ereignis wie der Titusbogen, der *(gegenüber)* abgebildet ist. Ähnliche Münzen gab Hadrian nach der Unterdrückung des Bar-Kochba-Aufstands im Jahre 135 n. Chr. heraus. Für die Beschreibung Jerusalems und der Festung von Masada, die im Jahre 73 n. Chr. eingenommen wurde, s. S. 162–63.

war nach dem Tod Herodes' des Großen in eine römische Provinz umgewandelt worden. Claudius gab es seinem Freund Herodes Agrippa als Belohnung für dessen Hilfe bei der Erlangung des Thrones zurück, doch nach Agrippas Tod im Jahre 44 wurde Judäa wieder Provinz. Die schwelende Unzufriedenheit ihrer Bewohner entlud sich 66 in einem großen Aufstand, und erst vier Jahre später gelang es Vespasians Sohn Titus durch Einnahme und Zerstörung Jerusalems die Oberhand zu gewinnen. Die letzte Festung, Masada, fiel drei Jahre später nach einer langen und erbitterten Belagerung.

Roms rücksichtsloses Vorgehen bei der Unterwerfung Britanniens führte 60–61 nach Chr. zum Aufruhr unter der Königin Boudicca, wobei sich der Zorn der Briten vor allem gegen die Veteranenkolonie Camulodunum (Colchester) richtete, die als Symbol römischer Unterdrükkung galt, und gegen die Provinzhauptstadt London. Schließlich gelang es dem Statthalter C. Suetonius Paullinus, die Briten in einen Hinterhalt zu locken und zu besiegen. Mit der darauffolgenden gemäßigteren Politik war es möglich, die römische Macht bis zur später vom Hadrianswall begrenzten Linie auszuweiten. Ein Versuch unter der Statthalterschaft von Agricola, noch weitere Annexionen im Norden vorzunehmen, scheiterte, da Domitian eine Legion aus Britannien nach Germanien zurückrufen mußte. Das von Agricola erbaute Legionsfort in Inchtuthill war nur sehr kurz besetzt und mußte schon wieder aufgegeben werden, bevor es überhaupt fertiggestellt worden war.

Diese Erweiterungen des Imperiums wurden von einem gut ausgebildeten Berufsheer von weniger als 30 Legionen (etwa 150000 Mann) zusammen mit einer annähernd gleichen Anzahl von Hilfstruppen gesichert, die aus verschiedenen Regionen des Reichs und manchmal aus Klientelkönigreichen stammten und oft über besondere Kampftechniken verfügten. Die Heeresstärke blieb auf ein gerade noch vertretbares Maß beschränkt, wobei vor allem wirtschaftliche aber auch politische Gründe eine Rolle spielten. Bei den wirtschaftlichen Faktoren ging es um die Besoldung aus den Steuern und anderen Quellen. Das Einkommen eines Soldaten war seit Augustus nicht gestiegen, und erst durch Domitian wurde es, unter beträchtlichen finanziellen Anstrengungen, um ein Drittel erhöht. Während des ersten und besonders des zweiten und dritten Jahrhunderts des Kaiserreiches war das Heer in wachsendem Maße von zusätzlichen Zahlungen, wie etwa bei der Ernennung neuer Kaiser, und in geringerem Maße von Kriegsbeute aus tatsächlichen Feldzügen abhängig.

Den politischen Gefahren, die ein effizientes, aber häufig inaktives Heer darstellte, wurde zum Teil dadurch begegnet, daß man seine Kräfte auf öffentliche Arbeiten, wie den Bau von Straßen und Brücken, auf den Bergbau und das Graben von Kanälen, ablenkte, alles nützliche Projekte für die wirtschaftliche Entwicklung der Provinzen, doch wenig reizvoll in bezug auf Abwechslung und finanziellen Profit; so waren die Soldaten vermutlich durchaus angetan, wenn ihnen die Aussicht auf Gewinn durch einen tatsächlichen Feldzug – und sei es ein Bürgerkrieg – geboten wurde.

Die Armeen waren in Legionsfestungen entlang der Grenzen untergebracht. Kein Provinzlegat hatte mehr als vier Legionen zu seiner Verfügung, was seine Möglichkeiten für ein erfolgreiches Vorgehen gegen einen etablierten Kaiser, der sich der Unterstützung seiner Befehlshaber sicher sein konnte, sehr einschränkte. In Zeiten stabiler Herrschaft kam es nur selten zu Meutereien bei den Provinzarmeen, und sie konnten schnell unter Kontrolle gebracht werden. Doch wenn ein Kaiser fiel oder man ihn für unfähig hielt wie in den Jahren 41, 68, 97, 193 und wiederholt im dritten Jahrhundert, war es unmöglich, die Einzelinitiativen der Befehlshaber in den Provinzen und ihrer Armeen zu unterdrücken. 68–69 nahmen außer der britannischen alle größeren Heeresgruppen aktiv am Bürgerkrieg teil. Wie Tacitus sehr richtig bemerkte, war das Geheimnis an den Tag gekommen, daß Kaiser auch anderswo als in Rom gemacht werden könnten. Ohne Zweifel blieben die römischen Kaiser auf die Unterstützung des Heeres angewiesen, und die unausgesprochene Bedrohung durch militärische Gewalt stellte die Schattenseite hinter den Annehmlichkeiten ihrer verfassungsmäßigen Stellung dar.

Dennoch – mit der Ausnahme von Tiberius und Traian und, in geringerem Maße, Vespasian – waren die Kaiser des ersten Jahrhunderts im allgemeinen keine Männer mit gründlicher militärischer Erfahrung. Ebensowenig führten die Ämterlaufbahnen des frühen Kaiserreichs, bei denen sich zivile und militärische Posten und der Dienst in den Provinzen und in Rom miteinander abwechselten, zur Bildung einer in ihrem Beruf selbstbewußten militärischen Elite. Einige imperiale Legaten, wie Agricola und der Verfasser der Kriegslisten Frontinus, waren Männer von beträchtlicher militärischer Erfahrung, die sie sich systematisch aneigneten und in der Praxis anwandten. Doch auch solche Männer blieben dem Lebensstil römischer Senatoren immer eng verhaftet. Ein typisches Beispiel ist Pomponius Secundus, Statthalter in Germanien unter Claudius. Tacitus schrieb, daß er berühmt für seine militärischen Siege war, jedoch noch mehr für die Lyrik, die er verfaßte. Der Kontrast zwischen dieser Situation und der des dritten und vierten Jahrhunderts könnte nicht deutlicher sein.

### Die Romanisierung des Westens

Der unter der Bezeichnung »Romanisierung« geläufige Prozeß war der Ausdruck sowohl des imperialen Initiativreichtums wie auch der wachsenden Bedeutung der Provinzen. Die Römer übten keinen Zwang aus, um sie zu erreichen, gaben jedoch ein zur Nachahmung einladendes Beispiel und verführten die in den Provinzen beheimatete Bevölkerung dazu, sich römisch zu kleiden, die lateinische Sprache zu lernen und – je nach Gegend verschieden – ihre Siedlungen in städtische Zentren umzuwandeln. Im erst kürzlich befriedeten Westen wurden die Bastionen der einheimischen Gemeinden zu Hauptstädten von Verwaltungsdistrikten *(civitates),* die auf der Grundlage früherer Stammesgebiete entstanden. Zuweilen liefen Neugründungen weniger geeigneten älteren Städten den Rang ab. Die gallische Bergstadt Bibracte (Mont Beuvray) zum Beispiel verlor gegenüber Augustodunum (Autun), das am Arroux an einer für Handelszwecke idealen Stelle erbaut wurde, bald an Bedeutung. Ähnlich setzte sich die neue Provinzhauptstadt Virunum in Noricum gegen die einheimische Festung Magdalensberg durch.

Die bürgerlichen Institutionen Roms wurden zunehmend auch in den Provinzen übernommen. Die neuen Städte bekamen Räte *(curiae),* die sich aus den wohlhabenderen Mitgliedern der ansässigen Bevölkerung zusammensetzten, die durch die Übernahme eines öffentlichen Amtes das römische Bürgerrecht erlangten und formell in den alten Wählerdistrikten Roms registriert wurden. Das städtische Amt des *duumvir* in Gallien entprach dem keltischen *vergobret* und dem *sufes* im punischen Afrika.

Die politische Organisation der sich entwickelnden Provinzen war die Leistung der bestehenden Oberklassen. Man kann viele Hinweise auf die politischen Funktio-

Der Triumphbogen von Saintes *(links)* trägt auf seinem Fries die Gedenkinschrift des C. Iulius Rufus, der römischer Priester war und wie man weiß, auch zum Bau des Amphitheaters in Lugdunum *(gegenüber)* beigetragen hat.

*Unten:* Eine hölzerne Votivgabe, die beim Heiligtum von Sources-de-la-Seine nahe Dijon aufgefunden wurde. Die Statue ist ein interessanter Beleg für die volkstümliche keltische Kunst im römischen Gallien, und, wie das Heiligtum selbst, ein Ausdruck alten religiösen Brauchtums im Römischen Reich.

nen und die bürgerliche Freigebigkeit des älteren Adels in den Provinzen finden. In Leptis Magna in Tripolitanien wurden das frühe Theater und fast alle anderen öffentlichen Gebäude des ersten Jahrhunderts von Mitgliedern reicher punischer Familien finanziert. In Saintes (Mediolanum Santonum) in Südwestgallien ging die Finanzierung des 18. n. Chr. erbauten Triumphbogens von C. Iulius Rufusus aus, dem romanisierten Enkel eines keltischen Notablen, der das römische Bürgerrecht von Iulius Caesar erhalten hatte.

Bei dem im Westen erreichten Grad der Verstädterung zeigten sich wesentliche Unterschiede zwischen den mediterranen und den von einem nordeuropäischen Klima beeinflußten Regionen. In Africa ging die Stadtentwicklung schnell voran; in den östlichen Gebieten der Provinz konnte sie sich auf die schon existierenden punischen Gemeinden gründen und in Numidien auf die Entwicklung einheimischer Siedlungen, zu denen noch, wie immer, römische Kolonien kamen. Auch in Spanien beschleunigte sich der Prozeß, doch in Nordgallien, den belgischen und germanischen Provinzen und in Britannien ging es langsamer voran. Viele Städte, wie etwa Verulanium (in der Nähe von St. Albans) in Britannien brachten erst im zweiten Jahrhundert große Steinbauten hervor. Andererseits war Augustodunum, die Hauptstadt der Aeduer, schon im frühen ersten Jahrhundert ein Zentrum römischer Kultur; die Söhne gallischer Adliger wurden dort in Philosophie unterrichtet, als sie im Jahr 21 während eines Aufstandes als Geiseln genommen worden waren.

Im Norden spielte die dörfliche Kultur eine relativ bedeutendere Rolle als in den mediterranen Gebieten, und die Romanisierung sollte nicht nur nach dem Grad der städtischen Entwicklung gemessen werden. Auch müssen wir den in den Dörfern erreichten materiellen Fortschritt berücksichtigen, der auf seine eigene Weise ebenso eindrucksvoll wie der der Städte war.

Noch zwei weitere Faktoren sind für die Einschätzung der wirtschaftlichen Basis der Romanisierung wichtig. Vom Heer war schon die Rede, sowohl im Zusammenhang des Ausbaus der Verkehrswege wie auch der Errichtung von Legionsfestungen, die die Grundlagen für die städtische Entwicklung bildeten. Darüber hinaus ließen

Der Tempel der Göttin Vesunna in Périgueux *(rechts)*, ein überwältigendes Beispiel eines keltischen Schreins aus der frührömischen Zeit. Die mächtige kreisrunde Cella, das innerste Heiligtum, war von einer fein ausgearbeiteten, geheiligten Umfriedung umgeben, deren Fundamente noch erhalten sind. Die Grundrisse ähnlicher Tempel kann man an mehreren Fundstellen in den früheren keltischen Provinzen des Römischen Reiches finden.

Der Altar von Lugdunum wurde im Zusammenhang mit einem Provinzrat, dem Vertreter der drei Gallien angehörten, im Jahre 10 v. Chr. gegründet. Romanisierte Stammeshäuptlinge walteten dort als Priester, und mit den jährlichen Feierlichkeiten, die am 1. August abgehalten wurden, spielte der Altar bei der Einigung Galliens und bei der Erneuerung der Treue zu Rom eine wichtige Rolle. Der Altar selbst ist nicht erhalten geblieben, doch kennen wir sein allgemeines Aussehen von Münzen *(oben)*. Das nahegelegene Amphitheater ist erst kürzlich ausgegraben worden.

sich die aus den Provinzarmeen entlassenen Veteranen gerne ganz in der Nähe nieder und gehörten bald zum einheimischen Kleinadel, den Besitzern von Landhäusern und Mitgliedern städtischer Gemeinden. Die Rolle des Heeres als Mittler der Romanisierung kann man ganz deutlich an vorher unentwickelten Gebieten wie Pannonien und dem Rheinland und den Ebenen Südnumidiens sehen. In schon urbanisierten Gegenden wie dem Osten waren die Soldaten mehr am Sozialleben der bestehenden Städte beteiligt.

Der zweite Faktor ist die italienische Emigration unter der späteren Republik, vor allem nach Spanien, Africa und Kleinasien. Die Kolonisten, die ihr Glück im Ausland gesucht hatten, und auch die Veteranen, die sich nach Feldzügen in den Provinzen ansiedelten, wurden oft sehr wohlhabend, ihre Nachkommen waren die ersten, die bei der Verbreiterung der römischen herrschenden Klasse durch die Zulassung von Provinzbewohnern zum Senat im ersten Jahrhundert des Imperiums in Erscheinung traten. Der Philosoph Seneca, der Dichter Lucanus, der Kaiser Traian, die ersten Konsuln aus Africa, die pactumenischen Brüder von Cirta - sie alle stammten, wie schon ihre Namen zeigen, aus italienischen Familien, die während der Republik ausgewandert waren.

Häufiger gehörten die Provinzsenatoren einheimischen Familien an, die die Gelegenheit ergriffen hatten, ihren Wohlstand und ihren Sozialstatus in Rom zur Geltung zu bringen. Claudius, der sich schon früh des Expansionsprozesses der herrschenden Klasse Roms bewußt war, bot den Aedui besondere Privilegien für ihr Streben nach einem Vorankommen durch Senatorenkarrieren in der Hauptstadt an. Daß Gallier ebenso wie Spanier und Afrikaner und später Griechen und Orientalen zur römischen Regierungsklasse zugelassen wurden, war Teil eines weitläufigeren Prozesses, der den zunehmenden wirtschaftlichen Aufschwung der Provinzen unter römischer Herrschaft reflektierte, und ihre Integration entsprach - mehr oder weniger - dem klassischen Ideal politischen und bürgerlichen Lebens.

Dem Prozeß der Romanisierung waren jedoch in vielerlei Hinsicht Grenzen gesetzt, vor allem was die Bereiche der Kultur und Sprache anbelangte. Das Keltische und die Sprache der Punier blieben weiter in Gebrauch; ein Gesetzestext aus dem frühen dritten Jahrhundert bestätigt, daß Testamente, die in einer dieser Sprachen verfaßt waren, Gültigkeit hatten. Es gibt auch ausgezeichnete Beweise dafür, daß eine heutzutage als Libysch oder Berbersprache definierte einheimische Sprache erhalten blieb, obwohl man nicht beurteilen kann, inwieweit sie den modernen Berberdialekten entsprach. Im Osten wurde nach dem Zeugnis des heiligen Hieronymus in Teilen von Galatia keltisch gesprochen, und zu Zeiten Neros sollen Paulus und Barnabas von den Bewohnern der Stadt Lystra »in der lykaonischen Sprache« begrüßt worden sein (*Apostelgeschichte* 14 : 11). Jenseits des Taurusgebirges, von Antiochien bis Babylonien hinein und südlich bis Gaza, wurde während des ganzen römischen Imperiums syrisch gesprochen, obwohl das Syrische erst mit dem Aufschwung der christlichen Kirche im späten dritten Jahrhundert eine geschriebene Literatur hervorbrachte.

Das Weiterbestehen lokaler Kunstrichtungen, besonders des Reliefs, ist auffällig, da es oft im Gegensatz zu den allgemein üblicheren Formen römisch-imperialer Bildhauerei in den Provinzen steht. Die Tempelarchitektur im keltischen Westen bewahrte sich einen von den klassischen Mustern völlig verschiedenen Stil mit einer großen, von einem ausgedehnten eingefriedeten Bereich umgebenen Cella in der Mitte. Die besten noch erhaltenen Beispiele dafür, in Autun und Périgueux, stehen in geradezu dramatischem Kontrast zu den klassischen Tempeln von Nîmes und Vienne. Die Götter und Göttinnen der westlichen Provinzen waren oft romanisierte einheimische Gottheiten, wie in den Fällen der dreifachen *»Muttergöttinnen«* und des »Gottes mit dem Hammer« im römischen Gallien und den drei behelmten Gottheiten Britanniens. In Africa stellten Virgo Caelestis und Saturn romanisierte Versionen der punischen Götter Tanit und Ba'al Hammon dar. Das Gorgonengesicht der Göttin Sulis-Minerva vom Tempelgiebel in Aquae Sulis (Bath) ist ein besonders beredter Ausdruck für das Weiterleben der bildenden Kunst der Kelten in einem romanisierten religiösen und staatlichen Kontext. Die am wenigsten mit dem zivilisierten römischen Gedankentum zu vereinbarenden religiösen Praktiken, wie etwa das Druidentum, wurden von der Regierung verboten, eines der wenigen Beispiele, in denen die römische Verwaltung reglementierend in die religiösen Angelegenheiten der Provinzen eingriff.

Der staatliche Zusammenhalt wurde auch durch den Kaiserkult gefördert, über den zahlreiche Quellen aus allen Teilen des Römischen Imperiums vorliegen. Ausgehend von Provinzhauptstädten wie Tarraco, Narbo, Ephesos (für Kleinasien) und Sardis (für Lydien) bildete der gemeinsame Kaiserkult ein wichtiges Element für die Loyalität gegenüber Rom. Der Kult wurde von einem Provinzrat geleitet, der sich einmal im Jahr unter dem Vorsitz eines jährlich wechselnden Oberpriesters traf. Der Rat war ermächtigt - je nach den Umständen - dem Kaiser seine formellen Glückwünsche oder Mitleidsbekundungen auszudrücken, und auch, wie aus vielen Inschriften hervorgeht, Botschaften an den Kaiser zu Themen von wesentlichem Interesse für die Provinzgemeinden zu diskutieren und abzusenden.

Es gab allerdings gewisse Unterschiede in der Praktizierung des Kaiserkultes zwischen den westlichen und östlichen Teilen des Reichs. Im Westen konzentrierte sich die Anbetung des Kaisers nicht direkt auf seine Person, sondern auf sein *numen* oder göttliches Wesen, und war mit der Verehrung für die Stadt (oder die Göttin) Roma verbunden. Der Kaiser durfte erst nach seinem Tod als gött-

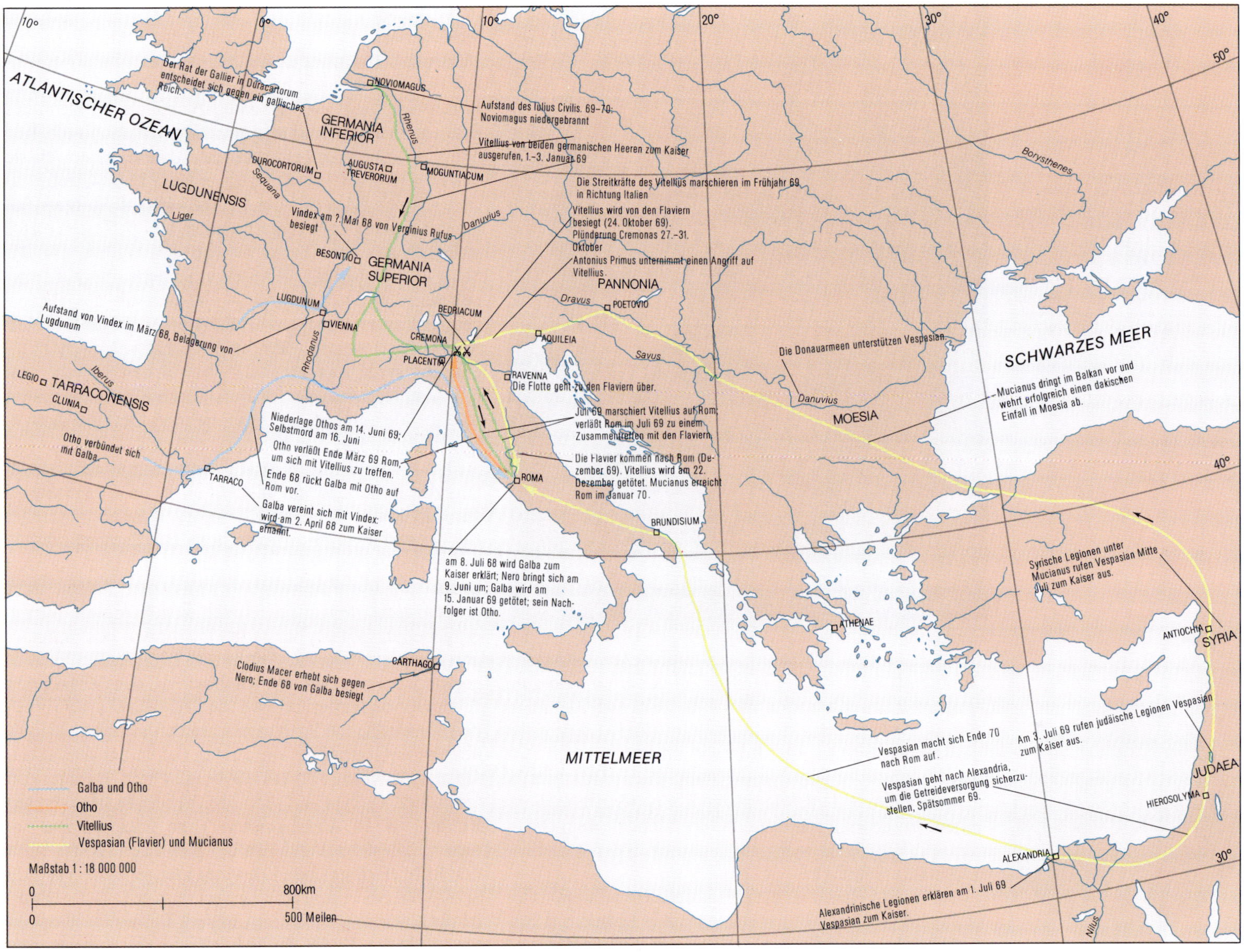


**Die Kriege von 68–70 n. Chr.**
An den Bürgerkriegen von 68–70 n. Chr. beteiligten sich nacheinander alle wichtigen militärischen Gruppen des Reiches. Die Hauptausnahme bildete Britannien mit seinen starken, doch isolierten Kräften. Die einzige afrikanische Legion war zu schwach, um sich behaupten zu können; Galbas bescheidene Kräfte, die von Otho übernommen wurden, konnten den germanischen Armeen, die nach vergeblichen Versuchen, Verginius Rufus zum Kaiser auszurufen, ihre Unterstützung dem Vitellius liehen, nicht widerstehen. Die Hauptstreitmacht stand jedoch hinter Vespasian, dem es gelang, die östlichen Legionen und die Legionen des Donaugebietes miteinander zu vereinigen. In der Schlacht von Cremona (69) feierte er einen eindrucksvollen Sieg über Vitellius und wurde vom römischen Senat als Kaiser anerkannt. Die Soldaten gehorchten im allgemeinen ihren Offizieren, was darauf hinweist, daß sie selbst keine revolutionären oder nationalistischen Ziele verfolgten. Die einzige ernsthafte Unruhe mit nationalistischen Vorzeichen nach der Revolte des Vindex fand unter Iulius Civilis im äußersten Nordosten Galliens statt, doch auch sie führte zu keiner generellen Erhebung.

lich *(divus)* verehrt werden, und auch dann nur, wenn sein Nachfolger und der römische Senat ihre Zustimmung gaben. Im Osten, der die Vergöttlichung der Monarchen schon aus hellenistischer Zeit kannte, war die Anbetung des Kaisers direkter. Die 1961 veröffentlichte Inschrift, die sich auf die Statthalterschaft von Pontius Pilatus in Judäa bezieht, bezeugt, daß es in Caesarea ein »Tiberieum« oder einen Tiberius-Tempel gab; obwohl dieser ein der direkten Vergöttlichung seiner Person mehr als abgeneigter Kaiser war.

Der Begriff der Romanisierung kann für den griechischen Osten kaum angewendet werden. Die Einstellung der Römer gegenüber den Griechen war eine Mischung aus Bewunderung für ihre kulturelle Leistung (eine von Nero reichlich übertriebene Bewunderung) und gönnerhafter Liebe. Für ihren Teil waren die Griechen immun gegenüber dem römischen Einfluß. Im Osten gegründete römische Kolonien blieben latinisch sprechende Enklaven, die allmählich von ihrer griechischen Umgebung absorbiert wurden. Doch es strömten auch Griechen nach Rom, um römische Förderer zu finden – Männer wie der Geograph Strabo, der Astrologe Thrasyllos und viele Dichter, Historiker und Künstler. Die griechische und orientalische Welt mit ihrem kulturellem und religiösem Gedankengut gelangte entlang dem Mittelmeer nach Rom. Im zweiten Jahrhundert kam es zu einer gewaltigen Blüte dieser griechisch-römischen Kultur mit der sogenannten »neosophistischen« literarischen Bewegung und den dazugehörigen Entwicklungen in der Kunst (s. S. 110–12). Zur gleichen Zeit stellten Männer aus dem griechischen Osten einen immer größeren Anteil an der Regierung, sie wurden schon im frühen zweiten Jahrhundert Senatoren, Konsuln und Provinzstatthalter. Die Übertragung des römischen Regierungsideals auf den griechischen Osten, das Kerngebiet des späteren Byzanz, war auf dem Höhepunkt des Römischen Imperiums schon vorweggenommen worden.

Man hat das Argument vorgebracht, die Bürgerkriege von 68–70 n. Chr., durch die die iulisch-claudische Periode beendet wurde, seien ein Ausdruck der Unzufriedenheit in den römischen Provinzen gewesen. Der Ansicht, daß Vindex ein »nationalistischer« Führer war, der danach strebte, ein unabhängiges »Reich der Gallier« zu begründen, widerspricht seine Münzprägung und auch das, was man von seiner traditionell römischen Politik und seinen Vorstellungen weiß. Doch indem er seine Streitkräfte aus der Bauernschaft des flachen Landes in Gallien rekrutierte, betrog er sich um seine Stellung als Stammesdynast wie als römischer Senator, und auf dieser Ebene war sein Aufruhr ein Ausdruck, wenn nicht seines Nationalgefühls, dann sicher seiner Verbundenheit mit jenem Teil Galliens, aus dem er kam. Der wichtigere Aspekt der Bürgerkriege von 68–70 war jedoch vielleicht, daß es bei den gegebenen Verhältnissen und der allgemeinen Unordnung zu keinen nationalistischen Abspaltungsversuchen in den römischen Provinzen kam.

*Rechts:* Eine wundervolle Aussicht vom *cubiculum* der Villa des Publius Fannius Sinister in Boscoreale.

# Stadtleben in Pompeii

Das ursprüngliche etruskische Pompeii wurde im fünften Jahrhundert v. Chr. von den Samniten eingenommen. Danach blieb die Stadt eine weitgehend Oskisch sprechende Gemeinschaft, bis Sulla im Jahre 80 v. Chr. dort eine Kolonie gründete. In der Folge schritt die Romanisierung schnell voran. Nach der Zerstörung durch den Vesuv-Ausbruch im Jahre 79 n. Chr. lag die Stadt unter einer Aschen- und Schlammschicht verborgen, bis im 18. Jahrhundert erste Ausgrabungen die bemerkenswert gut erhaltenen Überreste ihres täglichen Lebens ans Tageslicht brachten.

Die Wirtschaft Pompeiis basierte hauptsächlich auf der Agrarproduktion des fruchtbaren Hinterlandes, besonders auf dem Wein- und Olivenanbau. Die Stadt war aber auch ein blühendes Industrie- und Handelszentrum, wobei die Herstellung von Stoffen und Filzen an erster Stelle stand. Die archäologischen Funde belegen auch das Vorhandensein kleinerer handwerklicher Produktionsstätten, einen Kleinhandel und Dienstleistungsbetriebe.

Wie alle römischen Städte hatte auch Pompeii eine lokale Regierung, die sich in ihrem Aufbau eng an Rom anlehnte. Die Legislative bestand aus einem Stadtrat *(ordo)* von 80–100 Männern *(decuriones)*, die der besitzenden Klasse angehörten und ihr Amt auf Lebenszeit versahen. Die ausführenden Organe waren zwei jährlich neu zu wählende *duoviri*, die den römischen Konsuln entsprachen, und die *aediles*, die die Verwaltung besorgten.

Während die Armen meistens in kleinen Behausungen oder in den *tabernae* (Läden) wohnten, besaßen die Reichen luxuriöse Stadthäuser, mit einer großen zentralen Halle *(atrium)* und einem säulenumgebenen Innenhof (Peristyl). Die Häuser waren reich mit Gemälden ausgeschmückt, die die Hauptquelle für unsere Kenntnisse der römischen Malerei darstellen.

*Rechts:* Gemälde mit Eiern und Drosseln. Stilleben waren in der Zeit des vierten Abschnitts (um 55–79 n. Chr.) besonders beliebt.
*Unten:* Das »Haus der Silberhochzeit« (Casa delle Nozze d'Argento) zeigt uns den Standardgrundriß eines Atriumhauses. Das Atrium war ein zentraler Raum mit einem offenen Lichtschacht an der Deckenmitte; ein rechteckiges Becken *(impluvium)* auf dem Boden fing das Regenwasser auf.
*Unten rechts:* Das Peristyl, der von Säulen umgebene Hofgarten des Hauses der Vettier/Casa dei Vetti.
*Gegenüber rechts:* Blick von den nördlichen Stadtmauern südwärts auf das Forum.
*Gegenüber unten links:* Straße in Pompeii. Man beachte die hohen Bürgersteige und die Trittsteine für die Fußgänger.
*Gegenüber unten rechts:* Blick von Süden auf das Forum. Links vom Boden steht das Capitolinum, der Tempel des Iupiter, der Iuno und der Minerva. Im Hintergrund erkennt man den Vesuv.

# Das Republikanische Rom

Die Stadt Rom machte während der Republik ein außergewöhnliches Wachstum durch. Hatte sie am Ende des sechsten Jahrhunderts bereits eine beträchtliche Größe erreicht, so stieg ihre Bevölkerung um 300 v. Chr. auf vielleicht 100000 Einwohner, und zur Zeit Caesars lebten nahezu eine Million Menschen in der Stadt. Die schmutzigen Mietskasernen, die zur Kaiserzeit ihr Gepräge bestimmten, traten während der Hannibalischen Kriege zum ersten Mal auf. Öffentliche Gebäude, darunter auch Tempel und dekorative Monumente, wurden in großer Zahl erstmals zur Zeit von Appius Claudius gebaut, auf den auch der erste Aquaedukt (312) zurückgeht. Die Zahl der öffentlichen Gebäude nahm zu, besonders als sich das Reich nach dem Zweiten Punischen Krieg stark ausdehnte. Schließlich begannen die Herrscher des ersten Jahrhunderts v. Chr., wie Sulla, Pompeius und Caesar, mit Bauprojekten, die den persönlichen Ruhm der Herrscher vergrößern sollten und das gesamte Aussehen der Stadt veränderten. Aus der Zeit der Republik sind leider nur wenige Bauwerke erhalten geblieben, weil man in den grandiosen Bauprogrammen der Kaiserzeit neue Denkmäler an ihre Stelle setzte.

*Oben:* Marmorrelief aus dem Lacus Curtius. Einer alten Legende zufolge fand ein gewisser Curtius den Tod, als er und sein Pferd von einem Erdriß inmitten des Forums verschluckt wurden. Bei diesem Curtius soll es sich um einen sabinischen Herrscher gehandelt haben, der im Krieg gegen Romulus gekämpft hatte. In einer anderen Version der Geschichte traf das Unglück im 4. Jahrhundert einen römischen Ritter. Das Relief, das aus der Zeit der Republik stammt, wurde im 16. Jahrhundert durch eine Replik ersetzt, wobei das Original ins Museum ging.

*Oben:* Das Forum Romanum bildete jahrhundertelang das Zentrum des politischen und religiösen Lebens in Rom. Seine frühesten Baudenkmäler, wie der Lapis Niger *(s. S. 22)*, der Tempel der Vesta *(gegenüber)* und die Curia, gehen auf die Königszeit zurück. Hier ist die Via Sacra, die älteste Straße in Rom, abgebildet, die zwischen dem Lacus Curtius *(links)* und der Basilica Iulia *(rechts)* verläuft. Nahe der Basilica befanden sich die drei noch erhaltenen Säulen des republikanischen Castor-Tempels; er stand an der Stelle eines archaischen Tempels, der in Erinnerung an den Sieg beim Lacus Regillus im Jahre 499 v. Chr. errichtet worden war. Im Hintergrund erhebt sich dominierend der Titusbogen, der aus der Kaiserzeit stammt.

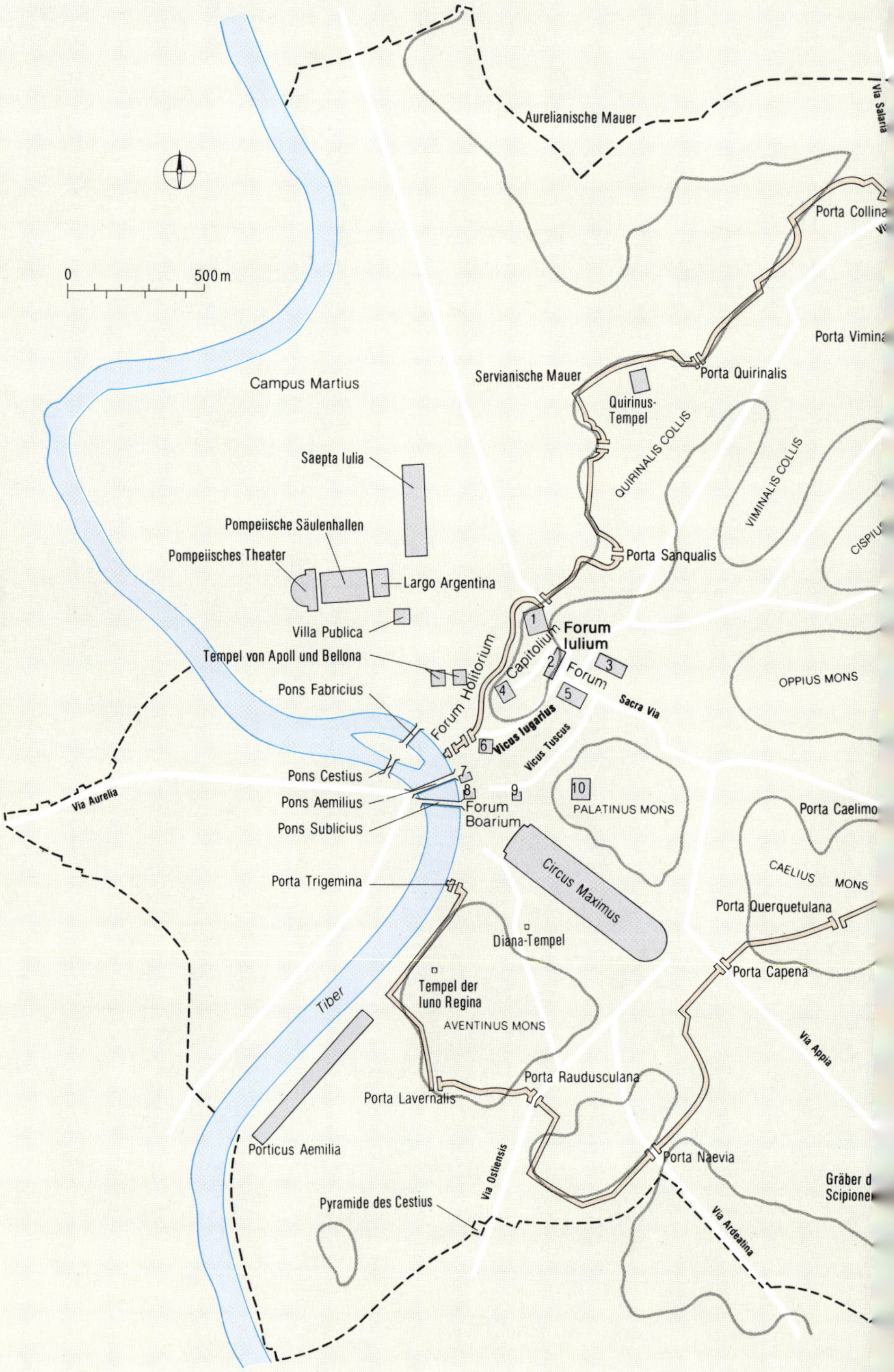

*Rechts:* Dieser gut erhaltene rechteckige Tempel aus dem frühen 1. Jahrhundert v. Chr. ist allgemein als Tempel der Fortuna Virilis bekannt, stellt aber wahrscheinlich den Tempel des Portunus dar, einer Gottheit, die mit dem nahegelegenen Hafen in Verbindung stand.

*Rechts außen:* Das Forum von Caesar (geweiht 46 v. Chr.) wurde von einem großen Tempel der Venus beherrscht, der mythischen Urahnin des iuliaschen Geschlechts. Eine Reiterstatue des Diktators stand in der Mitte des Platzes.

*Unten rechts:* Der monumentale Komplex des Largo Argentina kam in den zwanziger Jahren unseres Jahrhunderts ans Tageslicht, als man bei Ausgrabungen vier republikanische Tempel entdeckte, die aus dem späten 4. bis zum Ende des 2. Jahrhunderts datieren. Das Bild zeigt die Überreste des Tempels A aus dem 3. Jahrhundert.

*Unten rechts außen:* Der Pons Fabricius, der das linke Flußufer mit der Tiberinsel verbindet, wurde von L. Fabricius, dem Oberaufseher über die Straßen, im Jahre 62 v. Chr. erbaut.

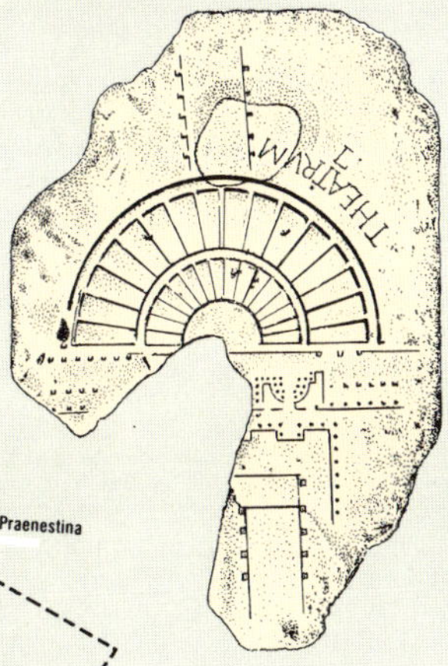

*Oben:* Pompeius ließ das erste steinerne Theater Roms errichten und weihte es 55 v. Chr. ein. Von diesem Bauwerk ist nur wenig erhalten geblieben, doch sein Aufbau ist auf dem Bruchstück eines marmornen Stadtplanes aus dem 3. Jahrhundert noch erkennbar.

*Oben rechts:* Über die Milvische Brücke (109 v. Chr.) im Norden Roms führt die Via Flaminia nach Etrurien und Umbrien.

*Rechts:* Das Forum Romanum vom Palatin aus gesehen. Hinter den Säulen des Castor-Tempels befindet sich die Curia oder das Senatshaus, das Sulla im Jahre 80 v. Chr. begonnen und Iulius Caesar im Jahre 44 neu erbaut hatte.

*Rechts außen:* Der Tempel der Vesta auf dem Forum Romanum. Seit frühester Zeit stand hier ein Heiligtum dieser Göttin.

# Rom in der frühen Kaiserzeit

Das kaiserliche Rom war ein riesiger städtischer Großraum mit vermutlich mehr als einer Million Einwohnern, von denen die meisten unter erbärmlichen Bedingungen lebten. Die verschmutzten Slums standen in krassem Gegensatz zu den prächtigen öffentlichen Gebäuden, die Augustus und seine Nachfolger errichten ließen. Augustus behauptete von sich selbst: »Ich verließ Rom als eine Stadt aus Marmor, obwohl ich sie als eine Stadt aus Backsteinen angetroffen hatte.« Bei dem katastrophalen Brand von 64 n. Chr. ging dann fast die ganze Stadt in Flammen auf. Tacitus berichtet, daß »von den 14 Distrikten, in die Rom eingeteilt war [s. Karte S. 19], nur vier unbeschädigt überstanden (I, V, VI, XIV). Drei wurden bis auf den Grund zerstört (III, X, XI), und in den restlichen sieben blieben nur wenige Häuser stehen, allerdings halb verbrannt und schwer beschädigt.« Nero begann energisch ein Wiederaufbauprogramm, zu dem auch ein großer neuer Palast gehörte, die Domus Aurea (das »Goldene Haus«), das sich vom Palatin bis zur Servianischen Mauer auf dem Esquilin erstreckte. Auf diesem Gebiet standen später der Tempel der Venus und Roma (135 n. Chr.), das Colosseum (80 n. Chr.) und die Thermen des Traian, die zu den drei großen Badeanlagen, die den grandiosen Höhepunkt der römischen Monumentalarchitektur darstellen, zählten; die anderen Thermen ließen Caracalla und Diocletian erbauen.

*Rechts:* Diese gekonnte Darstellung von Marc Aurel ist die einzige bronzene Reiterstatue, die uns aus klassischer Zeit erhalten geblieben ist.

*Rechts außen:* Die Traiansmarkthallen sind ein vielgeschossiger Gebäudekomplex, der auf das Traiansforum hinabblickt. Der Raum, den sie einnehmen, wurde aus den Südwestabhängen des Quirinal herausgemeißelt. Der Markt besteht aus einer großen überwölbten Halle, die von Geschäften umgeben ist. Diese befanden sich hinter einer grandiosen Backsteinexedra, die die östliche Seite des Traiansforums bildet. Wie auch das Forum und die Thermen des Traian geht dieser Marktkomplex auf einen Entwurf des Architekten Apollodorus von Damaskus zurück.

Der Bogen, der das westliche Ende des Forums dominiert, entstand im Jahre 203 zu Ehren von Septimius Severus und seiner Söhne Caracalla und Geta. Der Name des Geta wurde nach seiner Ermordung (212) aus der Inschrift gelöscht. Die Reliefs zeigen Szenen aus den Kriegen des Severus gegen die Parther und Araber.

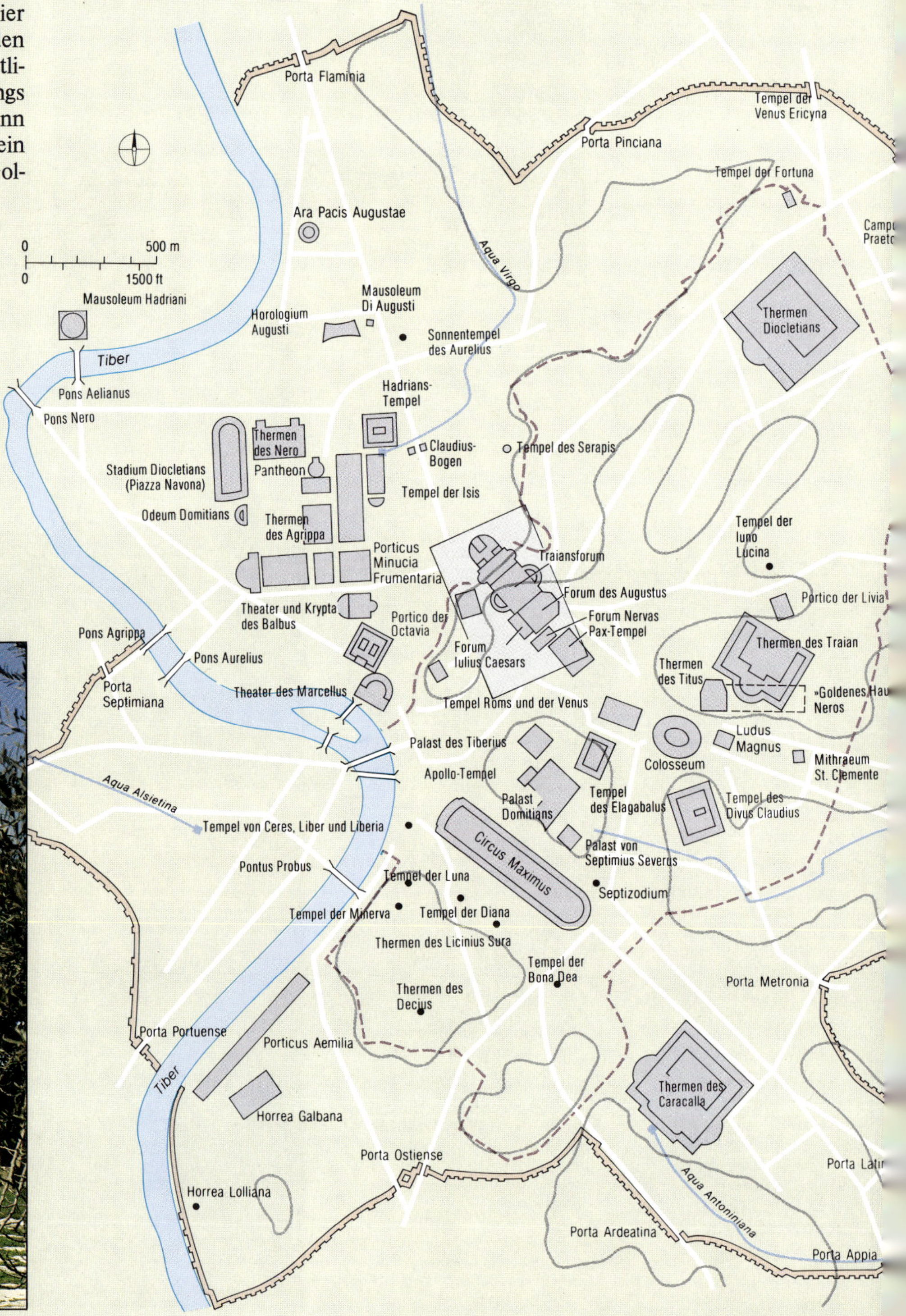

AUSSCHNITT
1 Traianssäule
2 Bibliotheken
3 Atrium Libertatis
4 Reiterstatue Traians
5 Tempel der Venus Genetrix
6 Tempel von Antoninus und Faustina
7 Regia
8 Tempel Iulius Caesars
9 Augustusbogen
10 Tempel der Vesta
11 Atrium Vestae
12 Castor-Tempel
13 Argiletum
14 Tempel des Saturn
15 Rostra
16 Septimius-Severus-Bogen
17 Porticus Di Consentes
18 Tempel Vespasians
19 Tempel der Concordia
20 Forum Romanum

*Oben:* Den Tempel des Antoninus und der Faustina, 141 von Antoninus Pius auf dem Forum erbaut, wandelte man im Mittelalter in eine Kirche um; die Barockfassade kam 1602 hinzu.

*Oben rechts:* Das flavische Amphitheater, das Colosseum, wurde von Vespasian begonnen und von seinen Söhnen Titus und Domitian fertiggestellt. Es ist über 50 Meter hoch und bedeckt ein elliptisches Gebiet mit den Maßen 188 × 156 Meter. Das Colosseum, offiziell eröffnet im Jahre 80 n. Chr., faßte 73 000 Zuschauer.

*Rechts außen:* Die Traianssäule (113 n. Chr.). Auf ihren Reliefs werden die Dakerkriege des Kaisers verherrlicht.

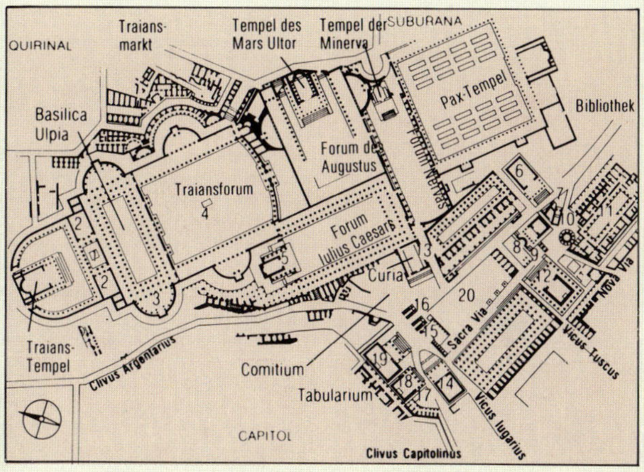


*Oben:* Die Aqua Claudia, nach 14jähriger Bauzeit 52 von Claudius vollendet, schaffte Wasser von einer 68 Kilometer weit entfernten Quelle in der Nähe von Subiaco in die Hauptstadt.

*Rechts:* Ausschnitt aus dem Rommodell im Museo della Civiltà Romana, Rom. Im Vordergrund ist der Circus Maximus zu sehen; dahinter befinden sich die Kaiserpaläste auf dem Palatin. Ganz oben von links nach rechts: das Forum, die Basilica des Maxentius, der Tempel der Venus und Roma, das Colosseum und der Tempel des *divus* Claudius.

# Ostia, der Hafen Roms

Der Überlieferung zufolge geht die Gründung Ostias auf König Ancus Marcius zurück, doch von dieser frühen Siedlungsstufe haben sich bis jetzt noch keine Spuren gefunden. Die ältesten Überreste stammen aus dem vierten Jahrhundert v. Chr. Ostia war im Zweiten Punischen Krieg eine wichtige Flottenbasis und dehnte sich im zweiten Jahrhundert v. Chr. stark aus, da es als Handelshafen für die wachsende Bevölkerung Roms diente. Im frühen Kaiserreich konnte der Flußhafen das enorm angewachsene Schiffsaufkommen nicht länger verkraften, und so baute Claudius drei Kilometer weiter nördlich bei Portus einen großen, künstlichen Hafen, der von Traian noch vergrößert wurde. Seine Blütezeit hatte Ostia im zweiten Jahrhundert n. Chr., wobei sich seine Einwohnerzahl fast verdoppelte, und vielgeschossige Mietskasernen, öffentliche Gebäude und Anlagen im großen Umfang entstanden. Im dritten Jahrhundert jedoch kamen die Bauvorhaben fast zum Erliegen. Die Bevölkerungszahl nahm ab, der Handel hatte eine Krise und die Stadt verlor zunehmend an Bedeutung.

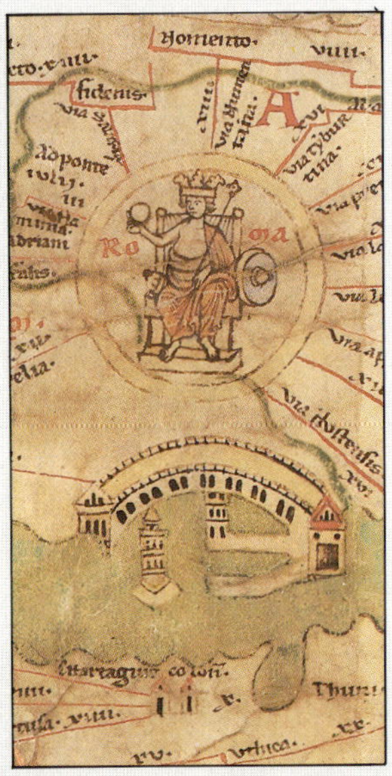

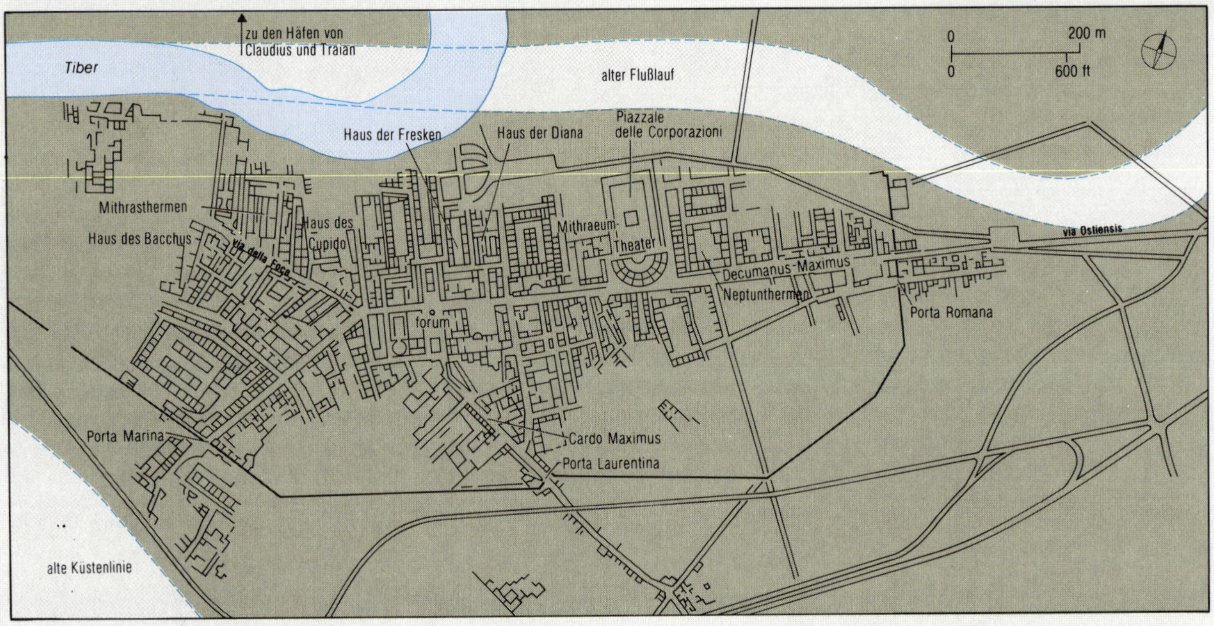


*Ganz oben links:* Der Hafen bei Portus in der Zeit um 350 n. Chr., wie er auf der mittelalterlichen Peutingerschen Tafel abgebildet ist.

*Oben links:* Hafenszene auf einem Marmorrelief aus der Zeit um 200 n. Chr. Das Schiff mit den zusammengerollten Segeln *(rechts)* wird bei den Docks gelöscht. *Links* läuft ein weiteres Schiff in den Hafen ein, während die Mannschaft ein Dankopfer für ihre sichere Rückkehr darbringt. Man beachte das Emblem der Stadt Rom, die Wölfin und die Zwillinge, auf dem Großsegel. Im Hintergrund ist ein Leuchtturm zu erkennen, wahrscheinlich jener, der zur Zeit des Claudius errichtet wurde. Die dominierende Figur in der Mitte stellt Neptun mit seinem Dreizack dar.

*Rechts:* Luftbild des Hafens von Portus. Der sechseckige Grundriß des von Traian errichteten inneren Beckens ist deutlich zu erkennen.

*Unten:* Blick auf den Decumanus Maximus, die Hauptstraße von Ostia.

*Unten:* Grabmalerei aus Ostia mit der Darstellung eines Flußschiffes, das für die Reise stromaufwärts nach Rom mit Korn beladen wird. Der Kapitän Farnaces hält im Heck das Ruder. Die Darstellung von Lastträgern erinnert uns daran, daß viele Einwohner von Rom und Ostia in den Docks Arbeit fanden.

*Unten Mitte:* Mosaik des 2. Jahrhunderts n. Chr. in der Piazzale delle Corporazioni. Dieser große mit Säulen geschmückte Platz in der Stadtmitte war von Reederbüros umgeben, in denen Vertreter zahlreicher Handelsgesellschaften saßen. Die Büros sind mit Mosaiken geschmückt, die Szenen aus der Seefahrt darstellen.

Einen Hinweis auf das Ausmaß des Seehandels im Mittelmeer geben uns die alten Wracks, die Unterwasserarchäologen entdeckt haben. Die Konzentration in bestimmten Gebieten, beispielsweise vor der Südküste Frankreichs, widerspiegelt die Intensität der archäologischen Forschung und sollte nicht so gedeutet werden, daß jene Gewässer besonders befahren oder für die damalige Schiffahrt außerordentlich gefährlich waren. Die zeitliche Konzentration datierbarer Wracks in der Periode von 300 v. Chr. bis 300 n. Chr. zeigt, daß der Handel in der Klassischen Zeit viel bedeutender war als in den Perioden zuvor und danach.

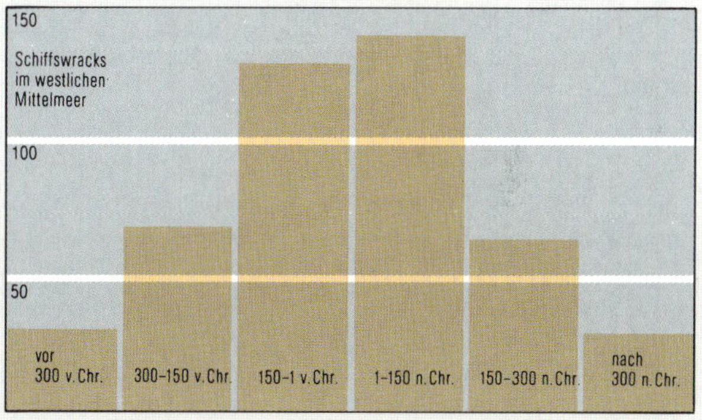


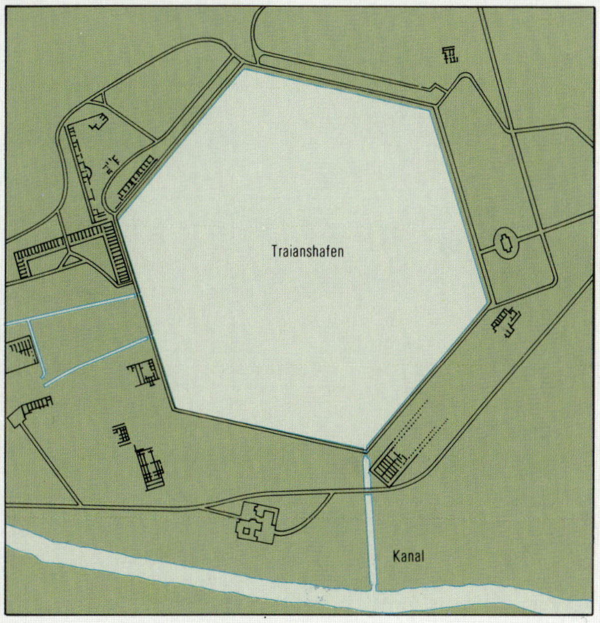


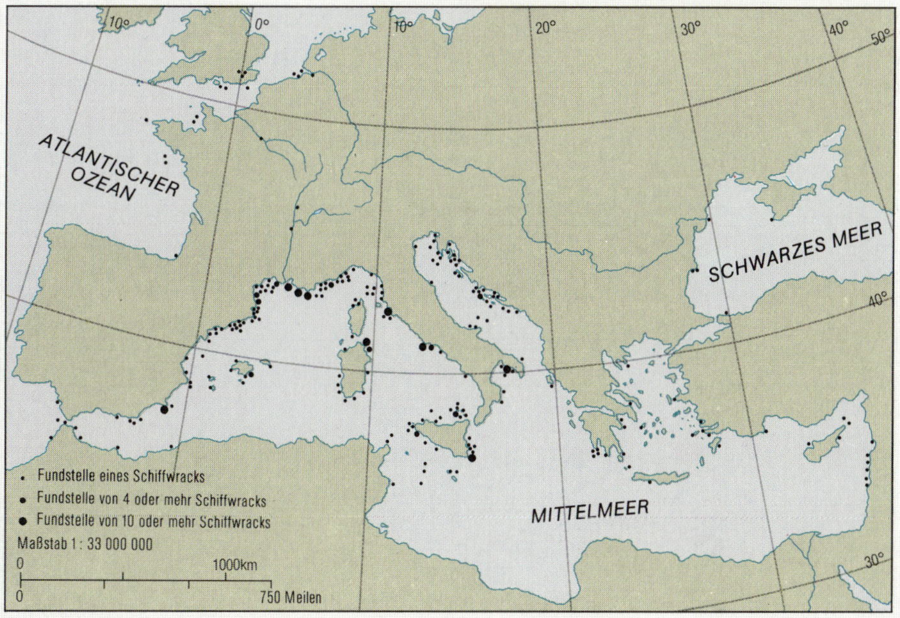

# Die römischen Staatskulte

Seit den frühesten Zeiten übernahmen die Römer griechische Kulte und religiöse Ideen. Der erste Apollotempel wurde während einer Seuche im Jahre 431 v. Chr. errichtet. Den Kult des Apollo förderte Augustus in besonderem Maße; er baute ihm einen Tempel auf dem Palatin. Apollo ist hier *(unten)* mit seiner Lyra auf einer Münze aus der Zeit um 10 v. Chr. abgebildet.

Die traditionelle heidnische Religion Roms erscheint uns als ein konfuses Gemisch archaischer Zeremonien und Rituale, die unablässig und mechanisch wiederholt wurden, um sich das Wohlwollen der Götter – die *pax deorum* – zu sichern. Es oblag dem *pater familias*, die richtigen Rituale durchzuführen, um die Hausgötter, wie die Vesta (die Göttin des Herdes), die Penaten (die Beschützer des Vorratsschrankes) und die Laren (die Ahnengötter) gütig zu stimmen. Eine ähnliche Funktion übernahmen für die Gemeinschaft als ganzes die verschiedenen Priester. Im Laufe der Zeit entstanden zahlreiche öffentliche Kulte, die in den Hunderten von Schreinen und Tempeln in und um die Stadt ihren Sitz hatten. Die Priester bildeten keine eigene Berufsklasse, sondern rekrutierten sich aus Mitgliedern der herrschenden Aristokratie, die auch Magistratsposten innehatte und militärische Befehlshaber stellte. Die wichtigsten Priester waren die *pontifices*, die die Staatsfeste und den Kalender überwachten, die *augures*, deren Amt die Weissagung war, und die *decemviri sacris faciundis*, die sich mit den heiligen Büchern und den fremden Kulten beschäftigten. Es gab noch zahlreiche weitere Priester, etwa die *flamines*, die *fratres Arvales* (»Arvalische Brüder«), die *fetiales*, die *salii*, den *rex sacrorum* und die Vestalinnen. Diese alle unterstanden der Autorität des obersten Priesters, des *pontifex maximus*, der zugleich das Haupt der Staatsreligion war.

Weissagungen auf Grund der Eingeweideschau spielten in der römischen und in der etruskischen Religion eine große Rolle. Etruskische Weissager, die *haruspices,* galten als besonders erfahren und wurden regelmäßig von den Römern konsultiert. Dieser etruskische Spiegel *(links)* zeigt den mythischen Seher Kalchas.

*Unten:* Opferung eines Ochsen, eines Schafes und eines Schweins *(suovetaurilia).* Darstellung aus einem Gebäude des Diocletian (frühes 4. Jahrhundert), einem der letzten heidnischen Kaiser.

Die sechs Vestalinnen versahen den Kult der Vesta, der Göttin des häuslichen Herdes. Vor allem hüteten sie das heilige Feuer, das ständig in einem Gebäude auf dem Forum brannte. Die Vestalinnen wurden unter Mädchen im Alter zwischen sechs und zehn Jahren ausgesucht und mußten mindestens 30 Jahre lang im Dienst und jungfräulich bleiben.

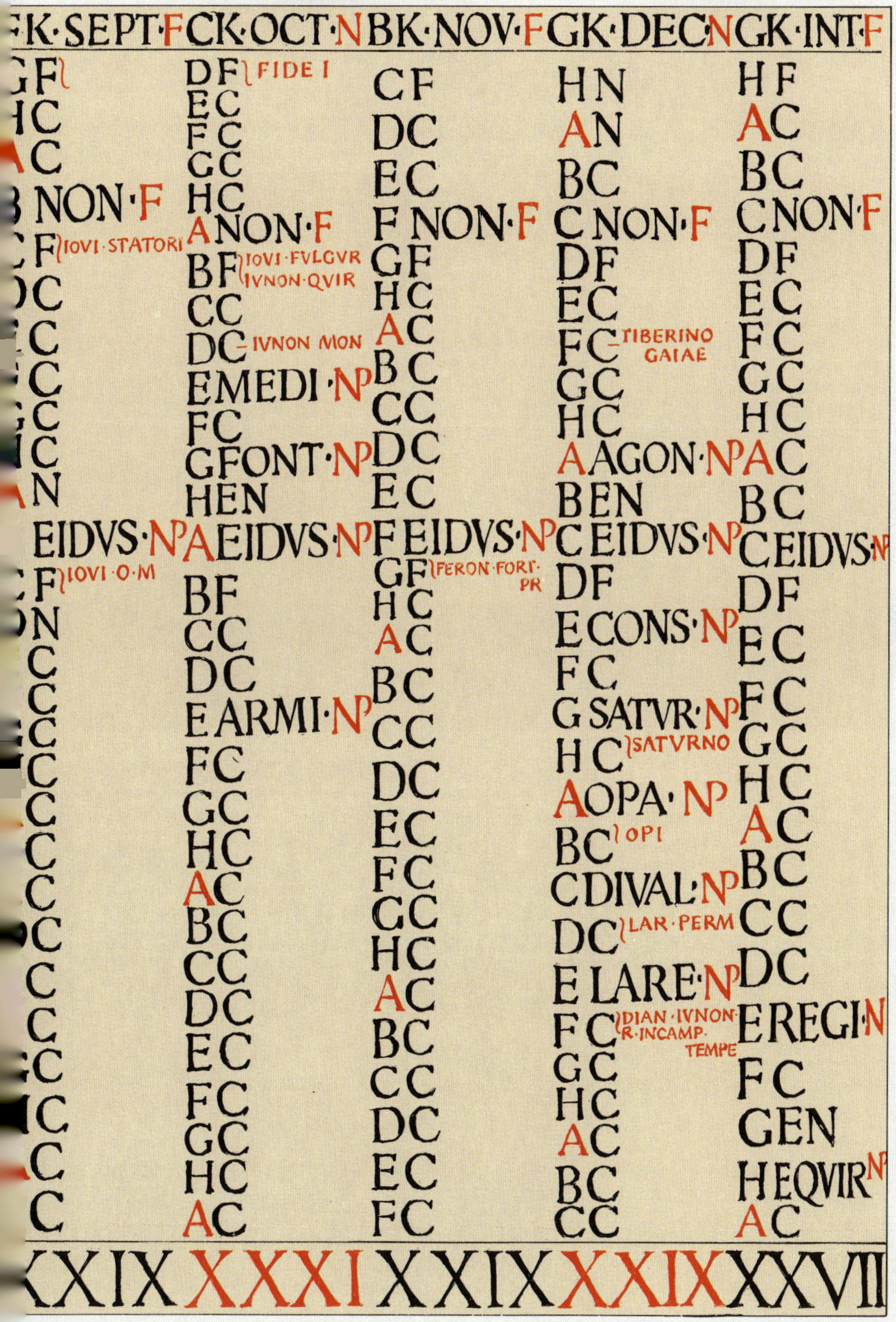


Vor 46 v. Chr., als Iulius Caesar den noch heute gebräuchlichen Kalender einführte, umfaßte das römische Jahr 355 Tage, die auf zwölf Monate verteilt waren: vier von ihnen bestanden aus 31 Tagen (März, Mai, Quintilis/ Juli, Oktober), einer aus 28 Tagen (Februar), die übrigen aus 29 Tagen. Beim Versuch, diesen offiziellen Kalender mit dem Sonnenjahr in Einklang zu bringen, schalteten die Römer jedes zweite Jahr einen Zwischenmonat ein, der 22 oder 23 Tage hatte. Das System wurde aber weder regelmäßig noch in kompetenter Weise in die Praxis umgesetzt, so daß der Kalender oft ganz erheblich von der eigentlichen Jahreszeit abwich. Um dies wieder zu berichtigen, mußte Caesar das Jahr 46 v. Chr. (das »letzte Jahr der Verwirrung«) um 90 Tage verlängern.

Unsere Kenntnisse des vorjulianischen Kalenders beruhen zum Teil auf literarischen Zeugnissen und zum Teil auf einem Kalenderbruchstück aus Antium, den *Fasti Antiates Maiores;* in seiner Rekonstruktion *(links)* stellt er den einzigen uns erhaltenen vorjulianischen Kalender dar.

Innerhalb eines jeden Monats gab es drei Fixpunkte, die ursprünglich mit den Mondphasen übereinstimmten; es waren dies die Kalenden, die dem ersten Tag des Monats entsprachen, die Nonen, entweder am fünften oder siebten Tag, und die Iden, entweder am 13. oder 15. Tag. Die jeweiligen Tage des Monats wurden von diesen Fixtagen an zurückgezählt, wobei die Fixtage in die Zählung miteingeschlossen waren. So fand z. B. die Schlacht von Cannae (2. August 216 v. Chr.) am »vierten Tag vor den Nonen des August« statt. Die Monate wurden in »Wochen« von acht Tagen eingeteilt; an jedem achten Tag *(nundinae)* fand der Markt statt. Auf den Kalendern war jeder Tag mit einem Buchstaben von A–H gekennzeichnet, je nach seiner Stellung im Nundinalzyklus *(s. Abb.)* Abgesehen von dieser Bezeichnung trug jeder Tag noch einen oder mehrere weitere Buchstaben, die angaben, ob es sich um einen Werktag oder um einen Feiertag handelte. Der Buchstabe F *(fastus)* stand für einen gewöhnlichen Arbeitstag, an mit C *(comitialis)* markierten konnten Versammlungen abgehalten werden. Ein N *(nefastus)* bedeutete, daß bestimmte öffentliche Geschäfte verboten waren, und die Abkürzung EN *(endotercisus)* bezeichnete einen halben Arbeitstag.

Die Buchstaben NP (wahrscheinlich *nefastus publicus)* wiesen üblicherweise auf Tage, an denen große öffentliche Feiern stattfanden. Ihre Namen waren gleichfalls in abgekürzter Form beigegeben, z. B. Termi(nalia), Agon(alia), Fordi(cidia) usw. Abgesehen von diesen feststehenden Festen *(feriae stativae)* gab es eine Reihe variabler Feste *(feriae conceptivae),* wie die *Ambarvalia,* an denen ein Flurumgang veranstaltet wurde, um die Saaten vor feindlichen Mächten zu schützen. Sie traten nicht im Kalender auf, sondern die Oberpriester legten sie jährlich neu fest.

Die Feste selbst hatten ihren Ursprung teils in archaischer Zeit, und die meisten Forscher stimmen darin überein, daß die grundlegenden Elemente des republikanischen Festkalenders mindestens ins 6. Jahrhundert v. Chr. zurückreichen. Die Feierlichkeiten reflektieren die Bedürfnisse einer einfachen, landwirtschaftlich orientierten Gesellschaft. Ihre Aufgabe war es, die Fruchtbarkeit des Bodens, die Gesundheit der Herden und glückliche Geburten zu gewährleisten, die Geister der Toten zu besänftigen und Krankheit und Seuchen abzuwenden. Gleichzeitig verweisen Zeremonien wie das *Tubilustrium* (Reinigung der Trompeten) und das *Armilustrium* (Reinigung der Waffen) auf den militanten Charakter der frühen römischen Gesellschaft. Viele der unterschiedlichen Riten waren reiner Popanz, und zur Zeit der späten Republik konnten die Römer selbst nicht mehr viel von dem erklären, was sie taten, und oft wußten sie nicht einmal die Götter zu nennen, denen die Feierlichkeiten galten.

Über die *Furrinalia* (25. Juli) schreibt Varro: »Die Vorfahren zollten der Furrina Ehre, richteten ein jährliches Opfer für sie ein und gaben ihr einen eigenen Priester. Doch ist heute nur noch ihr Name bekannt, und der auch nur noch wenigen.« Zu den besser bekannten Feierlichkeiten zählten die *Lupercalia* (15. Februar), ein Reinigungsfest, bei dem Gruppen junger, nackter Männer um den Palatin liefen und jede Frau, die sie antrafen, mit Bändern aus Ziegenleder schlugen. Die *Saturnalia* (17. Dezember) waren die Vorläufer des heutigen Weihnachtsfestes. Dem Schriftsteller Accius zufolge feierte man diesen Festtag durch einen Festschmaus, bei dem jeder Hausherr seine eigenen Sklaven bediente.

# Orientalische Kulte

Die orientalischen Religionen, die sich während der späten Republik und dem frühen Kaiserreich in Rom und den westlichen Provinzen ausbreiteten, gehörten zu einer den Glaubensüberzeugungen und Praktiken des römischen Heidentums völlig fremden Gedankenwelt. Die überkommenen Religionen hatten die Bedürfnisse einer einfachen bäuerlichen Gesellschaft erfüllt und, in ihrer fortgeschrittenen Form, die politischen Aktivitäten und den sich entwickelnden Imperialismus der Republik sanktioniert. Einer kosmopolitischen, städtischen Gesellschaft konnten sie jedoch immer weniger genügen. Zuerst brachten Händler, Kaufleute und vor allem Sklaven die orientalischen Kulte in den Westen; so ist zum Beispiel festzuhalten, daß Antiochos, der Anführer des ersten sizilischen Sklavenaufstandes (ca.136–132 v. Chr.), ein Anhänger der Atargatis, der »syrischen Göttin«, war und einen großen Teil seines Charismas aus dem Anspruch ableitete, ihr Schützling zu sein. Aufgrund der massenhaften Freilassung von Sklaven und der im Zusammenhang mit dem Handel einsetzenden, spontanen Einwanderung entstanden große griechische und orientalische Gemeinden in allen größeren Städten des westlichen Imperiums. Sie entwickelten sich zum Mittelpunkt für die Verbreitung orientalischer Kulte, so wie die jüdischen Gemeinden der Diaspora Zentren für die Expansion des frühen Christentums waren. Der Ideenaustausch wurde auch durch das gut ausgebaute Verkehrsnetz gefördert, das unter römischer Herrschaft alle Teile des Reiches miteinander verband.

Der Kult der »syrischen Göttin« war einer der bedeutendsten unter den immer populäreren mystischen Religionen. Andere schlossen die phrygischen Kulte von Cybele und Sabazios mit ein, die ägyptische Isis und den persischen Mithras. Man könnte auch das palästinisch-jüdische Christentum dazurechnen, das trotz bestimmter einzigartiger Aspekte viel mit den anderen orientalischen Kulten gemeinsam hatte.

Die orientalischen Religionen unterschieden sich vom traditionellen Paganismus insofern, als sie sich direkt an das Individuum wandten und ihm die Möglichkeit persönlicher Erlösung durch den Umgang mit den göttlichen Mächten suggerierten. Bei der Bekehrung spielten die Initiationsriten und die Offenbarung von Mysterien eine wichtige Rolle. Besonderen Wert maß man rituellen Mahlzeiten bei, dem Schmerz als Mittel der Sühne und Reinigungszeremonien. Eine der spektakulärsten unter ihnen war der ursprünglich mit dem Cybele-Kult zusammenhängende, dann jedoch allgemeiner gebräuchliche mystische Taufakt, das *Taurobolium,* bei dem ein Jünger in einer Vertiefung stand, während über ihm ein Stier geschlachtet wurde. Ein Teil des Reizes der Mysterienkulte bestand darin, daß der einmal Initiierte eine Gleichrangigkeit mit seinen Mitgläubigen erreichte, unabhängig von den in der Gesellschaft bestehenden sozialen und ethnischen Schranken. Jeder einzelne Mysterienkult verfügte über hochentwickelte Rituale und Liturgien, eine komplexe Theologie und eine Unsterblichkeitsdoktrin; kurz gesagt, sie waren in der Lage, die ästhetischen, intellektuellen und geistigen Bedürfnisse der unterschiedlichsten Leute in einer oft harten und ungerechten Welt zu befriedigen.

Relief von Mithras und die Kapelle San Clemente Mithraeum. Der persische Mithras-Kult kam über Kleinasien im 1. Jahrhundert n. Chr. nach Rom. Mithras war ein Gott des Lichts, der sich in einem ständigen Widerstreit mit Ahriman, dem bösen Fürsten der Finsternis, befand. Seine Rolle als Schöpfungsgott wurde durch die Tötung des Stiers symbolisiert *(links),* dessen ausströmendes Blut die Quelle des Lebens und des Pflanzenwuchses darstellt. Die Zeremonien der Mithrasanbetung fanden in unterirdischen Kultstätten statt, wie zum Beispiel unter der Kirche San Clemente in Rom *(unten).* Der Mithras-Kult erfreute sich besonders großer Beliebtheit bei den Soldaten, durch die er sich auf die Grenzprovinzen des Imperiums ausdehnte. Er war durch eine strenge Priesterhierarchie und verschiedene Initiationsgrade charakterisiert und maß Loyalität und Disziplin besonderen Wert bei.

*Rechts:* Relief mit der Darstellung eines *archigallus* oder Hohenpriesters der Cybele. Die Riten der Göttin schlossen ekstatische Tänze, Geißelungen (man beachte den Morgenstern des *archigallus)* und Selbstverstümmelung mit ein. Wer sich bei der Selbstkasteiung besonders hervortat, stieg zu ihrem Priester *(gallus)* auf. Von Anfang an stand die römische Regierung dem seltsamen neuen Kult argwöhnisch gegenüber; römischen Bürgern war es ursprünglich untersagt, an den Zeremonien teilzunehmen, doch diese Verordnung wurde unter den Kaisern recht lasch gehandhabt.

Der Kult der Isis und ihres Gatten Osiris-Sarapis, dessen Zeremonien *(unten)* auf einem Wandgemälde aus Herculaneum zu sehen sind, war eine hellenisierte Version eines ägyptischen Kults, der sich während der hellenistischen Epoche in der ganzen Mittelmeerwelt verbreitete. Schon 100 v. Chr. trat er in Pompeii auf, und zur Zeit Sullas fand er auch Anhänger in Rom. Der Kult wurde des öfteren von der Regierung verfolgt, bis ihn schließlich Caligula offiziell anerkannte und auf dem Campus Martius einen Isis-Tempel erbauen ließ. Die Isis galt als Sinnbild der Schöpfung und ihr Kult war dem Christentum ein gefährlicher Gegner.

Der früheste orientalische Kult, der in Rom Fuß fassen konnte, war der der Magna Mater oder Cybele, einer Fruchtbarkeitsgöttin. Er hatte seinen Ursprung in Phrygien in Kleinasien und wurde 204 v. Chr. als Folge einer Prophezeiung, daß die Göttin den Römern gegen Hannibal helfen würde, von der römischen Regierung mit Einschränkungen toleriert. Die Cybele *(rechts)* ist häufig als Lenkerin eines von Löwen gezogenen Wagens dargestellt, ein Symbol für ihre Rolle als Gebieterin der wilden Tiere. Ihr Gemahl war der Vegetationsgott Attis, dessen Tod und Wiederauferstehung, die sich in den Jahreszeiten widerspiegelten, mit orgiastischen Riten gefeiert wurden.

*Unten:* Die phrygische Gottheit Sabazios wurde verschiedentlich mit Iupiter und Dionysos gleichgesetzt. Charakteristisch für ihren Kult waren die mit magischen Symbolen bedeckten Hände, die als Opfergaben dienten. In diesem Fall handelt es sich um die Tierkreiszeichen. Der Daumen und die ersten beiden Finger sind zum Zeichen des Segnens ausgestreckt.

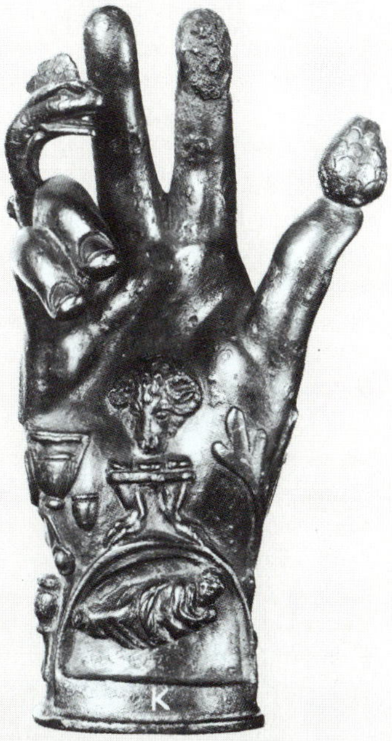

*Unten:* Die Abbildung des schakalköpfigen Gottes Anubis auf einem Grabstein aus den Katakomben des 1. und 2. Jahrhunderts in Kom el-Shuqafa bei Alexandrien. Nach altem ägyptischen Glauben war Anubis der Gott der rituellen Bestattung, besonders der Mumifizierung. Er ist hier im Gewand und in der Pose eines römischen Soldaten dargestellt. Der »bellende Anubis« gehörte zu den monströsen orientalischen Gottheiten, die laut Vergil Antonius und Kleopatra gegen die überlieferten römischen Götter auf der Seite Octavians unterstützten.

# Die römischen Kaiser

Die Tabelle macht deutlich, wie sich die Grundlage des Kaiseramtes im Lauf der Zeit verändert hat: in den ersten zweieinhalb Jahrhunderten seines Bestehens gingen stabile Dynastien ineinander über, wobei der Prozeß durch gelegentliche Bürgerkriege beschleunigt wurde; im dritten Jahrhundert folgten kurzfristige Kaiser schnell aufeinander, doch verbesserten sich ihre Überlebenschancen gegen Endes des Jahrhunderts; und in den beiden folgenden stellte sich nach dem plötzlichen Aufstieg Konstantins die Stabilität erblicher Dynastien wieder her.

Die ausgewählten Kaiserporträts vermitteln das Amt so, wie es sich den nachkommenden Zeitgenossen darstellte. Der jugendliche Paternalismus von Augustus (hier im Gewand des *pontifex maximus)* unterscheidet sich grundlegend von der sorgenvollen Nachdenklichkeit des Maximinus, eine Vorstellung, die – in höherem Maße stilisiert – in den entschlossenen Zügen von Diocletian und Maximinian erneut auftritt. Die Statue von Barletta in Italien wurde oft mit Valentinian I. in Verbindung gebracht, doch dem Stil nach gehört sie eher dem fünften als dem vierten Jahrhundert an, und Marcian ist wohl das eigentliche Vorbild. Schließlich vermittelt der bejahrte Iustinian den Eindruck distanzierter Ruhe *(tranquillitas).*

Augustus

Maximinus

Diocletian und Maximinian

| | | |
|---|---|---|
| 27 v. Chr.–14 n. Chr. | Augustus | Iulisch-claudische Dynastie |
| 14–37 | Tiberius | |
| 37–41 | Gaius | |
| 41–54 | Claudius | |
| 54–68 | Nero | |
| 68–69 | Galba | |
| 69 | Otho, Vitellius | |
| 69–79 | Vespasian | Flavische, nervo-traianische und antoninische Dynastie |
| 79–81 | Titus | |
| 81–96 | Domitian | |
| 96–98 | Nerva | |
| 97–117 | Traian (97–98 mit Nerva) | |
| 117–138 | Hadrian | |
| 138–161 | Antoninus Pius | |
| 161–180 | Marcus Aurelius (161–167 mit Lucius Verus) | |
| 180–192 | Commodus | |
| 193 | Pertinax | Severische Dynastie |
| 193 | Didius Iulianus | |
| 193–21 | Septimius Severus | |
| 211–17 | Caracalla (211–12 mit Geta) | |
| 217–18 | Macrinus | |
| 218–22 | Elagabalus | |
| 222–35 | Alexander Severus | |

Periode der politischen Anarchie und Unordnung

| | | | |
|---|---|---|---|
| 235–38 | Maximinus | | |
| 238 | Gordian I. und II. (in Afrika) | | |
| 238 | Balbinus und Pupienus (in Italien) | | |
| 238–44 | Gordian III. | | |
| 244–49 | Philipp | | |
| 249–51 | Decius | | |
| 251–53 | Trebonianus Gallus | | |
| 253 | Aemilianus | | |
| 253–60 | Valerian | | |
| 253–68 | Gallienus (253–60 mit Valerian) | | |
| WESTEN | | OSTEN | |
| 259–74 | Gallisches Reich von Postumus, Victorinus, Tetricus | 260–72 | Palmyrenisches Reich von Odaenathus, Zenobia, Vaballath |
| 268–70 | Claudius | | |
| 270 | Quintillus | | |
| 270–75 | Aurelian | | |
| 275–76 | Tacitus | | |
| 276–82 | Probus | | |
| 282–83 | Carus | | |
| 283–84 | Carinus und Numerian | | |

284–305 Diocletian und die Tetrarchie

| WESTEN | | OSTEN | |
|---|---|---|---|
| 287–305 | Maximian Augustus | 284–305 | Diocletian Augustus |
| 293–305 | Constantius Caesar | 293–305 | Galerius Caesar |
| 305–06 | Constantius Augustus | 305–11 | Galerius Augustus |
| 305–06 | Severus Caesar (306–07 Augustus) | 305–09 | Maximinus Caesar (309–13 Augustus) |

306–12 Maxentius (Italien)

| | | | |
|---|---|---|---|
| 306–07 | Constantin Caesar (ab 307 Augustus) | 308–24 | Licinius Augustus |
| WESTEN | | OSTEN | |

312–24 Konstantin gemeinsam Kaiser mit Licinius

324–37 Konstantin

WESTEN — OSTEN

| | | | |
|---|---|---|---|
| 337–40 | Konstantin II. · Constans | | Constantius II. 337–61 |
| 340–50 | Constans | | |
| 350–53 | Magnentius (Usurpator) | 351–54 | Gallus Caesar |
| 355–61 | Iulian Caesar | | |

361–63 Iulian, Alleinherrscher
363–64 Iovian, Alleinherrscher

| | | | |
|---|---|---|---|
| 364–75 | Valentinian | 364–78 | Valens |
| 375–83 | Gratian (Italien, Illyrien) | 379–95 | Theodosius |

375–92 Valentinian II.

| | | | |
|---|---|---|---|
| 383–88 | Maximus (Usurpator) | | |
| 392–94 | Eugenius (Usurpator) | | |
| 395–423 | Honorius (395–408 Stilicho als Regent) | 395–408 | Arcadius |
| 421 | Constantius III. | 408–50 | Theodosius II. |
| 423–25 | Iohannes (Usurpator) | | |
| 425–55 | Valentinian III. | 450–57 | Marcian |
| 455 | Petronius Maximus | | |
| 455–56 | Avitus | 457–74 | Leon |
| 457–61 | Maiorian | | |
| 461–65 | Libius Severus | | |
| 467–72 | Anthemius | | |
| 472 | Olybrius | | |
| 473 | Glycerius | | |
| 473–75 | Nepos | 474–91 | Zenon |
| 475–76 | Romulus Augustulus | | (475–76 Basiliscus) |

**Barbarenherrscher Italiens:**

| | | | |
|---|---|---|---|
| 476–93 | Odoaker | 491–518 | Anastasios |
| 493–526 | Theoderich | 518–27 | Iustin |
| 526–34 | Athalarich | 527–65 | Iustinian |
| 534–36 | Theodahad | | |

| | | |
|---|---|---|
| 536–40 | Witigis | Epoche der byzantinischen Rückeroberung |
| 540–41 | Hildebad | |
| 541–52 | Totila | |
| 552–53 | Theias | |

*Oben:* Marcian? *Unten:* Iustinian

# Die Armee zur Zeit Traians

Apollodoros von Damaskus, der die Traianssäule und den umgebenden monumentalen Gebäudekomplex entworfen hat, zählt zu den bedeutendsten Baumeistern der Antike. Das mehr als 200 Meter lange, durchgehende, spiralförmige Säulenrelief erzählt die Geschichte der beiden Dakerkriege Traians (101–102 und 105–106 n. Chr.). Obwohl es bei den einzelnen Szenen Interpretationsschwierigkeiten gibt und wir über nahezu keine anderen Quellen verfügen, vermittelt uns das Relief doch ein recht anschauliches Bild von den Umständen dieser Kriege.

Abgesehen von der interessanten Erzähltechnik und dem künstlerischen Stil weisen die Reliefs eine Fülle von Einzelheiten über die römische Armee auf – Praetorianer und Legionäre sind ebenso abgebildet wie Hilfstruppen und Freiwillige verschiedener Herkunft und unterschiedlicher Ausrüstung. Die Reliefs zeigen nicht nur den Kampf, sondern auch die Märsche, die Bau- und Ingenieurkunst, die Feldmedizin, die Transportdienste und nicht zuletzt auch die Kulte, die das religiöse Leben der römischen Armee bestimmten.

Traian selbst sind eine ganze Reihe von Szenen gewidmet: wie er mit den Truppen spricht und sie inspiziert, wie er ein Opfer darbringt oder Gesandte und Gefangene empfängt. Sie zeigen ihn bei der Besichtigung militärischer Anlagen, wie man ihm im Kampfgetümmel die abgeschlagenen Köpfe besiegter Feinde zeigt, und bisweilen (wie im Bild *rechts*) in Momenten ruhiger Zuversicht, die er offensichtlich für sein besonderes Merkmal hielt. Er wird als Kamerad seiner Männer dargestellt, und als *commilito* hat er sich wohl auch verstanden.

Die Musiker *(unten links)* gehören zu einer Prozession anläßlich einer Opferzeremonie. Ihre Instrumente sind klappenlos, doch verändert der Anführer der Truppe die Tonhöhe seiner Pfeife mit der rechten Hand. Die afrikanische Legio III Augusta in Lambaesis beispielsweise hatte 39 Trompeter *(tubicines)* und 36 Hornspieler *(cornicines)* in ihren Diensten. Die Musik während der Opferfeierlichkeiten sollte übelwollende Geister bannen und alle Unglück bringenden Geräusche übertönen.

Die römischen Wurfmaschinen *(ballistae)*, die großen Armbrüsten ähneln, waren ziemlich zielgenau und erreichten eine Weite bis zu 500 Meter. Die beiden Arme wurden von Trommeln gehalten und durch die Schnellkraft verdrehter Sehnenstränge bewegt. Hier sind zwei Formen dargestellt. Unten wird eine Wurfmaschine auf einem Karren in die vorbereitete Stellung gebracht. Die Rekonstruktion rechts zeigt eine Art römische Feldkanone, die von zwei Mauleseln gezogen wurde.

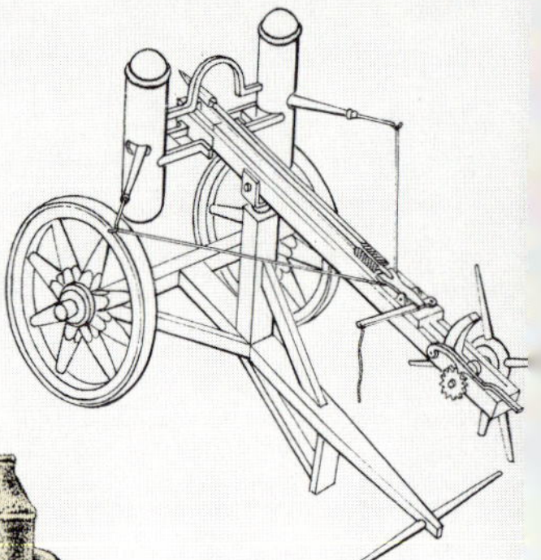

Die Szene *(unten)* aus den Anfangsstadien des Ersten Dakerkrieges zeigt römische Legionäre bei der Errichtung eines Feldlagers. Einige Soldaten heben einen doppelten Graben aus, wobei sie die Erde in Körben wegtragen, während andere einen neuen Wall errichten. Die Wälle werden mit kreuzförmig verbundenen Hölzern gestützt; der Künstler hat nur ihre Enden dargestellt, da er offensichtlich nicht wußte, zu welchem Zweck sie dienten. Traian betrachtet von seinem Feldlager aus die Szene. Zur linken bauen zahlreiche Legionäre eine Holzbrücke über einen Fluß; auf der gegenüberliegenden Seite des Flusses befindet sich ein weiteres vollständiges Feldlager mit der Schildwache. Links außen bringen zwei Angehörige der Hilfstruppen einen dakischen Gefangenen zu Traian.

Der Ausschnitt *(unten)* beschreibt den letzten Angriff auf die dakische Hauptstadt Sarmizegetusa. Dargestellt sind Mitglieder der regulären Infanterie, die mit kurzen Schwertern und rechteckigen Schilden bewaffnet sind, und Bogenschützen in Schuppenrüstung. Letztere wurden im Osten angeworben, besonders in den Gebieten Commagene, Emesa und Ituraea. Während des gesamten Kampfgeschehens deckten sie die vorrückende Infanterie, indem sie über deren Köpfe auf die verteidigenden Daker schossen. Auf der Säule tragen die Legionäre runde, die Hilfstruppen hingegen spitzzulaufende Helme, und in den meisten Fällen ovale Schilde.

Das Bild *(unten)* stellt den Standartenträger einer Praetorianerkohorte dar. Der Schaft seiner Standarte ist mit den Insignien der errungenen Siege sowie dem Bild des Kaisers geschmückt.

*Rechts:* Plan des Legionärslagers Novaesium (Neuss) an der Rheingrenze in Untergermanien. Die reinlichen Kasernenblocks nahmen über 5000 Legionäre auf, die zehn Kohorten zugeteilt waren. Jede dieser Kohorten bestand aus sechs Centurien, die dem Namen nach je 100 Mann, in der Praxis aber meist weniger umfaßten.

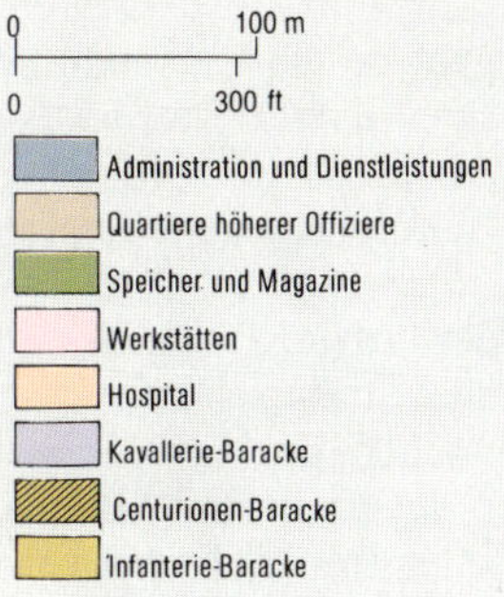


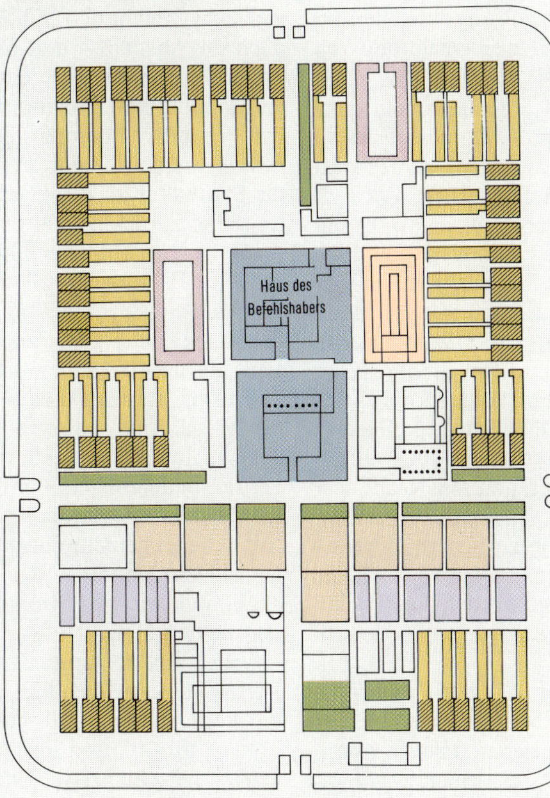


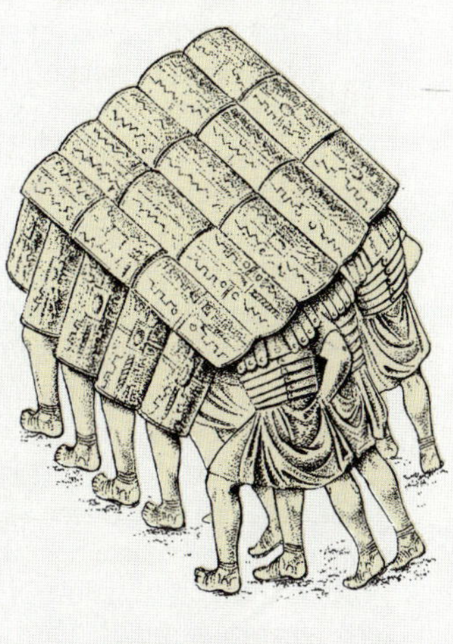

*Oben:* »Schildkröte« *(testudo)* hieß jene militärische Formation, bei der die Soldaten die Schilde eng aneinander über den Kopf hielten. In dieser Anordnung näherte man sich den Mauern und Wällen einer feindlichen Stadt.

# FLAVIER UND SEVERER

**Die Festigung kaiserlicher Dynastien**

Während der Jahre 70 bis 235 n. Chr. befand sich das Römische Reich nach allgemeiner Ansicht auf der Höhe sowohl seiner politischen wie kulturellen Leistungskraft. Es war eher eine Periode langsamer Veränderungen als schnellen Wandels oder spektakulärer Ereignisse. Gibbon konnte über den Kaiser Antoninus Pius (138–61) schreiben, er habe dem größten Teil der Erde Ordnung und Ruhe geschenkt, so daß seine Herrschaft der Geschichtsschreibung wenig Stoff lieferte – die sowieso wenig mehr als die Aufzeichnung der Verbrechen, Torheiten und Katastrophen der Menschheit sei. Gibbon dachte dabei an die übliche, erzählende Geschichtsschreibung mit militärischem und politischem Vorzeichen; doch hinter der Fassade aus Wohlstand und Frieden im antoninischen Zeitalter ergaben sich Veränderungen im Hinblick auf das militärische Gleichgewicht des Imperiums gegenüber seinen Nachbarn, deren Folgen erst im dritten Jahrhundert klar zutage treten sollten. Gleichzeitig kam es im religiösen und kulturellen Bereich zu Veränderungen, die schon wesentliche Züge der Spätantike vorwegnahmen.

Von einem politischen Standpunkt aus gesehen war dies eine Zeit von allgemein fest etablierten kaiserlichen Dynastien, denn die Höhepunkte des Aufruhrs waren die Bürgerkriege von 69–70, die die Flavier an die Macht brachten, und die von 193, aus denen die severische Dynastie erstand. Der Flavier Vespasian setzte seine Söhne als Nachfolger ein: den beliebten, aber nur kurz regierenden Titus (79–81) und Domitian (81–96). Letzterer war eine komplexe Persönlichkeit, bei der sich moralischer Puritanismus und religiöser Archaismus (er ließ eine ehebrecherische Vestalin lebendig begraben) mit einer tyrannischen Unduldsamkeit verbanden, die in den letzten Jahren seiner Regierung zur blutigen Verfolgung aller seiner Widersacher führte. Seine Verspottung durch den Satiriker Iuvenal als »kahler Nero«, der eine halbtote Welt auspeitsche und Rom versklave *(Saturarum libri,* 4.38) war unter diesem Gesichtspunkt jedenfalls nicht ganz unangebracht. Nach der Ermordnung Domitians bei einer Palastverschwörung (18. September 96), an der auch beide Praetorianerpraefekten beteiligt waren, bot sich Nerva vor allem deswegen als Thronfolger an, weil er keine Kinder hatte, so daß es einigen Raum für politische Manöver zu geben schien, und weil er seiner Persönlichkeit und seinem Ruf nach als milder und integrer Mann galt. Doch Nervas kurze Regierung (96–98) war von Unsicherheit und Turbulenz geprägt, und eine größere Krise und vielleicht ein neuer Bürgerkrieg konnten nur durch die Adoption Traians, des Oberbefehlshabers des Heeres in *Germania superior,* verhindert werden. Traian, der erste nicht aus Italien stammende Kaiser, und sein Nachfolger Hadrian, die beide kinderlos blieben, versuchten die Kontinuität der Macht durch Adoption zu sichern; doch sowohl die Thronbesteigung Hadrians im Jahre 117 wie die Vorbereitungen für seine Nachfolge wurden durch politische Unruhen und die Hinrichtung möglicher Rivalen zunichte gemacht.

Mit Ausnahme von Domitian und Commodus war die politische Stellung der Kaiser aus der flavischen und der antonionischen Dynastie relativ gesichert, und die zuweilen sich Ausdruck verschaffende Opposition kaum gefährlich. Wenn die Erinnerung an Hadrian eher feindselig ausfiel, so läßt sich das auf seine verwirrenden und verbitterten Versuche zurückführen, seine Nachfolge zu sichern; zuerst wählte er Aelius Caesar, adoptierte ihn 136 aus einer Senatorenfamilie, doch dieser starb und wurde durch den späteren Kaiser Antoninus Pius ersetzt. Es gab lediglich ein wenig Unruhe bei den Provinzarmeen; so mußte Domitian den Aufstand von Antonius Saturnius 89–90 in Germanien niederschlagen und Marc Aurel war 175 durch die Rebellion des Avidius Cassius, Statthalter in Syrien, bedroht. Dieser Aufstand, der vielleicht angezettelt wurde, weil man sich des fortgeschrittenen Alters von Marc Aurel und der offensichtlichen, mangelnden Eignung von Commodus für die Nachfolge bewußt war, scheint auch in Hofkreisen Unterstützung gefunden zu haben. Man nahm an, daß seine Frau Faustina selbst die Finger mit im Spiel hatte, doch nach dem Sieg über Cassius vermied Marc Aurel weitere Untersuchungen, die vielleicht peinlich hätten werden können.

Die Regierung der Flavier und Antonier war mit wenigen Ausnahmen von Zurückhaltung und Nüchternheit geprägt. Das trifft besonders auf Vespasian zu, der die ungeheuren Kosten für die Bürgerkriege von 69–70 als Grund für seine notorische Sparsamkeit anführte. Doch sogar Vespasian bewilligte hohe Ausgaben für den Neuaufbau Roms, und die kurze Regierung von Titus war durch außerordentliche Verschwendung gekennzeichnet, insbesondere bei der Eröffnung des flavischen Amphitheaters (das Colosseum) und bei weiteren Neubauten nach einem Brand in Rom. Titus erhielt ebenfalls viel Zustimmung für Unterstützungsmaßnahmen nach der Zerstörung von Pompeii und Herculaneum durch den Vesuvausbruch im Jahre 79. Es ist behauptet worden, daß Domitian eine ernste Finanzkrise zu bewältigen hatte, vielleicht, weil er den Militärsold um ein Drittel erhöhte, doch ihr Ausmaß – und ob es sie wirklich gab – bleibt ungewiß. Die Flavier forderten auch verantwortungsvolles Handeln von Provinzstatthaltern, wobei sich Domitian besonders hervortat. Der Biograph Sueton, der keineswegs zu den Verehrern Domitians zählte, schrieb, daß die Statthalter zu keiner anderen Zeit als unter diesem Kaiser so zurückhaltend und ehrlich waren.

Die Militärpolitik der Flavier beweist Sorgfalt und konsequente Planung, vor allem, wenn man sieht, wie sie die Grenze am Oberrhein und in den Donauregionen verändert haben. Die zunächst katastrophalen Kriege Domitians in Dacia, bei denen es 85 und 86 zu größeren Niederlagen kam, waren später bei der Schlacht von Tapae (88) erfolgreich und ebneten den Weg für die Vorstöße Traians und die Annektierung Dacias. Zu den Friedensvertragsbedingungen, die Domitian mit dem dakischen König Decebalus aushandelte, gehörte die Entsendung römischer Ingenieure nach Dacia, eine Art frühes »Auslandshilfsprogramm«, das auch heutzutage noch gern angewandt wird, um Einfluß auf unterentwickelte Regionen zu nehmen.

Man kann die Annektierung der Provinz Dacia als ein Verteidigungsmanöver im gesamten Strategiekontext für die Nordgrenzen des Imperiums sehen, doch die Kriege Traians 101–102 und 106 wurden der römischen Öffentlichkeit ganz im Geiste eines offenen Imperialismus ver-

Diesen Silbersesterz gab Kaiser Titus im Gedenken an die Eröffnung des flavischen Amphitheaters im Jahre 79 n. Chr. heraus. Es wurde von Vespasian als Teil des Wiederaufbaus und der Verschönerung Roms nach dem Bürgerkrieg von 68–70 begonnen, enthielt Sitze für mehr als 50000 Zuschauer und blieb bis zum 6. Jahrhundert in Gebrauch.

Die Silber-Tetradrachme von Shimeon bar-Kosiba oder Bar-Kochba, dem Führer des dritten jüdischen Aufstandes der Jahre 132–135 n. Chr., trägt *(oben)* die Legende »Shimeon« und ein Bild der Tempelfassade sowie *(unten)* die Aufschrift »Der Freiheit von Jerusalem«.

Das Relief *(ganz oben)* vom *lararium* oder Hausschrein des L. Caecilius Iucundus von Pompeii zeigt deutlich die Auswirkungen des Erdbebens, das im Jahre 62 n. Chr. weite Teile der Stadt beschädigte. Sie ging schließlich bei der großen Vesuveruption im Jahre 79 vollständig unter.

Die beiden Kriege Traians gegen die Daker brachten Dakien in römischen Besitz (106 n. Chr.). In diesem Relief auf der Traians-Säule *(oben)* ist die letzte Schlacht gegen Decebalus dargestellt, der sich nach seiner Niederlage selbst das Leben nahm. Eine kürzlich veröffentlichte Inschrift erinnert an den römischen Soldaten Tiberius Claudius Maximus, der Traian den Kopf von Decebalus überreichte.

mittelt, wovon die Reliefs auf der Traianssäule mit ihrem überwältigendem Detailreichtum, bei dem kein Aspekt des militärischen Lebens ausgelassen ist, ein beredtes Zeugnis ablegen. Die Errichtung der Säule und der Bau des Traiansforums, in dem sie aufgestellt wurde, waren zu einem großen Teil aus der Staatskasse des besiegten dakischen Königs finanziert worden. Traians versuchte Invasion des Partherreiches, das er wohl annektieren wollte, kann nur als aggressiver Imperialismus interpretiert werden, der durch den Wunsch, es Alexander dem Großen gleichzutun, motiviert war. Das 115 begonnene Projekt scheiterte 117 aufgrund der Krankheit und des Todes des Kaisers in Cilicia; sein Nachfolger Hadrian, der vollauf mit der Niederschlagung der Unruhen in Judäa, Ägypten und der Cyrenaica beschäftigt war, hat diesen Plan dann nicht mehr weiterverfolgt. Nach einer zweiten jüdischen Revolte, der von Bar Kochba (132–35), zerstörte er Jerusalem und errichtete an seiner Stelle das Legionärslager *Aelia Capitolina.*

Seinem Temperament nach unterschied sich Hadrian wesentlich von seinem Vorgänger. Traian war ein einfacher Soldat und nüchterner Praktiker, Hadrian ein rastloser, suchender Intellektueller mit einer tiefen Verehrung für die griechische Kultur. Er war selbst Dichter und Schriftsteller, doch ist uns von seinen Werken nichts erhalten. Während seiner 21jährigen Regierungszeit reiste er unaufhörlich, inspizierte seine Armeen im ganzen Imperium (auf einer Inschrift kann man noch eine seiner Reden nachlesen, die er vor in Lambaesis in Numidien stationierten Soldaten gehalten hat) und besuchte kulturelle Zentren wie Athen und Alexandria. Zeugnisse seiner vielseitigen Aktivitäten sind die kaiserliche Residenz bei Tibur (Tivoli), die er mit Andenken an seine weltweiten Reisen anfüllte, und der Hadrianswall (Limes), die massive Manifestation der militärischen Grenze Britanniens und des ganzen Römischen Reiches an seinem nördlichsten und entferntesten Punkt.

Im Gegensatz zu seinen beiden Vorgängern kam Antoninus Pius während seiner Regierung nie aus Rom heraus. Er führte ein beschauliches Leben, widmete sich der Verwaltung des Imperiums und stand einem soliden Haushalt vor, der sehr auf die Wahrung familiärer Tugenden bedacht war. Auch in diesem letzten Aspekt unterschied er sich von Hadrian, dessen Frau sich vernachlässigt und unglücklich fühlte und dessen Verhältnis mit dem Jüngling Antinous allgemein bekannt war; Hadrian benannte sogar nach dessen Ertrinken im Nil eine Stadt in Ägypten nach ihm. In den späteren Jahren teilte sich Antoninus Pius die Herrschaft mit seinem Neffen und Adoptivsohn M. Annius Verus (Marc Aurel) und starb friedlich im Jahre 161.

Marc Aurel regierte bis 169 in einem Doppelprinzipat mit seinem Adoptivbruder L. Verus, bis dieser auf der Rückkehr aus Germanien starb, nachdem er zuvor einen erfolgreichen Feldzug im Partherreich befehligt hatte. Von 177 bis 180 regierte Marc Aurel zusammen mit seinem Sohn Commodus. Seine Herrschaft ist ganz akut von den Spannungen geprägt, die dem römischen Imperium immer mehr zu schaffen machen und seine Regierungsstruktur verändern sollten. Marc Aurel, ein stoischer Philosoph und einer der sowohl in der Antike wie in heutiger Zeit am meisten bewunderten römischen Kaiser, stellte auf griechisch in den *Selbstbetrachtungen* seine persönlichsten Gedanken über »Gott« und die »Seele« dar (der ursprüngliche Titel war einfach *»An sich selbst«*). Er hatte das Amt des Kaisers nicht angestrebt und fand keinen großen Gefallen an der Macht, doch seiner Philosophie entsprang ein starkes Pflichtgefühl gegenüber der Lebensaufgabe, zu der man ihn berufen hatte und der er die volle Entfaltung seiner moralischen und geistigen Kräfte verdankte. Marc Aurel schrieb seine *Selbstbetrachtungen,* während er mit den nördlichen Feinden Roms, den Quaden und Markomannen, in Kriege verwickelt war, die ihn für einige Jahre seiner Regierung auf dem Schlachtfeld festhielten. Wie schon bei Traian wurden die Feldzüge auf einer Säule in Rom dargestellt – in einem etwas primitiveren, aber auch irgendwie kraftvolleren und keineswegs weniger aggressiven Stil als bei der Traiansäule; dabei ging es allerdings nicht um eine Propagierung des Imperialismus, sondern um die Verteidigung des Reiches gegen den wachsenden Druck an der Donaugrenze. Dies sollte von nun an das bleibende Muster der römischen Militärgeschichte im nächsten Jahrhundert sein.

Marc Aurel starb 180 in Vindobona (Wien), als die Kriege gegen die Markomannen noch in vollem Gange waren. Seinen Sohn und Nachfolger Commodus kritisierte man wegen der Eile, mit der er sich mit den Barbaren einigte und nach Rom zurückkehrte. Ganz offensichtlich zog Commodus es vor, die Annehmlichkeiten Roms zu genießen, statt Feldzüge an den Grenzen zu befehligen. Bei der Geschichte seiner wenig bemerkenswerten Herrschaft geht es vor allem um seine Aktivitäten in der Hauptstadt, insbesondere um Verschwörungen gegen ihn und wie sie mit brutaler Gewalt niedergeschlagen wurden, um seine verschwenderische Großzügigkeit bei öffentlichen Spielen, an denen er auch persönlich teilnahm, die Hungeraufstände, denen er seinen Favoriten, den Freigelassenen Cleander, opfern mußte, und um seine religiösen Wahnvorstellungen, die dazu führten, daß er sich für eine Inkarnation des Hercules hielt; auf Münzen und Büsten wird Commodus mit einem Löwenfell und einem Stab als Hercules dargestellt.

Commodus kam bei einer Palastverschwörung am Neujahrsabend des Jahres 192 ums Leben. Sein Nachfol-

*Oben:* Marmorbüste des Kaisers Hadrian, ca. 120 n. Chr.

*Rechts:* Die Hadriansvilla bei Tivoli (Tibur), mit den frei aufeinander bezogenen Pavillons »eine exakt geplante architektonische Landschaft« (B. Cunliffe), war durch Monumente beeinflußt, die den Kaiser auf seinen Reisen begeistert hatten; daher die intellektualistische, kultivierte und ziemlich nostalgische Wirkung. Hier zeigen wir den »Canopus«, die Reproduktion eines architektonischen Merkmals dieser ägyptischen Stadt. Hadrian hatte eher gemischte Erinnerungen an Ägypten, denn dort ertrank sein junger Geliebter Antinous *(unten)*, der hier in stark idealisierter Weise dargestellt ist.
Die Rundplastik mit der Eberjagd *(Mitte)*, die im 4. Jahrhundert im Konstantinsbogen wieder auftaucht, zeigt Hadrian in der typischen Haltung kaiserlicher Muße. Einen interessanten Vergleich hierzu bildet die sassanidische Darstellung *(s. S. 168)*.

*Rechts:* Das neue Pantheon, das »Heiligtum aller Götter«, in Rom, gehört zu den Meisterwerken der Hadrianischen Epoche (die Abbildung zeigt das Gemälde Panninis von ca. 1750). Der Durchmesser der riesigen Kuppel – mit ihren 45 Metern die größte, die je mit vorindustriellen Methoden gebaut wurde – entspricht genau der Höhe vom Boden aus, so daß sie tatsächlich die obere Hälfte einer vollständigen Himmelskugel abbildet, wobei die Deckenöffnung die Sonne symbolisiert.

Das Detail von der Säule Marc Aurels *(oben rechts)* zeigt einen barbarischen Gefangenen, der gerade von einem römischen Soldaten getötet wird. Sein Gesicht ist im Todeskampf verzerrt, und die ausgestreckte rechte Hand drückt ein verzweifeltes Flehen um Gnade aus. Die Bewegung des Haares deutet die Wucht des Speeres an, der in seinen Rücken eindringt.
Die Gedenkmedaille *(oben)*, die im letzten Monat der Herrschaft des Commodus herauskam, zeigt den Kaiser, der wie Hercules auf dem Haupt den Löwenkopf trägt. Auf der Rückseite der Medaille (hier nicht abgebildet) ist Hercules mit den Gesichtszügen des Commodus abgebildet, und die Legende lautet: *HERCULI ROMANO* – »Dem römischen Hercules!«.

ger, P. Helvius Pertinax, war ein Offizier, der unter Marc Aurel äußerst schnell den Aufstieg zum Konsul geschafft hatte. Pertinax konnte die in ihn gesetzten Erwartungen nicht erfüllen und machte sich aufgrund seiner strengen Politik zu viele Feinde; nachdem er kaum drei Monate an der Macht war, wurde er von der Praetorianergarde ermordet. Sein Nachfolger war M. Didius Iulianus, ein bis dahin gutbeleumdeter Senator und der Enkel eines großen Juristen aus der Zeit Kaiser Hadrians, der sich die Unterstützung der Praetorianer mit 25000 Sesterzen pro Mann erkaufte. Doch gleichzeitig riefen die Heere Pannoniens ihren Befehlshaber Septimius Severus zum Kaiser aus. Durch einen schnellen Marsch auf Italien besiegte Severus Iulian und schlug nach dem Muster der Bürgerkriege von 69–70 auch seine Rivalen Pescennius Niger, den Befehlshaber Syriens im Jahre 194, und Clodius Albinus, der in Britannien ausgerufen worden war, aus dem Feld. Nach dem Sieg über Niger hatte Severus schon einen Feldzug gegen die Parther begonnen und verfolgte damit wenigstens teilweise die Absicht, die öffentliche Aufmerksamkeit vom Bürgerkrieg auf eine erfolgreiche ausländische Operation hin abzulenken; nach seinem Sieg über Albinus kehrte er in den Orient zurück, um seine Eroberungen zu stabilisieren. Das Ergebnis der Kriege von Severus gegen die Parther war die Annektierung Nordmesopotamiens und die Ausweitung der Grenze bis an den Tigris, doch gelang es ihm nicht, die Karawanenstadt Hatra weiter im Süden einzunehmen.

Septimius Severus (193–211) verlieh seinen Söhnen Caracalla und Geta die Caesarentitel, mit denen die Fortsetzung der antoninischen Dynastie impliziert werden sollte, und in frühen Münzprägungen erscheint er selbst unter der Bezeichnung »Sohn des zum Gott erhobenen Marcus Pius«. Seine Regierung zeichnete sich wegen des bemerkenswerten Bauprogramms und der öffentlichen Ausgaben vor allem in seiner Geburtsstadt Leptis Magna in Tripolitanien aus. Er befehligte militärische Feldzüge in Britannien, wo er 211 nach einer schmerzhaften Krankheit starb. Sein Nachfolger Caracalla (M. Aurelius Antonius Caesar) führte den Befehl an der Rhein- und an der Donaugrenze und besuchte Alexandrien, bevor er 216 einen Feldzug gegen die Parther unternahm. Im Jahr darauf wurde Caracalla auf Veranlassung seines Gardepraefekten Macrinus in der Nähe von Carrhae (Harran) in Syrien umgebracht, der sich selbst zum Kaiser ausrufen ließ.

Im Hinblick auf ihre Innenpolitik werden Septimius Severus und sein Sohn von den antiken Quellen kritisiert; von ihm wie auch von Caracalla wird berichtet, sie hätten eine Riesenanzahl Senatoren und Ritter hinrichten lassen. Der Überlieferung zufolge gab Severus Caracalla auf seinem Totenbett den Rat, sich nicht mit seinem Bruder zu streiten, für das Wohlergehen der Armee zu sorgen und sich um sonst nichts zu kümmern. Caracalla mißachtete den ersten Teil dieses Ratschlags und tötete den jungen Geta im Jahr 212. Was den zweiten Teil anbelangt, so vergrößerte Severus das Heer und zahlte einen besseren Sold, außerdem erhielten die Soldaten das Recht, sich noch während der Dienstzeit legal zu verheiraten. Trotz dieser eindeutigen Begünstigung des Heeres erscheint es zweifelhaft, ob die Severer wirklich den Ruf einer »Militarisierung« des Römischen Reichs verdient haben. Wichtiger für diesen Prozeß war der ständige Druck an den Nordgrenzen, der dem Heer naturgemäß größere Bedeutung verlieh und seinen Befehlshabern militärische Fähigkeiten abverlangte, wie man sie im ersten und frühen zweiten Jahrhundert nicht für möglich gehalten hätte.

Das kurze Zwischenspiel des Macrinus (217–218) endete mit einer Verschwörung im Osten, die einen Kaiserkandidaten aus der syrischen Familie der Frau des Septimius Severus, Iulia Domna, hervorbrachte. Dieser war Varius Avitus Bassianus, besser bekannt unter dem Namen Elagabalus, ein Priester des Sonnengottes Elagabal von Emesa. Das herausragendste Ereignis während seiner kurzen, aber exzentrischen Herrschaft scheint die Überführung des schwarzen, konisch geformten Steins mit der Darstellung des Elagabal nach Rom gewesen zu sein, ein Ereignis, auf das verschiedene Münzen aus dieser Zeit verweisen. Den Quellen zufolge schritt der Kaiser dem Wagen mit dem Stein aus Verehrung rückwärts gehend voran. Die noch abenteuerlicheren Geschichten, die Zeitgenossen überliefert haben, sollten mit Vorsicht genossen werden, ebenso wie das rein idealistische Bild, das von Alexander Severus gezeichnet wird, der Elagabalus nach dessen Ermordung im Jahre 222 nachfolgte. Alexander, ein weiterer »Orientale« aus derselben Familie, war ein von seiner Mutter Iulia Mammaea beherrschter, schwacher Kaiser. Nach einem recht guten Anfang brach mit der Ermordung seines Gardepraefekten Ulpian bald politische Unordnung aus, und über seine weitere Regierung ist nichts Nennenswertes zu berichten. 231 unternahm er einen Feldzug gegen die Parther, war jedoch gezwungen, zurückzukehren, da die Alemannen die Rheingrenze bedrohten. Als er sich ihr Stillhalten durch Geldzahlungen erkaufen wollte, wurden er und seine Mutter in Moguntiacum (Mainz) von den eigenen Soldaten umgebracht und ein neuer Kaiser, C. Iulius Maximinus, ausgerufen. Die Verschwörung war durch die reine Unfähigkeit Alexanders ausgelöst worden, der militärischen Krise des Imperiums zu begegnen, und die Machtübernahme des Militäroffiziers Maximinus leitete eine neue Phase der römischen Geschichte ein.

### Die militärische und wirtschaftliche Expansion

Tacitus, ein Autor des frühen zweiten Jahrhunderts, schrieb den Bewunderern des Augustus die Überzeugung zu, daß das Römische Reich zum Zeitpunkt seines Todes schon ein Stadium strategischer Vollkommenheit erreicht habe; das Reich sei eingeschlossen gewesen vom Ozean oder fernen Flüssen, mit Legionen, Provinzen, Flotten, die alle miteinander verbunden waren (*Annales,*

1.9). Man kann darüber streiten, ob dieses Urteil richtig ist, und verschiedene Kritiker sind der Meinung, daß es für die Situation zur Zeit des Tacitus eher zutrifft als für die unter Augustus. Abgesehen von der Eroberung und Annektierung Mauretaniens und Britanniens durch Claudius – die das von Tacitus überlieferte Urteil eher differenzieren als ihm widersprechen – kam es erst unter der flavischen und traianischen Herrschaft zu beträchtlichen Verbesserungen in der strategischen Verteidigung des Reichs. Unter den Flaviern folgten auf den Vertrag Neros mit den Parthern im Jahre 66 n. Chr. und die Unterdrückung des Judenaufstandes durch Titus die verstärkte Besetzung Syriens, die Bestallung einer Garnison in Kappadokien zur Verteidigung der Furten am oberen Euphrat und der systematische Straßenbau zu Zwecken militärischer Kommunikation in der Gegend zwischen Palmyra, den Städten Nordsyriens und dem Euphrat.

In Germanien brachte eine ebenfalls gut geplante und sorgfältig ausgeführte Politik die Annektierung und Befestigung der Frontausbuchtung zwischen dem Oberrhein und der Donau, das als *Agri decumates* bekannte Gebiet. Diese von Vespasian eingeleitete Politik wurde von Domitian fortgeführt und in der ersten Hälfte des zweiten Jahrhunderts vollendet, so daß es zu wirtschaftlicheren und flexibleren Truppenbewegungen im Norden kommen konnte – es war zum Beispiel möglich, Truppen von der Rheingrenze an die Donau abzustellen, wo der militärische Druck durch fremde Völker bedrohliche Ausmaße anzunehmen schien. Schon unter Nero war ein Statthalter Moesias auf »vorher unbekannte und den Römern feindlich gesinnte Könige« gestoßen, hatte eine »östliche Bewegung« der Sarmaten unterdrückt und mit den Bastarnen, Roxolanen und Dakern diplomatische Beziehungen aufgenommen und ließ 100 000 Transdanubier mit ihren Frauen und Kindern auf der römischen Seite des Stroms ansiedeln. Domitians Dakerkriege schufen die Voraussetzung für die des Traian, die die Annektierung des Königreichs von Decebalus als neue Provinz zur Folge hatten, die im Osten von Aluta (Olt), im Westen von der Marisia (Mures) und der Tisia (Theiss) und im Nordosten von den Karpathen eingeschlossen war. Diese Annektierung wie auch die Marc Aurel zugeschriebene, unerfüllt gebliebene Absicht, das Gebiet der Markomannen und Sarmaten zu integrieren, können als verteidigungs-strategische Vorhaben interpretiert werden. Die Provinz Dakien garantierte die Sicherheit für das römische Ufer der Donau, denn sie bildete aufgrund ihrer geographischen Lage eine machtvolle Enklave, die noch ihren Schatten über den Fluß hinüber in das Gebiet der Barbaren warf. Der von Domitian begonnene obergermanisch-raetische Limes, ein System von Palisaden, das man unter Caracalla durch Gräben und Wälle (teilweise auch Steinmauern) ergänzte, wurde weiter ausgebaut. Er schützte die Provinzen Germaniens und Raetien und verlief im zweiten Jahrhundert in möglichst gerader Richtung etwa 550 Kilometer von Rheinbrohl bis Lorch, von da bis zur Donau, die er bei Hienheim südwestlich von Regensburg erreichte. Die Römer konnten diesen Wall in Obergermanien bis gegen 260 und in Raetien bis gegen 400 behaupten.

Wie wir gesehen haben, gründete Septimius Severus im Osten die neue Provinz Mesopotamien, die das Gebiet südlich Armeniens umfaßte, östlich bis zum Tigris und südlich bis Singara im Dschebel Sinjar reichte. Diese Eroberung war potentiell provokativ, weil durch sie die Parther der Gebiete, die ihnen von Urzeiten her zustanden und die sie weiter als ureigen betrachteten, beraubt wurden, doch bot sie den römischen Städten in Syrien breiten Schutz, da sie sich nun weit hinter der Frontlinie befanden. Zur gleichen Zeit wurden Städte in Mesopotamien wie Nisibis (heute Nisaybin), Resaina und Singara kolonisiert. Besonders interessant ist die severische Expansion nach Südnumidien hinein, wobei die Römer entlang des Randes der Sahara bis zum *castellum* Dimmidi (die Oase Messad) vorstießen. Luftfotografien und topographisch-geographische Landesaufnahmen an den südlichen und westlichen Rändern des Al Aurès, besonders im Gebiet von El Kantara und um Schott el-Hodna, haben Ackeranlagen, Bewässerungskanäle und Siedlungen der römischen Ära auf einem Niveau nachgewiesen, wie es noch nie zuvor erreicht worden war. Weiter im Norden in den Ebenen zwischen Al Aurès und der Stadt Sitifis (heute Sétif) finden sich noch die Überreste groß angelegter Siedlungen, die von kaiserlichen Prokuratoren als Verwaltungsbezirke installiert wurden und sich in ihren Inschriften aus der spätseverischen Epoche als *castella* ausweisen. Im frühen dritten Jahrhundert kam es zur größten konkreten Ausdehnung des Römischen Reichs, und hier findet man die besten Beweise für die systematische Ausbeutung der landwirtschaftlichen Ressourcen seiner Randgebiete.

Im Verlauf der ersten beiden nachchristlichen Jahrhunderte stieg die wirtschaftliche Bedeutung der Provinzen kontinuierlich an. Einen spektakulären Beleg dafür liefert der riesige Haufen zerbrochener Keramik (50 Meter hoch), der sogenannte Monte Testaccio oder »Scherbenhügel«, im alten Lagerhausviertel Roms, der auf den Umfang der Wein- und Öleinfuhren verweist. Im zweiten und dritten Jahrhundert gewannen die Importe von Olivenöl aus Numidien und dem prokonsularen Afrika eine führende Stellung auf dem Markt. Die große Stadt Thysdrus (El Djem) mit ihrem eindrucksvollen Amphitheater (dem drittgrößten im Imperium) aus dem frühen dritten Jahrhundert und den reichen Mosaiken verdankte ihren Aufstieg der Erweiterung des Ölexports. In Numidien entwickelte sich auf der gleichen Grundlage eine blühende einheimische Wirtschaft mit großen Dorfgemeinden und den Städten als Zentren. In der Hauptstadt Rom hatten die billigen Getreidelieferungen aus Afrika die einheimischen Produkte weitgehend verdrängt, obwohl Afrika selbst keinen proportionellen Gewinn daraus ziehen konnte. Auch andere Teile des Imperiums wie Britannien und Nordgallien, Germanien und die Donauprovinzen erreichten ein hohes Niveau materieller Kultur, obwohl sie vor ihrer Eroberung nur wenig entwickelt waren. Wie dieser Überblick zeigt, gründete sich der Reichtum des Römischen Imperiums hauptsächlich auf Landbesitz. Der Handel, der zwar für den Aufstieg solcher Städte wie Alexandria, Palmyra und Dura-Europos und auch für den Wohlstand von Küstenstädten wie Leptis Magna in Tripolitania die Grundlage bildete, spielte für das Gesamtreich eine nur untergeordnete Rolle; meist kam der Handel über lokale Ausmaße nicht hinaus (die hohen Kosten bei Landtransporten waren der Hauptgrund dafür), und die Handelsfunktionen in den Städten wurden oft von den Landeignern und ihren Vertretern übernommen. Auch die Industrie, obwohl sie bedeutender war, als manchmal angenommen wird, und einen wichtigen Beitrag zum materiellen Lebensstil der Städte des Imperiums leistete, wurde nicht in Richtung auf eine Großproduktion hin entwickelt.

Der sichtbare städtische Wohlstand gründete sich daher auf den Reichtum, den die Arbeit einer ländlichen Bevölkerung schuf, von der in den vorhandenen Quellen relativ wenig überliefert ist. Es gab große Statusunterschiede bei dieser Landbevölkerung; viele waren die Pächter privater Grundbesitzer – ob ortsansässig oder abwesend – oder des Kaisers, dessen Grundbesitz, den er als Schen-

Der Sonnengott von Emesa ist auf einer Münze des Elegabalus als Feuer dargestellt, das auf einem vierspännigen Streitwagen mitgeführt wird. Elagabalus selbst war ein Knabenpriester des Kultes gewesen und hatte den Gott in Rom eingeführt.

**Provinzen und Grenzen des Imperiums bis 106 n. Chr.**
Mit der Beendigung der Dakerkriege unter Traian hatte das Römische Reich im wesentlichen seine volle Ausdehnung erreicht. Dakien war weniger exponiert als es den Eindruck macht, denn seine Grenzen folgten geographischen Gegebenheiten, und die Römer kontrollierten das im Westen und Osten angrenzende Gebiet; dennoch war es die einzige größere Provinz, die im 3. Jahrhundert aufgegeben werden mußte. Abgesehen von der Annektierung Mesopotamiens und kurzlebiger Vorstöße nach Mauretanien, kam es nach 106 n. Chr. zu keinen erwähnenswerten Neuerwerbungen mehr. Die formale Unterscheidung zwischen »öffentlichen« und «kaiserlichen« Provinzen blieb bestehen, obwohl sie sich in der Praxis zusehends verwischte, doch im 2. und 3. Jahrhundert stieg die Zahl der Provinzen beträchtlich an, da man sie aus Verwaltungsgründen aufteilte. Man vergleiche die Provinzen der severischen und tetrarchischen Periode (Karte, S. 173).

kung, durch Konfiszierung und in gesetzlicher Erbfolge erlangt hatte, im gesamten Imperium recht ansehnlich war. Im Fall von nicht anwesenden Grundbesitzern wurden die Güter von Vertretern verwaltet, bei kaiserlichen Besitztümern von Prokuratoren. Das schikanöse Verhalten kaiserlicher Prokuratoren in einem Teil Nordafrikas ist zufällig durch Inschriften bekannt, die die erfolgreichen Versuche von Pächtern oder *coloni* schildern, Schutz gegen die Verwalterwillkür zu erhalten.

Auch der aus der landwirtschaftlichen Produktion stammende Wohlstand war höchst ungleichmäßig verteilt; auf der einen, extremen Seite standen die Großgrundbesitzer mit ungeheueren Mitteln, wie Herodes Atticus in Athen. Gleichzeitig erreichten viele Landeigner vor allem in den kleineren Städten kaum den für die Mitgliedschaft in der lokalen Curie notwendigen Census, die relativ bescheidene Summe von 100000 Sesterzen. Unterhalb der Ebene des curialen Status gab es natürlich in den meisten Teilen des Imperiums eine freie, zuweilen recht wohlhabende Bauernschaft, der ihr Land selbst gehörte und die ihre Produkte auf den einheimischen Märkten verkaufte.

Einen weiteren Ausdruck des wirtschaftlichen und gesellschaftlichen Fortschritts der westlichen Reichsprovinzen während der ersten beiden Jahrhunderte findet man in der Herkunft der bedeutendsten lateinischen Autoren. Nach Seneca und Lucanus aus Corduba (Córdoba) kamen auch der Dichter Martial und der Rhetoriker Quintilian aus Spanien (aus Bilbilis beziehungsweise Calagurris). Obwohl angenommen wurde, der Satiriker Iuvenal sei aus Afrika gewesen, stammte er doch vermutlich eher aus Aquinum in Mittelitalien; Plinius der Jüngere war ein transpadanischer Italiener aus Comum und Tacitus ein Südgallier, der in eine reiche Familie aus Forumiuliense (Frèjus) einheiratete. Africa lieferte einen besonders reichen Beitrag: den Biographen Sueton aus Hippo Regius im prokonsularen Africa, Fronto aus Cirta und Apuleius aus Madauros (beide in Numidien) und den christlichen Polemiker Tertullian aus Karthago. Aus Pannonia indes kam vor Victorinus, Bischof von Poetovio (Ptui, früher Pettau) im frühen vierten Jahrhundert kein bekannter Autor, und Britannien fehlte fast noch weitere hundert Jahre auf der Liste. Doch der Schein kann trügen. Mittel- und Westgallien brachten nach einem langen Schweigen in den ersten drei Jahrhunderten plötzlich im vierten Jahrhundert eine richtige Blüte ausgezeichneter Schriftsteller hervor, die man sich nicht erklären kann, wenn die Provinz nicht schon vorher an der literarischen Kultur teil-

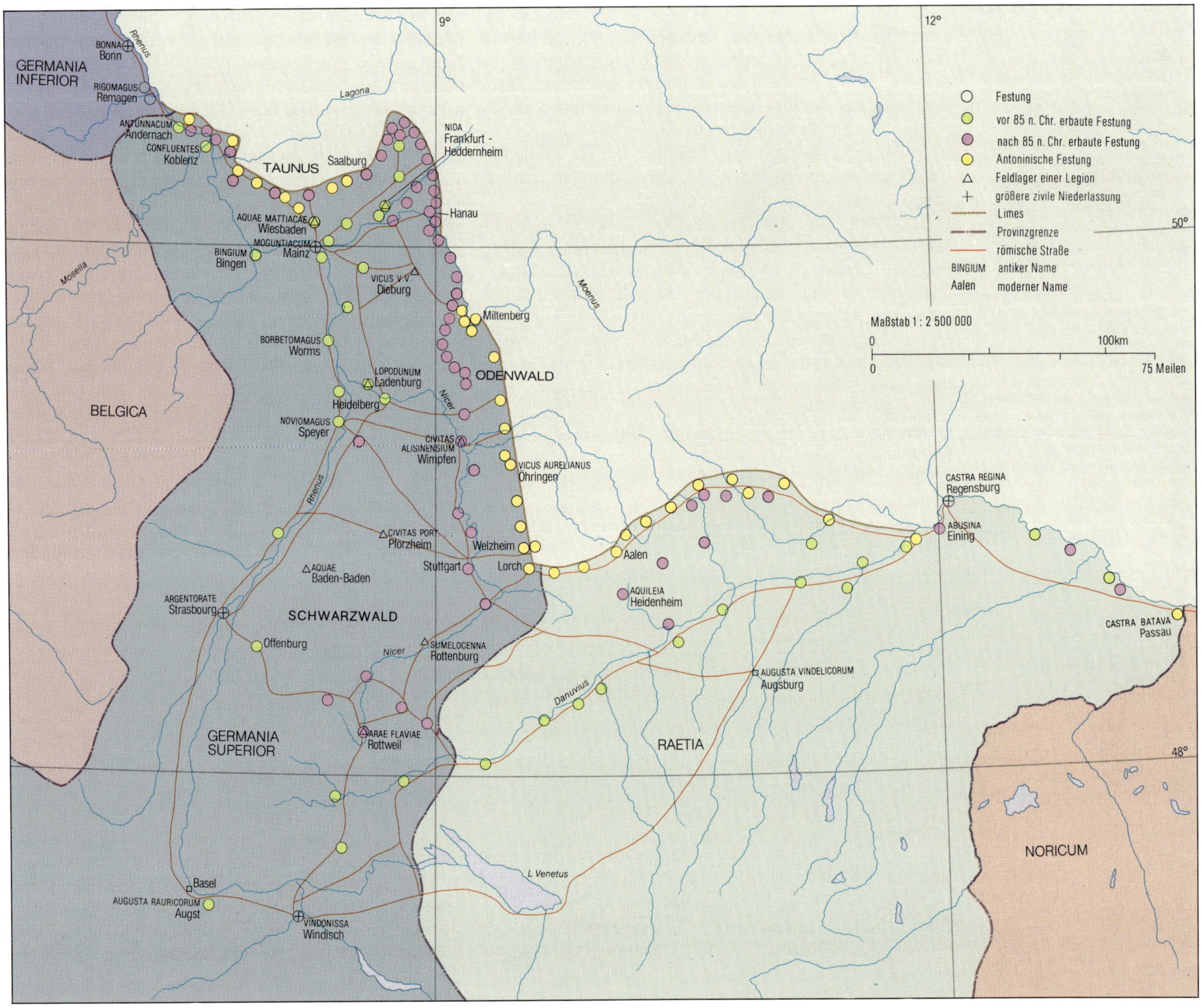


**Der germanisch-raetische Limes von Vespasian bis zu den Antoninischen Kaisern**
Die Karte zeigt, wie der Limes als befestigte Grenze, ausgehend von Rhein und Donau immer weiter vorverlegt wurde, bis er in der Antoninischen Zeit die nördlichste Stellung erreichte. Die größere Ost-West-Mobilität und die verbesserten militärischen Aufmarschmöglichkeiten werden ebenfalls deutlich. Die Grenze selbst stellte keine schwer überwindbare Barriere dar, sondern ihre Wirkung beruhte eher auf der Symbolisierung römischer Macht. Im späten Kaiserreich wurden die annektierten Gebiete aufgegeben und die Grenzverteidigung wieder zwischen Rhein und Donau verlegt.

gehabt hat. In Britannien fand man nur eine römische Münze mit einer Anspielung auf Vergil und ein Mosaik mit einem Zitat vom gleichen Autor, und es scheint von der philologischen Warte her unwahrscheinlich, daß das gesprochene Latein von auffallend hohem Niveau gewesen sein könnte.

Die ständige Ausweitung des römischen Bürgerrechts durch seine Verleihung an Einzelne oder ganze Gemeinden in den ersten zwei Jahrhunderten hatte zur Folge, daß sein Besitz in der severischen Epoche keine besondere Auszeichnung mehr darstellte. Durch eine Verfassung Caracallas, die *constitutio Antoniniana*, von 212 n. Chr. wurden alle freien Bewohner des Imperiums römische Bürger, womit der Ausgleich zwischen Rom, Italien und den Provinzen abgeschlossen war. Nach der Menge der Einzelpersonen, die seit dieser Zeit in den Dokumenten mit den Namen M. Aurelius erscheinen – die offizielle Titulatur Caracallas –, läßt sich ohne Schwierigkeiten schließen, daß die Zahl der Neubürger beträchtlich gewesen sein muß. Dennoch entsprang die Maßnahme nicht grundsätzlichen Erwägungen, sondern hatte – wie Zeitgenossen und moderne Kritiker meinen – ausschließlich fiskalische Gründe; Caracalla wollte mit ihr die Zahl der steuerpflichtigen Bewohner des Imperiums erhöhen. Die vorher mit dem Bürgerrecht zusammenhängenden Privilegien – so wie etwa die Befreiung von der Prügelstrafe durch römische Beamte – wurden als Teil einer jetzt genaueren sozialen Unterscheidung beibehalten, einer Unterscheidung zwischen »ehrenwerteren« und »niedereren« Menschen (*honestiores* und *humiliores*); erstere kann man in einem weiten Sinne als die Mitglieder der curialen Klasse der Städte des Imperiums definieren. Den *honestiores* wurden bestimmte Strafen wie die Verbannung in die Staatsminen, körperliche Züchtigungen und Folter (ausgenommen in Fällen wie Hochverrat) und das Verbrennen bei lebendigem Leibe oder das Zerreißen durch wilde Tiere erspart. Die Unterscheidung zwischen den beiden Klassen erscheint zum ersten Mal in Gesetzestexten aus der Zeit Hadrians, doch ganz offensichtlich wurde sie auch schon vorher in der Praxis angewandt und spiegelt die feste Überzeugung der Römer wider, daß Menschen unterschiedlichen gesellschaftlichen Ranges unterschiedlich behandelt werden müssen.

### Die Integration der provinziellen Oberschicht

Der Herkunft der Kaiser in der flavischen, antoninischen und severischen Dynastie reflektiert in gesellschaftlicher Hinsicht die ständig zunehmende politische Offenheit der Führungselite und die wirtschaftliche Entwicklung der römischen Welt. Die Flavier kamen als Munizipalbürger aus Reate (Rieti) im früheren Gebiet der Sabiner; Tacitus behauptet von Vespasian, er habe eine Atmosphäre »häuslicher Sparsamkeit« geschaffen, die für die neuen Männer nach den Exzessen der iulisch-claudischen Epoche typisch sei. Traian und Hadrian waren aus Spanien, aus der Stadt Italica in Baetica. Antoninus Pius stammte aus Nemausus (Nîmes), einem alten Stammeszentrum und römische Kolonie in Südgallien, und seine Dynastie ist wegen des früh verstorbenen Aelius Caesar und Marc Aurel (dessen Großvater aus Spanien stammte) ein Beispiel für die Verbindungen zwischen reichen Familien aus der Provinz und aus Italien, wie sie sich oft in den ersten zwei Jahrhunderten zwischen den westlichen Aristokraten ergaben.

Mit Septimius Severus und seiner Familie weitete sich der Kreis noch mehr. Severus selbst kam aus Leptis Magna, einer alten punischen Stadt, die durch die Generosität der führenden Familien schnell zu Wohlstand gekommen war und im römischen Reich einen besonderen Stolz entwickelt hatte. Es wurde behauptet, Septimius Severus stamme von italischen Auswanderern ab, die in der Zeit der späten Republik nach Africa gegangen seien; doch es erscheint sicher, daß Severus tatsächlich Mitglied einer der führenden punischen Familien von Leptis war und daß sein Urgroßvater im ersten Jahrhundert im römischen Senat saß. Durch seine Heirat mit Iulia Domna, die er als Statthalter in Syrien kennengelernt hatte, verband sich Severus mit einer bedeutenden orientalischen Familie; wir haben schon gesehen, welche politischen Konsequenzen diese Ehe mit der Erlangung des Kaiserthrons für Elagabalus und Alexander Severus mit sich brachte. Der Aufstieg des Danubiers C. Iulius Maximinus, allgemein bekannt als Maximin der Thraker, stellt ein neues Element in der Verbreiterung der gesellschaftlich-politischen Basis Roms dar, über das später noch gesprochen werden soll.

Die Kaiserdynastien reflektieren den Prozeß, wie sich die herrschenden Senatoren- und Ritterklassen des Römischen Reiches immer mehr auf Männer aus den Provinzen ausdehnten. Aufgrund der erhaltenen Zeugnisse, so umfangreich sie auch sind, läßt sich keine statistische Genauigkeit erreichen, doch steht fest, daß den Senatoren, die in der iulisch-claudischen Epoche aus Mittel- und Norditalien, Südgallien und Spanien kamen, unter den Flaviern Anwärter aus Africa folgten, wobei die Stadt Cirta (Constantine) mit ihrem fruchtbaren Umland eine besonders herausragende Rolle spielte. Auch die griechischen Städte in Kleinasien, wie Ephesos und Pergamon, traten bald in Erscheinung; eine Familie, die im Detail studiert worden ist, sind die Plancii aus der relativ unbekannten Stadt Perge in Pamphylien. Im frühen zweiten Jahrhundert erließ Traian ein Gesetz, daß ein Drittel des senatorischen Grundbesitzes in Italien liegen sollte. Ganz offensichtlich bereitete ihm die steigende Zahl von Provinzsenatoren ohne Bindung an Italien Sorgen, da sie wohl kaum den vollen Verpflichtungen eines römischen Senators nachkommen würden. Trotzdem stammten zur Zeit des Antoninus Pius nur noch 57,5 Prozent der bekannten Senatoren aus Italien.

Einige Teile des Reichs fehlen ganz auffällig auf der Liste der Provinzen, die zu dieser Zeit Senatoren hervorbrachten. Es kamen keine aus Nord- oder Westgallien, aus Germanien oder Britannien oder aus den Donauprovinzen, obwohl es keinen Grund zu der Annahme gibt, daß es diesen Provinzen an den für die Stellung von Senatoren notwendigen wirtschaftlichen Voraussetzungen fehlte. Tatsächlich hatten die Kritiker der Politik von Claudius im ersten Jahrhundert den Eindruck, daß viele gallische Adelige ihre italischen Gegenspieler mit ihrem Reichtum ausstechen würden, wenn man sie zur Senatorenklasse zulassen würde (*Tacitus, Annales,* 11.23.). Wie im Fall Britanniens war manchmal ganz einfach die Ferne vom Mittelpunkt des Reichs ein offensichtlicher Faktor, während anderswo, besonders in Gallien, die bestehenden gesellschaftlichen Strukturen mehr auf lokale Ausdrucksformen auf der Grundlage der ländlichen Umgebung und einer weit entwickelten Villenwirtschaft hin orientiert waren als auf den städtischeren Lebensstil der Mittelmeerländer. Im Falle Dalmatiens mangelte es den Küstenstädten an einem landwirtschaftlich ertragreichen Hinterland, mit dessen Hilfe der für den Aufstieg in den Senatorenstand notwendige Reichtum hätte geschaffen werden können. Die Wirtschaft des inneren Balkangebiets stand und fiel mit der Anwesenheit des römischen Heeres. Der einzige bekannte Senator aus Pannonia in den ersten beiden Jahrhunderten war Valerius Maximianus aus Poetovio, der aufgrund seiner militärischen Verdienste, besonders in den Kriegen von Marc Aurel 184 und 185, zum Senator und dann zum Konsul erhoben wurde. Maximinianus' Aufstieg ist ein Präzedenzfall für den Wandel innerhalb der regierenden Klasse in Rom, der sich im dritten und vierten Jahrhundert noch beschleunigte. Es ist unwahrscheinlich, daß er je zu Senatsversammlungen oder zur Ausübung seines Konsulats, das er in Abwesenheit führte, nach Rom gegangen ist. Maximinianus' Laufbahn dokumentiert das Anwachsen einer provinziellen Senatorenklasse in der Spätzeit des Imperiums, die ihren Status durch Dienste für den Kaiser errang, am politischen und gesellschaftlichen Leben des Senats in Rom jedoch nicht teilnahm.

Die sich verbreiternde gesellschaftliche Basis der herrschenden Klasse war also der Ausdruck zweier Faktoren: des anwachsenden Reichtums in den Provinzen, wie er sich unter der *pax Romana* in den ersten beiden Jahrhunderten entwickelte, und des Aufstiegs verdienstvoller Männer, die man für öffentliche Laufbahnen heranzog und denen man einen aristokratischen Status verlieh, ohne ihnen gleichzeitig die traditionellen Pflichten römischer Senatoren aufzuerlegen. Durch diese Entwicklung verschiebt sich die Bedeutung des Senats von seinen politischen Funktionen hin zu seiner Rolle als Repräsentant eines Standes in der römischen Gesellschaft.

Neben der regulären Senatorenkarriere, die von militärischen oder zivilen Verdiensten abhing, ohne daß zwischen diesen eine besondere formale Unterscheidung gemacht wurde, entstanden ähnliche Aufstiegsmöglichkeiten für Mitglieder des Ritterstands; dabei handelte es sich um Verwaltungsposten (die bereits erwähnten Prokuratorien) in Verbindung mit den kaiserlichen Besitzungen in den Provinzen, doch mit weitreichenden Befugnissen, so daß der Prokurator neben dem offiziellen Provinzstatthalter eine wichtige Rolle spielte. Nach Ansicht des Juristen Ulpian sollte sich der Prokonsul in einer fiskalischen Angelegenheit, die sowohl die Interessen des Prokonsuls wie des kaiserlichen Prokurators anging, besser zurückhalten (*Digesten,* 1.16.9.). Von einem solchen Posten aus konnte ein Prokurator zu Statthalterschaften mit Ritterstatus in kleineren Provinzen aufsteigen, und den Gipfel des Beförderungssystems bildeten die hohen Praefekturen.

Man sollte jedoch keineswegs den bei solchen Karrieren implizierten Grad der Formalisierung übertreiben. Neben den persönlichen Fähigkeiten der Bewerber spielte allemal wirksame Protektion eine wichtige Rolle, und oft gab die mehr oder weniger zufällige Anerkennung der eigenen Verdienste durch den Kaiser den Ausschlag – in einem glücklichen Moment, wenn andere unbemerkt blieben. Doch eine Ernennungsurkunde von Marc Aurel für

*Links:* Wie während der Republik bestand die römische Generalität der frühen Kaiserzeit nicht aus professionellen Militärs, sondern aus Senatoren, bei denen sich zivile und militärische Aufgaben abwechselten. Hier auf dem sogenannten »Clementia«-Sarkophag aus dem Rom des späten 2. Jahrhunderts wird ein Senator in der Rolle des siegreichen Generals inmitten seiner Leibwache und seiner Trophäen gezeigt, wie er seine besiegten Feinde verschont und mit einem Siegeskranz gekrönt wird.

**Sprachliche Unterteilung des Reiches und Abhängigkeit der Städtebildung von geographischen Bedingungen**
Die Verteilung und Entwicklung der urbanen Siedlungsweise hängt eher mit den physischen Gegebenheiten zusammen, als mit ihrem rechtlichen Status. In den nördlichen Provinzen ist die Bedeutung der Villen-Kultur noch einmal zu betonen (s. S. 82). Im Süden und Osten, in der Nähe der Wüste, fällt die Beziehung zwischen der Urbanisierung und der 250-Millimeter-Isohyete auf. Diese Verbindungslinie zwischen Orten der genannten Niederschlagsmenge stellt die Grenze für die regelmäßige landwirtschaftliche Nutzung dar. Städte außerhalb dieser Linie hängen entweder von Oasen ab oder sind darauf angewiesen, daß größere Flußsysteme Wasser aus entfernten Gebirgen herbeischaffen. Das Zusammenfallen der Olivenkultur mit der Urbanisierung wird ebenfalls deutlich.

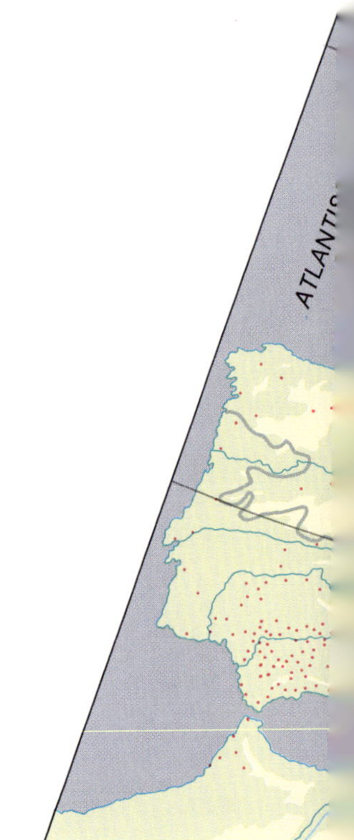


einen beförderten Prokurator unterstreicht auch, wie notwendig es war, sich durch Leistung und integres Verhalten das Wohlwollen des Kaisers zu sichern. Das bedeutet, daß mit dem Amt als solchem ganz bestimmte Verhaltensnormen verbunden waren. Die Tatsache, daß der Rang des Prokurators je nach dem Gehalt definiert wurde – so erhielten die »centenarischen« und »ducentenarischen« Prokuratoren zum Beispiel ein Jahresgehalt von 100000 beziehungsweise 200000 Sesterzen –, erlaubt die Annahme, daß wir es hier mit den Anfängen eines »bürokratischen« Systems zu tun haben. Das ist für die Betrachtung des späten römischen Staates von großer Bedeutung. Die an die Kandidatur für politische Ämter geknüpften finanziellen Qualifikationen gaben die Gewähr, daß die Mitglieder dieses kaiserlichen »Dienstadels« noch immer aus der besitzenden Oberklasse kamen. Weder aufgrund ihrer Ausbildung noch ihres gesellschaftlichen Hintergrundes waren sie spezialisierte Bürokraten, sondern vielmehr in der traditionellen literarischen Kultur des römischen Imperiums erzogene Männer. Nach der herrschenden Meinung lieferte eine literarische Bildung die für einen guten Statthalter nötige moralische Qualifikation, und erst in der Spätzeit des Imperiums hielt man eine besondere Ausbildung für notwendig.

### Politik und Redekunst

Die Regierungsgeschäfte verliefen im Römischen Reich von den Flaviern bis zu der severischen Dynastie in fast immer den gleichen Bahnen. Im allgemeinen ergriffen die Kaiser keine größeren Initiativen, ausgenommen in militärischen Angelegenheiten, und sie waren dazu auch gar nicht in der Lage. Sie hatten weder die Mittel, noch fühlten sie das Bedürfnis, die öffentliche Meinung zu erforschen, irgendwelche gesellschafts- oder sozialpolitischen Veränderungen in die Wege zu leiten; eine aktive Politik, die für moderne Regierungen selbstverständlich ist, war ihnen fremd. Die Statthalter verwalteten ihre Provinzen, wie es ihnen gefiel, gewöhnlich mit nur ganz allgemein gehaltenen Richtlinien von seiten des Kaisers. Die Finanzverwaltung der Städte war eines der wenigen Gebiete, in das sich der Kaiser einmischte, teils durch die Ernennung von Beamten, die beauftragt wurden, die Finanzverwaltung der Städte zu überwachen, und teils dadurch, daß Gemeindeerlasse in finanziellen Angelegenheiten von seiner Zustimmung abhingen. Im allgemeinen regierten die Kaiser, indem sie auf Anliegen, die man an sie herantrug, reagierten. Wenn eine Gemeinde sich an den Kaiser wenden wollte, tat sie das, indem sie einen Erlaß in der angemessenen Form herausgab und ihn dem Kaiser entweder brieflich über den Provinzstatthalter oder durch eine Gesandtschaft zukommen ließ, die ihre Sache vertreten sollte. Inschriften zeigen, daß die Beteiligung an und die Finanzierung von Gesandtschaften eine der von den führenden Männern der verschiedenen Gemeinden am häufigsten geübte Art bürgerlicher Großzügigkeit war.

Das gewöhnliche Vorgehen einer solchen Gesandtschaft bestand einfach darin – wie in vielen Anekdoten überliefert wird und wie es auch in den Handbüchern über rhetorische Praxis steht –, vor dem Kaiser zu erscheinen, den Erlaß zu präsentieren und das Anliegen so überzeugend wie möglich darzustellen. Zu dieser Verfahrensweise gehörte natürlich die Beherrschung der Redekunst (die eigentlich die Kunst des Überzeugens war), und vor diesem Hintergrund der praktischen Verwendung ist es wenigstens zum Teil möglich, das ungeheure Prestige der Rhetorik im antoninischen Zeitalter zu verstehen. Die sogenannte, ihr zugrunde liegende, »neosophistische« literarische Bewegung ist durch eine Amalgamierung der literarischen und philosophischen Kulturen charakterisiert und gipfelte in einer Art »Konzertoratorik« – wie man es so treffend genannt hat –, diente also nur noch dem Schaueffekt. Das Bezugsgerüst für diese Redekunst (die hauptsächlich auf griechisch mit einigen lateinischen Beispielen erhalten ist) lieferte die Literatur der Vergangenheit, insbesondere Homer und die griechischen Autoren und Redner des fünften und vierten Jahrhunderts v. Chr. Wenn sich ein arabischer Sophist, wie es in einer Episode geschildert wird, an den Kaiser Caracalla wendet und sich dabei mit Demosthenes vergleicht, der sich nervös vor Philipp von Makedonien präsentiert, so mag der Vergleich forciert und weit hergeholt erscheinen; doch von allen Anwesenden wurde er als der Situation angemessen verstanden, er lieferte den Hintergrund für Sym-

Römische Münzen wie diese unter Traian geprägte, illustrieren bisweilen sozialpolitische Vorgänge. *Oben* ist das »Unterstützungssystem« dargestellt, durch das Kinder italienischer Städte finanzielle Zuschüsse erhielten. Der Kaiser erscheint als *pater familias,* der fürsorglich die Gaben überreicht.

pathie und Verständnis untereinander, und so konnte man danach zu praktischeren Punkten übergehen. Man hat die Behauptung aufgestellt, daß die Griechen im Römischen Reich mit ihrer ständigen Rückbesinnung auf die ferne Vergangenheit ihren Mangel an eigener politischer Macht in dieser Zeit kompensieren wollten. Das ist bis zu einem bestimmten Grade wohl richtig; andererseits schuf dieser kulturelle Rahmen einen Modus der Kommunikation, der sowohl zwischen Einzelpersonen als auch zwischen Gemeinden und ihrem Kaiser Anwendung finden konnte.

## Bürgerliche Großzügigkeit und Individualismus

Die Zeitspanne zwischen den Flaviern bis zu den severerschen Kaisern ist das eindrucksvollste Beispiel für die materielle Blütezeit des Römischen Imperiums. Die aus dieser Zeit stammenden Baudenkmäler in den Provinzen, die Gebäudeinschriften wie auch die Gedenkinschriften zu Ehren öffentlicher Wohltäter zeigen, in welch hohem Maße die bürgerliche Großzügigkeit an der kulturellen und wirtschaftlichen Entwicklung Anteil hatte. Meist ging sie von führenden Einzelpersönlichkeiten aus, sei es aus Hingabe für das öffentliche Wohlergehen, sei es, daß sie sich eine Hebung des eigenen Prestiges versprachen. Diese verdienstvollen Männer, die zu den wohlhabenderen der Klasse der Provinzräte gehörten, versorgten in einem Geist gern gewährter Großzügigkeit ihre Städte nicht nur mit materiellen Annehmlichkeiten, sondern übernahmen auch die Getreide- und Weinverteilung, die Heizung der öffentlichen Bäder, die Veranstaltung von Spielen, die Reinigung und Beleuchtung der Straßen, die Aufrechterhaltung der Ordnung auf dem Lande ebenso wie die Aufsicht über viele Bereiche der öffentlichen finanziellen und gesetzlichen Verwaltung. Es waren Männer dieser Art, die als Gesandte ins Ausland reisten und auch darin ihren bürgerlichen Stolz und Großmut zum Ausdruck brachten.

Im Verlauf des späten zweiten und frühen dritten Jahrhunderts gibt es allmählich Hinweise dafür, daß der Geist der Großzügigkeit, durch den das öffentliche Leben in den Städten des frühen Imperiums geprägt war, einer Abneigung gegen die Übernahme öffentlicher Ämter und der damit zusammenhängenden Pflichten Platz machte. Das ganze Ausmaß dieser Tendenz, öffentlichen Ämtern aus dem Wege zu gehen, wodurch das Wohlergehen des Reiches zunehmend bedroht wurde, und auch die Gründe dafür sind nicht ganz klar. Ein Faktor scheint der wachsende Einfluß einer Minorität von besonders rei-

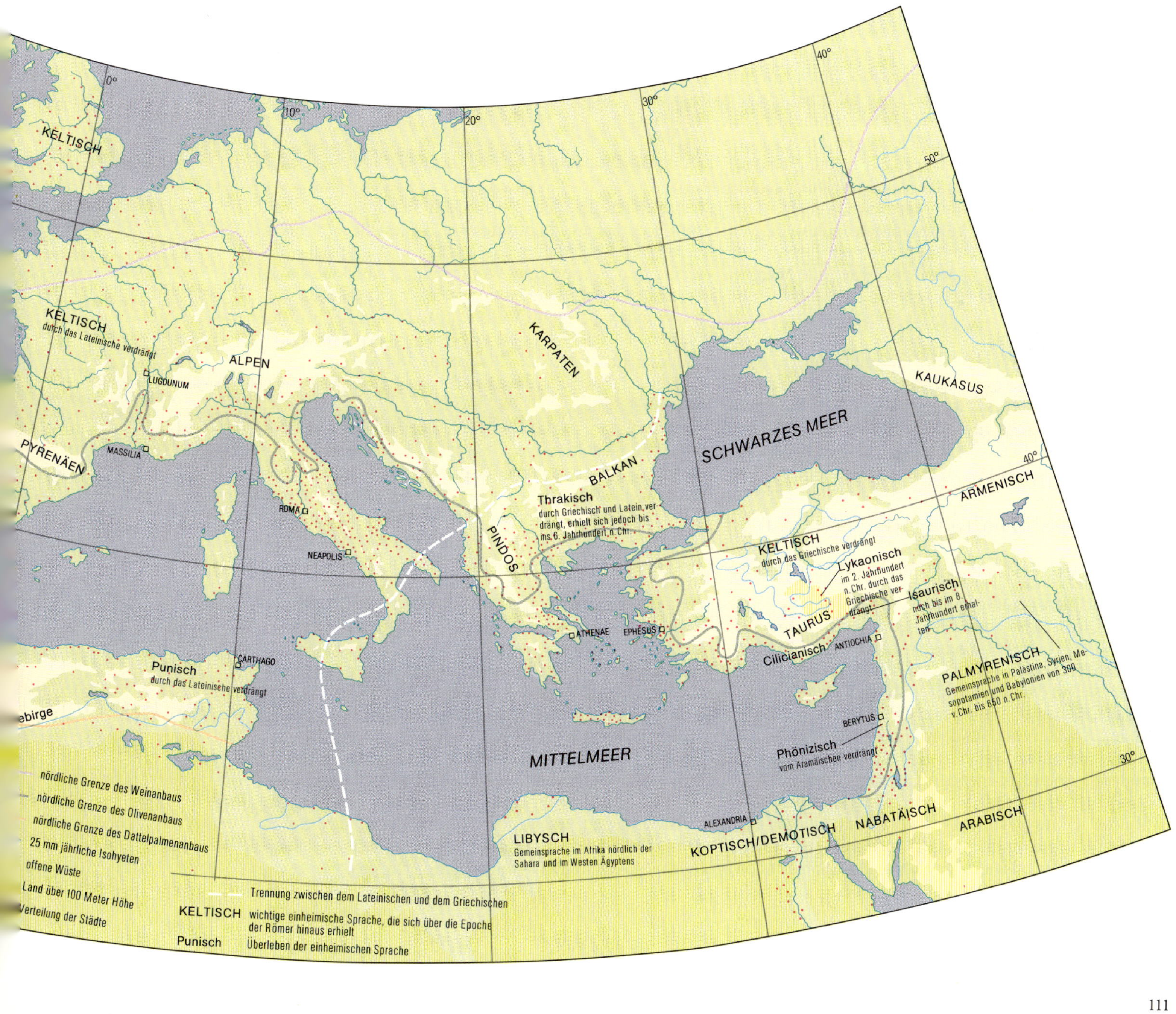

chen Mitgliedern des *principales viri* genannten Standes innerhalb der Klasse der Decurionen zu sein, deren Rivalitäten untereinander und mit ihren Nachbarn in anderen Städten die Kosten der prestigeträchtigen Aufwendungen auf eine Höhe steigen ließen, die nur sie selbst bezahlen konnten; gleichzeitig gelang es ihnen aufgrund ihres politischen Einflusses besser als ihren Kollegen, von weniger reizvollen öffentlichen Aufgaben befreit zu werden.

Ein weiterer möglicher Faktor war der wachsende Einfluß des Imperiums auf städtische Angelegenheiten. Schon im späteren ersten Jahrhundert hatten die Kaiser damit begonnen, sich direkter in die Finanzverwaltung der Städte einzumischen, indem sie zum Beispiel Beamte oder *curatores* aussandten, die bestimmte Städte kontrollieren sollten, oder den Provinzregierungen besondere Programme auferlegten. Die Korrespondenz von Plinius dem Jüngeren, dem Statthalter der Provinz Bithynien und Pontos unter Traian, schildert die Aktivitäten eines senatorischen Statthalters, den man losgeschickt hatte, damit er die Finanzen der Städte dieser Provinz ganz genau untersuche, denn vieles, schrieb Traian, müsse verändert werden. Daß sich die Regierung um die bürgerlichen Finanzen so kümmerte, scheint eher aus der unkontrollierten Ausgabenpraxis als aus der Geldknappheit entstanden zu sein; die Briefe des Plinius an Traian dokumentieren die Mißwirtschaft mit öffentlichen Mitteln, zunächst angefangene und dann aufgegebene, allzu ehrgeizige Bauprojekte, und dann die Unterschlagung öffentlicher Gelder durch Einzelpersonen, von Geldknappheit ist jedoch nicht die Rede. Wenn das für Bithynien-Pontos zutraf, so dann in noch größerem Maße für die benachbarte, auffällig reichere Provinz Kleinasien. In Bithynien-Pontos und Kleinasien erregte noch ein anderer Punkt die Aufmerksamkeit der Kaiser; in den Gemeinden kam es zu Aufruhr unter den Bürgern wegen des Wettstreits der höheren Klassen um Einfluß und durch die Rivalität von Städten wie zum Beispiel in Asien zwischen Ephesos und Smyrna und in Bithynien zwischen Nicaea und Nicomedia. Auf diese Weise entwickelten sich Parteikämpfe und äußerst heftige Krawalle, die die Kaiser natürlich nicht ignorieren konnten.

Das öffentliche Wohlergehen im antoninischen Zeitalter war die Folge einer geglückten Verbindung zweier eigentlich entgegengesetzter Faktoren – Gemeinschaftssinn und Individualismus. Diese Synthese gründete sich auf die klassische Ansicht, daß Tugend im wesentlichen öffentlich oder ihrer Natur nach bürgerlich sei. Gleichzeitig war das zweite Jahrhundert von der Entwicklung einer persönlicheren Konzeption des Individualismus geprägt. Sie schloß zum Beispiel die steigende Popularität von Religionen der persönlichen Errettung wie den Isiskult ein, über den im zehnten Buch der *Metamorphoses* von Apuleius berichtet wird, und natürlich das Christentum. Eine weitere Quelle, das *»Traumbuch«* von Aelius Aristides, ist ein Dokument der Beziehung zwischen einer Einzelperson und der Schutzgottheit, dem heilenden Gott Aesculap, der sich in der Darstellung von Aristides durch Träume und Visionen ganz persönlich an seinen Schützling wendet. Aristides war ein neurotischer Hypochonder, eine weit verbreitete Veranlagung, die man als eines der ziemlich besorgniserregenden Charakteristika der antoninischen Zeit beschrieben hat. Vielleicht ist auf diese Tatsache das ungeheure Prestige zurückzuführen, daß der Arzt Calenus genoß. Der auf persönlichen Begabungen beruhende individuelle Ruhm der Sophisten und Lehrmeister der neosophistischen Richtung wird von dem Biographen Philostratos gut dargestellt; er schrieb auch einen Bericht über das Leben und die Reisen eines berühmten Weisen und Wundertäters, Apollonius von Tyana. Apollonius, der kultisch verehrt und aufgrund seiner Wunder später mit Jesus Christus verglichen wurde, kann man an die Seite von Philosophen und Weisen mit religiöser Inspiration wie Peregrinus und Alexander von Abounoteichos stellen, die Lukian in seinen Schriften satirisch beschreibt.

So darf man als das Hauptcharakteristikum des antoninischen Zeitalters das Gleichgewicht nennen, das es zwischen privatem Individualismus und öffentlicher Großzügigkeit herstellte, wobei das eine das andere verstärkte. Möglicherweise war das »langsame und heimliche Gift«, das Gibbon für diese Epoche ausmachte, nicht so sehr der schwindende Geist der Freiheit bei einem allzusehr vom Frieden verwöhnten Volk, sondern vielmehr die Auswüchse eines persönlichen Individualismus und die fortschreitende Schwächung des Ideals gemeinsamer bürgerlicher Verantwortung bei den vielen, die es am besten hätten verwirklichen können. In dieser Zeit konnten sich die Städte und ihre großen Persönlichkeiten in aller Freiheit entwickeln, und für das Imperium kam es zu keiner wirklich ernsthaften militärischen Bedrohung, obwohl die Marc-Aurel-Kriege schon das Signal für das waren, was geschehen würde. Im dritten Jahrhundert, nach 235, unter den gründlich veränderten militärischen, wirtschaftlichen und politischen Bedingungen, die sich dann ergaben, war es zu Ende mit dem Überfluß, und eine neue Gesellschaftsordnung formierte sich.

Wie die Wandmalerei aus Pompeii zeigt, brachen zur Zeit Neros zwischen den Einheimischen und Theaterbesuchern aus der benachbarten Stadt Nuceria Gewalttätigkeiten aus. Die Pompeianer waren in der Überzahl, so daß »viele Einwohner von Nuceria den Tod von Kindern oder Verwandten betrauerten« und andere mit Verletzungen nach Hause zurückkehrten (Tacitus). Die Streitigkeiten hatten ihren Anfang genommen, als man sich bei den Spielen gegenseitig beschimpfte, ein Ausdruck der tief sitzenden Rivalität zwischen den beiden Städten. Dies zeigt sich auch in Graffiti in Pompeii, wie etwa *Nucerinis infelicia* – »Unglück den Einwohnern von Nuceria!«. Die Episode hatte zur Folge, daß das Amphitheater für zehn Jahre zwangsweise geschlossen wurde.

# DRITTER TEIL

# DIE PROVINZEN

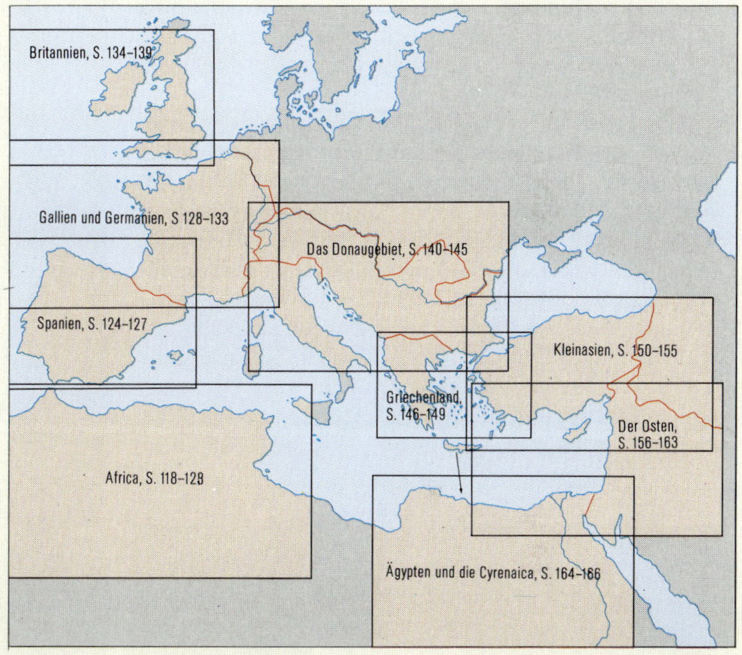

# Das Verkehrsnetz in der römischen Welt

Die geraden, sorgfältig gebauten und instand gehaltenen Straßen gehören zu den dauerhaftesten Monumenten des Römischen Reiches: ihre Spuren sind heute noch von Schottland bis in die syrische Wüste überall deutlich zu sehen. Die Straßen wurden oft zunächst für militärische Zwecke gebaut, kamen aber auch zunehmend dem *cursus publicus,* dem kaiserlichen Kurierdienst, zugute. Normalen Reisenden standen Poststationen oder *mansiones* zur Verfügung, wenn Städte mehr als eine Tagesreise voneinander entfernt lagen.

Die Straßen ermöglichten eine Intensivierung des Handelsverkehrs. An den Provinzgrenzen erhob man Einfuhrsteuern, und im späten Kaiserreich hatten Offiziere die Aufgabe, die Wagen zu inspizieren, um eine Überladung zu verhindern. Die Kosten für die Instandhaltung der Straßen wurde teilweise den Gemeinden aufgebürdet, durch die sie verliefen und die damit auch direkt von ihnen profitierten.

Allerdings waren dem Landtransport infolge der Langsamkeit und der hohen Kosten Grenzen gesetzt, insbesondere im Falle von Massengütern. Es erwies sich als billiger, von Ägypten und Africa Korn nach Rom zu verschiffen, als es auf dem Landwege von Süditalien herzutransportieren, und so blieb der größte Teil des Handelsverkehrs auf den Straßen des Reiches nur von lokaler Bedeutung. Was jedoch ihre Auswirkung auf das Nachrichtenwesen betrifft, so übertraf es in seiner Güte alle seine Vorgänger, und die Verbindungen über lange Distanzen hinweg funktionierten besser als in späteren Epochen, bis hin zur Neuzeit.

*Links:* Die gepflasterte Hauptstraße, der *decumanus* der römischen Kolonie von Timgad *(s. S. 123)*. Sie führte zum Legionärslager von Lambasis und in die Ebenen Südnumidiens, die auf kaiserliche Initiative hin erschlossen wurden.

Der Meilenstein nahe dem Severusbogen in Leptis Magna *(oben)* gibt an, daß die Länge der Straße ins Landesinnere 44 Meilen beträgt.

Der pferdebespannte Karren *(unten links außen)* auf einem gallo-römischen Relief erinnert an eine moderne Postkutsche; die Passagiere sitzen im Innern und auf dem Dach. Die einfache Solidität des Gefährts deutet darauf hin, wie mühselig eine Landreise selbst auf den guten Straßen des Römischen Reiches war.

Die Traiansbrücke über die Donau bei Drobeta *(links außen Mitte)* – ein Ausschnitt aus der vereinfachenden Darstellung auf der Traianssäule – wurde vom berühmten Architekten Apollodorus von Damaskus entworfen. Der Historiker Cassius Dio hielt sie für das bedeutendste der Traianichen Bauwerke: »Sie hat 20 Pfeiler, die aus Steinquadern bestehen und die über den Fundamenten 150 Fuß hoch und 60 Fuß breit sind. Die Pfeiler stehen 120 Fuß voneinander entfernt und sind untereinander durch Bögen verbunden.« Der Bau dieser Brücke schien ihm ein Wunder der Ingenieurskunst, weil »das Wasser so tief und strudelreich und der Untergrund so schlickig war«. Als nach Traians Tod der Oberbau zerstört wurde, um den Zugang von der dakischen Seite aus zu erschweren, blieben die Pfeiler an Ort und Stelle, »als ob sie nur deswegen erbaut worden wären, um zu zeigen, daß es nichts gibt, was menschliche Erfindungsgabe nicht zustande brächte« (68.13.1ff).

Die Straßen des römischen Reiches, von denen einige im Mittelalter »Teufelswege« hießen, bilden heute noch oft den Unterbau moderner Straßensysteme in den früheren Provinzen. *(Mitte links)* durchzieht der Fosse Way, die Verbindungsstraße zwischen Exeter und Lincoln, die Grafschaft Somerset; mit ihrer geraden Streckenführung steht sie in scharfem Gegensatz zum gewundenen Lauf der Landstraßen und zum mannigfaltigen Mosaik der Felder.

# Die Peutingersche Tafel

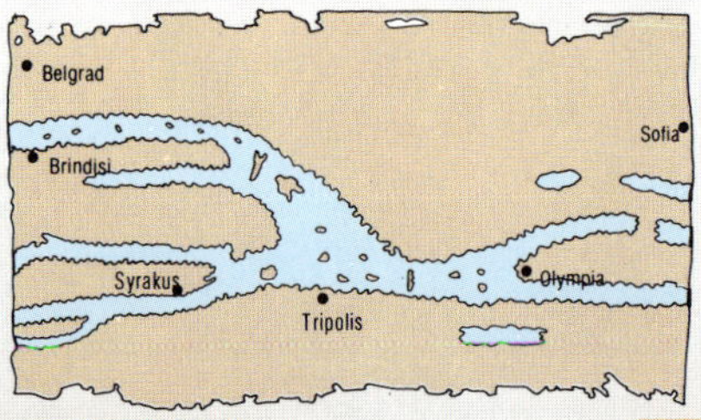


Die Peutingersche Tafel, die aus dem 13. Jahrhundert stammt und eine Kopie eines spätrömischen Originals darstellt, hat ihren Namen nach einem Stadtschreiber von Augsburg, der die Tafel 1508 vom Humanisten Konrad Celtis erhalten hatte. Die durchgehende, längliche Karte mit

den Maßen 680 × 34 Zentimeter zeigt die damals bekannte Welt von Britannien bis nach Indien; die westlichsten Teile allerdings fehlen. Die verzerrte Projektion ist in unserem Ausschnitt (Sektion VII) deutlich zu sehen. Die Landmassen erscheinen als waagrechte Streifen, die vom Mittelmeer und der Adria getrennt werden, und Städte sind durch kleine Gebäudegruppen dargestellt, wie auch in den Illustrationen zu der *Notitia Dignitatum* (s. S. 118, 124; für die ausführlichsten Darstellungen von Rom und Ostia s. S. 92). Man sollte die Karte jedoch nicht als Versuch werten, geographische Genauigkeit zu erziehen, selbst wenn ihr dies in den Einzelheiten manchmal gelingt. Sie stellt eher ein schematisches Diagramm für den Reisenden dar; sie gibt ihm die Städte, die Entfernungen zwischen ihnen und ihre Lage im Straßensystem an.

# AFRICA

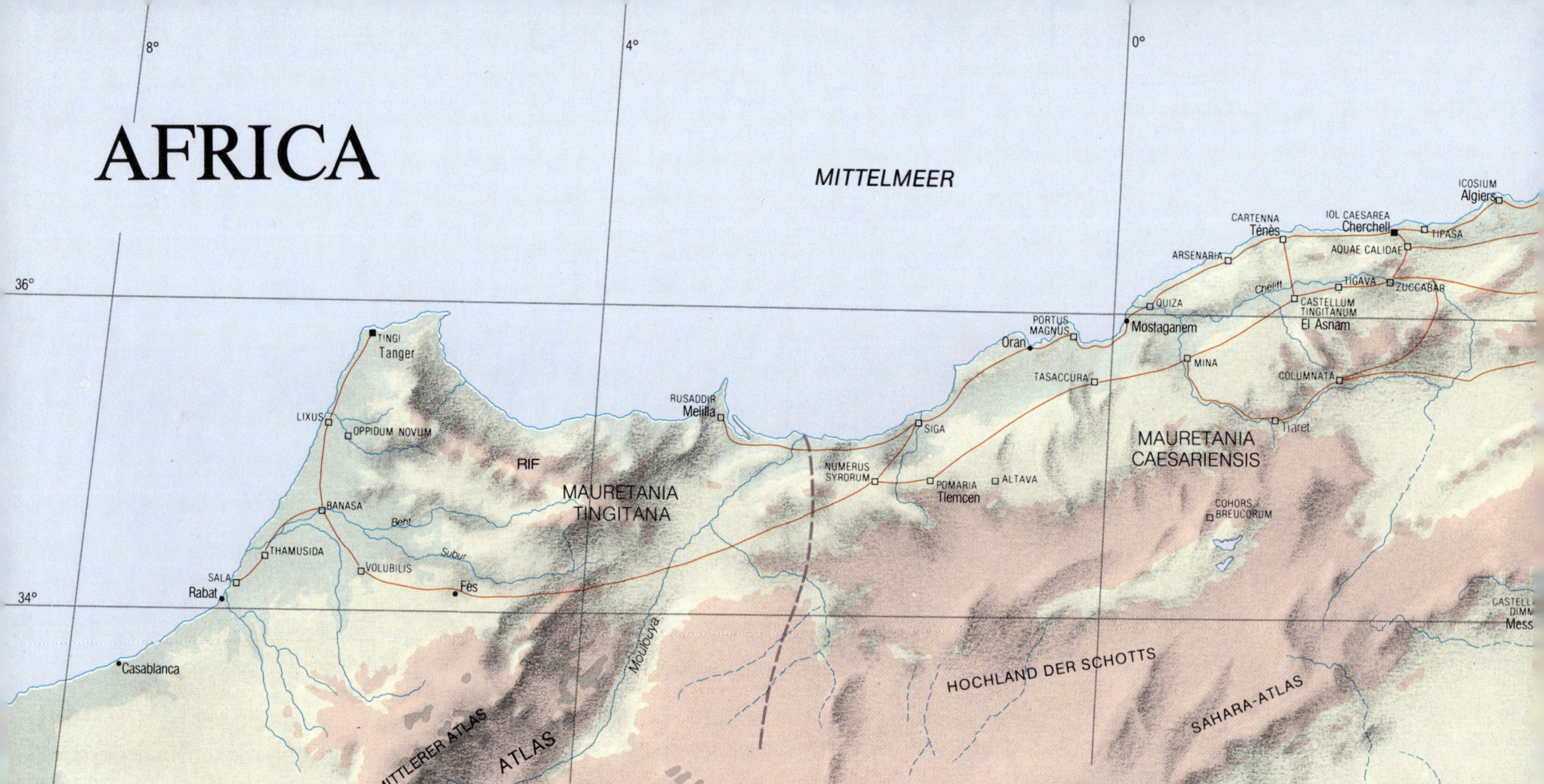

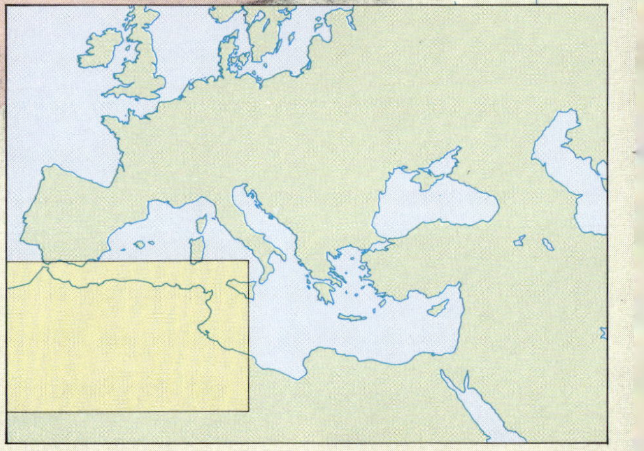

Die Urbanisierung in Africa ging schnell und relativ einheitlich vor sich, obwohl die Voraussetzungen unterschiedlich waren – im Osten gründete sie sich auf punische Siedlungen und weiter im Westen auf die Romanisierung einheimischer Zentren. Die Durchdringung der Provinz vollzog sich in westöstlicher Richtung, gleichlaufend mit den Bergen, die den Verkehr vom Innern ans Meer erschweren. Das während des zweiten Jahrhunderts erschlossene Aurès-Gebirge wurde von einem einzigen Legionsfort bei Lambaesis mit Unterstützung der Kolonie Timgad überwacht. Die Eingeborenen des Landesinneren konnten ihre Identität wahren: ein Bündnis, das sich während eines Aufstandes im vierten Jahrhundert gebildet hatte, bestand nach dem Historiker Amianus (29.5.28) aus Völkern »mit verschiedenen Kulturen und unterschiedlichen Sprachen«, wahrscheinlich Dialekten des »Libyschen«.

Das romanisierte Africa gehörte zu jenen Provinzen, die am nachhaltigsten in Erscheinung traten. Bekannt als die Heimat der Juristen, brachte es auch viele Senatoren und Ritter und hervorragende Literaten hervor. Aufgrund seiner Verbindungen mit dem Osten wurde es früh vom Christentum erreicht und entwickelte im vierten Jahrhundert im Zusammenhang mit der Rivalität zwischen Katholiken und Donatisten eine fortschrittliche Episkopalstruktur.

Die Wirtschaft Africas basierte – nicht immer zum Vorteil der Provinz – wesentlich auf dem Export. Africa versorgte Rom nicht nur mit seinem berühmten und recht profitabel ausgeführten Olivenöl, sondern auch mit Getreide, allerdings zu weniger günstigen Bedingungen.

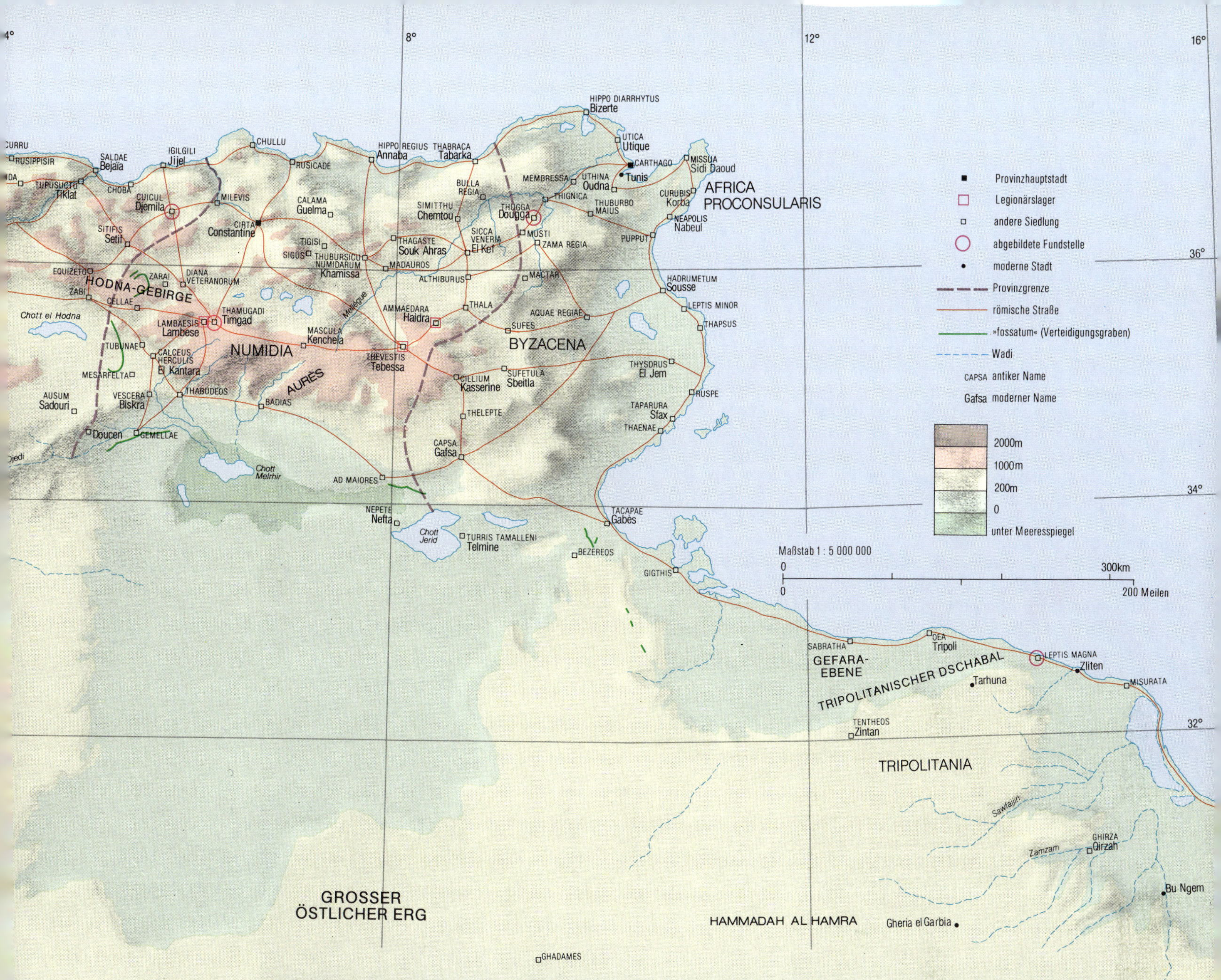


Die Umrisse der Karte zeigen ganz deutlich die west-östliche Ausrichtung des Landes. Der »ferne Westen« Mauretaniens, durch die Wüste und die große Entfernung völlig abgeschnitten, wurde im späten Imperium als Teil der Diözese Spanien verwaltet.

Das Bild aus der *Notitia Dignitatum (oben links)* symbolisiert exakt die Rolle Africas im Imperium des 4. Jahrhunderts. Von den Insignien des Prokonsuls umgeben, schwingt die Dame im oberen Register Getreideähren; unten sind mit Getreidesäkken beladene Schiffe auf dem Weg nach Rom.

Der Wein einschenkende Landmann *(links)* auf dem Mosaik im Bardo-Museum von Tunis illustriert das unveränderte ländliche Leben. Er sitzt vor einer der strohbedeckten Hütten, die im überlieferten einheimischen Stil erbaut und nach ihrem punischen Namen *mapalia* genannt wurden.

Das Wasser für Karthago lieferte eine Quelle in der Nähe von Zaghouan aus über 50 Kilometer Entfernung. Es kam über den großartigen Aquaedukt in die Stadt, der hier *(rechts)* über ein flaches Tal in der Nähe von Uthina führt. In Karthago wurde das Wasser in riesigen, abgedeckten Zisternen aufbewahrt.

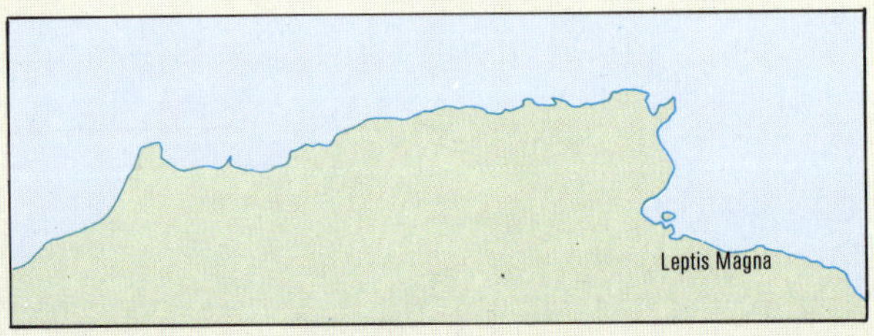


# Leptis Magna

Leptis Magna, eine von drei Städten, die dem Distrikt Tripolitania (und dem modernen Tripolis) seinen Namen gaben, war eine punische Gründung, vielleicht aus dem fünften Jahrhundert v. Chr. Über die Frühgeschichte ist wenig bekannt, doch läßt sich der Reichtum des punischen Leptis daraus ablesen, daß es seinem Oberherrn Kathago täglich ein Talent zahlte und von Iulius Caesar später wegen der Teilnahme am africanischen Widerstand mit einer jährlichen Geldbuße von drei Millionen Pfund Öl belegt wurde. Leptis' Entwicklung setzte sich während der ersten beiden Jahrhunderte des Imperiums beständig fort; zwei Phasen sind besonders bemerkenswert. In der ersten unter Augustus schmückten die Mitglieder der herrschenden punischen Aristokratie die Stadt mit zahlreichen Denkmälern. Die zweite fiel in die Zeit des berühmtesten Bürgers von Leptis, des Kaisers Septimius Severus, der die Stadt besuchte, ihr ein neues Forum und eine Basilika schenkte, den Hafen modernisierte und die eindrucksvolle Kolonnade baute, die von dort bis zur monumentalen Piazza bei den Hadrianischen Bädern führte. Im späten Kaiserreich blieb Leptis weiter eine blühende Stadt, wenn auch mit einigen Einschränkungen. Sie war der Sitz des Statthalters von Tripolitania, und es sind viele Inschriften, jedoch wenig neue Gebäude aus dieser Zeit überliefert. In der Mitte des vierten Jahrhunderts wurden Leptis und seine Nachbarn von Stammesinvasionen aus der Wüste heimgesucht. Unter den Vandalen verfiel die Stadt sehr rasch, und zur Zeit der byzantinischen Rückeroberung war sie weitgehend verödet.

Der Reichtum von Leptis beruhte zum Teil auf dem Handel. Die Hauptquelle des Wohlstandes war jedoch die landwirtschaftliche Entwicklung des Hinterlandes auf der Grundlage von Oliven und Weizen.

Westansicht des großen Severischen Forums und der Basilika *(oben)*, im Vordergrund der Markt und das Chalcidicum aus der augusteischen Periode. Wie das Theater *(gegenüber)* waren sie Stiftungen von Mitgliedern der punischen Aristokratie. In der Ferne erkennt man schemenhaft die fruchtbare Küstengegend, der Leptis seinen Reichtum verdankte. Das Detail *(rechts)* stammt von einem Säulenpaar der Severischen Basilika. Die Säulen wurden später in der Kirche wieder aufgestellt, die Iustinian auf ihren Überresten erbaute. Dargestellt sind Szenen aus dem Leben des Dionysos (Liber Pater), einem der Schutzgötter von Leptis. Ein korrespondierendes Säulenpaar zeigt Episoden aus dem Leben des Hercules. In ihrem Stil ähnelt die Skulptur der imperialen Kunst Kleinasiens.

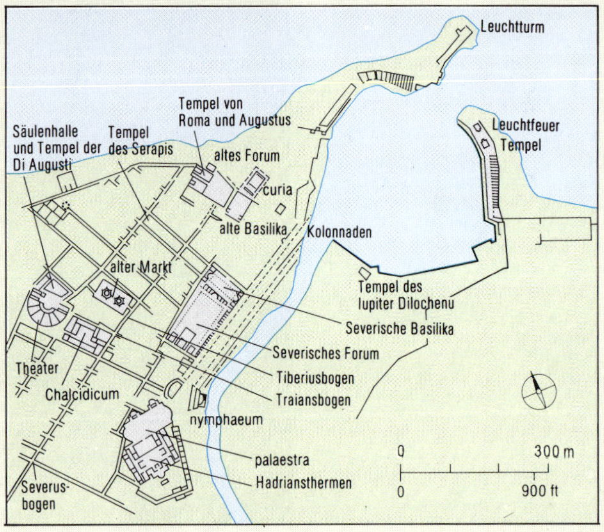

Die punische Siedlung lag auf der Landzunge westlich des Hafens; die Straßen führten in westlicher Richtung an der Küste entlang und zu den südlich gelegenen Anbauflächen. Ihr Einfluß auf die spätere Entwicklung von Leptis ist aus dem Lageplan klar ersichtlich *(links)*. Die Entfernung zwischen dem Hafen (im oberen Teil der Luftaufnahme zu sehen), dem alten Forum und dem auf einem punischen Friedhof erbauten Theater wirft ein Licht auf das Wachstum der Stadt. Ihre tatsächliche Größe in der Blütezeit ist nur zu ermessen, wenn man auch das noch nicht ausgegrabene Gebiet berücksichtigt. Die Circusarena lag etwa 1000 Meter von der östlichen Hafenmole entfernt, doch das Terrain dazwischen blieb bislang unerforscht.

Das Theater *(oben)* wurde 50 n. Chr. von dem punischen Adligen Annobal Rufus, Sohn des Himilcho Tapapius, erbaut, wie die wunderschön auf lateinisch und punisch eingemeißelte Widmung *(links)* belegt. Unmittelbar hinter der unter den Antoninern angefügten Bühnenfassade sind ein Hof und ein Säulengang zu sehen. Sie wurden zur Zeit des Claudius hinzugefügt, um den kleinen Tempel der *Divi Augusti*, der göttlichen Kaiser, zu integrieren. Der Titel *ornator patriae* in der Inschrift ist ein traditionell punischer Ausdruck für die Freigebigkeit eines Bürgers. Die Amtsbezeichnung *sufes*, ein bürgerliches Magistrat ähnlich dem römischen Duumvirat, verschwand 110 n. Chr., als Leptis römische Kolonie wurde. Als letzter trug der Großvater des größten Wohltäters von Leptis, Septimius Severus, diesen Titel.

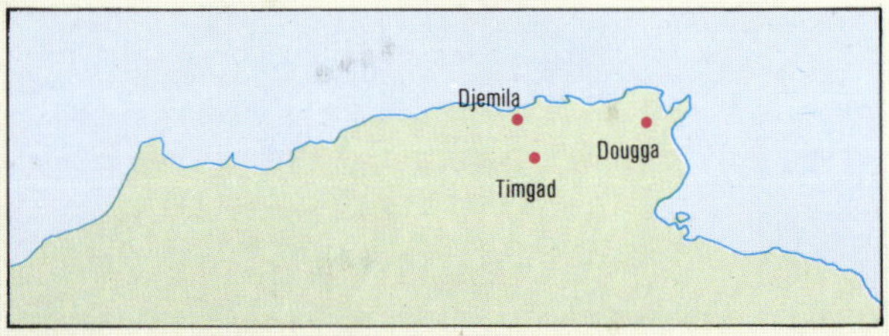


# Dougga

Dougga (früher Thugga) nimmt eine starke Verteidigungsstellung etwa 90 Kilometer südwestlich von Karthago ein. Es war schon lange vor dem Eintreffen der Römer eine blühende Stadt, und seine Einwohner setzten sich ursprünglich aus Puniern und eingeborenen Libyern zusammen: zu seinen Denkmälern gehört das Mausoleum eines numidischen Prinzen aus dem späten dritten oder frühen zweiten Jahrhundert v. Chr. Nach der Annexion als Teil der neuen Provinz Africa wurden die einheimischen Bewohner Douggas weiter von ihren eigenen Institutionen regiert und lebten Seite an Seite mit einer Gemeinschaft römischer Bürger, die zu Beginn von Karthago abhängig waren. Dougga erhielt erst im frühen dritten Jahrhundert den formellen Status einer selbständigen Stadtgemeinde. Der unregelmäßige Verlauf der Straßen auf der Karte *(unten rechts)* und die sich in Terrassen am Abhang hinaufziehenden Häuser verweisen auf die punisch-lybischen Ursprünge, wenn auch die Standardausstattung einer römischen Provinzstadt - ein Tempel der kapitolinischen Götter, ein Forum, Senatsgebäude u.a. - nicht fehlte. Douggas Reichtum, den es den fruchtbaren Ebenen zu seinen Füßen verdankte, drückt sich in der Großartigkeit einiger seiner öffentlichen Gebäude aus, insbesondere im 168/9 n. Chr. erbauten Theater.

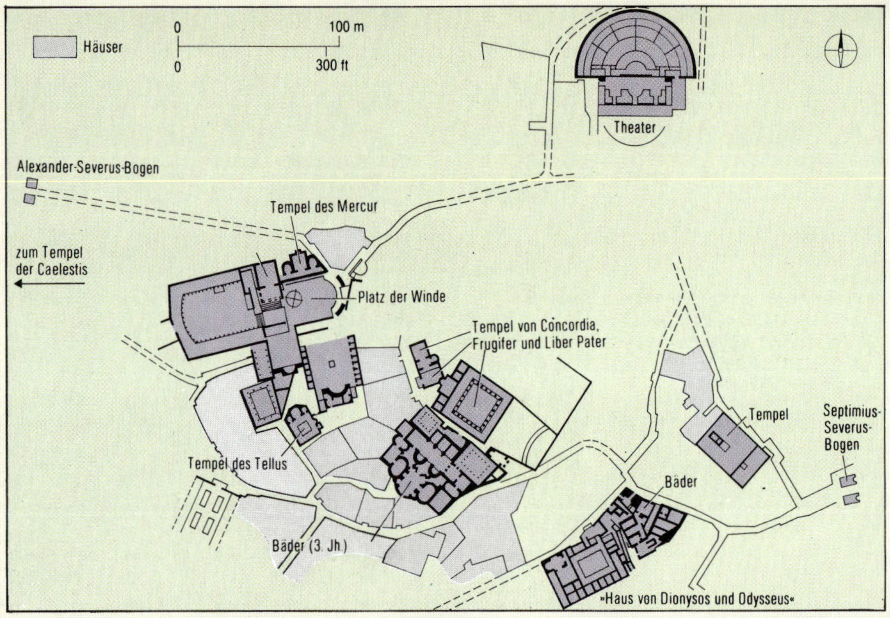

Der Straßenplan von Djemila gibt einen guten Einblick in die Entwicklung der Stadt. Die regelmäßige Anlage der ursprünglichen Siedlung kontrastiert mit der eher zufälligen Anordnung der Straßen in den neuen Distrikten des 2. Jahrhunderts. Auch kann man die städtebauliche Funktion des severischen Forums und der Basilika deutlich erkennen; sie sollten die sich in die Länge ausdehnende Stadt zusammenhalten. Die übliche Definition ihres südöstlichen Teils als »Christenviertel« ist völlig irreführend. Die christlichen Monumente wurden zwar in jenem Gebiet während des 2. Jahrhunderts errichtet, doch besteht kein Grund für die Annahme, dieses Viertel sei zu irgendeiner Zeit christlich gewesen, während die übrigen noch heidnisch waren.

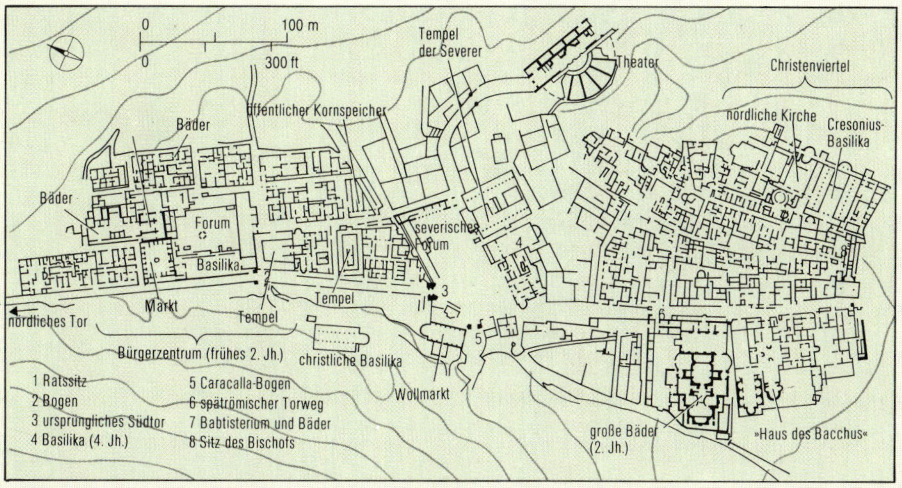


Der Severus-Bogen von Timgad *(unten)* stand am Eingang zur ursprünglichen Kolonialstadt auf der Straße von Lambaesis. Er nahm die Stelle des Westtors ein, über das die Stadt, ebenso wie über die Westmauer, während ihrer rasanten Entwicklung im 2. Jahrhundert hinausgewachsen war.

# Djemila

Djemila (früher Cuicul) in der späteren Provinz Numidien wurde in der Zeit Nervas oder Traians als eine aus einer ganzen Reihe von Veteranenkolonien entlang der Straße von Sicca Veneria (El Kef) bis Cirta (Constantine) gegründet. Schon bald zog Cuicul weitere Siedler aus anderen Teilen Africas an und dehnte sich nach Süden und den Hang hinter der Kolonialsiedlung hinauf aus. Das Theater und der Bäderkomplex aus dem zweiten Jahrhundert in diesem Distrikt waren die Ursache dafür, daß sich das ursprüngliche Zentrum der Stadt dorthin verlagerte; das Gleichgewicht wurde durch den Bau eines neuen Forums und einer Basilika wiederhergestellt. Cuicul konnte seine Bedeutung in der spätrömischen und byzantinischen Epoche bewahren. Im vierten Jahrhundert entstanden im Südostviertel der Stadt Kirchen und ein Bischofspalast, und die Häuser sowohl in diesem Distrikt wie in der Umgebung des alten Forums enthielten späte Mosaike von hoher Qualität. Der Reichtum von Cuicul gründete sich vermutlich auf die Erträge aus der landwirtschaftlichen Nutzung seines großen Territoriums.

Den kapitolinischen Tempel von Dougga *(links oben)* aus den Jahren 166/7 verdankt die Stadt der Großzügigkeit der Mitglieder derselben Familie, die auch das Theater stiftete. Zweifellos wegen der Hanglage der Stadt stehen das Hauptforum und die dazugehörigen öffentlichen Gebäude eher an seiner Seite als gegenüber der Vordertreppe und dem Giebel. Die Mauer um das Fundament des Tempels stammt aus der Zeit der byzantinischen Rückeroberung Africas. Das Mosaik *(links unten)* zeigt einen Mann beim Fischfang mit Rute und Fangnetz und stammt aus einem Raum im »Haus von Dionysos und Odysseus« *(s. Plan)*. Die Zeichnung ist konventionell und soll wohl vor allem den maritimen Charakter der Szenen in anderen Mosaiken des Raums unterstreichen: Odysseus, der am Felsen der Sirenen vorbeisegelt, und Dionysos, wie er mit tyrrhenischen Piraten zusammentrifft.

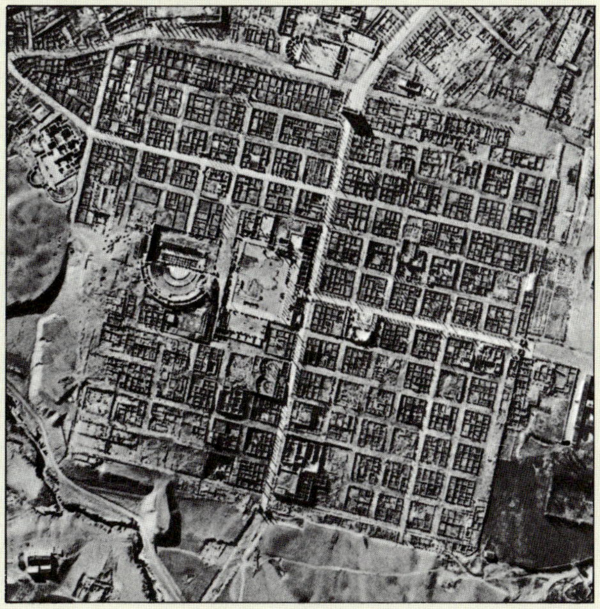

# Timgad

Die regelmäßige Anlage von Timgad (früher Thamugadi), wie sie ganz deutlich aus der Luftaufnahme *(links)* hervorgeht, belegt, daß es auf eine römische Kolonie zurückgeht. Timgad wurde im Jahre 100 n. Chr. als eine Veteranensiedlung von der in Lambaesis stationierten dritten Legion gegründet. Gegen Mitte des zweiten Jahrhunderts war es schon über seine ursprünglichen Grenzen hinausgewachsen. Wie besonders auf der westlichen und südwestlichen Seite sichtbar wird, entwickelten sich die neuen Vororte ohne jede Rücksicht auf die Absichten der militärischen Planer. Die Gründung war außerordentlich erfolgreich und verfügte über alle Annehmlichkeiten der damaligen Zivilisation (darunter nicht weniger als 14 erkennbare Badeanlagen). Sie hatte eine Bibliothek und unter anderem eine große donatistische Basilika.

# SPANIEN

Die römische Besiedlung der Iberischen Halbinsel konzentrierte sich zunächst auf die Ostküste und das Flußtal des Guadalquivir (Baetis). Aus den Städten dieser Regionen gingen schon früh Senatorenfamilien hervor; ein Redner aus Cordoba (Corduba) begründete eine der wichtigsten Literaten-Dynastien des frühen kaiserlichen Roms, während ein kaiserlicher Legat aus Italica der Vater des ersten aus einer Provinz stammenden Kaisers war.

Die Gebirge im Norden und Nordwesten waren lange Zentren antirömischen Widerstands, der erst unter Augustus in seinen Kantabrischen Kriegen gebrochen werden konnte. Trotz der Städtegründungen in diesen Gebieten blieb viel von ihrem ursprünglichen Charakter gewahrt – das Baskische ist eine vorrömische Sprache –, und es wurde (in León) eine Legion stationiert, damit die Einheimischen sich friedlich verhielten.

Teils als Folge seiner nur kleinen Garnison war der Beitrag Spaniens zu den wichtigsten politischen Ereignissen des Imperiums im Vergleich zu seiner gesellschaftlichen und wirtschaftlichen Bedeutung gering. Die spanische Armee trat beim »Vierkaiserjahr« in Erscheinung, und Spanien spielte auch eine Rolle beim politischen Verfall des Reichs im frühen fünften Jahrhundert.

Die Halbinsel lieferte Edelmetalle und Kupfer – vor allem aus den Bergwerken im Rio-Tinto-Tal nordöstlich von Huelva und Vipasca in der Nähe von Beja (Pax Iulia) in Portugal. Neben anderen Produkten erreichte der Weinexport nach Rom während der ersten beiden Jahrhunderte beträchtliche Ausmaße.

Spanien wurde schon früh christianisiert. Die Berichte vom Konzil von Elvira (Illiberris) im Jahr 306 geben Aufschluß über die Verbreitung, den Aufbau und die Moralvorstellungen der unmittelbar vor-konstantinischen Kirche. Der galicische Kaiser Theodosius ist Spaniens Beitrag zur katholischen Intoleranz bei der Christianisierung des Reichs; in dem asketischen Lehrer Priscillian stellte es den ersten »häretischen« Märtyrer.

Die spanische Halbinsel hatte unter der Invasion im fünften Jahrhundert sehr zu leiden, doch die römische Besetzung und die darauf folgende durch Goten und Araber verliehen ihrer frühen kulturellen Landschaft eine fast einzigartige Komplexität.

*Oben:* In der *Notitia Dignitatum* sind die drei Provinzen Spaniens als Frauen mit »Mauerkronen« auf dem Haupt dargestellt; durch die Körbe wird ihre Steuerpflicht symbolisiert. Dem *vicarius* unterstand, ebenso wie dem Prokonsul in Africa, die Gerichtsbarkeit, worauf die abgebildeten Schreibutensilien verweisen.

Das prächtige Pferdegespann *(unten)* stammt von einem Circusmosaik aus einer Villa in der Nähe von Barcelona. Die Inschrift Pa(n)tinicius (»Sieger«) und Calimorfus (»Schönheit«) nennt die Namen zweier Pferde: die Ersetzung des *ph* durch *f* ist im späteren Lateinischen üblich. Spanien war im 4. Jahrhundert der führende Produzent und Exporteur von edlen Rennpferden.

BISCAYA-BUCHT
PYRENÄEN
MITTELMEER
BALEARES
Minor
MAGO
POLLENTIA
Pollensa
PALMA
Maior
TARRACONENSIS
SIERRA DE LA DEMANDA
SIERRA DE GUADARRAMA
SERRANIA DE CUENCA
MONTES DE TOLEDO
SIERRA NEVADA
GIGIA Gijon
PORTUS VICTORIAE
FLAVIOBRIGA
IULIOBRIGA Retortillo
UXAMA BARCA Osma
ARACELI Araquil
POMPAELO Pamplona
IACA Jaca
IUNCARIA Figueras
EMPORIAE Ampurias
GERUNDA Gerona
AUSA Vich
AESO Avella
IESSO Guisona
OSCA Huesca
LANCIA
VIROVESCA
LIBIA Leiva
VAREIA
SEGISAMO Sasamon
CALAGURRIS Calahorra
GRACCURIS Alfaro
CASCANTUM Cascante
PALLANTIA Palencia
TURIASSO Tarazona
NUMANTIA Soria
AUGUSTOBRIGA
CAESARAUGUSTA Zaragoza
ILERDA Lerida
BAETULO Badalona
BARCINO Barcelona
RAUDA Roa
CLUNIA
SEPTIMANCA Simancas
UXAMA ARGELA Osma
TERMES
BILBILIS
CELSA
TARRACO Tarragona
CAUCA Coca
ARCOBRIGA Arixa
SEGONTIA Siguenza
DERTOSA Tortosa
SEGOVIA
AVELA Avila
COMPLUTUM
CARACA
ERCAVICA
TITULCIA
Tagus
CAESAROBRIGA Talavera de la Reina
TOLETUM Toledo
SEGOBRIGA Cabeza de Griego
AUGUSTOBRIGA Talavera la Vieja
VALERIA Valera Vieja
LEIRIA (EDETA) Liria
SAGUNTUM
VALENTIA Valencia
Turia
CONSABURA Consuegra
Cabriel
Jucar
Guadiana
SAETABIS Jatira
DIANIUM Denia
LAMINIUM
LIBISOSA Lezuza
SALTIGIS
AD ARAS
ORETUM
MIROBRIGA Capilla
SISAPO Almaden
Segura
ILICI Elche
LUCENTUM Alicante
MELLARIA Fuente Obejuna
CASTULO Cazlona
BEGASTRUM Cehegin
EPORA Montoro
CORDUBA Cordoba
OBULCO Porcuna
UCUBIS
TUCCI Martos
ASTIGI Ecija
CARTHAGO NOVA Cartagena
BASTI Baza
ACCI Guadix
ILLIBERIS
Genil
URSO Osuna
ANTICARIA Antequera
URCI Huercal
ABDERA Adra
MURGIS
MALACA Malaga
ARUNDA Ronda
CALPE Gibraltar
Duero
Ebro
Pisuerga
Noguera
Bernesga
42°
40°
38°
36°
Provinzhauptstadt
Legionärslager
andere Siedlung
abgebildete Ausgrabungsstätte
Provinzgrenze
römische Straße
BASTI antiker Name
(EDETA) späterer Name
Baza moderner Name
2000m
1000m
200m
0
Maßstab 1 : 3 400 000
0
200km
0
150 Meilen

# Italica

Italica, die Geburtsstadt von Traian und Hadrian, war die älteste Gemeinde römischer Bürger in Spanien, erhielt jedoch erst spät städtischen Status. Italica, das lange im Schatten der romanisierten, einheimischen Stadt Hispalis (Sevilla) stand, wurde in der Zeit Hadrians nach hellenistischem Muster neu konzipiert. Die Stadt erhielt ein riesiges Amphitheater mit einem Fassungsvermögen von 25000 Besuchern, das sich von der Bevölkerung Italicas aus gesehen kaum rechtfertigen ließ, und schöne Stadtpalais mit eleganten Mosaiken. Doch vom dritten Jahrhundert an wurde Italica wieder von Sevilla überflügelt.

*Unten:* Die prachtvollen Mosaikböden stammen aus einem Haus, das im Nordteil Italicas ausgegraben wurde. Sie datieren aus der Zeit, als Hadrian die Stadt verschönerte. Die erhaltenen Skulpturen sind ihrem Stil nach griechisch, was möglicherweise auf die Beteiligung griechischer Handwerker weist.

*Rechts:* Der berühmte Aquaedukt von Segovia. Seine 128 Bögen führen 800 Meter lang über das Zentrum der Stadt.

*Unten rechts:* Die Brücke von Alcantara über den Tagus hatte eine Länge von nahezu 200 Metern. Über sie verlief die römische Verbindungsstraße zwischen Nobra und Conimbriga in Lusitanien.

# Segovia

Segovia, eine relativ unbedeutende römische Stadt und frühere keltische Festung, ist vor allem wegen seines eindrucksvollen Aquaedukts bekannt, über den Wasser von einer etwa 16 Kilometer entfernten Quelle zu einem Verteilerpunkt oder *castellum* geleitet wurde. Er stammt wahrscheinlich aus dem ersten Jahrhundert nach Chr. und dokumentiert den wachsenden bürgerlichen Komfort, den die Verbindung römischer Technologie mit einheimischer Initiative ermöglichte. Wie stolz die Bewohner Segovias auf ihren Aquaedukt waren, zeigt seine gemeißelte Darstellung auf Grabmälern.

# Alcantara

Die Brücke von Alcantara ist ein besonders bemerkenswerter Beleg für die öffentliche Initiative und Zusammenarbeit während des Römischen Reichs, denn sie wurde von elf lusitanischen Gemeinden erbaut, deren Namen auf Brückeninschriften aufgeführt sind. Die Höhe der Fahrbahn über dem Wasser mag auf den ersten Blick übertrieben und verschwenderisch erscheinen, doch bei Hochwasser im Winter reicht der Wasserspiegel bis an die Bögen heran. Ihr Architekt C. Iulius Lacer hat nicht übertrieben, als er auf einer örtlichen Inschrift behauptete, daß sein Werk »die Jahrhunderte überdauern werde«.

# GALLIEN UND GERMANIEN

Die unterschiedliche Sozialstruktur der gallischen Provinzen beruhte auf dem geographischen Kontrast zwischen dem urbanisierten Süden, der schon durch Städte wie Massilia (Marseille) und Antipolis (Antibes) hellenisiert war, und den Gebieten im Norden und Westen des Massif Central, die ausdrücklich als *Gallia comata* – »langhaariges Gallien« – bezeichnet wurden.

Die schwereren Böden und offenen Felder in diesem Teil begünstigten eine landwirtschaftliche Nutzung auf breiter Ebene. Die Städte lagen weit voneinander entfernt, und große Villen wie die von Estrées-sur-Noye (s. S. 130) und ländliche Heiligtümer wie Sanxay sind typisch für diesen Bereich. Ein drittes Gebiet, die Militärzone am Rhein, war durch die soldatische Bevölkerung geprägt, die häufig auch nach der Dienstzeit hierblieb und zur Verbreitung römischer Lebensart und zivilisatorischen Komforts entscheidend beitrug.

Trotz des gesellschaftlichen Konservatismus entstand im nicht-mediterranen Gallien eine ansehnliche Klasse von Kaufleuten, wie aus vielen Grabreliefs hervorgeht, auf denen ihre Tätigkeiten dargestellt sind. Technische Neuerungen ergaben sich durch den Gebrauch der Wasserkraft und in der Landwirtschaft (s. S. 182–85).

Im späten Kaiserreich verlagerte sich das Gleichgewicht zugunsten des Nordens, da ein kaiserlicher Hof in Trier Handel und Gewerbe anzog und zum Zentrum einer ziemlich breiten Bürokratenklasse wurde.

*Unten links:* Der Befehlsbereich des Dux Tractus Armoricani in der *Notitia Dignitatum* umfaßte ungefähr die Bretagne und die Normandie.

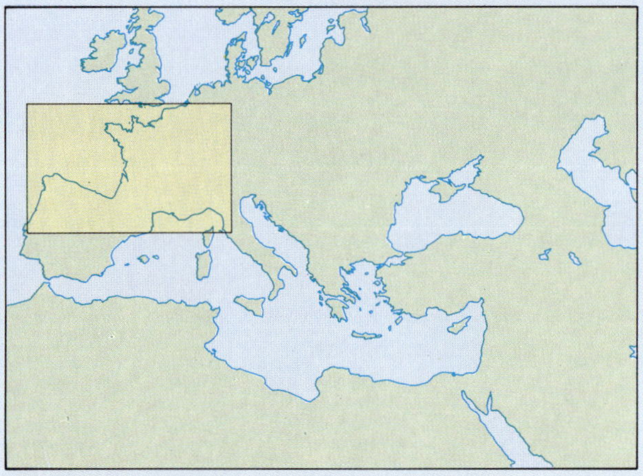

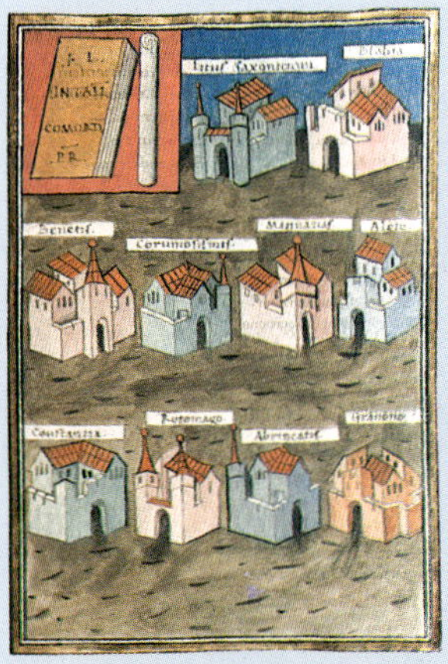

Die Bronzestatuette aus Trier *(unten)*, ursprünglich Teil einer größeren Gruppe, zeigt einen Bauern bei der Feldarbeit, möglicherweise beim Pflügen, wie sich aus der Vorwärtsbewegung und an seinen Händen, die früher einmal runde Stangen oder Griffe hielten, schließen läßt.

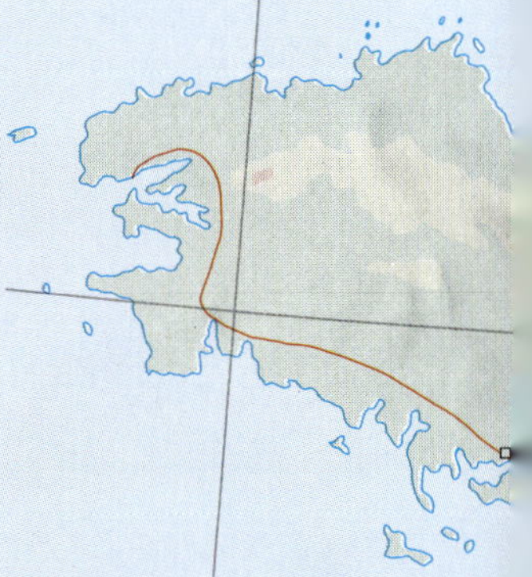

Die Stadt Autun (Augustodunum) entwickelte sich während des Kaiserreichs schnell zu einem Mittelpunkt der freien Künste. Sie besaß ein frühes Theater und ein Amphitheater und war von einem langen Mauerring mit wohlproportionierten, riesigen Toren umgeben. *Oben* sieht man die »Porte d'Arroux«, die im Norden über den Fluß führt.

Rheinländische Glaswaren – das Hauptproduktionszentrum bildete Köln – waren oft von außerordentlicher Zartheit. Der hier gezeigte Krug *(oben rechts)* mit dem Schlangenmotiv kommt aus Ürdingen.

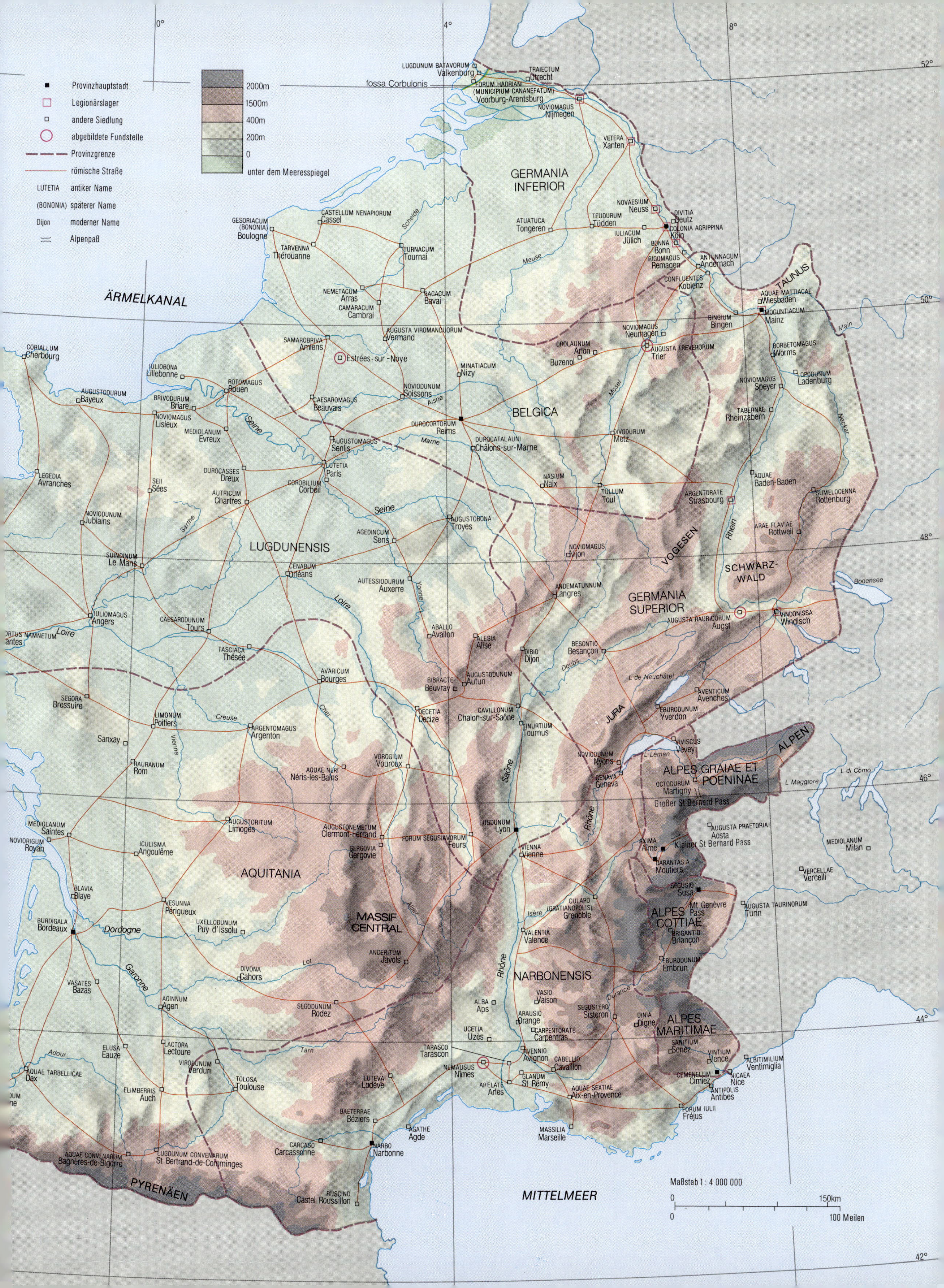

Provinzhauptstadt
Legionärslager
andere Siedlung
abgebildete Fundstelle
Provinzgrenze
römische Straße
LUTETIA antiker Name
(BONONIA) späterer Name
Dijon moderner Name
Alpenpaß
2000m
1500m
400m
200m
0
unter dem Meeresspiegel
0°
4°
8°
52°
50°
48°
46°
44°
42°
ÄRMELKANAL
MITTELMEER
GERMANIA INFERIOR
BELGICA
LUGDUNENSIS
GERMANIA SUPERIOR
AQUITANIA
NARBONENSIS
ALPES GRAIAE ET POENINAE
ALPES COTTIAE
ALPES MARITIMAE
MASSIF CENTRAL
PYRENÄEN
VOGESEN
SCHWARZ-WALD
JURA
ALPEN
TAUNUS
LUGDUNUM BATAVORUM Valkenburg
TRAIECTUM Utrecht
fossa Corbulonis
FORUM HADRIANI (MUNICIPIUM CANANEFATIUM) Voorburg-Arentsburg
NOVIOMAGUS Nijmegen
VETERA Xanten
NOVAESIUM Neuss
DIVITIA Deutz
COLONIA AGRIPPINA Köln
TEUDURUM Tüdden
ATUATUCA Tongeren
IULIACUM Jülich
BONNA Bonn
RIGOMAGUS Remagen
ANTUNNACUM Andernach
CONFLUENTES Koblenz
AQUAE MATTIACAE Wiesbaden
MOGUNTIACUM Mainz
BINGIUM Bingen
NOVIOMAGUS Neumagen
OROLAUNUM Arlon
Buzenol
AUGUSTA TREVERORUM Trier
BORBETOMAGUS Worms
NOVIOMAGUS Speyer
LOPODUNUM Ladenburg
TABERNAE Rheinzabern
DIVODURUM Metz
AQUAE Baden-Baden
SUMELOCENNA Rottenburg
ARGENTORATE Strasbourg
ARAE FLAVIAE Rottweil
TULLUM Toul
NASIUM Naix
GESORIACUM (BONONIA) Boulogne
CASTELLUM NENAPIORUM Cassel
TARVENNA Thérouanne
TURNACUM Tournai
NEMETACUM Arras
CAMARACUM Cambrai
BAGACUM Bavai
AUGUSTA VIROMANDUORUM Vermand
SAMAROBRIVA Amiens
Estrées-sur-Noye
MINATIACUM Nizy
NOVIODUNUM Soissons
DUROCORTORUM Reims
DUROCATALAUNI Châlons-sur-Marne
CORIALLUM Cherbourg
IULIOBONA Lillebonne
ROTOMAGUS Rouen
AUGUSTODURUM Bayeux
BRIVODURUM Briare
NOVIOMAGUS Lisieux
CAESAROMAGUS Beauvais
MEDIOLANUM Evreux
AUGUSTOMAGUS Senlis
LUTETIA Paris
LEGEDIA Avranches
SEII Sées
DUROCASSES Dreux
AUTRICUM Chartres
COROBILIUM Corbeil
NOVIODUNUM Jublains
SUINDINUM Le Mans
AGEDINCUM Sens
AUGUSTOBONA Troyes
NOVIOMAGUS Nijon
CENABUM Orléans
AUTESSIODURUM Auxerre
ANDEMATUNNUM Langres
IULIOMAGUS Angers
CAESARODUNUM Tours
PORTUS NAMNETUM Nantes
TASCIACA Thésée
ABALLO Avallon
ALESIA Alise
DIBIO Dijon
BESONTIO Besançon
AUGUSTA RAURICORUM Augst
VINDONISSA Windisch
SEGORA Bressuire
AVARICUM Bourges
BIBRACTE Beuvray
AUGUSTODUNUM Autun
AVENTICUM Avenches
EBURODUNUM Yverdon
LIMONUM Poitiers
DECETIA Decize
CAVILLONUM Chalon-sur-Saône
TINURTIUM Tournus
Sanxay
ARGENTOMAGUS Argenton
RAURANUM Rom
VOROGIUM Vouroux
AQUAE NERI Néris-les-Bains
NOVIODUNUM Nyons
GENAVA Geneva
VIVISCUS Vevey
OCTODURUM Martigny
Großer St Bernard Pass
MEDIOLANUM Saintes
NOVIORIGUM Royan
AUGUSTORITUM Limoges
AUGUSTONEMETUM Clermont-Ferrand
FORUM SEGUSIAVORUM Feurs
LUGDUNUM Lyon
AUGUSTA PRAETORIA Aosta
AXIMA Aime
Kleiner St Bernard Pass
DARANTASIA Moutiers
MEDIOLANUM Milan
VERCELLAE Vercelli
ICULISMA Angoulême
GERGOVIA Gergovie
VIENNA Vienne
SEGUSIO Susa
Mt Genèvre Pass
AUGUSTA TAURINORUM Turin
BLAVIA Blaye
VESUNNA Périgueux
CULARO (GRATIANOPOLIS) Grenoble
BURDIGALA Bordeaux
UXELLODUNUM Puy d'Issolu
VALENTIA Valence
BRIGANTIO Briançon
EBURODUNUM Embrun
ANDERITUM Javols
VASATES Bazas
DIVONA Cahors
AGINNUM Agen
SEGODUNUM Rodez
ALBA Aps
VASIO Vaison
SEGUSTERO Sisteron
DINIA Digne
ARAUSIO Orange
CARPENTORATE Carpentras
UCETIA Uzès
LACTORA Lectoure
ELUSA Eauze
SANITIUM Senez
AQUAE TARBELLICAE Dax
VIROGUNUM Verdun
TOLOSA Toulouse
TARASCO Tarascon
AVENNIO Avignon
CABELLIO Cavaillon
VINTIUM Vence
ALBINTIMILIUM Ventimiglia
NEMAUSUS Nîmes
ARELATE Arles
GLANUM St Rémy
AQUAE SEXTIAE Aix-en-Provence
CEMENELUM Cimiez
NICAEA Nice
ANTIPOLIS Antibes
ELIMBERRIS Auch
LUTEVA Lodève
BAETERRAE Béziers
FORUM IULII Fréjus
AGATHE Agde
MASSILIA Marseille
AQUAE CONVENARUM Bagnères-de-Bigorre
LUGDUNUM CONVENARUM St Bertrand-de-Comminges
CARCASO Carcassonne
NARBO Narbonne
RUSCINO Castel Roussillon
Scheldе
Meuse
Mosel
Main
Neckar
Rhein
Aisne
Marne
Seine
Sarthe
Loire
Yonne
Cher
Creuse
Vienne
Saône
Doubs
L. de Neuchâtel
L. Léman
Bodensee
L. di Como
L. Maggiore
Rhône
Allier
Isère
Durance
Dordogne
Garonne
Lot
Tarn
Adour
Maßstab 1 : 4 000 000
0
150km
100 Meilen

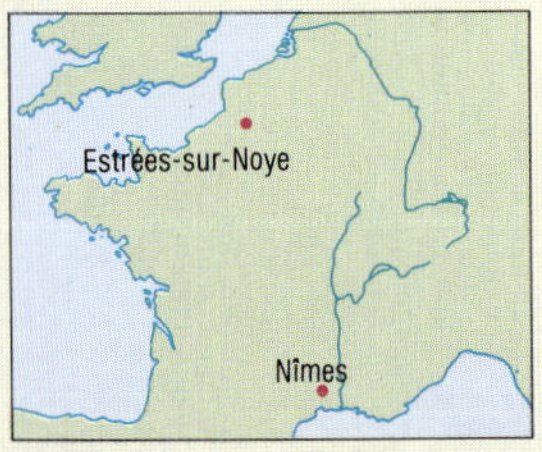


# Estrées-sur-Noye

Die große Villa von Estrées-sur-Noye (Somme), von der keine oberirdischen Reste erhalten sind, ist ein gutes Beispiel der Villen-Kultur, die für die wirtschaftliche Entwicklung in den westlichen Provinzen nicht weniger typisch war als die großen Städte wie Nîmes und Trier. Die Villa gehört zu einer Reihe ähnlicher Anlagen in Nordfrankreich, die in den letzten Jahren durch systematische Luftaufnahmen entdeckt wurden. *Unten* ist die Villa auf der Grundlage ihres heutigen Lageplans rekonstruiert. Sie bestand aus einem Hauptgebäude (im Hintergrund) und dem davorliegenden Hof, der von Hütten und Scheunen eingegrenzt wird. Bei dem in der Nähe des vorderen Tores stehenden Einzelgebäude handelt es sich wahrscheinlich um ein Heiligtum. Der ganze Komplex bildete einen autarken landwirtschaftlichen Betrieb, wie er für die Nordprovinzen des Imperiums typisch war. Die größte Schwierigkeit für die Interpretation dieser Orte liegt darin, daß man noch nicht weiß, wie viele gleichzeitig bewohnt wurden und wieviele man zugunsten anderer aufgegeben hat. Jedenfalls war die Bevölkerungsdichte im agrarischen Nordgallien bemerkenswert hoch.

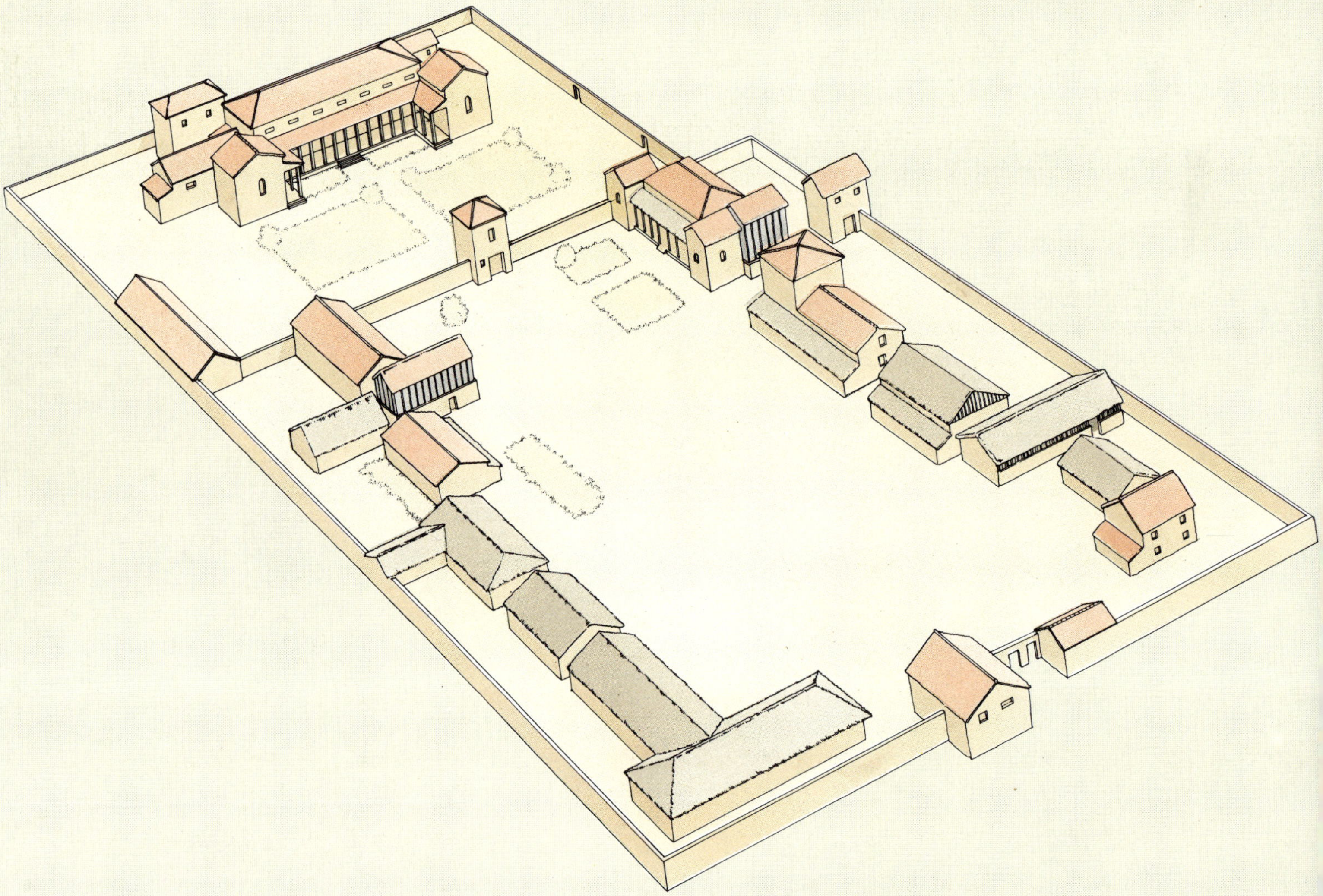

Der zur Zeit von Augustus erbaute, berühmte Aquaedukt über den Gard (oder Gardon) war Teil eines Systems, das Nîmes aus einer Quelle in der Nähe von Uzès mit Wasser versorgte. Die Exaktheit der Planung und Ausführung ist höchst beeindruckend; der Aquaedukt fiel auf der Distanz von 50 Kilometern lediglich um 17 Meter ab. Noch heute kann man in der Umgebung die Steinbrüche sehen, aus denen die Steine für das Aquaedukt geholt wurden.

Nach der Einnahme Alexandriens durch Octavian im Jahre 30 v. Chr. wurden griechische Einwohner Ägyptens in Nîmes angesiedelt; dies geht aus den Münzen hervor, die die Porträts von Augustus und Agrippa abbilden, während die Rückseite ein Krokodil mit der Aufschrift COL(onia) NEM(ausus) zeigt. Der vollständig erhaltene Tempel im Forum des alten Nîmes, die sogenannte »Maison Carrée *(links)*, war den Prinzen Gaius und Lucius Caesar geweiht. Er ist ein vollkommenes Beispiel für den klassischen Stil und entspricht genau den von Vitruvius festgelegten Proportionen. Das berühmte Amphitheater von Nîmes, *(oben)*, das heute noch bei Stierkämpfen Verwendung findet, stammt aus dem späten 1. oder frühen 2. Jahrhundert.

# Nîmes

Nîmes, in der Antike Nemausus, fiel den Römern im späten ersten Jahrhundert v. Chr. zu und wurde in der Zeit des Augustus zu einer römischen Kolonie. Da es an der Hauptstraße von Italien nach Spanien lag und Zugang zum Mittelmeer hatte, gehörte es zu den wichtigsten Städten mit der größten Bevölkerungsdichte im südlichen Gallien. Dennoch gründete sich sein Reichtum nicht vorwiegend auf den Handel, ein Gebiet, auf dem es von Narbonne überflügelt wurde, sondern auf die Nutzung des landwirtschaftlichen Potentials seines Territoriums; die frühen Senatoren, die es hervorbrachte, waren – wie ihre Namen zeigen – romanisierte Gallier, alteingesessene Landbesitzer, und nicht so sehr italienische Einwanderer. Die Stadt brachte im zweiten Jahrhundert auch den späteren Kaiser Antoninus Pius hervor. Neben den auf dieser Seite gezeigten Baudenkmälern gab es in Nîmes einen perfekt konzipierten Komplex von Bädern und Teichen, die von der heiligen Quelle des Gottes Nemausus gespeist wurden, und die man heute noch besichtigen kann.

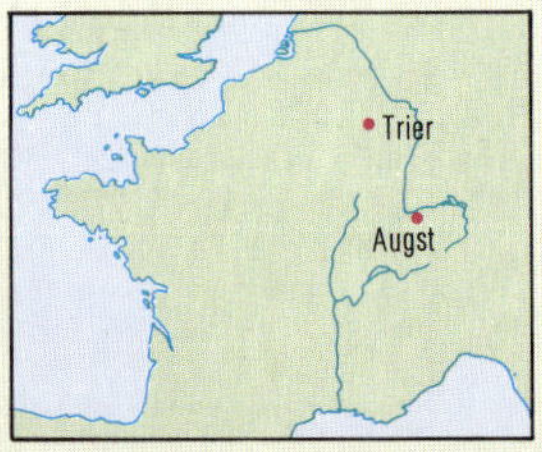


# Augst

Augst (Augusta Rauricorum, später einfach Rauraci) geht auf einen Hauptmann Iulius Caesars zurück, der es 44 v.Chr. als eine Militärkolonie gründete. Es diente zum Teil als Schutz für Caesars Neueroberungen in Gallien und spielte auch eine wichtige Rolle in den von Augustus und den Flaviern geführten germanischen Kriegen. Seine für Verteidigungszwecke ideale Lage läßt sich aus den Umrissen deutlich ablesen: Es befand sich auf einer nahe dem Rheinufer gelegenen Hochebene mit steil abfallenden Hängen an drei Seiten. Durch die Ausgrabungen kam eine vielfältig und gut ausgestattete Stadt zutage, mit Säulengängen, einem Theater und Senatsgebäude, Brunnen, Tempeln, zwei Badekomplexen und Märkten, zu denen auch eine Wurstküche gehörte. Wie auch an anderen Orten in den nördlichen Provinzen wurden in Augst erst im späten ersten Jahrhundert n. Chr. bedeutende Steingebäude errichtet. Nach den Invasionen in der Mitte des dritten Jahrhunderts konzentrierte sich die anscheinend zurückgehende Bevölkerung auf die kleinere, befestigte Siedlung Kaiseraugst, die Ammianus Marcellinus im vierten Jahrhundert als »direkt am Ufer des Rheins« gelegen beschrieb. Dennoch sollte man das spätrömische Kaiseraugst nicht als eine völlig separate Siedlung, sondern vielmehr als eine Konzentrierung der früheren ansehen.

Das Theater von Augst machte mehrere Veränderungen durch, wie man aus der Luftaufnahme und noch besser aus dem Lageplan ersehen kann. Zuerst war es ein kleines Theater orthodoxen Zuschnitts mit teilweise hölzernen Sitzen, dann ein Amphitheater (oder beides in einem) und im Endstadium, etwa 150 n. Chr., ein etwas größeres klassisches Theater mit 8000 Plätzen. Gleichzeitig wurde im Süden ein zweites Amphitheater errichtet. Die Stadtmauern sind auf zwei Strecken noch vorhanden, sie scheinen jedoch nie zu Ende gebaut worden zu sein.

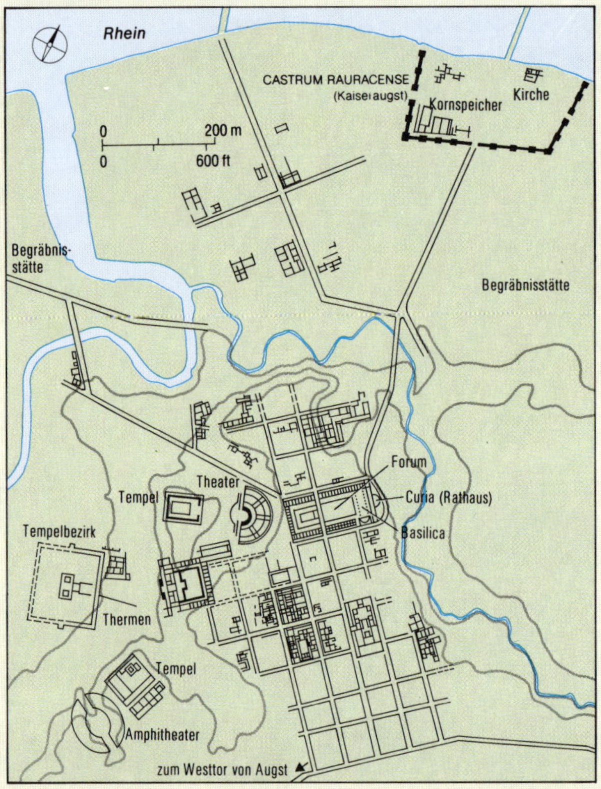

# Trier

Trier war eine alte Hauptstadt der gemischten keltischen und möglicherweise auch germanischen Völker der Treverer gewesen; in der Nähe der Stadt stehen bedeutende religiöse Heiligtümer, unter ihnen das einheimische Sanktuarium Altbachtal und ein Tempel des Lenus Mars, eines romanisierten lokalen Gottes. Der Name Augusta Treverorum leitete sich aus der Anwesenheit von Augustus während seines Besuchs in Gallien 15–13 v.Chr. her (s.a. Nîmes). Im frühen Kaiserreich kam die Stadt dank ihrer günstigen Verkehrslage zu einer kräftigen Blüte, an die die »Barbarathermen« genannten Bäder, das Amphitheater und die Überreste vieler prächtiger Privathäuser erinnern. Trier war in den ersten beiden Jahrhunderten auch ein bedeutendes Verwaltungszentrum mit dem Sitz des Procurators von Belgica und den beiden Germanien, und mehrere Einheimische tauchen in der römischen Geschichtsschreibung auf. Ab dem späten dritten Jahrhundert spielte die Stadt als wichtigste kaiserliche Residenz im Westen eine noch größere Rolle. Die Kaiser Constantius und Konstantin der Große nahmen besonderen Einfluß auf diese Entwicklung; die bemerkenswertesten Bauwerke aus der Zeit Konstantins waren die große Kaiserbasilika (Aula Palatina), die kaiserlichen Bäder – sie alle waren Teil des neuen »Palastbezirks« – und mehrere Kirchen. Ein Redner, der 310 in Trier auftrat, beschreibt seinen Eindruck wie folgt: »Ich sehe eine große Arena, die sich mit der in Rom messen kann, ich sehe Basiliken, ein Forum, ein Gericht von solcher Höhe, daß sie den Sternen ebenbürtige Nachbarn sind.« Als kaiserliche Hauptstadt lockte Trier zahlreiche Gelehrte an, die als Lehrer fungierten oder in den öffentlichen Dienst traten. Es kamen Gesandtschaften aus den Provinzen, und Geistliche wie Martin von Tours und Ambrosius von Mailand statteten der Stadt mehrere Besuche ab. Bis zu ihrer Übersiedlung nach Arles im späten vierten oder frühen fünften Jahrhundert hatte die Praetorianerpraefektur für Gallien, Britannien und Spanien mit den dazugehörigen Ämtern wie der Münze und staatlichen Werkstätten ihren Sitz in Trier. Die geographische Lage der Stadt, die sich in der früheren Epoche als so vorteilhaft erwiesen hatte, setzte sie den Barbarenüberfällen im fünften Jahrhundert aus, und ihr Niedergang wurde durch wiederholte Plünderungen durch die Barbaren beschleunigt.

*Oben:* Auf diesem Fresko aus Trier sind Landarbeiter vor einem Landgut zu sehen. Einer trägt den Kapuzenmantel, den man auch von den Grabreliefs der Umgebung und von Britannien her kennt.

Die sogenannte Porta Nigra, das »Schwarze Tor« von Trier *(außen rechts),* und die dazugehörenden Stadtmauern datieren wahrscheinlich aus dem späten 2. oder frühen 3. Jahrhundert, doch das Tor ist auf jeden Fall das passende Symbol für die spätere Rolle der Stadt als Kaiserresidenz. Im Mittelalter wurde es zu einer Kirche umgebaut, indem man den Ostturm eine Apsis anfügte. Das Freskogemälde *(rechts)* – wahrscheinlich die kaiserliche Gemahlin – stammt aus Konstantins Palast, dem späteren Dom von Trier.

# BRITANNIEN

Die Eroberung Britanniens wurde zum Teil durch seine Beziehungen mit dem belgischen Gallien ausgelöst. Seine Sozialgeschichte unter dem Römischen Reich ähnelt stark der seines kontinentalen Nachbarn. Die britischen Städte erreichten zwar eine beträchtliche Größe, erschienen im Vergleich mit mediterranen Städten aber weitläufiger und weniger monumental. Wie in der *Gallia comata* spielte die Villenkultur eine wichtige Rolle.

Die ständige Bedrohung durch die Völker von Wales und die Stämme nördlich des Hadrianswalles hatte zur Folge, daß in Britannien immer eine starke militärische Präsenz herrschte. Dies blieb nicht ohne Auswirkungen auf die Entwicklung der Provinz. Während es südlich des Fosse Way, der Straße von Exeter nach Lincoln, rein zivile Siedlungen gab, gingen die Gründungen nördlich und westlich dieser Linie maßgeblich auf das Militär zurück.

Wie im Fall der *Gallia comata* trugen die Einwohner Britanniens wenig zum politischen Leben des Römischen Reiches bei. Der einzige bedeutsame Schriftsteller aus der Provinz, Pelagius, der im späten vierten Jahrhundert in Rom lebte, beschäftigt sich in seinen Schriften eher mit den theologischen Debatten in der Stadt, als daß er über seine Heimat nennenswertes zu berichten weiß. Obwohl das Land Rohstoffe wie Zinn, Blei und, in geringerem Maße, Gold exportierte und bisweilen den Rheinarmeen Korn lieferte, waren damit die Kosten der Besetzung wohl kaum gedeckt. Wir dürfen aber den Grad der Romanisierung, den Britannien erreicht hatte, nicht unterschätzen. Die römischen Städte und Straßen, die – so nahm man an – von Riesen oder vom Teufel erbaut worden waren, beflügelten die Phantasie späterer Schriftsteller. So beschreibt ein angelsächsischer Dichter die Ruinen eines römischen Bades wie folgt: ... »wo vor langer Zeit/eine Schar ruhmreicher goldgeschmückter Heroen .../in ihren Panzern glänzten, wo Edelsteine und Schätze gleißten .../in dieser hellen Stadt mit ihren weiten Gütern ...«

Die Darstellung Britanniens in der *Notitia Dignitatum*. Zwar ist die Provinz als Insel ausgewiesen, es wird aber nicht versucht, auch nur die gegenseitige Lage der Städte und Befestigungen geographisch genau oder relativ zueinander festzuhalten. Im Bild oben werden die Insignien des *vicarius Britanniarum* gezeigt.

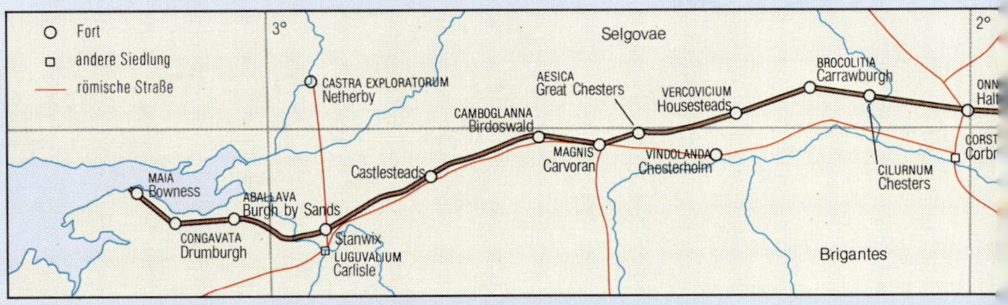

Der Schatz von Thetford, der 1979 dicht beim Icknield Way in Norfolk gefunden wurde, ist einer der größten Hortfunde römischer Gold- und Silbergegenstände, die je in Britannien ans Tageslicht traten. Die handwerkliche Meisterschaft deutet darauf hin, daß die Stücke im späten 4. Jahrhundert auf dem Kontinent entstanden. Die Goldschnalle *(oben)* besteht aus einem Bogen in Gestalt zweier gegenüberstehender Pferdeköpfe und aus einer rechteckigen Platte mit der Reliefdarstellung eines Satyrs.

Die Gebäudeinschrift *(oben)* aus der Festung von High Rochester nördlich des Hadrianswalles würdigt die Arbeit der 20. Legion aus Chester. Die grob gestalteten Figuren zu beiden Seiten stellen Mars und Hercules dar, die eigentlichen Beschützer des Militärs. Die Inschrift stammt wahrscheinlich aus dem frühen 3. Jahrhundert, als nach dem britischen Feldzug von Septimius Severus viele zerstörte Anlagen wieder aufgebaut wurden.

Das Mosaik (4. Jahrhundert; *oben)* aus den Badeanlagen einer Villa in Somerset illustriert einen Teil der Geschichte von Dido und Aeneas. Abgesehen von seinem leichten erotischen Charakter bezeugt das Mosaik eine Kenntnis von Vergils *Aeneis* – oder zumindest seines romantischsten Buches. Auch Augustinus »weinte über den Tod von Dido« *(Benntnisse* 1.13), als er noch Student in Africa war.

**Der Verlauf des Hadrianswalls**
Das strategische Konzept des Hadrianswalles *(Nebenkarte)* ähnelt dem einer geraden bewachten Grenze vor einer besetzten Militärzone ähnelt dem anderer Grenzen des 2. Jahrhunderts, etwa der raetischen Palisade *(s. S. 108)*. Der Wall mit seinen Befestigungen galt wohl ebenso den Völkern, die hinter ihm lagen wie denen davor, und vielleicht war es überhaupt seine Hauptfunktion, die unruhigen Stämme des Nordens und des Südens voneinander zu trennen.

Blick von Osten *(umseitig)* auf den Hadrianswall nahe Housesteads an einem Tag mit charakteristischen Witterungsverhältnissen. Unter diesen Bedingungen kann man einiges Mitgefühl mit Männern empfinden, die aus Palmyra und anderen Städten des Mittleren Ostens stammten und hier stationiert waren.

6°
4°
2°
0°
56°
54°
52°
55°
GRAMPIAN MOUNTAINS
Inchtuthil
Tay
Carpow
Antoninischer Wall
Inveresk
TRIMONTIUM
Newstead
SOUTHERN UPLANDS
BREMENIUM
High Rochester
CILURNUM
Chesters
SEGEDUNUM
Wallsend
CASTRA
EXPLORATORUM
Hadrianswall
MAIA
Bowness
LUGUVALIUM
Carlisle
CORSTOPITUM
Corbridge
PONS AELIUS
Newcastle
CONCANGIUM
Chester le Street
CHEVIOT HILLS
ALAUNA
Maryport
VOREDA
Old Penrith
DERVENTIO
Papcastle
LAVATRAE
Bowes
Tees
NORDSEE
VERTERAE
Brough
CUMBRIAN MTS
PENNINE CHAIN
CATARACTONIUM
Catterick
YORKSHIRE
MOORS
ISURIUM
Aldborough
Ouse
EBURACUM
York
IRISCHE SEE
CALCARIA
Tadcaster
PETUARIA
Brough
BREMETENNACUM
Ribchester
LAGENTIUM
Castleford
MAMUCIUM
Manchester
NAVIO
Brough
AQUAE ARNEMETIAE
Buxton
LINDUM
Lincoln
SEGONTIUM
Caernarvon
VARAE?
St Asaph
DEVA
Chester
DERVENTIO
Littlechester
Trent
CAUSENNAE
Ancaster
BRANODUNUM
Brancaster
VERNEMETUM
Willoughby
THE FENS
VIROCONIUM
Wroxeter
LETOCETUM
Wall
RATAE
Leicester
DUROBRIVAE
Water Newton
VENTA
Caister
Caersws
Severn
VENONAE
High Cross
CAMBRIAN MTS
SALINAE
Droitwich
DUROVIGUTUM
Godmanchester
Nene
DUROLIPONS
Cambridge
Alcester
Gt Ouse
LACTODORUM
Towcester
Great Chesterford
Wye
MAGNIS
Kenchester
Llandovery
COTSWOLD
HILLS
Avon
CAMULODUNUM
Colchester
MORIDUNUM
Carmarthen
BLESTIUM
Monmouth
GOBANNIUM
Abergavenny
GLEVUM
Gloucester
Alchester
CHILTERN HILLS
CAESAROMAGUS
Chelmsford
VENTA
Caerwent
NIDUM
Neath
ISCA
Caerleon
CORINIUM
Cirencester
Dorchester
VERULAMIUM
St Albans
LONDINIUM
London
Thames
AQUAE SULIS
Bath
CUNETIO
Mildenhall
DUROBRIVAE
Rochester
RUTUPIAE
Richborough
CALLEVA
Silchester
DUROVERNUM
Canterbury
SALISBURY PLAIN
DUBRIS
Dover
EXMOOR
SORVIODUNUM
Old Sarum
LEMANIS
Lympne
VENTA
Winchester
LINDINIS
Ilchester
PORTUS ADURNI
Portchester
SOUTH DOWNS
CLAUSENTUM
Bitterne
ANDERITA
Pevensey
NOVIOMAGUS
Chichester
Fishbourne
DARTMOOR
ISCA
Exeter
Maiden Castle
DURNOVARIA
Dorchester
ÄRMEL-KANAL
Maßstab 1 : 2 700 000
0
150km
0
100 Meilen
Maßstab 1 : 800 000
30km
20 Meilen
SEGEDUNUM
Wallsend
Benwell
PONS AELIUS
Newcastle
South Shields
Provinzhauptstadt
Legionärslager
Kolonie
Hauptstadt einer »civitas«
andere wichtige zivile Siedlungen
andere Siedlungen
abgebildete Fundstätte
römische Straße
römische Straße mit ungesicherter Trasse
römischer Kanal
römische Wasserstraße
römischer Wall
VENTA
antiker Name
Caerwent
moderner Name
500m
200m
0
Sumpfgebiet

# Silchester

Silchester (das Calleva der Atrebaten) war die Hauptstadt eines jener Staaten oder *civitates,* die zur Zeit der Eroberung durch Claudius dem britischen Häuptling Cogidubnus als Klientelkönigreich übergeben wurden. Die Stadt ist nach der Römerzeit aufgegeben worden und besteht heute aus offenen Feldern, die von den Resten der Stadtmauern (2./3. Jahrhundert) umgeben sind. An modernen Gebäuden gibt es nur eine Kirche und einen Bauernhof nahe dem Osttor. Die Überreste des kleinen Amphitheaters sind in dessen Nähe als kreisrunde Aufdämmung zu sehen. Man hat geschätzt, daß es ungefähr 2700 Personen aufnehmen konnte, also ungefähr die gesamte erwachsene Bevölkerung. Kürzlich ist die Einwohnerzahl von Silchester auf ungefähr 1000 beziffert worden; diese Zahl erscheint aber viel zu niedrig und berücksichtigt nicht die jahreszeitlichen Schwankungen, die in einem landwirtschaftlichen Zentrum wie diesem beträchtlich gewesen sein müssen.

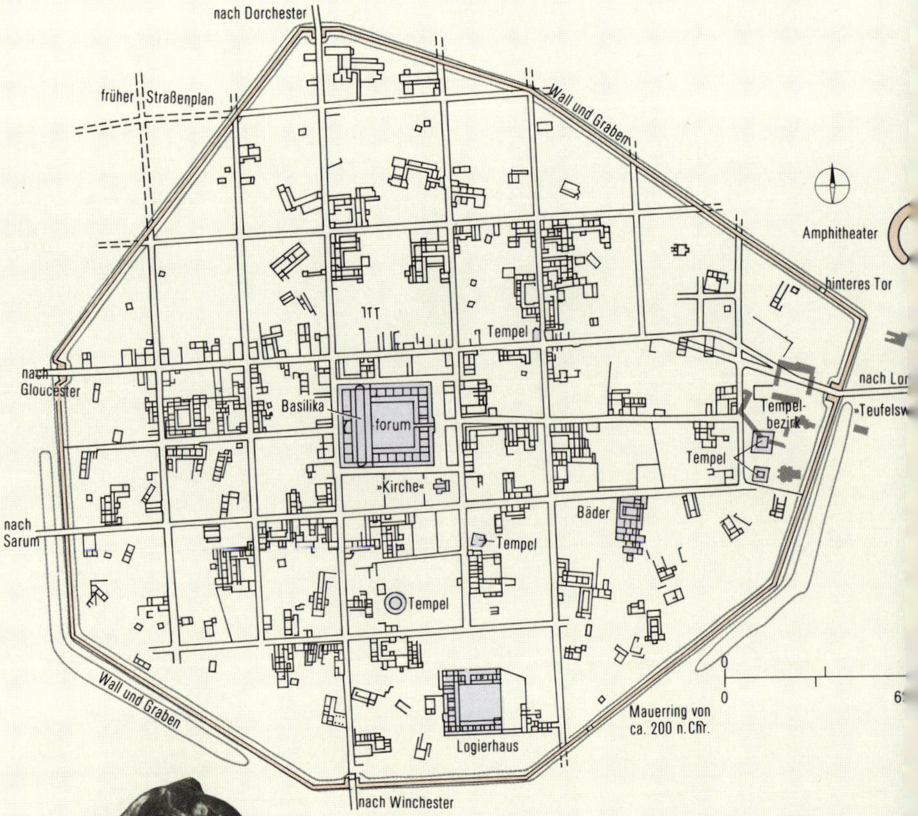


*Oben:* Der Stadtplan zeigt einige interessante Einzelheiten. Das frühe Forum und die Bäder stehen ungefähr in einer Linie, stimmen aber mit der Anordnung der Straße nicht überein. Daraus kann man schließen, daß sie bereits vor dem Straßenbau bestanden. Der gitterförmige Aufbau erstreckt sich über die Wälle hinaus, wobei dieser äußere Teil wahrscheinlich noch nicht entwickelt war, als man die Wälle plante. Die Siedlungsdichte nimmt gegen die Wälle zu jedoch deutlich ab. Außerhalb des Bereichs der öffentlichen Gebäude macht Silchester einen sehr lockeren, fast dörflichen Eindruck.

*Rechts:* Der Bronzeadler von Silchester, der in der römischen Basilika gefunden wurde, ist nicht, wie man ursprünglich annahm, eine Legionärsstandarte, sondern gehörte zu einer größeren Statue, die einst in dieser Basilika stand.

*Unten:* Das Luftbild zeigt deutlich die Anordnung der römischen Verteidigungsanlagen des 2. und 3. Jahrhunderts, den regelmäßigen Aufbau der Straßen und den inneren Erdwall, der durch die Entwicklung der Stadt überflüssig wurde. Das Amphitheater befindet sich in der Baumgruppe in der äußeren linken Ecke des Fundplatzes. Die Fahrstraße, die quer über ihn führt, ist modernen Ursprungs.

*Unten:* Das Große Bad in Bath. Es wird immer noch von römischen Leitungen gespeist, mißt 24 × 12 Meter und ist 1,8 Meter tief.

*Unten rechts:* Den Tempel der keltischen Göttin Sulis, die später als Minerva romanisiert wurde, entdeckte man im späten 18. Jahrhundert beim Bau des Pumpenraumes. Der bärtige »Medusen«-Kopf mit den Schlangen als Haar befand sich im Zentrum des gemeißelten Ziergiebels. Das dekorative Flair der keltischen Kunst geht mit diesem adaptierten klassischen Thema eine geglückte Synthese ein. Die stilisierte Kraft dieser Arbeit wird durch den Kontrast mit der ruhigen Haltung des klassischen Minerva-Kopfes *(unten)* noch betont. Die vergoldete Bronzestatue wurde im Großen Bad im 18. Jahrhundert gefunden.

# Bath

Das römische Bath (Aquae Sulis), das unter den flavischen Kaisern gegründet wurde, war eine jener zahlreichen Siedlungen im Römischen Reich, die ihren oft lang anhaltenden Wohlstand Heilquellen verdankten. Ähnliche Beispiele auf dem Kontinent sind etwa Vichy und Néris-le-Bains in Frankreich, Baden-Baden und Wiesbaden in Deutschland. Wie diese vier konnte auch Bath seine Beliebtheit als Kur- und Ferienort bis in unsere Zeit beibehalten, obwohl man kürzlich feststellen mußte, daß das Wasser von Bakterien verseucht und für den Gebrauch ungeeignet ist. Vom alten Aquae Sulis ist abgesehen von den wohlerhaltenen Badeanlagen kaum noch etwas übriggeblieben. Die Stadtmauern aus dem zweiten und dritten Jahrhundert überlebten allerdings bis ins frühe 18. Jahrhundert.

*Links:* Das prächtige Mosaik zeigt Seeungeheuer und einen dreizackschwingenden Cupido, der auf einem Delphin reitet. Wahrscheinlich waren mehrere Künstler an dem Mosaik beteiligt, worauf vor allem die unterschiedliche Ausarbeitung der Seepferdchen deutet.

# Fishbourne

Der römische Palast in Fishbourne in Sussex, neben der Hauptstraße gelegen, die von Chichester (Noviomagus) nach Westen führt, wurde kürzlich durch Ausgrabungen freigelegt. Er stand am Ende einer Bucht, die früher weiter ins Land hineinreichte als heute. Es befanden sich dort auch hölzerne Kornhäuser und ein Kriegshafen, den man mit der Eroberung durch Claudius in Zusammenhang bringt. Der voll ausgebaute Palast der flavischen Periode entstand durch Vergrößerung einer früheren Residenz. Diese Erweiterungen gehen vielleicht auf den oben erwähnten König Cogidubnus zurück, einen Bürger Roms und einen Freund des Kaisers Claudius. Die Zuordnung läßt sich nicht sicher beweisen, doch macht die Pracht des Palastes, die damals in den weströmischen Provinzen unerreicht war, es sehr wahrscheinlich, daß er Cogidubnus gehörte.

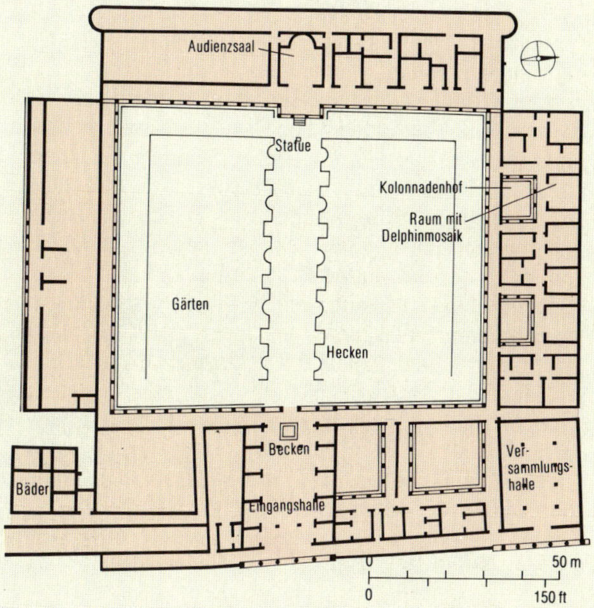

# DAS DONAU-GEBIET

Cassius Dio, ein bithynischer Grieche, der unter Alexander Severus über Pannonien herrschte, war der Ansicht, das Gebiet sei rückständig und seine Bewohner unkultiviert und blutdürstig. Seine Meinung berücksichtigt keineswegs den damals erreichten Stand der materiellen Kultur und ist ein Ausdruck der Voreingenommenheit eines mediterranen, gebildeten Menschen gegenüber einem nicht-mediterranem, aber reichem und entscheidend wichtigem Gebiet des Reichs.

Die Donauprovinzen insgesamt umfaßten die gesamte Skala der römischen Zivilisation, angefangen von den angesiedelten keltischen Stämmen im Westen und dem urbanisierten Küstengebiet in Dalmatien bis zu den altgriechischen Städten der Schwarzmeerküste. In den thrakischen Gebieten östlich des Passes von Succi wurde griechisch gesprochen, und die Städte trugen griechische Namen. Die starke »Latinisierung« Dakiens, das mehr als 150 Jahre unter römischer Besatzung stand, sieht man heute noch an der modernen rumänischen Sprache.

Daß das Gebiet in jedem Sinn eine Einheit darstellte, hat seinen Grund darin, daß es als militärisches Rückgrat des Reiches so wichtig war. Römische Festungen wie Carnuntum *(s. umseitig)* bildeten einen Anreiz für die Urbanisierung, die Entwicklung der Landwirtschaft und zum Bau von Villensiedlungen. Die Donauprovinzen lieferten zahlreiche Rekruten für die Armee, Männer, die oft vom Lande oder aus kleinen Städten stammten und die im dritten und vierten Jahrhundert die Offizierselite stellten und schließlich in die kaiserliche Verwaltung Eingang fanden. Besonders im vierten Jahrhundert kamen die Regionen zu neuem Wohlstand, weil die Kaiser dort residierten. »Pannonien«, so lesen wir in einer Quelle des vierten Jahrhunderts, »hat an Allem Reichtum, an Früchten, Tieren, Handel und auch Sklaven. Die Kaiser halten sich dort dauernd auf, und in dem Gebiet gibt es große Städte wie Sirmium …«

Da die Donauprovinzen Ost und West verbanden und auch den barbarischen Invasionen entgegentraten, hing von ihrer Stabilität, wie schon Dio erkannte, das Überleben des Römischen Reiches ab.

Die Bronzetafel aus Pannonien *(links)* stammt wahrscheinlich von einem Hausschrein und bestätigt uns den dauernden Einfluß des keltischen Glaubens zur Zeit des frühen Kaiserreichs. Die Figur zur Rechten, mit dem dreiköpfigen Cerberus zu ihren Füßen und den Hammer, entspricht in etwa dem römischen Dis Pater, dem Gott der Unterwelt und der Nacht. Die Göttin mit der Schlange ist seine Gefährtin; sie stellt die keltische Version der Persephone dar, der Königin der Unterwelt.

■ Provinzhauptstadt
□ Legionärslager
▫ andere Siedlung
○ abgebildete Ausgrabungsstatte
Provinzgrenze
römische Straße
HERACLEA antiker Name
(TRAIANOPOLIS) späterer Name
Istanbul moderner Name
2000m
1000m
200m
0

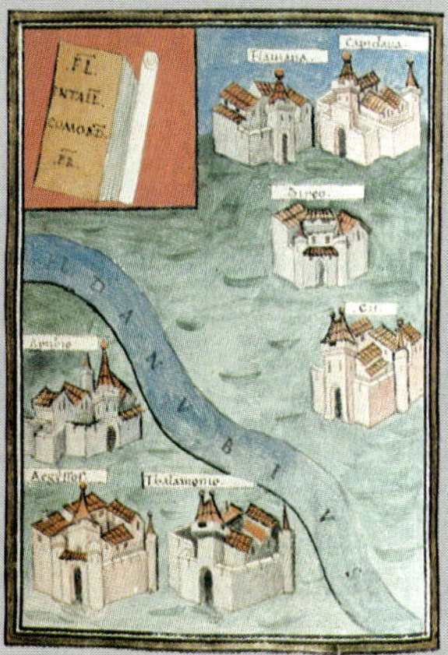


*Links:* Skythien wird in der *Notitia Dignitatum* als eine Städtegruppe dargestellt, durch deren Mitte symbolisch die Donau fließt.

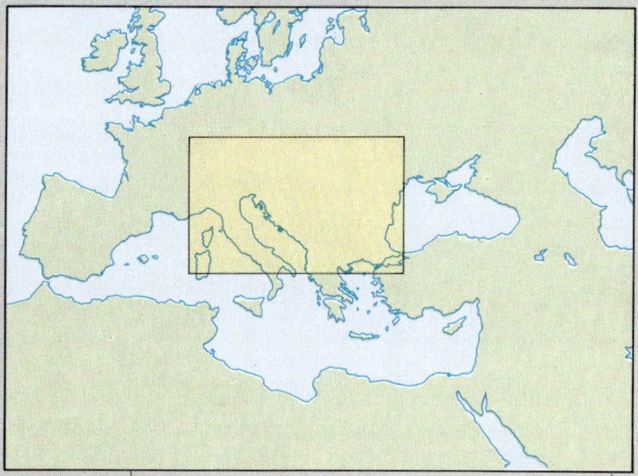

Im Luftbild *(rechts außen)* sieht man den Rand der Legionärsfestung hinter den Resten des Walles. Auf dieser Seite des Walles befindet sich ein freies Gebiet, und im Vordergrund erkennt man, an den Wachstumsunterschieden des Kornfeldes abzulesen, die Spuren der *canabae.* Die deutlich erkennbare Hauptstraße, die links und rechts von Gebäuden gesäumt war, führte schließlich (im Bild nicht mehr sichtbar) zum Südtor des Legionärslagers.

# Carnuntum

Carnuntum und Aquincum sind Beispiele für einen Prozeß urbaner Entwicklung, der für die nördlichen Militärprovinzen des Reiches charakteristisch war. Das Militärlager wurde zur Zeit des Tiberius am Donauufer als Legionärsbasis gegründet und zog bald Siedler an – Handelsleute, Handwerker, Konkubinen und andere. Sie wurden von der Aussicht auf Wohlstand angelockt, denn die 5000 oder mehr Männer erhielten von der römischen Regierung einen regelmäßigen Sold. Diese Zuwanderer sammelten sich in Siedlungen, die unter dem Namen *canabae* bekannt sind. Die Gemeinschaften hatten keinen unabhängigen rechtlichen Status, sondern fielen unter die Jurisdiktion des Legionärslegaten. Die zivile Stadt mit Selbstverwaltung, die später entstand, befindet sich westlich vom Lager und den *canabae;* ihr Zentrum liegt unter dem heutigen Dorf Petronell. Carnuntum besaß sein eigenes Amphitheater, das im zweiten Jahrhundert von einem Einwanderer aus dem syrischen Antiochia namens C. Domitius Zmaragdus, einem *decurio* oder Stadtrat, erbaut worden war, und muß zu jener Zeit bereits eine recht ansehnliche städtische Gemeinschaft gewesen sein.

Carnuntum blieb bis zum späten Kaiserreich eine bedeutende Stadt. Hier vollendete Marc Aurel das zweite Buch seiner *Selbstbetrachtungen,* während er Krieg gegen die Quaden führte. Und es war in Carnuntum, wo im Jahre 1913 n.Chr. Septimius Severus zum Kaiser ausgerufen wurde. Im vierten Jahrhundert beschrieb Ammianus Marcellinus die Siedlung als »verlassene und ungepflegte Stadt«. Kaiser Valentin verbrachte dort drei Monate, bevor er sich nach Aquincum begab. Während der Besetzung der Ebenen im Norden durch die Hunnen und der Evakuierung der Römer auf dem rechten Donauufer wurde Carnuntum offensichtlich verlassen. Es ist wohl nicht ganz unrichtig, wenn man gerade das Vorhandensein gut ausgerüsteter Städte an den äußersten Grenzen des Römischen Reiches als eine dauernde Versuchung für die Barbarenstämme angesehen hat.

Der Plan von Carnuntum *(unten)* zeigt die relative Lage des Legionärslagers, der *canabae* und der zivilen Stadt *(municipium).*

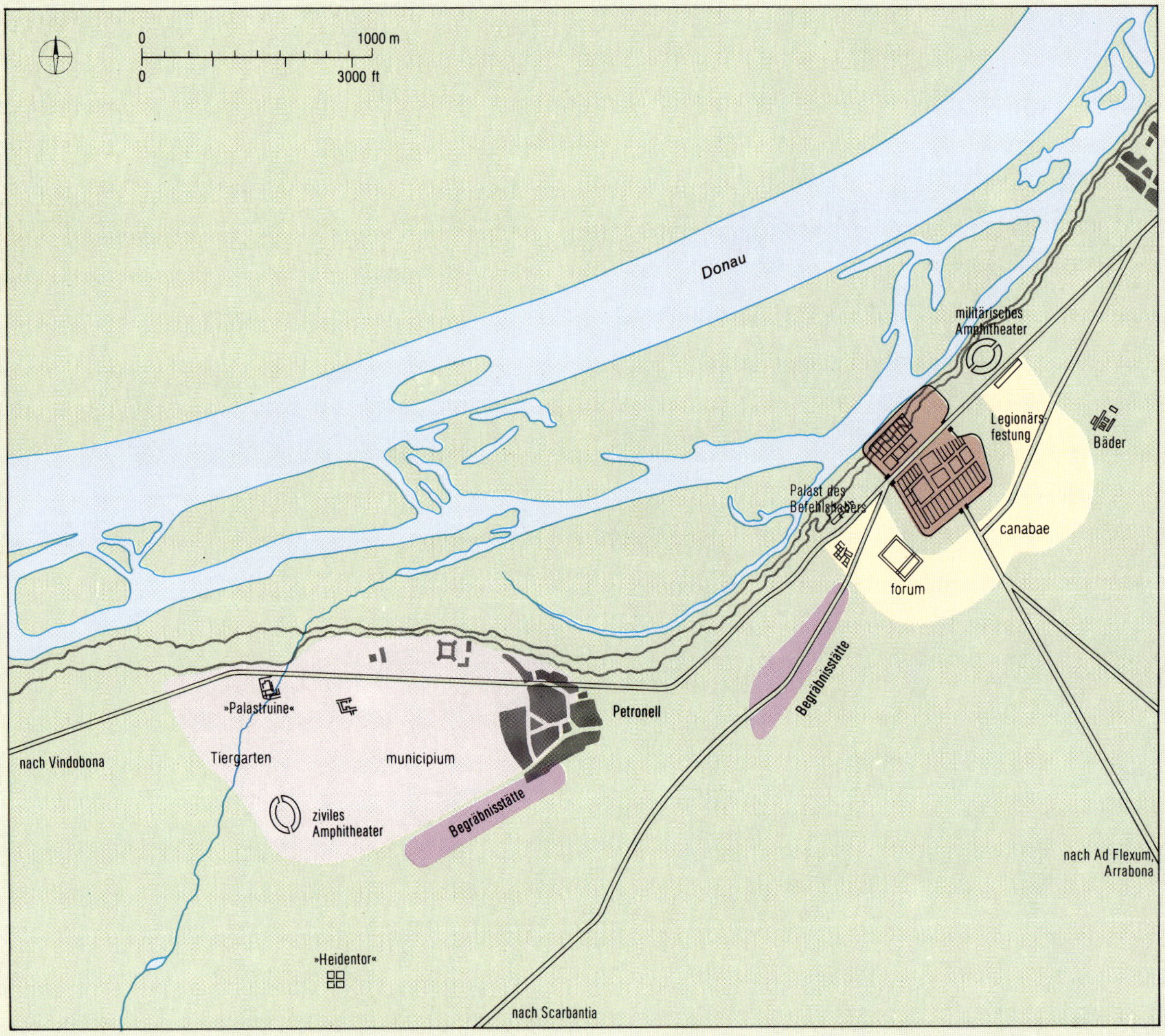

Das zivile Amphitheater von Carnuntum befand sich im Westen der Stadt neben der Hauptstraße nach Vindobona (Wien). Im Luftbild *(rechts)* sind die Spuren zahlreicher umgebender Gebäude klar auszumachen.

*Unten:* Diese tragbare Orgel wurde im Fundament des Collegium Centonariorum, der Gilde der Feuerwehrleute, entdeckt. Sie wirft ein interessantes Licht auf die Natur ihrer Zusammenkünfte. In Aquincum hat man auch die ergreifende Grabinschrift gefunden, die ein Legionärsorganist seiner Frau gesetzt hat; sie war musikalisch sehr gebildet, und »nur sie allein übertraf darin ihren Ehemann«.

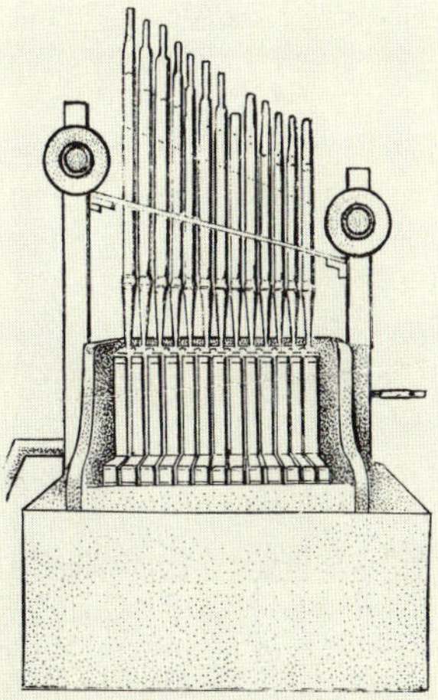

# Aquincum

Eine identische Entwicklung wie Carnuntum, ausgehend vom Legionärslager und den *canabae* bis zur selbstverwalteten Stadt, machte auch Aquincum durch. Auch hier finden sich wie in Carnuntum zwei Amphitheater, ein militärisches und ein ziviles, wobei das letztere im zweiten Jahrhundert errichtet wurde. Obwohl heute an seiner Stelle das moderne Budapest steht, hat man doch zahlreiche Artefakte und reich geschmückte Wandgemälde gefunden. Sie geben uns einen Eindruck vom Lebensstandard der reicheren Mitglieder der damaligen Gesellschaft. Aus Inschriften wissen wir auch, welchen Beitrag zum zivilen Leben der Stadt die Veteranen der dort stationierten Legion beitrugen.

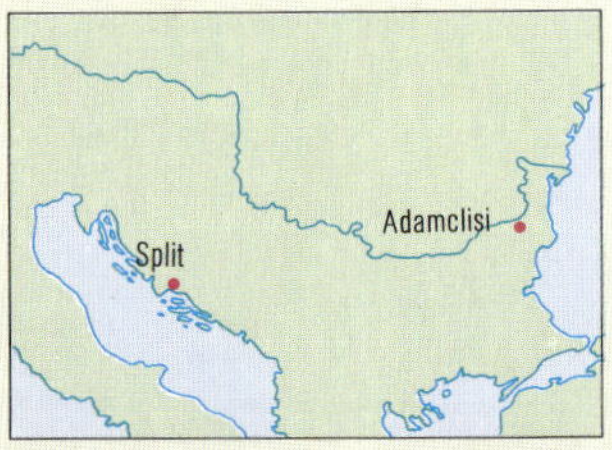


# Split

Split oder Spalato in Dalmatien war ursprünglich ein Vorort von Salona, einer alten Stammeshauptstadt. Im vierten bis sechsten Jahrhundert entwickelte sich Salona zu einem bedeutenden Zentrum des spätrömischen Christentums mit monumentalen Basiliken und vielen geschmückten Sarkophagen, und im fünften Jahrhundert war es zeitweilig die Hauptstadt eines unabhängigen dalmatischen Fürstentums gewesen. Seit dem Mittelalter hat sich das Verhältnis der beiden Gemeinden umgekehrt, und Salona fungierte nach und nach fast nur noch als ein Steinbruch, dem man Baumaterial entnahm. Heute ist Split eine blühende Stadt, während von Salona nur noch öde Überreste geblieben sind.

Der alte Name der Stadt Split, Aspalathos, mit dem die Griechen eine Dornenpflanze bezeichneten, deutet auf den frühen griechischen Einfluß auf diesen Teil Dalmatiens hin. Das mittelalterliche Split wuchs um den am Meer erbauten Palast des Diocletian. Nach seinem Verzicht auf den Kaiserthron im Jahre 305 hatte er ihn erbauen lassen, um sich dorthin zurückzuziehen. Sein achteckiges Mausoleum neben der Säulenhalle *(unten)* wurde später zu einer christlichen Kirche – eine gewisse Ironie gegenüber einem Kaiser, der die letzten Jahre seiner Herrschaft der Christenverfolgung gewidmet hatte. Der Palast ähnelt in seinem Zuschnitt einem Militärlager, mit Hauptstraßen die sich in rechten Winkeln schneiden. Es scheint, daß Diocletian, ungeachtet seiner Vorliebe für einfache Beschäftigungen wie den Gartenbau, auch hier nicht auf das großartige Zeremoniell verzichten mußte, das er als Kaiser gewohnt war.

*Oben:* Portraitbüste des Diocletian aus Nicomedia in der Türkei.

*Rechts:* Der Architekt Robert Adam war einer unter vielen europäischen Künstlern und Zeichnern, die sich von den Ruinen des Diocletians-Palastes angezogen fühlten. Im Jahre 1757 verbrachte er fünf ereignisreiche Wochen damit, die Fundstelle aufzunehmen und zu vermessen. Im Bild seine Rekonstruktion der Südfassade des Palastes, die aufs Meer blickt. Adam hat die authentischen Teile des Palastes mit einiger künstlerischer Freiheit gestaltet, doch geben seine Zeichnungen einen guten Eindruck von den Gebäuden zu einer Zeit, da sie noch besser als heute erhalten waren. Das architektonische Zentrum des Palastes bildete die Säulenhalle *(unten),* die als Zeremonienhof und schließlich als Zugangsweg zum Mausoleum Diocletians diente.

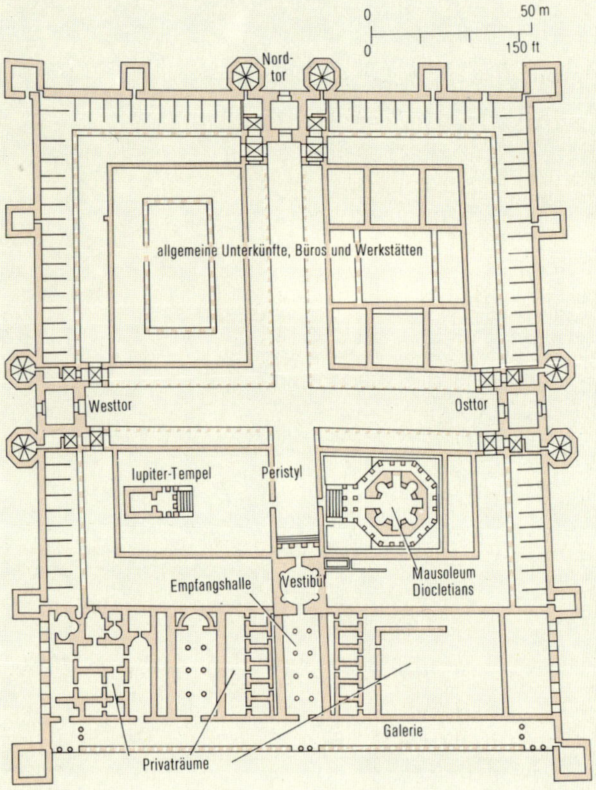

*Unten:* Der »Pastor-bonus-Sarkophag«, gefunden in Salona, wird heute im Archäologischen Museum in Split ausgestellt. Die Qualität der Steinmetzarbeit aus dem frühen 4. Jahrhundert ist so hervorragend, daß man sogar behauptet hat, derselbe Handwerker habe am Konstantinsbogen in Rom mitgewirkt.

# Adamclisi

Die römische Stadt Tropaeum Traiani in der Nähe von Adamclisi in der Dobrudscha existierte nach unserem Wissen vom zweiten Jahrhundert bis in die Spätantike. Es war ein *municipium* aus der spätantoninischen Periode. Im dritten Jahrhundert wurde die Stadt bei Goteneinfällen zerstört, von Konstantin und Licinius aber wieder aufgebaut. Ihr Name leitete sich vom »Siegeszeichen des Traian« her, das *unten* in einer modernen Rekonstruktion abgebildet ist. Traian errichtete es als Denkmal seiner Siege in den Dakischen Kriegen; gleichzeitig sollte es ein Sinnbild der Vergeltung für die Niederlagen sein, die Domitian erleiden mußte. Nebenan wurden ein Mausoleum und ein Gedenkaltar gebaut, der jenen nahezu 4000 Soldaten gedenkt, die in den Daker-Kriegen gefallen waren.

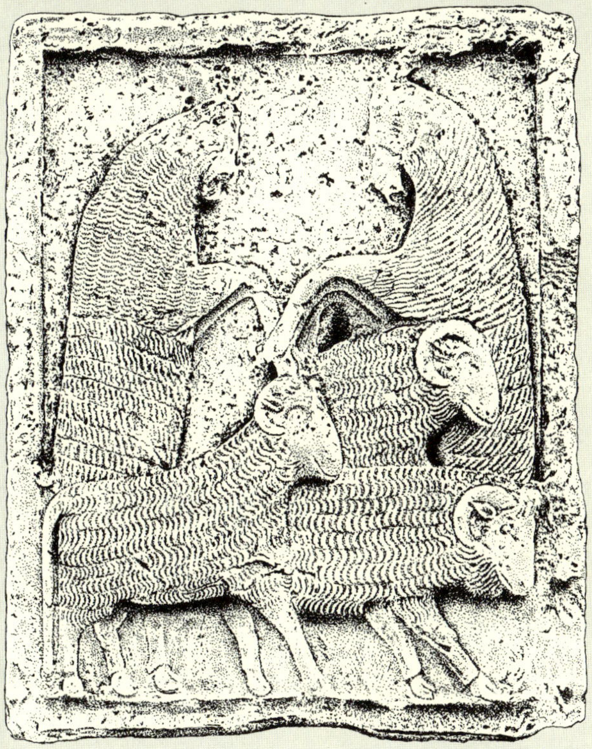

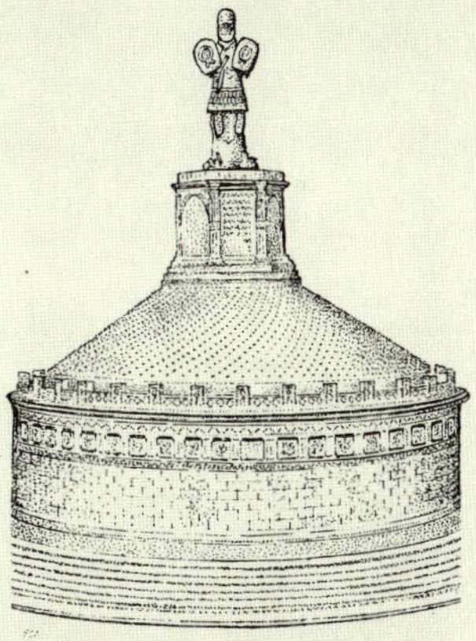

*Links:* Die Metopen des Siegeszeichens von Adamclisi zeigen Kriegsszenen, deren Stil in einem auffälligen Gegensatz zu dem der Traianssäule in Rom steht. Hier sind berittene Hilfstruppen in Kettenpanzern und Schafe als Kriegsbeute dargestellt. Einige Forscher haben die Meinung vertreten, die Metopen stammten aus konstantinischer Zeit und hätten mit dem späten Wiederaufbau der Stadt zu tun. In jedem Fall handelt es sich um bemerkenswerte Beispiele eines provinziellen Kunststils.

20°
22°
24°
42°
40°
38°
36°
L. Skadarsko
Drin
Vardar
Struma
LISSUS
Klos
STOBI
EPIDAMNUS (DYRRHACHIUM) Durrës
Prilep
LYCHNIDUS Ohrid
L Ohridsko
Crna
HERACLEA LYNCESTIS Bitola
Strimon
Axios
L Prespansko
Devoll
Seman
APOLLONIA
BYLLIS (AULON)
EDESSA
PELLA
THESSALONICA
PHILIPPI
NEAPOLIS Kavalla
ABDERA
MARONEA
DOR (TRAIANO
AMPHIPOLIS
THASOS
Thasos
MACEDONIA
Lefkadia
CHALCIDICE
Vijose
ORICUM
BEROEA
PYNDA
ACANTHUS
SAMOTHRACIA
Samothracia
Aliakmon
DIUM
POTIDAEA (CASSANDREA)
2917m
ONCHESMUS
HEPHAESTIA
Lemnos
BUTHROTUM
GONNI
Olymp
CORCYRA
Corcyra
ATRAX
LARISA
TRICCA
Pinios
DODONA
PHOTICE Paramithia
GOMPHI
METROPOLIS
DEMETRIAS
PHARSALUS
THEBAE
NÖRDLICHE SPORADEN
ÄGÄISCHES MEER
EPIRUS
AMBRACIA
IONISCHE INSELN
NICOPOLIS
PINDOS
C Actium
HISTIAEA
AEDEPSUS
Scyros
HYPATA
Thermopylae
Leucas
NARYCA
STRATUS
Akheloos
OPUS
HALAE
Euboea
AMPHISSA
DELPHI
CHAERONEA
ANTHEDON
CHALCIS
OENIADAE
CIRRHA
LEBADEA Levadhia
ACRAEPHIA
NAUPACTUS
THEBAE
TANAGRA
THESPIAE
SAME
Cephalenia
AEGIUM
THISBE Thisvi
PLATAEA
PATRAE
MARATHON
ACHAEA
CEPHISIA
IONISCHES MEER
CARYSTUS
GERAESTUS
SICYON
LECHAEUM
MEGARA
ELEUSIS
ATHENAE
PELOPONNESUS
CORINTHUS
Isthmia
PIRAEUS
Andros
PHLIUS
CENCHREAE
ELIS
TENEA
Aegina
MYCENAE
Mt Laurium
Tinos
C Sunium
OLYMPIA
ARGOS
TIRYNS
EPIDAURUS
TINOS
Zacynthus
HERAEA
Alfios
MANTINEA (ANTIGONEA)
ASINE
TROEZEN
DELOS
TEGEA
HERMIONE
PHIGALIA
MEGALOPOLIS
Cyclades
Naxos
Mt Ithomi
Paros
NAXOS
MESSENE
SPARTA
Siphnos
SIPHNOS
METHONE
GYTHIUM
Melos
LAS
ASOPUS
TEUTHRONE
Thera
THERA
Cithira
Provinzhauptstadt
andere Siedlung
abgebildete Fundstätte
wichtige Ruinen aus der römischen Epoche
Provinzgrenze
römische Straße
ELIS antiker Name
(AULON) späterer Name
Kavalla moderner Name
2000m
1000m
200m
0
Gebirgshöhe in Metern
Paß
Maßstab 1 : 2 500 000
0
120km
0
80 Meilen

# GRIECHEN-LAND

Die römische Eroberung Griechenlands – Marksteine hierfür sind die Plünderung von Korinth im Jahre 146 v. Chr. durch Mummius und die Einnahme Athens 60 Jahre später durch Sulla – war der Höhepunkt einer komplexen militärischen, diplomatischen und geschäftlichen Verwicklung in die Angelegenheiten griechischer Städte und ihrer Bündnisse seit dem dritten Jahrhundert. Die damit entstandenen Provinzen Achaea (anfangs zusammen mit Epirus) und Makedonien wurden zwar beide von Prokonsuln regiert, unterschieden sich jedoch in ihrem Charakter. Achaea bewahrte sich die ganze römische Periode hindurch aufgrund der historischen Sonderstellung des klassischen Griechenland ein besonderes Prestige. Makedonien dagegen war mit Ausnahme seiner Westküste ein abgelegenes Agrarland, dessen Bevölkerung sich eher auf Dörfer als auf Städte verteilte; wenn diese im Landesinneren lagen, entwickelten sie sich häufig aus schon bestehenden Festungen.

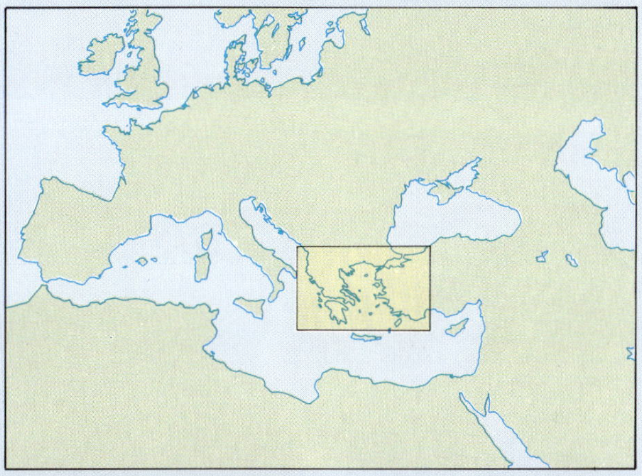

In mancher Hinsicht ermöglichte die römische Präsenz die Entstehung größeren materiellen Wohlstandes als zuvor oder vielleicht auch nur mehr extremen Reichtum. Bestimmte Familien wie die Euryklidische Dynastie von Sparta und die des Herodes Atticus von Athen *(s. nächste S.)* häuften einen Reichtum an, der weit über das, was in klassischer Zeit möglich war, hinausging: in dieser Hinsicht entspricht Achaea dem Muster, das in noch spektakulärerer Weise für die Städte Kleinasiens galt. Der Autor Plutarch aus Chaeronea in Boiotien ist das Pendant zu jenen Literaten Kleinasiens, die während des Kaiserreichs berühmt wurden: seine Werke, insbesondere die *Parallelbiographien,* in denen ein auserwählter Grieche mit einem Römer verglichen wird, reflektieren die Einstellung eines nicht ungern unter römischer Herrschaft lebenden Griechen.

Im dritten Jahrhundert und wieder im späten vierten wurde die Halbinsel durch die Invasion der Barbaren stark in Mitleidenschaft gezogen, wobei die von Alarich 395–97 die fatalste war. Gegen Mitte des fünften Jahrhunderts geriet Makedonien gänzlich unter östlichen Einfluß, Thessaloniki war die neue Hauptstadt von Illyrien, und so wurde es zu einer Grenzprovinz gegen den barbarischen Norden.

*Oben:* Die Symbole des Prokonsuls von Achaea nach der *Notitia Dignitatum.* Achaea war eine von nur drei Provinzen, die im späten Kaiserreich noch von Titular-Prokonsuln regiert wurden (die anderen waren Africa und Asia). Dies ist ein Zeichen für ihr Prestige als frühere Senatorialprovinzen.

*Oben:* Das Alte und das Neue in der späteren griechisch-römischen Kultur am Beispiel einer faszinierenden Marmorstatue des 4. Jahrhunderts aus Athen. Christus erscheint als Apollo mit seiner Lyra – ein ungewöhnlich explizites Stück Synkretismus, das jedoch in besonderem Einklang mit der Tradition des kulturellen Zentrums Griechenlands steht.

*Rechts:* Die römische Straße, die berühmte *Via Egnatia,* in ihrem Verlauf durch Makedonien zwischen Philippi und Neapolis. In den Bürgerkriegen der späten Republik war sie von größter strategischer Bedeutung, doch nach der Sicherung der Donaugrenzen während des Kaiserreichs übernahm eine nördlicher angelegte Strecke ihre militärische Funktion.

# Athen

Der Ausdruck Tertullians für die Unvereinbarkeit des Christentums mit der klassischen Kultur – »Was hat Athen mit Jerusalem zu tun?« – faßt prägnant die moralische und geistige Sonderstellung Athens zusammen, die auch noch nach dem Verlust der politischen Macht der Stadt die Grundlage ihres Prestiges im Imperium Romanum blieb. Viele der bedeutenderen intellektuellen Persönlichkeiten aller Epochen des Reiches studierten, lehrten oder suchten hier – wie im Fall des heiligen Paulus (*Apostelgeschichte* 17:16ff.) – ein Publikum. Die Eleusinischen Mysterien bewahrten ihre Anziehungskraft; die Kaiser Hadrian und Iulian Apostata gehörten zu ihren berühmtesten Anhängern.

Trotz der Stiftungen hellenistischer Könige wie Attalos von Pergamon war das römische Athen doch in hohem Maße ein Paradebeispiel kaiserlicher Schutzherrschaft – man denke an den Markt von Caesar und Augustus, das Odeon von Agrippa und das von dem Philhellenen Hadrian gestiftete Gymnasion, die Panhellenica, der Schrein aller Griechen, die großartige Bibliothek und schließlich, sechs Jahrhunderte nach Baubeginn, der Tempel des olympischen Zeus. Einige Jahre später stiftete der athenische Herodes Atticus selbst das nach ihm benannte Odeon und ein neues Stadion.

Die philosphische Tradition Athens entwickelte sich im späten Kaiserreich zu einem von magischen Elementen beeinflußten, mystischen Neoplatonismus. Obwohl die Besetzung durch Alarich zerstörerische Auswirkungen hatte, herrschte in der Stadt doch noch soviel Ordnung, daß sie die neoplatonische Schule von Syrianos und Proklos des fünften Jahrhunderts beherbergen konnte. Diese späte Blüte ihrer geistigen Entwicklung und die historische Rolle Athens als das Zentrum klassischer Studien endeten mit dem Jahr 529, als Iustinian die Schulen schließen ließ.

*Rechts:* Unterhalb der Akropolis, auf der inmitten der Meisterwerke des perikleischen Athens nur wenig Neues gebaut wurde (eine wichtige Ausnahme ist ein Tempel Roms und des Augustus), sieht man das Odeon des Herodes Atticus, das der Millionär etwa 160 n. Chr. seinen Landsleuten stiftete.

*Unten links:* Der »Turm der Winde« oder Horologion des Andronicus von Cyrrhus, im 1. Jahrhundert v. Chr. erbaut. Er stand auf einem offenen Platz in der Nähe des späteren Marktes von Caesar und Augustus. Es schmücken ihn die Reliefs der acht Winde, und früher hatte ihn eine Wetterfahne gekrönt. Im Innern gab es eine von Wasserkraft angetriebene 24-Stunden-Uhr.

*Unten:* Der Panzer dieses Torsos von Hadrian mit der Akropolis im Hintergrund steht eher für die römische als die griechische Tendenz in Hadrians Geschmacksvorstellungen. Er zeigt Siegesgöttinnen und die Wölfin mit den Zwillingen Romulus und Remus.

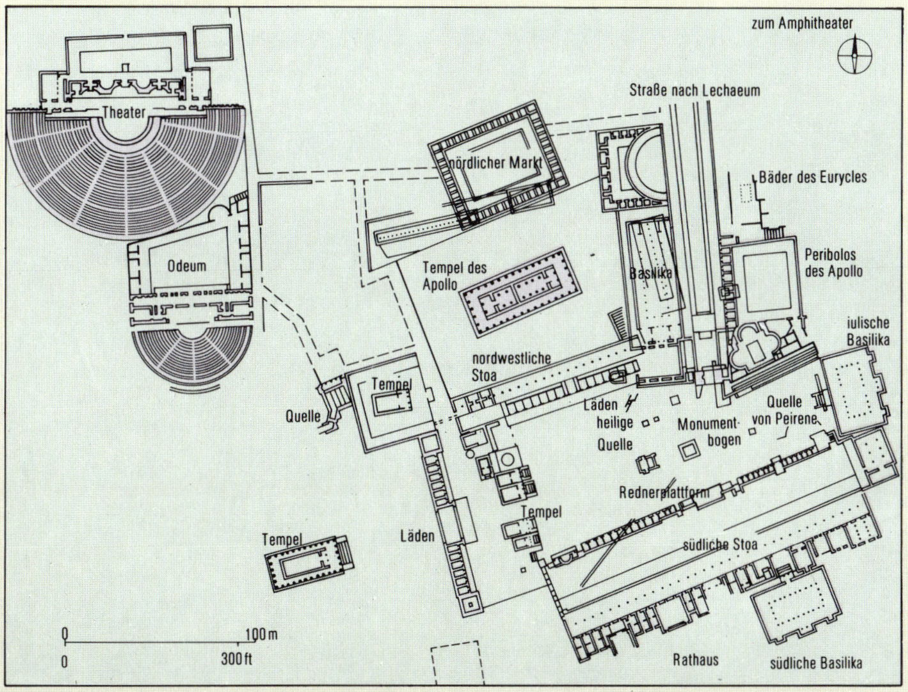


# Korinth

Korinth (s. Plan, *links),* 146 durch Mummius zerstört, wurde nach seiner Neugründung im Jahre 44 v. Chr. zur Hauptstadt der Provinz Achaea, eine Auszeichnung, die auf den früheren Status als wichtigste Stadt der Achaeischen Liga zurückverweist. Hier erschien der heilige Paulus vor dem Prokonsul Gallio *(Apostelgeschichte* 18:12ff.). Korinths Geschichte während des Römischen Imperiums ist ganz allgemein die einer großen Handelsstadt mit vielen Verbindungen. Nero stattete ihr während seiner Reise durch Griechenland 66 n. Chr. einen Besuch ab und veranlaßte einen der vielen, schon zu anderen Zeiten unternommenen Versuche, einen Kanal durch den Isthmos zu stechen. Korinth wurde 521 n. Chr. durch ein Erdbeben zerstört.

# Thessaloniki

Thessaloniki am östlichen Ende der *Via Egnatia* löste Pella sowohl als Hauptstadt wie auch als wichtigster Hafen Makedoniens ab. Obwohl es im zweiten Jahrhundert eine schnelle bürgerliche Entwicklung durchmachte und Mitte des dritten Jahrhunderts den Status einer römischen Kolonie erhielt, erreichte es seine größte Bedeutung jedoch erst, als sich die Ressourcen des Römischen Reiches in die Gebiete am Bosporus verlagerten. Als Tetrarchenhauptstadt besaß es einen Palastkomplex mit Hippodrom und dem sogenannten Oktagon, wahrscheinlich ein Thronsaal. Diese Phase seiner Geschichte illustriert die Bauleidenschaft, die laut Lactantius von Diocletian entfaltet wurde, üblicherweise jedoch eher mit Nicomedia in Kleinasien in Verbindung gebracht wird.

Die Stadt wahrte ihre Bedeutung als gelegentliche Kaiserresidenz. Die durch die Verhaftung eines beliebten Wagenlenkers ausgelösten Unruhen endeten in dem Massaker im Hippodrom, für das Theodosius unter dem Druck von Ambrosius Buße tun mußte. Im fünften Jahrhundert erlebte Thessaloniki eine dritte Expansionsphase, als es anstelle von Sirmium Sitz der illyrischen Praefektur wurde. In diese Periode gehören die Kirche des heiligen Demetrius und die mächtige Befestigungsmauer.

*Oben:* Der elegante Hadriansbogen, den die Athener ihm zu Ehren etwa 130 n. Chr. errichtet haben, trägt zwei Inschriften: auf der einen Seite zur Altstadt hin: »Dies ist Athen, die alte Stadt des Theseus« und auf der anderen: »Dies ist die Stadt Hadrians und nicht die des Theseus.« Er steht auf der Straße nahe dem eingefriedeten Tempelbezirk des olympischen Zeus. Hadrian verstand sich ganz offensichtlich als Neubegründer der Stadt.

*Rechts:* Bauwerke aus den späteren Wachstumsphasen des römischen Thessaloniki. Der Triumphbogen des Galerius verherrlicht seinen Sieg über die Perser mit typischen Szenen aus dem militärischen und religiösen Leben. Die byzantinischen Mauern in Thessaloniki *(außen rechts)* werden heute mit der Wahl der Stadt zum Sitz der Praefektur Illyriens nach der Aufgabe von Sirmium in Verbindung gebracht.

SCHWARZES MEER
MARMARAMEER
ÄGÄIS
MITTELMEER
BITHYNIA UND PONTUS
ASIA
GALATIA
LYCIA UND PAMPHYLIA
TAURUSGEBIRGE
PONTINGEBIRGE
Lesbos
Chios
Samos
Naxos
Amorgos
Cos
Astypalaea
Rhodus
Cyprus
42°
40°
38°
36°
27°
30°
33°
34°
DORISCUS
BYZANTIUM
CHALCEDON
Kadiköy
NICOMEDIA
Izmit
NICAEA
Iznik
CIUS
PRUSA
Bursa
CYZICUS
LAMPSACUS
Lapseki
ABYDUS
ALEXANDRIA TROAS
ILIUM
Troy
ASSUS
ADRAMYTTIUM
MYTILENE
PERGAMUM
STRATONICEA
(HADRIANOPOLIS)
AEGAE
THYATIRA
Akhisar
APOLLONIA
CYME
MAGNESIA
AD SIPYLUM
SMYRNA
Izmir
ERYTHRAE
CLAZOMENAE
TEOS
Sigacik
LEBEDUS
COLOPHON
SARDIS
PHILADELPHIA
Alasehir
Gediz
EPHESUS
SAMOS
MAGNESIA
AD MEANDRUM
Manisa
PRIENE
TRALLES
Aydin
NYSA
Sultanhisar
Büyük Menderes
HIERAPOLIS
Pamukkale
LAODICEA
COLOSSAE
APHRODISIAS
HERACLEA
ALABANDA
ALINDA
Karpuzlu
MILETUS
IASUS
MYLASA
Milas
STRATONICEA
HALICARNASSUS
Bodrum
COS
RHODUS
LINDUS
AEZANI
Kirmosti
DORYLAEUM
Eskisehir
NACOLEA
PESSINUS
AMORIUM
SYNNADA
EUMENIA
CELAENAE
(APAMEA)
Dinar
ANTIOCHIA
Egridir Gölü
SELEUCIA
SIDERA
SAGALASSUS
CREMNA
Beysehir Gölü
COMAMA
OLBASA
SELGE
CIBYRA
BUBON
BALBURA
TERMESSUS
OENOANDA
CHOMA
CADYANDA
PERGE
ATTALEIA
Antalya
ASPENDUS
SIDE
Selimiye
TELMESSUS
?PODALIA
TLOS
PHASELIS
SIDYMA
ARYCANDA
XANTHUS
CYANEAE
RHODIAPOLIS
PATARA
MYRA
LIMYRA
Sakarya
PRUSIAS AD HYPIUM
CLAUDIOPOLIS
HERACLEA
PONTICA
Eregli
TIUS
AMASTRIS
ABONUTEICHUS
Inebolu
POMPEIOPOLIS
GANGRA
(GERMANICOPOLIS)
ANCYRA
Ankara
TAVIUM
Kizil Irmak
NYSSA
Tuz Gölü
GARSAURA
(ARCHELAIS)
NAZIANZUS
ICONIUM
Konya
LYSTRA
TYANA
FAUSTINOPOLIS
PODANDUS
ISAURA
DERBE
LARANDA
Karaman
Cilician Gates
TARSUS
SOLI
(POMPEIOPOLIS)
CLAUDIOPOLIS
OLBA
CORYCUS
ELAEUSA
(SEBASTE)
SEYDRA
SELEUCIA
Silifke
SELINUS
(TRAIANOPOLIS)
Gazipasa
ANEMURIUM
Anamur
CARPASIA
LAPETHUS
Lapithos
CHYTRI
SALAMIS
LIMENIA
SOLI
ARSINOE
TAMASSUS
CITIUM
Larnaca
PAPHUS
AMATHUS
CURIUM
NEAPOLIS
Provinzhauptstadt
Legionärslager
andere Siedlung
abgebildete Ausgrabungsstätte
Provinzgrenze
römische Straße
TAVIUM antiker Name
(SEBASTEA) späterer Name
Urfa moderner Name
2000m
1000m
200m
0
Maßstab 1 : 3 800 000
0
200km
0
150 Meilen

# KLEINASIEN

Der immer größere Einfluß Roms in Kleinasien, den die Annahme des Vermächtnisses von Attalos von Pergamon ausgelöst hatte, wuchs ständig durch die Annektierung und Eingliederung von neuen Klientelkönigreichen. Der auf der landwirtschaftlichen Produktion beruhende Reichtum verlieh den Städten des römischen Kleinasiens steigende wirtschaftliche, kulturelle und politische Bedeutung. Ihre führenden Bürger erlangten außerordentliches und manchmal übertriebenes Prestige. Sie vertraten die Interessen ihrer Städte vor den kaiserlichen Autoritäten mit Nachdruck und veranlaßten ihre Gemeinden zu Ausgaben, die zum Teil, wie im Fall von Bithynia, über ihre Mittel hinausgingen und das Eingreifen Roms nötig machten.

Weiter im Westen änderte sich das Bild. Die Hochebene Anatoliens war ein rein dörfliches Gebiet, mit Bauern, die häufig für die römischen Armeen rekrutiert wurden. In den Bergen von Lycia und Pamphylia, Cilicia und besonders Isauria lebten Hirten, die in harten Zeiten zu Raubzügen, Überfällen in der näheren Umgebung und sogar Aufruhr tendierten. Hier wurden die römischen Kolonien, die Außenposten lateinischer Kultur, allmählich von ihrer griechischen Umgebung absorbiert. Im Osten waren Commagene und Nieder-Armenien, das zu Kappadokien gehörte, orientalische Fürstentümer, die enger mit dem syrischen und iranischen Osten als mit dem griechischen Kleinasien in Verbindung standen.

*Links:* Die Darstellung der Isauria-Berge in der *Notitia Dignitatum* symbolisiert die Bedrohung, die von den gebirgigen Gegenden Anatoliens für die Sicherheit der Tiefebenen und der Küste des südlichen Kleinasiens ausging.

*Unten links:* Das wunderbar erhaltene Theater von Aspendus in Pamphylia ist ein gutes Beispiel für die Verschwendungssucht und die baulichen Errungenschaften im Kleinasien des 2. Jahrhunderts.

*Unten:* Auch die Mosaike aus dem 4. Jahrhundert im »Haus von Eustelion« in Curium, Cypern, zeugen von der privaten Verschwendungssucht.

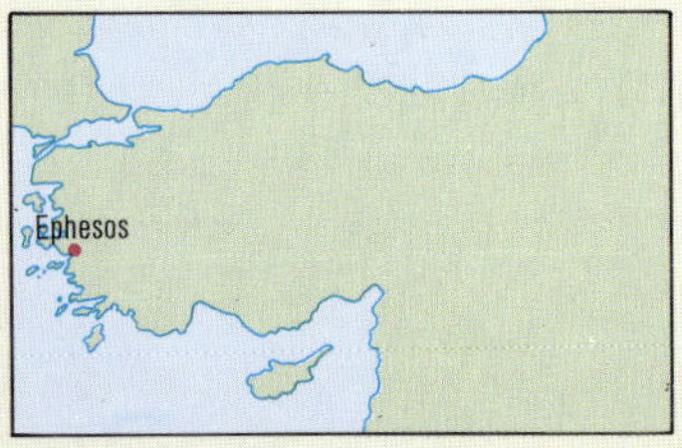


# Ephesos

Ephesos, die erste Kirche der Apokalypse, beherbergte außerdem den großen Artemis-Tempel, eines der »Sieben Weltwunder« und ein Meisterwerk hellenistischer Architektur in einer vorwiegend römischen Stadt, und die legendären »Siebenschläfer«, die nach jahrhundertelangem Schlaf aufgewacht sein sollen und sich nun unter einer christlichen Regierung wiederfanden. Das Leben im römischen Ephesos läßt sich nicht nur aus den bedeutenden archäologischen Funden rekonstruieren, sondern auch aus Inschriften, auf denen man Auskunft über die Großzügigkeit der führenden Familien und die Rivalitäten mit Smyrna um den Titel der »ersten Stadt« Asiens erhält. Der vom heiligen Paulus provozierte Aufstand, bei dem die Silberschmiede die Leute zugunsten ihrer Göttin aufhetzten, ist eine Episode, die viel über das Leben dieser bedeutenden Stadt des Ostens aussagt *(Apostelgeschichte* 19:22ff.). Das große Theater *(s. gegenüber),* in dem die Demonstration stattfand, konnte 24000 Zuschauer fassen. Zu den vielen anderen Einrichtungen der Metropolis gehörten die berühmte Bibliothek von Celsus, die im Andenken an Tiberius Iulius Celsus Polemaeanus im frühen zweiten Jahrhundert von seinen Brüdern errichtet wurde.

Im dritten Jahrhundert geriet die Stadt unter gotische Herrschaft, konnte jedoch zurückerobert werden und überstand den Übergang in die christliche Ära nahezu unbeschadet. In der im vierten Jahrhundert erbauten Marienkirche traf 431 das Konzil von Ephesos zusammen. Die »Arkadiane« benannte Hauptstraße, die vom großen Theater zum Hafen führte, stammt aus dem frühen fünften Jahrhundert, und die Sankt-Johannis-Kirche, die über dem vermutlichen Grab des Evangelisten errichtet worden war, wurde von Iustinian mit viel Aufwand wieder restauriert. Ephesos war des öfteren von Erdbeben heimgesucht und sah sich schließlich dem doppelten Prozeß des langsamen Absinkens in Verbindung mit der Anhäufung von Schwemmland ausgesetzt.

*Unten:* Die Straße verlief hinunter zum Magnesia-Tor, auf der Linie der hellenistischen Stadtmauer. *(s. Karte).* Die Prozession des Artemis-Festes führte bei diesem Tor vorbei vom Artemision aus zum großen Theater.

*Unten links:* Ein Beispiel für die prunkvolle Ausstattung der Wohnhäuser in Ephesos sind diese Wandgemälde aus einer Villa in der Nähe des Zentrums bei der Agora.

*Unten rechts:* Der Eingang zum Hadrianstempel, der im frühen 2. Jahrhundert erbaut wurde. Die vier Sockel vor dem Tempel trugen Statuen der Tetrarchen.

*Links:* Der Blick vom großen Theater über die *Via Arcadia* zum Hafen, der aus der Ferne wie ein grüner Sumpf aussieht.

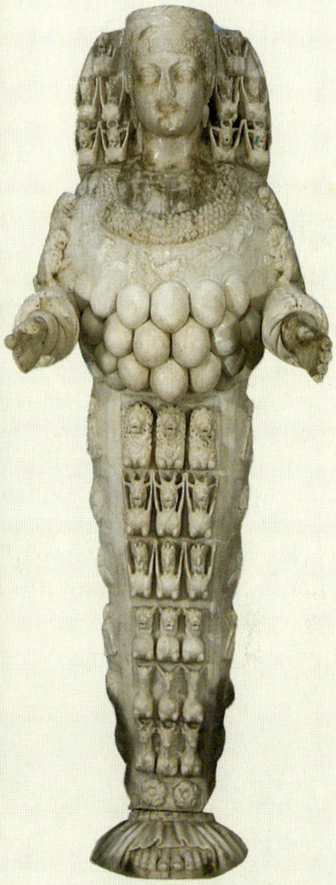

*Oben:* Die »ephesische Artemis«, in einer römischen Kopie der Kultstatue der Göttin, verbindet einen klassizistischen Archaismus mit einer Ahnung der Vorvergangenheit. Die vielen Brüste dieser göttlichen Figur haben wenig zu tun mit der »Königin und Jägerin, keusch und klar« der orthodoxen klassischen Auffassung.

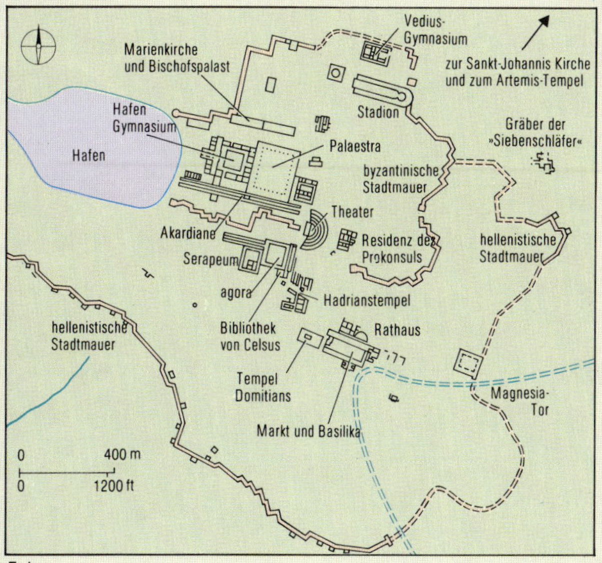


Ephesos

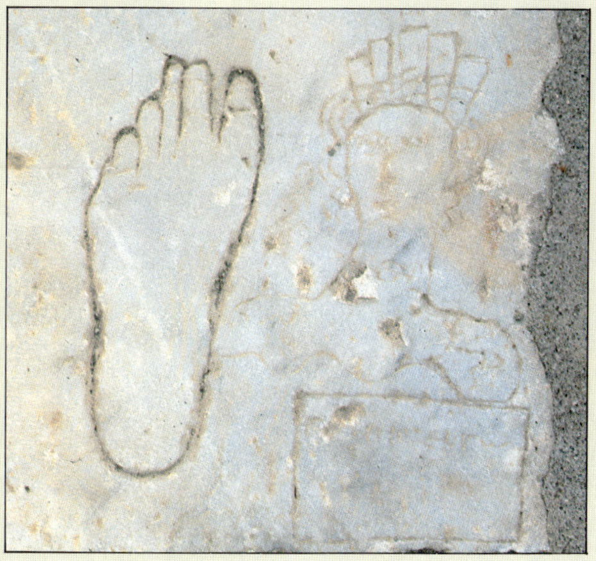

*Links:* Ein mehr weltlicher Aspekt des Lebens in Ephesos. Das nicht weiter erklärungsbedürftige Zeichen auf dem Pflaster weist auf ein Bordell hin.

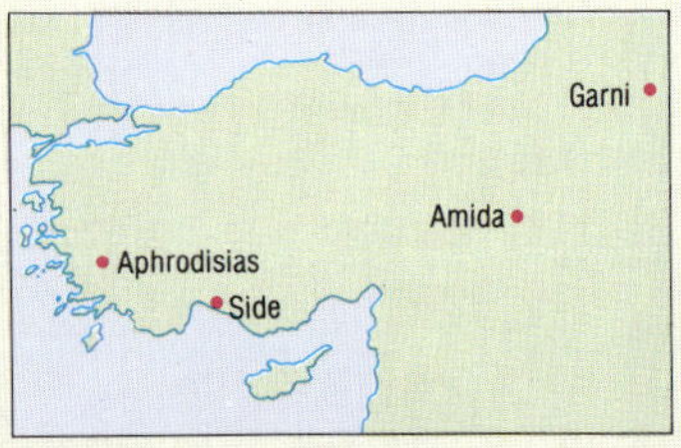


Das Theater von Aphrodisias *(unten)* stand innerhalb der frühen Akropolis – später eine byzantinische Festung. Im 2. Jahrhundert n. Chr. wurde es umgebaut, damit hier auch Gladiatorenwettkämpfe abgehalten werden konnten.
Aphrodisias belieferte das Römische Imperium mit Marmor und war ein künstlerisches Zentrum; sein stilistischer Einfluß läßt sich auch in Leptis Magna nachweisen. Die Abbildung *(gegenüber oben links)* zeigt den Kopf eines jugendlichen Kaisers, möglicherweise des Britannicus, aus dem erst kürzlich entdeckten Tempel der Augusti.

# Aphrodisias

Die Hauptstadt Kariens, Aphrodisias (das heutige Geyre), wurde nicht nur von römischen Kaisern wie Augustus und Hadrian besonders begünstigt, sondern auch von Sulla und Iulius Caesar im ersten Jahrhundert v. Chr. Diese beiden republikanischen Magnaten, die Venus als ihre Schutzgöttin ansahen, reizte es, eine Stadt zu fördern, deren Name auf eine »hellenisierte« einheimische Gottheit zurückging. Unter diesem Aspekt kann Aphrodisias mit Orten weiter östlich wie etwa Heliopolis verglichen werden. Der im ersten Jahrhundert v. Chr. erbaute Aphrodite-Tempel, der unter Hadrian einen neuen schönen Vorhof erhielt, wurde im sechsten Jahrhundert in eine Kirche umgebaut. In der Mauer des ebenfalls im ersten Jahrhundert v. Chr. errichteten Theaters fand man später Kopien vieler *senatus consulta* und kaiserlicher Briefe, in denen die Sonderprivilegien der Stadt bestätigt wurden, auch Teile von Diocletians Höchstpreiserlaß sind hier entdeckt worden.

Die trutzige Verteidigungsmauer, die das eindrucksvolle Stadion mit einschloß, wurde um 260 gegen die Invasion der Goten errichtet. Trotzdem gedieh die Stadt im späten Kaiserreich weiter, und ihr Niedergang fiel erst in die byzantinische Epoche. Der Plan von Aphrodisias *(unten)*, der in der Hauptsache aus leeren Flächen besteht, zeigt den heutigen Ausgrabungsstand, doch es sind wesentliche weitere Funde zu erwarten. Wenn das Straßensystem stimmt, so entsprach ihre Anlage der einer normalen späthellenistischen oder frühen kaiserlichen Stadt.

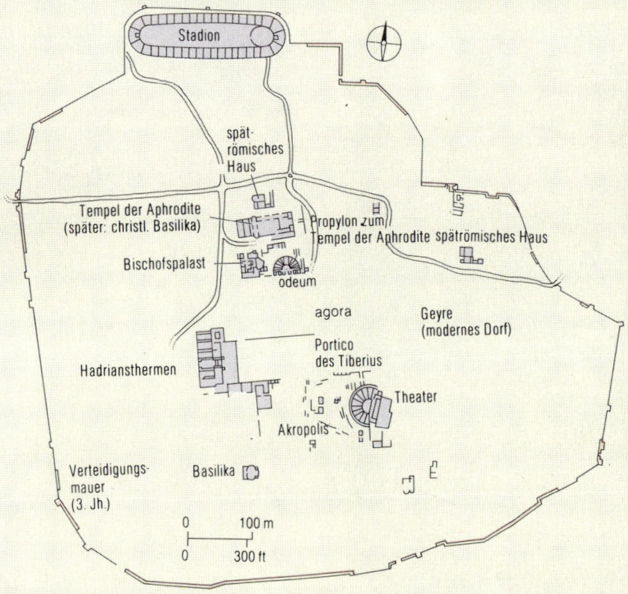

# Sidon

Sidon in Pamphylia liegt auf einer schmalen Halbinsel und besitzt einen größtenteils künstlichen Hafen, der von cilicianischen Piraten bis zu ihrer Ausrottung durch Pompeius benützt wurde. Unglücklicherweise neigte er zu Versandung und erforderte ständige Baggerarbeiten; das alte Sprichwort »einen Hafen von Sidon haben« bezeichnete eine Arbeit, die dauernd wiederholt werden mußte. Außerdem war die Einfahrt ziemlich eng, und es ist wenig wahrscheinlich, daß der Hauptanteil am Wohlstand der Stadt auf dem Seehandel beruhte. Wie seine Nachbarn Aspendus *(s. S. 151)* und Pergon besaß Sidon die typische Ausstattung einer Stadt zur Zeit des römischen Kaiserreichs; sein Theater wurde wie das von Aphrodisias durch eine zusätzliche Mauer in eine Arena für Wildtierjagden und ähnliche Gladiatorenspektakel verwandelt. In der Spätzeit des Imperiums entstand über den schmalsten Teil der Halbinsel eine Verteidigungsmauer, die gleich hinter der Agora vorbeiführte, doch die Stadt gedieh auch noch in diesen engen Grenzen, bis schließlich die arabischen Invasionen ihren Niedergang einläuteten.

*Rechts:* Die Ruinen von Sidon. Der verwirrende Anblick macht deutlich, wie viel archäologische Arbeit im vormals römischen Kleinasien noch zu leisten ist.

# Amida

Die früher unbedeutende Stadt Amida am Tigris *(unten)* wurde in den späteren Jahren der Herrschaft Konstantins zu einem Knotenpunkt für die Verteidigung des nördlichen Mesopotamien und der von den Römern kontrollierten Satrapenreiche bis Corduene (Kurdistan) umgestaltet. Nach der Belagerung und Einnahme durch die Perser (359) fiel es wieder an Rom und nahm nach der Übergabe von Nisibis durch Iovian im Jahr 363 einen Teil seiner Bevölkerung auf. Der in späteren Zeiten oft instandgesetzte Mauerring wurde im wesentlichen noch unter Iustinian erbaut.

# Gornea

Castellum Gorneae, Garni, im sowjetischen Armenien, ist die Fundstätte des *(unten links)* wiedergegebenen klassischen Gebäudes, vielleicht das Grabmal eines romanisierten Klientelkönigs aus dem zweiten Jahrhundert. Den Ort erwähnt Tacitus als ein Kastell, das die Römer während Neros Ostfeldzug besetzten. Gornea ist der östlichste Punkt, den die Römer erreicht haben, wenn wir den flavischen Centurio von Melitene nicht mitrechnen, der seinen Namen auf einem Felsen bei Baku eingeritzt hat.

# DER OSTEN

Die römische Besatzung hatte kaum Einfluß auf das kulturelle Leben in jenem Gebiet. Das Griechische blieb die Sprache der oberen Gesellschaftsschichten und das Syrische die Sprache des gewöhnlichen Volkes in den Städten und insbesondere auf dem Land. Das Latein setzte sich nur begrenzt durch, obwohl es in Berytus (Beirut), der Heimstadt römischen Rechts im Osten, und zur späten Kaiserzeit in der Verwaltungshauptstadt Antiochia gesprochen wurde. Männer aus dem Osten hingegen, wie Paulus von Tarsos, Lucianus von Samosata und der Jurist Ulpianus setzten sich im ganzen Reich durch; auch gingen einige der umwälzendsten und wichtigsten philosphischen und religiösen Ideen in der späten griechisch-römischen Welt von diesen Provinzen aus. Im Gegensatz dazu bedauerte der konservative Dichter Iuvenal, die niedrigeren Gesellschaftsschichten betreffend, daß »der Orontes in den Tiber geflossen sei« *(Satiren* 3.62).

Die römische Kontrolle über den Osten gründete sich auf dem Besitz des ehemaligen Seleukiden-Reichs; Pompeius verleibte es als Provinz Syria dem Imperium ein. Nach und nach wurden auch Rom freundlich gesinnte Königreiche wie Commagene und Judaea aufgenommen. Das Ende dieser Entwicklung markierte die Annexion Arabiens und Mesopotamiens.

All diese Provinzen bildeten den westlichen Bogen des »fruchtbaren Halbmonds«, ein Gebiet alter Kulturen, das vom Rand des östlichen Mittelmeers über Syrien und Nordmesoptamien bis nach Babylonien hinunterreichte. In diesen Regionen waren die Niederschläge genügend hoch, um einen systematischen Ackerbau und das Wachstum von Städten zu ermöglichen. Die offene Wüste im Osten und Süden der römischen Provinzen, die von halbnomadischen und nomadischen Beduinen bewohnt war, wurde nur von Karawanen durchquert.

Die Insignien des *Dux Arabiae* nach der *Notitia Dignitatum.* Die Garnisonsstädte sind in der üblichen Weise dargestellt; dem Lokalkolorit wird durch die Schlangen und das Straußenpaar Rechnung getragen.

Das Mosaikfries des 5. Jahrhunderts aus einer Villa in Daphne nahe Antiochia *(unten)* zeigt den Weg von Antiochia zu diesem eleganten Kurort. Es sind die »Werkstätten des Märtyrerheiligtums« (des heiligen Babylos in Daphne) zu sehen, vor denen ein liegender Mann mit dem Namen Markellos von einem Begleiter namens Chalkomos bedient wird. Dann folgen das »olympische Stadion«, »die Privatbäder von Ardabourios«, und »Kastalia« und »Pallas«, die berühmten Quellen von Daphne. Unterhalb von »Kastalia« befindet sich ein halbkreisförmiges Bekken mit einer Säulenhalle, möglicherweise das Nymphaeum, das Hadrian erbaut hat. Das attraktive »Stilleben mit gekochten Eiern« *(unten)* stammt ebenfalls aus einem Haus in Daphne.

Das Mosaik dieser Familie *(rechts),* die einer höheren Gesellschaftsschicht angehörte, aus einem Höhlengrab bei Edessa in Osrhoene, zeigt deutlich die kulturelle Mannigfaltigkeit der römischen Welt. Die Familienmitglieder, deren Namen syrisch geschrieben sind, tragen die bunten Umhänge, Pantoffeln, Hosen und Kopfbedeckungen, die eher für eine persische als für eine römische Provinz typisch waren.

Der Blick von der oberen Zitadelle *(gegenüberliegende S.)* verdeutlicht die beherrschende Lage von Edessa. Eine Statue der Königin Schalmath, möglicherweise die Frau Abgars IX., »des Großen« (179–216), stand auf einer der beiden freistehenden Säulen auf der Zitadelle.

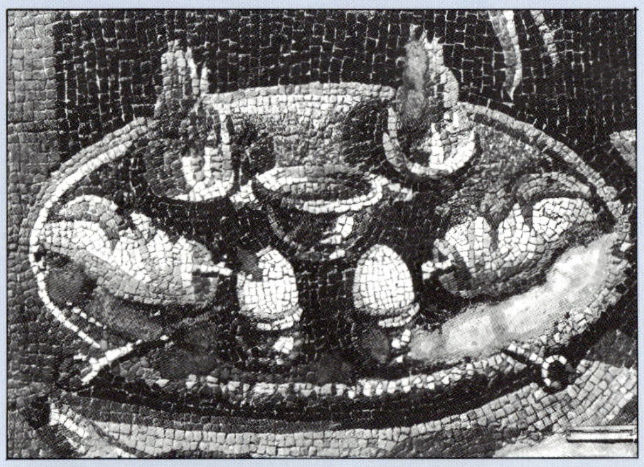

34°
36°
38°
40°
42°
38°
36°
34°
32°
30°
TAURUS
Euphrates
Tigris
TUR ABDIN
SAMOSATA
Samsat
ANTINONOPOLIS
(CONSTANTINA)
BEZABDE
DARA
EDESSA
Urfa
NISIBIS
Nusaybin
APAMEA
Birecik
ZEUGMA
BATNAE
CARRHAE
Harran
RESAINA
(THEODOSIOPOLIS)
EUROPUS
CYRRHUS
ALEXANDRIA
AD ISSUM
MESOPOTAMIA
SINGARA
ANTIOCHIA
Antakya
HIERAPOLIS
Membij
SELEUCIA PIERIA
BEROEA
Aleppo
BARBALISSUS
Mesken
NICEPHORIUM
(CALLINICUM)
Raqqa
CHALCIS
SOURA
Souriya
Euphrates
SYRIA
RESAPHA
(SERGIOPOLIS)
Risafe
ZENOBIA
LAODICEA
Orontes
APAMEA
Khabir
MITTELMEER
SERIANE
CIRCESIUM
Buseire
IPHANIA
Hama
ARETHUSA
ANTARADUS
RAPHANAEA
DURA-EUROPUS
EMESA
Homs
PALMYRA
TRIPOLIS
SYRISCHE WÜSTE
DANABA
BYBLUS
HELIOPOLIS
Baalbek
BERYTUS
Beirut
Provinzhauptstadt
Legionärslager
andere Siedlung
abgebildete
Ausgrabungsstätte
Provinzgrenze
römische Straße
EMESA antiker Name
(CALLINICUM) späterer Name
moderner Name
SIDON
Saida
DAMASCUS
TYRUS
Tyr
CAESAREA PANEAS
PHAENAE
PTOLEMAIS
Akko
TRACHONITIS
2000m
1000m
200m
0
unter dem Meeresspiegel
Wadi
L. Tiberias
(See von Galiläa)
DIOCAESAREA
TIBERIAS
HIPPOS
NAZARETH
LEJJUN
GADARA
Um Qeis
ADRAA
Dera
CANATHA
El Qanawat
CAESAREA MARITIMA
SCYTHOPOLIS
PELLA
SAMARIA
GERASA
Jarash
BOSTRA
Busra
Jordan
NEAPOLIS
APOLLONIA
JOPPA
Tel Aviv-Yafo
JUDAEA
DIOSPOLIS
JAMNIA
NICOPOLIS
JERICHO
PHILADELPHIA
Amman
AELIA
CAPITOLINA
Jerusalem
BETHLEHEM
HERODION
ESBUS
ASCALON
Totes
Meer
MADABA
GAZA
ELEUTHEROPOLIS
HEBRON
ENGEDI
RAPHIA
Rafah
CHERMELA
MASADA
RABBATHMOBA
Rabba
BEROSABA
Beersheba
CHARACMOBA
Karak
MAMPSIS
ELUSA
ARABIEN
NESSANA
OBODA
PHAINON
NEGEV-WÜSTE
PETRA
Maßstab 1 : 3 500 000
0
120km
100 Meilen
AILA
Elat

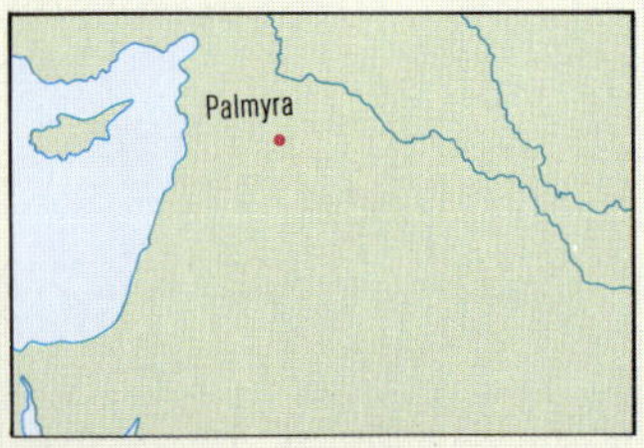


# Palmyra

Palmyra oder Tadmor, die »Stadt der Palmen«, machte unter römischer Herrschaft eine fast explosionsartige Entwicklung durch. Das römische Interesse an Palmyra geht auf Marc Anton zurück, der die Stadt zwar angriff, ihren legendären Reichtum aber nicht als Beute heimbringen konnte, weil die mobilen Besitztümer auf die andere Seite des Euphrats transportiert worden waren. In den frühesten Zeiten des Imperiums hatte Palmyra eine unabhängige Stellung zwischen dem Reich der Römer und dem der Parther. Doch Germanicus besuchte als Gesandter des Tiberius während seiner Reise im Osten im Jahre 17 n. Chr. die Stadt und verleibte sie der Provinz Syria ein. Ihre Handelsbeziehungen mit dem Osten gaben ihr immer einen Grad der Unabhängigkeit, der sie von anderen römischen Städten deutlich unterschied. Die wichtigsten Familien organisierten den Karawanenhandel mit Luxusgütern quer durch die Wüste zum Euphrat und nach Mesene (Maisan) im Persischen Golf; dort war der Anschluß zum Seeweg nach Indien gegeben. Eine Inschrift in Palmyrisch und Griechisch erzählt uns, wie ein Kaufmann »bei vielen Gelegenheiten in nobler und großzügiger Weise die in Vologesias ansässigen Kaufleute, Karawanen und Mitbürger unterstützt und die kürzlich aus Vologesias eingetroffene Karawane aus großer Gefahr errettet habe«.

In den sechziger und siebziger Jahren des dritten Jahrhunderts erhoben die Herrscher Odaenath, Vaballath und Zenobia Palmyra zur Hauptstadt eines unabhängigen Reiches, das wichtige militärische Dienste bei der Verteidigung gegen die Sassaniden leistete.

Die nordwestliche Aussicht *(rechts)* zeigt die geographische Lage und die monumentale Pracht der Stadt. Im Hintergrund steht der große Tempel des Bel, der im Jahr 19 n. Chr. auf dem Ruinenhügel erbaut wurde. Dieser ist ein Beweis für das hohe Alter der Siedlung. Vom Tempel führt eine säulenbestandene breite Straße durch die Stadt. Auf der uns zugewandten Seite des Tempels befindet sich eine Gruppe von Gebäuden, darunter das Theater und die von Säulen umgebene Agora oder Karawanserei. Weiter hinter dem Tempel erkennt man die Bäume der Oase und schließlich die Wüste, durch die die Karawanen zum Euphrat und zum Persischen Golf zogen.

*Links:* Grabmal eines jungen Mannes aus dem 2. Jahrhundert. Die Turmgräber von Palmyra westlich der Stadt gehören zu ihren bekanntesten Wahrzeichen und zeugen vom Reichtum ihrer bedeutenden Familien.

*Unten:* Ein architektonisches Detail aus Palmyra. Die Weinblätter und -ranken spiegeln in ihrer raffinierten Symmetrie orientalischen Einfluß wider.

Auffallenderweise ist der Grundriß von Palmyra unregelmäßig. Der Tempel des Bel, die dahintergelegenen Häuser und das Theater liegen nicht in einer Linie, und das Theater und die benachbarte Agora sind asymmetrisch ausgerichtet. Die große Kolonnade geht in drei verschiedene Richtungen, und die quergerichtete Kolonnade steht nicht senkrecht zu ihr. Die Gründe für diese Unregelmäßigkeit liegen in der Anordnung der vorrömischen Siedlung; sie selbst hing wieder von der Lage der Oase und der Wasserquellen ab. Man hat auch als Erklärung vorgeschlagen, die Bewohner hätten bestimmte Elemente des Beduinenlebens beibehalten und in verschiedenen Gebieten in Zeltlagern gelebt, so daß einige Viertel eine eigenständige Entwicklung durchgemacht haben. Doch bleibt diese Ansicht spekulativ und bedarf zur Bestätigung noch weiterer Forschung.

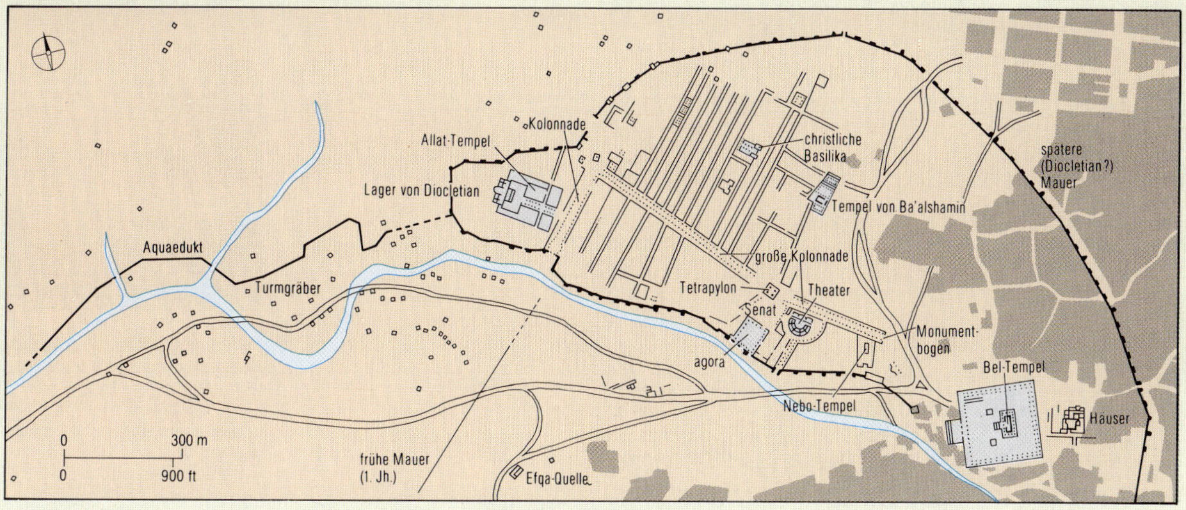

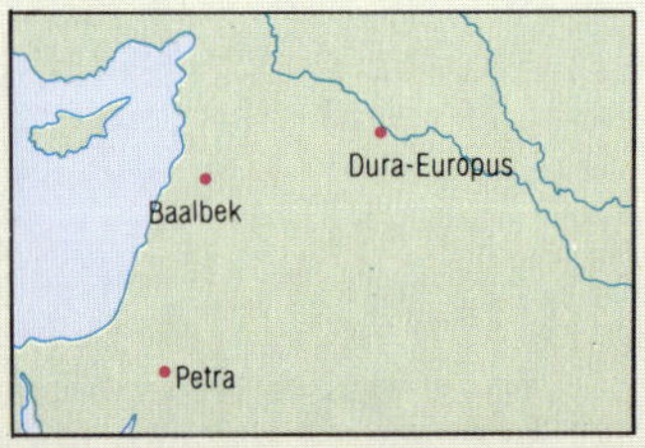


# Dura-Europos

Dura am Euphrat, von den hellenistischen Siedlern Europos getauft, wurde 300 v. Chr. als Festung von den Seleukiden erbaut, fiel im zweiten Jahrhundert n. Chr. den Parthern in die Hände und geriet ab 165 n. Chr. unter die Herrschaft der Römer. 256 wurde es von den Persern unter Schapur I. zerstört und nie wieder neu besiedelt.

Die Stadt weist noch heute viele Zeugnisse römischer Militärorganisation auf, wichtiger ist jedoch die Beibehaltung ihres originär semitischen Charakters während aller Epochen der Fremdherrschaft. Die rechteckige Agora wurde schnell zum Standort eines typisch levantinischen Bazars. Die Inschriften sind meist griechisch, doch kommen auch aramäische und arabische Dialekte und das Persische vor. Die gleiche Mischung prägte auch das religiöse Leben von Dura. Neben der römischen Staatsreligion gab es eine Synagoge, ein Mithraeum und eine christliche Hauskirche. »Dura war und blieb im wesentlichen eine Stadt des mesopotamischen Orient«. *(J. Ward-Perkins).*

Die Luftaufnahme von Dura *(oben)* wie auch der Plan verdeutlichen seine strategisch vorteilhafte Lage an einem Abhang über dem Euphrat. Aus beiden geht außerdem die hellenistische Konzeption der Stadt hervor; der orientalische Einfluß zeigt sich eher in den Details der Architektur der Wohnhäuser. Die Kirche und die Synagoge schließen sich an die Innenseite der Festungsmauer an (im Foto rechts).

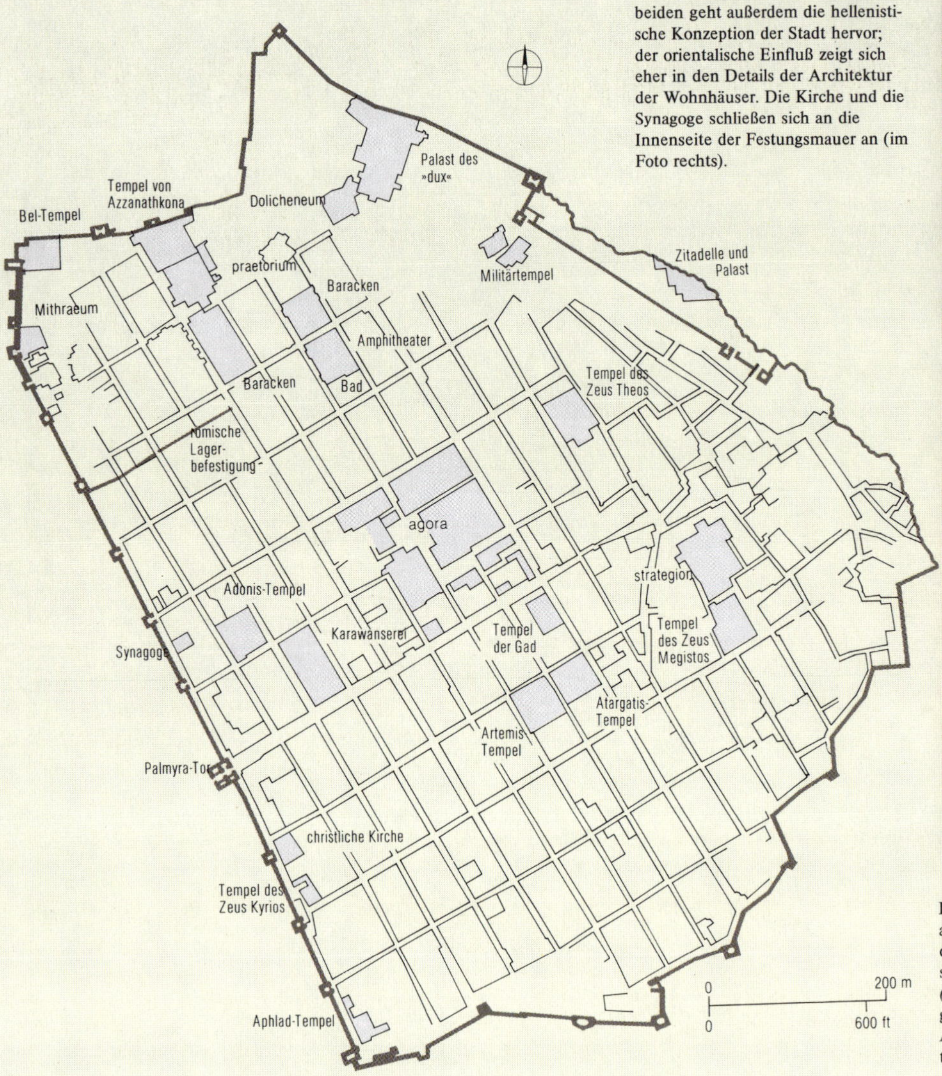

Die hier dargestellten Wandgemälde aus der Synagoge von Dura zeigen die Entdeckung des kleinen Moses in seinem Schilfkörbchen auf dem Nil *(ganz oben)* und *(oben)* die Verteidigung der Bundeslade während des Angriffs der Philister; ihre Soldaten tragen die zeitgenössische Rüstung sassanidischer Herkunft. Die jüdische Gemeinde hatte Verbindungen mit den aramäisch-sprechenden Juden von Nieder-Mesopotamien, und das Vorhandensein von Wandgemälden in der Synagoge belegt, daß die Haltung gegenüber dem Gesetzesdogma nicht so streng war.

*Rechts:* Die südöstliche Ansicht von der Plattform des Iupiter-Baal-Tempels aus. Im Vordergrund sieht man einen weiteren Tempel, der Bacchus zugeschrieben wird, jedoch wahrscheinlicher Venus-Atargatis, einer der semitischen, in Heliopolis verehrten Gottheiten der Triade, geweiht war. Der Plan des heiligen Bezirks *(unten)* verdeutlicht die Verbindung von offenen Einfriedungen und *cellae,* die besser als jedes architektonische Einzelmerkmal Aufschluß über den »orientalischen« Charakter des Ortes gibt. Die christliche Basilika wurde im späten 4. Jahrhundert im heiligen Bezirk erbaut: Heliopolis war eine jener Städte, in denen sich das Heidentum lange Zeit hartnäckig hielt.

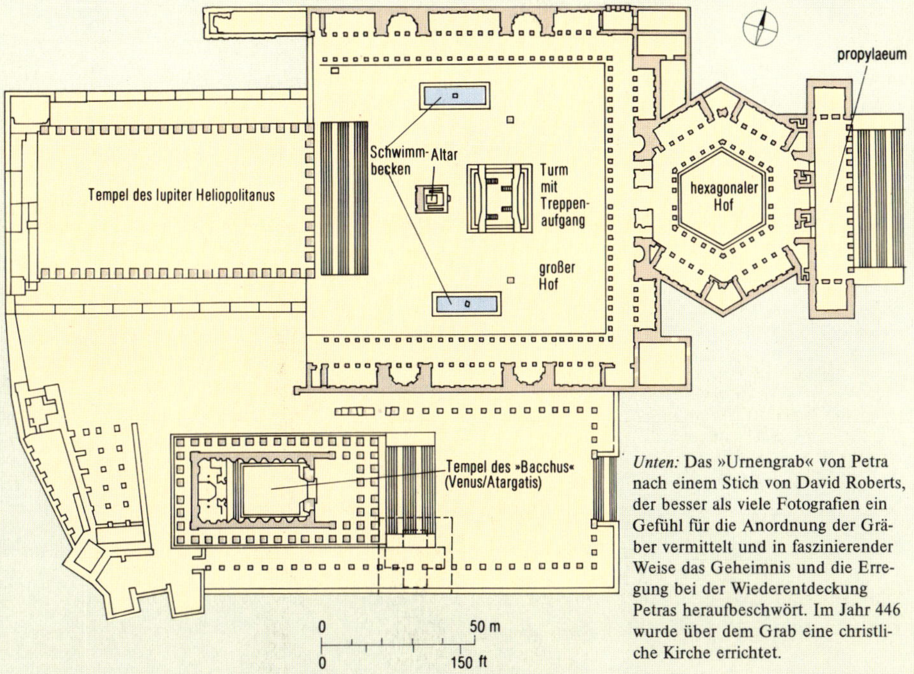

*Unten:* Das »Urnengrab« von Petra nach einem Stich von David Roberts, der besser als viele Fotografien ein Gefühl für die Anordnung der Gräber vermittelt und in faszinierender Weise das Geheimnis und die Erregung bei der Wiederentdeckung Petras heraufbeschwört. Im Jahr 446 wurde über dem Grab eine christliche Kirche errichtet.

# Baalbek

Wie Dura-Europos und Petra erlangte Heliopolis (das alte Baalbek) seine Bedeutung in der späthellenistischen und römischen Periode und erlebte den Höhepunkt seiner Entwicklung wie so oft im zweiten und frühen dritten Jahrhundert. Im Tal zwischen den Gebirgsmassiven des Libanon und Antilibanon gelegen, verfügte Heliopolis über die üblichen Einrichtungen wie ein großes griechisch-römisches Ratshaus, ein Theater und ein Hippodrom, dazu über Wohnhäuser mit schönen, sowohl klassischen wie »orientalisierenden« Mosaiken vor allem aus der spätrömischen Periode.

Der besondere Stolz von Heliopolis ist jedoch die prächtige Tempelanlage, insbesondere der Iupiter-Baal-Tempel, der wie sein Gegenstück in Palmyra *(S. 158)* auf einem Ruinenhügel erbaut wurde – ein Beweis für das Alter der Stadt. Iupiter-Baal gehörte zu der hier verehrten Göttertriade, die anderen waren Venus-Aphrodite, die klassische Entsprechung der semitischen Atargatis, und Mercur-Hermes, dessen semitisches Pendant nicht bekannt ist.

# Petra

Petra, die Hauptstadt des nabatäischen Königreichs, das Germanicus Caesar 18 n. Chr. besuchte, verdankte seine Entwicklung den einheimischen Königen der späthellenistischen Ära, deren städtebauliche Leistungen in Jordanien und dem Negev allmählich immer stärker gewürdigt werden. Der große Reichtum Petras gründete sich auf seine Rolle als Karawanenstadt auf der Straße von Indien nach Rhinocorura (El Arish) und Gaza am Mittelmeer. Doch es hat den Anschein, als ob dieser Handel schon im ersten Jahrhundert n. Chr. die nördlichere Route über Palmyra oder über das Rote Meer nach Alexandrien genommen hätte, und der Wohlstand Petras schon damals seine Grenze erreicht habe. Was von der römischen Zeit übrigblieb – ein Theater und eine Kolonnadenstraße, die vorbei an einem dreibogigen Tor zum heiligen Bezirk führt – ist dennoch eindrucksvoll. Aber Petra ist vor allem berühmt für seine Steingräber, deren Fassaden mit den massiven Reliefs an den Stil der hellenistischen Paläste erinnern.

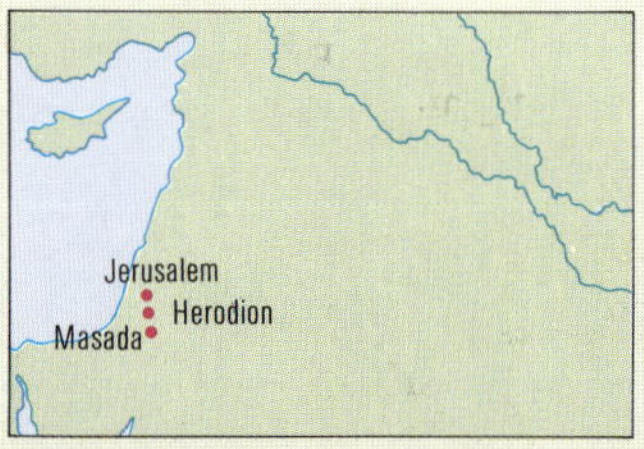


# Jerusalem

Jerusalem, die alte Hauptstadt König Davids, beschrieb Plinius der Ältere im ersten Jahrhundert als »die bei weitem berühmteste Stadt nicht nur Judäas, sondern des ganzen Ostens« *(Historia Naturalis* 5.70) Die Stadt verdankte ihr Ansehen zu einem großen Teil Herodes dem Großen, der Jerusalem Pracht und Herrlichkeit verlieh. Er ließ das befestigte Gebiet vergrößern, baute ein Theater und ein Amphitheater (wahrscheinlich außerhalb der Mauern), Paläste und monumentale Gebäude, darunter der Tempel, der die Stadt von seiner massiven Plattform aus dominiert. Wie diese Bauwerke andeuten, erreichte Herodes ein Gleichgewicht zwischen der jüdischen und der griechisch-römischen Kultur, was seine makkabäischen Vorfahren kaum versucht hatten. Die Unabhängigkeit Judäas ging bald nach dem Tod von Herodes im Jahre 4 v. Chr. verloren. Das Land erhielt den Status einer römischen Provinz mit Caesarea als Metropole, eine weitere Stadt, die Herodes wiederaufgebaut hatte.

Jerusalem wurde während des Judenaufstandes von 66 bis 70 n. Chr. von Titus eingenommen und zusammen mit dem Tempel zerstört. Die zehnte Legion blieb als Besatzung zurück. Unter Hadrian ist die Stadt als römische Kolonie mit dem Namen Aelia Capitolina wieder neu gegründet worden, und mit der Christianisierung des Römischen Reiches erlangte sie als Ort der letzten Unterweisungen, des Todes und der Auferstehung Christi neue Berühmtheit. Im späten vierten Jahrhundert zogen viele Pilger nach Jerusalem, und zahlreiche Mönchsniederlassungen wurden gegründet. Diese geschichtliche Phase dauerte bis in die byzantinische Periode. Die verbannte Kaiserin Eudocia *(S. 217)* und Iustinian vermachten der Stadt größere Schenkungen. Jerusalem fiel 638 in die Hände der Araber und galt seither gleichermaßen als heilige Stadt des Islams.

*Ganz unten:* Die Stadt Jerusalem in der Darstellung der Mosaikkarte von Madaba in Jordanien, 6. Jahrhundert. Auffällig unter den Baudenkmälern sind die von Säulen flankierte Hauptstraße der Hadriansstadt und die Grabeskirche auf halbem Wege, die man leicht an ihrer Rotunde (Oberseite nach unten gerichtet) erkennen kann. Die Klagemauer *(unten)* bildet die Plattform des Tempels, den Herodes der Große ausgebaut hatte.

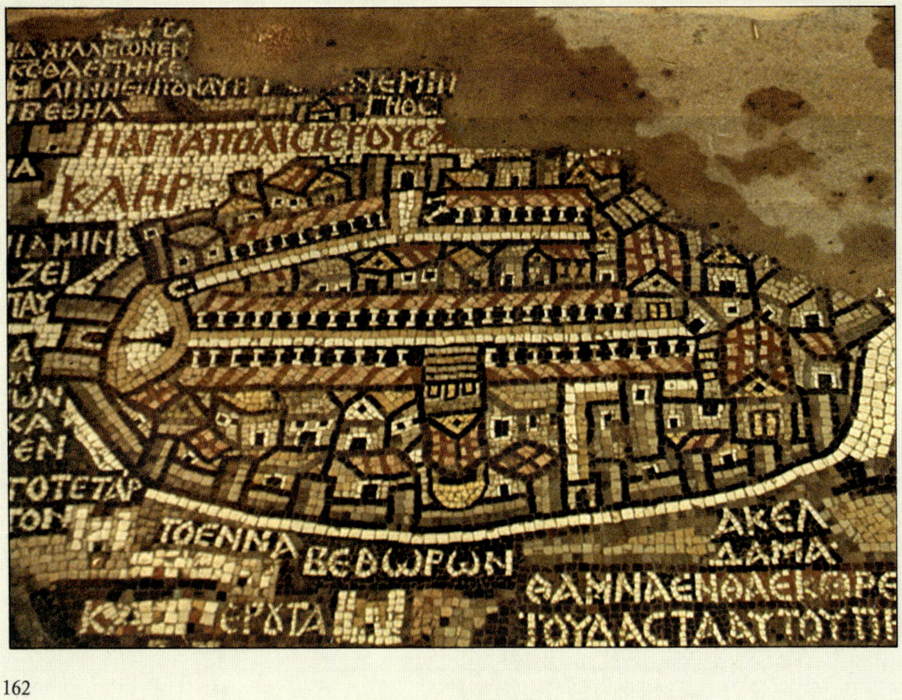

# Herodion

Die Burg von Herodion, die von Herodes dem Großen in 12 Kilometer Entfernung von Jerusalem und von dort aus deutlich sichtbar errichtet wurde, bildete das Zentrum einer großen Siedlung, die dem Geschichtsschreiber Iosephus zufolge »nicht kleiner als eine Stadt war«. Sie besaß Gartenanlagen, für die das Wasser aus einiger Entfernung über einen Aquaedukt herantransportiert werden mußte. Die Burg selbst enthielt einen bedeutenden Palast mit Bädern, Synagoge und Gärten und war ein Meisterwerk architektonischer Täuschung. Sie wurde nämlich auf einem künstlichen Erdhügel, den man auf der natürlichen Hügelspitze aufgeschüttet hatte, errichtet und gleichzeitig von ihm verborgen. Der Palast zeigte sich einem Besucher nur, wenn er die 200 polierten Steinstufen emporstieg und durch den tiefeingeschnittenen Eingang beim Hauptturm eintrat.

Nach seinem Tode wurde Herodes in Herodion begraben, und zwar – wie einige Forscher annehmen – im immer noch nicht ausgegrabenen Nordturm.

# Masada

Masada, an den Ausläufern der kahlen Berge im Westen des Toten Meers, wurde von den Makkabäern als Festung verwendet und diente Herodes als Palast und als Bollwerk gegen innere und äußere Bedrohungen. Unter den Ruinen finden wir große Lagerhäuser, heizbare Bäder, eine Synagoge und zwei Hauptpaläste. Der westliche davon zeigt absteigende Terrassen, die in schwindelerregender Weise auf dem Hang hoch über dem Abgrund liegen.

Nach Herodes' Tod fand die Festung keine Verwendung mehr, ehe Zeloten sie zu Beginn des Aufstandes von 66–70 der römischen Garnison abnahmen, die sie besetzt hielt. Erst nach einer langen Belagerung, die im Jahre 73 mit dem Selbstmord der Verteidiger endete, konnte Vespasians Gesandter Flavius Silva Masada bezwingen. Eine erhaltene Tonscherbe mit dem Namen ihres Führers, Ben Ya'ir, gehörte vielleicht zu den Losen, mit denen die Verteidiger diejenigen zehn Männer bestimmten, welche die restlichen 390 Bewohner der Festung – Männer, Frauen und Kinder – zu töten hatten.

Das Luftbild von Herodion *(links)* zeigt deutlich die vier Türme und den künstlichen Erdhügel. Der Nordturm, in dem vielleicht Herodes begraben liegt, befindet sich rechts im Bild; daneben sind der Zutrittsweg und der Eingang in den Palast sichtbar (die schräge Rampe ist modernen Ursprungs.)

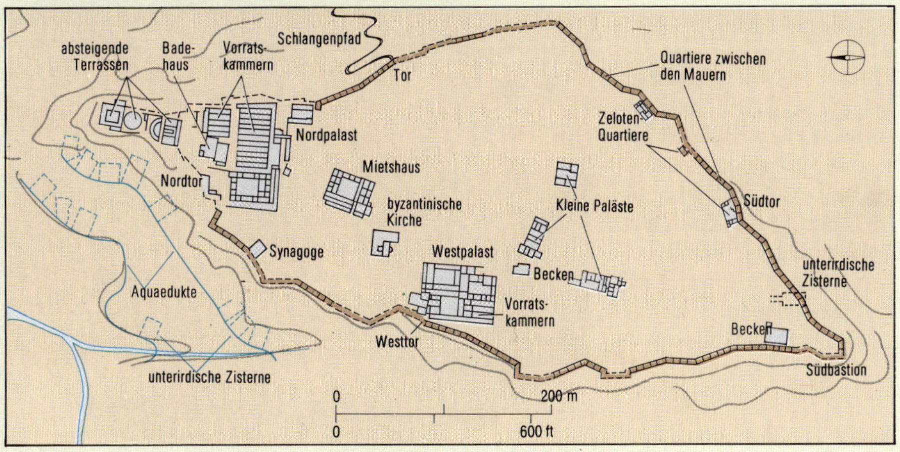


Auf dem Luftbild *(links außen)* sieht man die Reste der Befestigungen, die die Römer während der Belagerung anlegten, einen Teil der Umwallung und die mächtige Rampe, auf denen die Wurfmaschinen bewegt wurden. Mit ihrer Hilfe gelang es den Römern, den Widerstand der Zeloten zu brechen. Laut Iosephus soll das fruchtbare Gipfelplateau von Masada bebaut worden sein, so daß die Festung von der Außenwelt völlig unabhängig war. Der Plan *(links)* macht deutlich, daß man vom Toten Meer auf dem »Schlangenpfad« auf die Spitze gelangen konnte. Die Gefährlichkeit dieses Weges hat Iosephus in lebhaften, aber wohl übertriebenen Worten geschildert *(Geschichte des jüdischen Krieges* 7.283) Der Zugang vom Westen war er von einem Verteidigungsturm blockiert.

# ÄGYPTEN UND DIE CYRENAICA

Obwohl Ägypten und die Cyrenaica nahe beieinander liegen, waren beide Provinzen im Hinblick auf ihre wirtschaftliche Struktur und die Art der Regierung sehr verschieden. Ägypten, das Octavian nach dem Fall Alexandrias im Jahre 30 v. Chr. erobert hatte, wurde von ihm und seinen Nachfolgern als kaiserliches Eigentum behandelt, eine Sonderstellung, die die jahrhundertealte Tradition während der monarchischen Regierung durch Pharaonen und die Ptolemaier fortsetzte. Die vielen tausend Papyri, die bei Oxyrhynchos und an anderen Stellen gefunden wurden, geben uns wertvollen Aufschluß über die Art der Regierung und alle Aspekte des römischen Lebens in Ägypten. Inwieweit man jedoch diese Ergebnisse auf andere Provinzen des Reiches übertragen darf, bleibt umstritten. Die eigentümliche geographische Beschaffenheit Ägyptens war im Römischen Reich einzigartig; am ehesten ist sie noch mit Babylonien in Mesopotamien zu vergleichen. Da die Städte durch den Nil miteinander verbunden waren, fiel es leichter als anderswo, sie zentral zu kontrollieren. Umgekehrt konnte das Land nur durch zentrale Kontrolle sein volles landwirtschaftliches Potential ausschöpfen. Die jährliche Nilflut stellte den grundlegenden Rhythmus des ägyptischen Lebens dar. Sie wurde offiziell bei Elephantine mit einem Eichmaß, dem Nilometer, gemessen.

In Alexandria besaß Ägypten eine große hellenistische Stadt, die anderen Siedlungen im Delta und im Niltal, die in den Quellen oft als »Städte« bezeichnet werden, ähnelten in Wirklichkeit eher großen Dörfern. Die griechische Kultur drang über Alexandria in diese Regionen, doch muß man scharf zwischen den hellenisierten ägyptischen Stadtbewohnern und dem Landvolk unterscheiden, das seine ägyptische Sprache beibehielt und zur Zeit des späten Kaiserreichs die einheimische koptische Kirche hervorbrachte.

Die Cyrenaica, zu der eine Gruppe von fünf Städten, die Pentapolis, gehörte, wurde in der Kaiserzeit zusammen mit Kreta von einem senatorialen Prokonsul regiert. Die Wirtschaft der Pentapolis beruhte auf dem gut bewässerten Küstenstreifen, der unter dem Namen Djebel el Akdar bekannt ist. Ihre Städte blühten unter römischer Herrschaft, wie sie es unter den Ptolemaiern getan hatten, und insbesondere der Hafen von Apollonia gewann an Bedeutung, weil er die Städte des prokonsularen Africa, Tripolitaniens sowie Alexandria miteinander verband.

Die Insignien des »Grafen der ägyptischen Grenze« aus der *Notitia Dignitatum (unten rechts)* zeigen die Symbole dieses Landes – den Nil und Pyramiden. Das auf Holz gemalte Grabporträt *(unten)* ist eines unter vielen der spätrömischen Periode; wie auch andere kombiniert es hellenistische mit lokalen Einflüssen. Landschaftsszenen aus dem Nilgebiet waren – ähnlich den Chinoiserien der Neuzeit – früher als Dekoration sehr beliebt, wie dieses Mosaik aus Pompeii *(unten rechts)* beweist.

MITTELMEER
CISAMUM Kastelli
CYDONIA Khania
POLYRRHENIA
TARRHA
PHOENIX
SYBRITA
CNOSSUS
CHERSONESUS
CRETA
LYTTUS
GORTYN
ITANUS
MOCHLUS
HIERAPYTNA Ierapetra
Maßstab 1 : 3 500 000
0
80km
0
40 Meilen
PARAETONIUM
CANOPUS
NICOPOLIS
ALEXANDRIA
TAPOSIRIS MAGNA
COMARUM
BUTO
SAIS
SEBENNYTUS
BUSIRIS
THMUIS
TANIS
NAUCRATIS
NICIU
TERENUTHIS
ATHRIBIS
HELIOPOLIS
BABYLON
MEMPHIS
CASIUM
PELUSIUM
RAPHIA
RHINOCOLURA El Arish
CLYSMA
AILA Elat
SINAI-WÜSTE
KATTARA-SENKE
FAIYUM
CARANIS
DIONYSIAS
THEADELPHIA
ARSINOE
TEBTUNIS
HERACLEOPOLIS
AEGYPTUS
GOLF VON SUEZ
Nil
ARABISCHE WÜSTE
OXYRHYNCHUS
Maßstab 1 : 4 000 000
0
200km
0
150 Meilen
HERMOPOLIS El Ashmunein
ANTINOOPOLIS
ROTES MEER
LYCOPOLIS
ANTAEOPOLIS
PANOPOLIS
PTOLEMAIS HERMIOU El Manshah
TENTYRA Dandara
COPTOS
THEBAE Luxor
HERMONTHIS
LATOPOLIS Isna
EILITHYOPOLIS
APOLLINOPOLIS MAGNA
GROSSE OASE
OMBOS Kom Ombo
ELEPHANTINE
SYENE Aswan
PHILAE
Nil
24°
26°
28°
30°
32°
34°
35°

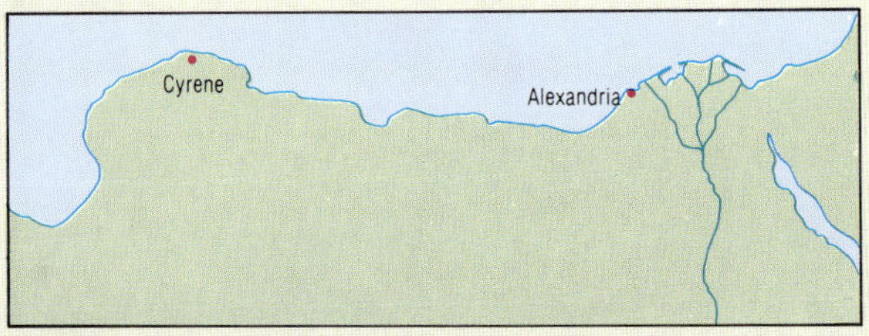


# Alexandria

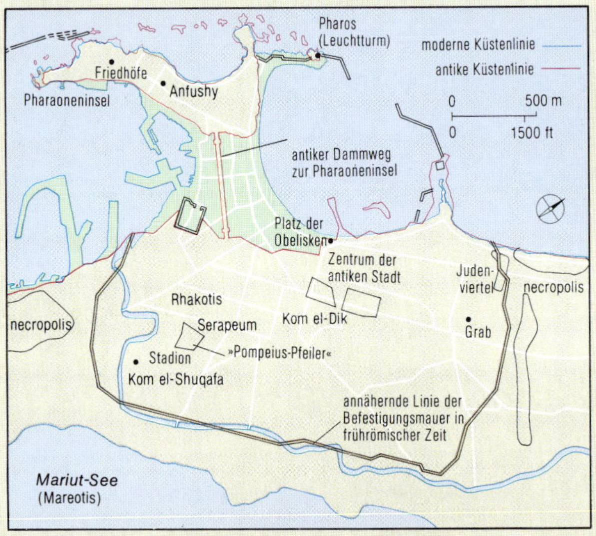


Die Stadt Alexandria, die nach ihrem Gründer Alexander dem Großen benannt und von den Ptolemaiern in starkem Maße gefördert wurde, entwickelte sich so rasant, daß von den ursprünglichen Gebäuden nur wenige archäologische Spuren erhalten geblieben sind. Ihr Grundriß, der auf Dinocrates von Rhodos zurückgeht, zählte zu den Glanzstücken hellenistischer Städteplanung. Alexandria war im Römischen Kaiserreich eine riesige, wuchernde Metropole, die an Größe zwar von Rom übertroffen wurde, in intellektueller Hinsicht jedoch keinen Vergleich zu scheuen brauchte. Der Reichtum der Stadt stammte aus dem Handel, vorwiegend aus den östlichen Importen, und zur Zeit des Römischen Kaiserreichs gingen von hier die Kornschiffe nach Rom, ab 330 n. Chr. nach Konstantinopel. Unter ihrer zusammengewürfelten Bevölkerung traten besonders die Juden hervor, die eine eigene politische Organisation besaßen und im Jahre 39 n. Chr. den Philosophen Philo zu Caligula sandten, um gegen ihre Behandlung durch die Griechen in Alexandria Protest einzulegen.

# Cyrene

Die Stadt Cyrene konnte ihren Wohlstand für mehr als ein Jahrtausend nach ihrer Gründung durch Battus von Thera bewahren; sie ist eine der berühmtesten und bestdokumentierten frühgriechischen Kolonien. Vom späten vierten Jahrhundert an stand sie unter der lokalen Dynastie der Ptolemaier, deren letzter Vertreter sie im Jahre 96 v. Chr. testamentarisch der Stadt Rom übergab. Cyrenes Entwicklung unter den Römern unterschied sich nur wenig von der anderer hellenistischer Städte. Während der jüdischen Revolte des Jahres 115 n. Chr. wurde Cyrene von einem Rebellenführer besetzt und schwer beschädigt. Für ihren Wiederaufbau stellte Hadrian beträchtliche finanzielle Mittel zur Verfügung. In der Mitte des dritten und vierten Jahrhunderts traten schwere Erdbebenschäden auf, und im späten vierten und frühen fünften Jahrhundert litt Cyrene wie seine tripolitanischen Nachbarn unter dem Vordringen der Wüste. Die Stadt blieb jedoch bis in die byzantinische Epoche hinein aktiv. Sie besaß im Zentrum zwei christliche Kirchen und außerhalb der Mauern eine prächtige Kathedrale.

Wie in den meisten griechischen Städten des östlichen Mittelmeergebietes stammen die sichtbaren Überreste von Cyrene aus der römischen Periode. Der Grundriß der Stadt ist jedoch hellenistisch. Auf der Fotografie sieht man, wie die »Straße von Battus« am prächtigen Caesareum, dem Tempel des Kaiserkultes, vorbeizieht. Nördlich an das Caesareum anschließend liegt die Basilika aus der römischen Kaiserzeit, im Westen ein kleines Odeum, eine Vortragshalle, und jenseits der »Straße von Battus« das römische Theater, ein bedeutendes Zentrum bürgerlichen Lebens.

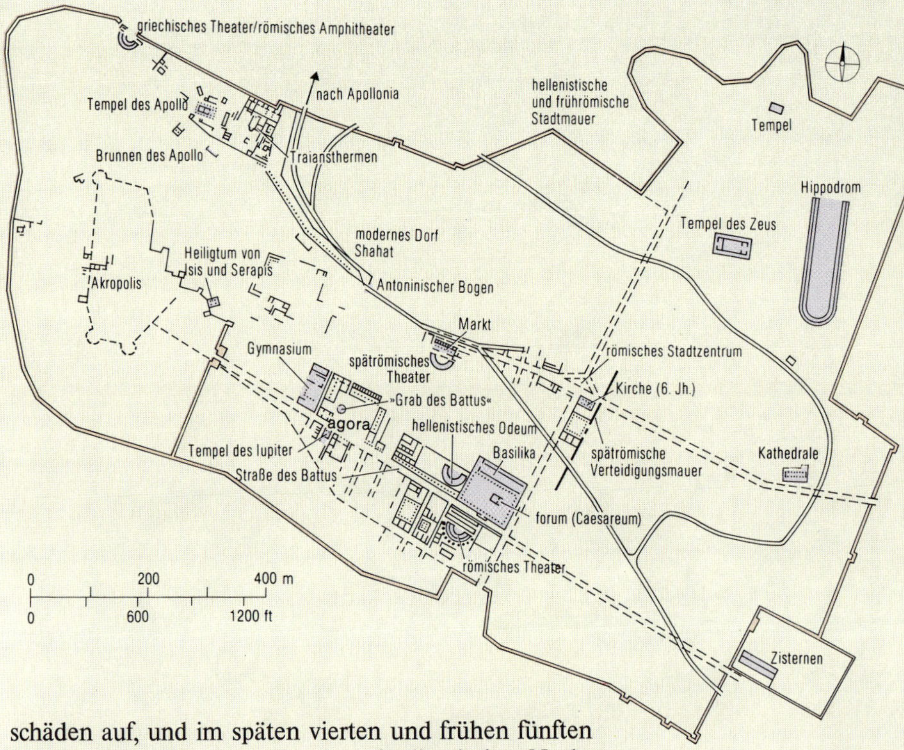

VIERTER TEIL

# DER NIEDERGANG DES IMPERIUMS

# INNERER ZERFALL UND NEUBEGINN

**Von Maximinus bis Carinus, 235-284**

Nach dem Tod des letzten severischen Kaisers machte das Römische Reich eine schwere Krise durch. Das halbe Jahrhundert von der Thronbesteigung des Maximinus im Jahre 235 bis zum Tode von Carinus 284, das auch als die Periode der Soldatenkaiser bezeichnet wird, war eine Zeit politischer Unruhe, mit der auch der heutige Historiker wegen der nur bruchstückhaften Überlieferung seine Schwierigkeiten hat. Die besonders im Hinblick auf die Personen und Ereignisse seiner Zeit interessante *Rhômaïkè historia* des Cassius Dio bricht im Jahre 220 ab; die viel weniger beeindruckende Geschichte der syrischen Heroden endet mit dem Tod von Maximinus im Jahre 238. Die griechischen Geschichtswerke eines Atheners, Dexippos, waren bestimmt von großem Interesse, doch sind sie leider nur in Auszügen erhalten. Aus dem Bereich der lateinischen Überlieferung bringen die Kaiserbiographien - bekannt als *historia augusta* - im zweiten Jahrhundert zwar noch gute Informationen, im dritten Jahrhundert jedoch nur noch Fiktion und Phantasie, die man zwar mit großem Interesse liest, aber historisch wenig bedeutsam sind. Auch Schriften aus dem späteren vierten Jahrhundert von einer Gruppe Epitomatoren - Aurelius Victor, Eutropius und ein anonymer Nachfolger Victors - geben kurze Berichte über das dritte Jahrhundert, wobei sie sich auf ein verlorengegangenes Geschichtswerk aus der Zeit Konstantins (der 337 starb) bezogen. Doch die Untersuchung der Wechselbeziehungen zwischen diesen Quellen ist eine schwierige und in vieler Hinsicht umstrittene Angelegenheit.

Die Behandlung des dritten Jahrhunderts bleibt also notwendigerweise ein generalisierendes Unterfangen; Detailgenauigkeit und chronologische Präzision können nicht geboten werden. Das muß allerdings kein Handikap sein. Bedeutsamer scheint, daß der Historiker mehr oder weniger gezwungen ist, die Epoche unter dem so oft mißbrauchten Begriff einer »Zeit des Übergangs« zu sehen, deren Bedeutung weitgehend aus dem was voranging und dem, was ihr folgte, geschlossen werden muß. Doch die Zeitgenossen konnten nicht auf das vierte Jahrhundert warten, um sich zu erklären, wofür sie gelebt hatten; der Historiker muß versuchen, auch diese Epoche als etwas eigenes zu sehen, um sie in ihrem Charakter zu verstehen.

In einem engeren Kontext, nur auf das Kaiseramt beschränkt, ist das dritte Jahrhundert als eine Zeit der Anarchie charakterisiert worden. Von 235 bis 284 gab es 18 oder mehr »legitime« römische Kaiser, die durchschnittlich weniger als drei Jahre im Amt blieben; doch diese Aufzählung ist unvollständig, denn es werden nicht die Söhne berücksichtigt, die mit ihrem Vater gemeinsam regierten, ebensowenig wie die anderen Kollegen, die Thronräuber und Anwärter, die man zahlenmäßig wohl nie erfassen wird. Alle diese Männer waren bewährte Generäle, die aus den Provinzen stammten, und sie wurden durch das Heer, den entscheidenden Machtfaktor, berufen. Die meisten von ihnen fanden ein gewaltsames Ende, sei es in Bürger- oder sonstigen Kriegen, sei es, daß sie durch Verschwörung umkamen.

Die diesen sich monoton wiederholenden Ereignissen zugrundeliegenden Umstände und Motive bleiben oft

Auf diesem prächtigen Präsentationsteller aus Silber und Gold erlegt Schapur I. (240-272 n. Chr.), der »König der Könige« und Inspirator der Erhebung gegen Rom, einen flüchtenden Hirsch. Die Tiere für das Jagdvergnügen dieses und weiterer sassanidischer Herrscher wurden in großen ummauerten Parks gehalten, von denen in klassischen Quellen oft die Rede ist. Der Historiker Ammianus Marcellinus, der an Iulians Perserfeldzug (363) teilnahm, berichtete darüber und kritisierte, daß die Perser »in ihren Gemälden und Skulpturen nur Krieg und verschiedene Formen der Schlächterei zeigten«.

völlig im dunkeln. Persönlicher Ehrgeiz allein kann kaum für ein Amt, das so wenig Überlebenschancen bot, in Frage kommen. Die Usurpationen fanden gewöhnlich in Gebieten statt, die unter militärischer Besetzung standen und von Barbareninvasionen bedroht waren, besonders bei den Rhein-und Donauarmeen. Das Phänomen der illegitimen Machtergreifung sollte nicht als eine Aufeinanderfolge ehrgeiziger Einzelaktionen gesehen werden, sondern als eine Facette der Struktur des Imperiums in dieser Zeit. Die sich am ehesten anbietendc und wohl auch treffendste Interpretation der Ereignisse geht davon aus, daß die Usurpationen eine Antwort auf den militärischen Druck waren, der dem Imperium immer mehr zusetzte.

Die Einfälle der Goten in Kleinasien, der Alemannen und Franken in Gallien und Spanien, der Heruler in Attika - die durch einheimischen Widerstand unter der Führung des Historikers Dexippos vertrieben wurden - erforderten imperiale Entscheidungsfreiheit vor Ort, denn ein fern lebender Kaiser war oft außerstande, schnell genug zu reagieren. Das unabhängige gallische Reich in den sechziger und siebziger Jahren des dritten Jahrhunderts, das von dem Usurpator Postumus begründet wurde, bot eine wesentlich bessere Antwort auf die germanischen Invasionen als der rechtmäßige Kaiser Gallienus mit seinen Sorgen im Osten und der Donaugrenze sie geben konnte. Man muß es dem Realitätssinn des Gallienus zuschreiben, ebenso wie den Grenzen seiner Macht, daß er seinen Rivalen in Gallien einfach gewähren ließ.

Im Osten kam es durch das Erstehen einer starken und ehrgeizigen neuen Dynastie, der der Sassaniden unter Schapur I., zu einer wichtigen Verschiebung des Machtgleichgewichts, denn es gelang ihm, das Perserreich zu einigen und zu stärken, und so stellte es nach einer langen Zeit, in der die Thronfolge in den Händen der Römer gelegen hatte, eine ernsthafte Gefahr dar. Im Jahr 244 mußte sich Kaiser Philippus Arabs den Frieden mit den Persern durch Geldzahlungen erkaufen, und 260 wurde Valerian in einem Kampf bei Edessa gefangengenommen; beide Ereignisse sind auf dem riesigen Felsenrelief bei Bischampur und Naqsh-i-Rustam dargestellt. Mitte der sechziger Jahre des dritten Jahrhunderts verpflichtete Gallienus, nach der Gefangennahme seines Vaters alleiniger Regent, den Palmyrenischen Dynasten Odaenathus, die Ostgrenzen zu verteidigen; er und seine Nachfolger Zenobia und Vaballath verwalteten ein quasi unabhängiges Reich, das sich zu seinen Blütezeiten von Ägypten bis in das südöstliche Kleinasien hinein ausdehnte.

Die Regierung von Gallienus illustriert, wie es im dritten Jahrhundert um das Reich stand, und verdeutlicht auch, welche Strukturreformen für die Bewältigung der Schwierigkeiten notwendig gewesen wären. Späteren Quellen zufolge hatten die Aufstände ihren Höhepunkt überschritten, denn große Teile des römischen Herrschaftsgebietes in Spanien, Gallien und Britannien und auch im Orient wurden als unabhängige »Reiche« regiert. Doch diese Teilung des Reiches, wobei Gallienus Herr über Illyrien, dem Band zwischen Osten und Westen, war, ähnelt der Kollegiatenstruktur der Tetrarchie und dem System regionaler Praefekturen im vierten Jahrhundert. Die häufigen Usurpationen erscheinen als die schmerzvollen Frühstadien einer Entwicklung zum kaiserlichen Kollegialamt, dem nur die Annahme des Ideals kaiserlicher Einheit, durch die die Kollegialität akzeptabel wurde, fehlte. Einer der seltsamsten Aspekte des dritten Jahrhunderts liegt in der Entschlossenheit und Verschwendung von Menschenleben, mit der die rechtmäßigen Kaiser die Machtansprüche von Rivalen unterdrückten, die in Wirklichkeit effektive lokale Funktionen ausübten.

Die zweite Entwicklung, für die Gallienus später kritisiert wurde, war sein angeblicher Versuch, die traditionelle regierende Klasse Roms, den Senat, von der politischen Macht auszuschließen. Den Grund für diesen Vorwurf bildete ein »Erlaß«, in dem Gallienus den Senatoren verbot, militärische Befehlshaberposten zu übernehmen, um die »besten Männer«, wie er sagte, vom Heer entfernt zu halten. Doch mit dieser Ansicht macht man es sich zu einfach; der Ausschluß der Senatoren von militärischen Ämtern zugunsten von Männern aus dem Ritterstand mit militärischem Hintergrund war ein Teil des allgemeinen Wandlungsprozesses, der bis zu Marc Aurel zurückverfolgt werden kann.

### Wirtschaftliche Aspekte der Krise

Der Zustand des Römischen Reiches im späten dritten Jahrhundert kann in jeder Hinsicht nur als kritisch bezeichnet werden. Neben der Tendenz der Provinzen, sich als unabhängige Regionen selbst zu verwalten, kann man noch weitere Anzeichen der Unzufriedenheit entdecken. In Mittelgallien veranstalteten unter dem Namen Bacaudae bekannte einheimische Rebellen eine Art Aufstand gegen die Herrschaft des Kaisers. In anderen Teilen des Reichs gibt es Hinweise auf die Landflucht der Bauern, die sich auf einträglichere Beschäftigungen wie das Banditenwesen verlegten, und auf immer mehr verödendes Ackerland. Es ist nicht abzuschätzen, bis zu welchem Grade diese Entwicklungen voranschritten, ebensowenig wie man beurteilen kann, ob der allgemeine Rückgang der Bevölkerung und daher auch der Militär- und Arbeitskraft Auswirkungen von Seuchen oder der ständigen inneren Kriege und der chaotischen Zustände im späteren zweiten und dritten Jahrhundert waren. Es fehlen statistische Belege, und es ist jedenfalls unwahrscheinlich, daß solche Tendenzen einheitlich auf das ganze Imperium mit seinen verschiedenen Regionen übergegriffen haben. Die wirtschaftlichen Entwicklungen sind die am einfachsten anzulegenden Maßstäbe für die Einschätzung des gesellschaftlichen Niedergangs. Im späten dritten Jahrhundert kam es zu einer vorübergehenden Währungskrise. Dafür gab es vielfache Gründe, einer davon war das mangelnde Verständnis der römischen Behörden im Hinblick auf die Theorie des Geldumlaufs und daher auch der wirtschaftlichen Konsequenzen ihrer eigenen Aktionen.

Das alte Münzsystem gründete auf der Annahme, daß der Wert einer Münze ihrem Metallwert entsprach; in diesem Sinne könnte man die amtlichen Prägungen – in den Fällen der lydischen und frühen griechischen Münzen – als die staatliche Garantie für ihre Echtheit und ihr Gewicht betrachten. Doch diese Grundvoraussetzung wurde nicht so streng beachtet, denn wenn Edelmetalle knapp waren, ließ es sich nicht vermeiden, daß die Münze eine Zumischung von unedlem Metall enthielt, ohne daß man sich Gedanken über ihren wirklichen Wert machte. Dies war schon unter Nero, der einen Silberdenar mit nur zu 90 Prozent reinem Silber herausgab, ohne weitere Auswirkungen erfolgt und geschah unter den späteren Kaisern immer öfter. Marc Aurel gab Münzen mit einem Silberfeingehalt von 50 Prozent heraus, Septimius Severus 50prozentige. Doch man wurde sich solcher Dinge bewußt; Cassius Dio beschuldigte Caracalla, gutes Münzgold zur Unterstützung fremder Völker zu zahlen, während im Reich billiges Silber im Umlauf war. Im späteren dritten Jahrhundert zwang ein anscheinend wirklich schwerwiegender Ausfall in der Versorgung mit Edelmetall zusammen mit äußerst großen Regierungsausgaben die Kaiser dazu, immer geringwertigere Silbermünzen herauszugeben. Als die Öffentlichkeit durchschaute, daß die Münzen im Verhältnis zu ihrem Metallwert bei weitem überschätzt wurden, fiel natürlich ihr Wert und die Preise stiegen. Das Ergebnis war eine Inflationsspirale, bei der immer minderwertigere Münzen die Preise immer weiter in die Höhe trieben. Darüber hinaus wurden hochwertigere Münzen gehortet und tauchten nie wieder als Steuergelder auf, so daß es zu einer noch größeren Wertminderung kam, da der Regierung in zunehmendem Maße die erforderlichen Edelmetalle fehlten.

Schon zu Zeiten von Gallienus betrug der Reinheitsstandard des Silberdenars nur fünf Prozent. Es waren noch nicht viele Jahre vergangen, da konnte die Regierung nur noch silberlegierte Bronzemünzen prägen lassen. Die Inflationsrate zwischen dem zweiten Jahrhundert und Diocletians Höchstpreisedikt im Jahre 301 kann man aus dem überlieferten Getreidepreis ableiten: ein Scheffel *(modius)* Weizen, der im zweiten Jahrhundert etwa einen halben Denar wert war, wird im Preiserlaß –

*Unten:* Ein Beispiel der römischen Geschichte aus persischer Sicht. In diesem monumentalen Felsrelief von Naqsh-i-Rustam nahe dem Grab von Darius dem Großen preist Schapur öffentlich seine letzten Triumphe. Kaiser Philipp (244) verbeugt sich vor ihm, und zu seiner Linken steht Valerian, der 260 bei Edessa besiegt und gefangengenommen wurde.

der eine niedrige Schätzung zum Prinzip hat – auf 100 Denar angesetzt. Der Denar besaß also noch höchstens 0,5 Prozent seines früheren Wertes.

Fällt es uns auch schwer, zu begreifen, wie die Regierung mit ihrer selbstzerstörerischen »Währungspolitik« weitermachen konnte, so gibt es selbst aus heutiger Sicht kein Patentrezept, wie sie das bei der Inflation in Verbindung mit hohen Regierungsausgaben und der Knappheit an Edelmetallen hätte vermeiden können. Hauptleidtragender der Inflation war überdies die Regierung, denn die Steuereinnahmen sanken in ihrem Realwert, und sie mußte hohe Barzahlungen für die Gehälter der Beamten und Soldaten leisten. Die Regierung löste das Problem, indem sie ihre Bedürfnisse direkt in der Form von Requirierungen von Nahrungsmitteln und materiellen Versorgungsgütern, Transportmöglichkeiten und so weiter deckte. Im Lauf der Zeit normalisierte sich dieses Verfahren und wurde zum üblichen Modus des römischen Steuersystems.

Ein durch den Währungskollaps direkt betroffener Bereich des öffentlichen Lebens war die bürgerliche Freigebigkeit, das Charakteristikum des Imperiums in der antonionischen Epoche. Öffentliche Bauten, die verschiedenen Arten von Veranstaltungen und andere Aktivitäten können unter wirtschaftlichen Gesichtspunkten als ein Mittel angesehen werden, die immensen Bareinnahmen aus der landwirtschaftlichen Produktion zu investieren. Der antiken Gesellschaft fehlte es, wie wir bereits dargestellt haben, an den vielseitigen Mitteln und Instrumenten, die in der modernen Industriewelt Mehrwerte absorbieren; Gewinne konnte man eigentlich nur – oft in spektakulärer Weise – ausgeben. Deshalb ist es nicht erstaunlich, daß der Zusammenbruch des Währungssystems einen plötzlichen und sehr spürbaren Niedergang der bürgerlichen Freigebigkeit im späteren dritten Jahrhundert zur Folge hatte. Das impliziert nicht nur eine Stabilisierung auf einem bestehenden Versorgungsniveau: die Epoche ist auch geprägt von einem positiv zu bewertenden Verlust an öffentlichen Vergünstigungen und Unterhaltungsmöglichkeiten, eine Folge dieser Beschränkungen war aber auch der Verfall vieler Theater und Amphitheater, die nicht mehr gebraucht wurden, und unter deren Arkaden sich das städtische Lumpenproletariat niederließ. In Fällen wie zum Beispiel Tours und Périgueux waren die Amphitheater ein Teil der Stadtbefestigung, die im dritten Jahrhundert als Antwort auf die Invasionen erbaut worden waren.

Den Wandel im städtischen Erscheinungsbild der späteren römischen Epoche, vor allem im Westen, hat man zuweilen als Indiz für die Stadtflucht der herrschenden Schichten angesehen, vor allem, wenn man bedenkt, daß zur gleichen Zeit immense Summen für den Ausbau der Landgüter verwandt wurden. Es wird vermutet, daß die bürgerlichen Würdenträger, die Stützen der städtischen Macht im antonionischen Zeitalter, nun ihre Städte vernachlässigten zugunsten eines zurückgezogenen Lebens mit ihren Angehörigen auf dem Lande. Solche Thesen müssen mit äußerster Vorsicht behandelt werden. Es stimmt zwar, daß die Städte zumindest in Gallien einem Wandel unterworfen waren; an Stelle der expansiven Zentren des frühen Imperiums mit mächtigen Stadtmauern und riesigen Toren, die eher der Selbstdarstellung als tatsächlichen Verteidigungszwecken dienten, gab es jetzt nur noch kleinere Stadtmauern, die die wichtigsten Bereiche der Stadt umschlossen, das heißt, nur einen kleinen Teil des tatsächlichen Stadtgebietes. Als Baumaterial dienten wiederverwendete Steinblöcke und Säulenscheiben von früheren öffentlichen Gebäuden, die jetzt nicht mehr benötigt wurden, außerdem von Grabmälern, Inschriften und so weiter.

Die Wirtschaft in den Provinzen Nordgallien, Germanien und Britannien basierte schon immer auf den großen Landgütern; archäologische Funde und Luftaufnahmen beweisen, daß es vor allem in Nordgallien viele autarke Landgüter mit Lagerhäusern und Wohnanlagen für Saisonarbeiter gab. So stand es während der gesamten römischen Geschichte und nicht nur in der Spätzeit. Auch das Auftauchen von befestigten Zitadellen außerhalb der Stadtgebiete bedeutet nicht, daß die Städte als solche ihrer wirtschaftlichen Funktionen verlustig gingen. Trotz der offensichtlichen Verwandlung der Städte des Weströmischen Reiches und anderswo (zum Beispiel in Athen, wo die nach der herulianischen Invasion erbaute Mauer die alte Panathenaeische Straße versperrte), und trotz des Verlustes an bürgerlichem Komfort, über dessen wirtschaftliche Gründe wir schon geschrieben haben, sollte man doch nicht glauben, daß die Krise des dritten Jahrhunderts zu einem ständigen Niedergang des städtischen Lebens führte, wenn auch eine gewisse Stärkung der »präfeudalen und seignorialen« Aspekte innerhalb der Stellung der Gutsbesitzer nicht geleugnet werden kann.

Der große Gesellschafts- und Wirtschaftshistoriker Michael Rostovtzeff wiederum hat geltend gemacht, daß sich im dritten Jahrhundert zwischen den Bauern und einer sich hauptsächlich aus Bauern rekrutierenden Armee ein Bündnis gegen die Städte und ihre besitzenden Klassen als die Ursache für alle gesellschaftliche und wirtschaftliche Unterdrückung bildete. Wie Rostovtzeff zugibt, gründet sich diese Interpretation weitgehend auf das Vorgehen der Roten Armee im Rußland der Revolution, das Rostovtzeff 1918 verließ. Auf das Römische Reich des dritten Jahrhunderts angewendet, kann sie nicht überzeugen, wenn man bedenkt, wie feindselig die Bauern einem Heer gegenüberstehen mußten, das unvermeidlich ein aktuellerer und direkterer Unterdrücker war, als die Städte es je hätten sein können. Wohl rekrutierte sich das Heer aus der Bauernschaft, doch es agierte als Heer, nahm, was es brauchte, vom Bauern und dachte nicht so sehr über die eigene Herkunft nach.

Ein außerordentlich bedeutsamer wirtschaftlicher Wandel, der der Militärkrise des Imperiums zuzuschreiben ist, war die Verlagerung des Nachschubs vom Mittelmeer in die Grenzgebiete, wo die Kriege stattfanden und die Kaiser notwendigerweise die meiste Zeit verbringen mußten. Städte wie Trier an der Mosel und Sirmium, Naissus und Serdica in der Donauregion erlangen im dritten Jahrhundert den Rang von regulären kaiserlichen Hauptstädten, eine Rolle, die sie dann auch noch im vierten Jahrhundert behielten. Auch im Osten gab es eine Verschiebung. Es ist behauptet worden, daß Konstantin der Große, bevor er sich für Byzanz entschied, auch an Serdica als neue Hauptstadt gedacht hatte. Konstantinopel selbst war die Nachfolgerin von Diocletians Nikomedia; beide lagen strategisch günstig zwischen dem Osten und dem Westen und schufen eine Verbindung zwischen dem Mittelmeer und den militärischen Landwegen nach Illyrien hinein und östlich bis zur persischen Grenze. Aufgrund dieser Verlagerung des Nachschubs und der kaiserlichen Interessen verlor Rom ständig an Bedeutung; doch erfreute es sich – als interessante Konsequenz – unter der Vorherrschaft der Senatsklasse einer größeren Unabhängigkeit und blieb auch in der Folgezeit noch eine der angesehensten und lebendigsten unter den späten römischen Städten. Trotzdem kann kein Zweifel bestehen, daß sich zu dieser Zeit eine Verschiebung der wesentlichen Kräfte vom Mittelmeer hin zu den binnenländischen Nordgrenzen ergab, die schon seit langem das wirkliche militärische Rückgrat des Imperiums bildeten,

Die in Porphyr gemeißelte Gruppe der »Tetrarchen«, ein venetianisches Beutestück aus Konstantinopel, das heute in der Wand der Markuskirche in Venedig eingelassen ist. Obwohl die Identifikation der Gruppe als Diocletian und seine Kollegen einige Schwierigkeiten macht, fängt das Kunstwerk doch den Geist der Einheit und der Zusammengehörigkeit spätrömischer Kaiser ein.

**Rechts: Invasionen und Grenzen des Kaiserreichs im 3. Jahrhundert n. Chr.** Die infolge der Krise im 3. Jahrhundert tatsächlich aufgegebenen Gebiete, von denen die Karte einen notwendigerweise simplifizierten Eindruck vermittelt, waren erstaunlich begrenzt: die *Agri decumates* in Germanien, Dakien und ein Teil von Mesopotamien, der später von Galerius zurückerobert wurde. Die Auswirkungen betrafen vor allem die innere Struktur des Imperiums. Die immens lange und gleichzeitig ständig bedrohte Reichsgrenze zwang zu einer Abtretung der Macht an »Reichskollegien«, und regiert wurde von Militärhauptstädten in den Grenzgebieten aus. Im 3. Jahrhundert sorgten illegitime Machtergreifungen für eine Gewaltenteilung, die »legitime« Kaiser im Prinzip nicht gerne zugestanden. Das gallische und palmyrenische »Reich« in den 60er und 70er Jahren des 3. Jahrhunderts bildeten die sich selbst finanzierenden und selbstverwaltenden Blöcke, die in allen wesentlichen Einzelheiten den Praefekturen des 4. Jahrhunderts entsprachen *(s. Landkarte S. 173)*. Andere Aufstände wie die der *Quingentiani* in Africa und der *Bacaudae* Zentralgalliens entstanden aus der allgemeinen Unsicherheit und erforderten großen Aufwand und Anstrengungen, wenn die Struktur des ganzen Imperiums nicht in Mitleidenschaft gezogen werden sollte.

obwohl sich das erst im dritten und vierten Jahrhundert klar zeigte. Die bedeutsame Machtverschiebung im Imperium fand sowohl zwischen dem Mittelmeer und dem Norden wie zwischen Osten und Westen statt und schuf die letztlich formelle Grundlage für seine Teilung.

## Diocletian und die Tetrarchie

Die Umstände, unter denen Diocletian den Thron bestieg, waren sogar für das dritte Jahrhundert melodramatisch; es heißt, er habe Numerians Gardepraefekten Aper denunziert und vor den Augen des versammelten Heeres mit eigener Hand niedergestreckt. Das war im Jahre 284. Diocletian wurde im Spätsommer des gleichen Jahres in Nicomedia zum Kaiser ausgerufen. Im Frühjahr darauf schlug er den noch lebenden Kaiser Carinus in Pannonien und war für kurze Zeit der unumstrittene Herrscher, ehe er sein *imperium* freiwillig teilte.

Diocletians Erfolg beruhte auf seinem Bewußtsein, daß er wegen der zahlreichen Kriegsschauplätze Macht an andere delegieren mußte. Im Jahre 286 beförderte er seinen illyrischen Kriegskameraden Maximian zum Caesaren und machte ihn im Jahr darauf zum Augustus. Maximian widmete sich als Mit-Regent dem westlichen Teil des Reichs, während sich Diocletian an der Ostgrenze den Persern stellte. Am 1. März 293 kam es zur Begründung der als »Tetrarchie« oder »Regierung der Vier« bekannten Herrschaft, als zwei weitere Offiziere, Galerius und Constantius, von den beiden Augusti adoptiert, zu Caesaren ernannt und mit ihren Töchtern verheiratet wurden. Constantius verstieß seine Frau (oder Mätresse) Helena, die ihren jungen Sohn zur Ausbildung in den Orient schickte, und heiratete die Stieftochter Maximians.

Die Aufteilung der Macht erbrachte äußerst befriedigende Ergebnisse. Galerius kämpfte an der unteren Donau gegen die Goten und errang 297–98 einen spektakulären Sieg über die Perser. Nachdem er sich des Harems von König Narses bemächtigt hatte, konnte er eine römische Grenze am oberen Tigris bis nach Kurdistan und das alte Ninive im Osten aushandeln. In der Zwischenzeit schlug Diocletian einen Aufstand in Ägypten nieder, und im Westen eroberte Constantius Britannien aus den Händen des Usurpators Allectus zurück und erfocht Siege an der Rheingrenze, und Maximian konnte eine einheimische Erhebung in Mauretanien niederhalten.

Die Ausbildung der Tetrarchie war ein fortschreitender Prozeß, in dem die »Zentrifugaltendenzen« in der Struktur der kaiserlichen Macht, wie sie vor allem im dritten Jahrhundert sichtbar waren, durch die Legitimierung beschränkt wurden. In einem Akt der Selbstbescheidung, der vielleicht erstaunlicher als alle ihre anderen Leistungen ist, dankten Diocletian und Maximian 305 als Augu-

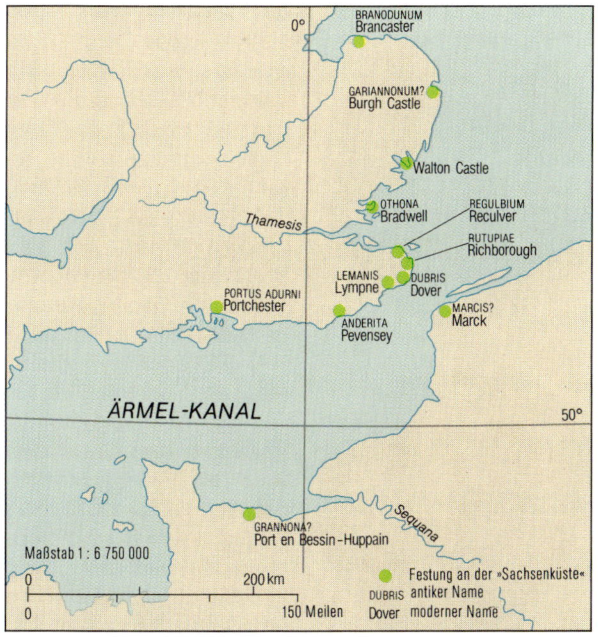


**Das Diocletianische Verteidigungssystem: Die »Sächsische Küste«**
Das Verteidigungssystem der »Sächsischen Küste« *(litus Saxonicum)*, das in mancher Hinsicht schon von den britannischen Usurpatoren des 3. Jahrhunderts vorweggenommen, doch erst von den Tetrarchen ausgebaut und systematisiert worden war, stellte eine Möglichkeit zur Verteidigung und Überwachung der Küste dar, um die Ausweitung der sächsischen Überfälle über die Straße von Dover auf die Küsten Südbritanniens und Nordgalliens zu verhindern. Diese Karte stützt sich auf die Kommandostellen der *comites* an der sächsischen Küste, wie sie in der *Notitia Dignitatum* aufgeführt werden, doch die hier angegebene Zahl der tatsächlich bestehenden Festungen ist vor allem für das nördliche Gallien nicht hoch genug angesetzt. Die frühere Ansicht, der *litus Saxonicum* bezeichne von Sachsen im Auftrag der Römer besetzte Distrikte, ist bestimmt falsch.

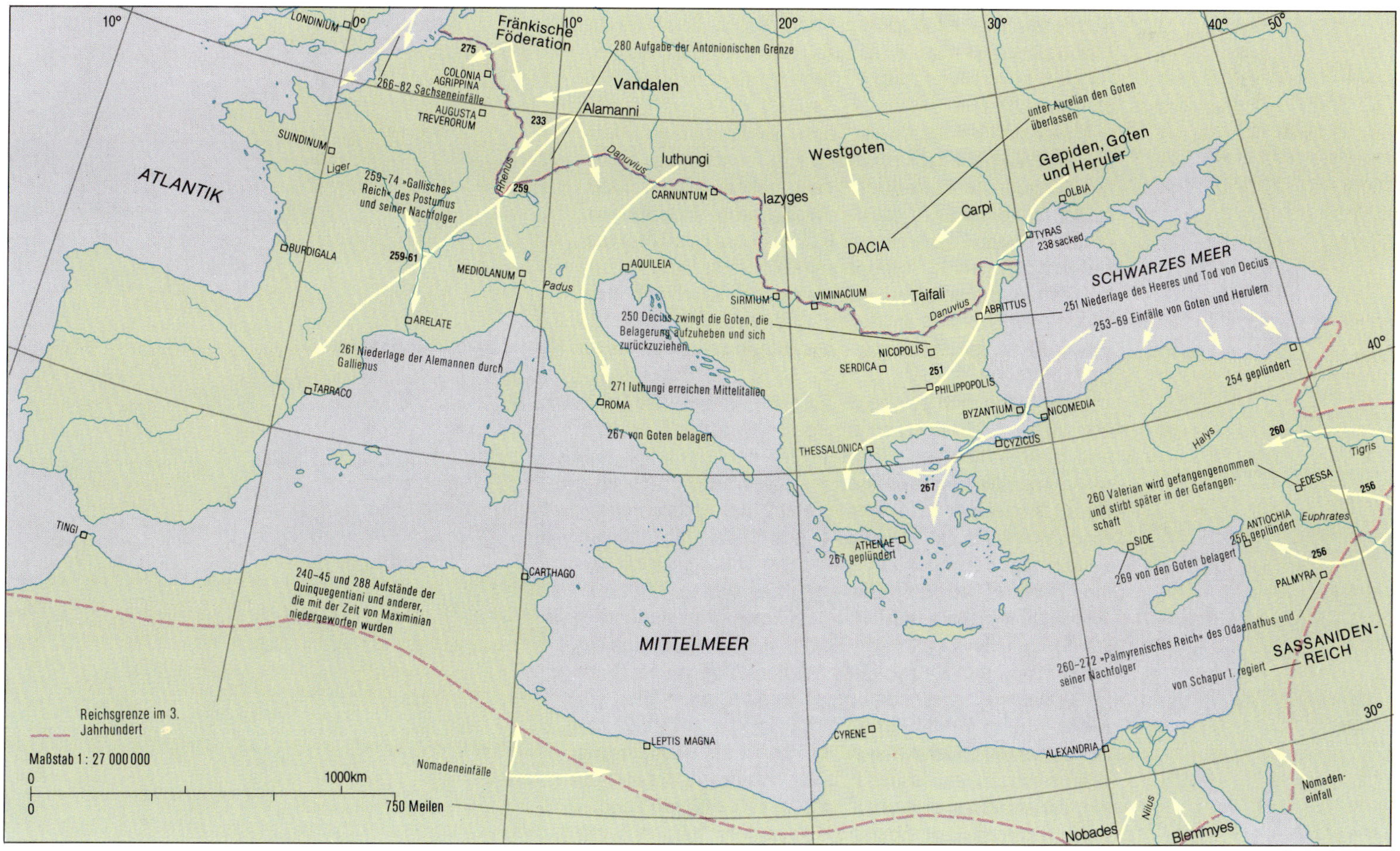

*Oben:* Dieser ziemlich kunstlose Silberdenar des britischen Usurpators Carausius ist deswegen bemerkenswert, weil die Provinz Carausius ihren Befreier mit einer Anspielung auf Vergil feierte: »Expectate Veni« bezieht sich auf die Sage, daß Hector dem Aeneas vor der Plünderung Troias im Traum erschien.

Im krassen Gegensatz dazu steht die Medaille, die Kaiser Constantius als »Wiederhersteller des Ewigen Lichtes«, des »Lichtes« rechtmäßiger Herrschaft anstelle der »Tyrannei« von Carausius und Allectus willkommen heißt. Die Überquerung des Ärmelkanals durch Constantius wird von einem Kriegsschiff symbolisiert.

Der Ausschnitt aus Diocletians Höchstpreisedikt *(unten)* nennt die obere Grenze für eine Vielzahl pflanzlicher und mineralischer Produkte, darunter auch von Schwämmen, von Kalk und Fischleim. Es folgen dann die Tarife für den Seetransport von Alexandrien nach Rom, Nicomedia und Byzantium.

sti ab. Galerius und Constantius nahmen ihren Platz ein, und zwei neue Caesaren wurden ernannt, um die Tetrarchie zu erneuern. Der später beschriebene, sofortige Zusammenbruch dieses Arrangements läßt die von Diocletian und seinen Kollegen erreichte gegenseitige Loyalität noch bemerkenswerter erscheinen. Soweit wir wissen, war das nicht der Ausdruck eines plötzlichen Wandels in der Haltung oder Struktur der römischen Gesellschaft, sondern gründete sich auf die persönliche und aus dem Beruf sich ergebende Loyalität illyrischer Offiziere, die sich untereinander kannten und bereit waren, die Vorherrschaft Diocletians zu akzeptieren.

Daß Diocletians Regierung zwanzig Jahre überdauerte, schuf die Vorbedingung für eine außerordentliche Reihe von Reformen, die die Grundlage für die spätrömische Regierung und Gesellschaftsordung bilden sollten. Für viele der Neuerungen gab es, wenn man sie für sich nimmt, Präzedenzfälle. So ging es Diocletian und seinen Kollegen zum Beispiel bei der Reorganisation des Heeres um die Entwicklung einer mobilen Feldarmee als Ergänzung für die stationären Frontgarnisonen. Diese Entwicklung läßt sich bereits in der Zeit von Gallienus und Aurelian feststellen und war auch schon unter den frühen Kaisern indirekt vorhanden, wenn sie Legionsabteilungen *(vexillationes)* zu besonderen Feldzügen abkommandierten, während der Hauptteil der Streitmacht im Lager blieb.

Die Unterscheidung zwischen einer völlig mobilen Feldarmee und stationärer Grenzverteidigung ist für die Strategie des späten Roms ein grundsätzlicher Faktor. Man hat angenommen, daß die Grenzgarnisonen, die zuweilen *limitanei* genannt wurden, eine Art örtlicher Miliz darstellten, die als Ausgleich für die Erfüllung ihrer militärischen Verpflichtungen Land zugewiesen bekamen. Jetzt ist man sich allgemein darüber einig, daß das Wort *limitanei* ganz einfach »Grenztruppen« heißt, ohne diese weiteren und umfassenden Implikationen. In bestimmten Gebieten wie Tripolitanien und Mauretanien jedoch, wo die ansässigen föderierten Stammesmitglieder für das Verteidigungssystem zuständig waren, scheint sich die Beschreibung der Grenzgarnisonen als »lokale Miliz« eher anzubieten.

Unter der Tetrarchie wurde die zahlenmäßige Stärke des Heeres beträchtlich erhöht. Ein feindselig gesonnener Zeitgenosse, Lactantius, behauptet, die Mannschaftsstärke sei vervierfacht worden, und obwohl das eine ganz offensichtliche Übertreibung ist, vermuten heutige Autoren wenigstens eine Verdopplung. Was diese Erweiterung für die Finanz- und Versorgungslage des Reiches bedeutete, kann man sich vorstellen, und natürlich taucht die Frage nach den Währungs- und Steuerreformen unter Diocletian auf.

Den Tetrarchen gelang es nicht auf Anhieb, die Inflation zu stoppen, doch bekamen sie sie unter Kontrolle und hinterließen ihren Nachfolgern ein zumindest teilweise stabiles Währungssystem. Das wurde durch eine Reihe monetärer Reformen erreicht; die wichtigste von ihnen war die Schaffung einer neuen Goldmünze, die mit einem hohen Feingewicht – sechzig Münzen entsprachen einem Pfund reinen Goldes – geprägt wurde. Mit einer Abwertung um ein Fünftel durch Konstantin stellte dieses System die Grundlage für die stabile Goldwährung von Byzanz dar. Es gab auch bei den Silbermünzen ein festgelegtes Feingewicht, und es konnte seinen Wert gegenüber dem Gold relativ gut behaupten, während das bei der Bronze, der Alltagswährung für die Bevölkerung des Imperiums, nicht der Fall war. Aufgrund der ständigen Preisinflation und der Klagen des Heeres gab Diocletian 301 seinen Erlaß über die Höchstpreise heraus. In der Vorrede zum Erlaß wird die Inflation naiv auf »wütende Habgier zurückgeführt, die sich, ohne an die Menschheit zu denken, auf den eigenen Gewinn richtet, nicht über Jahre, Monate oder Tage, sondern stündlich und sogar minutenweise«, und es wird versucht, für zahlreiche Produkte und Dienstleistungen gesetzliche Höchstpreise festzusetzen. Lactantius behauptete, der Erlaß sei ein totaler Reinfall gewesen, da die Waren vom Markt verschwanden, und seine Meinung wurde allgemein übernommen. Doch die Ernsthaftigkeit, mit der die Regierung den Versuch unternahm, die Inflation unter Kontrolle zu bringen, zeigen die vielen Stellen, an denen Fragmente dieser umfangreichen Inschrift zum Vorschein gekom-

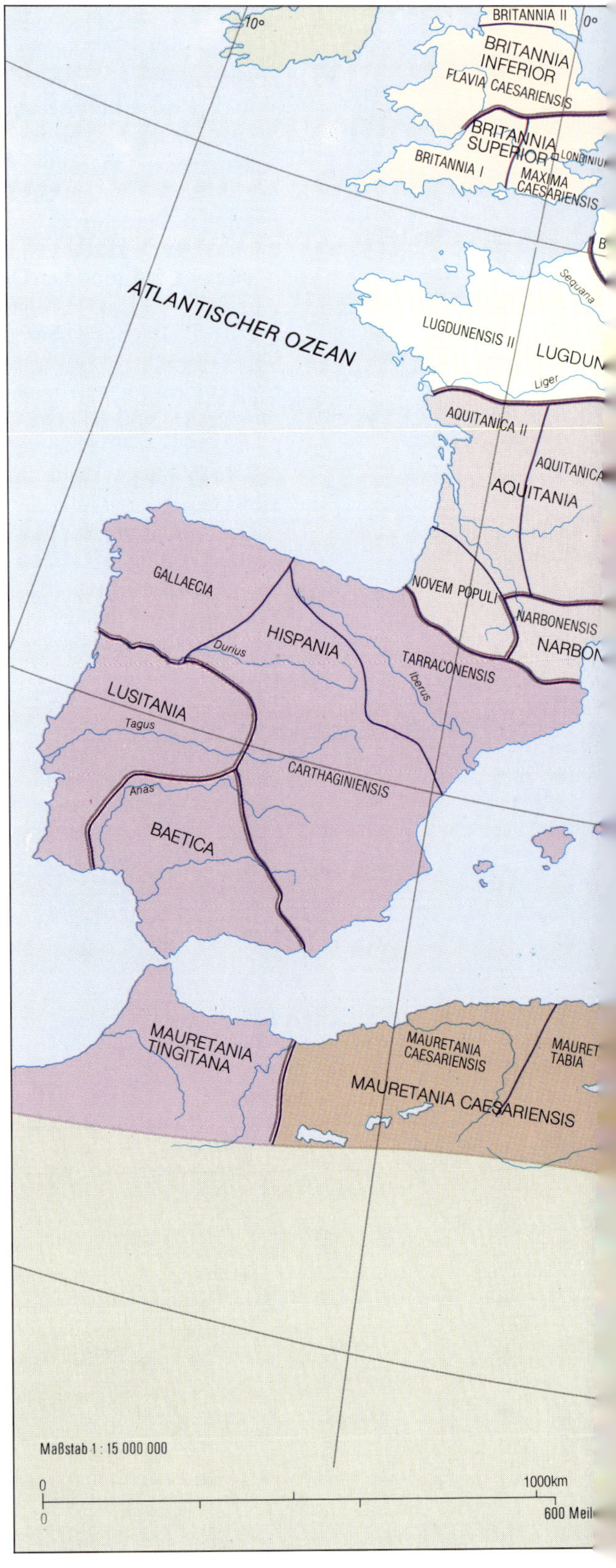

**Das späte Kaiserreich zur Zeit Diocletians**
Die von Diocletian eingeführte Hierarchie der Praefekturen, Diözesen und Provinzen wird hier mit den Provinzen zur Zeit des Severus verglichen. Die Hauptveränderungen bestehen darin, daß das etwas vergrößerte Italien als Diözese mit Provinzen aufgefaßt wird und daß die *Agri decumates* und Dakien den Barbaren zur Besiedlung überlassen wurden. Der Name der zuletzt genannten Region fand fortan auf die römische Seite der Donau Anwendung. Andererseits führten die Feldzüge des Galerius zu Landgewinnen am oberen Tigris.

men sind. Der psychologische Aspekt war dabei möglicherweise wichtiger als der wirtschaftliche, denn der Erlaß demonstrierte die Entschlossenheit der römischen Regierung nach dem Trauma des dritten Jahrhunderts auch auf einer monetären Ebene pedantisch ihre Macht auszuüben.

Die Durchführung eines solchen komplexen Gesetzes wie auch der Steuerreformen bedeutet ganz offensichtlich, daß die Regierung über ein beträchtliches Verwaltungspersonal verfügen konnte. Mit der Steuergesetzgebung, die vor allem der Erhöhung der staatlichen Einkünfte diente, ging Diocletian von dem gängigen System der unregelmäßigen Steuerforderungen ab und legte die Abgabenhöhe für je 15 Jahre fest. Die Reform, bei der auf lokale Voraussetzungen und Gebräuche Rücksicht genommen wurde, bedeutete im wesentlichen die Einführung einer einheitlichen Steuerquote auf der Basis der Arbeit (die der Frauen und Sklaven eingeschlossen), des Viehbestandes und des landwirtschaftlich genutzten Bodens. Der dritte Punkt der Veranlagung war variabel und hing von der Art der Bebauung ab (Getreide, Reben oder Oliven), oder ob er als Weideland diente. Auf dieser Grundlage, unter Berücksichtigung der verschiedenen Anbaumethoden und Ertragshöhen, errechnete sich die Steuerveranlagung, und die tatsächliche Steuer wurde pro Einheit im ganzen Reich gleichmäßig erhoben. Im

frühen vierten Jahrhundert erbat die Stadt Autun von Konstantin mit Erfolg eine Verminderung ihrer Veranlagung von 32 000 auf 25 000 Einheiten, mit dem Argument, daß es in ihrem Gebiet unbebautes Land gäbe, das jedoch in der Veranlagung mit eingeschlossen sei.

Im Prinzip handelte es sich um eine gerechte Besteuerungsmethode auf der Basis der unterschiedlichen Produktivität der Böden und Anbauarten; zum ersten Mal in der Geschichte Roms war eine rationale Haushaltsplanung möglich. Wenn die Regierung im voraus ihre finanziellen Verpflichtungen abschätzen konnte, dann genügte eine einfache Division durch die Gesamtzahl der Steuereinheiten, um den jeweils notwendigen Steuersatz festzulegen. Bis zu welchem Grad dieses Ideal erreicht wurde, ist eine andere Frage. Natürlich kam es oft zu unvorhergesehenen Ausgaben und damit zu Defiziten bei den Steuereinnahmen, die die Kaiser durch »Zusatzveranlagungen« ausgleichen mußten.

Neben den neuen Steuereinheiten gab es verschiedene andere Arten von Abgaben. Zusätzliche Steuern, die jedoch keine wirklichen Belastungen darstellten, wurden auf die Güter der Senatoren erhoben, und die Kaiser erhielten weiter Bargeld und Goldbarren zu ihren verschiedenen Jubiläen; dies lief auf eine zusätzliche Besteuerung hinaus und war ganz offensichtlich ein wesentlicher Beitrag zu den kaiserlichen Finanzen. Wie im dritten Jahrhundert nahm die Regierung auch weiter Dienste wie Transporte und die Einquartierung von Truppen in Anspruch und verschaffte sich die Mittel für den Unterhalt der Armeen und die Bürokratie im jeweiligen Land selbst. Die Versorgung der Garnisonen erfolgte in Naturalien von den Gütern der provinziellen Großgrundbesitzer. Städtische Dienste wurden lokalen Räten übertragen, die auch für die Steuereintreibung und -zahlung an die kaiserlichen Beamten verantwortlich waren. Die Grenzen des Systems kann man nicht nur aus der Notwendigkeit ablesen, »Sonderabgaben« zu erheben, sondern auch an der Häufigkeit, mit der die Kaiser nicht eingetriebene Steuern einfach »abschrieben« oder erließen.

Lactantius weist darauf hin, daß es im Reich als eine Folge von Diocletians Reform mehr Steuereintreiber als Steuerzahler gab. Wenn auch Lactantius natürlich übertrieben hat, so war der Ausbau der Reichsbürokratie doch einer der charakteristischsten Züge des späten Rom und spiegelt die wachsende Einmischung der Regierung in das römische Gesellschaftsleben wider, die unter den Tetrarchen begonnen hatte. Die gleiche Entwicklung zeigte sich in den Provinzen. Die schon unter den severischen Kaisern begonnene Aufteilung der Provinzen in kleinere und besser zu verwaltende Einheiten wurde fortgeführt, so daß sich ihre Zahl im dritten Jahrhundert verdoppelte und auf über 100 Provinzen angestiegen war. Zum ersten Mal in der römischen Geschichte ging Italien seiner alten Vorrechte verlustig und gliederte sich in steuerpflichtige Provinzen. Die Provinzen wurden zu Regionalverbänden (»Diözesen«) zusammengefaßt und unterstanden der Macht eines *vicarius* oder »Deputierten« (die wiederum einen *praefectus praetorio* über sich hatten). Die Funktion der *vicarii* schloß anscheinend die Schätzung und Verwaltung der Steuererhebung mit ein, und sie hatten wohl auch die Aufsicht über die kaiserlichen Münzämter, die in nahezu jeder »Diözese« eingerichtet wurden.

Viele Wesenszüge der fortgeschrittenen Bürokratie im vierten Jahrhundert entwickelten sich allmählich unter Konstantin und seinen Nachfolgern. Doch zweifellos ist die entscheidende Erweiterung Diocletian zuzuschreiben, und sie spiegelt die intensive administrative und legislative Aktivität der 20 denkwürdigen Jahre seiner Regierung wider. Diocletians Gesetzesmaßnahmen waren

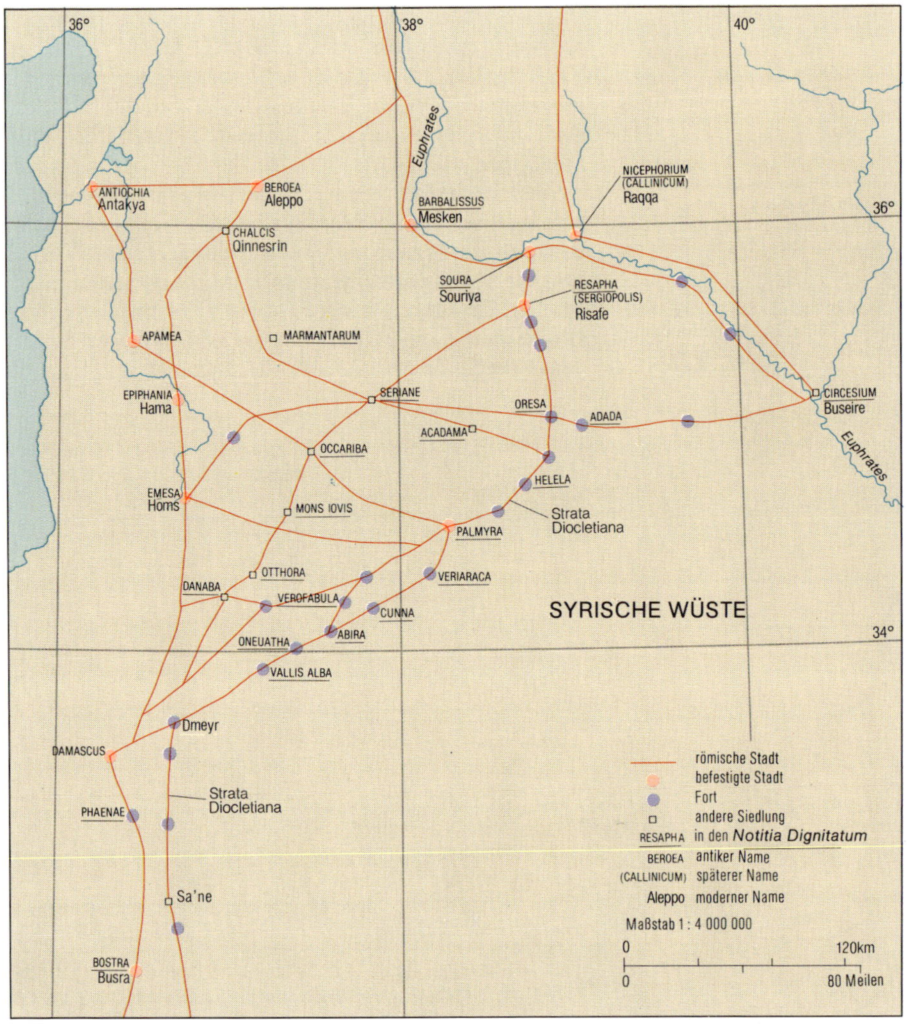


**Die Ostgrenze zur Zeit Diocletians (strata Diocletiana)**
Die Karte zeigt die wesentlichen Merkmale der diocletianischen Ostgrenze in ihrer Rekonstruktion nach der *Notitia Dignitatum*, der Feldarchäologie und Luftaufnahmen. Es ist nichts Originelles an dieser befestigten Grenze in Verbindung mit einer Militärstraße (die *strata Diocletiana),* die vor den zu verteidigenden Städten lag und den Verkehr zu ihnen aufrecht erhielt. Diese Linie entspricht in Wirklichkeit der der flavisch-traianischen Periode, und Analogien zum diocletianischen System lassen sich auch im spätrömischen Africa finden. Allerdings waren an der Ostgrenze – etwa in Palmyra und Circesium – viele neue Bauten nötig, nachdem vor allem Circesium zu den wichtigsten Verteidigungsbastionen gegen einen persischen Angriff zählte. Man weiß nicht genau, bis zu welchem Grad das System auch die Sicherheit gegen die einheimischen Beduinen garantieren sollte, doch spielte dieser Aspekt bestimmt eine wesentliche Rolle, da sich die Beduinen (»Sarazenen«) leicht mit den Persern verbünden konnten. Das Personal der Grenzbefestigungen rekrutierte sich aus unter der Bezeichnung *limitanei* bekannten Truppen. Obwohl sie ebenso wie die Soldaten in Africa ganz sicher das Land in der Umgebung ihrer Festungen landwirtschaftlich nutzten, ist es nicht gerechtfertigt, sie als »Bauernmiliz« zu bezeichnen, die ihre militärischen Pflichten im Austausch für eine Landzuteilung erfüllte.

generell durch eine klassizistische, zentralistische und humanisierende Tendenz (zum Beispiel gab er Bestimmungen gegen Zinswucher und gegen brutalen Strafvollzug heraus) gekennzeichnet, in einzelnen Bereichen brachten sie jedoch rigide Beschränkungen. Um die Agrarproduktion anzukurbeln, war es den *coloni* untersagt, ihre Pachtverträge zu lösen und ihre Höfe zu verlassen; darüber hinaus erzwang der Staat die Bebauung brachliegenden Landes. Diocletians Anordnungen banden auch die Bewohner der Städte wie des flachen Landes erblich an ihren sozialen Standort und Beruf.

## Das spätrömische Zeremoniell und die Tendenzen in der Kunst

Nach Quellen aus dem vierten Jahrhundert führte Diocletian eine als »Verehrung des Purpurs« bekannte Zeremonie ein. Dabei durfte eine Einzelperson unter den Augen des Kaisers den Saum des kaiserlichen Purpurgewandes küssen, um seine Ehrerbietung zu erweisen. Die Quellen interpretieren diese Zeremonie als das Symbol für den Wandel im Hinblick auf die Stellung des Monarchen: aus dem zivilen Magistraten (ein seit den Tagen von Augustus aufrechterhaltener Anspruch, der sich jedoch während der Militärkrise des dritten Jahrhunderts abschwächte) wurde ein orientalischer Despot. Diocletian erschien in der Öffentlichkeit mit orientalischem Gepränge, in bestickten, seidenen Gewändern, mit edelsteinbesetztem Stirnband und Perlenschuhen, unnahbar inmitten seiner Nobelgarden. *Adoratio purpurae* war nur ein Aspekt innerhalb jenes Prozesses, der dazu führte, daß sich die spätrömischen Kaiser mit einem ungleich raffinierterem zeremoniellen Protokoll umgaben, als das alle ihre Vorgänger getan hatten. Obwohl sich viele Einzelelemente auf römische Praktiken früherer Zeiten zurückführen lassen, drückte ihre Kombination doch eine wirkliche Veränderung des kaiserlichen Amtes aus. Die Monarchen waren von einer gleichsam religiösen Aura umgeben; Bittsteller und Panegyriker wendeten sich mit ihren Worten an die »göttlichen Ohren« des Kaisers, und Antworten aus seinem »göttlichen Mund« wurden von seinem »göttlichen Sekretariat« in die offizielle Amtssprache gebracht. Der Staatsrat hatte die Bezeichnung *consistorium,* denn seine Mitglieder mußten stehen, wenn der Kaiser anwesend war.

Diocletian legte sich den Namen *Iovius* zu und fühlte sich als Vizeregent Iupiters auf der Erde; sein Kollege Maximian wählte *Herculius* zum Schutzgott, der durch sein unermüdliches Werk die Menschheit von Schrecken und Not befreit hatte. Diese Titel wurden von den jeweiligen Mitgliedern der Tetrarchie ererbt. In der Verwaltungssprache häuften sich abstrakte Begriffe wie »Serenität«, »Unsere Majestät«, »Unsere Ewigkeit«; die Kaiser wurden also nicht als Einzelpersönlichkeiten dargestellt, sondern als Träger der abstrakten Tugenden, auf die sich das Imperium stützte. Die militärischen Siege der Kaiser galten ihnen als bleibendes gemeinsames Attribut; sie sind »immer siegreich« *(semper victores),* sogar »außerordentlich siegreich« *(invictissimi).* Die Kollegialität des Kaiseramtes wurde energisch durchgesetzt. Auch wenn die in einem Teil des Imperiums erlassenen Gesetze nicht von Interesse für alle anderen waren, trugen sie die Namen aller rechtmäßiger Kaiser der Zeit.

Zur Neudefinition des Kaiseramtes gehörte auch, daß sich die Paläste mit Beamten und dienstbaren Geistern aller Art füllten, durch die der Zugang zum Kaiser kontrolliert und eingeschränkt wurde; ein wesentlicher Unterschied zu der früheren Zeit, als man wenigstens noch vorgab, daß ein Kaiser seinen Untertanen Zutritt gewährte und sich ihrer Anliegen annahm. Der erweiterten Verwaltungsbürokratie entsprach ein aufgeblähter Dienststab im Palast, mit »Kammerdienern« *(cubicularii)* an der Spitze, die oftmals Eunuchen waren (ein weiteres Indiz für die »Orientalisierung« des Kaiseramtes); diese Personen gewannen einen ungeheuren und für konservative Begriffe skandalösen Einfluß.

Die zeremonielle Entwicklung des spätrömischen Kaiseramtes vollzog sich nicht isoliert. Auch das öffentliche Leben war ganz allgemein durch einen gesteigerten Sinn für »theatralische« Effekte geprägt; die Kaiser mit ihren zeremoniellen Audienzen und großartigen Prozessionen liefern dafür lediglich die spektakulärsten Beispiele. Auch in der Kunst – etwa bei den Mosaiken des Palastes von Piazza Armerina in Sizilien oder dem Marmorintaglio der Audienzhalle des Konsuls Iunius Bassus in Rom – wie anhand der aufwendigen Bekleidung der Aristokraten läßt sich zeigen, daß das Leben im späten Rom in Farbe und Stil, in seiner theatralischen Prunksucht mehr dem Renaissance-Florenz ähnelte als einer klassischen römichen Stadt. Literarische Quellen wie Ammianus Marcellinus' Beschreibung der aufwendigen Bekleidung der Aristokraten des späteren vierten Jahrhunderts aus heller, farbiger Seide, die reich bestickt war, bestätigen diesen Eindruck.

Dieser Ausschnitt aus den Mosaiken des Palastes von Piazza Armerina in Sizilien gibt uns einen guten Eindruck von der Farbigkeit und Brillanz spätrömischer Kleidung. Eine Gruppe von Dienern wartet auf die Verladung eines gefangenen Tiers. Auf ihren geschmückten Tuniken sind die Embleme eingestickt, die typisch für die Kleidung dieser Zeit waren. Die Mosaiken gehen auf das 4. Jahrhundert zurück.

Das Zeremoniell ist eine Art der Kommunikation, und möglicherweise funktionierte es in der spätrömischen Epoche positiver und offener, als oft angenommen wird. Es war nicht lediglich ein Reflex des neuen Despotismus, sondern gab einer sich konsolidierenden, neuen herrschenden Klasse, der kaiserlichen Bürokratie, Zusammenhalt und ein gewisses Selbstgefühl. Im dritten Jahrhundert waren die Kaiser der gewöhnlichen Zivilbevölkerung des Reichs wohl eher fremd, und ihr Prestige kann von der allgemein herrschenden Unordnung kaum unbeeinträchtigt gewesen sein. Ihr so prunkvolles Auftreten während der Tetrarchie und später sollte möglicherweise die spätrömische Öffentlichkeit davon überzeugen, daß die kaiserliche Herrschaft auf Dauer gefestigt sei und daß man Vertrauen in sie setzen könne.

Die Veränderungen in der Darstellung der Kaiser scheinen in der Kunst und Ikonographie des späten Reichs ihr Äquivalent zu besitzen; auch die öffentliche Kunst Roms ist durch einen immer stärkeren Formalismus im Ausdruck und der Wiedergabe geprägt. Der neue Stil, zu dessen wichtigsten Aspekten die steife, frontale Darstellung menschlicher Figuren und die schematische Menschengruppierung in Verbindung mit einem schwächeren Sinn für die Perspektive gehören, läßt sich schon beim Septimius-Severus-Bogen in Leptis Magna (frühes drittes Jahrhundert) und noch auffälliger am Konstantinsbogen in Rom (etwa 315) feststellen. Hier kommen der Formalismus und die Einfachheit der Skulpturen noch deutlicher durch die Gegenüberstellung mit Werken der antonionischen Epoche zum Ausdruck, die zur Verschönerung des neuen Denkmals integriert wurden.

Stilistische Gemeinsamkeiten mit der neuen Kunstrichtung lassen sich zwar bereits bei den Skulpturen in den Provinzen des frühen Imperiums feststellen, doch ihre weite Verbreitung in der spätrömischen Epoche wird mit guten Gründen dem Bedürfnis nach Formalität und, ganz allgemein, dem theatralischen Element zugeschrieben. In diesem Zusammenhang können wir am besten die Frontalansichten, die genau berechneten Gesten, die ordentlich arrangierten figurenreichen und sorgfältig gezeichneten Zwischenräume der spätrömischen darstellenden Kunst verstehen. Der in wachsendem Maße stilisierte »Expressionismus« der Einzelporträts scheint zumindest im Fall der Kaiserporträts die oben beschriebene Entwicklung zu reflektieren, aufgrund derer die Kaiser weniger als Individuen denn als die Verkörperungen bestimmter Tugenden, Symbole stereotypisierter Abstraktionen, gesehen werden.

Das Relief vom Konstantinsbogen in Rom zeigt die steife, »frontale« Darstellungsweise eines großen Teils der spätrömischen Zeremonialkunst. Dahinter steckt die bewußte Absicht, die Rollen der verschiedenen Teilnehmer zu definieren, indem man die Beziehungen zwischen Herrscher und Publikum als eine Art Theaterstück darstellte. Der Gegensatz zur weniger formellen Spontaneität der Skulpturen aus dem 2. Jahrhundert, die gleichfalls in den Bogen eingegliedert wurden, ist sehr auffällig.

Im Unterschied zu dieser Tendenz in Richtung auf einen größeren Formalismus hin haben die Kunstgeschichtler in der Regierung von Gallienus oft eine »Renaissance« der Klassik gesehen, nicht nur auf den Gebieten der Philosophie und Literatur, sondern auch der bildenden Künste. Das wichtigste stilistische Charakteristikum, um das es geht, ist der neuerliche Naturalismus, der an die antonionische Ära erinnert, sich jedoch außerdem durch eine größere Gefühlsintensität auszeichnet, »einer im wesentlichen romantischen Darstellung des Lebens im Übergang« (Gervase Mathew). Doch abgesehen von der Schwierigkeit, die hier besprochenen Werke genau genug zu datieren, spiegeln sie möglicherweise lediglich eine autonome klassische Tradition wider, die sich neben den »modernistischeren« Tendenzen in den bildenden Künsten ständig weiter entwickelt haben. Es gibt einfach nicht genug Beweise für eine »Renaissance«, wenn man unter diesem Begriff eine Bewegung mit mehr oder weniger bewußt gesetzten und durch den Kaiser und andere Schutzherren geförderten Zielen versteht. Man sollte die verschiedenen Kunststile des dritten Jahrhunderts lieber als den Ausdruck unterschiedlicher, selbständiger, zeitgenössischer Traditionen interpretieren, die nicht immer, wie der Forscher annehmen möchte, so eng mit der sozialen und politischen Situation, die sie umgab, verbunden waren und letztendlich sehr viel weniger leicht zu erklären sind.

**Religiöse Entwicklungen**

In seinen Werken aus dem zweiten Jahrhundert hatte Plutarch darüber geklagt, daß man die alten Orakel Griechenlands nicht mehr berücksichtigte, eine Situation, die wohl den Verlust der politischen Unabhängigkeit der griechischen Staaten widerspiegelt. In Rom reflektierte das Wiedererstehen der Stoa im ersten Jahrhundert die Abwendung von den Staatskulten zu einem Kodex moralischen Verhaltens, das sich auf Begriffe der individuellen Pflichten gründete. Diese Tendenz war wiederum Teil der Reaktion einer einst herrschenden Senatsklasse auf den Verlust ihres politischen Einflusses unter den Kaisern.

Diese Beispiele führen uns zum Kern der so unendlich bedeutsamen religiösen Veränderungen im Römischen Reich des zweiten und dritten Jahrhunderts. Neue Formen der Frömmigkeit wurden aus den östlichen Kulturen Ägypten, Judäa, Syrien und aus Mesopotamien eingeführt – der Kult von Isis und Osiris, das Christentum und verschiedene Formen der Gnostik, später der Mithraskult und der Manichaeismus. Zusammen mit verschiedenen persönlicheren, mystischen Kulten Kleinasiens wie dem des Dionysos und der phrygischen »Großen Mutter« scheinen sie sich immer weiter verbreitet zu haben. Sie boten dem Einzelnen ein breites Spektrum: Hoffung auf die Rettung der Seele, in manchen Fällen exotische Initiationsriten um Mitglied einer geläuterten Elite zu werden, allegorische Mythen, die den Zusammenhang des Kosmos erklärten, eine Definition der Stellung des Einzelnen im Universum; zuweilen lieferten sie mit ihrem Begriff von der menschlichen Seele, die himmlischer Abkunft und auf dem Schlachtfeld zwischen Gut und Böse gefangen sei, sogar eine Erklärung für das Leiden und die Sünde. Die frühen öffentlichen Kulte der Griechen und Römer hatten sich für solche Fragen nicht im geringsten interessiert.

Das Überhandnehmen der Mysterienkulte ist oft mit der Krise im dritten Jahrhundert in Verbindung gebracht worden. Es erschien als selbstverständlich, daß die zunehmende Unordnung und Unsicherheit in der Außenwelt einen entsprechenden Rückzug des Einzelnen zur Innerlichkeit bewirkt hatte. Außerdem wird wohl auch der nicht mehr bestehende Glaube in die Schutzfunktion des Reiches die Menschen veranlaßt haben, sich den mystischen Religionen, der Astrologie und, zu ihrem persönlichen Schutz gegen Mißgeschick, der Magie zuzuwenden, die in der spätrömischen Epoche sowohl absolut wie relativ immer populärer wurden.

Doch man muß solche Schlußfolgerungen sehr kritisch betrachten. Aufgrund des nur fragmentarischen Indizienmaterials kann man das Aufkommen solcher Glaubensrichtungen in einer Epoche im Unterschied zu einer anderen nur schwer analysieren. Da es im allgemeinen auch reichlichere und differenziertere Dokumente über das späte als über das frühe Rom gibt, sind natürlich auch mehr Fälle magischer und mystischer Praktiken bekannt. Des weiteren gehen die oben beschriebenen Ansichten oft mit einem allgemeineren Begriff der spätrömischen Gesellschaft einher, demzufolge sie sich in einem fortgeschrittenen Stadium des Niedergangs vom klaren Rationalismus der Klassischen Periode zu einem Zeitalter »arationaler«, mehr abergläubischer Haltungen und Überzeugungen befunden haben soll. Solche Eindrücke mögen sowohl auf einen irrigen Begriff von Rationalismus wie auf die falsche Einschätzung der religiösen Komplexität der früheren griechisch-römischen Gesellschaft zurückzuführen sein.

Die Ausübung der Zauberei und Astrologie hatte in der antiken Gesellschaft eine lange Tradition. Schon im ersten Jahrhundert, als mitten in der Stadt ein Isis-Tempel stand, gab es Regierungserlasse gegen die Zauberei und Ausweisungen von Astrologen und »Philosophen« in Rom. Die Quellen des zweiten Jahrhunderts sind voll von Hinweisen auf Zauberei, Traumdeutungen und viele andere »irrationale«, doch bei ihren Anhängern als effektiv angesehene Praktiken. Die sogenannten »Chaldaeischen Orakel«, eine Sammlung von Äußerungen über das Wesen des Universums und über die Techniken, wie die Seele durch Magie zu Gott kommen könnte, wurden zur Zeit Marc Aurels zusammengestellt und verbreitet. Und wenn der Mystizismus wirklich zu eng mit der wachsenden Not des dritten Jahrhunderts verbunden wird, dann ist es schwierig, Marc Aurel einzuordnen, der in den *Meditationes*, in den Tagen der Blüte des goldenen antonionischen Zeitalters, so eindringlich Rücksprache mit seiner eigenen Seele hält.

Der Ansicht, daß die Popularität der mystischen Religionen mit der Krise des dritten Jahrhunderts zusammenhing, muß also entgegengehalten werden, daß sie ihr in vieler Hinsicht vorausging. Man sollte diese Entwicklung besser mit der ständig wachsenden Mobilität innerhalb des Reiches und dem Einfluß der kleinasiatischen und mittelöstlichen Welten in Verbindung bringen. Wenn es eine Reaktion auf religiöser Ebene auf die politische und gesellschaftliche Krise gab, so drückte sie sich mit aller Wahrscheinlichkeit sowohl in der Affirmation traditioneller Werte wie in der Suche nach neuen aus. Dies war die Grundlage für die Verfolgung der Christen zu Zeiten von Decius und Diocletian und der Manichaeer unter Diocletian. In seinem Edikt prangerte Diocletian die niederträchtige Arroganz dieser Männer an, die sich mit ihrer neuen Sekte gegen die alteingesessenen Religionen stellten und ihren eigenen Glauben den der Menschheit von den Göttern anvertrauten alten Glaubensüberzeugungen vorzogen.

Die Kaiser waren nicht durch und durch konservativ, sondern reflektierten selbst die in ihrem Zeitalter weit verbreiteten religiösen Überzeugungen, indem sie sich unter das Patronat bestimmter Gottheiten stellten. Commodus ging sogar soweit, sich mit Hercules zu identifizie-

Die Porträtbüste aus dem Dionysos-Theater in Athen wurde verschiedentlich als Porträt eines Christen, eines »unbekannten Barbaren« (das heißt eines Vertreters einer »semitischen Rasse«!) gedeutet. Das Meisterwerk stammt aus dem antoninischen Zeitalter oder aus der »Renaissance« unter Gallienus in der Mitte des 3. Jahrhunderts. Nach jüngster Meinung stellt die Büste Kaiser Gallienus selbst als irdische Inkarnation des Gottes Sarapis dar. Das Stück erinnert an die hellenistische Kunst. Mit einer »träumerischen Melancholie« der Innenschau unterscheidet es sich klar vom strengen Modernismus der Porträtbüste, die auf der gegenüberliegenden Seite abgebildet ist, und von der unkomplizierten Klarheit des Porträts von Aurelian *(unten rechts)*.

Die Münze *(rechts)* zeigt den Kaiser Aurelian in militärischer Kleidung; er trägt die Strahlenkrone, ein Symbol der allmächtigen Sonne (vgl. auch die Darstellung Konstantins auf S. 188). Auf der Rückseite erkennt man die Legende »Oriens Augustus«, »aufsteigender Herrscher« mit einer ziemlich spinnenartigen Darstellung des Kaisers, den wiederum die Strahlenkrone und der Reichsapfel schmückt. Die himmlische Metaphorik wird noch durch das Auftreten eines Sterns im Bildfeld verstärkt.

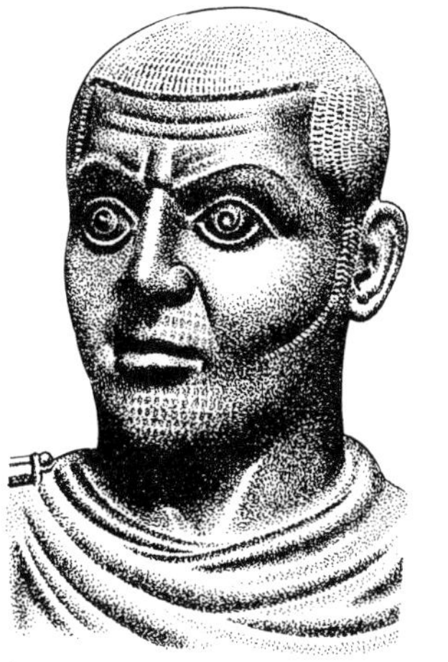

»Expressionismus« in der spätrömischen Porträtkunst am Beispiel einer Porphyrbüste eines unbekannten Kaisers des späten 3. oder frühen 4. Jahrhunderts aus Kairo. Bemerkenswert an der Formgebung ist die abstrakte Symmetrie, in der sich der individuelle Charakter des Gegenstandes auflöst. Die zwar sehr ausgeprägten und lebhaften Züge haben dennoch eine statische, die Oberfläche des Materials nicht durchdringende Qualität. Hier ist nichts von dem Sinn für die introspektive Komplexität der Stimmung zu spüren, die in der Büste des »Gallienus« so eindrucksvoll eingefangen ist.

ren, doch das war eher schon exzentrisch, ebenso wie die Assoziierung von Elagabalus mit dem heiligen Stein von Emesa (s. S. 105). Ab Mitte des dritten Jahrhunderts, vor allem seit der Ära des Gallienus, brachten sich die Kaiser mit dem *Sol invictus* in Verbindung, der »Unbesiegbaren Sonne«, die sie als ihren vertrauten »Begleiter« betrachteten *(comes Augusti)*. Aurelian begründete einen öffentlichen Sonnenkult in Rom und schuf ein neues Priesterkollegiat zu seiner Betreuung, das bis zur Anerkennung des Christentums als Staatsreligion bestehen blieb. Auch Diocletian und Maximinian statuierten ihre Verbindung sowohl mit dem *Sol invictus* wie mit Iupiter und Hercules. In dieser Tendenz spiegeln sich sowohl die Volkstümlichkeit der Sonnenanbetung (Mithraskult) beim römischen Heer wie die zeitgenössischen Glaubensüberzeugungen wider, die in der Sonne ein Symbol für die höchste Gottheit und die Quelle allen Lebens und geistiger Erleuchtung sahen, während die Götter des klassischen Pantheons als ihre göttlichen Mittler fungierten.

Auch in den zeitgenössischen philosophischen Entwicklungen kamen in einem engeren Sinn die gleichen Tendenzen wie beim religiösen Gedankengut im allgemeinen zum Ausdruck, denn auch bei ihnen ging es um die Erarbeitung einer allumfassenden Theologie, die sich weitgehend auf Plato stützte. Betont wurden vor allem die religiösen Aspekte der Gedanken Platos, insbesondere seine Mythen von der Abstammung der Seele aus dem Reich der göttlichen *Ideen* und ihre Sehnsucht, aus der materiellen Welt wieder zu Gott zurückzukehren. Diese »Rückkehr der Seele« sollte durch eine vernunftmäßige Kontemplation oder durch die Anwendung magischer oder »theurgischer« Techniken (Zahlen, Zaubersprüche und -gesänge) erreicht werden. Die frühere, rein intellektuelle Annäherung vertrat Plotin, der Begründer des »Neoplatonismus«, mit seiner Systematisierung der platonischen Gedanken auf der Grundlage einer Hierarchie von verschiedenen Graden des Seins und der Wirklichkeit, die die Seele auf ihrem Weg zurück zu dem »einen«, dem höchsten Prinzip, aus dem sie sich ableitete, durchlaufen mußte. Der wichtigste Nachfolger von Plotinos im Hinblick auf diese Interpretation war Porphyrios, ein Syrer aus Tyros. Die andere und in jeder Hinsicht populärere Methode, die des Aufsteigens der Seele durch Theurgie, wurde von der Schule eines anderen Syrers, Iamblichos, vertreten, eine Tradition, die sich bis in die athenische neoplatonische Schule von Syrianos und Proclos im fünften Jahrhundert fortsetzte.

Für alle diese Philosophen war Plato nicht nur geistiger Mentor, sondern der »göttliche Lehrer«, und sie selbst wurden als göttlich inspirierte Männer angesehen. Ihre Ziele gingen über die der traditionellen klassischen Philosophen hinaus, denn sie wollten nicht lediglich Tugend und das Gute, sondern lehrten und erstrebten sittliche und geistige Vollkommenheit. Nachdem sie als göttlich inspiriert galten, schrieb man ihnen auch besondere Kräfte zu, mit deren Hilfe sie frei in der Luft schweben konnten, Wunder vollbrachten, die Götter herbeiriefen und göttliche Orakelsprüche empfingen. Doch muß man schon im antoninischen Zeitalter bei Persönlichkeiten wie Apuleius und den wunderwirkenden »Philosophen«, die Lukian in seinen Satiren darstellte, die Ursachen für diese Entwicklung suchen. Am besten betrachtet man diese Tendenzen als eine eigenständige, organische Entwicklung, die kaum oder gar nicht mit den unsicheren Begleitumständen zusammenhing; im Gegenteil, man kann die Gründe für einen so grassierenden Individualismus, wie er bei diesen Bewegungen sichtbar wird, eher auf die Muße und Sicherheit eines Zeitalters des Friedens und Wohlstandes wie das von Antoninus zurückführen.

**Die Ausbreitung des Christentums und seine Verfolgung**

Auch für die christliche Kirche war das zweite und dritte Jahrhundert eine Epoche der Expansion. Dies zeigte sich in den östlichen Provinzen des Imperiums, in Afrika, und in jenen Teilen des Westens deutlicher, die dem Mittelmeer am nächsten und daher immer das Haupteinflußgebiet für geistige und kulturelle Einflüsse aus dem Osten waren, wo sich in einigen Regionen schon die Hälfte der Bewohner zum christlichen Glauben bekannte. Bis zum Ende des zweiten Jahrhunderts wurde in der Westkirche allgemein griechisch gesprochen, Bischof Hippolytos von Rom schrieb griechisch, die frühen Bischöfe von Lugdunum (Lyon) sprachen griechisch. Doch mit Tertullian (etwa 170–220) brachte die afrikanische Kirche einen bedeutenden lateinischen Autor hervor, und man hat den Eindruck, daß sowohl dort wie auch in Italien zu dieser Zeit die lateinisch sprechenden Konvertiten die Oberhand über das griechische Element in den christlichen Gemeinden gewannen.

Die Ausdehnung der Kirche kann man auch an den 87 Bischöfen ablesen, die 256 dem von Bischof Cyprianus einberufenen Konzil von Karthago beiwohnten. In Rom wird die Zahl der christlichen Witwen und Waisen, die von öffentlicher Hilfe lebten, auf 1500 geschätzt, so daß man auf eine recht große christliche Gemeinde schließen kann. Den 268 wegen Ketzerei verurteilten und abgesetzten Bischof Paulus von Antiochien beschreibt ein Widersacher als einen Herrscher, der sich wie ein kaiserlicher Prokurator aufführte.

Einige Teile des Reichs, insbesondere die europäischen Provinzen Pannonien, Nordgallien, Germanien und Britannien, wurden weniger stark vom Christentum beeinflußt, doch steht fest, daß es um 300 viele Distrikte gab, in denen seine Anhänger zumindest eine ansehnliche Minderheit darstellten. Christliche Gemeinden fanden sich anfangs vor allem in den Städten, doch im Osten erreichte die neue Lehre die Landbevölkerung viel früher als im Westen.

Bis ins dritte Jahrhundert hinein hatte sich der christliche Glaube weitgehend ungehindert ausbreiten können, ähnlich wie der Mithraskult und die Mysterienreligionen. Dies war eine Folge der grundsätzlichen religiösen Toleranz des römischen Staates.

Die unter Decius eingeleitete Verfolgung war der erste allgemeine, politische Angriff auf das Christentum, den eine römische Regierung je unternommen hatte. Früher fand die Verfolgung oft durch Statthalter auf lokaler Basis und unter dem Druck der einheimischen Bevölkerung und bürgerlichen Honoratioren statt. Daß es zu solchen Verfolgungen kam, ist uns möglicherweise nur deshalb bekannt, weil der fragliche Statthalter, wie etwa Plinius zur Zeit Traians, den Kaiser über Verfahrensmaßnahmen konsultierte – was mit ihnen geschehen sollte, ob man anonym zugesandte Denunziationen ermutigen sollte oder nicht (in diesem Punkt war Traians Antwort ein heftiges Nein). Man tut gut daran, die Häufigkeit dieser lokal zentrierten Verfolgung nicht zu unterschätzen, obwohl feststeht, daß kein Kaiser vor Decius Mitte des dritten Jahrhunderts einen zentral organisierten Feldzug gegen das Christentum unternahm und daß dieser Faktor bis zu jenem Zeitpunkt nicht einem einzigen römischen Kaiser besonders wichtig erschien.

Die allgemeinen Gründe für die Verfolgung sind eigentlich recht offensichtlich, obwohl es nicht immer leicht zu sagen ist, warum sie gerade zu diesem Zeitpunkt stattfand. Tertullian beklagte, daß den Christen die Schuld für alles Mißgeschick, das über eine Gemeinde kam, zugeschoben wurde. »Wenn es zu einer Überschwemmung des Tibers kommt oder sie beim Nil ausbleibt, immer ertönt der Ruf: Werft die Christen den Löwen vor!« Seuchen, Erdbeben oder heftige Unwetter waren die weiteren Katastrophen, die von der öffentlichen Meinung als Entzug der göttlichen Gunst interpretiert wurden. Denn die Römer glaubten, daß die Harmonie des Universums nur von der Gunst der Götter aufrechterhalten werde, die durch gemeinsame, genau geregelte Riten und Opfer zu erlangen sei. Die Christen, die sich weigerten, bei solchen Ritualen mitzumachen, hielt man für die Ursache dafür, daß die Beziehungen zwischen der Gemeinde und ihren Göttern Schaden litten und der »Friede der Götter« *(pax deorum)* gestört war, so daß sie mit ihrem Schutz hintan hielten.

Zusätzlich machten sich die Christen selbst aufgrund ihrer gesellschaftlichen und religiösen Gebräuche verdächtig. Wegen ihrer – in den Augen der heidnischen Umgebung – geheimen Versammlungen und Riten wurden ihnen kriminelle Handlungen wie Ritualmorde, Genuß von Menschenfleisch (symbolisches Fleisch und Blut beim heiligen Abendmahl) und Inzest vorgeworfen, letzteres, weil sie ermahnt waren, ihre Brüder und Schwestern zu lieben. Christen schworen einander auch geheimnisvolle Treueeide: zu seinem Erstaunen mußte Plinius jedoch entdecken, daß der Eid darin bestand, »weder zu stehlen, noch zu rauben, noch Ehebruch zu begehen, das Vertrauen eines anderen zu mißbrauchen, noch sich gegen die Rückzahlung einer Einlage zu sperren". Sie zogen sich weitgehend aus dem gesellschaftlichen Leben der Gemeinschaft zurück, da viele Bereiche mit der Ausübung religiöser Riten verbunden waren (schon Tacitus hatte die Christen aus diesem Grunde beschuldigt, die menschliche Rasse zu hassen); einige christliche Autoren wie Tertullian gingen so weit zu behaupten, daß ein jeder Christ es sich zum grundlegenden Prinzip machen sollte, das gesellschaftliche und kulturelle Leben der weltlichen Gesellschaft zu meiden. »Was hat Athen«, schrieb er, »mit Jerusalem zu schaffen?« Das war jedoch nicht die allgemeine Anschauung. Andere christliche Wortführer gaben zu bedenken, daß auch die Christen loyale Bürger seien, die ihre Steuern zahlten und zu ihrem eigenen Gott für das Wohlergehen des Kaisers beteten. Ganz offensichtlich übernahmen nicht alle Christen die rigorose Ansicht Tertullians über die klassische Kultur und Erziehung; in diesem Punkt deutet sich schon eine der wichtigsten Diskussionen in der Zeit des christlichen Imperiums an.

Daß Decius eine Verfolgung der Christen einleitete und auch die oben skizzierten Faktoren sind ein Beweis dafür, daß das Christentum eine relativ wichtige Religion war, zumindest wichtig genug, um sie als Ursache für die Unbill des Römischen Reiches herauszustellen. Während der Regierungszeit von Decius begann auch eine schwere militärische Krise, besonders aufgrund der Goteninvasionen, und vielleicht hielt man es für notwendig, den traditionellen Götterglauben als einigendes Band des Imperiums neu zu konstituieren. Diese Ansicht wurde vermutlich noch durch die Empfindung verstärkt, daß die Feier des tausendjährigen Bestehens von Rom mit Kaiser Philipp, die gerade erst stattgefunden hatte, doch nicht ganz die Bestätigung für das glückliche Fortbestehen Roms erbracht hatte, wie eigentlich erwartet worden war.

Der tatsächliche Verfolgungsprozeß begann mit der Verhaftung und Bestrafung der Mitglieder des Klerus; später wurden alle Bürger aufgefordert, den Göttern Roms und dem Schutzgott oder *numen* des Kaisers zu opfern. Hatte man dieses Opfer erbracht, so erhielt man eine Bestätigung *(libellus)*; Beispiele für diese Dokumente sind noch auf Papyri erhalten. Es bestand der Verdacht – und es ist wohl auch vorgekommen – daß Christen, die das Opfer nicht erbringen wollten, aus Angst vor strafrechtlichen Folgen sich ihre *libelli* durch Bestechung verschafften. Der Klerus wurde auch aufgefordert, die heiligen Schriften herauszugeben, doch es hat nicht den Anschein, als hätten kirchliche Gebäude unter der Verfolgung unter Decius Schaden erlitten. Zweifellos kamen viele Gemeinden noch in den Privathäusern ihrer reicheren Mitglieder zusammen.

Die von Decius eingeleitete Verfolgung wurde unter Valerian noch einmal aufgenommen, dessen Edikte von christlichen Klerikern und Laien Opfer forderten und im Verweigerungsfall schwere Strafen verhängten (Hinrichtung, Verbannung, Vermögenskonfiskation) und unter anderem auch ein Versammlungsverbot für die Christen vorsahen, fiel jedoch nach dessen Gefangennahme durch die Perser (260) in sich zusammen. Zu ihren Opfern gehörte Cyprian von Karthago, der unter Decius aus Karthago geflohen war, und der 258 mit seiner Enthauptung zum Märtyrer wurde. Trotzdem hat man den Eindruck, daß es für einen Christen relativ einfach war, sich der Bestrafung zu entziehen, indem er einfach für eine Zeit verschwand; die Behörden hatten nicht die Mittel, jeden zu verfolgen, der dies tat, vor allem wenn er von Mitgliedern seiner Gemeinde aufgenommen wurde. Vermutlich waren, ebenso wie bei Verfolgungen Diocletians, einige der Christen geradezu begierig, das Martyrium zu erleiden, um so zu Heiligen zu werden. Diesen Eindruck gewinnt man anhand der ärgerlichen Kommentare römischer Statthalter, denen nichts an Hinrichtungen lag, und der Verwirrung christlicher Autoren, die sich mit dem freiwilligen Märtyrertod auseinandersetzen mußten. Der Kirchenhistoriker Eusebios aus Caesarea (um 263–339) vermerkte, daß die Zeit nach der Regierung von Decius eine Epoche des Friedens und Wohlergehens gewesen sei, die der Teufel jedoch dazu benützt habe, Unfrieden in ihren Reihen zu säen.

Die große Christenverfolgung unter Diocletian hatte andere Voraussetzungen als die von Decius, denn soviel man weiß, war die politische und militärische Lage bei Diocletians Regierungsantritt nicht besonders kritisch oder unsicher. Vielleicht haben die zeitgenössischen christlichen Quellen in gewisser Weise recht, wenn sie behaupten, daß die treibende Kraft Diocletians jüngerer Kollege Galerius war, der das Christentum aus persönlichen Motiven haßte und sich gegenüber dem schon alten und geschwächten Tetrarchen durchsetzte. Diocletians eigene Frau und Tochter zählten zu denen, die als Christen oder Christenfreunde gezwungen wurden, den Göttern zu opfern.

Zur allgemeinen Verfolgung kam es, als eine Opferung in Nicomedia scheiterte, da ein kaiserlicher Beamter dabei beobachtet wurde, wie er sich bekreuzigte, um sich durch die Riten nicht zu beflecken. Es ist interessant zu sehen, wie weit das Christentum schon in die Hofkreise in unmittelbarer Nähe des Kaisers vorgedrungen war, und möglicherweise war das der Grund für die Verstörung und den Zorn von Galerius. Das erste Christenedikt vom 23. Februar 303 ordnete die Schließung der Kirchen und die Herausgabe der Schriften an, danach wurde dem Klerus die Teilnahme an Opferungen befohlen. Bis dahin waren nur die kirchlichen Autoritäten betroffen, doch ein drittes Edikt dehnte die Opferpflicht auf alle Mitglieder der christlichen Gemeinschaft aus. Die in Nicomedia verfügten Erlasse (wo einer von einem wütenden Christen heruntergerissen wurde, der zur Strafe sofort auf dem Scheiterhaufen sterben mußte) wurden an die Praefekten weitergeleitet, von diesen an die Provinzstatthalter und von da an die städtischen Behörden zur lokalen Durchführung. Ein Papyrus aus Oxyrhynchos schildert die

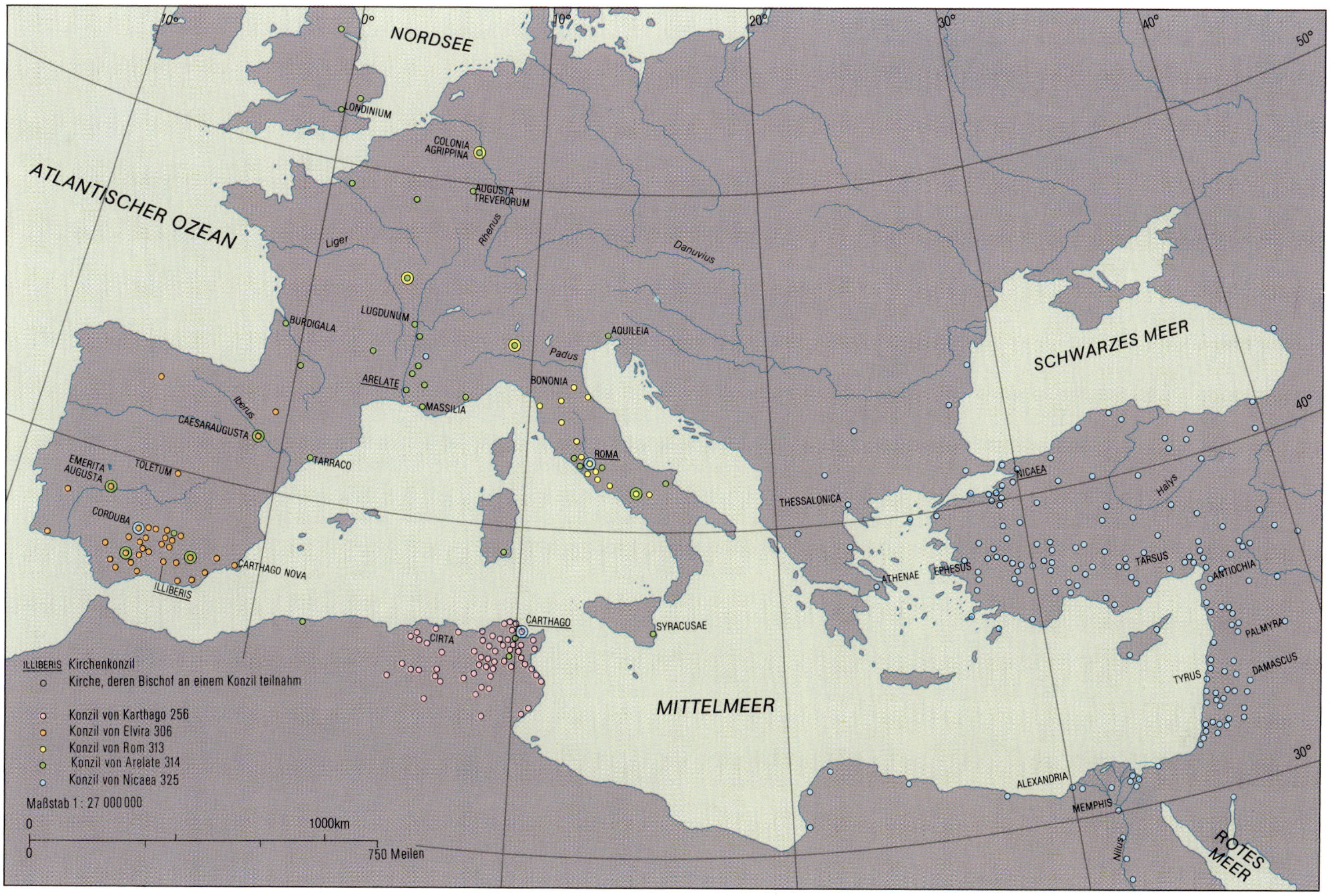


**Die Verbreitung christlicher Kirchen im 3. und frühen 4. Jahrhundert n. Chr.** Auf der Karte sind nur jene Kirchen verzeichnet, von denen man verläßlich weiß, daß sie an den angegebenen Konzilien teilnahmen. Die tatsächliche Größe dieser christlichen Gemeinschaften bleibt unberücksichtigt. Die Karte gibt damit eher eine »potentielle« als aktuelle Verbreitung der christlichen Kirchen an, basierend auf den lokalen Konzilien und Synoden, die natürlich nur ein unvollständiges Bild vermitteln. Es würde uns beispielsweise interessieren, welche Aufschlüsse uns eine Synode in Süddalmatien gegeben hätte. Dennoch verschafft uns das Konzil von Nicaea einen recht guten Überblick über die Verteilung der Kirchen im Osten zu Beginn der Konstantinischen Ära. In anderen Gebieten stimmt die Verbreitung ziemlich genau mit der Dichte der Urbanisierung im Reich *(s. S. 111)* überein. Wir können daraus schließen, daß uns der allgemeine Eindruck nicht täuscht.

Erfahrung eines Christen, der zu seinem Prozeß nach Alexandria kam und feststellen mußte, daß alle, die vor Gericht erschienen, zur Opferung gezwungen wurden. Er bewältigte dieses Problem, indem er seinen Bruder, der offensichtlich nicht Christ war, ermächtigte, für ihn zu handeln.

Man kann nur schwer abschätzen, wie hoch der Anteil derer war, die ins Exil oder in die Minen geschickt, gefoltert oder mit dem Tod bestraft wurden. Nach der Schilderung des Eusebios gab es in den weitgehend christianisierten Provinzen Palästina und Ägypten tatsächlich zahlreiche Opfer; im Falle Ägyptens spricht er zum Beispiel von zwei Transporten, 97 beziehungsweise 130 Männer, Frauen und Kinder, die zur Zwangsarbeit in die Staatsbergwerke abgeführt wurden. Dennoch erscheint es unwahrscheinlich, daß sich mehr als ein kleiner Teil der gesamten christlichen Reichsbevölkerung Strafen unterziehen mußte. Klar ist nur, daß die Verfolgung mehrere Jahre lang ein Hauptanliegen der öffentlichen Politik war und daß die christliche Kirche danach, als sie von Konstantin und Licinius den Kirchenfrieden gewährt bekam, ein wichtiges ideologisches Argument in der Hand hatte. Die verächtliche Einstellung gegenüber den Geistlichen, die ihren Glauben durch die Herausgabe der heiligen Schriften verraten hatten, und gegenüber gewöhnlichen Christen, denen die Teilnahme an Opferungen zur Last gelegt wurde, und die gehässigen Streitigkeiten, die sich durch Anspielungen auf ein solches Verhalten entwickelten, waren die Ursache für das donatistische Schisma in Nordafrika und belasteten auch das Leben vieler anderer Kirchen.

Nach Diocletians Abdankung hielt Galerius für einige Jahre zwar noch an der Verfolgung fest, doch in den von Constantius (Gallien und Britannien, wo es sowieso nur wenige Christen gab) und dem Usurpator Maxentius (Italien und Afrika) beherrschten Gebieten ließ man sie einschlafen. 311 erkrankte Galerius an einem unheilbaren Leiden und hob anscheinend aus Todesangst die Verfolgung unter Bedingungen auf, die ganz offensichtlich ein Hinweis auf die ursprüngliche Motivation sind. Er hatte gehofft, die Christen durch Zwang wieder zur Vernunft zu bringen, jedoch entdecken müssen, daß sie trotz des Verbots ihrer eigenen Religion nicht zu den traditionellen Göttern zurückkehrten. Deshalb stellte er die Glaubensfreiheit wieder her und gestattete erstmals ausdrücklich die Ausübung der christlichen Religion; auch bat er die Christen zu seiner Rettung, ihrer eigenen und der des Reichs zu ihrem Gott zu beten. Kurz darauf starb Galerius, nach schadenfrohen Christen wie Lactantius durch die Rache Gottes.

Galerius' Nachfolger Maximinus Daia nahm die Bekämpfung des Christentums – wenn auch mit anderen Akzenten – wieder auf. Die Werbefeldzüge von Heiden wie Theotecnos aus Antiochien, der die gefälschten Memoiren von Pontius Pilatus voller Blasphemien über Christus zirkulieren ließ, geben uns einen Eindruck von der Stimmung vor Ort, aufgrund derer die Verfolgung für so lange Jahre aufrechterhalten wurde. In Vorwegnahme der Maßnahmen von Iulian Apostata (s. S. 191) versuchte Maximinus auch, eine ortsansässige Priesterschaft zu begründen, die sich um die Erneuerung des Heidentums kümmern sollte. Bevor noch irgendwelche Folgen dieser Politik sichtbar wurden, unterlag Maximinus dem neuen Kaiser Licinius. 313 gaben Konstantin und Licinius ein Edikt über die Religionsfreiheit heraus und erstatteten der christlichen Kirche ihr konfisziertes Eigentum zurück.

# Das römische Portrait

Die Entwicklung des individuellen Porträts gilt allgemein als eine der Hauptleistungen der römischen Kunst. Diese Ansicht mag vielleicht etwas paradox erscheinen, denn die Künstler, die den größten Teil der uns erhaltenen Porträts schufen, waren Griechen. Doch sie arbeiteten im Auftrag reicher Römer, und ihr Werk entsprach römischen Bedürfnissen und spiegelte den römischen Geschmack wider. Das kennzeichnende Merkmal dieser Porträtkunst ist ein krasser Realismus, wobei häßliche und wenig anziehende Züge besonders betont werden. Die Ursprünge dieses »veristischen« Stils sind schwer nachzuweisen, doch besteht kein Zweifel, daß er den Römern sehr zusagte, die sich selbst gerne als zähe, ehrbare, auf dem Boden der Wirklichkeit stehende Menschen sahen. Zur Zeit der späten Republik und des frühen Kaiserreichs verwendeten alle sozialen Klassen die realistische Darstellungsweise, darunter auch Handwerker, Handelsleute und Freigelassene, wie man aus den zahlreichen Porträtreliefs auf Gräbern ersehen kann, die zu den charakteristischsten Äußerungen der plebejischen Kunst gehören. In der öffentlichen Porträtkunst gab es unter Augustus und den iulisch-claudischen Kaisern einen deutlichen Wandel; sie bevorzugten einen klassizistischen Stil mit idealisierten Zügen *(S. 98)*. Unter den flavischen Kaisern kam aber der Verismus wieder zum Zuge; das gleiche gilt für die Zeit Caracallas, der den wiederaufgekommenen Klassizismus, der seit Hadrian vorgeherrscht hatte, verwarf und einen neuen krassen Realismus einführte. Die Kaiserporträts aus der Krisenzeit des dritten Jahrhunderts zeigen mit bemerkenswerter Offenheit die Energie, Stärke und Vitalität der rauhen Abenteurer, die über das Reich herrschten. Unter Diocletian und seinen Nachfolgern erhielten die Kaiserporträts starre, abstrakte Züge, welche die Majestät des Herrschers, der von seinen Untertanen durch ein kompliziertes Hofzeremoniell getrennt war, zum Ausdruck brachten.

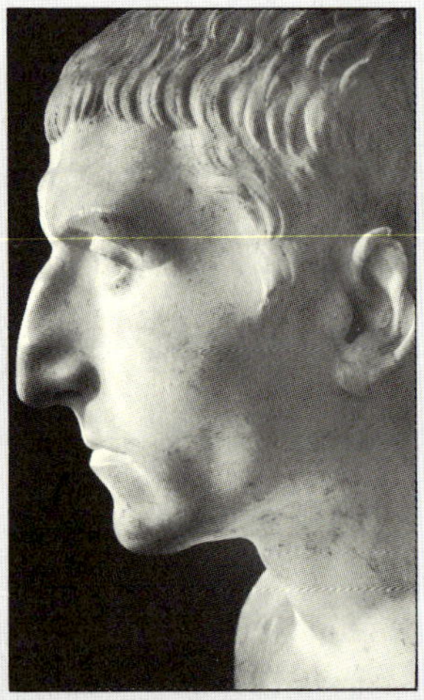

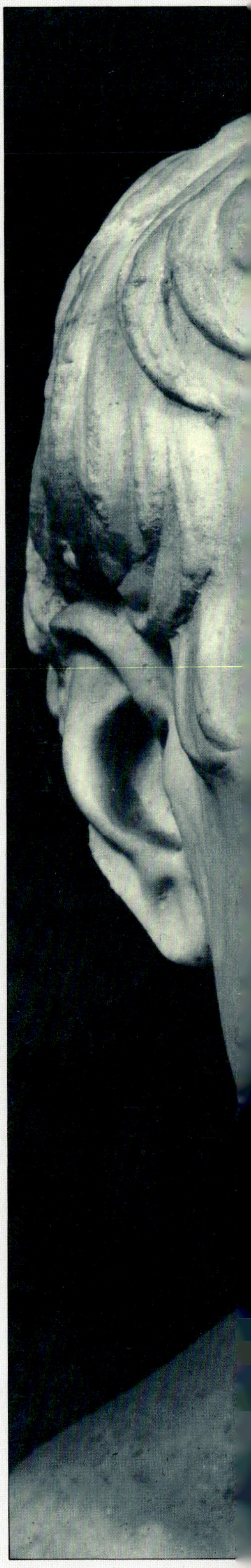

# Das alltägliche Leben

Auf Grabmälern, besonders aus den Westprovinzen des Reiches, sind oft Szenen aus dem Geschäftsleben abgebildet, die genau beobachtete Einzelheiten zeigen. Die Auswahl illustriert gut den allgemein kleinen Maßstab der Produktion und des Handels in der römischen Welt; oft handelte es sich um Familienbetriebe mit jungen Lehrlingen und Sklaven als Helfern. Die Wirtschaft der

Obst- und Gemüsehändler

Krämer

Hufschmied

Eisenhändler

Apotheker

Es gab in der Antike keinen scharfen Unterschied zwischen Produktion und Vertrieb. Die Gegenstände, die der Eisenhändler *(links außen)* zum Verkauf anbot, wurden in Werkstätten im Haus gefertigt, wie in der Schmiede *(im Bild oben)*. Das Relief *(unten)* zeigt anscheinend die Bezahlung oder den Tausch von Geld, vielleicht in Form einer Pachtsumme, die an einen Verwalter ging. Das Relief unterscheidet zwischen den Figuren mit den Kapuzenmänteln, die von außen eintreten, und denjenigen, die im Innern arbeiten. Im Metzgerladen *(unten links)* macht die Frau des Besitzers (oder ist es ein Kunde?) Aufzeichnungen mit einem Schreibgerät. Von der Waage, die rechts im Relief dargestellt ist, haben sich viele Exemplare erhalten.

Metzger

Pachteinzieher

Römer basierte eher auf dem Handwerksbetrieb als auf einer großen industriellen Organisation. Die großen Staatsindustrien, etwa die Waffenfabriken des späten Kaiserreichs, bildeten eine Ausnahme, doch auch in diesem Falle ist anzunehmen, daß die Herstellung nicht fließbandähnlich ablief, sondern daß zahlreiche kleine Einheiten weitgehend selbständig arbeiteten.

Hobel

In der Schmiede *(oben)* erhitzt ein Arbeiter die Esse mit zwei Blasebälgen, während er selbst hinter einem Schirm vor der Hitze geschützt ist. Die Schmiedewerkzeuge sind einzeln dargestellt, zusammen mit einem fertigen Produkt, wahrscheinlich einer Speerspitze. Der Schreinerhobel aus Silchester *(oben)* zeigt, wie wenig sich dieses Werkzeug im Laufe der Zeit verändert hat. Im Bild *(links)* wird der Kahn auf einem Treidelweg von drei Männern gezogen; die Seile sind an einem Zapfen befestigt, und das Boot wird von einem Rudergänger gesteuert. Das große Weinfaß *(unten)*, das gleichfalls aus Silchester stammt, ist aus Weißtannenholz aus den Pyrenäen gefertigt. Es hat sich erhalten, obwohl es als Teil einer Brunnenauskleidung verwendet wurde.

Bootsmann

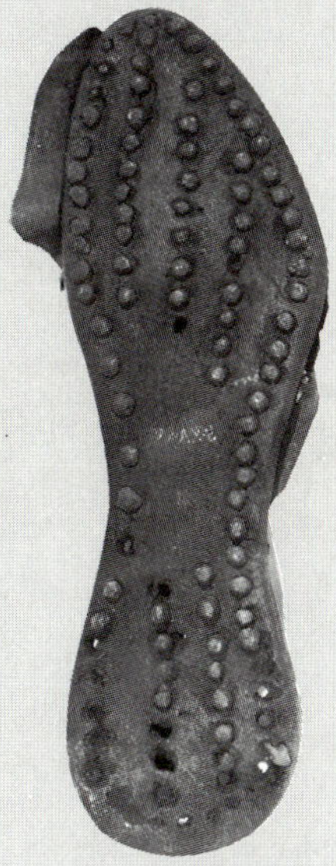

Stiefelsohle

Flickschuster und Seilmacher

Weinfaß

# Römische Technologie

Die römische Gesellschaft entwickelte nie eine Industriewirtschaft und brachte auch keine allgemeine Theorie des wirtschaftlichen Fortschritts hervor. Es fehlten ihr die finanziellen Instrumente, die für Industrieinvestitionen nötig gewesen wären, und sie mußte auch ohne solche Begriffe wie Produktivität und Verbrauchernachfrage auskommen. Dabei mangelte es den Römern nicht an technischem Einfallsreichtum oder der Bereitschaft, ihn in die Praxis umzusetzen, wenn die Bedürfnisse es erforderten. So erlangten sie in der Militärtechnologie, zum Beispiel in der Ballistik und der Belagerungstechnik, einen hohen Grad an Raffinesse und Effektivität. Die Römer konnten verblüffende Theatereffekte inszenieren, und ihre Leistungen in der Architektur und bei der Wasserversorgung sprechen für sich selbst.

Die fehlende Entwicklung einer industriellen Technologie wird zuweilen auf die Institution des Sklaventums zurückgeführt, das den Ansporn, die Arbeitskraftskosten durch eine Mechanisierung zu verringern, geschmälert haben soll. Es ist dabei jedoch ganz offensichtlich noch mehr im Spiel. In vielen Gesellschaften gab es keine Sklaverei, aber eben auch keine Industrialisierung. Wenn die Notwendigkeit offensichtlich wurde, zumal in den dünner besiedelten Gebieten, dann unternahm man auch etwas zur Einsparung von Arbeitskräften wie die *(unten)* abgebildete Mähmaschine zeigt.

Allerdings gab es praktische Grenzen. Die mechanischen Einrichtungen bestanden aus Holz und waren den Belastungen kraftgetriebener Maschinen nicht gewachsen. Die hölzernen Zahnräder der *(gegenüber)* dargestellten Wassermühlen von Barbegal sind durch Bleizapfen mit ihren Achsen verbunden.

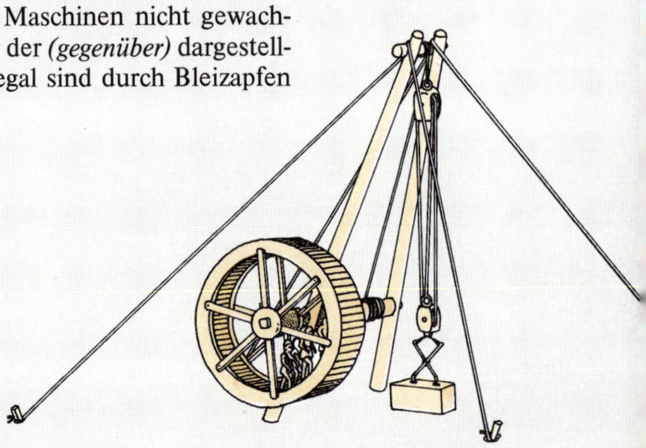

Diese Hebevorrichtung *(oben)* wird von dem Architekten Vitruvius beschrieben. Den Hebebalken oder Arm der Vorrichtung sichern Spannseile und die Ladung tragen Seile auf einer Kombination von Dreifach-Rollen. Im Fall schwerer Ladungen war ein Getriebegewinde eingesetzt, das in extremen Fällen von einem oder mehreren Männern in einer Tretmühle betätigt wurde, wie wir sie in einer Rekonstruktion nach einem Grabrelief aus Syrakus vorstellen.

Der *vallus*, die Mähmaschine *(oben)*, fand in den offenen Ebenen Nordostgalliens Verwendung, von wo alle bekannten Darstellungen stammen. Er wurde von hinten geschoben, die spitzen Zähne schnitten oder rissen die Kornähren ab und ließen sie in einen Behälter fallen. Die übriggebliebenen, hohen Stoppeln ließ man stehen.

Das von Ochsen gezogene Boot *(unten)* mit vertikalen Winden, die mit Schaufelrädern verzahnt waren, verwirklichte 537 Belisarius in genialer Weise, indem er die Schaufelräder an Bootspaaren aufhing und Wasserkraft zur Bewegung der Mühlsteine auf den Booten einsetzte.

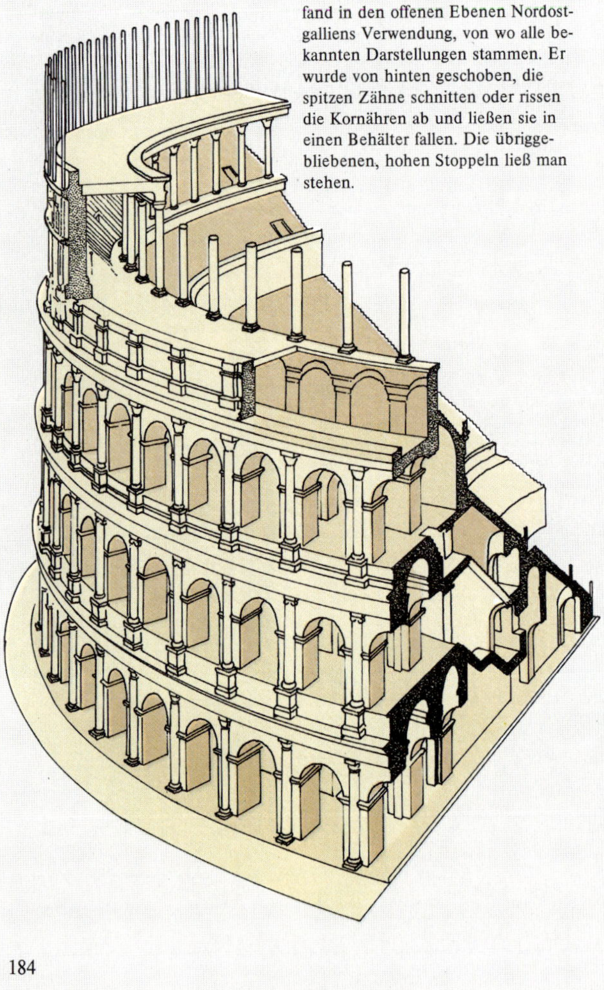

Das Diagramm *(links)* zeigt, wie die einander entgegengesetzten physikalischen Kräfte sich bei einem fertigen Amphitheater in Wirklichkeit miteinander verbinden und seine Stabilität erhöhen. Die durch das Gewicht der Superstruktur entstehenden vertikalen Kräfte werden von den Schlußsteinen der Bögen horizontal verlagert; und dieser horizontale Druck, der einen einzelnen Bogen auseinanderbrechen lassen könnte, sorgt in der endlosen Bogenreihe dafür, daß sie sich alle gegenseitig stützen. Der sich daraus ergebende Außendruck ist bei der Länge des ununterbrochenen Kreises relativ unbedeutend.

Die Wasserversorgung Roms erfolgte über fünf Hauptaquaedukte, die das kostbare Naß aus den Hügeln im Osten und Süden der Stadt herbeiführten. Sie entstanden nach und nach im Laufe der Jahrhunderte, um mit der wachsenden Bevölkerung Roms Schritt halten zu können. In der Rekonstruktion *(rechts)* wird die Kreuzung der fünf Aquaedukte in der Nähe der Stadt dargestellt.

Um wie in den Kupferminen von Rio Tinto in Lusitanien *(unten)* Wasser aus großen Tiefen heraufzuholen, entwickelten die Römer die Technik des Bergbaus. Eine Reihe Wasserräder pumpten das Wasser über verschiedene, aufeinanderfolgende Reservoirs an die Oberfläche. Die Räder selbst wurden vermutlich mit Tretmühlen betrieben.

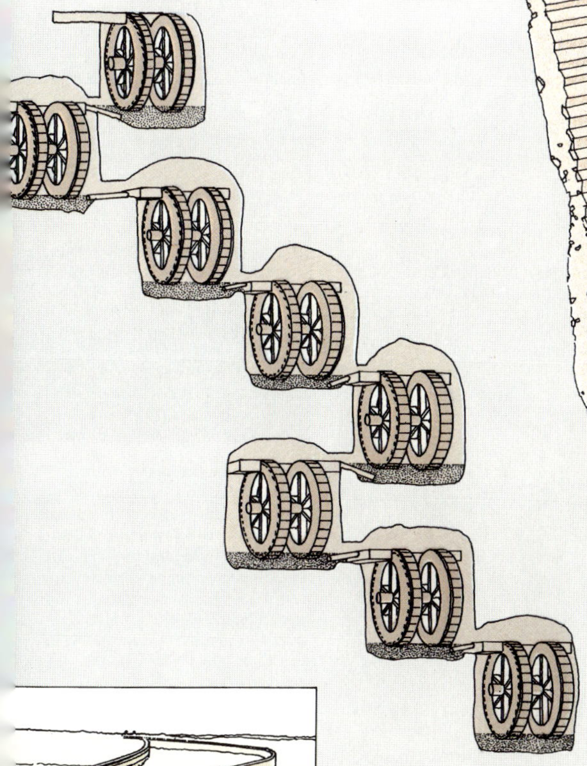

Die Wassermühlen von Barbegal *(links)* erhielten ihre endgültige Gestaltung zum gleichen Zeitpunkt, als das nahe Arles im frühen 4. Jahrhundert zur kaiserlichen Hauptstadt aufstieg. Die Wasserräder mit einem Durchmesser von über zwei Metern waren in horizontale Mühlsteine eingepaßt und wurden über einen Aquaedukt mit Wasser versorgt, das sich in einem Totalwinkel von 30 Grad auf sie ergoß. Es ist geschätzt worden, daß die Mühlen genug Mehl für eine Bevölkerung von 80000 Menschen produzieren konnten – ein Indiz für die gestiegenen Bedürfnisse von Arles mit seinen dort stationierten Soldaten und Bürokraten, den Empfängern der *annona.* Den Bau der Mühlen kann man einem Ingenieur zuschreiben, dessen Sarkophaginschrift in Arles ihn als einem Handwerksmeister *(magister)* ausweist, den »keiner in der Erfindung von Einrichtungen und der Kunst der Wasserführung übertraf«.

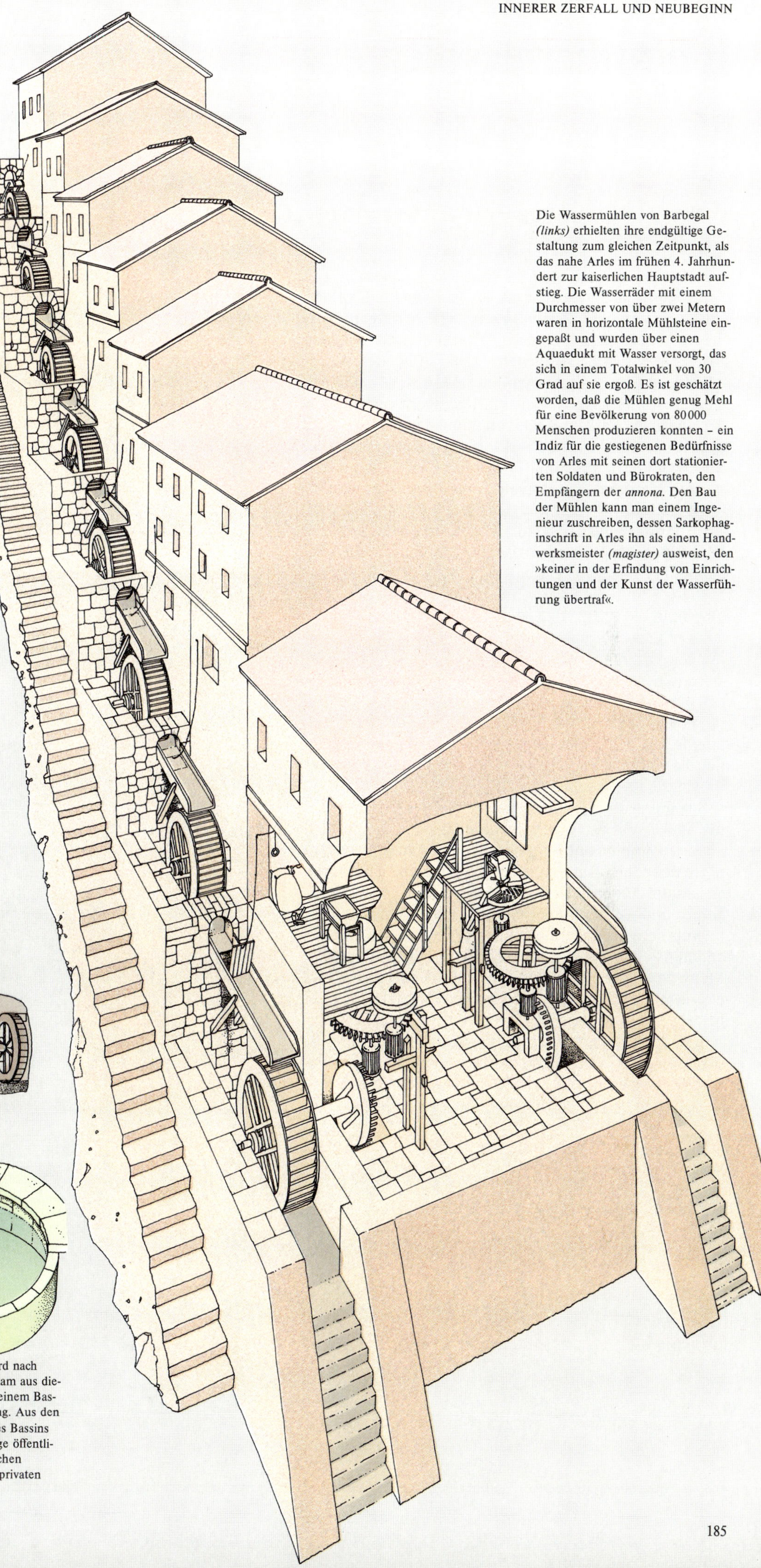

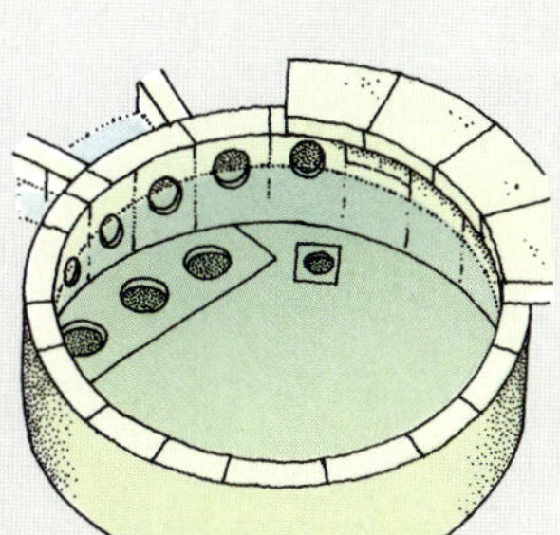

Das über den Pont du Gard nach Nîmes gebrachte Wasser kam aus diesem *castellum divisorium,* einem Bassin für die Wasserverteilung. Aus den Rohren auf dem Grund des Bassins floß das Wasser für wichtige öffentliche Bedürfnisse; die seitlichen Öffnungen versorgten die privaten Verbraucher.

# Öffentliche Spiele

Häufig wird die Verachtung des Satirikers Iuvenal für die Lust des römischen Volkes an »Brot und Spielen« *(Satiren,* 10.81) von Kritikern zitiert, die sich die Entbehrungen der Armen in den Städten und die Langeweile der Arbeitslosen nicht recht vorstellen können. In Wirklichkeit waren die öffentlichen Spektakel nicht nur ein Trost für die Unterprivilegierten, sondern ein äußerst wichtiger Aspekt des gesellschaftlichen Lebens und der gesellschaftlichen Beziehungen in einer römischen Stadt. Sie wurden von einheimischen Würdenträgern veranstaltet, die auf diese Weise im Wettstreit mit den ihnen Ebenbürtigen ihren Reichtum und ihr Solzialprestige zur Schau stellen und ihre Fürsorge für das gemeine Volk demonstrieren konnten, dessen Dankbarkeit Ausdruck in den Hochrufen im Theater, Amphitheater oder Circus fand. Im Rom des ersten Jahrhunderts hatten die Kaiser die Stellung der senatorialen Aristokratie durch mit überwältigender Großzügigkeit veranstaltete Spiele noch »unterminiert« – im späten Kaiserreich kehrte sich die Situation um, denn die Kaiser kamen nur noch selten zu Besuch.

Es ist schwer zu sagen, ob die Spiele die sozialen Spannungen lösten oder verstärkten. Sie konnten sich in zerstörerischer Gewalt entladen wie bei den Straßenkämpfen zwischen Pompeii und Nuceria unter Nero, und der öffentliche Aufruhr wurde durch die Rivalitäten des einheimischen Adels oft noch verschlimmert. Damit verfügten die Kaiser über einen Grund, um in das Leben der Provinzstädte einzugreifen.

Spannung und Gefahr waren die wichtigsten Elemente bei Spektakeln wie den Wagenrennen, und zu den Gladiatorenkämpfen und den Kämpfen mit wilden Tieren gehörte unbedingt Blutvergießen. Den Tieren in der Arena ausgesetzt zu werden, war eine auf Sklaven, Unterprivilegierte und Außenseiter wie die unten dargestellten, unglücklichen Wüstenbewohner beschränkte Strafe. In anderen Fällen muteten die Kämpfe zwischen Tieren und Menschen eher wie Kunststücke von Akrobaten an, und es entsteht der Eindruck, daß der echte Kampf häufig mit histrionischen Mitteln inszeniert wurde. Es ist unwahrscheinlich, daß die Senatoren, die sich unter Nero als Gladiatoren aufspielten, wirklich ihr Leben riskierten, obwohl es allgemein klar zu sein scheint, daß nur die ganz Verzweifelten eine Karriere als Gladiator wählten.

Szenen von Gladiatorenkämpfen, Circusrennen und Jagden finden sich überall in der römischen Ornamentik. Sie boten dem Künstler die Gelegenheit, menschliche und tierische Figuren in heftiger Aktion darzustellen, und der Schirmherr konnte sich für seine Freigebigkeit feiern lassen. Aus dem römischen Haus des Senators Iunius Bassus stammen die lebendigen Marmorintarsien *(oben).* Bassus führt als Konsul (331 n. Chr.) den Festzug an. Hinter ihm reiten die nach den Farben ihrer Mannschaften oder Cliquen aufgestellten Wagenlenker, deren Wettspiele von ihren Anhängern voller Eifer verfolgt wurden. Die Kampfszene *(oben links)* ist aus einem Mosaik in Bad Kreuznach, und stellt mehrere Formen des Gladiatorenkampfes dar. Das kämpfende Gladiatorenpaar ist nach Art der Samniten mit einem Schwert, einem länglichen Schild und einem mit einem Kamm gekrönten Helm bewaffnet. Die großen Mosaike aus dem spätrömischen Palast in Piazza Armerina in Sizilien zeigen Jagdszenen: nicht nur die hier reproduzierten Straußenvögel *(Mitte links),* sondern auch Zebras, Antilopen und Flußpferde werden bei ihrer Verladung in Africa gezeigt. Das Bemerkenswerte am Mosaik von Zliten in Tripolitanien *(links)* ist der schonungslose Realismus. Die Szenen sprechen für sich selbst: gefangene Wüstenbewohner, die unbewaffnet wilden Tieren gegenüberstehen, und verschiedene Formen des Kampfes mit Tieren.

Das *(oben)* gezeigte Circus-Publikum stammt aus einem Mosaik der byzantinischen Periode von Gafsa (Capsa) in Tunesien. Man sollte dies nicht als Beweis für das Fortleben der Wagenrennen in dieser Provinzstadt betrachten, sondern es ist auf einen früheren Entwurf dieses konventionellen Themas zurückführen.

*Oben:* Papyrus aus Oxyrhynchos mit einem Circus-Programm aus dem 6. Jahrhundert. Zu den Attraktionen gehörten sechs Wagenrennen, dazwischen ein Festzug, singende Seiltänzer (zwei Auftritte), eine Gazelle und Jagdhunde, mimische Tänze und eine Athletentruppe.

Das Amphitheater von El-Djem, früher Thysdros *(links)*, gehörte zu den größten im ganzen Imperium. Es entstand im 3. Jahrhundert und trat an die Stelle eines bereits vorhandenen früheren Baus.

Das lampidische Elfenbeindiptychon *(oben rechts)* ist typisch für die Geschenke, die Senatorenfamilien an die zu ihren Spielen geladenen Freunde verteilten. Die Spiele wurden gewöhnlich zur Feier der Erlangung eines öffentlichen Amtes durch eines ihrer Mitglieder veranstaltet.

# KONSTANTIN DER GROSSE UND DAS VIERTE JAHRHUNDERT

**Aufstieg und Bekehrung Konstantins des Großen**

Nachdem 305 die Augusti Diocletian und Maximian abgedankt hatten, rückten an ihre Stelle die bisherigen Caesares Galerius und Constantius nach. Gleichzeitig wurden Maximinus Daia und Severus, die sich beide bisher nicht besonders hervorgetan hatten, zu Caesares ernannt. Diese Wahl gefährdete den Zusammenhalt der tetrarchischen Politik, die Diocletian mit soviel Mühe geschaffen hatte, denn dadurch wurden der Sohn des abgedankten Augustus Maximian, Maxentius, und der Sohn des nachgerückten Constantius, Konstantin, von der Nachfolge ausgeschlossen. Der Grund für den Zusammenbruch des Regierungssystems von Diocletian liegt zum Teil im Ehrgeiz der enttäuschten Kandidaten. Der Ehrgeiz bedarf jedoch auch einer günstigen Gelegenheit, und es ist vielleicht ebenso bedeutsam, daß die neuen Anordnungen der allgemeinen Erwartung entgegenliefen, besonders in der Armee, die auf eine Wiedereinführung der direkten Erbfolge gehofft hatte.

Im Jahre 305 erlaubte Galerius dem Konstantin, der immer noch im Osten wohnte, sich seinem Vater in Britannien anzuschließen. Im nächsten Jahr starb Constantius in York, und Konstantin wurde von der Armee zum Augustus ausgerufen, obwohl er anfänglich von Galerius nur den Titel Caesar beansprucht hatte. Konstantin entfesselte sofort einen Bürgerkrieg, der ihn im Jahre 324 schließlich zum alleinigen Herrscher des Römischen Reiches machte. Als er Gallien durchquerte, gewann er die Unterstützung des ruhelosen Maximian und heiratete dessen Tochter Fausta. Maximian hatte bereits seinen eigenen Sohn bei der Ausrufung zum Kaiser in Rom unterstützt, überwarf sich jedoch später mit ihm und schloß sich schließlich Konstantin an. Kurze Zeit danach wandte er sich jedoch auch gegen Konstantin und fand dabei den Tod (310). Konstantin marschierte nun gegen Maxentius und besiegte ihn in der Schlacht an der Milvischen Brücke (28. Oktober 312). Da Maxentius fünf Jahre zuvor bereits Severus getötet hatte, war Konstantin nun Herr über den Westteil des Reiches.

Mittlerweile war im Osten Galerius gestorben, und sein Nachfolger Licinius teilte sich mit Maximinus Daia in die Herrschaft. Konstantin und Licinius trafen sich in Mailand, um sich gegenseitig anzuerkennen, und beschlossen unter anderem, wieder Religionsfreiheit zu gewähren. Das Christentum wurde samt seiner Organisation als zu Recht bestehende Religionsgemeinschaft anerkannt, die Kirche erhielt alle Besitztümer zurück, die unter Diocletian eingezogen worden waren, und stand fortan unter kaiserlichem Schutz. Konstantins Förderung verdankte sie auch die Steuerfreiheit der Kleriker und das Freilassungsrecht in den Kirchen. Die beiden Herrscher lebten miteinander in Frieden bis zum Jahre 316 (Licinius hatte seinen aufsässigen Unterkaiser Maximinus inzwischen besiegt), als Konstantin in Illyricum einmarschierte. Von 317–324 herrscht wiederum Friede. 324 jedoch rückte Konstantin gegen Licinius vor und besiegte ihn bei Adrianopel und in einer Seeschlacht bei Chrysopolis. Von diesem Jahr an blieb Konstantin bis zu seinem Tode im Jahre 337 Alleinherrscher des Römischen Reiches. Als Caesares setzte er seine Söhne Constantinus, Constantius und Constans ein.

Der Aufstieg Konstantins ist nicht zu verstehen, wenn man seine Bekehrung zum Christentum außer Betracht läßt. Die äußeren Anzeichen dieser Wandlung kann man ziemlich genau belegen. Zu Beginn seines Machtstrebens verließ sich Konstantin auf zahlreiche Beziehungen zur Tetrarchie. Nach dem Selbstmord Maximians im Jahre 310 verkündete ein gallischer Lobredner, Konstantin habe in einem gallischen Heiligtum eine Vision von Apollo gehabt. Da der Redner gleichzeitig eine fiktive Verwandtschaft Konstantins mit Kaiser Claudius II. (Gothicus) behauptete, galt diese Vision wohl ganz selbstverständlich als Teil eines doppelten Anspruchs auf göttliche Unterstützung zu einer Zeit, als Konstantin diese am meisten benötigte.

Unsere Kenntnisse der zweiten Phase von Konstantins Bekehrung gehen auf den Herrscher selbst zurück. Er machte die Angaben gegen Ende seines Lebens seinem christlichen Biographen Eusebios von Caesarea. Konstantin beschrieb, wie er ein Kreuz über der Sonne gesehen habe. Gleichzeitig seien die Worte erschienen: »Unter diesem Zeichen wirst du siegen.« In der folgenden Nacht habe er einen Traum gehabt, in dem ihm Christus die Bedeutung dieser Vision erklärte. Die dritte Phase der Bekehrung bestand in einem weiteren Traum, den er am Vorabend der Schlacht bei der Milvischen Brücke gehabt habe. Es sei ihm befohlen worden, auf die Truppenfahnen das Monogramm Christi malen zu lassen und unter diesem Zeichen in die Schlacht zu ziehen. Er tat wie geheißen und siegte über Maxentius. An diesem Punkt zeigen sich im religiösen Denken Konstantins zwei miteinander verbundene Tendenzen. Auf der einen Seite war die Sonne das Symbol des allmächtigen und allumfassenden Gottes der damaligen religiösen Welt. Innerhalb dieses Konzepts stand Christus im Zentrum, als der besondere Vertreter dieser himmlischen Macht, die sich selbst geoffenbart und die Konstantin ihre Unterstützung angetragen hatte.

Das vierte Stadium seiner Bekehrung wird durch zahlreiche Äußerungen markiert, sei es, daß sie Konstantin selbst in seinen Briefen machte, daß Lobredner sie anführten oder daß sie als Inschriften auf Monumenten zu lesen sind. Darin wird behauptet, daß seine Siege nur auf der Ehrfurcht vor dem Einen Wahren Gott beruhten, dem sich der Kaiser nun selbst geweiht hatte. Zwei solcher Äußerungen unter den vielen noch erhaltenen sind es wert, daß wir näher auf sie eingehen. Der Konstantinsbogen in Rom trägt eine Inschrift, die erklärt, der Herrscher habe den Tyrannen Maxentius »durch Eingebung Gottes und durch die Größe seines Geistes« besiegt. In einem Schreiben, das Konstantin den afrikanischen Bischöfen sandte, maß er die Größe der göttlichen Gnade an seiner eigenen Erfahrung. Der Herrscher bezog sich direkt auf seine Bekehrung, als er schrieb, es habe in ihm früher viele Dinge gegeben, denen wohl »die Gerechtigkeit fehlte«. Sie müßten eigentlich mit dem Schicksal vergolten werden, das alle Bosheit verdient. Gott habe ihn jedoch aus der dunklen Unwissenheit errettet und ihm schließlich das Seelenheil geschenkt, das er am allerwenigsten verdiente. Solche Äußerungen in den Briefen des Herrschers, in seiner Gesetzgebung und in den Kommentaren von Beobachtern, schließen jeden Zweifel aus,

*Oben:* Konstantin und Trier, seine einstige Hauptstadt, auf einer Goldmedaille aus der Zeit von 310–315. Der Herrscher, der ein Zepter in der Hand hält, steht über dem Tor der ummauerten Stadt, unter der die Mosel fließt. Auf beiden Seiten sind besiegte Barbaren zu sehen. Die Medaille von 313 *(oben)* zeigt Konstantin, den »Unbesiegten«, mit der Sonne, ein ausdrücklicher Hinweis auf die Bedeutung der Sonne in Konstantins früher religiöser Entwicklung. Auf dem Schild ist der Sonnenwagen mit den vier Pferden abgebildet.

Münzen aus den späteren Jahren von Konstantins Herrschaft, wie in diesem Beispiel von ungefähr 327 *(gegenüber ganz oben)*, zeigen den diademgeschmückten Herrscher, wie er starr nach oben blickt, was seinen vertrauten Umgang mit dem Himmel symbolisieren soll. Von einer Medaille von 315 *(gegenüber oben)*, hier eines der besten der wenigen erhaltenen Exemplare, nimmt man allgemein an, sie zeige das Monogramm P an der Spitze von Konstantins Helm, doch handelt es sich sehr wahrscheinlich nur um eines der Rosettenmuster, die den Helmbusch bildeten. Auf Konstantins Schild sind Romulus und Remus und die Kapitolinische Wölfin abgebildet.

daß Konstantins Bekehrung, wie man sie auch anhand seines persönlichen Seelenlebens erklären mag, der Öffentlichkeit bekannt war und von den Zeitgenossen als echte religiöse Erfahrung mit ganz klaren Folgerungen anerkannt wurde.

In seinen Äußerungen betont Konstantin oft die persönliche Natur seiner Beziehung mit dem Gott der Christen, ähnlich der mit Apollo, den er in seiner gallischen Vision gesehen hatte. Ein Redner des Jahres 310, der sich an Konstantin richtete, sprach von einer Vision »deines Apollos« *(Apollinem tuum)*. Träume und Visionen waren früher ein fester Bestandteil religiöser Erfahrung, denn die Götter setzten sich üblicherweise durch sie mit Menschen in Verbindung. Es lassen sich zahlreiche Beispiele für alle möglichen Handlungen finden, die als Antwort auf solche Träume und Visionen unternommen wurden. Die Bekehrung des heiligen Paulus auf dem Weg nach Damaskus ist eine klare Parallele zur Erfahrung von Konstantin, doch waren nicht alle göttlichen Botschaften so aufsehenerregend wie diese. Derartige Erscheinungen, die man heute wohl mit Begriffen aus der Individual- oder Massenpsychologie erklären würde, stellten durchaus keine Einzelfälle dar, und so waren die Erfahrungen Konstantins, bei denen er von seinem Gott Offenbarungen und Anordnungen erhielt, für den damaligen Menschen nichts Ungewöhnliches.

Die religiöse Haltung Konstantins spielte auch bei einem der wichtigsten sozialen und politischen Ereignisse der Antike eine Rolle, nämlich der Gründung von Konstantinopel. Der Kaiser hatte im Jahre 315 Rom besucht, um den zehnten Jahrestag seiner Herrschaft zu feiern. Als er im Jahre 326 nach seinem Sieg über Licinius wieder in Rom zu Besuch war, beleidigte er den Senat und das Volk, als er sich weigerte, an einer Prozession und einem Opfer auf dem Kapitol teilzunehmen. Nach seinem Bruch mit der alten Hauptstadt förderte er bewußt Konstantinopel, das an der Stelle des alten Byzantium errichtet wurde. Die neue Hauptstadt lag günstiger zur Donau und Ostgrenze als die alte Metropole. Auf lange Sicht gesehen ergab sich hieraus eine nicht zu übersehende Schwächung des Westens.

Das »Neue Rom« war auf sieben Hügeln erbaut, in vierzehn Distrikte unterteilt und besaß seinen eigenen Senat. Die Stadt wurde im Jahre 330 eingeweiht. Trotz des Berichts, daß es bei den Einsegnungszeremonien auch zu geheimen heidnischen Riten kam, war Konstantinopel von Anfang an eine Stadt ohne aktive heidnische Kulte, vielleicht mit Ausnahme des Kults der *Tyche*, der *Fortuna* (»Schicksal«) der Stadt. Obwohl es in Konstantinopel Sammlungen klassischer Statuen gab, darunter die Überreste des Dreifußes des Apollo von Delphi, waren diese doch »säkularisiert«, und die noch existierenden heidnischen Tempel des alten Byzantium wurden außer Dienst gestellt. Die neue Hauptstadt entwickelte sich zu einem Zentrum des Christentums und der großen Kirchen; unter ihnen gehören die Hagia Eirene (»Heiliger Friede«) und die Apostelkirche zu den bestbezeugten Gründungen Konstantins. Mit dem Bau des berühmtesten aller Gotteshäuser der Stadt, der Hagia Sophia (»Heilige Weisheit«), begann man wahrscheinlich unter der Herrschaft des Constantius.

Konstantins kurzer Besuch in Rom stand in irgendeiner Weise auch mit mysteriösen Vorgängen in Zusammenhang, von denen seine nächsten Familienangehörigen betroffen waren. Im Jahre 326 wurde sein Sohn Crispus in Pola in der Provinz Dalmatia hingerichtet. Etwas später starb auch Konstantins Gemahlin Fausta, die Stiefmutter von Crispus, während sie badete. Nicht lange danach brach Konstantins Mutter Helena zu einem Besuch oder einer Pilgerfahrt ins Heilige Land auf. Man hat natürlich vermutet, dies habe zu ihrem Auftrag gehört, die Schuld zu sühnen, die auf ihrer Familie lastete. Tatsächlich konnten die griechischen heidnischen Traditionalisten, die Konstantin feindlich gesinnt waren, zwar unrichtig, doch recht plausibel behaupten, Konstantin habe sich zum Christentum bekehrt, um sofortige Vergebung für den Mord an seinen Verwandten zu erlangen. Helenas Besuch stand auch mit der Förderung des Kirchenbaus in Jerusalem und an anderen Stellen des Heiligen Landes in Zusammenhang; Konstantin war daran persönlich stark interessiert. Er korrespondierte mit dem Bischof von Jerusalem über Entwurf und Ausstattung und versprach finanzielle und administrative Hilfe, Transportmöglichkeiten und andere Unterstützungen bei den Arbeiten. Ein Pilger, der im Jahre 333 von Bordeaux nach Jerusalem kam, erwähnt bei mehreren Gelegenheiten die schönen neuen Kirchen, die auf Konstantins Befehl gebaut wurden. Am berühmtesten war die Grabeskirche, die sich über dem Grab Christi erhob und im sechsten Jahrhun-

Der Konstantinsbogen in Rom *(rechts)* wurde errichtet, um den Sieg über den »Usurpator« Maxentius im Jahre 312 zu feiern. Für einige der Reliefs des Bogens verwendete man Stücke aus dem 2. Jahrhundert *(s. S. 104)*, doch fügte man auch neue Skulpturen hinzu, die einen guten Überblick über den Feldzug gegen Maxentius geben. Im Bild *(unten rechts)* ist die Belagerung Veronas, *(unten)* ein Detail aus einer Romszene dargestellt, bei der Konstantin seine Freigebigkeit unter Beweis stellte. Die Beamten entnehmen einer Truhe Münzen, um sie zu verteilen, während einer von ihnen über die Ausgaben Buch führt. Die gefurchten Augenbrauen deuten wahrscheinlich eher auf Konzentration als auf Mißbehagen hin.

Die Stadt Jerusalem, hier in einem Mosaik *(oben links)* vom Triumphbogen der Kirche Santa Maria Maggiore (5. Jahrhundert) in Rom. Deutlich erkennt man die bekanntesten christlichen Bauwerke. Die Gründungen Konstantins sind auch auf dem Relief *(oben)* eines römischen Sarkophags zu sehen; darauf ist Christus abgebildet, wie er dem hl. Petrus voraussagt, er werde ihn noch vor dem Hahnenschrei dreimal verleugnen. In den drei Gebäuden zur Linken erkennt man die Grabeskirche, ihr Baptisterium und die überkuppelte Rotunde (Anastasis), über der vermutlichen Grabesstätte Christi. Das Hervortreten des Baptisteriums symbolisiert die Reue, die Petrus nach der Verleugnung Christi empfand.

dert das beherrschende Bauwerk Jerusalems darstellte. Innerhalb einiger weniger Jahre nach Konstantins Tod sollen auch Fragmente des »Heiligen Kreuzes« in Jerusalem gezeigt worden sein. Bei einer Gelegenheit beugte sich ein Pilger vor, um die Reliquie zu küssen, und rannte dann mit einem Stück von ihr zwischen den Zähnen fort. Die Auffindung des Kreuzes wurde erst in den letzten Jahren des vierten Jahrhunderts mit der Gestalt der Helena in Verbindung gebracht; sie gehört nicht zur zeitgenössischen Tradition.

Konstantin war auch der Begründer weiterer berühmter Kirchen: der Lateran-Basilika und der Kirche Sankt Peter in Rom, von Kirchen in Cirta (Constantine) in Numidia und in Trier, wo er zu Beginn seiner Herrschaft einige Jahre verbracht hatte. Nach Trier berief er auch den alten Rhetoriklehrer Lactantius, den Verfasser von Büchern über christliche Exegese und einer äußerst feindseligen Flugschrift gegen die Christenverfolger, um seinen Sohn Crispus zu unterrichten. Der Afrikaner Lactantius hatte in Nicomedia, der Hauptstadt Diocletians, Rhetorik gelehrt, bevor er im Jahre 317 oder früher nach Trier kam.

Während der Regierungszeit Konstantins und im ganzen vierten Jahrhundert ging vom kaiserlichen Hof in Konstantinopel ein entscheidender Impuls für die Christianisierung des ganzen Reiches aus. Viele der höchstangesehenen Anhänger von Konstantin, etwa die Gardepraefekten Ablabius und Acilius Severus, hingen dem Christentum an und hatten mit ihrem Beispiel ohne Zweifel einen großen Einfluß auf den kaiserlichen Hof und dadurch auch auf die gesamte Gesellschaft. Ferner zog die Verwaltung ihren Nachwuchs genau aus jenen Gesellschaftsschichten, nämlich den städtischen Mittelklassen, die vom Christentum schon früher am stärksten beeinflußt worden waren. In diesem Sinne stieß die Bekehrung Konstantins, obwohl ein individuelles und nicht vorhersehbares Ereignis, keineswegs auf ein Vakuum, sondern fand in den Schichten Widerhall, die im späten Kaiserreich eine der wichtigsten sozialen Gruppierungen darstellen sollten.

## Der Nachfolger Konstantins

Konstantin beschränkte sich in seinen politischen Zielsetzungen keineswegs nur auf den Bereich der Religion. Mit der ihm eigenen Ruhelosigkeit des Geistes setzte er auch zahlreiche Veränderungen in der Verwaltung, in den Finanzen und im Heer durch. Er führte die unter Diocletian begonnene Neuorganisation des Reiches fort. An der Spitze des Reiches stand der »Eure Ewigkeit und Göttlichkeit« titulierte Kaiser, neben ihm ein kaiserliches Consistorium, das heißt, ein kaiserlicher Rat, zu dem die höchsten Hofbeamten gehörten. Dann folgten die Beamten der Hauptstadt und der Provinzen in streng voneinander geschiedenen Rangstufen. Er erhob neue Steuern, insbesondere das *chrysargyron,* eine Abgabe auf alle Formen des Handels und führte als grundlegende Einheit der Goldwährung den *solidus* mit der neuen Rate von 72 Solidi pro Pfund ein, die sich jahrhundertelang halten sollte. Das Heerwesen betreffend baute Konstantin die Rolle einer beweglichen Feldarmee auf Kosten der Grenzbesatzungen weiter aus – eine Maßnahme, die ihm herbe Kritik einbrachte. Er führte erfolgreiche Kriege gegen germanische Stämme, später auch gegen Goten und gegen Sarmaten an der Grenze im Donaugebiet. Konstantins Tod im Jahre 337 fiel mitten in die Vorbereitungen für einen größeren Feldzug gegen die Perser. Seine Leiche wurde nach Konstantinopel überführt und dort in der Apostelkirche im Kreise der zwölf Apostelgräber beigesetzt; damit präsentierte sich Konstantin selbst als eine Art dreizehnter Apostel.

Mit dem Tode Konstantins des Großen begann die Herrschaft der Constantinsdynastie (die sogenannte zweite Flavische Dynastie 337–363). Der Kaiser hatte eine Sukzessionsregelung getroffen, die seine drei Söhne Konstantin II., Constans und Constantius als Nachfolger vorsah, wobei der erstere Gallien, Constans Italien und Constantius Illyricum Dalmatius und den Orient regieren sollten. Doch bald kam es zu Erbstreitigkeiten, die schließlich zu einem Blutbad in der kaiserlichen Familie eskalierten. Konstantin marschierte in Italien ein, fiel aber bei Aquileia. Daraufhin teilten sich Constans und Constantius die Herrschaft. Aber bereits zehn Jahre später fiel Constans, der Kaiser des Westreiches, dem Usurpator Magnus Magnentius zum Opfer. Zum ersten Male herrschte in Gallien und Italien ein Franke. Als Constantius diesen bei Mursa (351) und beim Mons Seleucus (353) geschlagen hatte, war er der alleinige Regent des gesamten Römischen Reiches. Aber seine Kraft reichte nicht aus, um seine Autorität überall zur Geltung zu bringen. Im Osten stellten die Perser eine ständige Bedrohung dar, im Westen hatten die Germanen ihre Einfälle in Gallien wieder aufgenommen, und an der ganzen Do-

**Rechts: Mesopotamien und die Feldzüge Iulians im Jahre 363 n. Chr.** Iulians Strategie im persischen Feldzug von 363 bestand darin, die Hauptarmee von Schapur durch eine fingierte Invasion nach Nordassyrien abzulenken und dann Ktesiphon schnell anzugreifen, bevor der König seine Streitkräfte wieder ordnen konnte. Der Plan scheiterte am Widerstand befestigter Städte wie Pirisabora und der Garnison nahe Besonchis und an der Entschlossenheit der Perser, die Fluß- und Kanaldeiche niederrissen und so das Land zu überschwemmen. Iulian gelangte zwar nach Ktesiphon, gab aber jeden Versuch auf, die Stadt zu erobern, da er sich durch das Herannahen der königlichen Armee bedroht fühlte. Er verbrannte die mächtige Flotte, die seinen Nachschub den Euphrat hinuntertransportiert hatte, jetzt aber nur hinderlich war, und bewegte sich unter dauernden persischen Angriffen nach Norden, bis er in einem Scharmützel den Tod fand. Die Karte gibt einen Überblick über die Beschaffenheit des Bodens und über die komplexen Kanalsysteme; sie zeigt auch, daß einige alte Städte aufgegeben wurden, nachdem der Fluß seinen Lauf geändert hatte. Es ist auch eine Tatsache berücksichtigt, die klassische Quellen über den Feldzug nur flüchtig erwähnen, nämlich das Vorhandensein einer großen jüdischen Bevölkerung mit ihren berühmten Rabbinerschulen.

Iulian der Abtrünnige, *(unten)* als Konsul dargestellt, erscheint auf seiner Münze als bärtiger Philosoph und Herrscher, ein Bild, das auch der heidnische Usurpator Eugenius *(unten)* von sich gezeichnet hat. Er wurde 392 vom fränkischen General Arbogast zum Kaiser ausgerufen und von Mitgliedern der römischen Aristokratie unterstützt. Theodosius besiegte Eugenius in der Schlacht am Fluß Frigidus im Jahre 394.

naugrenze waren Germanen und Sarmaten im Begriff, über das Reich herzufallen. So trat bald klar zutage, daß die westlichen Provinzen eine eigene Regierung und einen eigenen Herrscher brauchten, der über lokale Autorität verfügte. 355 überwand Constantius seine persönliche Abneigung gegen seinen Neffen Iulian, rief ihn von seinen Studien in Athen zurück und ernannte ihn zum Caesar in Gallien. Iulian war der Sohn eines jener Familienangehörigen Konstantins, die 337 den Tod gefunden hatten.

Nach dem Willen von Constantius sollte Iulian nur nominell die Kontrolle der Kriege gegen die Germanen übernehmen, die aktive Leitung aber den Generälen und anderen Offizieren überlassen. Iulian willigte anfänglich auch ein und errang im Jahre 357 bei Straßburg einen großen Sieg über die Alemannen. Als seine Kompetenz und sein Interesse an der Kriegführung zunahmen, brachte er seine persönlichen Auffassungen stärker zur Geltung. Da im Osten der Druck der Perser bedrohliche Formen angenommen hatte, verlangte Constantius 360 von Iulian militärische Unterstützung. Iulians Antwort bestand darin, daß er sich in Lutetia Parisiorum (Paris) zum Augustus ausrufen ließ und ostwärts gegen Constantius marschierte. Ein schrecklicher Bürgerkrieg, den Iulian wahrscheinlich verloren hätte, wurde nur durch den plötzlichen Tod des noch nicht 44jährigen Constantius vermieden.

Während seiner kurzen Regierungszeit entwickelte Iulian rasende und in gewisser Hinsicht krankhafte Aktivität. Er verabscheute das komplizierte Hofzeremoniell und entließ viele, die in der Hofhaltung und in der Verwaltung beschäftigt waren (die Quellen nennen uns Barbiere, Köche und Eunuchen als die besonderen Opfer dieser Sparmaßnahmen). Iulian widmete sich auch persönlich mit großer Energie Problemen rechtlicher und anderer Natur, die an ihn herangetragen wurden. Seine Hauptaufgabe als Herrscher sah er in der Wiedereinführung der alten Kulte und Götter, verbunden mit einem Programm staatsbürgerlicher, moralischer und kultureller Erneuerung. Sein Versuch, den Tempel in Jerusalem wiederherzustellen, scheiterte, doch wurden in anderen Städten Restaurationen mit Erfolg in Angriff genommen. Iulian unternahm auch Schritte zur Schaffung einer reformierten heidnischen Priesterschaft, die diese Tempel zu leiten hatte. War das Christentum durch solche Maßnahmen vorerst nur indirekt getroffen, so schritt er seit 362 direkt gegen die Christen vor, indem er sie zum Beispiel aus der Armee entfernte und aus dem Bildungswesen ausschaltete. Da Iulian glaubte, daß die Liebe zur klassischen Literatur sich nicht mit dem christlichen Glauben vertrage, gab er ein vielkritisiertes Edikt heraus, in dem er Christen untersagte, als Lehrer der Literatur und Rhetorik zu wirken. Einer der größten Gelehrten der damaligen Zeit, Marius Victorinus, wurde gezwungen, auf seinen Lehrstuhl der Rhetorik in Rom zu verzichten, doch erlangte er dann gleichermaßen Berühmtheit für seine Werke über den christlichen Glauben. Das gleiche Los traf Prohaeresios von Athen, der sich allerdings mit der Prophezeiung des Oberpriesters von Eleusis trösten konnte, der Kaiser würde nicht lange regieren. Aber die allgemeine Entwicklung war nicht mehr aufzuhalten oder gar zurückzulenken. Das Christentum war seit Constantin dem Großen sehr erstarkt, und dem Versuch des Iulian Apostata, wie ihn die Christen bald nannten, haftete etwas Künstliches an.

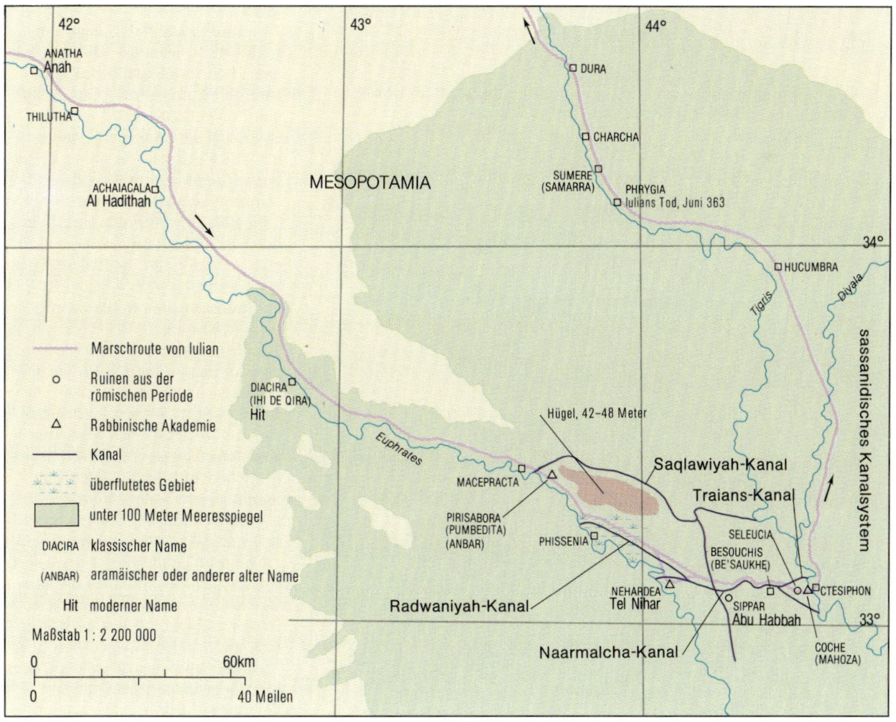


Die persönlichen religiösen Sympathien Iulians galten der Schule des theurgischen Neuplatonismus, wie er von Iamblichos (s. S. 177) begründet worden war. Iulian verehrte Mithras und die Magna Mater und schrieb darüber obskure allegorische Abhandlungen. Aus seiner Feder stammen auch scharfe polemische Werke gegen die Christen; das berühmteste von ihnen, »Gegen die Galiläer«, ist nur deswegen bekannt, weil es von Cyrillus von Alexandrien, einem Schriftsteller des fünften Jahrhunderts, widerlegt wurde. Iulian opferte mit so ungebändigtem Enthusiasmus den heidnischen Göttern, daß es ihm die Kritik selbst seiner Anhänger einbrachte. Es ist auch kaum anzunehmen, daß ihm Heiden viel Sympathie entgegenbrachten, die auf religiösem Gebiet anders dachten und die mit ihren Gegnern toleranter umgingen als er selbst. Seine Politik traf natürlich auf die erbitterte Gegnerschaft christlicher Schriftsteller; doch bevor sie sich voll in Wirkung setzen konnten, wurde der Herrscher auf seinem ehrgeizigen Feldzug gegen die Perser, der von Antiochia ausgegangen war, im Jahre 363 getötet.

Zum Nachfolger Iulians rief das Heer in Mesopotamien den Offizier Iovianus aus. Um den freien Abzug seiner Armee aus persischem Territorium zu erreichen, mußte Iovianus weite Gebiete im nördlichen Mesopotamien abtreten, darunter fünf Satrapien am oberen Tigris und das gesamte Land östlich von Nisibis und Singara. Im Gegensatz zu seinem Vorgänger war Iovian ein Christ mit offensichtlich gemäßigtem Temperament; doch bevor er seine politische Haltung zeigen konnte, starb auch er, vergiftet von den Dämpfen eines kürzlich verputzten Hauses, in dem er auf seiner Reise nach Konstantinopel Rast gemacht hatte.

Auf Iovian folgte mit Valentinian ein weiterer Armeeoffizier. Er wurde von einer Gruppe hoher Militärs und Beamter nominiert und ohne Einwände von der Armee akzeptiert. Valentinian erkannte die Notwendigkeit, die Herrschermacht zu teilen, und wählte als Mitregent seinen Bruder Valens. Diese Wahl war offensichtlich nicht sehr vielversprechend, hatte aber den unschätzbaren Vorteil, daß durch sie die gegenseitige Treue des Ost- und Westreiches am besten gesichert blieb. Die kürzlich gemachten Erfahrungen hatten gezeigt, wie wichtig das war. In Konferenzen, die im Winter 364/365 in Sirmium stattfanden, teilten sich er und sein Bruder Valens in die Herrschaft über die Provinzen, die Armee und die Verwaltung. Valentinian, dem der Westteil des Reiches unterstand, begab sich dann zur Rheingrenze, um neue Barbareneinfälle abzuwehren; diese hatten nach der Abreise Iulians aus Gallien im Jahre 361 wieder zugenommen. Ganz mit der Grenzsicherung beschäftigt überließ es Valentinian seinem Bruder, aus eigenen Kräften den Usurpationsversuch des Procopius im Jahre 365 zu bekämpfen und niederzuschlagen.

Valentinians Hauptaugenmerk galt der militärischen Sicherung der Rheingrenze, in späteren Jahren auch der Grenzen an der Donau. Sein General Theodosius wehrte auch einen größeren Einfall von Barbaren in Britannien ab. Archäologische Ausgrabungen brachten systematisch angelegte Befestigungen zutage, sowohl längs der Flüsse selbst als auch im Hinterland an den Wegen, auf denen die Barbaren in die römischen Provinzen eindrangen. Er führte auch Strafexpeditionen in barbarischem Territorium durch und griff häufig zu repressiven Maßnahmen. Kennzeichen seiner Verwaltung waren allgemein Härte und Gründlichkeit, und hinzu kam die für spätrömische Regierungen typische Brutalität. Dennoch wurden die Anstrengungen tripolitanischer Städte, den Angriffen von Wüstenstämmen standzuhalten, durch schlechte Verwaltung und Korruption in der Provinz wie auch der Zentralregierung unterminiert. Illyricum litt unter der tyrannischen Verwaltung seines Praefekten, und das mauretanische Africa war von einer ernsthaften Erhebung einheimischer Stämme bedroht, bis diese von Theodosius in der Zeit von 373–375 erstickt wurde. In Rom erwarb sich Valentinian mit seiner Organisation der Kornversorgung und mit seinen Bauprojekten einen dauerhaft guten Ruf, doch zog er sich die Feindschaft des römischen Adels zu, als er von 369 an Magie und Ehebruch gerichtlich verfolgen ließ. Im Jahre 375 traf ihn aus Aufregung über das unverschämte Benehmen quadischer Gesandter der Schlag.

Die Herrschaft von Valens im Osten war hauptsächlich von Kriegen gekennzeichnet – gegen die Westgoten, die er 367–369 erfolgreich angriff, und gegen die Perser, wobei es um den Status von Armenien ging. Wie sein Bruder ließ Valens die Magie unter Anklage stellen; bei diesen Anklagen scheint aber der Wunsch nach Unterdrückung politischer Opposition innerhalb der gebildeten Oberklasse eine größere Rolle gespielt zu haben, als die tatsächliche Anwendung heidnischer Praktiken. Im Jahre 376 entstand eine ernste Krise. Valens hatte sich überreden lassen, die von den Hunnen bedrängten Westgoten in seinem Reich aufzunehmen; er versprach sich davon Vorteile für die Besiedlung des Landes, den Ausbau des Heeres und dachte wohl auch an die steigenden Steuereinnahmen. Die Überquerung der Donau wurde aber nur ungenügend überwacht, so daß die Goten in unkontrollierten Massen nach Thrakien eindrangen und die römischen Armeen zwangen, sich ihnen entgegenzustellen. Im August 378 kam es bei Adrianopel, dem heutigen Edirne in der europäischen Türkei, zum entscheidenden Gefecht. Die Schlacht ging für ihn verloren, Valens fand den Tod, und die Armee des Ostreiches wurde fast vollständig aufgerieben.

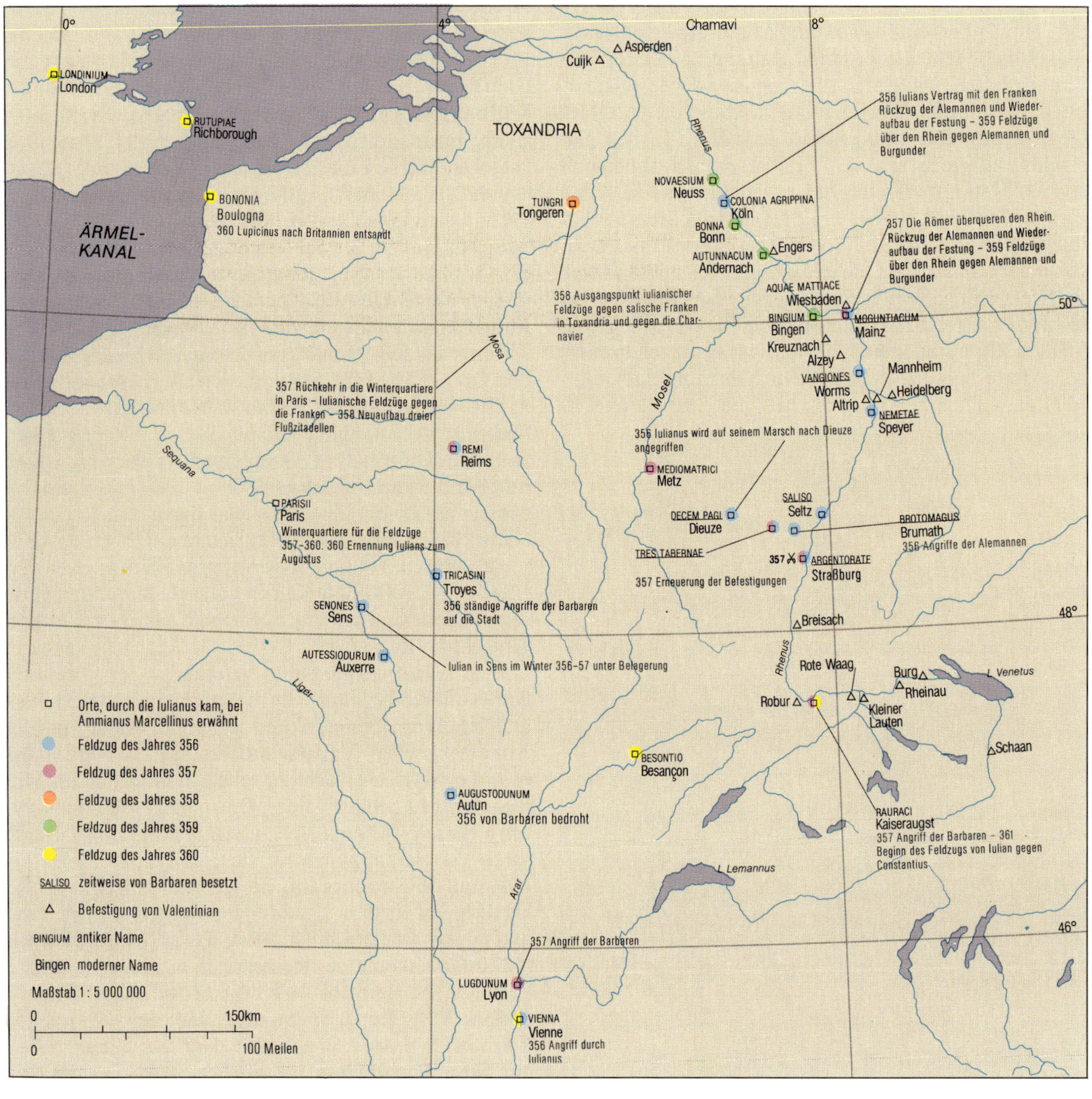


**Die Feldzüge Iulians und Valentinians gegen die Germanen**
Als Iulian Caesar von Gallien wurde, reichte das Gebiet, das von den Barbaren beherrscht oder bedroht war, westlich bis nach Lyon, Autun, Sens und Troyes. Iulian stellte in seinen Feldzügen die Rheingrenze wieder her. Die Verdienste für diesen Erfolg beanspruchte er für sich allein und verdiente sie auch zu einem großen Teil, obwohl es mehrere Anzeichen für seine anfängliche Unerfahrenheit gibt und dafür, daß die Rolle der ihm von Konstantin beigegebenen Ratgeber wahrscheinlich größer war, als dies die Bewunderer Iulians eingestanden. Iulians Kriegserklärung gegen Constantius hatte zur Folge, daß zahlreiche Truppen aus Gallien abgezogen wurden, und der Persienfeldzug von 363, den Iulian gegen den ausdrücklichen Rat des gallischen Praetorianerpraefekten unternahm, machte einen Großteil seines Erfolges wieder zunichte. Valentinian stellte die ursprüngliche Lage mit Geschick und Geduld wieder her. Es ist jedoch wahrscheinlich, daß die alten Quellen, die vom persönlichen Glanz Iulians angezogen waren, zu spärlich über die weniger spektakulären, aber bedeutsamen Arbeiten an den Grenzbefestigungen berichten, die er durchführen ließ.

Die prächtige Diptychon-Hälfte mit der Inschrift »Symmachorum«, die zusammen mit ihrem Gegenstück mit der Inschrift »Nicomachorum« im Cluny-Museum in Paris aufbewahrt wird, erinnert wahrscheinlich an eine Heirat, die diese beiden führenden Familien des späten 4. Jahrhunderts miteinander verband. Das Bildwerk weist gleichzeitig heidnische und klassische Elemente auf. Die Priesterin bringt ihr Opfer an einem Altar, hinter dem sich die Eiche, das Symbol Iupiters, befindet. Das Pendant zeigt Bilder der Ceres und der Cybele in ähnlicher Komposition. Sowohl Q. Aurelius Symmachus als auch Nicomachus Flavianus gehörten zu den Hauptverfechtern der traditionellen Kulte Roms in der späten Kaiserzeit. Flavianus fiel bei dem Bürgerkrieg zwischen Eugenius und Theodosius (392–394), während Symmachus, der nicht an ihm teilgenommen hatte, in den letzten Jahren seines Lebens seinen politischen Einfluß behielt und ihn zugunsten einiger Gegner von Theodosius einsetzte.

In dieser Krisenzeit rief man Theodosius, den Sohn von Valentinians gleichnamigem General, im Januar 379 zum oströmischen Kaiser aus. Theodosius widmete sich in den ersten Jahren seiner Herrschaft dem Gotenproblem. Im Jahre 382 wurde ein Bündnis geschlossen: Die Goten durften im unteren Moesien siedeln und dienten als Föderaten unter ihren eigenen Stammesführern im römischen Heer. Theodosius schloß auch mit den Persern einen Vertrag (386). Beider Bündnisse wird an der Basis eines Obelisken gedacht, den Theodosius 390 in Konstantinopel errichten ließ.

Im Westen übernahmen die beiden Söhne Valentinians, Gratian und Valentinian II., die Nachfolge ihres Vaters. Sie waren damals sechzehn beziehungsweise vier Jahre alt. Die Regierungsgeschäfte wurden von ihren Beratern, im Falle von Valentinian auch von seiner Mutter, der ungestümen Iustina, geführt. In keinem Fall kam es aber zu ernsthaften Zusammenstößen mit der Zentralregierung. Im Jahre 383 wurde Gratian von dem Usurpator Maximus entmachtet und ermordet. Maximus, der sich in Britannien zum Herrscher hatte ausrufen lassen, ließ sich mit seinem Hof in Trier nieder und hoffte darauf, von Theodosius anerkannt zu werden. 387 jedoch drang er nach Italien ein und stürzte Valentinian vom Thron. Dieser floh zu Theodosius, der daraufhin gegen Maximus zog, ihn besiegte und Valentinian wieder einsetzte. Er sandte ihn nach Gallien, während er selbst in Mailand residierte.

Nachdem Theodosius 391 nach Konstantinopel zurückgekehrt war, beließ er Valentinian in Trier unter der Oberaufsicht des fränkischen Generals Arbogast. Ein Jahr darauf wurde der junge Herrscher erhängt aufgefunden; wahrscheinlich war es Selbstmord. Arbogast erhob Eugenius, einen früheren Rhetoriklehrer, zum Herrscher. Eugenius, der von einer Gruppe römischer Senatoren unterstützt wurde, sah sich als Vorkämpfer für eine Restauration der alten heidnischen Religionen. Im September 394 erlitten seine Streitkräfte gegen Theodosius am Fluß Frigidus (Wippach) östlich von Aquileia eine vernichtende Niederlage. Dadurch vereinigte Theodosius zum letzten Mal das Reich in einer Hand. Als heftiger Feind des Heidentums verbot er 392 alle heidnischen Opfer, obwohl noch zu dieser Zeit die Hälfte der Bevölkerung Heiden waren. Die Olympischen Spiele wurden (394?) zum letzten Mal gefeiert, und auch das heilige Feuer der Vesta verlosch. Doch bereits im Jahr darauf starb der Kaiser. Nach seinem Tod fiel das Imperium an seine beiden jungen Söhne. Honorius regierte im Westen, Arcadius mit gleicher nomineller Autorität von Konstantinopel aus im Osten. Man kann sagen, daß von dieser Zeit an – wenn nicht schon seit 364 – das Römische Reich tatsächlich aus einem östlichen und einem westlichen Teil bestand.

### Die Christianisierung des Römischen Reiches

Augustinus schrieb gegen Ende des vierten Jahrhunderts, die Bekehrung der römischen Welt zum Christentum sei »außergewöhnlich schnell« vor sich gegangen. Damit hat er weitgehend recht, besonders, wenn man bedenkt, wie sehr die alte heidnische Religion in der Kultur, in den moralischen Wertungen und im sozialen Aufbau der klassischen Antike eingebettet war. Im hervorragenden 15. Kapitel seines Werkes »Aufstieg und Fall des Römischen Reiches« beschreibt der englische Historiker Gibbon lebhaft die Schwierigkeiten, denen die frühen Christen gegenüberstanden, wenn sie ihren Glauben rein halten und doch am gesellschaftlichen Leben der Gemeinschaft teilhaben wollten. Bei jedem sozialen Ereignis, dem sie freiwillig oder gezwungenermaßen beiwohnten – Hochzeiten, Begräbnisse, Prozesse und Vergnügungen –, wurden sie entgegen ihrem Willen in heidnische Riten und Handlungen einbezogen. Wollten sie sich nicht völlig aus dem täglichen Leben der Gesellschaft zurückziehen, so mußten sie sich in irgendeiner Weise arrangieren. Aus den gleichen Gründen hielt sich die angestammte Religion außerordentlich zäh, als sie vom nun aggressiven und von den Herrschern unterstützten Christentum in die Defensive gedrängt wurde. Es schien nahezu unmöglich, die heidnischen Elemente aus dem sozialen und kulturellen Kontext, mit dem sie so eng verknüpft waren, herauszulösen. Konstantin selbst gestattete die Errichtung eines Tempels in Cirta in Numidien und in Hispellum in Mittelitalien, in diesem Falle allerdings nur unter der überlieferten Bedingung, daß der Tempel sich nicht dem Verdacht der Opferung aussetzen dürfe. Die Maßnahmen der Herrscher im ganzen vierten Jahrhundert, die ihren Höhepunkt in den Gesetzen von Theodosius in den achtziger und frühen neunziger Jahren hatten, schränkten die Opfer anfänglich stark ein und verboten sie schließlich ganz. Die alten Tempel wurden geschlossen und ihre Besitztümer beschlagnahmt. 382 zum Beispiel mußte der große Tempel von Edessa in Osthoene für religiöse Riten geschlossen werden. Es erwies sich jedoch als opportun, die Spiele und Feiern, die traditionell mit diesen Tempeln verbunden waren, weiterhin abzuhalten, da sie »alle Menschen gleichermaßen erfreuten«.

Das auffälligste Element der Kontinuität mit der heidnischen Vergangenheit bestand darin, daß die Herrscher den Titel *Pontifex Maximus* beibehielten. Diesen Titel gab erst Gratian, wohl im Jahre 382, unter dem Einfluß des Bischofs Ambrosius auf. Damals kam eine römische Gesandtschaft nach Mailand, um ihm die Pontifikalgewänder anzutragen. Gratian begleitete seine Ablehnung der Roben und des Titels *Pontifex Maximus* mit weiteren Maßnahmen: Er entzog auch den Priesterkollegien und den Vestalinnen die finanzielle Unterstützung und andere Privilegien, die sie jahrhundertelang erhalten hatten, und ließ aus dem Haus des Senats den Altar der Victoria entfernen; dort waren seit den Tagen von Augustus die Senatssitzungen immer mit einem Opfer begonnen worden. Gratians Maßnahmen riefen den Protest des Praefekten von Rom, des heidnischen Redners Symmachus, hervor, und der Senat richtete ein Gesuch an Gratians Nachfolger Valentinian II., die Verfügungen wieder rückgängig zu machen. Symmachus begründete die Ansprüche der alten Religion mit der herkömmlichen Sitte und der Nützlichkeit. Die alten Götter, so meinte er, hätten Rom durch alle Zeiten hindurch verteidigt, und auf ihre Hilfe sollte man nicht einfach verzichten. Die Argumente von Symmachus hatten keinen Erfolg, da Ambrosius die Ansprüche der neuen Religion verteidigte, und auf die Unterstützung des christlich gesinnten Herrschers bauen konnte. Das Wiederaufleben der heidnischen Religion unter Eugenius und Nicomachus Flavianus in den Jahren 393 und 394 war nicht mehr als ein letztes Aufbegehren, das mit dem Tode ihrer Führer bei der Schlacht am Frigidus endgültig erstickt wurde.

Während der öffentliche Disput über die Beibehaltung der alten Kulte im Römischen Reich ausgefochten wurde, waren die Heiden in jener Zeit in entscheidender Weise von den sogenannten »orientalischen« Kulten beeinflußt. Der Senator Praetextatus (gestorben 384) war – wie wir von seiner Grabinschrift wissen – Priester und Eingeweihter in nicht weniger als sechs griechischen und orientalischen Mysterien; er bekleidete auch vier öffentliche Priesterämter in den alten Staatskulten. Die Mysterien, unter denen die der Magna Mater (Cybele), des Mithras und des Serapis hervorragten, versprachen ihren Anhängern Reinigung der Seele und Hoffnung auf ewiges Leben. Sie verlangten aber echte religiöse Hingabe und – auf der höchsten Stufe – philosophische Studien. Für Männer wie Praetextatus übten die Götter des heidnischen Pantheons nach der neuplatonischen Auslegung nur verschiedene Funktionen der allmächtigen Sonne aus. Die Einweihung in den Kult der Magna Mater fand durch einen Ritus statt, der unter der Bezeichnung *taurobolium* bekannt ist. Dabei stand derjenige, der die Weihen empfing, in einer Grube unter einem Rost, auf dem man ein Tier schlachtete, wobei der Initiand natürlich mit Blut bespritzt wurde. Besonders dieser Ritus zog die heftige Kritik der Christen auf sich, teils, weil er tatsächlich unappetitlich war, besonders aber, weil er, wie andere Rituale auch, eine Art heidnische »Taufe« darstellte, und weil gerade die Mysterienkulte zeigten, daß das Heidentum immer noch die religiösen Vorstellungen zahlreicher Römer bestimmte.

Obwohl es unterschiedliche Meinungen gibt, erscheint es doch wahrscheinlich, daß zur Zeit von Symmachus der römische Senat, wie Ambrosius behauptete, in der Mehrzahl aus Christen bestand. Über die Richtung der Veränderung gibt es jedenfalls keinen Zweifel; sie war das Ergebnis politischen und sozialen Druckes, echter Bekehrung (obwohl überlieferte Fälle selten sind) und – vielleicht am wirkungsvollsten – von Mischehen zwischen Christen und Heiden, in denen die christliche Erziehung der Kinder den Glauben der nächsten Generation bestimmte.

Auch das gemeine Volk war in der zweiten Hälfte des vierten Jahrhunderts mit Sicherheit bereits in weitem Maße christianisiert und nahm aktiv am kirchlichen Leben der Gemeinde teil. Einmal blieben nach Streitereien anläßlich der Wahl eines römischen Bischofs 137 Leichen auf dem Boden einer Kirche zurück. Ähnliches galt auch für die Einwohner anderer großer Städte des Reiches. Die Verhältnisse in Antiochia sind dank den Schriften des heidnischen Rhetorikers Libanios und des christlichen Priesters Iohannes Chrysostomos verhältnismäßig gut dokumentiert. In Antiochia gab es eine Reihe von Anhängern der alten Götter; unter ihnen ragte Libanios hervor, doch war Iulian Apostata bei seiner Ankunft im Jahre 362 darüber erstaunt, daß die Bevölkerung der Stadt, ein großer Teil ihrer Aristokratie und ohne Zweifel die Mehrzahl der kaiserlichen Beamten bereits die christliche Religion angenommen hatten.

Wie andere syrische Städte war auch Carrhae heidnisch und blieb es noch lange Zeit. Städte wie Heliopolis (Baalbek), Emesa, Arethusa und Berytus hielten stark, wenn auch nicht immer einmütig an Traditionen fest, die auf den alten Kulten beruhten. Gleiches gilt für das weiter südlich gelegene Gaza in Phönizien. Edessa hingegen war mit seinen Traditionen des heiligen Thomas, seinen Märtyrergedenkstätten und infolge der Briefe, die Christus angeblich an König Abgar geschrieben hatte, zur Zeit Iulians bereits weitgehend christianisiert. Der Herrscher weigerte sich sogar im Jahre 363, der Einladung einer Gesandtschaft zu einem Besuch Folge zu leisten.

Athen setzte seine heidnische intellektuelle Tradition bis ins fünfte und sechste Jahrhundert hinein fort. Da christliche Symbole auf den zahlreichen Tonlampen, die auf der Agora ausgegraben wurden, verhältnismäßig selten auftreten, und da wir im vierten Jahrhundert weder einen klar identifizierten Kirchenbau noch einen athenischen Bischof nachweisen können, müssen wir annehmen, daß ein Großteil der Bevölkerung dem Christentum nicht gewogen war. Alexandrien hingegen bildete gleichzeitig ein Zentrum der neuplatonischen Philosophie und der Naturwissenschaften als auch eine Brutstätte des christlichen Fanatismus. Er wurde von tatkräftigen Bischöfen wie Athanasios angeführt, dessen religiöser Dogmatismus zur Folge hatte, daß er von den Herrschern bei mehreren Gelegenheiten ins Exil geschickt wurde. Abgesehen von ihren intellektuellen Traditionen war die Stadt Alexandrien für ihre Bürgerunruhen bekannt, zu denen zweifellos religiöse Gruppierungen maßgeblich beitrugen. Im Jahre 391 zerstörte eine vom Bischof aufgehetzte Menschenmenge die große Statue und den Tempel des Serapis in der Stadt, eines der bedeutenden Bauwerke der antiken Welt.

Die Nachweise für die Christianisierung sind in den westlichen Teilen des Reiches geringer als in den östlichen. Die Bischöfe der vorwiegend ländlichen gallischen Provinzen richteten im ausgehenden vierten Jahrhundert ihre Aufmerksamkeit auf die Verkündigung des Evangeliums in ihren Gemeinschaften, und Quellen wie *»Das Leben des heiligen Martin von Tours«* von Sulpicius Severus zeigen, daß diese Bemühungen den traditionell bäuerlichen Gebieten galten. Es wurden dabei lokale Heiligtümer zerstört, und man begann mit der Organisierung von Pfarrgemeinden in Städten und Dörfern, wobei die Entwicklung in den Städten erwartungsgemäß schneller voranschritt. Nur ein Beispiel: Während Iulian, der ja insgeheim wieder zur heidnischen Religion zurückgekehrt war, in Vienne im Jahre 360 darauf wartete, sich zu seinem Feldzug gegen Constantius einzuschiffen, nahm er an den Epiphanie-Feiern teil. Er bekannte sich noch öffentlich zum Christentum, um seine Anhängerschaft nicht zu verstören. Daraus können wir klar folgern, daß Vienne eine überwiegend christliche Stadt war.

In Afrika, wo das Christentum früh Fuß gefaßt hatte, lassen die Dispute zwischen Katholiken und schismatischen Donatisten auf das Vorhandensein starker christlicher Gemeinschaften schließen, oft mit rivalisierenden Bischöfen, die zu einer dieser beiden Kirchen gehörten. Doch noch im späten vierten Jahrhundert finden sich Fürsprecher des Heidentums, wie der Korrespondent von Augustinus, Maximus von Madauros, und im Jahre 408 kam es in Calama in Numidien zu christenfeindlichen Aktionen, als der Bischof eine heidnische Prozession aufzulösen versuchte. Trotzdem kann man davon ausgehen, daß Ende des vierten Jahrhunderts der größte Teil des Reiches überwiegend christlich war, doch gab es immer noch lokale Vorkommen heidnischer Religionen, die oft auf traditionellen Bindungen mit gewissen Göttern beruhten. Wenn das Heidentum auch zunehmend zurückgedrängt wurde, so stellte es doch auf höherem Niveau immer noch einen ernsthaften intellektuellen Gegner dar, so daß man ihm mit wohlüberlegten Argumenten begegnen mußte.

Iulian verwendete wie andere griechische Intellektuelle den Begriff »Hellene«, (»Grieche«, im Sinne von »gebildeter Grieche«), um einen Menschen zu bezeichnen, der an die alten Götter glaubte. Iulians Meinung teilte der Kirchenvater Hieronymus, allerdings vom entgegengesetzten Gesichtspunkt aus. Er war der Ansicht, die Annahme des Christentums setze voraus, daß man die klassische Kultur und all ihre Verbindungen mit der heidnischen Vergangenheit in strikter Weise ablehne. Einen dritten Gesichtspunkt vertrat der christliche Bischof Gregor von Nazianz. Er meinte, die klassische Kultur gehöre zum Gemeingut aller Menschen. Die Christen, so argumentierte er, seien durchaus imstande, die klassische Literatur zu schätzen und von ihr zu profitieren, ohne ihren Gefahren zu erliegen. Auch diese Menschen seien »Hellenen« (Gregor bestritt Iulians Einschränkung der Bedeutung dieses Wortes), und es sei nicht hinzunehmen, daß sie als gebildete menschliche Wesen ihres Erbes beraubt werden sollten. Andere Schriftsteller, unter ihnen Augu-

*Rechts:* Spätrömische Sarkophage und Mosaiken geben uns mit ihrer Ikonographie, die oft dem Alten Testament entnommen und im Hinblick auf die folgenden christlichen Zeiten interpretiert wurde, ein lebhaftes Bild der christlichen Kultur der spätrömischen Gesellschaft. Es sind hier dargestellt die drei Brüder Daniels im Feuerofen *(oben links),* Daniel in der Löwengrube auf einem Sarkophag des 4. Jahrhunderts *(oben rechts)* und auf einem afrikanischen Mosaik des 6. Jahrhunderts *(Mitte rechts)* – alles Motive, die sich auf die überstandene Verfolgung beziehen, wie man sie häufig auf solchen Monumenten antrifft. Auf dem Sarkophag des römischen Senators Petronius Probus, der um 390 nach der Taufe starb und in einer Familiengruft in der Peterskirche *(Mitte links)* beigesetzt wurde, übergibt Christus den Aposteln Kopien des »Neuen Gesetzes« des Christentums, eine Anspielung auf die zerbrochenen und die neuen Gesetzestafeln des Moses, von denen das Buch Exodus berichtet. Der händewaschende Pilatus auf einem Sarkophag aus den Katakomben der Domitilla spricht für sich selbst *(unten links).* Jonas und der Wal, dargestellt auf einem Mosaik des frühen 4. Jahrhunderts in der Basilika von Aquileia *(unten rechts),* symbolisieren Tod und Auferstehung, oder etwas spezifischer, die Rettung der Seele bei der Taufe.

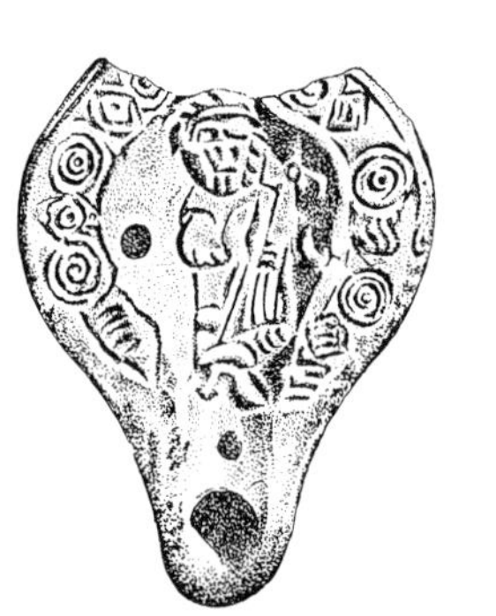

*Oben:* Christliche und heidnische Motive auf Öllampen von der Agora in Athen: Dargestellt sind die Athene (aus dem 5. Jahrhundert), und christlicherseits) der heilige Petrus (5. Jahrhundert).

*Links:* Auf diesem rechteckigen Präsentationsteller ist dargestellt, wie Apollo und Artemis von Leto auf der Insel Delos geboren werden. Der *omphalos* oder »Nabel« der Welt wird durch eine Säule hinter der sitzenden Figur der Leto symbolisiert. Es wurde überzeugend dargetan, daß die hier gezeigte Version der Legende mit der lokalen delischen Nymphe Asteria (zwischen Leto und Athene) tiefe Kenntnisse und aktiven heidnischen Glauben voraussetzten, es sich also nicht nur um einen klassisch geformten Geschmack handeln kann. Die Gebärde, mit der sich Athene an Artemis wendet, ist für die spätrömische Zeit sehr charakteristisch.

stinus, schrieben Traktate darüber, wie sich die Christen der klassischen Kultur gegenüber verhalten sollten. Sie verglichen sie bisweilen mit dem Gold, das die Kinder Israels von Ägypten forderten (Exodus 12:35), doch steht fest, daß die Mehrheit tatsächlich Gregors Meinung vertrat. Um höhere Regierungsstellen zu bekleiden, war es im vierten und in späteren Jahrhunderten nicht weniger wichtig als in den beiden Jahrhunderten zuvor, eine klassische Erziehung genossen und Rhetorik studiert zu haben. Der heidnische Philosoph Themistios ebenso wie der christliche Dichter Ausonius bekleideten im vierten Jahrhundert unter christlichen Herrschern öffentliche Ämter. Ohne größere Schwierigkeiten ließen sich zahlreiche weitere Beispiele für diese Erscheinung finden.

Gleichzeitig sah das vierte Jahrhundert das Entstehen einer spezifisch christlichen Kultur, die auf der Bibel fundierte, von Bischöfen ausgelegt und in den Werken christlicher Schriftsteller weiter expliziert wurde. Die neue lateinische Bibelübersetzung durch Hieronymus, die *Vulgata,* war ein gewissenhafter Versuch, der christlichen Öffentlichkeit eine gelehrte und genaue Bibelfassung in die Hand zu geben. Daneben entstanden zahlreiche Bibelkommentare, die Hieronymus' Freunden unter der römischen Aristokratie gewidmet, jedoch eindeutig für ein weiteres Publikum gedacht waren.

Die Christianisierung des Reiches führte dazu, daß eine neue, auf der Bibel gründende Kultur angenommen wurde. Die Menschen gaben aber im allgemeinen ihre alte Kultur nie ganz auf. Das macht uns gewisse Schwierigkeiten bei der Interpretation der intellektuellen und künstlerischen Produktion der spätrömischen Zeit. Wenn wir nicht wissen, welche Religion ein Dichter, ein Adressat einer literarischen Widmung oder ein Besitzer einer mosaikengeschmückten Villa mit klassischen Themen hat, versucht man dies aus der Natur des Kunstwerkes zu erschließen. Auf dieser Grundlage jedoch müßte man vermuten, der Dichter Ausonius, dessen Werk voll von klassischen Themen ist, sei ein Heide gewesen, obwohl keine Zweifel bestehen, daß er Christ war. Dieses und andere Beispiele zeigen, daß die Koexistenz echten Christentums mit einer fortdauernden Liebe für die klassische Kultur nicht nur möglich war, sondern sogar sehr häufig angetroffen wurde.

**Die Kirche und die Herrscher**

Die Bekehrung Konstantins veränderte die Stellung des Christentums in der römischen Gesellschaft. Im sogenannten Mailänder Edikt (313) erhielt die Kirche die Besitztümer zurück, die während der Verfolgung des Diocletian beschlagnahmt worden waren, und bekam schon in den frühen Jahren von Konstantins Herrschaft zusätzliche finanzielle Hilfe und Vergünstigungen. Die Kirche erlangte für ihren Klerus die Freistellung von bürgerlichen Pflichten (obwohl ein Kleriker bei seiner Weihe dafür Ersatz stellen mußte). Bischöfe erhielten das Recht der bürgerlichen Jurisdiktion, mit oder ohne Einwilligung beider Parteien. Es besteht kein Zweifel darüber, daß dies von praktischem Nutzen war, denn durch dieses schnellere und ehrlichere Rechtsprechungsverfahren wurde vermieden, was Konstantin das »endlose Netzwerk der Prozesse« nannte. Es gab aber auch klare Mißbräuche, etwa, wenn sich Libanius über die Tätigkeit des Bischofs von Antiochia beklagte, der bei der Ausübung seiner bischöflichen Jurisdiktion Streitigkeiten über Landbesitz einseitig zu Gunsten der Mönche entschied, die diesen Rechtsfall an ihn herangetragen hatten. Mit solcher Machtbefugnis ausgestattet, stiegen die Bischöfe in ihren Gemeinden schnell zu wichtigen Persönlichkeiten auf. Ihre Kirchen gewannen an Bedeutung und wurden durch Schenkungen und Legate oft sehr reich.

Der Kirchenvater Hieronymus machte einmal das Versprechen – das er dann nicht einhielt –, eine Geschichte zu schreiben, in der er aufzeigen wollte, wie die Kirche im vierten Jahrhundert »an Reichtum und Besitz zunahm,

*Rechts:* Dieses Bild des Ambrosius, des Bischofs von Mailand im späten 4. Jahrhundert, befindet sich in einem Mosaik der Kirche San Vittore in Ciel d'Oro in Mailand. Das Bild ist kurz nach dem Tod des Ambrosius entstanden. Obwohl der Beweis fehlt, daß es sich um ein realistisches Porträt handelt, zeigt die fragende, aber doch vertrauensvolle Wachsamkeit der Züge zumindest einige Aspekte des Charakters dieses außergewöhnlich begabten und mutigen Mannes.

an Tugend jedoch verlor«. Hieronymus hätte wohl an der Beschreibung des Historikers Ammianus Marcellinus Gefallen gefunden, nach der die Prälaten wie Pfauen im Zentrum von Rom herumstolzierten, umgeben von zahlreichen Bewunderern und devoten Kreaturen, und Mahlzeiten zu sich nahmen, die am ehesten Königen angemessen gewesen wären. In dieser Hinsicht, so meinte Ammianus, standen sie in scharfem Kontrast zu den einfacheren und lobenswerteren Umgangsformen der Kleriker auf dem Lande.

Hieronymus befaßte sich auch mit den religiösen Differenzen, die die Kirche im vierten Jahrhundert erschütterten. Konstantin war zu Beginn seiner Herrschaft erschreckt über die Spaltung der afrikanischen Kirche in Katholiken und Donatisten. Letztere widersetzten sich der Weihe eines Mannes zum Bischof, von dem man glaubte, er habe während der Christenverfolgung die heiligen Schriften ausgeliefert. Dieses Schisma, das im vierten Jahrhundert das Leben der afrikanischen Kirche beherrschte, konnte erst im frühen fünften Jahrhundert durch die Anstrengungen von Augustinus und seinen Kollegen und mit Hilfe kaiserlicher Kompromißformeln etwas entschärft werden.

Als Konstantin 324 im Osten ankam, wurde er sofort mit dem Problem des Arianismus konfrontiert. Arius, ein Priester aus Alexandrien, hatte über die Gottesnatur einige Theorien entwickelt, die in zahlreichen Grundgedanken auf die neuplatonische Philosophie zurückgingen. Obwohl seine Lehre auf einer örtlichen, durch den Bischof Alexander von Alexandreia einberufenen Synode (320?) verurteilt worden war, hatte sie große Verbreitung erlangt. Arius faßte die Dreifaltigkeit als Hierarchie göttlicher Wesen auf, wobei Gottvater an der Spitze stand, und der Sohn oder Logos – obwohl er schon vor aller Zeit existierte – von Gottvater geschaffen und ihm somit untertan sei. In diesem und weiteren verwandten theologischen Systemen wird der Sohn als Demiurg oder Weltbaumeister gesehen, der eine Zwischenstellung zwischen Gottvater und der geschaffenen Welt einnimmt. Die rechtgläubigen Christen weigerten sich, eine solche Unterscheidung zwischen den Gestalten der Dreifaltigkeit anzunehmen. Beim allgemeinen Konzil von Nicaea, das 325 zusammenkam, um die Streitfrage zu klären, bot Konstantin selbst die Kompromißformel an, Vater und Sohn seien wesensgleich (auf griechisch homo-ousios), und mit Ausnahme zweier oder dreier Geistlicher, die dann ins Exil geschickt wurden, nahm das Konzil diese Formel an. Es gelang aber weder dem Konzil von Nicaea, noch dem von ihm herausgegebenen Glaubensbekenntnis, das Konstantins Auslegung enthielt, die Gegensätze zwischen den Arianern und den rechtgläubigen Christen zu überbrücken. Die arianische Auffassung blieb im Ostreich bestimmend, bis Theodosius strikt die Position des Konzils von Nicaea vertrat und damit den Arianismus verwarf.

Die Herrscher waren gezwungen, selbst an diesen theologischen Streitigkeiten teilzunehmen – und bisweilen nahmen sie die Gelegenheit gerne wahr. Immer wieder traten kirchliche Gesandtschaften an sie heran, sie beriefen Kirchenkonzilien ein, beeinflußten deren Verlauf und verwendeten ihre säkulare Autorität, um deren Entscheidungen durchzusetzen. Sie enthoben widerspenstige Bischöfe wie Liberius von Rom und Athanasios von Alexandrien ihres Amtes und schickten sie in die Verbannung. Ammianus Marcellinus schrieb – wenn auch mit bewußter Übertreibung –, zur Zeit des Constantius sei der kaiserliche Transportdienst, der *cursus publicus,* fast zusammengebrochen, weil die Zahl der Bischöfe, die mit kaiserlicher Erlaubnis Synoden besuchten, so groß gewesen sei.

Obwohl die Herrscher des vierten Jahrhunderts mit ihrer großen Macht und Autorität die Kirche und den Verlauf ihrer Konzilien stark beeinflußten, waren sie doch nie in der Lage, die offizielle Doktrin selber bestimmen zu können; sie galten auch nie in irgendeiner Weise als Leiter der Kirche. In der Tat war das Verhalten von Iulian, der den Priestern seines reformierten Heidentums in Briefen schrieb, wie sie sich kleiden und in der Öffentlichkeit verhalten sollten, was sie lesen und welche Doktrin sie akzeptieren sollten, bei weitem theokratischer und »caesaropapistischer« als das, was die christlichen Herrscher taten.

Im Westen übte der Mailänder Bischof Ambrosius einen großen Einfluß auf die Herrscher aus, da diese verschiedentlich in seiner Stadt residierten. Im Jahre 389 ließ er Theodosius öffentlich in die überfüllte Kathedrale von Mailand rufen und zwang ihn, einen Befehl an den Bischof und die Kirchengemeinde von Callinicum am Euphrat aufzuheben; danach hätten sie eine von ihnen zerstörte Synagoge wieder aufbauen sollen. Im darauffolgenden Jahr ließ er Theodosius mit ähnlich direkten Methoden Buße für ein Massaker leisten, das seine Soldaten in Thessalonica verursacht hatten. Ambrosius besaß sehr klare Vorstellungen von den Pflichten eines christlichen Herrschers. Doch keine zeitgenössische Quelle interpretiert auch nur eines dieser Vorkommnisse als ein prinzipielles Problem zwischen »Kirche« und »Staat«. Trotz der Vorteile, die die Kirche genoß und trotz des ungeheuren Einflusses, den gewisse Bischöfe ausübten, erlangte die Kirche keine anerkannte formelle Stellung in der konstitutionellen Struktur des spätrömischen Reiches. Ihr Verhältnis zur kaiserlichen Regierung war und blieb das einer privilegierten und wohlorganisierten Interessengruppe.

### Die asketische Bewegung

Das Ende der Verfolgungszeit brachte für die christliche Gemeinschaft ein Dilemma, was die Natur geistlicher Tugenden betraf. Ein »Märtyrer« war in früheren Zeiten genau das gewesen, was dieses griechische Wort ausdrücken wollte, ein »Zeuge«, der selbst unter Todesgefahr öffentlich seinen Glauben bekannte. Nach dem Ende der Verfolgung suchten jene Christen, die ihren Glauben noch so bekennen wollten, wie es anscheinend das Neue Testament verlangte, nach neuen Ausdrucksformen. Die afrikanische Donatistenbewegung des vierten Jahrhunderts behielt die frühchristliche Haltung in einer Gesellschaft bei, in der sich die Stellung des Christentums grundlegend gewandelt hatte. Dieser neuen Lage wurde die maßvollere und realistische Haltung des Donatistengegners Augustinus eher gerecht. »Wie Frösche«, schrieb er, »sitzen sie in ihrem Sumpf und quaken: »Wir sind die einzigen Christen!«

Einige Christen des vierten Jahrhunderts fühlten in sich das Bedürfnis, einer Elite von Heiligen anzugehören; dem entsprach die wachsende Bedeutung der asketischen Bewegung. Die Selbstvervollkommnung auf körperlichem und geistigem Gebiet war, wie wir bereits gesehen haben, auch ein zentraler Aspekt der spätklassischen philosophischen Praxis. Der Herrscher Iulian führte nach Ammianus Marcellinus ein sehr einfaches Leben, »als ob er bald wieder in das Gewand des Philosophen zurückkehren wollte«. Die Ansicht der spätklassischen Philosophie jedoch, nach der der uns belastende Körper beherrscht werden muß, um den Geist für eine höhere Anschauung Gottes zu befreien, nimmt in der christlichen asketischen Bewegung immer beunruhigendere Aspekte an. Der Körper wird als aktiver Feind des Geistes gesehen, den man nicht nur durch Unterdrückung der Selbstsucht und Sinnlichkeit schulen, sondern den man durch extreme Formen asketischen Verhaltens bestrafen muß. Dieser Dualismus zwischen Körper und Geist fand sich auch bei den Gnostikern und Manichäern, nach denen jeder einzelne Mensch das Schlachtfeld der entgegengesetzten Kräfte des Guten und Bösen darstellt, wobei der Körper eine Schöpfung und das Werkzeug des Bösen ist. Das Problem der Herkunft des Bösen spielte bei der geistigen Entwicklung des Augustinus eine zentrale Rolle. Die Schwierigkeiten, ein gesundes Gleichgewicht in der Askese zu finden, wurden in vielen Schriften über die Reinheit abgehandelt und finden sich in manchen Unterweisungsbriefen, die geistliche Führer wie Hieronymus an prominente christliche Laien schrieben.

Die Haupttraditionen in der Entwicklung der asketischen Bewegung werden von zwei Männern repräsentiert, beides Ägypter, Pachomios und Antonios. Gegen Ende des dritten Jahrhunderts hatte Pachomios eine Ordensregel für mönchische Gemeinschaften aufgestellt. Die Mönche besaßen die wesentlichen Güter gemeinsam, sorgten durch eigene Arbeit für ihre Bedürfnisse, verkauften den Überfluß für mildtätige Zwecke und befolgten bestimmte Regeln religiösen und sozialen Verhaltens. Später wurden die Mönchsregeln von Basilius von Caesarea und im weiteren Verlauf im Westen von Cassianus und Benedikt, dem eigentlichen Begründer des mittelalterlichen Mönchtums, weiter ausgebaut. Die Lebensbeschreibung des Antonios übte im Westen wie im Osten einen ungeheuren Einfluß aus. Er repräsentierte die eremitische asketische Tradition, zog sich immer mehr von der Gesellschaft zurück und suchte seine geistliche Vollendung in Kontemplation und selbstgewählter Entbehrung. Die Versuchungen des hl. Antonios in der Wildnis durch den Teufel waren ein wichtiges Thema der religiösen bildenden Kunst späterer Jahrhunderte.

Die asketische Bewegung beeinflußte das kirchliche Leben des vierten Jahrhunderts auf verschiedene Weise. Zu Beginn seines religiösen Lebens hatte Hieronymus eine unglückliche Periode als Einsiedler in der Syrischen Wüste verbracht. Für Hieronymus bildete das Mönchsleben die Grundlage für intellektuelle und akademische Arbeit, für die Niederschrift von Übersetzungen und Kommentaren und für die bitteren theologischen Streitgespräche, für die er gleichermaßen berühmt war. Hieronymus' Zeitgenosse Augustinus, der Bischof von Hippo Regius in Nordafrika, sah in der Mönchsgemeinschaft, die mit einer Bischofskirche verbunden war, die richtige Umgebung für das Studium, die Meditation, die Disziplin und das Gemeinschaftsleben. Aus ihr würden neue Priester hervorgehen, die die Bischöfe der nächsten Generation stellten. Die Gemeinschaft auf der Insel Lérins an der Südküste Frankreichs hatte eine ähnliche Funktion im Hinblick auf die Bistümer Südgalliens im fünften Jahrhundert.

Als Martin von Tours das Kloster von Marmoutiers (*maius monasterium,* das »größere Kloster«) in Zentralgallien begründete, war dies ein weiterer recht wichtiger Beitrag der asketischen Bewegung zum Leben der spätrömischen Gesellschaft. Weil Martin mit dem Mönchsleben eng verbunden war, erlangte er eine geistige Autorität, die weit über sein Amt als Bischof hinausging. Man glaubte, er stehe in direktem Kontakt mit der göttlichen Macht und könne Wunder bewirken, was er bei seiner aggressiven Verkündigung des Evangeliums weidlich ausnützte. Die Tätigkeit von Martin machte die am meisten störenden Folgen der wachsenden asketischen Bewegung für die traditionelle römische Gesellschaft deutlich. Mönche, die glaubten, sie seien direkt vom göttlichen Willen inspiriert, taten sich in mehreren Teilen des Reiches zusammen und griffen lokale Heiligtümer und heidnische Ein-

**Die Verbreitung und der Einfluß des Mönchstums (300–500 n. Chr.)**
Das Mönchstum breitete sich in frühen Zeiten auf ganz bestimmten Wegen aus, wobei die kirchlichen Streitigkeiten oft eine wichtige Rolle spielten. Streitbare Bischöfe wie Athanasios von Alexandria schlugen von Beginn an Nutzen aus dem Prestige der asketischen Bewegung, während Hilarius von Poitiers und Eusebius von Vercelli aus ihrem östlichen Exil, in das sie der Arianer Constantius II. geschickt hatte, den Mönchsgedanken zurückbrachten. Der Einfluß weiterer Männer aus dem Westen, wie des Hieronymus und des Iohannes Cassianus, im 5. Jahrhundert in Gallien, hing mit ihrer Rolle bei den theologischen Streitigkeiten des Ostreiches zusammen. Das Ansehen der Asketen wurde oft als eine Herausforderung an die bischöfliche Autorität angesehen, doch gelang es Bischöfen wie Martin von Tours und Augustinus, sie für ihre Ziele einzuspannen, und Klöster wie das von Lérins wurden zu Schulen für den Bischofsnachwuchs. Die monastischen Traditionen des 5. und 6. Jahrhunderts in Britannien und Irland bestanden aus zwei Phasen: Kontakte zwischen den keltischen Völkern Britanniens und denen Westgalliens – sie zeigen sich auch in der späteren Ausbreitung von Manuskripten aus dem Mittelmeerraum über die westlichen Seewege nach Irland – und die Bekehrung des sächsischen Britannien, eingeleitet von Augustinus von Canterbury.

richtungen an. Dabei wurden sie bisweilen vom örtlichen Bischof ermutigt und offensichtlich von den kaiserlichen Autoritäten auch nicht behindert. Bei gewissen Gelegenheiten unterstützten die lokalen Autoritäten sogar aktiv diese dreisten illegalen Handlungen. Durch den Konflikt mit den Donatisten in Nordafrika entstanden die sogenannten Circumcellionen, umherschwärmende Haufen grob bewaffneter Fanatiker, die dauernd »Lob dem Herrn« ausriefen und Christen der entgegengesetzten Richtung einschüchterten, angriffen und bisweilen töteten. Für heidnische Beobachter verletzten solche »Tyrannen« alle Maßstäbe bürgerlichen, moralischen und legalen Verhaltens. Vor diesem Hintergrund sind die Vorwürfe gegen die Mönchsbewegung, sie fördere eine Haltung, die die normale römische Gesellschaft untergrabe, nur allzu gut verständlich.

Dieser Vorwurf stellt nur einen Teil einer allgemeinen Kritik an der Kirche des vierten Jahrhunderts dar; sie soll die Moral und die psychischen Ressourcen des Römischen Reiches angegriffen haben. Sie tat dies, so behaupteten ihre Kritiker, indem sie eine Ideologie förderte, die in ihren höchsten Zielen auf das Jenseits ausgerichtet war, und deren niedrigstes Ziel darin bestand, gewaltsam gegen säkulare Institutionen und Besitztümer vorzugehen. Überdies habe sie der kaiserlichen Regierung unentbehrliche finanzielle Ressourcen und Arbeitskräfte entzogen. Was den ersten Punkt dieser Kritik angeht, so wurde dies, wie bereits dargestellt, von Hieronymus bezweifelt. Den Führern der Kirche in jener Zeit fehlte es weder an weltlichem Ehrgeiz noch an einer echten mildtätigen Haltung oder einem allgemeinen Verantwortungsgefühl. Die Bischöfe erhielten bestimmte Rechte, etwa das der Jurisdiktion, was ihnen eine klar umschriebene, nützliche Aufgabe in der säkularen Gesellschaft gab. Es ist ebenso unwahrscheinlich, daß die Gewalt, die Christen gegen ihre Gegner, seien es Heiden oder Ketzer, ausübten, zu einer aufs Jenseits gerichteten Haltung bei diesen führte. Die eigentliche Gefahr lag nicht in der Indifferenz, sondern in der Polarisierung. Über den Vorwurf, die Kirche habe die Ressourcen und Arbeitkräfte dem Staat entzogen, sei am besten in allgemeiner Form in einem Kapitel über den Aufbau des Römischen Reiches im vierten Jahrhundert und sein Verhältnis zur römischen Gesellschaft diskutiert.

### Der spätrömische Staat und seine Gesellschaft

Die Reformen Diocletians und Konstantins hatten grundlegende Veränderungen im römischen Staatswesen mit sich gebracht, wobei zwei Faktoren besonders hervorzuheben sind: eine weitgehende Einschränkung der persönlichen Freiheiten und der Aufbau einer bürokratischen Reichsverwaltung. Mit dieser forcierten Macht- und Zentralisationspolitik versuchte das Kaisertum den wachsenden wirtschaftlichen, politischen und sozialen Problemen Herr zu werden. Für die Verwirklichung einer solchen Politik war ein riesiger, kostspieliger Machtapparat erforder-

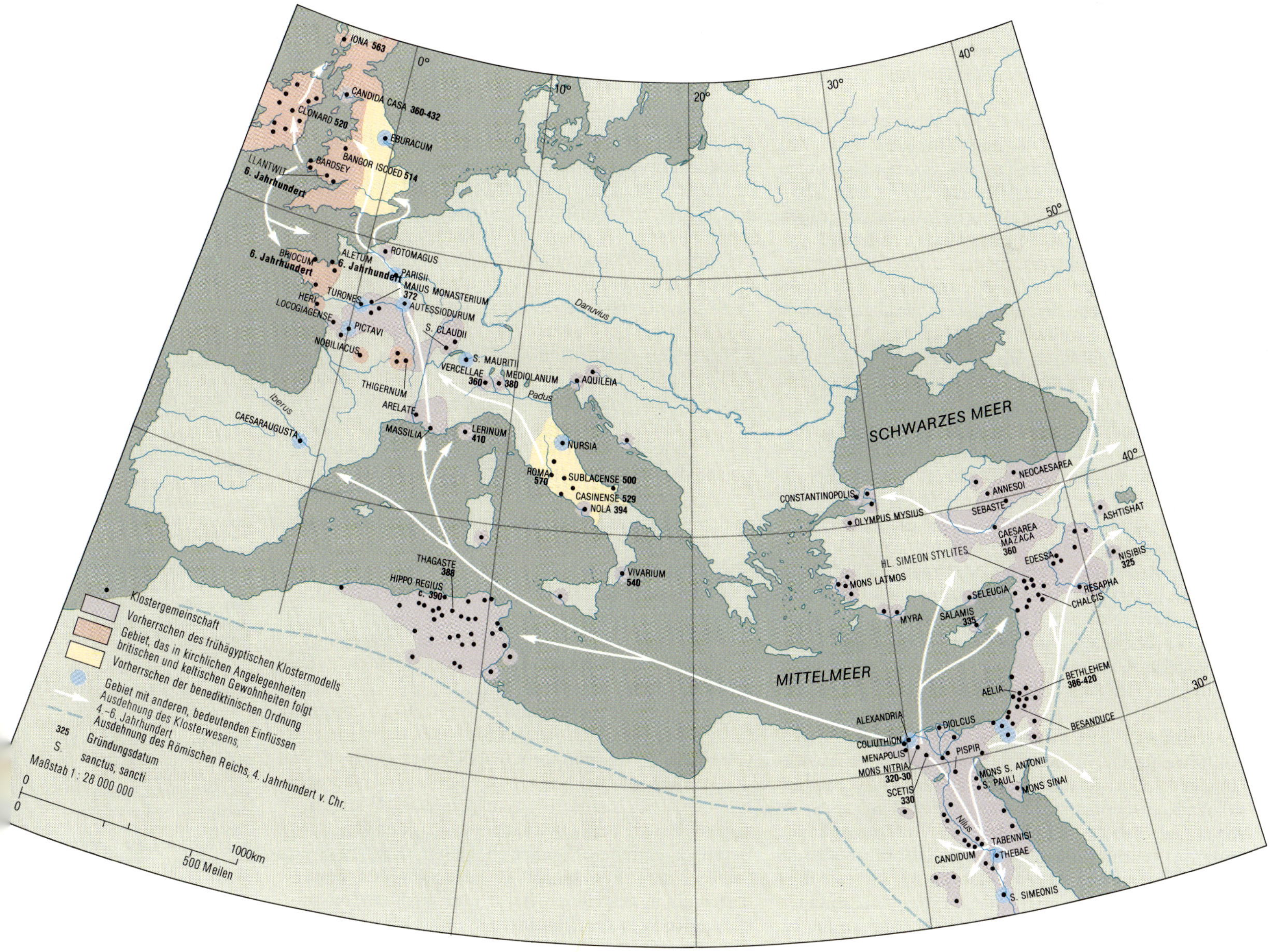

lich, dessen Finanzierung aufgrund der spärlicher fließenden finanziellen Quellen immer schwieriger wurde.

Daß das spätrömische Reich vor allem durch die Bürokratie geprägt war, wird allgemein anerkannt. Mit dem Begriff »bürokratisch« ist gemeint, daß die Regierung in Ressorts *(officia)* mit ganz bestimmten Tätigkeitsbereichen eingeteilt war. Die Arbeit versahen bezahlte Beamte, die nach Dienstalter befördert wurden, und sich ihren Abteilungen loyal verbunden fühlten. Innerhalb der normalen Verwaltungsebenen herrschte eine hohe Kontinuität, ungeachtet der politischen Verschiebungen, die in den höchsten Chargen stattfinden konnten. Eine besonders wichtige Quelle gibt uns den Eindruck, man könne die Organisation der Regierung sogar als Kunstwerk auffassen. Diesen Tribut an das bürokratische Selbstverständnis finden wir in den *Notitia dignitatum,* einer Zusammenstellung der Verwaltungsbezirke und Militärposten sowie ihrer Insignien, wie sie am Ende des vierten und im fünften Jahrhundert existierten.

Die *Notitia dignitatum* geben uns nur teilweise einen Eindruck von der Größenordnung der spätrömischen Amtsgeschäfte. Die Beamten lebten nicht nur am kaiserlichen Hof, sondern waren über alle Provinzen verstreut: Oberaufseher der provinziellen Finanzministerien, Rechnungsführer, die für den Nachschub der regionalen Armeen sorgten, Aufseher von Münzprägeanstalten und Waffenfabriken, Beamte, denen die Steuereinschätzung unterstand, Verwalter der kaiserlichen Güter und so weiter. Viele, allerdings nicht alle, dieser Beamten waren wohl in einem weiteren Dokument aufgezählt, dem *Laterculum minus* (»Verzeichnis minderer Würdenträger«), das ein oder zweimal in den *Notitia dignitatum* zitiert wird, uns aber nicht erhalten geblieben ist.

Dem modernen und ohne Zweifel auch dem spätrömischen Beobachter fiel bei der Betrachtung der Methoden dieser Regierung vor allem auf, mit welcher Gewalt sie ihren Willen durchzusetzen versuchte. Der *Codex Theodosianus,* eine Gesetzessammlung des vierten und frühen fünften Jahrhunderts, zusammengetragen in der Zeit zwischen 429 und 437, gibt uns eine erschreckende Liste aller möglichen Strafen. In zwei Gesetzen bestimmte Konstantin, daß bestechlichen Beamten die Hände abgeschnitten und Entführern unverheirateter Mädchen Mund und Kehle mit geschmolzenem Blei ausgegossen werden sollten. Diese grausamen Ausbrüche fanden im Kodex und in anderen Quellen durchaus ihre Parallelen. Die Folter wurde regelmäßig angewendet, nicht mit ihrer »eigentlichen« Aufgabe, vor Gericht vertrauenswürdige Aussagen zu erpressen, sondern als Raffinement vor der Hinrichtung oder als eigenständige Strafe. Die Anwendung solcher und ähnlicher Methoden wird uns von zahlreichen literarischen Quellen bestätigt, besonders von Ammianus Marcellinus, der uns besser als jeder andere Schriftsteller die Atmosphäre des Terrors nahebringt, mit der spätrömische Herrscher ihre Rechte verteidigten, besonders, wenn sie fürchteten, ihre Stellung werde durch Verrat und dunkle Künste wie Magie und Zukunftsdeutung anhand von Horoskopen gefährdet.

Die Färbung der spätrömischen Gesetzgebung wurde nur wenig von der Christianisierung des Reiches beeinflußt. In einzelnen Fällen kann man jedoch die Auswirkungen des Christentums deutlich erkennen. Konstantin soll die Kreuzigung und das Brechen der Beine als Strafe abgeschafft haben, und eines seiner Gesetze verbietet, Male auf Gesichter zu brennen, »damit das Bild der göttlichen Schönheit nicht verunstaltet werde«. Gesetze über die Sonntagsheiligung erschienen im vierten Jahrhundert zum wiederholten Male, und bisweilen wurden für bestimmte Verbrechen Osteramnestien erlassen. Es ist möglich, jedoch keineswegs bewiesen, daß die zunehmend schärferen Bestimmungen über den Ehebruch und die Ehescheidung sowie die größere moralische Ächtung der männlichen Prostitution und der Immoralität der Schauspielerinnen vom Christentum inspiriert waren. Zusammenfassend kann man feststellen, daß die spätrömische Gesetzgebung im Vergleich zu früheren Zeiten keinesfalls humaner geworden ist, und es steht außer Frage, daß sie bei der Behandlung abweichender Religionsauffassungen zunehmend intoleranter wurde.

Die politischen und sozialen Ziele der spätrömischen Gesetzgebung sind offenkundig: Es waren dies die Aufrechterhaltung der kaiserlichen Position sowie der öffentlichen Ordnung und die Organisation der Gesellschaft, wie sie den Bedürfnissen der Regierung am besten entsprach. Ohne Zweifel griff der spätrömische Staat, wie wir an den Gesetzen und an der Zahl der Beamten ermessen können, vie stärker und direkter als in früheren Zeiten in alle Lebensbereiche ein. Vielleicht muß man dies als eine Folge davon sehen, daß die kaiserlichen Behörden mit der Zeit erkannten, daß die Ansprüche gestiegen waren und mehr konkrete Ziele verwirklicht werden mußten. Sie versuchten dem einfach dadurch gerecht zu werden, daß sie mehr regierten.

Die heutige Forschung stellt zwei Faktoren besonders heraus: den Grad der sozialen Mobilität, der noch in der Gesellschaft des spätrömischen Reiches gegeben war, und auf der anderen Seite die konservative Haltung der traditionellen Gesellschaft im allgemeinen. Wie auch zu anderen Zeiten neigten viele Söhne dazu, den väterlichen Beruf zu ergreifen. Bäcker, Soldaten, Kaufleute und Schiffseigner erfreuten sich im Leben gewisser Vorteile, hatten einen geachteten Beruf und spielten eine anerkannte Rolle in der Gesellschaft, und vielen wurde gar nicht bewußt, daß es glänzende Aufstiegsmöglichkeiten

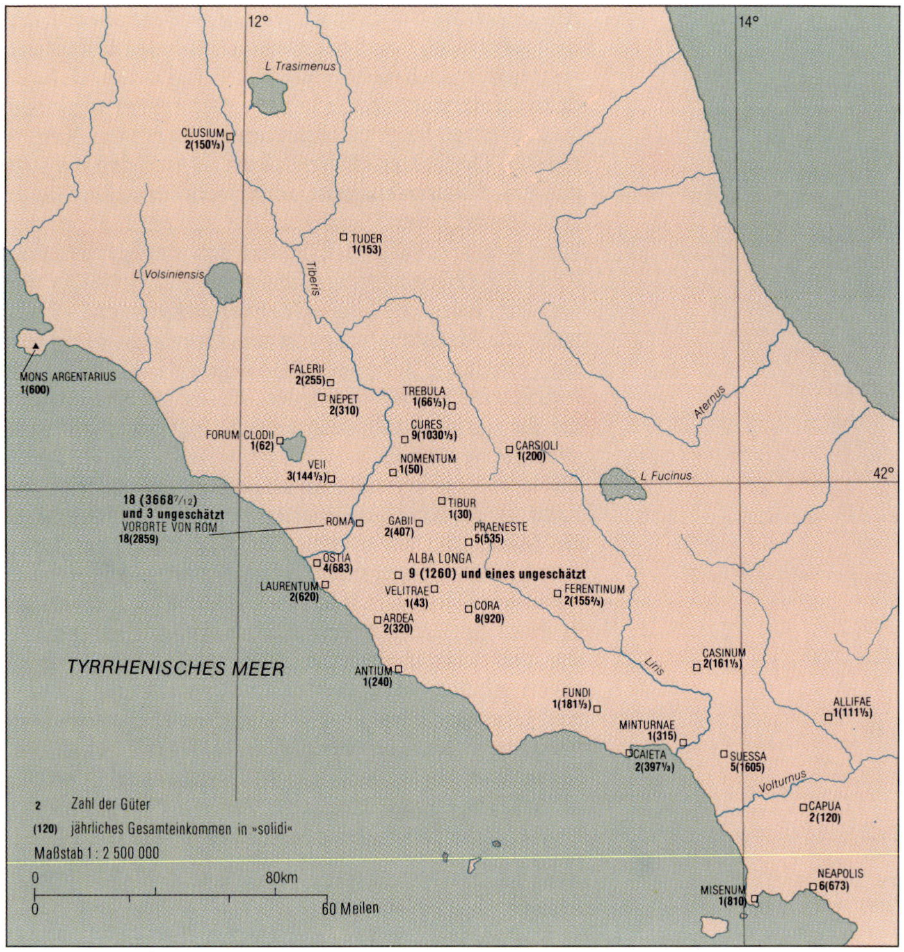


Die Bearbeiter des *Liber Pontificalis* des frühen 6. Jahrhunderts fügten in ihre Lebensbeschreibungen der römischen Bischöfe von 314–440 n. Chr. Listen von Landgütern ein, die 16 Kirchen in Rom und je eine in Ostia, Albano, Capua und Neapel von ihren Gründern zum Geschenk erhalten hatten. Abgesehen von 36 Besitztümern anderswo im Reich, besaß die Kirche 122 Landgüter in Italien. Zusätzlich zum Namen und zur Lage der Güter gibt die Liste in nahezu allen Fällen das Nettoeinkommen an, das von jedem dieser Landgüter erwartet wurde.
Man hat festgestellt, daß Konstantin 84 dieser italienischen Besitzungen verschenkt hatte. Die übrigen Landgüter stammten von dem Senator Gallicanus, einer sozial hochangesehenen Frau mit dem Namen Vestina und von mehreren Päpsten.
Obwohl es ohne Zweifel in dieser Zeit noch zahlreiche weitere Schenkungen gab, von denen uns keine Nachricht erhalten ist, sind die Einzelheiten der Besitzverhältnisse – eine große Zahl kleiner verstreuter Landgüter – nicht nur für die Kirche, sondern auch für reiche Familien und andere Körperschaften typisch. Landbesitz bedeutete Reichtum; man konnte ihn durch »zufällige« Erwerbungen über viele Generationen hin anhäufen. Unter den Landgütern Konstantins befanden sich frühere Besitztümer der Kaiser Augustus, Tiberius, des reichen Römers Maecenas, von Senatoren des frühen Kaiserreiches und eines Christen, dessen Land während der Christenverfolgung eingezogen worden war – und selbst die verlassenen Kasernen einer Legion, die später anderswo stationiert wurde.

gab. Ein weit wichtigerer Faktor war jedoch der allen bäuerlichen Gemeinschaften eigentümliche Zug, sich gegenüber Veränderungen indifferent wenn nicht feindselig zu verhalten. Man hing der alten Lebensweise und dem alten Glauben an, und es ist kein Zufall, daß das Wort *paganus,* mit dem die Christen einen Heiden, einen Anhänger der alten Religion bezeichneten, eigentlich »Landbewohner« bedeutet.

Viele Einzelfälle zeigen überdies, wie die soziale Mobilität durch die Gesetzgebung gehindert oder entmutigt wurde, aber auch wie es »Erfolgreichen« gelang, die traditionellen Pfade zu verlassen: Ein Bäcker wird Provinzgouverneur, der Sohn eines städtischen Ratsherrn Lehrer der Rhetorik (und später Bischof), ein Soldat wird Mönch und so weiter. Das Problem liegt wie immer in der Quantifizierung. Die Beispiele vermitteln uns einen gewissen Eindruck, doch Zahlenvergleiche lassen sich anhand des spärlichen Materials nicht anstellen. Der Eindruck ist allerdings etwas wert, besonders, wenn wir ein Gebiet untersuchen, das eine weitergehende Analyse ermöglicht, nämlich die Rolle des kaiserlichen Hofes als Quelle sozialer Mobilität. Der Hof *(comitatus)* erscheint in spätrömischen Quellen unter zahlreichen verschiedenen Gestalten als Zentrum der Regierung, als der Ort ernsthafter Diskussionen in Krisenmomenten, als Forum für Rechtsstreitigkeiten, politische Dispute und Gesandtschaften, aber auch als eine Art intellektuellen Klubs, der die Begabten, Ehrgeizigen und Gelehrten anzog, literarische Studien förderte, den Hintergrund für elegante Festessen und für Diskussionen religiöser und philosophischer Natur abgab, wie etwa für die Mailänder Hofgesellschaft, wie dies Augustin in seinen *Confessiones* beschreibt. All diese Facetten der Tätigkeit des *comitatus* lassen sich anhand alter Quellen belegen. Das Hofpersonal verfügte über mehr Einfluß als gewöhnliche Senatoren, und die wichtigste Machtposition hatten die ständigen Berater der Herrscher inne, um so mehr, als nicht wenige Kaiser bereits im Kindesalter den Thron bestiegen, so daß sie von vornherein maßgeblich vom kaiserlichen Machtapparat beeinflußt wurden.

Der Hof trug auch zur wirtschaftlichen und kulturellen Belebung der entsprechenden Regionen bei; das Vorhandensein eines kaiserlichen Hofes in Trier eröffnete zahlreichen Kandidaten aus mittel- und südwestgallischen Städten, die zur Zeit des frühen Reiches wenig am politischen Leben teilgenommen hatten, neue Möglichkeiten. Dasselbe gilt im Hinblick auf den Hof in Konstantinopel auch für die Inlandsdistrikte von Anatolien. Dort sind die kappadokischen Bischöfe Gregor von Nazianz, Basilius von Caesarea und Gregor von Nyssa Beispiele für den kulturellen und politischen Aufstieg eines bis dahin unbedeutenden Gebietes des Oströmischen Reiches.

Die Rolle des Hofes wird noch klarer beleuchtet durch die Briefsammlungen einiger prominenter Persönlichkeiten des öffentlichen Lebens, die mit dem Hof zu tun hatten: Im Westen ist es der Redner Symmachus, im Osten sind es der Rhetoriker Libanius von Antiochia und die kappadokischen Bischöfe. Aus diesen Quellen geht hervor, daß die kaiserlichen Hofbeamten sich selbst und ihren Freunden zahlreiche Vorteile, Privilegien und sonstige Vergünstigungen verschaffen konnten. Was im *Codex Theodosianus* als kastenbeherrschte, streng von der kaiserlichen Gesetzgebung bestimmte Gesellschaft erscheinen mag, war in Wirklichkeit ein dauernder Kampf zwischen den Herrschern und jenen, denen die Gesetzgebung galt. Diese benutzten oft genug des Kaisers eigene Beamte, um sich selbst zu verteidigen und ihre Privilegien beizubehalten.

Es wäre irreführend, solche Tendenzen einfach als Korruption zu bezeichnen, obwohl die Herrscher sich wohl darüber bewußt waren, daß kaiserliche Beamte auch private Belange vertraten. Sie versuchten dies durch noch mehr Gesetze zu verhindern. Insgesamt war es aber einfach die Art und Weise, mit der die Regierung in ihrem sozialen Kontext funktionierte. Man muß das spätrömische Reich als pluralistische Gesellschaft mit einer Vielzahl althergebrachter Interessen sehen, die so stark auf die Regierung einwirkten, wie dies ihr Einfluß erlaubte. Zwei der bestorganisierten Interessengruppen sind einer besonderen Erwähnung wert.

Die Rolle der christlichen Kirche und die Privilegien, die sie unter den christlichen Herrschern des vierten Jahrhunderts errang, wurden bereits beschrieben. Einige moderne Forscher sahen in der Kirche – zusammen mit der Bürokratie – eine der Hauptursachen für die Schwäche des späten Reiches, weil die Kirche in ihren Dienst Männer berief, die sonst dem Staat von Nutzen gewesen wären. Die Bischöfe jedoch stellten, wie die Rhetoriker und die Wagenlenker, die großen Individualisten des spätrömischen Staates, und es ist fraglich, ob sie im Dienst des Kaisers ebenso brillant gewesen wären wie in der Kirche oder ob die Bürokratie spürbar von ihrer Mitarbeit profitiert hätte. Wäre Ambrosius Praetorianerpraefekt geworden wie sein Vater, hätte er sich dann mit der gleichen Kraft äußern können, wie es ihm sein Amt als Bischof zugestand?

Eine zweite wichtige »pressure group« bildete der römische Senat. Er vertrat als eine Institution mit geringem politischem Gewicht, aber von ungeheurer historischer Bedeutung, die Interessen des Landadels Italiens und der westlichen Provinzen. (Der Senat von Konstantinopel, der sich aus Grundbesitzern im Osten rekrutierte, stand immer mit dem Kaiserhof in enger Beziehung und besaß nie die körperschaftliche Unabhängigkeit wie sein Gegenstück in Rom.) Unter der Leitung des Stadtpraefekten und des *princeps senatus,* des nach Alter und Ansehen führenden Senators, herrschte der Senat über Rom und einen großen Teil Mittel- und Süditaliens wie über sein eigenes Gebiet. Die Senatoren hatten großen Landbesitz in Italien, Sizilien und Nordafrika, und ihr Einfluß wurde durch Statthalterschaften und ererbte Patrimonialgewalten noch verstärkt. Durch ihre wirtschaftliche Macht, ihr Prestige und ihre politische Organisation, die auf dem Senat beruhte, gelang es der römischen Aristokratie, einen dauernden Einfluß auf die Herrscher auszuüben.

Man kann den unerhörten Reichtum des Senatsadels von Rom gar nicht genug betonen; er wurde für Luxusbauten, Reisen in großem Stil, auffällige Kleidung und einen verschwenderischen Haushalt mit ganzen »Armeen« von Sklaven ausgegeben und äußerte sich auch in Freigebigkeit gegenüber Kollegen und gegenüber der Bevölkerung von Rom, insbesondere bei der Finanzierung öffentlicher Spiele; der Redner Symmachus, ein nicht sehr reicher Senator, gab für die Praetorianerspiele seines Sohnes im Jahre 401 2000 Pfund Gold aus. Das jährliche Bareinkommen einiger Senatsfamilien aus der Verpachtung ihrer Landgüter belief sich auf 4000 Pfund Gold; »mittelmäßig« gestellte Senatoren erreichten noch mehr als ein Drittel. Hinzu kam der Erlös aus dem Verkauf der Überschußproduktion. Zu einer Zeit, da die kaiserliche Regierung zunehmend unter finanziellen Schwierigkeiten litt, hatten die römischen Senatoren zu Recht Tadel für ihre Rolle beim politischen Kollaps des westlichen Reiches verdient. Man muß aber zugeben, daß die Haltung der italienischen Aristokratie während der Zeit nach dem Eindringen der Westgoten im Jahre 410 von grundlegender Bedeutung war, da sie in jener Zeit die Kontinuität Roms gewährleistete.

# Die Bürokratie

»Ein prunkvolles Theater, angefüllt mit Spielern jeden Typs und Talents«: so beschrieb Gibbon die spätrömische Bürokratie und bezog sich dabei insbesondere auf die Illustrationen der *Notitia Dignitatum,* die in einer Auswahl auf diesen Seiten reproduziert werden. Die *Notitia,* das »Verzeichnis ziviler und militärischer Würdenträger«, wurde um 395 zusammengestellt und ihre westlichen Abschnitte fanden unter der kaiserlichen Verwaltung noch bis etwa 425 Verwendung. Dann war sie offiziell nicht mehr in Gebrauch, blieb jedoch als Teil eines Dossiers spätrömischer offizieller und quasioffizieller Dokumente, die im neunten Jahrhundert kopiert wurden, erhalten. Die hier vorgestellten Beispiele stammen aus einem Manuskript der Bodlejan Library in Oxford, 1436 nach dem karolingischen Manuskript des neunten Jahrhunderts kopiert. Die verschiedenen Illustratoren des Manuskripts haben ganz offensichtlich versucht, die spätrömischen Insignien exakt wiederzugeben, doch nahmen sie sich bei der Darstellung dekorativer Details wie etwa der Kleidung auch einige Freiheiten.

Der *Notitia* zufolge stand der König (hier Constantius II. auf einer in Nicomedia geprägten Goldmünze) an der Spitze der Regierung des spätrömischen Staates; gewöhnlich gab es ein Kollegium von zwei oder mehr Kaisern, die unabhängig herrschten, jedoch eine einheitliche Front darboten. Die Regierung war seit der Zeit Diocletians streng in militärische und zivile Funktionen getrennt. Die beweglichen Feldarmeen des Ostens und des Westens standen unter dem Befehl von *magistri,* der Heermeister von Kavallerie und Infanterie. Hier die Insignien des westlichen Infanteriemeisters und einige der Wahlsprüche auf den Schilden seiner Truppen. Nach den Heermeistern kamen die Befehlshaber, die für die Regionalarmeen ernannten *comites* und *duces* (»Grafen« und »Herzöge«), die für alle Provinzen in der Notitia aufgeführt sind. Den *comes domesticorum* unterstand die Palastwache, die sich ebenfalls, wie *(unten)* zu sehen ist, in Kavallerie und Infanterie aufteilte. Zu den Pflichten des *castrensis* gehörte die Verwaltung des Palastes.

An der Spitze der Zivilregierung standen die Praefekten Italiens mit Africa und Illyrien, Galliens mit Spanien und Britannien und des Ostens, von Thrakien bis Arabien. Ihre Verantwortlichkeiten erstreckten sich auf den Hof und die Provinzverwaltung, wobei es vor allem um das Steuerwesen ging. Der »Vorsteher der Ämter« (Kanzler) überwachte den Beamtenstab, vereinbarte Audienzen mit dem Kaiser und koordinierte ganz allgemein die Verwaltung des Hofs. Der Finanzminister *(comes sacrarum largitionum)* überwachte die Münze und die Minen, nahm Steuern ein und kontrollierte die Bezahlung von Schenkungen und Bargehältern; ein weiterer Beamter, der Schatzminister *(comes rerum privatarum)* verwaltete staatliches Eigentum. Der »Vorsteher des heiligen Palastes« *(quaestor sacri palatii)* oft selbst ein berühmter Literat, war zuständig für die Abfassung kaiserlicher Kommuniqués in der geeigneten literarischen Form. Der *primicerius notariorum* stand an der Spitze der kaiserlichen Sekretariate oder »Notariate«.

Die Insignien von Beamten werden als ein Ensemble von Kodizillen dargestellt – goldverbrämte Ernennungsurkunden in Elfenbeinrahmen mit dem kaiserlichen Porträt – oder als ein Buch mit heraldischer Bemalung auf dem Buchdeckel und als Schriftrollen. Die Kodizille und manchmal auch die Bücher sind auf einem Tisch mit gemustertem Überwurf angeordnet. In manchen Fällen steht eine geschnitzte Elfenbeinsäule auf einem Dreifuß. Dieser stellte das zeremonielle Schreibzeug dar, das die gerichtliche Zuständigkeit symbolisierte.

Die Insignien des *comes domesticorum,* purpurn und golden schimmernde Schilde, sind der Ausdruck seiner Stellung in der Palasthierarchie. Die Siegesgöttinnen mit ihren Flügeln und dem kaiserlichen Porträt werden aus einer christlichen Perspektive einfach in Engel umgeformt. Die ersten beiden unter dem westlichen *magister peditum* gezeigten Einheiten, »Ioviani« und »Herculiani«, bewahren die Tetrarchentitel »Iovius« und »Herculius«. Provinzarmeen werden durch eine Stadt oder Stadtgruppe symbolisiert. Die Pflichten des *comes* von Italien, eine späte Neuerung, sind durch die Alpen und ihre (wirklichen oder symbolischen) Schranken, die *claustra Alpium,* dargestellt. *Belgica secunda* war eine Küstenregion in Nordfrankreich; der *litus Saxonicum,* die Sachsenküste, bildete einen Teil des Küstenverteidigungssystems. Die Aufgaben des *castrensis* werden durch Bilder von Palastmöbeln, zu denen eine reich verzierte Silberschatulle mit Parfumflakons gehört, illustriert.

comes domesticorum

comes Italiae

magister peditum

dux Belgicae secundae

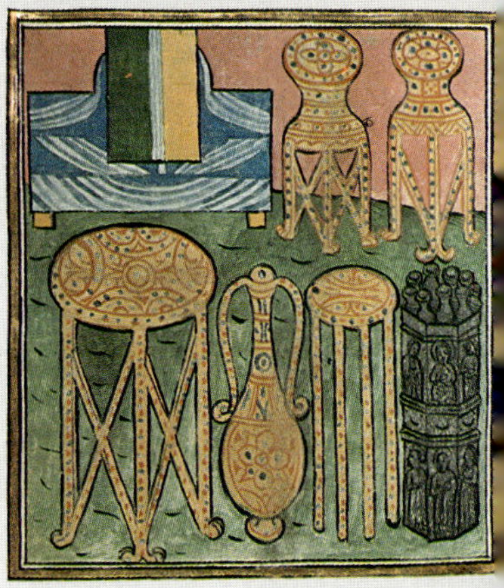

castrensis

Die drei Damen, Italia, Africa und Illyricum stellen die Diözesen unter dem Praefekten Italiens dar, die Körbe enthalten den Steuertribut der Provinzen. Ihre moderne Kleidung spricht für sich selbst; dasselbe gilt für die Detailgenauigkeit der karolingischen und Renaissancekopisten in anderen Fällen, die nicht immer verstanden, was sie wiedergaben. Die Konsularprovinz Kampanien wird ungewöhnlicherweise als Dame mit Schild und Emblem dargestellt, die auf einem Podium in einem Alkoven mit Vorhang sitzt. Der Tisch mit Buch wurde raffiniert als Teil der Möblierung des Alkovens in die Komposition integriert.

Apulien und Calabrien sind nach der *Notitia* ein Beispiel für eine von einem *corrector* regierte Provinz. Die etwas verfälschte, abgekürzte Buchlegende lautet: »*I (?) feliciter; Vale corrector iussu dominorum*« (»Fahre wohl (?); lebwohl, Corrector nach dem Willen unserer Herrn der Kaiser«).

Italia, Africa, Illyrien

Kampanien

Apulia, Calabria

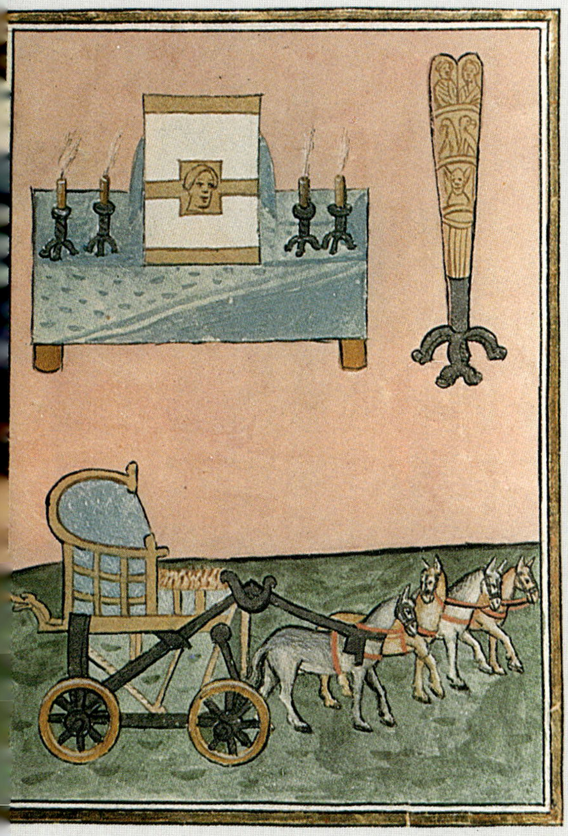

...etorianerpraefekt

magister officiorum

quaestor

comes sacrarum largitionum

primicerius notariorum

Neben dem zeremoniellen Schreibzeug und dem Kodizill, von denen schon die Rede war, und einem Kerzenleuchter, gehörte ein vierspänniger Wagen, wie ihn auch der Praefekt von Rom zur Schau stellte, zu den Insignien des Praetorianerpraefekten. Details wie die dekorativen Köpfe am Wagen sind getreulich, im Fall des Schreibzeugs jedoch ohne größeres Verständnis wiedergegeben. Die Waffenfabriken *(fabricae)*, die in das Ressort des *magister officiorum* gehörten, wurden in Wirklichkeit erst 390 von ihm übernommen; daraus ergibt sich ein wichtiges Argument für die Datierung der *Notitia Dignitatum*. Die verschiedenen Bestandteile der Rüstung – Schilde, Pfeilspitzen, Brustpanzer – wurden in Spezialwerkstätten hergestellt. Die Funktionen des Quaestors gehen aus Schriftrollen und einer Säule mit der vielleicht optimistischen Inschrift »nützliche Gesetze« hervor, und die des *comes sacrarum largitionum* aus für die Verteilung geeigneten kostbaren Gegenständen wie Gold- und Silbermünzen, Spangen, Lorbeerblätter und Repräsentationsgeschirr. Außerdem sind Geldtaschen mit Wertsymbolen und eine Geldtruhe zu sehen. Die *Notitia* selbst oder das *laterculum maius* (das »Größere Register«) wird *(unten rechts)* als gebundenes Buch mit Riemen und Schlaufen, die es zusammenhalten, dargestellt. Ihre Pflege gehörte zu den Pflichten des *primicerius notarium.*

# Die Stadt Konstantins

Von den ersten Tagen ihrer Neugründung an wuchs Konstantinopel mit erstaunlicher Geschwindigkeit; es verfügte über nahezu unbeschränkte finanzielle Mittel, und Handwerker und Künstler aus dem gesamten Ostreich zogen zu Scharen in die Stadt. Waren die megarischen Kolonisatoren, die im siebten Jahrhundert v. Chr. Byzantium gegründet hatten, noch wegen ihrer Blindheit gescholten worden, weil sie die viel bessere Lage von Chalcedon nicht beachtet hatten, so wurden die Kritiker spätestens gegen Ende des Kaiserreichs widerlegt. Die Bedeutung der Stadt beruhte auf ihrer Stellung zwischen Kleinasien und dem nördlichen Balkan.

Die Expansion Konstantinopels führte zu einem Bauboom, bei dem viel unlautere Geschäfte getrieben wurden. Innerhalb von zwei Generationen, so klagten Kritiker, seien die neuen Adelshäuser der Stadt schon vom Verfall bedroht – ein Faktum, das ein grelles Licht auf die schlampige Ausführung wirft. Eine Quelle aus dem fünften Jahrhundert, die *Notitia* von Konstantinopel, geben einen recht guten Überblick von der Stadt: danach gab es dort 14 christliche Kirchen, 11 Paläste von Kaisern und Kaiserinnen, 5 Märkte, 8 öffentliche und 153 private Badeanlagen, 20 öffentliche und 120 private Bäckereien, 52 Säulenhallen, 322 Straßen und 4388 Wohnhäuser.

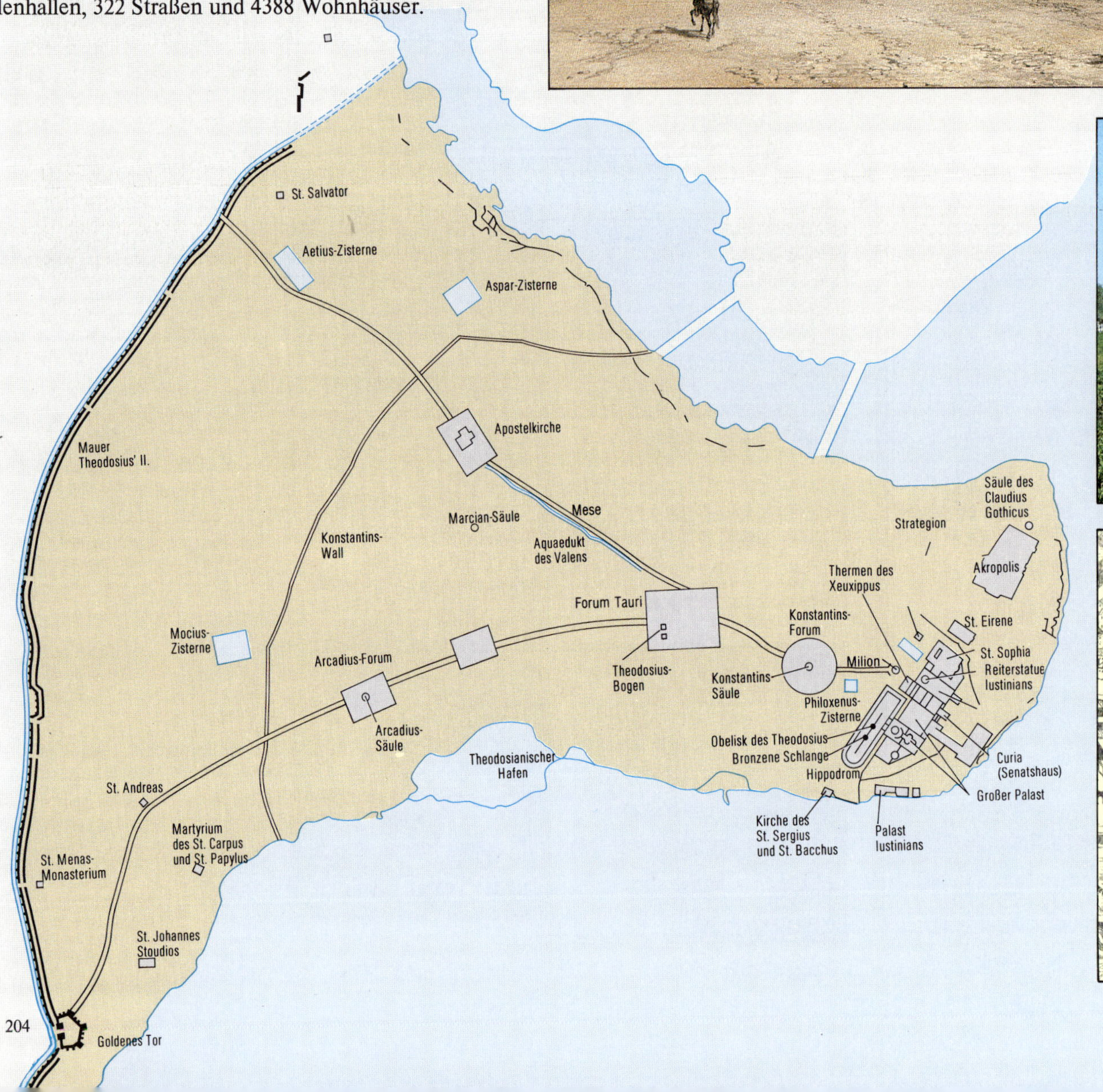

Das Titelblatt der *Notitia urbis Constantinopolitanae* aus einem Manuskript von 1436. Die Vignette enthält Anachronismen, zeigt aber gut das Aussehen der Stadt, in der die Kirche Hagia Sophia und das Hippodrom dominierten. Die Reiterstatue, die hier wenig Anspruch auf Realismus erhebt, stellt Iustinian dar.

Die Mauern von Konstantinopel *(rechts)* belegen eine Verdoppelung der Stadtgröße seit der Neugründung durch Konstantin. Sie wurden 413 vom Praetorianerpraefekten Anthemius erbaut, 447 bei einem Erdbeben schwer beschädigt und innerhalb von zwei Monaten wieder instandgesetzt. Das heute verlorene Hippodrom *(unten rechts)* sehen wir hier auf einem Stich von Panvinio (ungefähr 1580). Es sind auch die Säule des Iustinian – hier allerdings ohne die berühmte Reiterstatue –, der Obelisk von Theodosius und im Vordergrund die dem Meer zugerichteten Stadtmauern abgebildet.

Iustinians neue Kirche der »Heiligen Weisheit« (Hagia Sophia), ein Meisterwerk der Architekten Anthemius von Tralles und Isidor von Milet, wurde im Jahre 537 eingeweiht, fünf Jahre nach der Zerstörung ihrer Vorgängerin während der Nika-Revolten. Wir sehen hier zwei Ansichten, die der Architekt Fossati im Jahre 1852 veröffentlicht hat. Er war vom Sultan nach Konstantinopel berufen worden, um die Restauration dieser Kirche zu überwachen. Trotz des massiven und imponierenden Äußeren – wobei man sich für die damalige Zeit die vier umgebenden Minarette wegdenken muß –, ist vor allem ihr Inneres von selten gesehener Pracht. Fossati hat hier, indem er eine ideale Perspektive wählte, die wesentlichen Merkmale wundervoll dargestellt – die reiche Fülle des Lichts und den mächtigen, aber harmonischen Raumeindruck. Diese beiden Merkmale und die Kuppel, die »obenauf liegt, als sei sie am Himmel befestigt«, sprachen den Schriftsteller Prokopios ganz besonders an *(Die Bauten* 1.1.20ff.). Die Kuppel ist in der Tat ein architektonisches Wunder; man sollte allerdings daran denken, daß die erste Kuppel 20 Jahre nach dem Bau zusammenfiel und von einer noch ehrgeizigeren Konstruktion ersetzt wurde, die sich bis auf den heutigen Tag erhalten hat.

# Rom zur späten Kaiserzeit

Der »Kalender des Jahres 354«, dessen Titelblatt mit der Widmung *(unten)* dargestellt ist, enthält sowohl traditionelle wie christliche Elemente. Der Zeichner, Furius Dionysius Filocalus, war ein Kalligraph, den auch Papst Damasus beschäftigte. Der Name Filocalus erscheint in der *(links)* abgebildeten Inschrift. Der Kalender

Nach der Bekehrung Konstantins entwickelte sich Rom schnell zu einem bedeutenden Zentrum der christlichen Kultur. Der Wohlstand der Stadt zur späten Kaiserzeit war zum Teil eine Folge davon, daß die Kaiser in ihren neuen Hauptstädten an den Grenzgebieten wohnten. In ihrer Abwesenheit gingen die Senatorenklasse und das Volk mit einer Energie ans Werk, wie man sie seit den Zeiten der späten Republik nicht mehr gekannt hatte. Parallel zur Ausbreitung des Christentums fand auch eine Blüte der klassischen Kultur, der Literatur und der bildenden Künste, statt, und ausgehend von einer kleinen Gruppe heidnischer Senatoren, kam es gar zu einer späten Wiedergeburt der alten Religion. Als sich das Christentum aber nach und nach in der Stadt durchsetzte, begünstigte das traditionelle, intellektuelle und materielle Mäzenatentum die christlichen Kirchen, und es wurden überall große Basiliken und Heiligtümer für Märtyrer errichtet.

**Römische Kirchen und ihre modernen Pendants**
**t = titulus (Pfarrkirche um 500)**

t Aequitii (Silvestri) = St Martino ai Monti
t Apostolorum = St Pietro in Vincoli
t Byzantis (Pammachii) = St Giovanni e St Paolo
t Fasciolae = St Nereo e St Achilleo
t Gaii = St Susanna
t Iulii iuxta forum Traiani = St Apostoli
t Iulii trans Tiberim = St Maria in Trastevere
Basilica Lateranensis = St Giovanni in Laterano
in Lucinis = St Lorenzo in Lucina
t Praxedis = St Prassede
S Stephani = St Stefano Rotondo sul Celio
t Vestinae = St Vitale

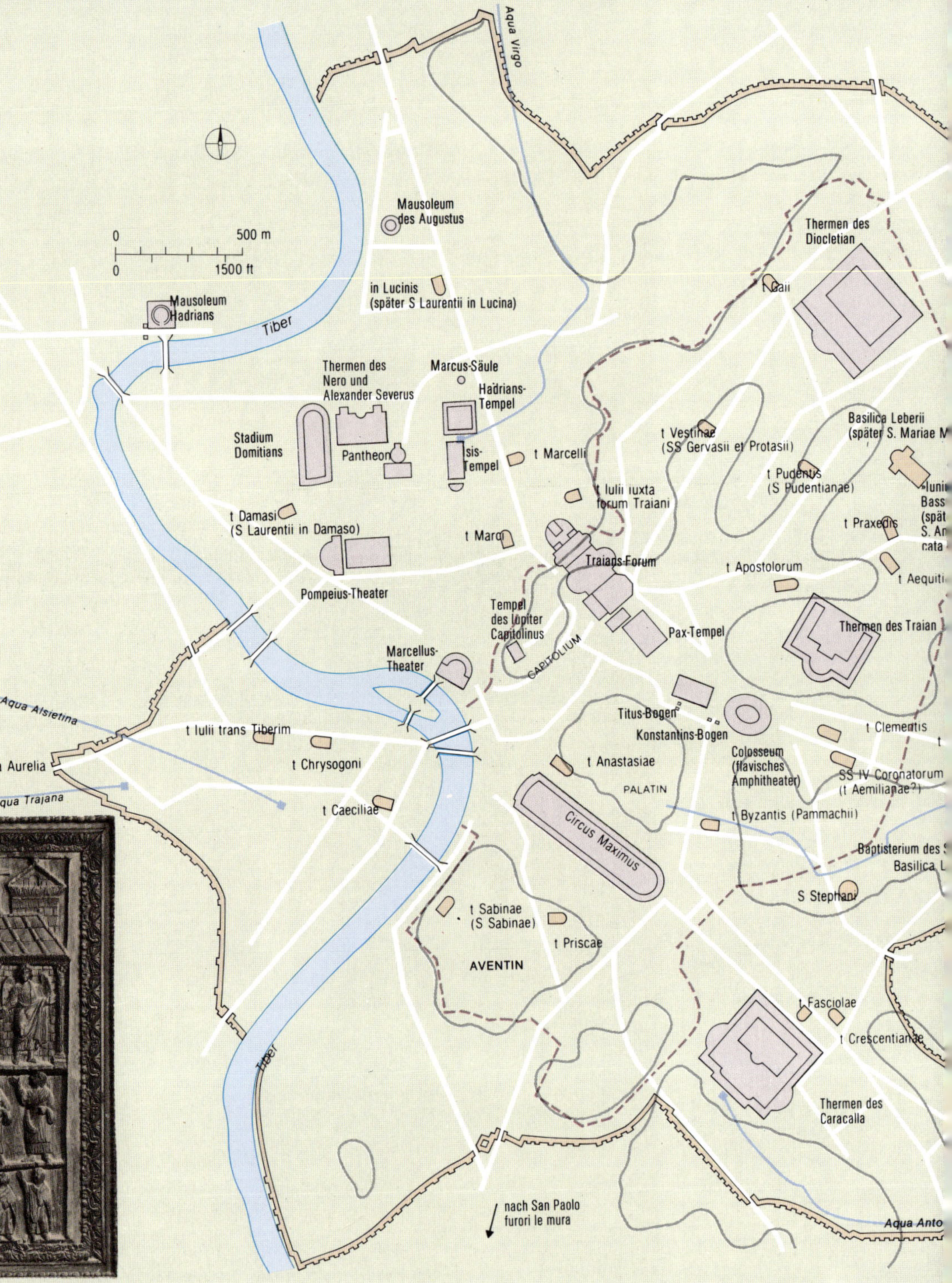

Die hölzernen Türfüllungen der Basilika der heiligen Sabina, in den zwanziger Jahren des 5. Jahrhunderts durch Unterstützung des reichen Priesters Peter aus Illyricum erbaut, gehören zu den bemerkenswertesten Denkmälern des frühchristlichen Roms. *Unten links* erkennt man, wie Elias in einem »feurigen Wagen« *(Königsbücher* 2, 2:11) gegen den Himmel fährt. Die Szene *(rechts)* konnte noch nicht gedeutet werden; ein Engel präsentiert eine nicht identifizierte, doch offensichtlich weltliche Person, die im Eingang zu einem Heiligtum steht, einer wartenden Menge, die die Hände applaudierend in die Höhe hebt.

belegt die Kontinuität klassischer Themen in der christlichen Kultur des 4. Jahrhunderts.

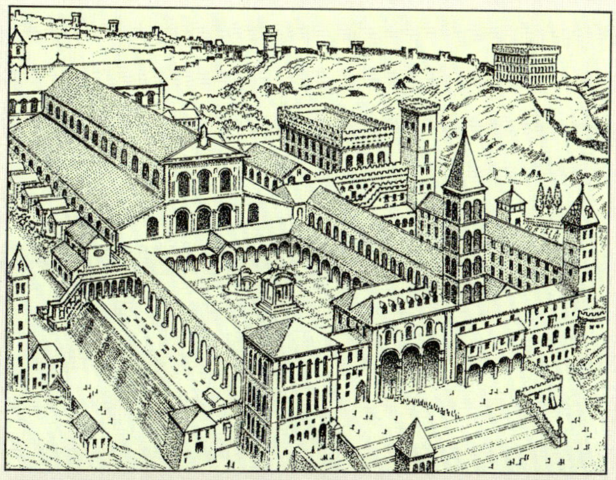

Zeichnungen von Künstlern geben uns bisweilen den besten Eindruck von frühen Kirchen, die später umgebaut wurden. *Links* erkennt man die alte Peterskirche in einer Zeichnung aus der Zeit um 1470. *Unten links* ist in einem Fresko von Dughet (um 1660) das Innere der Basilika San Giovanni in Laterano dargestellt.

Peter und Paul, die beiden Gründer des christlichen Rom, werden bisweilen als das christliche Pendant von Romulus und Remus bezeichnet und treten in Darstellungen oft gemeinsam auf. *Unten* sieht man den heiligen Paulus in einem Mosaik aus der alten Peterskirche, das ihn als Lehrer und nicht so sehr als Märtyrer zeigt.

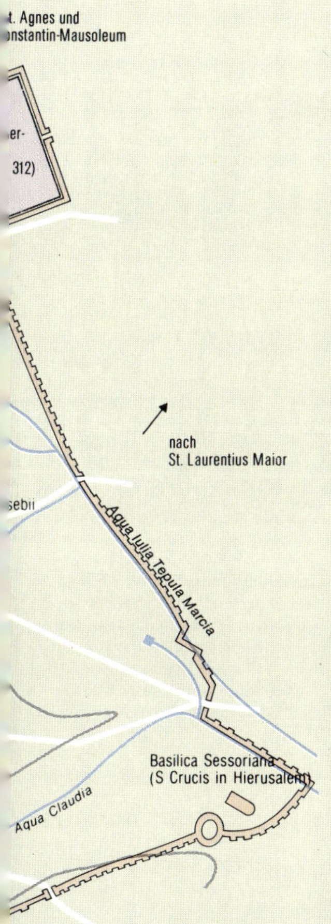


Die große Basilika von San Paolo fuori le mura, die unter Theodosius I. eingeweiht, aber erst von seinem Nachfolger Honorius vollendet worden war, sehen wir hier auf einem Stich von Piranesi (um 1750). Die Darstellung ist von besonderem Wert, da ein Brand im Jahre 1823 die Kirche beschädigte; beim Wiederaufbau ging das ursprüngliche Aussehen weitgehend verloren. San Paolo fuori le mura gehörte zu den schönsten neuen Kirchen des späten 4. Jahrhunderts: Prudentius (um 400 n. Chr.) schwärmt von »der königlichen Pracht« des Gebäudes und der Schönheit des Lichtes im Innern der Kirche, das »wie die aufgehende Sonne glühte« (*Peristephanon* 12.45 ff.).

# DER FALL DES WESTRÖMISCHEN REICHES (395–476)

### Kaiserliche Divisionen und die Bedrohung durch Barbaren

Theodosius I., der im Januar 395 in Mailand starb, war für mehr als ein halbes Jahrhundert der letzte Kaiser gewesen, der durch seine militärischen Fähigkeiten und seine Charakterstärke eine dauernde persönliche Kontrolle über das Römische Reich ausgeübt hatte. Es entbehrt nicht einer gewissen Ironie, daß sein Tod das Imperium in den Händen zweier derart unbedeutender Männer zurückließ, wie es seine beiden Söhne waren: Arcadius, der nominell in Konstantinopel residierte, und Honorius, der Kaiser in Mailand. Das dynastische Element von Theodosius' Herrschaft wurde – nach dem Tode seiner ersten Frau – durch die Heirat mit Galla, einer Tochter Valentinians I., noch weiter verstärkt. Ihre Tochter Galla Placidia erblickte im Jahre 388 das Licht der Welt.

Als Arcadius Augustus wurde, war er gerade 18 Jahre alt, aber um einiges älter als sein Bruder Honorius. Im ausgehenden vierten Jahrhundert mußte sich das Reich an die Kinderkaiser gewöhnen – Kaiser, die in der Jugend, ja in der Kindheit, Macht bekamen und sie nominell ausübten. Die eigentliche Regierung lag jedoch in den Händen von Staatsministern und anderen, denen es gelang, persönlichen Einfluß zu erlangen. Keiner von Theodosius' Nachfolgern besaß eine ausgeprägte Persönlichkeit; sie unterwarfen sich widerstandslos den zeremoniellen Zwängen ihres Amtes und dem Einfluß ihrer Ratgeber. Als Arcadius 408 starb, übernahm sein Sohn Theodosius, der bereits im Januar 402, als er noch nicht einmal ein Jahr zählte, zum Mitregenten ernannt worden war, die Herrschaft. Der Kaiser des Westreiches, Honorius, erlag 423 einer Krankheit, nach einer Regierung intensiven Nichtstuns. Es wurde boshafterweise von ihm behauptet, er kenne das Wort »Roma« nur als den Namen seines Lieblingshuhnes. Nach der Unterbrechung von 423 bis 425, als Johannes den Thron usurpierte, setzte der oströmische Hof im Westen den vier Jahre alten Valentinian III. ein, den Sohn der Galla Placidia und des begabten Generals Flavius Constantius.

Die dynastische Stabilität in dieser Zeit, die an und für sich beeindruckend ist, basierte letztlich nur auf der Tatsache, daß man dem Reich nominelle Herrscher präsentierte, die in verwöhnter Abgeschlossenheit lebten und sich um die Regierungsgeschäfte wenig kümmerten. Sie dienten nur dazu, die Macht jener Minister zu legitimieren, denen es gelungen war, ihren Einfluß zu behaupten. Einige dieser mächtigen Minister sind namentlich bekannt. Im Osten waren es unter anderem Rufinus, früher ein Gönner Theodosius' I., der Eunuch Eutropius, der Gardepraefekt Anthemius, der Stadt- und Gardepraefekt Cyprus von Panopolis, sowie sein Feind Chrysaphius, nicht zu vergessen auch die einflußreichen Frauen aus dem Haushalt Theodosius' II., seine Schwester Pulcheria und seine Frau Aelia Eudocia. Im Westen gab es eine Reihe mächtiger Militärkommandanten, insbesondere den Halbvandalen Stilicho, Constantius, der 421 Augustus wurde, Flavius Aetius und den Barbaren Ricimer.

Die dynastische Kontinuität, die auf dem Vermächtnis des Theodosius beruhte, verhinderte aber nicht die üblichen politischen Rivalitäten und Gewalttaten unter den Anhängern der Herrscher. Ihre Bedeutung sollte aber in extrem schwierigen Zeiten nicht unterschätzt werden. Mit dem Vermächtnis waren noch weitere Faktoren verbunden, die die Ausgangslage für die politische und militärische Geschichte des frühen fünften Jahrhunderts bildeten: die Teilung des Reiches in die Höfe von Konstantinopel und Mailand (bald von Ravenna abgelöst) und die Präsenz der Westgoten im Reich unter ihren eigenen nationalen Führern. Als starke militärische Macht boten sie dem Reich ihre Dienste an, waren aber gleichzeitig in der Lage, Konzessionen von ihm zu fordern.

In den Jahren unmittelbar nach 395 beanspruchte Stilicho, angeblich in Übereinstimmung mit dem letzten Willen des Theodosius, die Vormundschaft über die Herrscher des Westens und des Ostens. Die Feindschaft, die er sich dadurch im Osten zuzog, wurde noch durch seinen Versuch verstärkt, Ostillyricum, das damals unter der Verwaltung Konstantinopels stand, als Rekrutierungsgebiet für den Westen zu gewinnen. Um diesen Plan weiterzuverfolgen, bat Stilicho den Westgoten Alarich um Hilfe. Dieser hatte von 395–397 Griechenland und von 401–402 Italien heimgesucht, war später Zusammenstößen mit römischen Armeen ausgewichen und befand sich immer noch auf freiem Fuß. Er suchte eine sichere Heimstätte für sein Volk. Im Jahre 407 ging Stilicho daran, mit Alarichs Hilfe die Kontrolle über Illyricum zu erlangen, doch wurde das Unternehmen durch größere Barbareneinfälle in Gallien und durch eine Usurpation in Britannien verhindert. Alarichs Verlangen nach Bezahlung, zunächst

Auf diesem zeitgenössischen Elfenbein-Diptychon sind der halbvandalische General Stilicho mit Frau und Sohn abgebildet. Stilicho wurde im Jahre 408 wegen einer vermeintlichen Komplizenschaft mit Alarich entlassen und hingerichtet.

Im Winter 409/410 erzwang Alarich die Erhebung des römischen Senators Priscus Attalus zum Kaiser, eine Maßnahme, die gegen die unnachsichtige Regierung des Honorius in Ravenna gerichtet war. Die Medaille des Attalus *(unten)* ist mit ihrer Legende »INVICTA ROMA AETERNA« ein ironischer Kommentar zur Eroberung Roms durch Alarich einige wenige Monate später.

vom Senat abgewiesen, führte zu einer zweiten Invasion Italiens im Jahre 408. Stilicho kam auf Befehl des Kaisers im August 408 ums Leben; er hatte sein Ansehen verloren, weil er sich gegenüber Alarich allzu nachgiebig gezeigt hatte. Die Nachfolger in seiner Machtstellung erwiesen sich aber als unfähig, der Barbarengefahr energisch gegenüberzutreten. Nach Stilichos Tod kam es zu drei weiteren Belagerungen Roms. Bei der letzten wurde die Stadt im August 410 von Alarich eingenommen und geplündert.

Betrachten wir die Situation vom Gesichtspunkt der Goten aus. Quellen des vierten Jahrhunderts beschreiben uns die Goten in der Zeit vor ihrem Eintritt in das Römische Reich als ein ruhiges, ackerbautreibendes Volk, das in Dorfgemeinschaften lebte und mit dem Römischen Reich Handel trieb. Die Wanderung der Goten wurde durch den Druck ausgelöst, den die Hunnen aus dem Osten ausübten, und sie war in keiner Hinsicht eine bewußt agressive Bewegung gegen das Römische Reich. Zu Konflikten kam es erst dann, als die Goten von den römischen Beamten, die die Überquerung der Donau beaufsichtigen sollten, übel behandelt und unterdrückt wurden.

Die Goten haben den Vertrag von 382 möglicherweise so gesehen, daß sie ihn mit Theodosius persönlich und nicht so sehr mit dem Römischen Reich abschlossen. Der Tod von Theodosius brachte Alarich in eine prekäre Lage, denn er konnte nicht sicher sein, ob die Nachfolger – sei es im Westen oder im Osten – den Vertrag respektieren würden. Gegenüber der Regierung von Honorius und Stilicho erhob Alarich die gleichen Ansprüche wie zuvor: Siedlungsland für sein Volk, finanzielle Unterstützung und Bereitstellung von Nahrungsmitteln. Nach der Plünderung Roms im Jahre 410 wandte er sich südwärts und versuchte nach Nordafrika überzusetzen. Er fand aber in Süditalien den Tod, und sein Nachfolger Athaulf führte die Goten von Italien nach Gallien. Hier errichtete er 414 ein Gotisches Reich mit einem römischen Marionettenherrscher. Die Hauptstadt war Narbonne, wo Athaulf Theodosius' Tochter Galla Placidia heiratete. Er hatte sie bei der Plünderung Roms gefangengenommen. Athaulf verkündete, er wolle den guten römischen Namen mit Hilfe gotischer Waffen aufrechterhalten. Im nächsten Jahr wurden die Goten jedoch durch eine Schiffsblockade gezwungen, Narbonne zu verlassen und nach Spanien zu ziehen. Nach dem Mord an Athaulf versuchte sein Nachfolger Vallia ohne Erfolg, eine Übersetzung nach Afrika zu organisieren. Schließlich gelang es ihm im Jahre 418 in Übereinstimmung mit der römischen Regierung, ein Siedlungsgebiet in Südwestgallien zwischen der Garonne und der Loire zu erhalten. Vom Gesichtspunkt der Goten aus waren ihre Bemühungen nicht sehr erfolgreich gewe-

**Einfälle und Niederlassungen der Barbaren im Westen**
Die Barbareneinfälle wiesen keineswegs die gleichen Merkmale auf. Einige, wie die der Vandalen und Sueben, zielten nur auf die gewaltsame Eroberung von Landbesitz, während die Westgoten sich niederlassen und von den Römern anerkannt werden wollten.

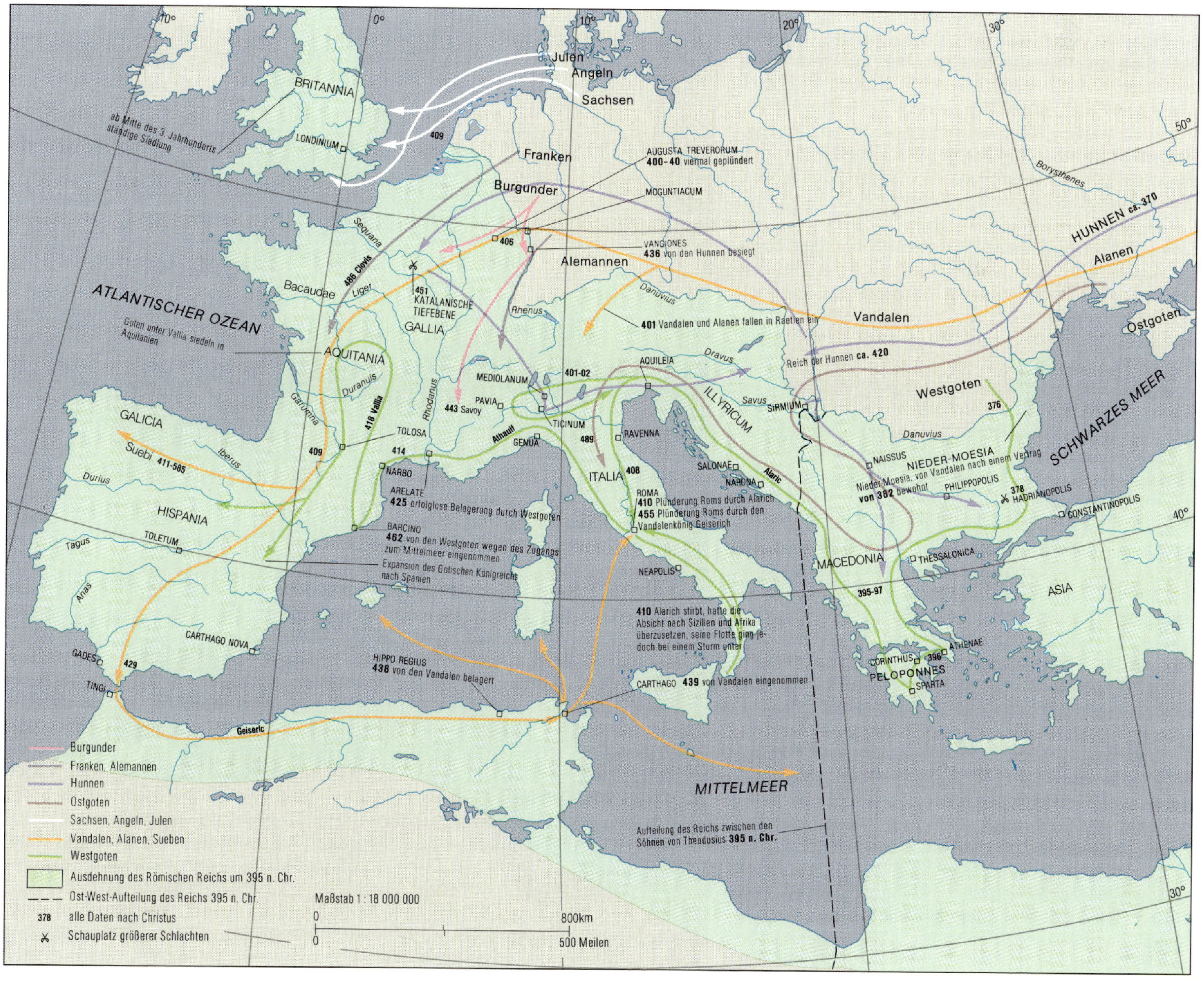

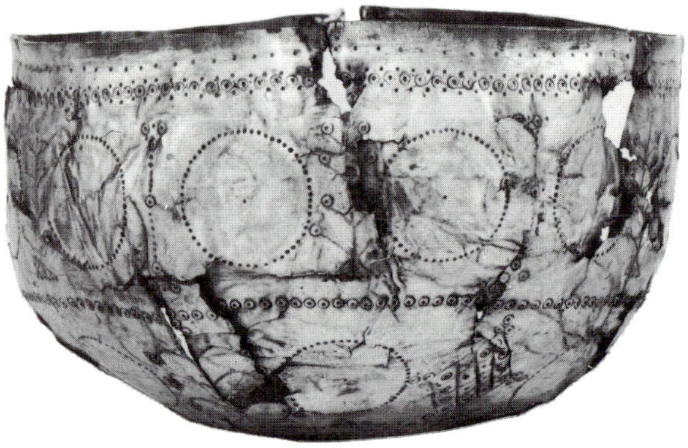

Die nach Bruchstücken rekonstruierte Silberschüssel *(links außen)* gehört zum 1854 entdeckten »Coleraine-Hortfund«, der aus zahlreichen Silbermünzen, Barren und zerbrochenem Geschirr bestand. Die Münzen deuten darauf hin, daß der Schatz im 5. Jahrhundert (nach 420) vergraben wurde. Möglicherweise handelt es sich um Beutestücke oder um Lösegeld eines irischen Raubzugs.

sen, doch erlangten sie schließlich zuletzt, was sie wollten.

Obwohl die Plünderung Roms ungeheure Emotionen auslöste, war sie vom strategischen Gesichtspunkt aus keineswegs die schlimmste Katastrophe, die das Reich in diesen Jahren heimsuchte. Gegen Ende des Jahres 406 überquerten germanische Völker, vor allem Vandalen, Sueben und Burgunder, den Rhein, überrannten die römische Verteidigung und eroberten Städte in Nordgallien und im Rheinland; quer über Gallien dehnten sie sich nach Südwesten aus. 409 waren die Städte Aquitaniens bedroht, und die Sueben und Vandalen erzwangen sich den Weg über die Pyrenäen in die reichen, urbanisierten Provinzen Spaniens, der Heimat der Dynastie von Theodosius. Ganz Gallien, so beschrieb es ein Zeitgenosse, »brannte wie ein einziger Scheiterhaufen«. Briefe des hl. Hieronymus an unterdrückte Bewohner der Westprovinzen bezeugen, daß die Invasion den Zusammenbruch des materiellen und kulturellen Lebens mit sich brachte. Innerhalb weniger Jahre errichteten die barbarischen Invasoren in Spanien Königreiche, konkurrierten um den Besitz der besten Ländereien und entwurzelten und vertrieben römische Landbesitzer.

Zur gleichen Zeit führten lokale Unruhen in Britannien und sächsische Einfälle längs der Küstenlinie zu einer Reihe von lokalen Erhebungen, als deren Resultat sich schließlich der Usurpator Konstantin III. 407 nach Gallien begab und seinen Hof in Arles einrichtete, wobei er seine Macht bald bis nach Spanien ausdehnte. Da die Regierung in Italien zu jener Zeit mit dem Eindringen Alarichs beschäftigt war, konnte sie sehr wenig gegen die Usurpation in Gallien unternehmen.

Nach der Ausrufung Konstantins zum Kaiser und nach seiner Überfahrt nach Gallien war Britannien nie wieder römische Provinz. Das Land wurde von Männern regiert, die römische Quellen als »Tyrannen« beschreiben, das heißt, von lokalen Dynastien, die mehr oder minder die Kontinuität der römischen Macht sichern wollten. Britannien sah sich von der Mitte des fünften Jahrhunderts an zunehmend der Bedrohung durch die Sachsen ausgesetzt. Es ist uns der Name eines schattenhaften Ambrosius Aurelianus überliefert, eines jener nachrömischen »Tyrannen«, der sich den Sachsen im Südwesten Englands entgegenstellte. Er mag als Vorbild für die »fünf Fürsten« gelten, die dem Geschichtsschreiber Gildas zufolge im frühen sechsten Jahrhundert die Macht in Westbritannien in Händen hielten, und die möglicherweise auch mit der legendären Gestalt König Arthurs in Verbindung zu bringen sind.

In der Provinz Gallien kontrollierten nach 410 unter dem Namen Bacaudae bekannte Aufständische oder lokale Barbarenenklaven das Gebiet Armorica, das Britannien und benachbarte Teile des Nordwestens umfaßte, sowie einen Großteil der Zentralregion Galliens. 429 setzten die Vandalen von Spanien nach Afrika über und bewegten sich in den folgenden Jahren ostwärts gegen Karthago. Der Bischof von Hippo Regius, der nunmehr betagte Augustinus, starb 430 während der Belagerung seiner Stadt durch die Vandalen.

Die kaiserliche Regierung unternahm, was sie konnte, um diese Probleme zu meistern, doch viel war es nicht. Es gibt Nachweise dafür, daß Stilicho unter den Barbarenvölkern des Nordens zahlreiche Soldaten anwarb. Er wollte damit für den Ernstfall Militärkommandos in den Grenzgebieten sowie Provinztruppen schaffen, um den Einfällen nach Italien Herr zu werden. Römische Generä-

Nachdem Iulius Nepos im Jahr 475 als römischer Kaiser des Westreiches abgesetzt worden war, hielt er sich einige Jahre lang als Herrscher eines unabhängigen Fürstentums, das seinen Sitz in Salona in Dalmatien hatte. Hier ist eine Münze von Nepos *(oben)* abgebildet, die Odoaker zwischen 476 und 480 in seinem Auftrag in Mailand herausgab. Im Bild *(unten)* ist eine ähnliche Münze des letzten offiziell anerkannten römischen Herrschers, Romulus Augustulus, zu sehen.

*Links:* Der westliche Kaiser Honorius (395–423) auf einem Elfenbeindiptychon aus dem Jahre 406 n. Chr. Honorius erscheint in militärischer Aufmachung, die in Bezug auf seine Fähigkeiten eher symbolisch als konkret zu verstehen ist. Der Legende auf der Standarte »Im Namen Christi mögest du immer siegreich sein« steht eine geflügelte Siegesgöttin gegenüber, die man auch als Engel interpretieren könnte.

le führten in Spanien Heerzüge gegen die Vandalen und die Sueben. Sie wurden dabei von westgotischen Föderaten unterstützt, und offensichtlich war die Ansiedlung der Goten in Südwestgallien als Bollwerk gegen die Unruhen in Spanien und gegen die Bacaudae in Zentral- und Nordwestgallien gedacht. In Afrika leistete ein oströmisches Expeditionskorps den Vandalen einigen Widerstand, doch mußte ihnen 435 vertraglich Ost-Mauretanien und Numidien überlassen werden. Vier Jahre später eroberte Geiserich entgegen den Vertragsbestimmungen Karthago und machte sich zum Herrscher der prokonsularen Provinz Africa.

Von ungefähr 420 an setzten sich die Hunnen in den ungarischen Ebenen nördlich der Donau fest und dehnten ihren Einfluß süd- und nordwärts aus. Dadurch war der Landweg zwischen Osten und Westen sowie der Zugang zu jenen Gebieten gefährdet, in denen man schon immer Soldaten angeworben hatte. Um 430 schloß die Regierung des Ostreiches mit dem Hunnenkönig Rua (oder Rugila) und einige Jahre später mit seinen Nachfolgern Bleda und Attila Verträge, die auch die Zahlung von Subsidien beinhalteten. 441 brach offener Krieg aus, wobei Sirmium, Margus, Naissus und Philippopolis an die Hunnen fielen; ähnliches wiederholte sich 447. Die Kriege wurden dadurch beigelegt, daß die Zahlungen beträchtlich erhöht und alle Territorien auf der römischen Seite der Donau geräumt wurden. Der Sitz der illyrischen Praefektur kam von Sirmium in die Küstenstadt Thessalonica in Macedonien.

Weil die politische Organisation der Hunnen nur lose war und weil sie nicht beabsichtigten, sich innerhalb der römischen Provinzen anzusiedeln, hatten sie keineswegs jene zerstörerische Wirkung auf das Römische Reich, wie man annehmen könnte. Ihre Beziehungen mit dem Ostreich im frühen fünften Jahrhundert waren allgemein kooperativer Natur. Sie halfen 409 dem in Bedrängnis geratenen Honorius, unterstützten den Usurpator Iohannes und kämpften in den späten dreißiger Jahren des fünften Jahrhunderts mit den Römern gegen die Westgoten. Mehrere Persönlichkeiten, die in dieser Zeit in der Politik des Westreiches eine Rolle spielten, hatten unter den Hunnen einige Zeit als Besucher oder als Geiseln gelebt. Nach seiner Einigung mit dem Hof von Konstantinopel rückte Attila 451 gegen Westen vor, wurde aber auf den Katalaunischen Feldern nahe dem heutigen Châlons-sur-Marne von den vereinigten Kräften der Römer, Westgoten und Burgunder geschlagen. Er zog sich aus Gallien zurück, eroberte und plünderte Aquileia, Mailand und Ticinum, ehe ihn diplomatische Vorstöße und die Gefahr des Abgeschnittenwerdens dazu bewogen, sich aus Italien zurückzuziehen. 453 starb Attila, und das Hunnenreich fiel auseinander.

Der Hof in Konstantinopel nahm in dieser Zeit auf die Vorgänge im Westen nachhaltig Einfluß. Während der Besetzung Italiens durch Alarich sandte Konstantinopel Honorius militärische Hilfe. Die Regierung im Osten war unter dem Einfluß von Galla Placidia auch dafür verantwortlich, daß die Usurpation von Johannes unterdrückt und Valentinian als Kaiser eingesetzt wurde. Bei dieser Gelegenheit kamen westliche Gesandte nach Konstantinopel und kehrten 438 mit Kopien des *Codex Theodosianus* zurück. Dieser wurde zwischen 429 und 437 auf Befehl Theodosius' II. zusammengestellt, um einen Zusammenhang und eine chronologische Ordnung in die unübersichtliche Masse kaiserlicher Gesetze des vierten und fünften Jahrhunderts zu bringen. Die Bearbeiter mußten notwendigerweise weit herumreisen, um die Gesetze an den verstreuten, oft inoffiziellen Aufbewahrungsorten zu sammeln. Der *Codex Theodosianus* ist eines der letzten konstruktiven Resultate der Zusammenarbeit zwischen Ost und West.

Die Regierung in Konstantinopel versuchte die Einnahme Afrikas durch die Vandalen zu verhindern, mußte eine zweite Expedition jedoch zurückrufen, um den Krieg gegen Attila zu führen. Die Vandalen unter Geiserich bauten eine schlagkräftige Flotte auf, plünderten Rom im Jahre 455 und dehnten ihr Piratenunwesen auf Griechenland und das östliche Mittelmeer aus. 461 rüstete der Osten mit Hilfe des Westen eine größere Expedition aus, doch das Unternehmen endete in einer Katastrophe und brachte einen weiteren Machtzuwachs für die Vandalen.

Als Theodosius II. 450 nach einem Reitunfall starb, ging mit ihm die Theodosianische Dynastie im Osten zu Ende. Seine Nachfolger waren von stark ausgeprägtem, traditionellem, militärischem Typus: Marcianus (450–457), Leon (457–474) und der Isaurier Zenon (474–491). Im Westen folgten nach dem Mord an Valentinian III. (455) mehrere kurzlebige Herrscher. Nach der Regierung von Libius Severus, dem Werkzeug des barbarischen Heermeisters Ricimer, war Ostrom unter Leon dafür verantwortlich, daß im Westen Anthemius (467–472) auf den Thron kam. Als Anthemius und Ricimer sich wieder in Bürgerkriegen bekämpften, versuchte Leon sie über den Vermittler Olybrius zu versöhnen; er war ein in der Verbannung in Konstantinopel lebender Senator des Westreiches. Anthemius jedoch wurde ermordet, und Olybrius an seiner Stelle zum Herrscher gekürt. Nach dem Tod von Olybrius wenige Monate später entsandte die Regierung im Osten Nepos, um dessen Nachfolger Glycerius zu ersetzen, doch wurde Nepos von General Orestes vertrieben. Orestes wiederum erhob seinen eigenen Sohn Romulus zum Kaiser, und die Absetzung von Romulus durch Odoaker im Jahre 476 symbolisiert das Ende des Römischen Reiches im Westen. Von 476 an regierten in Italien barbarische Könige, die in Ravenna Hof hielten.

### Reaktionen auf das Ende des Westreiches

Die zeitgenössischen Reaktionen auf den Zusammenbruch des Westreiches waren sehr unterschiedlich. Ein Schriftsteller, der gallische Landbesitzer Rutilius Namatianus, kehrte spät im Jahre 417 auf dem Seeweg nach Hause zurück, um der Herausforderung zu begegnen, die sich durch die Ansiedlung der Westgoten in seinem Gebiet in Südwestgallien ergeben hatte. Für Rutilius gab es Gründe zum Optimismus. Trotz der Zerstörung, die immer noch an Brücken und verlassenen Häusern sichtbar war, hatte man mit den Westgoten Frieden geschlossen, und das Leben in Rom normalisierte sich allmählich. Rutilius zeigte unter seinen Zeitgenossen wohl die optimistischste Reaktion. Einem Optimismus ganz anderer Art huldigte ein jüngerer Zeitgenosse von Rutilius, der spanische Priester Orosius. In seiner polemischen *Historiae adversus paganos* vertrat er mit geradezu schmerzhaft eintöniger Argumentation die Meinung, das Unglück, das das Römische Reich in seinen Tagen habe erleiden müssen, darunter auch die Plünderung der Hauptstadt, sei nicht so schlimm gewesen wie die Unglücksfälle der alten Römischen Republik. Er widersprach damit dem Vorwurf, der Fall Roms sei die direkte Folge der Abwendung von den alten Göttern. Aus gewissen Stellen, in denen er seine persönliche Meinung durchblicken läßt, geht jedoch klar hervor, daß er die damalige Situation ohne jeden echten Optimismus betrachtete. Er hatte Spanien unter großen Gefahren verlassen und war nach Nordafrika gegangen. Später konnte er wegen der schrecklichen barbarischen Besetzung nicht mehr in seine Heimatprovinz zurückkehren. Er beklagte, daß es den barbarischen

Völkern vielleicht gelingen werde, Königreiche in Spanien zu errichten. An einer Stelle schrieb er mit überraschender Bitterkeit von der Eroberung Galliens durch Iulius Caesar. Er legte dabei einem Gallier die Klage in den Mund: »So sehr demütigten mich die Römer, daß ich mich nicht gegen die Goten erheben kann.« Trotz aller seiner Schwächen wurde Orosius' Buch im Mittelalter zum klassischen Standardwerk der Römischen Geschichte der klassischen wie der christlichen Periode.

Die autobiographischen Gedanken eines anderen Galliers, des Paulinus von Pella, in seinem Gedicht *Eucharisticon* geben uns einen lebendigen Eindruck von den Erfahrungen eines Menschen, der durch die Invasion seinen Besitz verloren und der dadurch vom reichen Landbesitzer zum armen Mönch in Marseille geworden war; er verkaufte das letzte seiner großen Landgüter einem gotischen Aufkäufer. Ein Landsmann aus dem Nordosten, der Priester Salvianus, der um 440 schrieb, klagte die Korruption der zeitgenössischen römischen Gesellschaft an. Er kontrastierte sie mit der ehrenhaften Reinheit der barbarischen Besetzer Galliens und Afrikas. Die überlebenden gallischen Grundbesitzer, die *curiales,* die es interessanterweise immer noch gab, beschrieb er als »Tyrannen«, weil sie von den Bauern Steuern erhoben. Die Bauern selbst, so vermutete er, suchten bei den Barbaren und den Bacaudae Zuflucht. Es läßt sich schwer sagen, wie genau Salvianus' polemisches Bild die Tatsachen widerspiegelt, doch seine Erinnerung an den Anblick zerrissener Leichen in den Straßen von Trier beruht wahrscheinlich nur zu sehr auf der Realität. Zwischen 400 und 440 wurde die Stadt nicht weniger als viermal von Barbaren geplündert.

Die weitestreichende und differenzierteste Reaktion auf den Fall Roms gab Augustinus. In seinen Predigten über die Plünderung Roms erinnert er an das Leiden Hiobs, um zu zeigen, daß die Qualen der römischen Christen eine Prüfung ihres Glaubens waren. Doch die Einnahme Roms, die einigen als Folge davon erschien, daß man den Schutz der traditionellen Götter verspielt hatte, erforderte eine wohldurchdachte Erklärung aus christlicher Sicht. Diese lieferte Augustinus in seinem Werk *»Über den Gottesstaat«* in einem Gesamtzusammenhang. In den ersten zehn Büchern rückte Augustinus die Errunggenschaften des vorchristlichen Roms, insbesondere der frühen republikanischen Periode, die von heidnischen Zeitgenossen idealisiert wurde, in die richtige Perspektive. Dann führte er gute Gründe gegen die philosophischen Ansprüche der heidnischen Religionen an. Im zehnten Buch beispielsweise brachte Augustinus eine intellektuell überzeugende Kritik der neuplatonischen Philosophie des Porphyrios vor. In der zweiten Hälfte des »Gottesstaates« entwickelte Augustinus das Konzept der »beiden Staaten«, des »Gottesstaates« *(civitas dei)* und des »Weltstaates« *(civitas terrena).* Für Augustinus war der »Gottesstaat« die »Gemeinschaft der Heiligen«, die für einige Zeit inmitten der Menschen lebten. Ihre Identität, die nur Gott bekannt sei, würde beim Jüngsten Gericht enthüllt. Die Angehörigen dieser himmlischen Gemeinschaft seien wie Fremde *(peregrini),* die auf der Erde lebten und – wie ein Fremder in einer römischen Stadt – seien sie deren Gesetzen unterworfen, obwohl sie sich letztlich nur dem Gottesstaat verpflichtet fühlten. Für Augustinus sorgten die säkulare Gesellschaft und die Regierung für gewisse grundlegende Bedürfnisse, indem sie ein Zusammenleben nach Gesetzen ermöglichten und Unordnung unter den unvollkommenen Menschen vermieden. Doch letztlich seien sie neutral. Die Kirche selbst stelle eher ein Sanatorium für Kranke dar als eine Gemeinschaft der Heiligen auf Erden. Augustinus wußte, daß seine eigene Kirchengemeinde in Hippo viele unaufrichtige Christen enthielt; einige davon gingen nur deswegen ins Gotteshaus, weil sie Angst vor den kaiserlichen Gesetzen hatten. Er nannte sie *ficti,* weil ihre Bekehrung Opportunismus oder Angst entsprang und nicht das Anliegen ihres Gewissens war. Doch selbst in solchen Fällen eröffne ihnen die Zugehörigkeit zur Kirche Aussicht auf Rettung.

Für moderne Historiker wie für damalige Zeitgenossen gilt gleichermaßen, daß sie glaubten, man müsse das Ende des Römischen Reiches auf eine einzige Ursache zurückführen. Wie ein Imperium mit derartigen Ressourcen, deren Überreste überall noch sichtbar sind, untergehen konnte, hat die Beobachter aller Zeitalter beschäftigt. Seit der Renaissance reicht zur Erklärung das »Gottesgericht«, wie es Orosius, Hieronymus und Salvianus annahmen, nicht mehr aus. Das Bedürfnis nach einer umfassenden Erklärung hat in gewisser Hinsicht die moderne historische Analyse behindert, denn sie deutete die Möglichkeit an, es ließe sich ein einziger Grund finden, während es sich doch um eine historische Umwandlung von ungeheurer Komplexität handele. In jüngster Zeit wurden als Erklärung Klimaveränderungen und zunehmende Schwermetallvergiftung durch das in Bleiröhren fließende Trinkwasser herangezogen. Dies sind nur zwei unter vielen Deutungen, die den Untergang des Römischen Reiches auf eine einzige, alles durchdringende Tatsache zurückführen wollen.

Die Erklärungsversuche waren oft moralischer Natur und gingen bisweilen von einer behaupteten oder angenommenen Analogie zwischen der römischen Gesellschaft und einem Organismus aus, für den Alterung und Tod biologische Notwendigkeiten darstellen. Voltaire beispielsweise meinte, das Reich sei einfach deshalb untergegangen, weil alles einmal enden müsse. Auch die Deutung, daß das Reich wegen des moralischen Abstiegs seiner Führer zugrundegegangen sei, hat wenig für sich. Wäre diese Erklärung zutreffend, so wäre das Reich von den Kaisern der Iulisch-Claudischen Dynastie oder sogar von der späten Republik zugrundegerichtet worden, bevor es also das Römische Reich, wie wir es heute auffassen, überhaupt gab. Zu jener Zeit hatte die römische Immoralität ihren Höhepunkt erreicht. Die Herrscher des dritten und vierten Jahrhunderts jedoch waren im allgemeinen aufrichtige, hart arbeitende Männer über deren große moralische Lauterkeit keinerlei Zweifel bestehen. Auffallenderweise berichten die alten Quellen nahezu nichts über irgendwelche Sittenskandale. Die spätrömischen Kaiser und ihre Gönner stammten aus Provinzgebieten, in denen die althergebrachten Tugenden hochgehalten wurden und die von der Dekadenz der Großstädte unberührt geblieben waren.

Gibbon bezeichnet den Fall des Römischen Reiches als Resultat seiner politischen Organisation. Das Ausmaß des physischen Zwanges, der für die Wahrung des Reichszusammenhalts vonnöten war, habe zur Folge gehabt, daß das Gefühl der Freiheit unter den verschiedenen Völkern weitgehend verlorengegangen sei. Deswegen hätten sie in der kritischen Zeit der Invasionen auch kein Interesse gezeigt, das Reich zu retten. Gleichzeitig sei in einer Zeit dauernden Friedens (im zweiten Jahrhundert) der kollektive Kampfgeist und die Disziplin der Soldaten zurückgegangen. In der darauffolgenden militärischen Krise seien sie dann von den Herrschern zu nachsichtig behandelt worden.

Wie schon Gibbon zugab, ohne den Folgerungen daraus weiter nachzugehen, liegt die Schwierigkeit bei seiner Deutung darin, daß sie nicht erklärt, warum das Reich überhaupt solange bestehen konnte. Durch eine systematische Ausweitung seiner Machtausübung konnte es die Krise des dritten Jahrhunderts überwinden und sich einer Periode beeindruckender Stärke erfreuen. Im vierten Jahrhundert kam es gar zu einer politischen, militärischen sowie kulturellen Erneuerung. Die Geschichte dieser außergewöhnlich reichen und komplexen Periode liest sich nicht so, als hätte sich das Reich unwiderruflich auf den Untergang zubewegt.

Das Problem bei derart langfristigen Deutungen wie der von Gibbon liegt darin, daß sie den Niedergang Roms überhaupt nicht erklären und nur allzu leicht dazu führen, daß man die lange Lebensdauer des Reiches bewundert. Man braucht präzisere Gründe und – was nicht weniger wichtig ist – Gründe, die zwischen dem Fall im Westen und dem Weiterbestehen im Osten um ein weiteres Jahrtausend differenzieren. Das Beispiel Konstantinopels widerlegt Gibbons Vermutungen, die von späteren Historikern auf verschiedene Weise weiterentwickelt wurden, daß die christliche Kirche nämlich mit ihrer Ausrichtung auf das Jenseits das Interesse der Menschen an der Erhaltung des Reiches abgelenkt habe. Der Einfluß des Christentums und der christlichen Ideale waren im Ostreich, das überlebte, nicht weniger durchdringend als im untergegangenen Westreich. Zumindest müssen solche Interpretationen von einer Erklärung begleitet sein, die uns angibt, warum die beiden Reiche auf die gleichen Bedingungen verschieden reagierten.

Wenn wir uns auf die Lage der Regierung im frühen vierten Jahrhundert beschränken, dann sind die Probleme des Westreiches nicht schwer zu erfassen. Es ist unwahrscheinlich, daß es sich vom Verlust von zwei Dritteln seiner Feldarmee im Osten, bei Adrianopel, erholen konnte (387). Vorher waren schon der erfolglose Persienfeldzug Iulians und früher noch die Bürgerkriege des Constantius äußerst verlustreich gewesen. Insbesondere die Schlacht von Mursa (351), bei der Constantius Magnentius besiegte, hatte ungeheure Opfer an Menschenleben gefordert. Wenn Valens der Eingliederung der Goten in das Reich 376 zustimmte, so dachte er vor allem an die Möglichkeit, unter ihnen Soldaten für die römischen Armeen anzuwerben.

Der Mangel an Soldaten, insbesondere nach der Schlacht von Hadrianopolis, war eine der grundlegenden Bedingungen, unter denen die römische Regierung handeln mußte. Er zwang sie dazu, die Goten als Föderaten aufzunehmen. Diese Lösung, die Schaffung einer Art gotischen »Staates« im Reich, machte es der Regierung jedoch zunehmend schwer, Gefahren von außen frei entgegenzutreten. Im späten fünften Jahrhundert war das Problem der Beziehungen mit den Westgoten mindestens genauso wichtig wie der Umgang mit den äußeren Feinden Roms, und zugleich schienen beide Probleme unentwirrbar miteinander verbunden.

Zur Schwächung des Westreiches trug auch die Weigerung der senatorischen Großgrundbesitzer erheblich bei, ihren Anteil zu den militärischen Verpflichtungen beizutragen. Die römischen Senatoren widersetzten sich der Anwerbung von Soldaten auf ihren Gütern. Sie zogen es statt dessen vor, einen Beitrag in Form von Bargeld zu leisten. Die Arbeitskraft der in der Landwirtschaft tätigen Männer blieb dabei unangetastet, und das Einkommen der Großgrundbesitzer blieb gleich. Mit dem Bargeld, das der Senat nur widerwillig abgab, mußte die Regierung Rekruten unter barbarischen Völkern anwerben und insbesondere die Subsidien zahlen, die Alarich forderte. Gleichzeitig jedoch widersetzte sich der Senat der Zahlung dieser Subsidien.

Zu einer Zeit, da die kaiserliche Regierung nahe dem Bankrott stand, gaben Angehörige der römischen Senatorenklasse weiterhin riesige Summen für öffentliche Spiele aus und wollten nicht wahrhaben, wie verheerend es wirkte, daß sie sowohl die Anwerbung von Rekruten verweigerten als sich auch der Zahlung von Subsidien an Föderatentruppen widersetzten. Die Folgen des senatorischen Einflusses zeigten sich auch im politischen Bereich. Es wurde nämlich für die Regierung zunehmend schwieriger, bei ihren Verhandlungen mit Alarich eine einheitliche Front zu bilden. Der Hof legte eine nicht vorhersehbare Sprunghaftigkeit an den Tag, die Alarich schnell zu seinem Vorteil ausnützte. Obwohl es eine ausdrücklich gegen die Goten gerichtete Partei und von 399–400 eine ernsthafte Rebellion der Goten gab, hing die Regierung des Ostens jedoch nie in gleichem Maße von ihnen ab wie der Westen. Das Ostreich war verhältnismäßig ungestört von Einfällen fremder Völker; und da die Regierung die Kontrolle über die nahegelegenen Gebiete Thrakiens und Anatoliens ausübte, in denen viele Soldaten angeworben wurden, hatte sie auch nie unter dem Mangel an Streitkräften zu leiden. Die Kultur, die Ostrom verteidigte, hatte ihre Wurzeln im östlichen Mittelmeergebiet und dessen Städten, deckte sich also nahezu mit den Gebieten, die die Verteidigung finanzierten und garantierten. Im Westen hingegen lagen die militärischen Ressourcen des Reiches vor allem in den Inlandprovinzen des Nordens, also weit entfernt von den Gebieten, in denen der größte Teil des kulturellen Lebens stattfand und durch die auch die Finanzierung erfolgte. Und schließlich bildete die östliche Aristokratie, die weniger reich als die des Westens und viel stärker am politischen und wirtschaftlichen Leben des kaiserlichen Hofes interessiert war, nie eine Klasse für sich, wie dies im Westen bei den römischen Senatoren Roms der Fall war. In solchen Fakten und Betrachtungen, nicht in allgemeinen moralischen und religiösen Überlegungen, muß man die Gründe für das Überleben Konstantinopels und die Schwächung und den endgültigen Untergang Westroms suchen.

**Barbarische Nachfolgestaaten auf dem Gebiet des ehemaligen Weströmischen Reiches**

Die Barbarenstaaten, die in den römischen Provinzen des Westens entstanden, entwickelten sehr unterschiedliche soziale und politische Merkmale; die einen waren für das Überleben römischer Sitten und Lebensweisen besser, die anderen weniger geeignet. In Gallien begann das Westgotische Reich im Südwesten mit einem Prozeß der Konsolidierung und der Expansion. Theoderich starb 451 während des großen Krieges gegen Attila bei der Schlacht auf den Katalaunischen Feldern. Unter seinem Nachfolger Theoderich II. gewannen die Goten den Zugang zum Mittelmeer durch die Einnahme Narbonnes im Jahr 462. Einige Jahre später eroberten sie die Stadt Arles, die bis dahin der Sitz der Praefektur der restlichen gallischen Provinzen und ein bedeutendes Zentrum römischer Kultur im Westen gewesen war. Weiter rhôneaufwärts lag das Königreich der Burgunder, die sich nach einer schweren Niederlage durch die Hunnen in Savoyen angesiedelt hatten. Sie wurden von Chroniken des Jahres 436 erwähnt. Möglicherweise stellt diese Niederlage der Burgunder die entfernte historische Grundlage für das Nibelungenlied dar. Weitere barbarische Enklaven, wie die der Alanen in der Nähe von Orléans und in der Umgebung von Valence, umfaßten weitere Landgebiete, die ihnen vom Territorium alter römischer Städte zugeteilt worden waren. In Nordostgallien kontrollierten die Bacaudae die Waldgebiete jenseits der Loire; es handelte sich dabei wohl um unabhängige Fürstentümer, die sich mit eigenen Gesetzen selbst regierten.

Die Ansiedlungen der Barbaren in Gallien (auf dem

großer Reichtum auf Großgrundbesitz in Italien und Sizilien beruhte. Auf Initiative dieser Familien hin wurden beschädigte Teile der Stadt wieder aufgebaut und einige öffentliche Bauten wie das Haus des Senats und das Colosseum instand gesetzt. In letzterem fanden wieder ausgewählte Jagdschauspiele *(venationes)* statt, die Mitglieder des Adels organisierten. Damit bestätigten sie sich in ihrer Stellung als Gönner und Wohltäter des *populus Romanus.* Es gibt auch Hinweise darauf, daß innerhalb weniger Jahre nach der Eroberung Roms die Bevölkerung wieder anzuwachsen begann. Zahlreiche Flüchtlinge kehrten zurück, und die öffentlichen Dienste der Stadt begannen wieder zu funktionieren.

Rom war das Zentrum eines lebendigen kulturellen, insbesondere literarischen Lebens. In das dritte und vierte Jahrzehnt des fünften Jahrhunderts – und nicht, wie man früher meinte, in das späte vierte Jahrhundert – müssen der große Vergil-Kommentar des Servius und die *Saturnalia* von Macrobius datiert werden. In die gleiche Zeit gehören auch die »Fabeln« des Avienus, eines römischen Senators, sowie die beiden illustrierten Manuskripte von Vergils Aeneis, die im Vatikan aufbewahrt werden. In der Wiedergeburt der Klassik zur Zeit des Boethius und des Cassiodorus im frühen sechsten Jahrhundert erreichte das Interesse an der Erhaltung der klassischen Bildung seinen Höhepunkt.

Im fünften Jahrhundert entstanden in Rom große neue Kirchen mit monumentaler Gestaltung und kunstvollen Mosaiken. Auf die Basiliken des späten vierten Jahrhunderts, San Paolo fuori le mura und Santa Pudenziana, folgten die Bauten von Santa Sabina und kurz danach von Santa Maria Maggiore. Diese Kirche wurde der Jungfrau Maria geweiht. Darin zeigten sich die Auswirkungen des Konzils von Ephesos (431), das, indem es der Auffassung von Papst Sixtus gefolgt war, der Jungfrau Maria den Titel *Theotokos,* »Gottesgebärerin«, bestätigt hatte.

Die Christianisierung der römischen Aristokratie zeigte sich im fünften Jahrhundert im zunehmenden Interesse dieser Gesellschaftsschicht am organisierten kirchlichen Leben in Rom. Mit wachsender Häufigkeit wird von römischen Senatoren berichtet, die als Erbauer und Wohltäter von Kirchen auftraten und regelmäßig an den Gottesdiensten teilnahmen. Die Unterdrückung der Häresie des Pelagius im Jahre 418 setzte einer Bewegung ein Ende, in der asketische weltliche Senatoren eine unabhängige Rolle in dogmatischen Fragen spielen konnten. Die Zeit danach ist von der Solidarität des Klerus mit prominenten, nichtgeistlichen Mitgliedern der Kirche und der gesamten christlichen Bevölkerung Roms gekennzeichnet.

Bereits im frühen fünften Jahrhundert hatte der spanische Dichter Prudentius Rom zum moralischen Haupt des christlichen Reiches erhoben, da diese Stadt mehr Reliquien von Märtyrern als irgendeine andere besaß, und sich auch durch die große Anzahl prächtig geschmückter Kirchen auszeichnete. Dieses Ideal wurde nach und nach mit zunehmendem Erfolg von den Bischöfen der Stadt weiterentwickelt, um ihren Anspruch auf eine Vorrangstellung innerhalb der Kirche zu untermauern. Papst Leo I. (440–461) trug Wesentliches zu dieser Entwicklung bei; in einer Reihe von Predigten präsentierte er die römischen Heiligen Peter und Paul als die Gründer des christlichen Rom; sie bildeten damit den Gegenpol zu Romulus und Remus und lieferten die ideologische Grundlage für den Anspruch Roms, die christliche Hauptstadt des Reiches zu sein. Diese Rivalität zwischen den Patriarchen Roms und Konstantinopels um die Dominanz in der Reichskirche, blieb für Jahrhunderte ein zentraler Bestandteil päpstlicher Politik. Papst Leo spielte auch in anderen Bereichen eine wichtige Rolle, insbesondere als Mitglied der Gesandtschaft, der es gelang, die drohende Invasion Italiens durch Attila im Jahre 452 abzuwenden.

Seit dem Jahre 402 lebte der Kaiserhof verhältnismäßig sicher in Ravenna. Er hatte sich dorthin begeben, als Mailand von den Westgoten belagert wurde und die Gefahr einer ersten Invasion Italiens durch Alarich bestand. Ravenna gehörte zur Reihe der großen Meeresstädte am oberen Ende der Adria. Ihre Vorläuferin war Aquileia gewesen, eine im fünften Jahrhundert bereits vernachlässigte Handelsstadt mit einem versandeten Hafen, doch – wie Attila fand – immer noch mit bemerkenswerten Festungsanlagen. Im Mittelalter und in der Renaissance übernahm Venedig ihre Rolle, und in neuerer Zeit ist Triest die wichtigste Hafenstadt in dieser Region. Die Anziehungskraft Ravennas beruhte für die Herrscher des fünften Jahrhunderts auf den guten Verteidigungsmöglichkeiten. Die Stadt lag zwischen Sümpfen und Lagunen und war von der Landseite her nur über einen Damm erreichbar. Als die Generäle von Theodosius II. dem Usurpator Johannes im Jahre 425 Ravenna abnahmen, schrieb man ihren Erfolg der Hilfe eines Engels zu, der als Schäfer verkleidet den Soldaten den Weg durch die Sümpfe gewiesen hatte.

Im Laufe des fünften Jahrhunderts entwickelte sich Ravenna zu einem bedeutenden Zentrum der christlichen Kultur. Die Kirche San Giovanni Evangelista, die anscheinend Galla Placidia gestiftet hat, und das Baptisterium des Bischofs Neon – allgemein unter dem Namen Battisterio degli Ortodossi bekannt – wurden in der Mitte des Jahrhunderts erbaut; ihre Mosaiken symbolisieren die Taufriten. Weitere Mosaiken des heute nicht mehr erhaltenen Kaiserpalastes zeigten die Heirat Valentinians III. mit Licinia Eudoxia im Jahre 437. Das sogenannte Mausoleum der Galla Placidia hat wahrscheinlich nichts mit der Kaiserschwester zu tun; seine prächtigen Mosaiken sind von großer ikonographischer Bedeutung. Die berühmtesten Kirchen Ravennas gehören in die Zeit der byzantinischen Rückeroberung, doch muß man die Anfänge der Stadt als Zentrum christlicher Kultur im fünften Jahrhundert suchen.

Die politischen Beziehungen zwischen Kontantinopel und dem Westen zu jener Zeit sind schon beschrieben worden. Das Ostreich hatte nicht unter größeren Einfällen zu leiden, obwohl Streifzüge von Isauriern und Wüstenvölkern in der Cyrenaica und in Südägypten zu großen lokalen Schwierigkeiten führten, und es erhob sich schließlich die Frage, ob Konstantinopel auf Dauer imstande sei, seine weiter entfernten Provinzen zu verteidigen. Der Philosoph und Rhetoriker Synesios von Cyrene wurde im Jahre 411 zum Bischof von Ptolemais geweiht; er war dadurch hervorgetreten, daß er den bewaffneten Widerstand gegen diese Einfälle geleitet hatte. Die Rebellion des Goten Gainas konnte unter einigen Schwierigkeiten unterdrückt werden, und die Kriege des Theodosius gegen Persien wegen der Armenien-Frage wurden durch Diplomatie gelöst. Dadurch war es Theodosius möglich, den Hunnen zu begegnen, die im Jahre 422 Thracien verwüstet hatten. Die neuen Landwälle Konstantinopels, die 413 fertig wurden, waren wahrscheinlich gegen die Hunnengefahr aufgerichtet worden. Die Subsidien, die man nach dem Abschluß eines Vertrages an die Hunnen zahlte, stellten eine verhältnismäßig schwere finanzielle Bürde dar, waren allerdings nicht so lähmend, wie einige Historiker glaubten.

Von solchen Ausnahmen abgesehen, brachte das fünfte Jahrhundert dem Ostreich eine Zeit andauernder Blüte. Die Stadt Sardis in Kleinasien dehnte sich aus und wurde ein wichtiger Handelsplatz. Auch der Stadt Antiochia

*Ganz oben:* Das illustrierte Manuskript, unter dem Namen »Virgilius Vaticanus« (Cod. Lat. 3225) bekannt, ist ein hervorragendes Beispiel für das Interesse an der klassischen Kultur im Rom des 5. Jahrhunderts. Hier ist eine der pathetischsten Szenen aus der *Aeneis* dargestellt. Mit einem Messer in der Hand beugt sich Dido über den Scheiterhaufen, der üblicherweise so dargestellt wird, als habe er sich im Innern des Palastes befunden.

*Oben:* Die abgebildete Kirche, das Kloster und das Pilgerzentrum von Sankt Simeon Stylites in Qalet Sem'an in Syrien wurde im späten 5. Jahrhundert um die Säule herum gebaut, auf der der Säulenheilige bis zu seinem Tode im Jahre 459 dreißig Jahre lang gelebt hatte. Er empfing Besucher, gab Ratschläge, betete und meditierte. Seine Säule stand in einem achteckigen offenen Hof. Beim Heiligtum errichtete man auch ein Gästehaus für Besucher sowie das Kloster und die Basilika, die hier abgebildet sind.

ging es weiterhin gut, wie die Mosaiken in ihren Villen zeigen. Das Interesse des kaiserlichen Hofes und von Privatleuten am Heiligen Land führte zu einem Wachstum der Wirtschaft; Grundlage dafür bildete der Kapitalimport durch fromme Pilger und Reisende. Nach ihrem politischen Mißerfolg im Jahre 443 lebte die Kaiserin Eudocia, die Gemahlin Theodosius' II., bis zu ihrem Tode (460) in Jerusalem. Sie war sehr mildtätig und veranlaßte im Heiligen Land die Gründung zahlreicher Kirchen und Klöster. Auch eine Kirche in Konstantinopel geht auf sie zurück. Die Stadt Athen, in der Eudocia – damals hieß sie Athenais – als Tochter eines heidnischen Sophisten zur Welt kam, stellte im fünften Jahrhundert das Zentrum der berühmten neuplatonischen Schule des Syrianos und Proclos dar; sie ging auf die theurgische Tradition des Iamblichos (s. S. 177) zurück. Nach der Plünderung Athens durch Alarich im Jahre 396 unternahm besonders der Praetorianerpraefekt von Illyricum, Herculius (407–412), den Versuch, einige öffentliche Gebäude zu restaurieren und wieder instandzusetzen, darunter auch Hadrians Bibliothek.

Eudocias Gönner in Konstantinopel, der Praefekt Cyrus, war wie die Kaiserin ein angesehener klassischer Dichter und leidenschaftlicher Anhänger der griechischen Kultur. Iohannes Lydianus, der seine Werke zur Zeit Iustinians verfaßte, behauptete, Cyrus sei dafür verantwortlich, daß das Latein als Amtssprache der östlichen Verwaltung aufgegeben wurde – ein bedeutsamer Schritt im langsamen Übergang vom spätrömischen zu einem griechisch-byzantinischen Reich. Cyrus ließ auch die Stadtmauern von Konstantinopel erweitern, um die Seeseite gegen das Piratenunwesen der Vandalen besser zu schützen.

Als Cyrus 441, wahrscheinlich wegen seiner übermäßigen Popularität, sein Amt verlor, wurde er von einer Stadt in Phrygien zum Bischof geweiht. Dort überraschte er seine Gemeinde mit der wahrscheinlich kürzesten, wenn vielleicht auch nicht unumstrittensten Predigt, die uns bekanntgeworden ist: »Liebe Brüder, laßt uns die Geburt unseres Retters Jesus Christus mit Schweigen ehren, denn die heilige Jungfrau empfing das Wort Gottes nur durch Zuhören. Amen.« Trotz der Anklage des Heidentums, die zur Zeit seines politischen Falls gegen ihn – wie auch gegen Eudocia – erhoben worden war, gab Cyrus sein Bischofsamt ab und kehrte nach Konstantinopel zurück. Dort wurde er für seine mildtätigen Werke und für seine Unterstützung des Säulenheiligen Daniel bekannt. Die Verbindung klassischer literarischer Bildung mit christlicher Religiosität war ein grundlegendes Kennzeichen der byzantinischen wie der spätrömischen Kultur.

Das schwierigste und in gewisser Hinsicht schädlichste Problem, dem das Ostreich in dieser Zeit gegenüberstand, betraf die religiöse Einheit. Theodosius I. und die Konzilien von Konstantinopel, die in den frühen achtziger Jahren des vierten Jahrhunderts abgehalten wurden, hatten die Häresie der Arianer wirkungsvoll unterdrückt. Der Streit um die Nestorianer und die Monophysiten war jedoch noch schwieriger zu lösen. Nestorius, von 428 an Patriarch von Konstantinopel, meinte, von den beiden Naturen Christi, der göttlichen und der menschlichen, sei nur die menschliche Fleisch geworden und habe am Kreuz gelitten. Folglich sei die Jungfrau Maria nur die Mutter des Menschen, nicht des Gottes Christus. Nestorius verweigerte ihr demnach den Beinamen »Theotokos«, »Gottesgebärerin«. Den Lehren des Nestorius widersprach insbesondere der Patriarch von Alexandria, Cyrillus. Der kaiserliche Hof war gespalten, doch das Konzil von Ephesos im Jahre 431 verwarf Nestorius' Thesen und enthob ihn seines Amtes. Nach einem mißglückten Versuch des Theodosius, die beiden Parteien miteinander zu versöhnen, wurde Nestorius verbannt und seine Schriften dem Feuer übergeben.

In den nächsten paar Jahren tendierte die Ostkirche unter dem Einfluß der Alexandriner in starkem Maße zum sogenannten Monophysitismus. Er stellte im Vergleich zum Nestorianismus das andere Extrem dar, weil er eine einzige, unteilbare, göttliche wie menschliche Natur Christi annahm. Das Konzil von Ephesos im Jahre 449, das Papst Leo als »Räubersynode« *(latrocinium)* bezeichnete, weil seine eigenen Ansichten nicht beachtet wurden, hielt an der monophysitischen Position fest. Leo klagte gegenüber Valentinian III. das Konzil an und führte mit dessen Hilfe auch Klage bei Theodosius. Doch erst nach Theodosius' Tod 450 wurde etwas unternommen.

Das Konzil von Chalcedon im Jahre 451 stand unter der strengen Aufsicht des kaiserlichen Hofes. Beauftragte des Kaisers leiteten die Sitzungen, und kaiserliche Sekretäre führten Protokoll. Die »Räubersynode« wurde angeklagt und die Lehren der Alexandriner zurückgewiesen. Päpstliche Abgesandte präsentierten dem Konzil ein dogmatisches Schreiben Leos, das schließlich zur Grundlage oder eine der Grundlagen des Glaubensbekenntnisses von Chalcedon wurde. Zur gleichen Zeit verhinderten die Bischöfe des Ostens mögliche Folgerungen aus der Tatsache, daß sie Leos Formel akzeptiert hatten, dadurch, daß sie den Patriarchen von Konstantinopel als gleichberechtigt mit dem von Rom bezeichneten. Obwohl die päpstlichen Gesandten und später auch Leo selbst Einwände dagegen erhoben, blieb der betreffende Kanon (Nummer 28) in der Ostkirche in Kraft. Er verneint den Ausspruch des Bischofs von Rom auf die Oberhoheit über die gesamte Kirche.

Die Einzelheiten der Dispute in der Ostkirche zu jener Zeit sind schwer nachvollziehbar und wenig erbaulich. Die Intensität des theologischen Ringens kann man nicht verstehen, wenn man die Rivalitäten von Personen und gewissen Bischofssitzen – Konstantinopel, Antiochia und Alexandria – zur Erlangung des Supremats unberücksichtigt läßt. Insbesondere die Patriarchen von Alexandria führten sich mit einer despotischen Rechthaberei und Skrupellosigkeit auf, die den Traditionen ihrer Stadt voll entsprachen. Cyrillus von Alexandria erkaufte sich die Unterstützung gegen Nestorius und das erste Konzil von Ephesos teilweise mit Hilfe von Geschenken an verschiedene Beamte des kaiserlichen Hofes; er ging dabei so verschwenderisch vor, daß er sich 1500 Pfund Gold leihen mußte, um dies alles zu finanzieren. Das war mehr als viermal so viel, wie die Regierung von Konstantinopel den Hunnen um 435 als jährliche Unterstützung zugestanden hatte.

Dem Konzil von Chalcedon gelang es nicht, die theologischen Spaltungen, die so nachdrücklich geworden waren, zu unterbinden. Die Gefahr für den Kaiser lag darin, daß er mit dem Konzil die religiöse Einheit, zu der er sich selbst so offen verpflichtet hatte, nicht retten konnte. Der Monophysitismus, der von einer zunehmend aggressiven Mönchsbewegung unterstützt wurde, setzte sich in koptisch sprechenden Gebieten Ägyptens, in den syrisch sprechenden Kirchen Palästinas und Syriens und in der Armenischen Kirche fest, während die christliche Kirche im persischen Mesopotamien die Lehre Nestors annahm. Man ist sich darüber uneins, bis zu welchem Grad die religiösen Spaltungen zu einer Schwächung der Struktur des frühen byzantinischen Reiches führten, doch daß es zu einer solchen Entwicklung überhaupt kam, läßt doch Zweifel an der politischen Integrität eines Reiches aufkommen, dem die Betonung der religiösen Einheit so wichtig war.

# Ravenna

*Unten:* Detail eines Mosaiks aus San Vitale mit Iustinian und seinen Gefolgsleuten, das in seinem Stil der Darstellung Theodoras im Kreise ihrer Diener und Dienerinnen entspricht *(gegenüber)*.

Ravenna diente seit der Zeit des Augustus einer der kaiserlichen Flotten Italiens als Stützpunkt (die andere lag bei Misenum) und hatte dadurch eine bescheidene Blüte erlebt. Trotz des Übergewichts von Aquileia als Handelszentrum war es in Zeiten wie den Bürgerkriegen von 68–70 n. Chr. von beträchtlicher Bedeutung.

Die Vereinnahmung Ravennas als kaiserliche Hauptstadt kann man genau auf das Jahr 402 n. Chr. datieren – nach der Belagerung Mailands, die diese Stadt der Barbareninvasion in Norditalien ausgesetzt hatte. Ravenna, das sich zwischen Niederungen und Sümpfen versteckte, von Po-Armen umgeben und mit dem eigentlichen Festland durch einen Damm verbunden war, galt als nahezu uneinnehmbar. Sidonius Apollinaris bezeichnete sie als eine perverse Stadt, in der die Naturgesetze auf dem Kopf standen, wo »Mauern sich umlegen und die Wasser stehen, Türme schwimmen und Schiffe sitzen«, während seine Bürger quakenden Fröschen gleichen. Doch Scherz beiseite – Honorius konnte aufgrund ihrer günstigen Lage und der direkten Seeverbindung nach Konstantinopel, die schon immer ein großer Vorteil für Ravenna war, durchhalten und Alarich herausfordern, als es den Anschein hatte, daß Italien schon ganz unter seiner Kontrolle sei. Die Stadt diente gleichermaßen als sicherer Zufluchtsort für die Barbarenkönige Italiens, und nach ihrer Einnahme durch Iustinians Armeen im Jahre 540 ließen sich die byzantinischen Statthalter, die »Exarchen«, der eroberten Provinz, dort nieder. Wegen der Präsenz königlicher und kaiserlicher Höfe durchlebte Ravenna während dieser Zeit eine gesellschaftlich und kulturell bewegte Phase (von den immer wiederkehrenden politischen Gewalttaten sei gar nicht die Rede). Seine Circusrennen werden von Sidonius sehr farbig geschildert, Besucher gingen ein und aus, und ihr reges geistiges Leben läßt sich unter anderem aus den Manuskripten ablesen, die hier überarbeitet wurden.

Die Kirchen Ravennas stammen aus dem fünften Jahrhundert, der Zeit der Kaiser, der Barbarenkönige wie der byzantinischen Rückeroberung, obwohl die Byzantiner alles taten, um die Erinnerung an ihre unmittelbaren Vorgänger auszulöschen. Die berühmten Mosaike hingegen datieren größtenteils aus dem sechsten Jahrhundert.

Die Kirche San Apollinare Nuovo *(oben Mitte)*, ursprünglich Theoderichs Palastkirche, beherbergt Mosaikszenen von Ravenna, die einen Eindruck von seiner monumentalen Größe vermitteln. Hier *(links)* der Hafen Classis (Classe di Ravenna) und *(außen rechts)* der Palast Theoderichs, dessen einstige Fassade möglicherweise den sogenannten »Exarchenpalast« in der Nähe der Kirche schmückt. In den fein geschnitzten Balustraden von San Apollinare Nuovo *(oben)* symbolisieren die Pfauen und Weinreben ein ewiges Leben. Außerdem sieht man *(oben)* den kunstvollen Marmorthron des Bischofs Maximianus (546–54).

Die Kirche San Vitale, die der Chronist Agnellus im 9. Jahrhundert für unvergleichlich in ganz Italien hielt, wurde etwa zum Zeitpunkt des Todes von Theoderich begonnen, jedoch erst 547 oder 548 nach der Rückeroberung Italiens durch die Generäle Iustinians eingeweiht. *Unten* sieht man Iustinians Gemahlin Theodora mit ihren Dienerinnen, eine Darstellung, die ihre Großzügigkeit gegenüber der neuen Kirche würdigt. Die Kaiserin trägt einen goldenen Kelch, den sie als Geschenk darbringt, und am Saum ihres Gewandes sind die drei Weisen mit ihren Gaben dargestellt, eine Anspielung auf christliche Freigebigkeit. Die Szene präsentiert sich als eine von rechts nach links durch den Narthex der Kirche ziehende Prozession, wobei die Rückwand mit der Apsis und die Seiten des Narthex wie nach außen geöffnet wirken. Die Vorwärtsbewegung der Gruppe wird durch die immer stärkere Neigung der Figuren suggeriert, durch den von einem Diener aufgehaltenen Vorhang und – ein besonders phantasievoller Einfall – durch die Einbeziehung des Brunnens.

Der ostgotische König Theoderich ruhte nach seinem Tod im Jahr 526 im noch erhaltenen Mausoleum *(außen links)* vor den Mauern von Ravenna. Über das ungeheure Ausmaß des monolithischen Daches – 300 Tonnen istrischen Steins – äußert sich eine zeitgenössische Quelle. Die Griffe, mit deren Hilfe es in Stellung gebracht wurde, kann man an seinen Rändern noch sehen. Theoderichs Palast *(links)* ist auf einem Mosaik in San Apollinare Nuovo dargestellt. Die Figuren Theoderichs und seines Hofes, die nach der Rückeroberung unter Iustinian entfernt wurden, sind noch schemenhaft zu erkennen.

# DAS OSTGOTENREICH UND DIE RÜCKEROBERUNG

Von 476 an wurde Italien von germanischen Königen vom Hof von Ravenna aus regiert. Odoaker, der Romulus Augustulus aus dem Amt verdrängt hatte, mußte selbst wieder dem Ostgoten Theoderich weichen, der sich in mehreren Feldschlachten den Zugang nach Italien erkämpfte und 493 nach langer Belagerung die Festung Ravenna einnahm. Odoaker wurde von Theoderich eigenhändig erstochen, seine Verwandten und Soldaten ließ er grausam niedermetzeln. Theoderichs Regentschaft bildete den Höhepunkt der germanischen Reichsbildung auf römischem Boden. Wie sein Vorgänger herrschte er über die römische Bevölkerung aufgrund seiner kaserlichen Legitimation und über die Goten kraft germanischen Heereskönigtums.

Sowohl Odoaker als auch Theoderich nahmen Rücksicht auf die italischen Völker, die ihnen untertan waren, und zeigten Respekt vor dem großen Reich, über dessen beeindruckende Reste sie nun selber regierten. Das Leben der Senatoren in Rom ging weiter wie zuvor, und die wichtigen städtischen Ämter lagen voll in den Händen der Stadtaristokratie. Unter Odoaker wurde das Colosseum restauriert; es fanden dort wieder Jagd- und Unterhaltungsspiele, im Cirkus auch Wagenrennen statt. Diese Ereignisse sind oft auf den Elfenbein-Diptycha festgehalten, die Senatoren zum Gedenken an diesen Anlaß verschenkten. Der Senat spielte in der Kirchenpolitik Roms eine immer größere Rolle, wie man besonders aus den Unruhen ersehen kann, die die Wahl des Papstes Symmachus gegen die Ansprüche des Laurentius (498) begleiteten. Sie zeichnete sich auch in den diplomatischen und theologischen Verhandlungen über die gegenseitige Annäherung der Westkirche zur Ostkirche ab; diese zeitigten jedoch erst Früchte, als Iustinus 519 den Kaiserthron bestiegen hatte.

Theoderich galt als menschlicher, sympathischer Herrscher. Eine zeitgenössische Quelle stellte ihn gleichberechtigt neben Traian und Valentinian; diese Vergleiche sind gerechtfertigt, da er Italien und Rom sorgfältig und zurückhaltend regierte und zahlreiche Gebäude wiederherstellen ließ, wobei er Mitglieder des römischen Adels unterstützte und mit ihnen zusammenarbeitete. Das Leitmotiv seiner Herrschaft, *civilitas,* bedeutet die Beibehaltung eigener, individueller Freiheiten unter dem Schutz des Gesetzes.

Theoderich gewann den Senator Cassiodorus, der aus einer Familie mit zahlreichen kaiserlichen Verwaltern stammte, um dem römischen Publikum seine Politik in offiziellen Briefen darzustellen. Sie waren in einem fein ausgearbeiteten, metaphorischen und für unseren modernen Geschmack höchst affektierten Stil geschrieben. Sie verfehlten aber trotzdem ihre Wirkung nicht, da sie zeigten, daß sich die Regierung um die höchsten Werte der Kultur kümmerte. Von einem anderen Gesichtspunkt aus sind diese Briefe der Höhepunkt einer langen Entwicklung, die die zunehmend komplizierte römische Bürokratensprache durchgemacht hatte.

In Theoderichs Reich nahm der Philosoph Boethius eine besondere Stellung ein. Seine außerordentlichen Leistungen auf dem Gebiet der Theologie, der Wissenschaft, der Musik und der traditionellen Philosophie machen ihn zu einem der größten Köpfe der Antike, dessen Einfluß bis ins Mittelalter wirkte. Es wäre falsch, Boethius' be-

»Ich, der ich einmal fröhliche und hoffnungsvolle Gedichte verfaßt habe, vergieße nun Tränen und muß traurige Gesänge schreiben.« Boethius' Werk *»Vom Trost der Philosophie«* entstand im Gefängnisturm von Pisa. Es handelt sich um einen Dialog in Prosa und Versen zwischen ihm selbst und der Dame Philosophie. Die Abbildung *(unten)* zeigt ihn auf der Titelseite einer Handschrift des 12. Jahrhunderts beim Verfassen seiner Schrift.

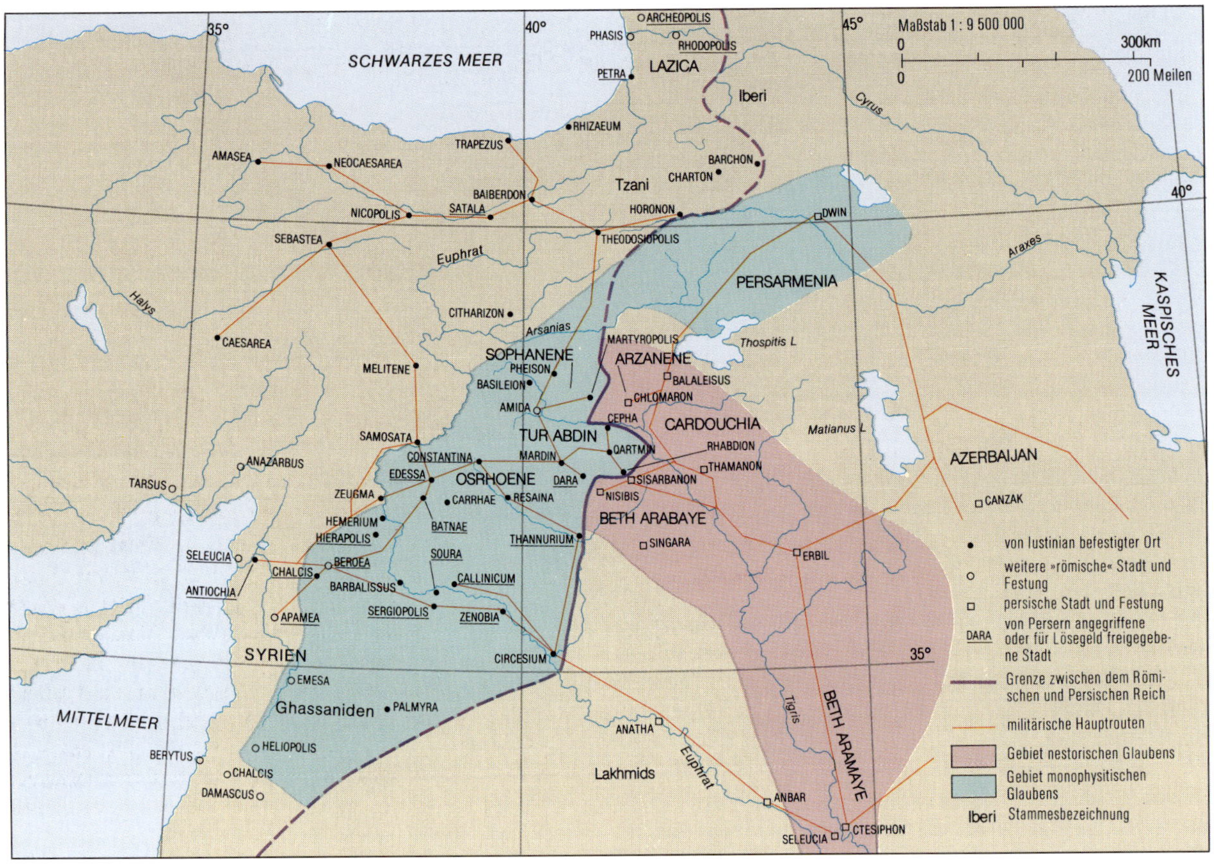


**Links: Persien zur Zeit Iustinians**
Für lange Zeit mußten die römischen Ostprovinzen unter der Herrschaft Iustinians den Angriffen der Sassaniden unter dem aggressiven und erfolgreichen Khusro I. (531–79 n. Chr.) Widerstand leisten. Im Süden hielten begrenzte römische Streitkräfte ein paar wenige Stützpunkte besetzt, während das ghassanidische, arabische Bündnis zur Wüste hin den Zugang gegen Überfälle der persischen Lakhmid-Araber schützte. In der Mitte stand die Festung Dara, die von den größeren Militärstützpunkten Amida und Constantina und dem vorgelagerten, befestigten Tur Abdin Unterstützung erhielt; dennoch reichten die ständigen Garnisonen nur selten aus, um persische Invasionen zu verhindern, und oft waren die reichen Städte Osrhoenes und Syriens bedroht. Weiter im Norden lagen die Grenzbastionen Martyropolis, Citharizon und Theodosiopolis Arzanene und Persarmenia gegenüber, und mit der Zeit gewann Iustinian die Kontrolle über Tzani und Lazica, strategisch wichtige Gebiete, die Nomadeneinfälle von jenseits des Kaukasus aufhalten und den Persern den Zugang zum Schwarzen Meer verwehren konnten.

*Oben:* Das Diptychon zeigt Ruffius Gennadius Probus Orestes, den Konsul von 530 (der Name Orestes erscheint auch im Monogramm). Er sitzt in vollem Konsulargewand auf einem Thron, unten sind Symbole seiner Freigebigkeit und oberhalb des Konsuls der ostgotische König Athalarich und seine Mutter Amalsuntha zu sehen. Dadurch soll illustriert werden, wie die späteren ostgotischen Herrscher der römischen Institution des Senats gewogen waren. Diese ost-westliche Harmonie wurde durch die byzantinische Rückeroberung Italiens bald zunichte gemacht.

*Rechts außen:* Diptychon des Vaters von Boethius, Flavius Navius (?) Manlius Boethius, der 487 das Konsulat bekleidete. Da seine Eltern früh starben, wuchs der junge Boethius in der Familie des Symmachus, des Konsuls von 485, auf und heiratete dessen Tochter Rusticiana. Nach der Hinrichtung ihres Gemahls und kurz danach auch ihres Vaters, widmete sich Rusticiana mildtätigen Werken.

rühmtestes Werk vom »*Trost der Philosophie*« einfach als eine Rückkehr zum traditionellen Heidentum zu sehen. Der Autor untersuchte darin Vorurteile über das menschliche Schicksal und die Allwissenheit Gottes, und schuf damit ein Meisterstück des philosophischen Humanismus.

Der Konflikt zwischen Theoderich und dem Senat wurde von einer Veränderung der Kirchenpolitik im Osten bewirkt. Dort war die Bevorzugung der Monophysiten, wie sie der alte Kaiser Anastasius gezeigt hatte, bei der Thronbesteigung Iustinus' I. (519) durch eine aggressiv orthodoxe Politik ersetzt worden. Sie forderte die zuvor entfremdeten westlichen Kirchen auf, sich den Ostkirchen anzunähern. Diese Politik wurde von Iustinus' Neffen und voraussichtlichem Thronnachfolger Iustinian mit noch größerer Energie gefördert, was darauf hinauslief, daß sich die Senatoren des christlichen Rom mit dem byzantinischen Hof verbanden. Dem Arianer Theoderich war dies natürlicherweise nicht genehm. Die diplomatischen und sonstigen Beziehungen zwischen dem Westen und dem Osten gerieten nur zu leicht in den Geruch einer politischen Intrige, die von den christlichen Hauptstädten des Reiches gegen den barbarischen Hof in Ravenna gerichtet war. Als Boethius einen Senator geistreich verteidigte, der der Konspiration mit dem Osten verdächtigt wurde, ließ ihn Theoderich im Jahre 523 verhaften und brutal hinrichten. In einem klaren und vielleicht verzweifelten Versuch, gute Beziehungen zwischen Ravenna und Rom beizubehalten, hatte Theoderich im Jahr zuvor Boethius zum *magister officiorum* in Ravenna und dessen Söhne zu Konsuln ernannt.

Im letzten Jahr seiner Herrschaft gestattete Theoderich in der Hoffnung, die Kirchenpolitik des Ostens würde sich mäßigen, Papst Iohannes I. einen Besuch in Konstantinopel. Der Besuch, der erste eines römischen Papstes in der Hauptstadt des Ostens, wurde mit ungeheurer Begeisterung aufgenommen. Dies war ein deutliches Zeichen für die wachsende Isolation Theoderichs, und als Iohannes zurückkehrte, ließ er ihn in Ravenna unter Hausarrest stellen. Nach seinem Tod in der Gefangenschaft starb auch bald Theoderich selbst (526). Die Erinnerung an den bedeutenden Herrscher lebt weiter in der deutschen Heldensage von Dietrich von Bern und in dem Grabmahl, das er sich selbst in Ravenna errichten ließ.

Im Westen hatte Theoderich durch Bündnisse und Heiratsbeziehungen mit den barbarischen Königen Spaniens, Galliens und Afrikas seine Stellung gefestigt; unter ostgotischer Dominanz sollten die Germanenstaaten Byzanz das Gleichgewicht halten. Seine Versuche jedoch, die gallischen Herrscher gegen die wachsende Bedrohung durch die Franken unter Chlodwig zu einigen, waren zum Scheitern verurteilt. Chlodwig fügte den Westgoten bei der Schlacht von Vouillé in Südwestgallien (507) eine schwere Niederlage zu. Sie wurden in ihre spanischen Besitztümer abgedrängt, und damit hatte sich das fränkische Königreich in den alten römischen Provinzen Galliens vollständig niedergelassen.

Die Nachfolger Theoderichs fuhren mit ihrer wohlwollenden Politik gegenüber der Stadt Rom fort, hatten aber mit einem wachsenden Konflikt innerhalb ihrer eigenen Dynastie zu kämpfen. Der Tod des jungen Königs Athalarich im Jahre 534 und die Ermordung seiner Mutter (und Theoderichs Schwester) Amalasuntha durch Theodahad markierten das Ende der westgotischen Herrschaft. Im Jahre 535 führte Iustinians General Belisarius die Feldzüge zur Rückeroberung des Westens an.

Cassiodorus, der Athalarich und Theodahad als Gardepraefekt gedient hatte, nahm 537 Abschied vom politischen Leben und kehrte nach einem wohl längeren Aufenthalt in Konstantinopel nach Italien zurück, um sich religiös zu betätigen. Seine Versuche, in Rom eine Schule christlicher Gelehrsamkeit zu gründen, mißlangen, da die Rückeroberung des Westens zu starken Unruhen geführt hatte. So zog sich Cassiodorus in fortgeschrittenen Jahren auf seine Familiengüter bei Squillace in Kalabrien zurück und gründete dort die berühmte Mönchssiedlung von Vivarium. Hier wurde versucht, die wesentlichen Züge der klassischen Bildung als integrierenden Teil eines wahrhaft christlichen Lebens zu erhalten. Dieses Bestreben war für die Zukunft der klassischen Kultur im europäi-

*Links:* Der hl. Vitalis, der Soldaten-Märtyrer, erhält auf diesem Mosaik aus der ihm geweihten Kirche in Ravenna (San Vitale, 6. Jahrhundert, s. a. S. 218) die Märtyrerkrone.

*Oben rechts:* Das 527 von Iustinian erbaute befestigte Katharinenkloster auf der Sinai-Halbinsel. Diese Gründung verrät viel über die Frömmigkeit des Kaisers.

*Unten rechts:* Die Mauern von Dara, der Grenzbefestigung gegen die Perser, wurde zur Zeit des Anastasius errichtet.

schen Mittelalter von ungeheurer Bedeutung.

Die politische Geschichte des Ostreiches des sechsten Jahrhunderts beginnt mit der vorsichtigen und stabilen Herrschaft von Anastasios. Er ging derart sparsam vor, daß er bei seinem Tode im Jahre 519 einen massiven Überschuß zurückließ. Sein Nachfolger Iustinus I., ein Bauernsoldat aus dem lateinischen Makedonien, folgte nicht den monophysitischen Tendenzen seines Vorgängers und stand unter dem zunehmenden Einfluß Iustinians. 527 kam Iustinian ans Ruder und begann sein Werk mit ungeheurer Energie. Fast sofort nach seiner Thronbesteigung schritt er an die Neuorganisation und Kodifizierung des Römischen Rechts. Es bleibt eines der größten Vermächtnisse des Römischen Reiches und zugleich, wie die *Pandekten,* eine grundlegende historische Quelle für die Sozialgeschichte des klassischen Römischen Imperiums. Iustinian wandte seine Aufmerksamkeit auch den Persern zu; sein Feldherr Belisarius errang 530 einen großen Sieg über sie. 532 unterzeichneten beide Parteien ein Abkommen, das optimistisch »Ewigen Frieden« sichern sollte. Später brach wieder Krieg aus, und Iustinian begann, in Nordmesopotamien eine Reihe komplizierter Verteidigungswerke erbauen zu lassen.

Die Herrschaft Iustinians wurde 532 fast durch einen Aufruhr unterbrochen, der sich anfänglich gegen seine unpopulären Minister wandte, insbesondere gegen den Gardepraefekten und Quaestor Tribonian, einen kenntnisreichen Rechtsanwalt, der bei der Kodifikation des Rechts eine führende Rolle gespielt hatte. Bei der Erhebung, die wegen der Gesänge der Massen den Namen *Nika* (»Sieg«) erhielt, wurde ein anderer zum Herrscher ausgerufen. Iustinian konnte nur durch das entschiedene Eingreifen seiner Frau Theodora, einer früheren Schauspielerin, die er Jahre vor der Thronbesteigung geheiratet hatte, und durch die Entschlossenheit seiner Generäle Belisar und Mundus gerettet werden. Bei dem Angriff gegen die aufrührerischen Massen wurden Tausende von Menschen getötet, und große Teile Konstantinopels gingen in Flammen auf. Wie beim Brand von Rom unter Nero gab der angerichtete Schaden die Gelegenheit, prächtige neue Bauten zu errichten. Iustinians größtes Werk war der Bau der Kirche der Heiligen Weisheit, der Hagia Sophia. Procopios beschrieb sie mit größter Bewunderung. Als Iustinian das Innere seiner neuen Kirche sah, soll er ausgerufen haben: »Salomon, ich habe dich übertroffen!«

Iustinians Rückeroberungen begannen in Afrika. Das Land wurde, wenn man die früheren Versuche in Betracht zieht, 533 überraschend leicht genommen. Das Problem der Maurischen Rebellion wog schon viel schwerer und konnte erst nach mehreren Jahren gelöst werden. Der Mord an Amalasuntha durch Theodahad lieferte die gesuchte Rechtfertigung, um die Eroberungen auf Italien auszudehnen. Überdies hatte der diplomatische Verkehr der letzten Jahre Kontakte zwischen westlichen Senatoren und dem östlichen Hof hergestellt, und es gab auch unter der lateinisch sprechenden Gemeinschaft in Konstantinopel eine Gruppe verbannter Senatoren. Sie traten mit diplomatischen Besuchern in Kontakt und übten Druck auf die Regierung im Osten aus.

Die Rückeroberung Italiens erwies sich als viel schwieriger und mühseliger als die Afrikas. Sie war von Gewalt und großen Zerstörungen begleitet, so daß die Italiener selbst am meisten daran zweifeln mußten, ob es einen Wert habe, ins Byzantinische Reich eingegliedert zu werden. Iustinians General Narses schloß 553 die Kämpfe ab, indem er König Teja besiegte. Die Regierung Italiens wurde in der sogenannten »Pragmatischen Sanktion« von 554 organisiert. Die Senatorenklasse Roms, die die Invasionen des fünften Jahrhunderts und die Errichtung des barbarischen Königreichs in Ravenna weitgehend unbeschadet überstanden hatte, trat nach der byzantinischen Rückeroberung kaum mehr in Erscheinung. Ravenna, der Sitz der neuen Regierung, des *Exarchats,* erreichte Pracht und Größe auf Kosten Italiens und Roms. Damit war das Ende der klassischen Welt eingeläutet, und als die Langobarden in den späten sechziger Jahren des folgenden Jahrhunderts in Italien einfielen, konnte ihnen kein nennenswerter Widerstand mehr entgegengesetzt werden.

Iustinian starb 565. Er hatte über mehr traditionell römisches Gebiet als jeder seiner Vorgänger seit dem frühen fünften Jahrhundert geherrscht. Ob dies eine Errungenschaft war, bleibt fraglich, denn zugunsten der Rückeroberung wurden Armeen von der Donau und der persischen Front abgezogen, deren Vorhandensein dort dringend notwendig gewesen wäre. Überdies lag die Rückeroberung nicht ganz im Interesse der Westprovinzen. Für Rom und Italien, mit denen dieses Buch begann, ist es eine bittere Ironie, daß ihre späteste Periode des Wohlergehens, unter der Herrschaft germanischer Könige, vom byzantinischen Hof beendet wurde, der sie als nunmehr verarmte Provinzen des Römischen Reiches von Konstantinopel aus regierte.



Eine Quelle vermutet, Theoderich hätte seinen Namen nur mit Hilfe einer Bronzeschablone schreiben können. Diese Fehlinterpretation kam wohl dadurch zustande, weil Theoderich eine Schablone für das komplizierte Monogramm verwendete, das auf seinen Münzen *(oben)* erscheint. Gleichzeitig ist das Monogramm des Odoaker dargestellt.

# Das römische Erbe

Für Gibbon war der Untergang des Römischen Reichs »eine Revolution, an die man sich immer erinnern wird und die für alle Nationen der Erde weiterhin Gültigkeit hat«. Beide Teile dieser Feststellung trafen bis zum Beginn des modernen Industriezeitalters und in vieler Hinsicht auch darüber hinaus ganz selbstverständlich zu. Noch bis vor kurzem hätte man *De officiis* von Cicero als eines der einflußreichsten Bücher der westlichen Kultur bezeichnen können, und für einen britischen Staatsbeamten, wie früher für jeden Politiker, ist es nicht ungewöhnlich, daß er mehr über die Geschichte Roms als über die seines eigenen Landes weiß.

Auch wenn man »römisch« in einem engen Sinn interpretiert, so war das Erbe der römischen Welt für die Sprachen, die literarische Kultur, die Architektur, die Regierungsformen und das religiöse Leben im mittelalterlichen und neuzeitlichen Europa von ungeheurer Bedeutung. Aus einer erweiterten Perspektive gesehen, bei der sich der römische Einfluß mit seiner Vermittlung durch die griechisch-christliche Welt von Byzanz vermischt, ist die Wirkung noch viel größer.

Mit diesen zwei Seiten soll nicht der Versuch unternommen werden, das römische Vermächtnis in all seiner Komplexität aufzuzeigen; sie sollen vielmehr besondere Beispiele herausstellen und implizit darauf verweisen, wo noch mehr zu finden ist. Das Gespür für eine Kultur kann und sollte das Triviale ebenso wie das Erhabene, das Bizarre ebenso wie das Ideale und schließlich das Angenehme ebenso wie das Abstoßende einschließen.

Antike mythologische und literarische Szenen in idealisierten Landschaften waren ein häufiges Thema klassischer Maler, insbesondere der Französischen Schule wie in diesem Bildnis *(oben)* des Aeneas in Delos von Claude Lorrain (1600–82), auf dem die menschlichen Figuren kaum mehr als Beiwerk für eine Studie der architektonischen Form in ihrer Landschaft sind. Das in einer mittleren Entfernung zu erkennende Gebäude ähnelt in gewisser Weise Hadrians Pantheon in Rom (S. 104). Der Piranesi-Stich *(gegenüber oben)* mit zwei römischen Straßen, zu deren beiden Seiten sich Grabdenkmäler in einer architektonischen Komposition von obsessivem Überschwang übereinandertürmen, spiegelt das zur Zeit des Künstlers neu erwachte Interesse an den konkreten Überresten römischer Macht wider. Sein Entstehungsdatum, etwa 1756, fällt beinahe mit Gibbons Betrachtungen über das Kapitol zusammen, das den ersten Anstoß für seine Geschichte Roms gab. Die Inschrift im modernen Rom *(oben)* setzt die antike römische Praxis gegenüber in Ungnade gefallenen Herrschern fort: der Name Mussolinis wurde ausgelöscht. Eine frühere und unheilvollere Erinnerung an die reaktionären Tendenzen Roms Anfang der zwanziger Jahre dieses Jahrhunderts gibt uns diese Gruppe von Proto-Faschisten, die als römische Standartenträger posieren *(links)*. In den *Ruins of Palmyra* aus dem Jahre 1753 machten Wood und Dawkins den ungeheueren Formenreichtum dieser bedeutenden Stadt im Osten deutlich. Hier *(unten)*, in abgeschwächter Form Woods Stich einer Decke des Bel-Tempels (s. S. 158), wie sie auf das Speisezimmer von Stratfield-Saye-House, Berkshire, übertragen wurde.

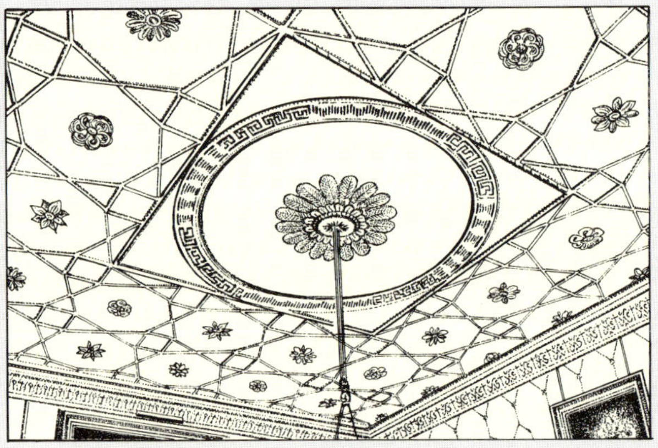

Der Triumphbogen, ein überall anerkanntes, von den Römern übernommenes Symbol für Krieg und Sieg, hier in der französischen imperialen Version *(links)* auf der Place Charles de Gaulle in Paris. Ein weniger erhabenes Beispiel: Noch heute steht auf den Kanalisationsdeckeln in Rom *(unten links)* das traditionelle SPQR: *Senatus Populusque Romanus.* Ein Erbe von besonderer Wirkungsbreite, der Iulianische Kalender, wird mit dem sogenannten »Kalender des Jahres 354« *(links)* vorgestellt *(s. a. S. 207),* hier der Oktober mit dem Überblick über öffentliche Spiele und Festlichkeiten und dem Bild Scorpios; den Tierkreis selbst hat die moderne Welt über die Römer vom antiken Mesopotamien geerbt. Die letzten Worte gehören den Galliern, Asterix und Obelix, die sich auf einer Reise nach Lutetia Parisiorum über die Verschandelung der Landschaft durch römische Bauten beklagen. Das Dorf, aus dem sie kamen und das in der Nähe der Garnisonsstadt Laudanum in Nordgallien liegt, ist bis jetzt noch nicht ausgegraben, obwohl sein Leben aus literarischen Quellen wohlbekannt ist.

# BILDQUELLENVERZEICHNIS

Abkürzungen: o = oben, ol= oben links; or = oben rechts; M = Mitte; u = unten usw.
Alle Karten von Lovell Johns, Oxford.
Alle Grundrisse von John Brennan, Oxford.

*Innenspiegel: Celeberrimae urbis (Romae) antiquae fidelissima topographia* von Mario Cartaro, 1579, British Library, London.

*Seite*
2–3. Nil-Mosaik aus Pompeii: Leonard von Matt, Buochs, Schweiz.
6–7. Zeichnungen von John Fuller, Cambridge.
9. Detail einer Grabplatte aus Capena, 3. Jahrhundert v. Chr.: Villa Giulia, Rom (Foto Scala).
11. Der Gran Sasso d'Italia; Mauro Pucciarelli, Rom.
15. Tiberinsel, Rom; Mauro Puciarelli, Rom.
17. Steinaltar aus Ostia: Museo delle Terme, Rom (Foto A.A.M. van der Heyden).
18 o. Hermeskopf aus Veji; Villa Giulia, Rom (Foto Hirmer-Verlag).
18 u. Eisenmodel von *fasces* aus Vetulonia: Archäologisches Museum, Florenz (Foto Alinari).
20. Münze des Brutus, 54 v. Chr.: British Museum, London (Foto Ray Gardner).
22. Der »Lapis Niger«: Alinari, Florenz.
23. Münze des P. Porcius Laeca: British Museum, London (Foto Ray Gardner).
24. Inschrift von Satricum: Niederländisches Institut, Rom.
25. Münze des L. Cassius Caecianus: British Museum, London (Foto Ray Gardner).
28 o. Münzen von A. Postumius Albinus: British Museum, London (Foto Ray Gardner)
28 u. Goldtafel aus Pygri: Villa Giulia, Rom (Foto Scala).
29 M. Grabmalerei aus Paestum: Scala, Florenz.
29 u. Münze mit Diana: British Museum, London (Foto Ray Gardner).
31 o. Silberteller aus der Tomba Bernardini, Palestrina: Scala, Florenz.
31 ul. Bronzene Votivfigurinen vom Kapitol: Kapitolinisches Museum, Rom (Foto Barbara Malter).
31 uM. Holz- und Silbercista aus der Tomba Castellani, Palestrina: Soprintendenza Archeologica di Roma (Zeichnung von John Fuller).
31 or. Miniaturgrabbeigaben (Waffen, Töpfe, Statuette, Hütte) aus Osteria dell'Osa: Soprintendenza Archeologica di Roma.
31 u Mr. Unterarm aus Ebenholz aus der Tomba Barberini: Mauro Pucciarelli, Rom.
31 ur. La-Rustica-Grab: Soprintendenza Archeologica di Roma.
32 ol. Luftaufnahme des Friedhofs von Banditaccia, Caere: Fotocielo, Rom.
32 ur. Gemälde in der Tomba dei Leopardi, Tarquinia: Scala, Florenz.
33 ol. Grabmal der Schilde und Stühle, Caere: Conrad Helbig, Zefa.
33 ul. Bronzechimäre von Arezzo: Leonard von Matt.
33 r. Bronzekrieger von Cagli: Leonard von Matt.
34. Die Servianische Mauer auf dem Aventin: Mauro Pucciarelli, Rom.
36 o. Bronzestatuette eines samnitischen Kriegers: Louvre, Paris, (Foto Giraudon).
36 u./37.Ebenholztafeln aus Palestrina: Villa Giulia, Rom (Foto Alinari).
41. Portrait des Pyrrhus: Ny Carlsberg Glyptotek, Kopenhagen.
42. Ficoroni-Cista aus Praeneste: Villa Giulia, Rom (Foto Leonard von Matt).
42 u./43 u. Frührömische Silbermünzen: British Museum, London (Foto Ray Gardner).
43 o. Münze des T. Veturius: British Museum, London (Foto Ray Gardner).
44 o. Ansicht von Karthago: Sonia Halliday
44 u. Kopf des »Brutus«: Kapitolinisches Museum, Rom (Photoresources)
45. Münze des C. Metellus: British Museum, London (Foto Ray Gardner).
48 o. Alba Fucens: Tim Cornell, London.
49 ol. Luftaufnahme der Emilia: Ministerium für Luftfahrt, Rom.
49 or. Luftaufnahme von Florenz: Ministerium für Luftfahrt, Rom.
51. Römisches Theater in Korinth: Graham Speake, Oxford.
52/53. Alle Zeichnungen von John Fuller, Cambridge.
55 l. Statue des Apollo aus Falerii: Villa Giulia, Rom (Foto Mauro Pucciarelli).
55 r. Rundtempel auf dem Forum Boarium: Ronald Sheridan, London.
56 o. Münze des P. Licinius Nerva: British Museum, London, (Foto Ray Gardner).
56 M. Rundtempel bei Tivoli: Scala, Florenz.
56 u. Rekonstruktion des Tempels der Fortuna Primigenia in Praeneste: Dick Barnard, Milverton, Somerset.
59. Forum Romanum: K. Kerth, Zefa.
61. Münze des C. Fundanius: British Museum, London (Foto Ray Gardner).
63 o. Münze aus dem Bürgerkrieg: British Museum, London (Foto Ray Gardner).
63 r. Tabularium, Rom: Fototeca Unione, Rom.
64. Münzen von Sulla und Mithridates VI.: British Museum, London (Foto Ray Gardner).
65. Dame mit Buch, Wandgemälde aus Pompeii: Nationalmuseum, Neapel (Foto Leonard von Matt).
66 o. Porträtbüste aus Pompeii: Ny Carlsberg Glyptotek, Kopenhagen.
66 u. Altar von Domitius Ahenobarbus: Louvre, Paris.
67 M. Porträtbüste Ciceros: Kapitolinisches Museum, Rom.
68. Porträtbüste Caesars: Deutsches Archäologisches Institut, Rom.
69 o. Rekonstruktion der großen Villa von Settefinestre: Dick Barnard; Milverton, Somerset.
69 u. Villenfresko aus Pompeii: Nationalmuseum, Neapel: Scala.
70. Münze mit dem Porträt eines Galliers: British Museum, London (Foto Ray Gardner).
71 o. Münze der »Befreier«: British Museum, London (Foto Ray Gardner).
71 M. u. Münze von Marc Anton und Octavia: Hirmer Fotoarchiv, München.
74. Silderdenar von Caesar Augustus: Hirmer Fotoarchiv, München.
76 o. Augustus, Prima-Porta-Statue: Vatikanmuseum (Foto Ilse Schneider-Lengyel, Phaidon Archive, Oxford).
76 u. Marcellus-Theater: Rom: Fototeca Unione.
77 o. Detail der Ara Pacis Augustae: Mauro Pucciarelli, Rom.
78 o. Münze von Claudius und den Praetorianern: British Museum, London (Foto Ray Gardner).
78 u. Münze von Nero und Agrippina: British Museum, London (Foto Ray Gardner).
80. Szene des Triumphs über die Juden auf dem Titusbogen, Rom: A. A. M. van der Heyden, Amsterdam.
81. Münze mit jüdischen Gefangenen: British Museum, London (Foto Ray Gardner).
81 l. Römischer Bogen bei Saintes: Giraudon, Paris.
81 u. Gallisches Opfervotiv: Museum Dijon.
83 o. Vesunna-Tempel, Périgueux: John Matthews, Oxford.
85. Fresko aus der Villa in Boscoreale: Metropolitan Museum, New York.
86 ol. Stilleben aus Pompeii: Nationalmuseum, Neapel (Foto Scala).
86 ul. »Haus der Silberhochzeit«: Mauro Pucciarelli, Rom.
86 ur. Haus der Vettii: Mauro Pucciarelli, Rom.
87 o. Gesamtansicht von Pompeii: Mauro Pucciarelli, Rom.
87ul. Straße in Pompeii: Ronald Sheridan, London.
87 ur. Forum, Pompeii: der verstorbene Edwin Smith.
88 o. Relief von Curtius: Kapitolinisches Museum, Rom (Foto Mauro Pucciarelli).
89 ol. Tempel von Portunus: Mario Gerardi, Rom.
89 or. Forum von Iulius Caesar: Mario Gerardi, Rom.
89 oMl. Tempel A im Largo Argentina: Mauro Pucciarelli, Rom.
89 oMr. Pons Fabricius: Mario Gerardi, Rom.
89 uMl. Marmornachbildung des Theaters von Pompeii: Zeichnung von John Fuller, Cambridge.
89 uMr Milvische Brücke: Mauro Pucciarelli, Rom.
89 ul. Forum Romanum: Michael Dixon, Dover.
89 ur. Vesta-Tempel, teilweise rekonstruiert: Mario Gerardi, Rom.
90. Septimius-Severus-Bogen: Mario Gerardi, Rom.
91 ol. Reiterstatue von Marc Aurel: A. A. M van der Heyden, Amsterdam.
91 oM. Traiansmarkt: Mario Gerardi, Rom.
91 or. Traianssäule: Mario Gerardi, Rom.
91 Ml. Tempel des Antoninus und der Faustina: Sonia Halliday, Weston Turville.
91 oM. Colosseum: Edwin Smith.
91 uM. Aqua Claudia: Scala, Florenz.
91 ur. Modell des antiken Rom: Museo della Civiltà Romana.
92 ol. Detail aus der Peutingerschen Karte, Abteilung IV: Österreichische Nationalbibliothek, Wien.
92 or. Decumanus Maximus, Ostia: Michael Dixon, Dover.
92 M. Relief einer in Ostia gefundenen Hafenszene: Alinari, Florenz.
93 o. Grabgemälde aus Ostia: Michael Dixon, Dover.
93 Ml. Mosaik in der Piazzale delle Corporazioni, Ostia: Michael Dixon, Dover.
93 Mr. Diagramm von Schiffwracks: John Brennan, Oxford.
94 o. Münze mit Apoll: British Museum, London (Foto Ray Gardner).
94 u. Rekonstruktion der *Fasti Antiates Maiores:* Zeichnung von Freda Quartley, Oxford, nach A. K. Michels, mit freundlicher Genehmigung der Princeton University Press.
95 ol. Etruskischer Spiegel aus Vulci: Vatikanmuseum.
95 oM. Opferrelief vom Denkmal Diokletians auf dem Forum Romanum: Michael Dixon, Dover.
95 or. Vestalin vom Forum Romanum: Mario Gerardi, Rom.
96 o. Mithras und der Stier: British Museum, London (Foto Michael Holford).
96 M. Mithrastempel San Clemente, Rom: Scala, Florenz.
96 u. Relief eines Hohenpriesters der Cybele: (Foto Anderson) (Mansell Collection, London).
97 ol. Wandgemälde mit Isis aus Herculaneum: Nationalmuseum, Neapel (Foto Scala).
97 or. Votivgabe (Hand): British Museum, London (Foto Mansell Collection).
97 ul. Relief von Cybele mit Wagen: Michael Dixon, Dover.
97 ur. Anubis im Gewand eines römischen Soldaten: Ronald Sheridan, London.
100/101. Alle Punktierzeichnungen: von John Fuller, Cambridge, nach Reliefs auf der Traianssäule. Plan der Legionärsfestung in Novaesium: John Brennan, Oxford.
102 o. Silbersesterz von Titus: British Museum, London (Foto Ray Gardner).
102 Mu. Silber-Tetradrachme von Bar-Kochba: Kadman Numusmatic Museum, Tel Aviv.
103 o. Erdbebenrelief: Pompeii; Leonard von Matt.
103 u. Dakische Kampfszene von der Traianssäule: Deutsches Archäologisches Institut, Rom.
104 ol. Hadrianbüste: Nationalmuseum, Rom (Foto Deutsches Archäologisches Institut).
104 or. Hadriansvilla in Tivoli: C. M. Dixon, Dover.
104 ul. Antinous: Museo Laterano Profano, Rom (Foto Ilse Schneider-Lengyel, Phaidon-Archiv, Oxford).
104 uM. Eberjagd-Rundplastik vom Konstantinsbogen: Alinari, Florenz.
104 ur. Pantheon, Rom, von Panini: National Gallery of Art, Washington D. C.
105 ul. Commodus-Medaillon: Hirmer Fotoarchiv, München.
105 r. Barbarischer Gefangener, von der Marc Aurel-Säule: Deutsches Archäologisches Institut, Rom.
106. Münze des Elegabalus: British Museum, London (Foto Ray Gardner).
110. »Clementia«-Sarkophag: Vatikan Belvedere (Foto Deutsches Archäologisches Institut).
111. Münze zu Traians Unterstützungssystem: British Musem, London (Foto Ray Gardner).
112. Aufruhr im Amphitheater, Wandgemälde aus Pompeii: Nationalmuseum, Neapel.
114 ol. Traians Brücke über die Donau, nach C. Cichorius: *Die Reliefs der Traianssäule,* 1896–1901.
114 ul. Gallo-römisches Relief eines Wagens: Jean Roubier, Paris.
114 r. Luftaufnahme vom Fosse Way: Elsevier-Archiv, Amsterdam.
115 l. Straße von Timgad: Alan Hutchison Library, London.
115 r. Meilenstein, Leptis Magna: Michael Vickers, Oxford.
116/117. Peutingersche Karte, Abteilung VI: Österreichische Nationalbibliothek, Wien.
118 o. Proconsul Africae aus der *Notitia Dignitatum,* 1436: Bodleian Library, Oxford; MS Canon Misc 378.
118 u. Nordafrikanisches Mosaik: Bardo-Museum, Tunis (Foto Michael Holford).
119. Aquaedukt in der Nähe von Zaghouan: Brian Brake, John Hillelson Agency, London.
120 o. Severisches Forum, Leptis: Michael Vickers, Oxford.
120 M. Gemeißeltes Detail eines Pilasters der severischen Basilika, Leptis: Bernard Regent; Alan Hutchison Library, London.
120 u. Luftaufnahme, Leptis: Aerofilms, Boreham Wood.
121 o. Theater in Leptis: Roger Wood, London.
121 u. Inschrift von Annobal Rufus, Leptis: Josephine Powell, Rom.
122 or. Ansicht von Ojemila: Brian Brake, John Hillelson Agency, London.
122 Ml. Kapitolinischer Tempel, Dougga: Sonia Halliday, Weston Turville.
122 ul. Mosaik aus Dougga: Sonia Halliday, Weston Turville.
123 M. Severusbogen, Timgad: Roger Wood, London.
123 u. Luftaufnahme Timgad: Elsevier-Archiv, Amsterdam.
124 o. Vicarius Hispaniae, aus der *Notitia Dignitatum;* 1436: Bodleian Library, Oxford; MS Canon Misc 378.
124 u. Circusmosaik: Archäologisches Museum, Barcelona (Foto Robert Harding Associates).
126 l. Mosaike aus Italica: Robert Holford, Loughton.
127 o. Aquaedukt von Segovia: Brian Brake, John Hillilson Agency, London.
127 u. Brücke von Alcantara: Scala, Florenz.
128 o. Dux Tractus Armoricani aus der *Notitia Dignitatum,* 1436: Bodleian Library, Oxford; MS Canon Misc 378.
128 l. »Porte d'Arroux«: Autun; Klaus Kerth, Zefa.
128 M. Glasarbeiten aus Ürdingen: British Museum, London (Foto Michael Holford).
128 r. Bronzestatuette: Rheinisches Landesmuseum, Trier.
130 o. Luftaufnahme von Estrées-sur-Noye: Roger Agache; Service des Fouilles, Abbéville.
130 u. Villenrekonstruktion: Dick Barnard, Milverton.
131 ol. Luftaufnahme von Nîmes: Aerofilms, Boreham Wood.
131 or. »Pont du Gard« bei Nîmes: A. F. Kersting, London.
131 M. Münze von Augustus und Agrippa: Heberdon Coin Romm, Ashomlean Museum, Oxford.
131 u. »Maison Carrée« Nîmes: T. Schneiders, Zefa.
132 l. Luftaufnahme, Theater von Augst: Aerofilmes, Boreham Wood.
133 o. Villenfresko: Rheinisches Landesmuseum, Trier.
133 ul. Frauenfresko: Bischöfliches Museum, Trier (Foto Elsevier-Archiv).
133 ur. »Porta Nigra«: Trier; Bildarchiv Foto Marburg.
134 or. Vicarius Britanniarum aus der *Notitia Dignitatum,* 1436: Bodleian Library, Oxford; MS Canon Mis 378.
134 Ml. Goldschnalle aus dem Thetfordschatz; British Museum, London.
134 ul. Gebäudeinschrift aus High Rochester: Museum of Antiquities, Newcastle (Foto Michael Holford).
134 ur. Mosaik mit Dido und Aeneas aus einer Low-Ham-Villa, Somerset: Somerset County Museum, Taunton.
136/37. Hadrianswall bei Housesteads, Northumberland: Brian Brake, John Hillelson Agency, London.
138 M. Bronzeadler aus Silchester: Reading Museum and Art Gallery.
138 u. Luftaufnahme von Silchester: Cambridge University Colection.
139 l. Großes Bad, Bath: Michael Holford, Loughton.
139 or. Medusenkopf aus Bath: Michael Holford, Loughton.
139 Mr. Minervakopf; Warburg Institute, London.
139 u. Delphinmosaik, Fishbourne: Sunday Times, London.
140. Bronzeplatte aus Pannonia: Museum der schönen Künste, Budapest (Foto C. M. Dixon).
141. Dux Syriae aus der *Notitia Dignitatum,* 1436: Bodleian Library, Oxford, MS Canon Misc 378.
143 l. Luftaufnahme von Carnuntum: Lothar Beckel, Bad Ischl, Österreich.
143 oM. Orgel, Aquincum: John Fuller, Cambridge.
143 ur. Luftaufnahme des Amphitheaters von Carnuntum: Lothar Beckel, Bad Ischl, Österreich.
144 oM. Büste Diokletians aus Nikomedien: Michael Vickers, Oxford.
144 ur. Säulengang von Diokletians Palast: T. Latona, Zefa.
145 ol. Südfassade von Diokletians Palast, nach einem Stich von Robert Adams in *Ruins of the palace of the Emperor Diocletion at Spalato in Dalmatia,* 1764: Library of Western Art, Ashmolean Museum, Oxford.
145 or. Der »Pastor-bonus«-Sarkophag aus Salona: Archäologisches Museum, Split (Foto Michael Vickers).
145 ul. Metopen des Siegeszeichens von Adamclisi: John Fuller, Cambridge.
145 ur. Siegeszeichen von Adamclisi: John Fuller, Cambridge.
147 or. Prokonsul Achaeae aus der *Notitia Dignitatum,* 1436: Bodleian Library, Oxford, MS Canon Misc 378.
147 ul. Marmorbüste von Christus als Apoll: Byzantinisches Museum, Athen (Foto Michael Dixon).
147 ur. Via Egnatia zwischen Philippi und Neapel: Sonia Halliday, Weston Turville.

148 or. Odeum des Herodes Atticus in Athen: Ronald Sheridan, London.
148 ul. »Turm der Winde«, Athen: Photoresources, Dover.
148 ur. Hadriantorso, Athen: Edwin Smith.
149 Ml. Hadriansbogen, Athen: nach dem Stich in: J. Stewart und N. Revett, *The Antiquities of Athens*, 1762–1816.
149 ul. Galeriusbogen, Thessaloniki: Hirmer Fotoarchiv, München.
149 ul. Die Mauern von Thessaloniki: Nikos Kontos, Athen.
151 o. Comes per Isaurium aus der *Notitia Dignitatum*, 1436: Bodleian Library, Oxford, MS Canon Misc 378.
151 ul. Theater in Aspendus: Sonia Halliday, Weston Turville.
151 ur. Mosaike von Curium, Cypern: Michael Dixon, Dover.
152 o. Straße zum Magnesia-Tor, Ephesos: W. Wilkinson, London.
152 ul. Villen-Wandgemälde, Ephesos: Sonia Halliday, Weston Turville.
152 ur. Hadrianstempel, Ephesos: Michael Dixon, Dover.
153 ol. Theater von Ephesos: Sonia Halliday, Weston Turville.
153 Mr. Artemis: Sonia Halliday, Weston Turville.
153 u. Bordellhinweis, Ephesos: Sonia Halliday, Weston Turville.
154. Luftaufnahme von Aphrodisias: David Brill, (c) National Geographic Society.
155 ol. Kopf eines Jünglings vom Augusti-Tempel, Aphrodisias: H. Ali Dölgenci, (c) Aphrodisias Excavations.
155 oM. Ansicht von Side: W. Wilkinson, London.
155 ul. Klassisches Gebäude in Garni: R. D. Wilkinson, London.
155 ur. Die Mauern von Amida: W. Wilkinson, London.
156 or. Dux Arabiae aus der *Notitia Dignitatum*, 1436: Bodleian Library, Oxford; MS Canon Misc 378.
156 Ml. »Stilleben mit gekochten Eiern« aus Daphne bei Antiochien: Museum Antiochien (Foto Research Collections, Princeton University).
156 Mr. Rekonstruktion eines Familienmosaiks aus Edessa: Mrs. Seton Lloyd, nach J. B. Segal, *Edessa the Blessed City*, mit Genehmigung von Thames & Hudson.
156 u. Mosaikfries von Daphne bei Antiochien: Museum Antiochien (Foto Research Collections, Princeton University).
158 ul. Grabstein eines jungen Mannes, Palmyra: Alan Hutchison Library, London.
158 ur. Weinblätter auf einem Steinfragment, Palmyra: Alan Hutchison Library, London.
159 o. Ansicht von Palmyra: Sonia Halliday, Weston Turville.
160 o. Luftaufnahme von Dura-Europos: Elsevier-Archiv, Amsterdam.
160 M. Wandgemälde von der Synagoge in Dura: Fred-Anderegg-Aufnahmen nach E. R. Goodenough, *Jewish Symbols in the Greco-Roman Period*, Bollingen Series XXXVII, Bd. II, mit Genehmigung der Princeton University Press.
161 ul. »Urnengrab« von Petra: nach David Roberts, *The Holy Land*, Lithographien von G. Croly nach den Zeichnungen von David Roberts, 1842–43.
161 or. Ansicht von Baalbek: Robert Sheridan, London.
162 M. »Klagemauer« in Jerusalem: Alan Hutchison Library, London.
162 r. Luftaufnahme von Massada: Sonia Halliday, Weston Turville.
162 ul. Mosaik aus Madaba: Sonia Halliday, Weston Turville.
163 M. Luftaufnahme von Herodion: W. Brann, Zefa.
164 l. Porträt einer jungen Frau aus dem Fayum: Archäologisches Museum Florenz (Photoresources).
164 Mr. Comes Limitis Aegipti aus der *Notitia Dignitatum*, 1436: Bodleian Library, Oxford, MS Canon Misc 378.
165 u. Nil-Mosaik aus Pompeii: Leonard von Matt, Buochs.
166. Luftaufnahme von Cypern: Aerofilms, Boreham Wood.
167. Christuskopf auf einem Mosaik aus Hinton St. Mary: Royal Commission on Historical Monuments (England).
168 Silberschüssel von Schapur I.: British Museum, London.
169. Triumphbogen Schapurs I., sassanidisches Steinrelief: Georgina Hermann, Oxford.
170. Die »Tetrarchen«, San Marco, Venedig: Hirmer Fotoarchiv, München.
172 o. Silberdenar von Carausius: British Museum, London (Foto Ray Gardner).
172 M. Constantius-Medaillon: British Museum, London (Foto Ray Gardner).
172 u. Diokletians Preisedikt: K. T. Erim, New York.
175 o. Mosaikdetail aus Piazza Armerina, Sizilien: Scala, Florenz.
175 u. Relief vom Konstantinbogen: Mansell Collection, London
177. Porträtbüste aus Athen: John Fuller, Cambridge.
178 o. Porphyrbüste aus Kairo: John Fuller, Cambridge.
178 M. Aurelian-Münze: British Museum, London (Foto Ray Gardner).
180 ol. Frauenporträt: Kapitolinisches Museum, Rom (Foto Ilse Schneider-Lengyel, Phaidon Archiv, Oxford).
180 oM. Männerporträt: Kapitolinsches Museum, Rom (Foto Ilse Schneider-Lengyel, Phaidon Archive, Oxford),
180 or. Männerporträt: Kapitolinisches Museum, Rom (Foto Ilse Schneider-Lengyel, Phaidon Archive, Oxford).
180 ol. Porträt einer jungen Frau: Franese Collection, Nationalmuseum, Neapel (Foto Ilse Schneider-Lengyel, Phaidon Archive, Oxford).
180 uM. Flavische Hofschönheit, 80–90 v. Chr.: Kapitolinisches Museum, Rom (Foto Ilse Schneider-Lengyel, Phaidon Archive, Oxford).
180 ur. Republikanisches Portrait, 2.–1. Jahrhundert v. Chr.: Ny Carlsberg Glyptotek, Kopenhagen (Foto Alinari, Mansell Collection).
181 l. Porträt eines Mannes, früher für Marius gehalten: Vatikanmuseum, Rom (Foto Ilse Schneider-Lengyel, Phaidon Archive, Oxford).
181 or. Porträt eines Mannes: Kapitolinisches Museum, Rom (Foto Ilse Schneider-Lengyel, Phaidon Archive, Oxford).
181 Mr. Porträt eines Mannes: Kapitolinisches Museum, Rom (Foto Ilse Schneider-Lengyel, Phaidon Archive Oxford).
181 ur. Porträt eines Jünglings, Glyptothek, München (Foto Ilse Schneider-Lengyel, Phaidon Archive, Oxford).
182 ol. Gemüsehändler, Relief aus Ostia: Alinari.
182 oM. Ladenbesitzer, gallo-römisches Relief aus Lille: Museum von Rouen.
182 Ml. Metallwarenhändler: Vatikanmuseum (Foto Alinari).
182 Mr. Apotheker: Photoresources, Dover
182 ul. Metzgerladen: British Museum, London (Foto Robert Harding Associates, London).
182 ur. Steuereintreiber: Landesmuseum, Trier, (Foto Jean Roubier, Paris).
183 or. Hobel eines Schreiners aus Silchester: Rending Museum and Art Collection.
183 o. Schmied: Archäologisches Museum, Aquileia (Foto Alinari).
183 M. Kahnführer, aus Cabrières-d'Aigues: Museum Calvet, Avignon (Foto Alinari).
183 ul. Stiefelsohle aus Walbrook, London: Royal Ontario Museum, Kanada.
183 uM. Flickschuster und Seilmacher: Nationalmuseum, Rom (Foto Alinari).
183 ur. Weinfaß aus Silchester: Reading Museum and Art Gallery.
184/85. Alle Zeichnungen von Dick Barnard, Milverton, Somerset.
186 o. Gladiatorenmosaik: Museum Bad Kreuznach, Deutschland.
186 M. Mosaik aus Piazza Armerina, Sizilien: Sonia Halliday, Weston Turville.
186 u. Mosaik aus Zliten: Roger Wood, London.
187 ol. Triumphbogen von Iunius Bassus: Palazzo Vecchio, Florenz (Foto Scala).
187 or. Mosaik eines Circuspublikums in Gafsa, Tunesien: UNESCO, Paris.
187 ul. Amphitheater, El-Djem: Roger Wood, London.
187 uM. Circusprogramm aus Oxyrhynchos: Ashmolean Museum, Oxford.
187 ur. Diptychon der Lampadii; nach R. Delbrück, *Die Consulardiptychen*, 1926–29.
188 o. Goldmedaillon von Konstantin und Trier: British Museum, London (Foto Ray Gardner).
188 u. Medaillon von Konstantin »dem Unbesiegten«: British Museum, London (Foto Ray Gardner).
189 o. Münze von Konstantin, das Porträt »des himmlischen Blicks«: British Museum, London (Foto Ray Gardner).
189 oM. Medaillon von Konstantin aus dem Jahr 315: British Museum, London (Foto Ray Gardner).
189 uM. Konstantinsbogen: Alinari, Florenz.
189 ul. Geschenkeüberreichung, Relief auf dem Konstantinsbogen: Deutsches Archäologisches Institut, Rom.
189 ur. Belagerung Veronas, Relief auf dem Konstantinsbogen: Michael Dixon, Dover.
190 l. Jerusalem-Mosaik in Santa Maria Maggiore, Rom: Scala, Florenz.
190 r. Sankt Petrus und der Hahn, Relief auf einem römischen Sarkophag: nach J. Wilpert, *Sarcofagi cristiani antiqui*, 1929–36.
191 o. Münze von Iulian: British Museum, London (Foto Ray Gardner).
191 u. Münze von Eugenius: British Museum, London (Foto Ray Gardner).
193. Das »Symmachorum«-Relief aus einem Diptychon: Victoria and Albert Museum, London (nach R. Delbrück, *Die Consulardiptychen*, 1926–29).
194. Leuchten der Athener Agora: Zeichnungen von John Fuller nach J. Perlzweig.
195 ol. Feuerofen, Sarkophagrelief: Deutsches Archäologisches Institut, Rom.
195 or. Daniel in der Löwengrube, Sarkophagrelief: Vatikanmuseum (Foto Mario Gerardi).
195 Ml. Christus mit Aposteln, Sarkophagrelief: Vatikanmuseum (Foto Leonard von Matt).
195 Mr. Daniel in der Löwengrube, Mosaik: UNSECO, Paris.
195 ul. Pilatus wäscht sich die Hände, Sarkophagrelief: Vatikanmuseum (Foto Leonard von Matt).
195 ur. Jonas und der Wal, Mosaik: Archäologisches Museum, Aquileia (Foto Scala).
197. Sankt Ambrosius: San Ambrogio, Mailand (Foto Scala).
202/203. Abbildungen aus der *Notitia Dignitatum*, 1436: Bodleian. Library, Oxford: MS Canon Misc 378.
203 ol. Goldmünze von Constantius II.: British Museum, London (Foto Ray Gardner).
204 o. Hagia Sophia, Außenansicht: British Library, London, nach G. Fossati, *Aya Sofia*, 1852.
204 M. Stadtmauern von Konstantinopel: Sonia Halliday, Weston Turville.
204 u. Hippodrom, Konstantinopel: Bodleian Library, Oxford; nach Panvinio, Konstantinopel, etwa 1580.
205 ol. Konstantinopel aus der *Notitia Dignitatum*, 1436: Bodleian Library, Oxford, MS Canon Misc 378.
205 r. Hagia Sophia, Innenansicht: British Library, London; nach G. Fossati, *Aya Sofia*, 1852.
206 or. Frontispiz des »Kalenders von 354«: Vatikanbibliothek.
206 ul./M. Türpaneel von Santa Sabina, Rom: Hirmer Fotoarchiv, München.
207 ol. Inschrift von Filocalus: John Fuller, Cambridge.
207 oM. Die alte Peterskirche: John Fuller, Cambridge, nach A. S. Barnes.
207 M. Fresko von Dughet, San Giovanni in Laterano, Rom.
207 or. Mosaik des heiligen Paulus in der Krypta des Petersdoms: Scala, Florenz.
207 u. San Paolo fuori le mura, Stich von Piranesi: Elsevier-Archiv, Amsterdam.
208. Diptychon von Stilicho, Kathedrale von Monza: (nach R. Delbrück, *Die Consulardiptychen*, 1926–29).
209. Medaillon von Attalus: British Museum, London (Foto Ray Gardner).
210 l. Silberschale: British Museum, London.
210 r. Diptychonflügel mit Honorius, Kathedrale von Aosta: (nach R. Delbrück, *Die Consulardiptychen*, 1926–29).
211 o. Münze von Iulius Nepos: British Museum, London (Foto Ray Gardner).
211 u. Münze von Romulus Augustulus: British Museum, London (Foto Ray Gardner).
215. Mosaik aus Karthago: British Museum, London (Foto Michael Holford).
216 o. Dido vor ihrem Selbstmord: aus dem *Virgilius Vaticanus*, Vatikanbibliothek.
216 u. Monasterium von Sankt Simeon Stylites: Robert Harding Associates, London.
218 ol. Höflinge Iustinians, Mosaik in San Vitale, Ravenna: Leonard von Matt.
218 or. Thron des Bischofs Maximinianus: Museo Arcivescorile, Ravenna (Foto Leonard von Matt).
218 oM. Sant' Apollinare Nuovol, Ravenna: Leonard von Matt.
218 uMl/r. Geschnitzte Balustraden von Sant' Apollinare, Nuovo: (Foto Leonard von Matt).
218 u. Hafen von Classis, Mosaik aus Sant' Apollinare Nuovo: (Foto Leonard von Matt).
219 l. Theodora und Dienerinnen, Mosaik in San Vitale, Ravenna: Scala, Florenz.
219 ul. Mausoleum Theoderichs: Elsevier-Archiv, Amsterdam.
219 ur. Theoderichs Palast, Mosaik aus Sant' Apollinare Nuovo: (Foto Leonard von Matt).
220. Boethius im Gefängnis: Bodleian Library, Oxford, MS Auct F. 6. 5., folio VII.
221 l. Diptychon des Vaters von Boethius: Museum von Brescia; (nach R. Delbrück, *Die Consulardiptychen*, 1926–29).
221 r. Orest-Diptychon: Victoria and Albert Museum, London; (nach R. Delbrück. *Die Consulardiptychen*, 1926–29)
222. San Vitalis, Mosaik in San Vitale, Ravenna: Leonard von Matt.
223 l. Monogramme von Theoderich und Odoaker: John Fuller, Cambridge.
223 or. Katharinenkloster, Sinai: Robert Harding Associates, London.
223 ur. Die Stadtmauern von Dara: Clive Foss, Boston, Mass.
224 o. Aeneas auf Delos von Claude Lorrain: National Gallery, London.
224 M. Mussolini-Inschrift: Tim Cornell, London.
224 ul. »Faschisten« als Legionäre gekleidet: Instituto Centrale per il Catalogo e la Documentazione, Rom.
224 M. Decke im Stratfield Saye House, Berkshire: John Fuller, Cambridge.
224 ur. Decke im Tempel von Bel, Palmyra: nach Wood und Dawkins, *Ruins of Palmyra*, 1753.
225 o. Römische Straßen mit Grabdenkmälern nach einem Stich von Piranesi: (Phaidon Archiv, Oxford).
225 Ml. Der Arc de Triomphe, Paris: Mansell Collection, London.
225 Mr. Oktober-»fastes« aus dem »Kalender des Jahres 354«: Vatikanbibliothek.
225 ul. Kanalisationsdeckel, Rom: Mario Pucciarelli, Rom.
225 ur. Asterix und der Aquaedukt: nach Alberto Uderzo, *La serpe d'or*, 1965.

# BIBLIOGRAPHIE

Die Bibliographie ist unter verschiedenen Aspekten selektiv. Sie enthält nur Bücher und keine Artikel aus wissenschaftlichen Zeitschriften. Zudem haben sich die Autoren bei der Auswahl jeweils auf die grundlegendsten und aktuellsten Arbeiten beschränkt. Bei fremdsprachigen Werken ist - falls vorhanden - eine deutsche Übersetzung angeführt. Trotz der Einschränkungen hoffen wir, daß die Bibliographie denen, die darauf angewiesen sind, ein Führer ist und dem Leser generell die Möglichkeit bietet, ihn besonders interessierenden Themen nachzugehen.


## Quellensammlungen

T. Frank, *An Economic Survey of Ancient Rome,* Baltimore 1927.
A. H. M. Jones, *A History of Rome through the Fifth Century,* 2 Bde., London 1968.
N. Lewis und M. Reinhold, *Roman Civilization,* 2 Bde., New York, 1966. *Loeb Classical Library.*
Im besonderen zu den Autoren der frühen Periode s.:
T. A. Dorey (Hg.), *Latin Historians,* London 1966.
A. Momigliano, *Essays on Ancient and Modern Historiography,* Oxford 1977.
R. Syme, *Sallust,* Berkeley, Kalifornien, 1968 (dt. *Sallust,* Darmstadt 1975).
F. W. Walbank, Polybius, Berkeley, Kalifornien, 1972.
P. G. Walsk, *Livy,* Cambridge 1961.

## Atlanten, Nachschlagewerke und allgemeine Literatur

A. E. R. Boak und W. G. Sinnigen, *History of Rome to a. d. 565,* 6. Aufl., New York 1977.
*Cambridge Ancient History,* Bde. VII-IX, Cambridge 1928–32.
M. Cary und H. H. Scullard, *History of Rome,* London 1975.
K. Christ, *Aufstieg und Niedergang der Römischen Welt,* Berlin/New York, 1972ff.
G. De Sanctis, *Storia dei Romani,* 4 Bde., Turin/Florenz 1907–53.
M. Grant, *History of Rome,* London 1979.
M. van der Heyden und H. H. Scullard, *Atlas of the Classical World,* Braunschweig 1976.
McEvedy, Penguin *Atlas of Ancient History,* Harmondsworth 1967.
T. Mommsen, *Römische Geschichte,* 8 Bde., München 1976.
*Oxford Classical Dictionary,* 2. Aufl., Oxford 1970.
A. Piganiol, *La conquête romaine,* Paris 1927.

## Geographie

Am ehesten zu empfehlen wäre wohl M. Cary, *The Geographic Background of Greek and Roman History,* Oxford 1949. Die eigentlich veraltete Arbeit von H. Nissen, *Italische Landeskunde,* 2 Bde., Berlin 1883–1902, ist zum Teil noch verwendbar. Die Rekonstruktion der Landschaft in der Antike nach der Feldarchäologie und Luftaufnahmen ist das Thema von J. Bradfords *Ancient Landscapes,* London 1957, das insbesondere Italien behandelt. Eine sehr gute Auswahl an Luftaufnahmen bietet G. Schmidt, *Atlante aerofotografico delle sedi umani in Italia,* 2 Bde., Florenz 1966–70. C. Delano Smith, *Western Mediterranean Europe,* London 1979, ist eine moderne Darstellung der historischen Geographie seit dem Neolithikum. Die beste allgemeine Einführung in die Geographie des Mittelmeers ist wahrscheinlich M. und R. Beckinsale, *Southern Europe: the Mediterranean and Alpine Lands,* London 1975; man kann auch noch die ältere Arbeit von E. C. Semple, *The Geography of the Mediterranean Region,* New York 1931, heranziehen.
Die detaillierteste Darstellung der italienischen Geographie ist das Handbuch der Admiralität, *Italy (Naval Intelligence Division, Geographical Handbooks),* 3 Bde., London 1944.

## Numismatik und Papyrologie

J. P. C. Kent, B. Overbeck, A. U. Stylow, *Roman Coins,* London 1978 (dt. *Die römische Münze,* München 1973).

## Das frühe Rom

H. H. Scullards, *History of the Roman World 753–146 B. C.,* 4. Aufl., London 1981, basiert auf dem neuesten Forschungsstand. E. Gjerstad, *Early Rome,* 6 Bde., Lund 1953–75, liefert alle archäologischen Belege, ihre Interpretation ist jedoch fehlerhaft. Spezialstudien frühitalienischer Archäologie (Rom eingeschlossen) bei D. und F. R. Ridgway (Hg.), *Italy before the Romans,* London 1979. J. Reich, *Italy before Rome,* Oxford 1979, ist eine prägnante, allgemeinverständliche Darstellung. Ebenso nützlich für das frühe Rom: J. Heurgon, *The Rise of Rome to 264 B. C.,* London 1973, und R. M. Ogilvie, *Early Rome and the Etruscans,* London 1976. Weiter sind zu empfehlen: M. Pallottino, *The Etruscans,* 2. Aufl., London 1974 (dt. *Die Etrusker,* Frankfurt a. M. 1965); M. Cristofani, *The Etruscans,* London 1979; F. Coarelli (Hg.), *Etruscan Cities,* London 1975 (dt. *Die Städte der Etrusker,* Freiburg 1974), M. Grant, *The Etruscans,* London 1980 (dt. *Rätselhafte Etrusker,* Gladbach 1981), und F. Altheim, *Die Ursprünge der Etrusker,* Baden Baden 1950. E. Pulgram, *The Tonques of Italy,* Cambridge, Massachusetts, 1958, bringt eine gute Darstellung der Sprachen des vorrömischen Italiens.

## Die Republik

Die beste allgemeine Darstellung ist M. Crawford, *The Roman Republic,* London 1978; s. a. A. H. McDonald, *Republican Rome,* London 1966, und J. Vogt, *Die römische Republik,* 6 Aufl., Freiburg/München 1973. A. J. Toynbee, *Hannibal's Legacy,* 2 Bde., London 1966, ist eine breit angelegte Untersuchung der römischen Gesellschaft während der mittleren Republik. C. Nicolet, *Rome et la conquête du monde méditerranéen,* 2 Bde., Paris 1977–78, ist die vollständigste neuere Darstellung der Zeit von 264–27 v. Chr. Zum Scheitern der Republik s. R. Symes klassisches Werk: *The Roman Revolution,* Oxford 1939 (dt. *Die römische Revolution,* Stuttgart 1957), und E. S. Gruen, *The Last Generation of the Roman Republic,* Berkeley, Kalifornien, 1974; und über die Bildung und Einstellung des Adels, M. Gelzer, *Die römische Nobilität,* in *Kleine Schriften,* 3 Bde., Wiesbaden 1962–64, Bd. 1. Eine klare und vollständige Darstellung der Ereignisse bietet H. H. Scullard, *From the Gracchi to Nero,* 4. Aufl., London 1976. Zur Eroberung Italiens durch Rom s. E. T. Salmon, *Samnium and the Samnites,* Cambridge 1968; W. V. Harris, *Rome in Etruria and Umbria,* Oxford 1971; E. T. Salmon, *Roman Colonisation under the Republic,* London 1969, und A. Afzelius, *Die römische Eroberung Italiens,* Aarhus 1942. Juristische Aspekte der Eroberung u. a. werden in A. N. Sherwin White, *The Roman Citizenship,* 2. Aufl., Oxford 1973, behandelt. Zur wirtschaftlichen Lage während der italienischen Eroberungen s. C. G. Starr, *The Beginnings of Imperial Rome,* Ann Arbor, Michigan, 1980.

Zu den Punischen Kriegen s. T. A. Dorey u. D. R. Dudley, *Rome against Carthage,* London 1971; J. F. Lazenby, *Hannibal's War,* Warminster 1978, und B. Caven, *The Punic Wars,* London 1980. Die Expansion des Römischen Reichs und das Problem des römischen Imperialismus behandeln E. Badian, *Foreign Clientelae,* Oxford 1958, und *Roman Imperialism in the Late* Republic, Oxford 1968; W. V. Harris, *War and Imperialism in Republican Rome,* Oxford 1979. Dazu auch T. Frank, *Roman Imperialism,* New York 1914, und R. M. Errington, *The Dawn of Empire,* London 1971. Die gesellschaftlichen und wirtschaftlichen Folgen der Reichsbildung werden von P. A. Brunt, *Social Conflicts in the Roman Republic,* London 1971, und M. K. Hopkins, *Conquerors and Slaves,* Cambridge 1978, analysiert. Zu den Gracchen s. D. Stockton, *The Gracchi,* Oxford 1979, und A. H. Bernstein, *Tiberius Sempronius Gracchus,* Ithaca, New York, 1978. Zur Institution der Sklaverei s. I. Finley, *The Ancient Economy,* London 1973 (dt. *Die antike Wirtschaft,* München 1977); J. Vogt, *Forschungen zur antiken Sklaverei,* Wiesbaden 1967, T. Wiedemann, *Greek and Roman Slavery,* London 1981, ist eine Sammlung von Texten und Dokumenten. Die Rolle des Heeres wird von E. Gabba, *Republican Rome: the Army and the Allies,* Oxford 1976, diskutiert. Zur Analyse der Bevölkerungszahlen und ihrer Bedeutung für die Geschichte der Republik s. P. A. Brunt, *Italian Manpower 225 B. C.-A. D. 14,* Oxford 1971.

Aus den vielen guten Biographien der führenden Persönlichkeiten der Republik können wir nur eine Auswahl bringen: H. H. Scullard, *Scipio Africanus, Soldier and Politician,* London 1970; A. E. Astin, *Cato the Censor,* Oxford 1978; *Scipio Aemilianus,* Oxford 1967; P. A. L. Greenhalgh, *Pompey,* 2 Bde., London 1980–81; M. Gelzer, *Caesar. Der Politiker und Staatsmann,* Wiesbaden 1960; M. Grant, *Julius Caesar,* London 1967 (dt. *Julius Caesar,* Hamburg 1970); *Cleopatra,* London 1972 (dt. *Cleopatra,* Stuttgart/München 1979); E. Rawson, *Cicero: a Portrait,* London 1975; D. R. Shackleton Bailey, *Cicero,* London 1971; W. K. Lacey, *Cicero and the End of the Roman Republic,* London 1978.

Zu den Aspekten politischer Theorie und Praxis:
C. Nicolet, *The World of the Citizen in Republican Rome,* London 1980; E. S. Staveley, *Greek and Roman Voting and Elections,* London 1972; L. R. Taylor, *Roman Voting Assemblies,* Ann Arbor, Michigan, 1966; D. C. Earl, *The Moral and Political Tradition of Rome,* London 1967; C. Wirszubski, *Libertas as a Political Idea at Rome,* Cambridge 1950 (dt. *Libertas als politische Idee im Rom der späten Republik und des frühen Prinzipats,* Darmstadt 1967); E. Badian, *Publicans and Sinners,* Oxford 1972; L. R. Taylor, *Party Politics in the Age of Caesar,* Berkeley, Kalifornien, 1966; A. W. Lintott, *Violence in Republican Rome,* Oxford 1968; J. A. Crook, *Law and Life of Rome,* London 1966; J. M. Kelly, *Roman Litigation,* Oxford 1966.

## Gesellschaft und Kultur Roms

Geistiges Leben: R. M. Ogilvie, *Roman Literature and Society,* Harmondsworth 1980; T. Frank, *Life and Literature in the Roman Republic,* Berkeley, Kalifornien, 1930; S. F. Bonner, *Education in Ancient Rome,* London 1977; H. I. Marrou, *A History of Education in Antiquity,* London 1956 (dt. *Geschichte der Erziehung im klassischen Altertum,* München 1977).

Kunst und Architektur: R. Bianchi Bandinelli, *Rome, the Center of Power,* London 1970 (dt. *Rom - Das Zentrum der Macht,* München 1970); G. M. A. Hanfmann, *Roman Art,* London 1964 (dt. *Römische Kunst,* Wiesbaden 1964); D. Strong, *Roman Art,* London 1976; A. Boethius, *Etruscan and Early Roman Architecture,* 2. Aufl., Harmondsworth 1978.

Religion: R. M. Ogilvie, *The Romans and their Gods,* London 1969; W. Warde Fowler, *The Religious Experience of the Roman People,* London 1911; H. H. Scullard, *Festivals and Ceremonies of the Roman Republic,* London 1981.

Zur Landbevölkerung: K. D. White, *Roman Farming,* London 1970; J. M. Frayn, *Subsistence Farming in Roman Italy,* Fontwell 1979; T. W. Potter, *The Changing Landscape of South Etruria,* London 1979; T. Ashby, *The Roman Campagna in Classical Times,* London 1927.

Die Stadt: W. Warde Fowler, *Social Life at Rome in the Age of Cicero,* London 1922; U. E. Paoli, *Rome, Its People, Life and Customs,* New York 1963 (dt. *Das Leben im alten Rom,* Bern/München 1961); J. Carcopino, *Daily Life in Ancient Rome,* Harmondsworth 1941 (dt. *Rom - Leben und Kultur in der Kaiserzeit,* Stuttgart 1977); M. Grant, *The Roman Forum,* London 1970; S. B. Platner, T. Ashby, *A Topographical Dictionary of Ancient Rome,* Oxford 1929; E. Nash, *Pictorial Dictionary of Ancient Rome,* 2 Bde., 2. Aufl., London 1968 (dt. *Bildlexikon zur Topographie des alten Rom,* Tübingen 1961/62).

Ostia: R. Meiggs, *Roman Ostia,* 2. Aufl., Oxford 1973.
Pompeii: J. B. Ward Perkins u. A. Claridge, *Pompeii A. D. 79,* New York 1978; M. Grant, *Cities of Vesuvius,* London 1971 (dt. *Untergang und Auferstehung der Städte am Vesuv,* Bergisch Gladbach 1978).

## Augustus und die iulisch-claudische Dynastie

Eine gute Untersuchung zu Augustus bietet A. H. M. Jones, *Augustus,* London 1970. Die *Res Gestae Divi Augusti* sind u. a. von Ekkehard Weber übersetzt und kommentiert worden (München 1970, dt./griech./lat.). Zu den iulisch-claudischen Nachfolgern s. B. M. Levick, *Tiberius the Politician,* London 1976; R. Seager, *Tiberius,* London 1972. A. Momigliano, *Claudius: the Emperor and his Achievement,* Cambridge 1961, und B. H. Warmington, *Nero: Reality and Legend,* London 1969. Z. Yavetz, *Plebs and Princeps,* Oxford 1969, untersucht die politische und gesellschaftliche Rolle der Plebs von der späten Republik bis zum frühen Prinzipat. G. W. Bowersock, *Augustus and the Greek World,* Oxford 1965, beschäftigt sich mit den gesellschaftlichen, diplomatischen und kulturellen Beziehungen mit dem griechischen Osten - vgl. a. Fergus Millar, *The Emperor in the Roman World,* Oxford 1965, und Colin Wells, *The German Policy of Augustus: an Examination of the Archaeological Evidence,* Oxford 1972. Zur Literatur und dem moralischen Klima des augusteischen Roms s. Gordon Williams, *Tradition and Originality in Roman Poetry,* Oxford 1968. Miriam Griffins, *Seneca: a Philosopher in Politics,* Oxford 1976, handelt von den Gewissenskonflikten unter einem autokratischen Regime. Symes *Römische Revolution,* a. a. O., ist auch grundlegend für das Verständnis des frühen Prinzipats, sein bemerkenswerter *Tacitus,* 2 Bde., Oxford 1958, beschreibt die Person und das gesellschaftliche Umfeld dieses großen Historikers.

## Das Römische Kaiserreich

Zur allgemeinen Geschichte des Kaiserreichs von den Flaviern bis Konstantin gibt es bis heute kein besseres Werk als Scullards, *From the Gracchi to Nero,* a.a.O. H. M. D. Parker, *A History of the Roman World, 138 to 337 n. Chr.,* 2. Auflage, London 1958, reicht bis zum Tod Konstantins. Die Bürgerkriege werden von K. Wellesley, *The Long Year, 69 n. Chr.,* London 1975, eindrucksvoll geschildert. A. R. Birley, *Septimius Severus, the African Emperor,* London 1971, geht auch auf den Hintergrund des 2. Jahrhunderts gründlich ein. Zur politischen und kulturellen Geschichte der flavisch-traianischen Epoche bleibt Symes *Tacitus,* a.a.O., weiterhin das grundlegende Werk, ebenso wie seine Kapitel über die Militärgeschichte in der *Cambridge Ancient History,* Bde. X und XI, 1934 und 1936. Zu den traianischen Kriegen, L. Rossi, *Trajan's Column and the Dacian Wars,* London 1971, ein reichhaltiges und äußerst informatives Werk. Zur Geschichte und Kultur von Roms östlichem Nachbar, s. R. Ghirsman, *Iran, from the earliest times to the Islamic Conquest,* Harmondsworth 1954 (dt. *Iran,* München 1962), und *Iran: Parthians and Sassanians,* London 1962, und zu Roms östlichen Beziehungen in ihrem geographischen und gesellschaftlichen Zusammenhang, Freya Stark, *Rome on the Euphrates: the Story of a Frontier,* London 1966 (dt. *Rom am Euphrat,* Stuttgart 1969). Die »Anarchie« des dritten Jahrhunderts wird in verschiedenen Werken erörtert, insbesondere in den bedeutenden Arbeiten von Rostovtzeff und A. H. M. Jones, a.a.O., und von R. MacMullen, *Roman Government's Response to Crisis, AD 235–337,* New Haven/London 1976, und von Syme, *Emperors and Biography,* Oxford 1971.

Zur Rolle des Kaisers innerhalb der Regierung und der Entwicklung von Regierungsinstitutionen und Verwaltungshierarchien, s. insbesondere Fergus Millar, *The Emperor in the Roman World, 31 BC–AD 337,* London 1977. Zu den militärstrategischen Anforderungen, die an den Kaiser gestellt wurden, s. E. N. Luttwak, *The Grand Strategy of the Roman Empire, from the First Century AD to the Third,* Baltimore/London 1976, und den ganz anderen Standpunkt von R. MacCullen, *Soldier and Civilian in the Late Roman Empire,* Cambridge, Massachusetts, 1963. Noch heute ragt Gibbons *Decline and Fall,* (dt. *Geschichte vom Niedergang und Verfall des Römischen Reiches,* 2 Bde., Leipzig/Wien 1935), Kapitel II, über das Gedeihen der Provinzen im Kaiserreich wegen seines Scharfblicks und der Fülle an archäologischen und epigraphischen Belegen heraus. Die Revolutionierung in der Historiographie, die durch die systematische Untersuchung konkreten Materials möglich wurde, war im wesentlichen das Werk von Mommsen, *Römische Geschichte,* Bd. 5. Leipzig 1885. Ein ebenso fundamentales Werk, das noch mehr Material einbringt, ist das von M. Rostovtzeff, *Die hellenistische Welt - Gesellschaft und Wirtschaft,* 3 Bde., Stuttgart 1955/56. Dem Werk Mommsens werden auch G. P. Gooch mit *History and Historians in the Nineteenth Century,* 2. Aufl., London 1952, Kapitel XXIV (dt. *Geschichte und Geschichtsschreiber im 19. Jahrhundert,* Frankfurt a. M. 1964), und dem von Rostovtzeff A. Momigliano mit seinen *Studies in Historiography,* London 1966, Kapitel 5, gerecht. Eine umfassende Darstellung der verschiedenen Regionen des Reichs geben Tenney Frank u. a., *An Economic Survey of Ancient Rome,* 5 Bde., Baltimore, 1933–40; einen kurzen Überblick über die Institutionen und Verschiedenheiten der Regionen findet man bei Fergus Millar, *The Roman Empire and its Neighbours,* 2. Aufl., London 1981 (dt. *Das römische Reich und seine Nachbarn,* Frankfurt a.M. 1966). Auch M. P. Charlesworth, *The Roman Empire,* Oxford 1951, ist sehr nützlich. Die wirtschaftlichen und kulturellen Entwicklungen, die sich aus der Befriedung des Mittelmeerraums durch Rom ergaben, aber auch die konkreten, natürlichen Beschränkungen, behandeln L. Casson, *Ships and Seamship in the Ancient World,* Princeton, New York, 1971, und *Travel in the Ancient World,* London 1974; über die Bedingungen in der Landwirtschaft: s. K. D. White, *Roman Farming,* London 1970, *Agricultural Implements of the Roman World,* Cambridge 1967, und *Farm Equipment of the Roman World,* Cambridge 1975; s. a. die *Oxford History of Technology,* Bd. II, Hg. Charles Singer u. a., Oxford 1956.

Den Wandel der gesetzlichen Privilegien im Zusammenhang der Erweiterung des Bürgerrechts untersuchen Peter Garnsey, *Social Status and Legal Privilege in the Roman Empire,* Oxford 1970, und A. N. Sherwin-White, *The Roman Citizenship,* 2. Aufl., Oxford 1973; s. a. J. A. Crook, *Law and Life of Rome,* London 1967. R. Duncan-Jones, *The Economy of the Roman Empire: Quantitative Studies,* Cambridge 1974, bietet viel Material über die Aspekte der Freigebigkeit der Bürger, vor allem in Hinblick auf öffentliche Bauten, und viele nützliche Dokumente hat A. H. M. Jones in *The Roman Economy,* Hg. P. A. Brunt, Oxford 1974, gesammelt. Symes *Tacitus,* a.a.O., ist besonders aufschlußreich in bezug auf die Vergrößerung der herrschenden Klasse Roms durch Neuzuwachs aus den Provinzen; s. a. sein Werk *Colonial Elites: Rome, Spain and the Americas,* London 1958. Zum Prestige der Rhetorik und ihrer Rolle im öffentlichen Leben verdienen drei Neuerscheinungen besondere Aufmerksamkeit: G. W. Bowersock, *Greek Sophists in the Roman Empire,* Oxford 1969; T. D. Barnes, *Tertullian: a Historical and Literary Study,* Oxford 1971, und E. Champlin, *Fronto and Antonine Rome,* Princeton, N. J., 1980. Die Stellung gebildeter Griechen unter römischer Herrschaft wird von C. P. Jones in *Plutarch and Rome,* Oxford 1971, und *The Roman World of Dio Chrysostom,* Cambridge, Massachusetts/London 1978, und von Fergus Millar, *A Study of Cassius Dio,* Oxford 1964, behandelt.

In bezug auf das weite Feld religiöser Entwicklungen und des Erstarkens des Christentums müssen einige wenige, aber wesentliche Werke genügen: A. D. Nock, *Conversion: the Old and the New in Religion, from Alexander the Great to Agustine of Hippo,* Oxford 1933 und 1952, bietet eine Einführung in die Arten religiöser Erfahrung, und F. Cumont, *Oriental Religions in Roman Paganism,* 1911, Neudruck New York 1956 (dt. *Die orientalischen Religionen im römischen Heidentum,* Leipzig/Berlin 1910), und *The Mysteries of Mithras,* 1903, Neudruck New York 1956, vermitteln womöglich noch immer – trotz der heutigen Kritik an seinen Theorien – einen gültigen Überblick; s. a. E. R. Dodds, *Pagan and Christian in an Age of Anxiety,* Cambridge 1965. Peter Browns *The Making of Late Antiquity,* Cambridge, Massachusetts/London 1978, sucht wie viele andere Werke unserer Zeit nach den Ursprüngen der neuen religiösen Entwicklungen eher im zweiten als im dritten Jahrhundert. J. H. W. G. Liebeschütz, *Continuity and Change in Roman Religion,* Oxford 1979, ist aufgrund seiner Sorgfalt, mit der hier vier ganze Jahrhunderte römischer Religionspraxis behandelt werden, eine außerordentlich lohnende Lektüre. Die beste allgemeine Beschreibung von Theorie und Praxis der Theurgie liefert E. R. Dodds' *The Greeks and the Irrational,* Berkeley, Kalifornien/London 1968.

Zum Thema der Verbreitung des Christentums bietet W. H. C. Frends *Martyrdom and Persecution in the Early Church,* Oxford 1965, den meisten Argumentationsstoff, und H. Chadwick, *The Early Church,* Harmondsworth 1967, ist klar, verständlich und breit angelegt. Die zwei Kapitel von Gibbons *Niedergang und Verfall,* XV und XVI, haben die Jahre erstaunlich gut überstanden und sind noch immer eine gute Einführung, deren wesentliche Argumente auch noch in der heutigen Forschung verwendet werden. T. D. Barnes' *Tertullian,* a.a.O., ist nicht nur sehr wissenschaftlich und genau, sondern auch im weiteren Sinne anregend und überzeugend.

## Die Provinzen des Kaiserreichs

Allgemeines zu den Provinzen des Kaiserreichs bieten die Arbeiten von Mommsen, Rostovtzeff, Millar und Tenney Frank, die schon a.a.O. im Zusammenhang mit dem Reichtum der Provinzen zitiert wurden. Für die Bezugnahme auf besondere Fundorte sind *The Princeton Encyclopedia of Classical Sites,* Hg. R. Stilwell u. a., Princeton, New York, 1976, und *Atlas of Classical Archeology,* Hg. M. I. Finley, London 1977 (dt. *Atlas der klassischen Archäologie,* München 1979), besonders nützlich. Beide Werke enthalten bibliographische Verweise und das letztere auch Lagepläne und Fotoaufnahmen. Was Bücher über einzelne Provinzen betrifft, so sollte auf die Reihe *Provinces of the Roman Empire* hingewiesen werden, deren Herausgeber S. S. Frere ist. Bis heute sind erschienen: J. J. Wilkes, *Dalmatia,* London 1969; A. Mócsy, *Pannonia and Upper Moesia; a History of the Middle Danubian Provinces of the Roman Empire,* London 1974 (dt. *Gesellschaft und Romanisation in der römischen Provinz Moesia Superior,* Amsterdam/Budapest 1970); G. Alföldy, *Noricum,* London 1974, und Sheppard Frere, *Britannia,* überarbeitete Ausg., London 1978; s. a. C. H. V. Sutherland, *The Romans in Spain,* London 1939; Olwen Brogan, *Roman Gaul,* London 1963; Peter Salway, *Roman Britain,* Oxford 1981, und – unter den vielen Darstellungen über das römische Britannien – A. L. F. Rivet, *Town and Country in Roman Britain,* London 1958. P. Oliva, *Pannonia and the Onset of Crisis in the Roman Empire,* Prag 1962; R. F. Hoddinott, *Bulgaria in Antiquity: an Archeological Introduction,* London 1975. Zu den östlichen Provinzen: A. H. M. Jones, *The Greek City, from Alexander to Justinian,* überarbeitete Aufl. Oxford 1966, und *The Cities of the Eastern Roman Provinces,* 2. Aufl., Oxford 1971; B. M. Levick, *Roman Colonies in Southern Asia Minor,* Oxford 1967; und verschiedene Bücher von George Bean: *Aegean Turkey: an Archaeological Guide,* 2. Aufl., London 1979 (dt. *Kleinasien – Studienreiseführer zu den klassischen Stätten,* Stuttgart 1980); *Turkey beyond the Meander,* 2. Aufl., London 1980 (dt. *Jenseits des Mäander,* Stuttgart 1974); *Lycian Turkey,* London 1978 (dt. *Lykien,* Stuttgart 1980), und *Turkey's Southern Shore,* 2. Aufl., London 1979 (dt. *Die türkische Südküste,* Stuttgart 1970). J. H. W. G. Liebeschütz, *Antioch: City and Imperial Administration in the later Roman Empire,* Oxford 1972, stellt auch besonders den syrischen Hintergrund heraus. Zum Thema Ägypten gibt es neben dem ausgezeichneten Kapitel in Jones' *Cities of the Eastern Roman Provinces* die kurze Darstellung von H. Idris Bell, *Egypt, from Alexander the Great to the Arab Conquest: a study in the Diffusion and Decay of Hellenism,* Oxford 1948.

Im folgenden eine Auswahl der leichter zugänglichen Werke über die im Atlas vorkommenden Orte, in der Reihenfolge ihres Erscheinens: D. E. L. Haynes, *The Antiquities of Tripolitania,* London 1955; E. M. Wightman, *Trier and the Treveri,* London 1970; G. C. Boon, *Silchester; the Roman Town of Calleva,* überarbeitete Ausg., Newton Abbott 1974; B. Cunliffe, *Fishbourne: a Roman Palace and its Gardens,* London 1971 (dt. *Fishbourne – Rom in Britannien,* Bergisch Gladbach 1971); E. Vorbeck, L. Beckel, *Carnuntum: Rom an der Donau,* Salzburg 1973; J. und T. Marasović, *Diocletian Palace at Split,* Zagreb 1968 (dt. *Der Palast des Diokletian,* München/Wien 1969); J. Travlos, *Pictorial Dictionary of Ancient Athens,* London und New York 1971 (dt. *Bildlexikon zur Topographie des antiken Athen,* Tübingen 1971); R. Day, *An Economic History of Athens under Roman Domination,* New York 1942. Zu Ephesos: W. Alzinger, *Die Ruine von Ephesos,* Berlin/Wien 1972; E. Lessing, W. Oberleitner, *Ephesos, Weltstadt der Antike,* Wien/Heidelberg 1978; Clive Foss, *Ephesus after Antiquity: a Late Antique, Byzantine and Turkish City,* Cambridge 1979.

Zu den Städten des Orients: K. Michalowski, *Palmyra,* Wien/München 1969; Ian Browning, *Palmyra,* London 1979; M. A. R. Colledge, *The Art of Palmyra,* London 1976; Robert Woods, *The Ruins of Palmyra, otherwise Tedmor, in the Desert,* aus dem Jahr 1753 ist fotografisch reproduziert worden, Farnborough 1971; s. a. J. Jeremias, *Jerusalem zur Zeit Jesu. Eine kulturgeschichtliche Untersuchung zur neutestamentarischen Zeitgeschichte,* Göttingen, 1963; Y. Yadin, *Masada: Herod's fortress and the Zealots Last Stand,* London 1966 (dt. *Masada – Der letzte Kampf um die Festung des Herodes,* Hamburg 1967); M. Rostovtzeff, *Dura-Europos and its Art,* Oxford 1938; A. Perkins, *The Art of Dura-Europos,* Oxford 1973; Clark Hopkins, *The Discovery of Dura-Europos,* New Haven/London 1979; F. Ragette, *Baalbek,* London 1980; N. Jidejian, *Baalbek: Heliopolis, »City of the Sun«,* Beirut 1975; Iain Browning, *Petra,* London 1973; und R. G. Goodchild, *Cyrene and Apollonia,* London 1963 (dt. *Kyrene und Apollonia,* Zürich 1971).

## Das späte Kaiserreich: von Konstantin zu Iustinian

Außer dem unvergleichlichen Werk von Gibbon ist vielleicht J. B. Bury, *History of the Later Roman Empire, from the death of Theodosius I to the death of Justinian (AD 395 to 565),* 2 Bde., London 1923, die beste unter den älteren Beschreibungen. Die weitaus fundierteste moderne Darstellung zum vierten Jahrhundert ist die von André Piganiol, *L'Empire chrétien,* 2. Aufl., Paris 1972, und für das fünfte und sechste Jahrhundert das sehr gute, wenn auch ausnehmend nüchterne Werk von E. Stein, *Histoire du Bas-Empire,* 2. Aufl. u. franz. Übersetzung von J.-R. Palanque, Paris 1959; Neudruck Amsterdam 1968. Die umfassende Darstellung von A. H. M. Jones, *The Later Roman Empire 284–602; a Social, Economic and Administrative Survey,* 3 Bde., Oxford 1964, Neudruck in zwei Bänden, Oxford 1973, erscheint in gekürzter Form in *The Decline of the Ancient World,* London 1966, Neudruck 1975. Das Werk von Jones ist vor allem deswegen bemerkenswert, weil es den bürokratischen Charakter des spätrömischen Staates und auch die Grenzen seiner Macht aufzeigt und die Gründe seines Niedergangs objektiv analysiert. Im Stil ganz anders, präsentiert Peter Brown, *The World of Late Antiquity, from Marcus Aurelius to Muhammad,* London 1971, eine besonders provozierende thematische Studie.

Natürlich haben unter den einzelnen Kaisern dieser Zeit vor allem Konstantin, Iulianus und Iustinian besondere Aufmerksamkeit erregt: zu Konstantin, s. N. H. Baynes, *Constantine the Great and the Christian Church,* London 1931, Neudruck mit einem Vorwort und einer Bibliographie von Henry Chadwick, Oxford 1972; A. H. M. Jones, *Constantine and the Conversion of Europe,* London 1948; R. MacMullen, *Constantine,* London 1970; A. Alföldi, *The Conversion of Constantine and Pagan Rome,* Oxford 1948, Neudruck 1969. Zu Iulian sind folgende Biographien erwähnenswert: R. Browning, *The Emperor Julian,* London 1975 (dt. *Der abtrünnige Kaiser,* München 1977), und – mit besonderem Akzent auf den Charakter des Kaisers – G. W. Bowersock, *Julian, the Apostate,* London 1978; dennoch bleibt J. Bidez' *L'Empereur Julien,* Paris 1930, Neudruck 1965 (dt. *Kaiser Julian. Der Untergang der heidnischen Welt,* Hamburg 1956), die Untersuchung, die die wirtschaftlichen Verhältnisse am besten durchdringt und vor allem auch den intellektuellen und religiösen Hintergrund von Iulian ausleuchtet. Zu Iustinian, R. Browning, *Justinian and Theodora,* London 1971.

Andere Arbeiten zur politischen und gesellschaftlichen Geschichte jener Zeit sind: A. Alföldi, *A Conflict of Ideas in the late Roman Empire: the Clash between the Senate and Valentinian I,* Oxford 1952 – außerordentlich lebendig, besonders bei der Schilderung des »Terrorismus« der spätrömischen Regierung, wenn auch nicht ganz verläßlich in seinen Urteilen –, und John Matthews, *Western Aristocracies and Imperial Court, AD 364–425,* Oxford 1975. Dies ist eine Untersuchung über den gesellschaftlichen Kontext der Politik jener Zeit, bietet jedoch auch den anekdotischen Hintergrund und berührt verschiedenste Aspekte, vor allem die Christianisierung.

Die Literatur- und Religionsgeschichte der Spätantike untersuchen mehrere zeitgenössische Arbeiten, so insbesondere das richtungweisende Werk von Peter Brown, *Augustine of Hippo,* London 1967 (dt. *Der heilige Augustinus,* Frankfurt a.M./München 1975); Alan Camerons Claudian: *Poetry and Propaganda at the Court of Honorius,* Oxford 1970, und J. M. D. Kelly, *Jerome: his Life, Writings and Controversies,* London 1975. M. W. Binns (Hg.), *Latin Literature of the Fourth Century,* London/Boston, Massachusetts 1974, enthält Kapitel von verschiedenen Autoren über Ausonius, Symmachus, Paulinus von Nola, Claudian und Prudentius und über den religiösen und kulturellen Hintergrund ihres Werkes. R. Syme, *Ammianus and the Historia Augusta,* Oxford 1968, gehört zu den wichtigsten Darstellungen über die literarische Produktion des späten vierten Jahrhunderts. N. K. Chadwick, *Poetry and Letters in Early Christian Gaul,* London 1955, charakterisiert Autoren des späten vierten und fünften Jahrhunderts, und der Dichter und Bischof Sidonius Apollinaris ist das Thema von C. E. Stevens' *Sidonius Apollinaris and his Age,* Oxford 1933. Den lateinischen Autoren des frühen sechsten Jahrhunderts widmen sich in unserer Zeit J. J. O'Donnell, *Cassiodorus,* Berkeley, Kalifornien/London 1979; Henry Chadwick, *Boethius: the Consolations of Music, Logic, Theology and Philosophy,* Oxford 1981, und das von Margaret Gibson herausgegebene Symposion *Boethius: his Life, Thought and Influence,* Oxford 1981. Zu Ammianus Marcellinus, E. A. Thompsons *The Historical Work of Ammianus Marcellinus,* Cambridge 1947.

Zur spätrömischen Kunst, und dem höfischen Zeremoniell R. Bianchi Bandinelli, *Rome the Late Empire. Roman Art AD 200–400,* London 1971; S. MacCormack, *Art and Ceremony in Late Antiquity,* Berkeley, Kalifornien/London 1981; A. Grabar, *The Beginning of Christian Art,* London 1967 (dt. *Die Kunst des frühen Christentums,* München 1967), *Christian Iconography: a Study of its Origins,* London 1969, und Gervase Mathew, *Byzantine Aesthetics,* London 1963.

Das Thema der Christianisierung des Kaiserreichs behandeln F. van der Meer und Christine Mohrmann, *Bildatlas der früh-christlichen Welt,* Gütersloh 1959, und Diana Bowder, *The Age of Constantine and Julian,* London 1978. A. Momigliano (Hg.), *The Conflict between Paganism and Christianity in the Fourth Century,* Oxford 1963, enthält ausgezeichnete Aufsätze über verschiedene Aspekte dieses Themas, wie auch in noch höherem Maße Peter Brown, *Religion and Society in the Age of St. Augustine,* London 1972, eine Sammlung der wissenschaftlichen, jedoch aufregend zu lesenden Essays aus den Jahren 1961–70.
Da es keine moderne Untersuchung von vergleichbarem Niveau gibt, bleibt immer noch J. Geffckens, *Der Ausgang des griechisch-römischen Heidentums,* Darmstadt/Neuwied 1963, das grundlegende Werk; s. a. R. MacMullen, *Paganism in the Roman Empire,* New Haven, Connecticut/London 1981. Auch wenn seine Hauptthese umstritten ist, bleibt W. H. C. Frends *The Donatist Church: a Movement of Protest in Roman North Africa,* Oxford 1952, Neuaufl. mit erw. Bibliographie, 1971, eine gute Schilderung der Auswirkungen der Christianisierung im Hinblick auf die Haltung und Integrität einer etablierten Kirche in ihren Beziehungen zu einer schismatischen Sekte. Zur asketischen Bewegung: Philip Rousseau, *Ascetics, Authority and the Church in the Age of Jerome and Cassian,* Oxford 1978 – ein Buch, das die genaueste Lektüre lohnt. Zu den konkreten Formen des asketischen Lebens s. für Ägypten, D. Chitty, *The Desert a City,* Oxford 1966, und für Syrien, A. Vööbus, *A History of Ascetism in the Syrian Orient,* Bd. II, Löwen 1960. Peter Browns, *The Cult of the Saints: its Use and Function in Latin Christianity,* London 1981, ist eine faszinierende und tiefgründige, wenn auch manchmal etwas weitschweifige Abhandlung. Eine der besonders interessanten Facetten der Christianisierung, das Pilgerwesen, wird von E. D. Hunt, *Pilgrimage to the Holy Land in the Fourth and Early Fifth Centuries,* Oxford 1982, beschrieben und in den kulturellen Zusammenhang gebracht.

Zum spätkaiserlichen und frühchristlichen Rom s. R. Krautheimer, *Rome: Profile of a City 312–1308,* Princeton, New York, 1980, und im allgemeinen sein *Early Christian and Byzantine Architecture,* 3. Aufl., Harmondsworth 1979; auch W. Oakeshott, *The Mosaics of Rome, from the Third to the Fourteenth Centuries,* London 1967 (dt. *Die Mosaiken von Rom,* Wien/München 1969). Die vollständigste historische Darstellung des frühchristlichen Roms bietet Ch. Pietri, *Roma Christiana: recherches sur l'Eglise de Rome, son organisation, sa politique, son idéologie, de Miltiade à Sixte II (311–440),* 2 Bde., Paris/Rom 1978. Zu Ravenna: L. von Matt, *Ravenna,* Köln 1971, mit ausgezeichneten Aufnahmen. Zum Christentum und Heidentum im Leben Antiochiens im vierten Jahrhundert (und zu vielen anderen Aspekten städtischen Lebens): J. H. W. G. Liebeschütz, *Antioch: City and Imperial Administration in the Later Roman Empire,* Oxford 1972, und zum Leben einer schnell christianisierten Stadt: J. B. Segal, *Edessa: the »Blessed City«,* Oxford 1970. Das spätrömische Jerusalem beschreiben Ch. Couäsnon, O. P., *The Church of the Holy Sepulchre in Jerusalem,* London 1974, und J. Wilkinson, *Egeria's Travels: Newly Translated with Supporting Documents and Notes,* London 1971. Das gesellschaftliche Leben in Konstantinopel untersuchen G. Downey, *Constantinople in The Age of Justinian,* London 1964, und Alan Cameron, *Porphyrius the Charioteer,* Oxford 1971, und *Circus Factions: Blues and Greens at Rome and Byzantium,* Oxford 1976.

Zu den Barbareninvasionen des Römischen Kaiserreichs gibt es drei besonders aufschlußreiche Werke von E. A. Thompson, *A History of Attila and the Huns,* Oxford 1948, *The Visigoths in the Time of Ulfila,* Oxford 1966, und *The Goths in Spain,* Oxford 1969. Die Beziehungen zwischen Rom und Konstantinopel im fünften Jahrhundert sind das Thema von W. E. Kaegi, *Byzantium and the Decline of Rome,* Princeton, New York, 1968; der Hintergrund für die Eroberung im 6. Jahrhundert wird in den a. a. O. genannten Büchern über Boethius und Cassiodorus geschildert. Zu den Niederlassungen der Barbaren und dem frühmittelalterlichen Westen s. J. M. Wallace-Hadrill, *The Barbarian West 400–1000,* überarbeitete Ausg., London 1962, und W. Goffart, *Barbarians and Romans Ad 418–584: the Techniques of Accomodation,* Princeton, New York, 1980.

# REGISTER GEOGRAPHISCHER NAMEN


Aalen (BRD), 48°50′N 10°07′O, 108
Aballava (Großbritannien) (Burgh by Sands), 54°56′N 3°03′W, 135
Aballo (Frankreich) (Avallon), 47°30′N 3°54′O, 129
Abdera (Griechenland), 40°56′N 24°59′O, 146
Abdera (Spanien) (Adra), 36°45′N 3°01′W, 124
Abella, 40°59′N 14°37′O, 67
Abellinum (Avellino), 40°49′N 14°47′O, 41, 46, 62, 67
Abira (Syrien), 34°11′N 37°36′O, 174
Abonuteichus (Türkei) (Inebolu), 41°57′N 33°45′O, 150
Abrittus (Bulgarien), 43°31′N 26°33′O, 140, 171
Abudiacum (BRD) (Epfach), 47°57′N 10°37′O, 140
Abusina (BRD) (Eining), 48°51′N 11°47′O, 108, 140
Abydus (Türkei), 40°08′N 26°25′O, 150
Acadama (Syrien), 35°06′N 38°26′O, 174
Acanthus (Griechenland), 40°22′N 23°52′O, 146
Acci (Spanien) (Guadix), 37°19′N 3°08′W, 72, 124
Acerrae, 45°13′N 9°42′O, 62
Achaiacala (Irak) (Al Hadithah), 34°09′N 42°22′O, 191
Acidava (Rumänien), 44°32′N 24°14′O, 140
Acquacetosa Laurentina, 41°46′N 12°30′O, 30
Acquarossa, 42°31′N 12°05′O, 21
Acrae (Sizilien) (Palazzolo Acreide), 37°04′N 14°54′O, 23, 45
Acraephia (Griechenland), 38°27′N 23°13′O, 146
Acruvium (Jugoslawien), 42°27′N 18°46′O, 72, 140
Actium, Kap (Griechenland), 38°56′N 20°46′O, 146
Adada (Syrien), 35°08′N 39°03′O, 174
Adana (Türkei) (Ataniya), 37°00′N 35°19′O, 150
Adda (Fluß) s. Addua
Addua (Fluß) (Adda), 10, 29
Adige (Fluß) (Etsch), 10, 140
Ad Mediam (Rumänien) (Mehadia), 44°53′N 22°20′O, 140
Adour (Fluß; Frankreich), 129
Ad Pontem (Österreich) (Lind), 46°47′N 13°22′O, 140
Adraa (Syrien) (Dera), 32°37′N 36°06′O, 157
Adramyttium (Türkei) (Edremit), 39°34′N 27°01′O, 150
Adria, 45°03′N 12°04′O, 21
Adys s. Uthina
Aecae 41°21′N 15°20′O, 40, 46
Aeclanum 41°04′N 14°57′O, 41, 62
Aedepsus (Euböa, Insel; Griechenland), 38°53′N 23°03′O, 146
Aefula (Monte Sant'Angelo), 41°56′N 12°49′O, 27, 30
Aegae (Griechenland) (Edessa), 40°48′N 22°03′O, 146
Aegae (Türkei), 38°54′N 27°13′O, 150
Aegina (Aegina, Stadt; Griechenland), 37°45′N 23°26′O, 47
Aegina (Insel; Griechenland), 37°43′N 23°30′O, 146
Aegium (Griechenland) (Aigion), 38°15′N 22°05′O, 146
Aegyssus (Rumänien), 45°09′N 28°50′O, 140
Aelia Capitolina s. Hierosolyma
Aeminium (Portugal) (Coimbra), 40°12′N 8°25′W, 124
Aenona (Jugoslawien) 44°13′N 15°10′O, 72, 140
Aenus (Türkei) (Enez), 40°44′N 26°05′O, 140
Aequum (Jugoslawien), 43°47′N 16°49′O, 140
Aequum Tuticum, 41°15′N 15°05′O, 62,
Aesernia, 41°35′N 14°14O, 35, 41, 46, 62
Aesica (Großbritannien) (Great Chesters), 55°03′N 2°06′W, 135
Aesium 43°38′N 13°24′O, 35
Aeso (Spanien) (Avella), 42°02′N 1°07′O, 124
Aezani (Türkei), 39°12′N 29°28′O, 150
Agathe (Frankreich) (Agde), 43°19′N 3°29′O, 23, 129
Agedincum (Frankreich) (Senones), (Sens), 48°12′N 3°18′O, 70, 129, 192
Aginnum (Frankreich) (Agen), 44°12′N 0°38′O, 129
Agri (Fluß), 10
Agrigentum (Sizilien) (Agrigent), 37°19′N 13°35′O, 23, 45, 47, 57, 72
Aguntum (Österreich), 46°51′N 12°51′O, 140
Aila (Israel) (Elat), 29°33′N 34°57′O, 157, 164
Aisne (Fluß; Frankreich), 129
Ajaccio (Korsika), 41°55′N 8°43′O, 10, 12
Akheloos (Fluß; Griechenland), 146
Alabanda (Türkei), 37°40′N 27°55′O, 150
Alalia s. Aleria
Alauna (Großbritannien) (Maryport), 54°43′N 3°30′W, 135
Alba (Frankreich) (Aps), 44°15′N 4°35′O, 129
Alba Fucens, 42°03′N 13°27′O, 35, 38, 40, 47, 62
Alba Longa (Castel Gandolfo), 41°45′N 12°38′O, 27, 30, 200
Albitimilium (Ventimiglia), 43°47′N 7°37′O, 129
Albucciu (Sardinien), 41°03′N 9°25′O, 20
Alburnus Maior (Rumänien), 46°16′N 23°05′O, 140
Alcantara (Spanien), 39°44′N 6°53′W, 124
Alcester (Großbritannien), 52°13′N 1°52′W, 135
Alchester (Großbritannien), 51°55′N 1°07′W, 135
Aleria (Korsika) (Alalia), 42°05′N 9°30′O, 23, 39, 47, 72, 107
Alesia (Frankreich) (Alise), 47°33′N 4°30′O, 70, 129
Aletrium (Alatri), 41°44′N 13°21′O, 30, 35, 40, 62
Aletum (Frankreich), 48°42′N 1°52′W, 199
Alexander ad Issum (Türkei) (Iskenderun), 36°37′N 36°08′O, 157
Alexandria (Ägypten), 31°13′N 29°55′O, 60, 70, 75, 84, 107, 111, 164, 171, 173, 179, 199
Alexandria Troas (Türkei), 39°31′N 26°08′O, 72, 150
Alfios (Fluß; Griechenland), 146
Algido, 41°48′N 12°46′O, 30
Aliakmon (Fluß; Griechenland), 146
Alinda (Türkei) (Karpuzlu), 37°35′N 27°49′O, 150
Allier (Fluß; Frankreich), 129
Allifae (Alife), 41°20′N 14°20′O, 62, 67, 200
Alsium (Palo), 41°54′N 12°06′O, 35
Altava (Algerien), 34°43′N 0°55′W, 118
Althiburus (Tunesien), 35°51′N 8°40′O, 118
Altinum, 45°33′N 12°24′O, 38
Altrip (BRD), 49°28′N 8°26′O, 192
Alvona (Jugoslawien), 45°05′N 14°11′O, 140
Alzey (BRD), 49°44′N 8°07′O, 192
Amaro (Berg), 42°05′N 14°06′O, 10
Amasea (Türkei) (Amasya), 40°37′N 35°50′O, 60, 150, 220
Amastris (Türkei), 41°44′N 32°24′O, 107, 150
Amathus (Zypern), 34°42′N 33°09′O, 150
Ambracia (Jugoslawien), 39°10′N 20°59′O, 146
Amiata (Berg), 42°53′N 11°57′O, 10
Amida (Türkei) (Diyarbakir), 37°55′N 40°14′O, 150, 220
Amisus (Türkei) (Samsun), 41°17′N 36°22′O, 150
Amiternum 42°20′N 13°24′O, 38, 40, 62
Ammaedara (Tunesien) (Haidra), 35°32′N 8°25′O, 118
Amorgos (Insel; Griechenland), 36°49′N 25°54′O, 150
Amorium (Türkei), 38°58′N 31°12′O, 150
Ampelum (Rumänien), 46°08′N 23°13′O, 140
Amphipolis (Griechenland), 40°48′N 23°52′O, 146
Amphissa (Griechenland), 38°32′N 22°22′O, 146
Ampurias s. Emporiae
Anagnia 41°44′N 13°10′O, 30, 35, 40, 62
Anas (Fluß; Portugal/Spanien) (Guadiana), 47, 72, 75, 124, 173, 208
Anatha (Irak) (Anah), 34°29′N 41°57′O, 191, 220
Anazarbus (Türkei), 37°09′N 35°46′O, 150, 220
Anchialus (Bulgarien) (Pomorie), 42°32′N 27°39′O, 140
Ancona, 43°37′N 13°31′O, 10, 12, 20, 29, 38, 41, 67
Ancyra (Türkei) (Ankara), 39°55′N 32°50′O, 75, 107, 150
Andautonia (Jugoslawien) (Scitarjevo), 45°49′N 16°13′O, 140
Andematunnum (Frankreich) (Langres), 47°53′N 5°20′O, 129
Anderita (Großbritannien) (Pevensey), 50°47′N 0°20′O, 135, 171
Anderitum (Frankreich) (Javols), 44°43′N 3°17′O, 129
Andetrium (Jugoslawien), 43°46′N 16°39′O, 140
Andros (Insel; Griechenland), 37°49′N 24°54′O, 146
Anemurium (Türkei) (Anamur), 36°06′N 32°49′O, 150
Angustia (Rumänien), 46°03′N 26°19′O, 140
Anio (Fluß), 27, 30
Annesoi (Türkei), 40°15′N 35°37′O, 199
Antaeopolis (Ägypten), 26°54′N 31°31′O, 164
Antaradus (Syrien), 34°55′N 35°52′O, 157
Antemnae, 41°54′N 12°30′O, 27, 30
Anthedon (Griechenland), 38°29′N 23°28′O, 146
Anticaria (Spanien) (Antequera), 37°01′N 4°34′W, 124
Antinonopolis (Türkei) (Constantina), 37°19′N 39°26′O, 157, 220
Antinoopolis (Ägypten), 27°49′N 30°53′O, 164
Antiochia (Türkei), 38°18′N 31°09′O, 72, 150
Antiochia (Türkei) (Antakya), 36°12′N 36°10′O, 60, 70, 75, 84, 107, 111, 150, 157, 171, 173, 174, 179, 220
Antipolis (Frankreich) (Antibes), 43°35′N 7°07′O, 129
Antium (Anzio), 41°27′N 12°38′O, 27, 30, 35, 200
Antunnacum (BRD) (Andernach), 50°26′N 7°24′O, 108, 129, 192
Apamea (Syrien), 35°31′N 36°23′O, 157, 174, 220
Apamea (Türkei), 40°24′N 28°46′O, 72
Apamea (Türkei) (Birecik), 37°03′N 37°59′O, 150, 157
Aphrodisias (Türkei), 40°39′N 26°53′O, 140
Aphrodisias (Türkei), 37°43′N 28°50′O, 150
Apollinopolis Magna (Ägypten), 24°59′N 32°52′O, 164
Apollonia (Albanien), 40°40′N 19°28′O, 70, 146
Apollonia (Bulgarien) (Sozopol), 42°23′N 27°42′O, 47, 140
Apollonia (Israel), 32°13′N 34°49′O, 157
Apollonia (Libyen) (Marsa Susah), 32°52′N 21°59′O, 164
Apollonia (Türkei), 39°07′N 27°31′O, 150
Apri (Türkei) (Theodosiopolis), 40°57′N 27°04′O, 140
Apsorus (Jugoslawien), 44°41′N 14°29′O, 140
Apulum (Rumänien) (Alba Iulia), 46°04′N 23°33′O, 140
Aquae (BRD) (Baden-Baden), 48°45′N 8°15′O, 108, 129
Aquae Arnemetiae (Großbritannien) (Buxton), 53°15′N 1°55′W, 135
Aquae Calidae (Algerien), 36°24′N 2°14′O, 72, 118
Aquae Convenarum (Frankreich) (Bagnères-de-Bigorre), 43°04′N 0°09′O, 129
Aquae Flaviae (Portugal) (Chaves), 41°44′N 7°28′W, 124
Aquae Mattiacae (BRD) (Wiesbaden), 50°05′N 8°15′O, 108, 129, 192
Aquae Neri (Frankreich) (Néris-les-Bains), 46°18′N 2°38′O, 129
Aquae Regiae (Tunesien), 35°42′N 9°58′O, 118
Aquae S (Jugoslawien), 43°40′N 18°17′O, 140
Aquae Sextiae (Frankreich) (Aix-en-Provence), 43°31′N 5°27′O, 60, 129
Aquae Sulis (Großbritannien) (Bath), 51°23′N 2°22′W, 135
Aquae Tarbellicae (Frankreich) (Dax), 43°43′N 1°03′W, 129
Aquileia, 45°47′N 13°22′O, 29, 38, 47, 49, 60, 75, 84, 107, 171, 173, 179, 199, 208, 214
Aquileia (BRD) (Heidenheim), 48°41′N 10°10′O, 108
Aquilonia, 40°59′N 15°30′O, 35, 62
Aquincum (Ungarn) (Budapest), 47°30′N 19°03′O, 107, 140
Aquinum (Aquino), 41°27′N 13°42′O, 40, 67
Arabissus (Türkei), 38°12′N 36°54′O, 150
Arabona (Ungarn) (Gyor), 47°41′N 17°40′O, 140
Araceli (Spanien) (Araquil), 42°58′N 2°10′W, 124
Arae Flaviae (BRD) Rottweil, 48°10′N 8°38′O, 108, 129
Arapus (Fluß; Sizilien), 45
Arar (Fluß; Frankreich) (Saône), 129, 192
ad Aras (Spanien), 38°44′N 0°39′W, 124
Arausio (Frankreich) (Orange), 44°08′N 4°48′O, 47, 60, 72, 129
Araxes (Fluß; UdSSR/Türkei), 220
Arba (Jugoslawien), 44°46′N 14°47′O, 72, 140
Arbor Felix (Schweiz) (Arbon), 47°31′N 9°27′O, 140
Archeopolis (UdSSR), 42°20′N 41°53′O, 220
Arcidava (Rumänien) (Varadia), 45°02′N 21°43′O, 140
Arcobriga (Spanien) (Arixa), 41°09′N 2°26′W, 124
Ardea, 41°36′N 12°33′N 27, 30, 35 67, 200
Arelate (Frankreich) (Arles), 43°41′N 4°38′O, 70, 72, 129, 171, 173, 179, 199, 208, 214
Arethusa (Syrien), 34°56′N 36°47′O, 157
Arezzo s. Arretium
Argentomagus (Frankreich) (Argenton), 48°32′N 4°45′W, 129
Argentorate (Frankreich) (Straßburg), 48°35′N 7°45′O, 108, 129, 192, 214
Argos (Griechenland), 37°38′N 22°42′O, 146
Argyruntum 44°18′N 15°21′O, 140
Aricia (Ariccia), 41°43′N 12°41′O, 27, 30
Arienzo, 41°02′N 14°30′O, 57
Ariminum (Rimini), 44°03′N 12°34′O, 10, 29, 35, 38, 41, 67, 70
Arno (Fluß) s. Arnus
Arnus (Fluß) (Arno), 10, 14, 20, 21, 23, 29, 35, 49, 57, 67
Arpi, 41°34′N 15°32′O, 35, 40, 41, 46, 62
Arpinum (Arpino), 41°38′N 13°37′O, 40, 62
Arretium (Arezzo), 43°28′N 11°53′O, 10, 21, 29, 35, 38, 41, 62, 67, 70
Arsanias (Fluß; Türkei), 220
Arsenaria (Algerien), 36°25′N 0°37′O, 118
Arsinoe (Zypern), 34°55′N 32°26′O, 150
Arsinoe (Ägypten), 29°19′N 30°50′O, 164
Aruccis (Spanien) (Aroche), 37°56′N 6°57′W, 124
Arunda (Spanien) (Ronda), 36°45′N 5°10′W, 124
Arycanda (Türkei), 36°33′N 30°01′O, 150
Arzen (Türkei), 38°00′N 41°47′O, 150
Asculum (Ascoli Piceno), 42°52′N 13°35′O, 38, 41, 62, 67
Asemus (Bulgarien), 43°38′N 24°55′O, 140
Ashtishat (Türkei), 38°45′N 41°26′O, 199
Asido (Spanien), 36°28′N 5°55′W, 72
Asine (Griechenland) (Koroni), 36°48′N 21°57′O, 146
Asisium (Assisi), 43°04′N 12°37′O, 41
Askalon (Israel), 31°39′N 34°35′O, 157
Asopus (Griechenland), 36°40′N 22°51′O, 146
Aspalathos (Jugoslawien) (Split), 43°31′N 16°28′O, 10, 140
Aspendus (Türkei) (Serik), 36°55′N 31°06′O, 150
Asperden (BRD), 51°45′N 6°09′O, 192
Asseria (Jugoslawien), 44°02′N 15°40′O, 140
Assuras (Tunesien), 36°00′N 9°03′O, 72
Assus (Türkei), 39°32′N 26°21′O, 150
Astigi (Spanien) (Ecija), 37°33′N 5°04′W, 72, 124
Astura (Österreich) (Zeiselmauer), 48°20′N 16°05′O, 140
Astura 41°24′N 12°42′O, 30
Asturica Augusta (Spanien) (Astorga), 42°27′N 6°04′W, 124
Astypalaea (Insel; Griechenland), 36°32′N 26°23′O, 150
Ätna (Berg; Sizilien), 37°45′N 15°00′O, 10
Atella, 40°56′N 14°13′O, 46, 62
Aternus (Fluß), 35, 40, 41, 200
Ateste (Este), 45°13′N 11°40′O, 20, 29, 67
Athenae (Griechenland) (Athen), 38°00′N 23°44′O, 47, 60, 70, 75, 84, 111, 146, 171, 179, 208, 214
Athribis (Ägypten), 30°25′N 31°11′O, 164
Atina (Atena), 40°27′N 15°33′O, 46, 62
Atrans (Jugoslawien), 46°10′N 15°02′O, 140
Atrax (Griechenland), 39°39′N 22°16′O, 146
Attaleia (Türkei) (Antalya), 36°53′N 30°42′O, 150
Atuatuca (Belgien) (Tungri) (Tongeren), 50°47′N 5°28′O, 129, 192
Aufidena (Alfedena), 41°44′N 14°02′O, 46, 62
Augusta Praetoria (Aosta), 45°43′N 7°19′O, 67, 129
Augusta Rauricorum (Schweiz) (Rauraci) (Augst/Kaiseraugst), 47°32′N 7°44′O, 108, 129, 140, 192
Augusta Taurinorum (Taurasia) (Turin), 45°04′N 7°40′O, 10, 12, 13, 47, 67, 129
Augusta Treverorum (BRD) (Treveri) (Trier), 49°45′N 6°39′O, 75, 84, 129, 171, 173, 179, 208, 214
Augusta Vindelicorum (BRD) (Augsburg), 48°21′N 10°54′O, 75, 107, 108, 140
Augusta Viromanduorum (Frankreich) (Vermand), 49°52′N 3°09′O, 129
Augustiana (Österreich) (Traismauer), 48°22′N 15°46′O, 140
Augustobona (Frankreich) (Tricasini) (Troyes), 48°18′N 4°05′O, 129, 192
Augustobriga (Spanien), 41°47′N 1°59′W, 124
Augustobriga (Spanien) (Talavera la Vieja), 39°48′N 5°13′W, 124
Augustodunum (Frankreich) (Autun), 46°58′N 4°18′O, 129, 192
Augustodurum (Frankreich) (Bayeux), 49°16′N 0°42′W, 129
Augustomagus (Frankreich) (Senlis), 49°12′N 2°35′O, 129
Augustonemetum (Frankreich) (Clermont-Ferrand), 45°47′N 3°05′O, 129
Augustoritum (Frankreich) (Limoges), 45°50′N 1°15′O, 129
Aureliana (Jugoslawien) (Kostol), 43°54′N 22°15′O, 140
Aureliani s. Cenabum
Aureus Mons (Jugoslawien), 44°37′N 20°49′O, 140
Ausa (Spanien) (Vich), 41°56′N 2°16′O, 124
Ausculum (Ascoli Satriano), 41°13′N 15°34′O, 35, 41, 46, 62
Ausum (Algerien) (Sadouri), 34°48′N 4°59′O, 118
Autessiodurum (Frankreich) (Auxerre), 47°48′N 3°35′O, 129, 192, 199
Autricum (Frankreich) (Chartres), 48°27′N 1°30′O, 129
Auximum (Osimo), 43°28′N 13°29′O, 49, 70
Auzia (Algerien), 36°12′N 3°43′O, 118
Avaricum (Frankreich) (Bourges), 47°05′N 2°23′O, 70, 129
Avela (Spanien) (Avila), 40°39′N 4°42′W, 124
Avennio (Frankreich) (Avignon), 43°56′N 4°48′O, 129
Aventicum (Schweiz) (Avenches), 46°53′N 7°03′O, 129
Avon (Fluß; Großbritannien), 135
Axima (Frankreich) (Aime), 45°33′N 6°40′O, 107, 129
Axios (Fluß; Jugoslawien/Griechenland), 146

Babba (Marokko), 34°41′N 5°39′W, 72
Babylon (Ägypten), 30°00′N 31°14′O, 164

Babylon (Irak), 32°33′N 44°25′O, 75
Badias (Algerien), 34°49′N 6°50′O, 118
Baecula (Spanien), 38°23′N 3°28′W, 47
Baesippo (Spanien) (Barbate), 36°12′N 5°55′W, 124
Baeterrae (Frankreich) (Béziers), 43°21′N 3°13′O, 72, 129
Baetis (Spanien), 37°30′N 5°54′W, 47
Baetis (Fluß; Spanien) (Guadalquivir), 23, 47, 124
Baetulo (Spanien) (Badalona), 41°27′N 2°15′O, 72, 124
Bagacum (Frankreich) (Bavai), 50°12′N 3°36′O, 129
Bagradas (Fluß; Tunesien), 45
Baiberdon (Türkei), 40°12′N 40°02′O, 220
Baie Herculane (Rumänien), 44°53′N 22°22′O, 140
Balaleisus (Türkei), 38°17′N 42°02′O, 220
Balaton (Ungarn), 46°50′N 17°50′O, 10, 140
Balbura (Türkei), 36°59′N 29°32′O, 150
Baleares (Inselgruppe; Spanien) (Balearen), 47, 60, 75, 124
Balestra (Korsika), 41°48′N 9°0′O, 20
Banasa (Marokko), 34°29′N 6°08′W, 72, 118
Bangor Iscoed (Großbritannien), 53°00′N 2°55′W, 199
Bantia (Banzi), 40°52′N 16°02′O, 62
Barbalissus (Syrien) (Mesken), 36°02′N 38°04′O, 157, 174, 220
Barca (Libyen), 32°30′N 20°50′O, 164
Barche di Solferino, 45°16′N 10°34′O, 20
Barchon (Türkei), 40°37′N 43°30′O, 220
Barcino (Spanien) (Barcelona), 41°25′N 2°10′O, 72, 124, 208, 214
Bardsey (Großbritannien), 52°46′N 4°48′W, 199
Bari s. Barium
Barium (Bari), 41°07′N 16°52′O, 10, 12, 38, 41, 46, 62
Barra, 40°42′N 17°58′O, 57
Barumini (Sardinien), 39°43′N 9°01′O, 20
Basel (Schweiz), 47°33′N 7°36′O, 108
Basento (Fluß), 10
Basi (Korsika), 41°45′N 8°48′O, 20
Basileion (Türkei), 38°16′N 40°02′O, 220
Bassiana (Jugoslawien) (Petrovci), 44°57′N 20°06′O, 140
Basti (Spanien) (Baza), 37°30′N 2°45′W, 124
Bastia (Korsika), 42°41′N 9°26′O, 10
Batnae (Türkei), 36°49′N 38°36′O, 157, 220
Bedaium (BRD) (Seebruck), 47°56′N 12°29′O, 140
Bedriacum (Cividale), 45°09′N 10°28′O, 84
Begastrum (Spanien) (Cehegin), 38°06′N 1°48′W, 124
Beht (Fluß; Marokko), 118
Bellamonte, 46°19′N 11°39′O, 20
Belverde, 42°54′N 11°58′O, 20
Beneventum (Malventum) (Benevento), 41°08′N 14°46′O, 35, 38, 41, 46, 62, 67
Bergamo s. Bergomum
Bergidum (Spanien), 42°36′N 6°48′W, 124
Bergomum (Bergamo), 45°42′N 9°40′O, 10, 29
Berne (Schweiz), 46°57′N 7°26′O, 10
Bernesga (Fluß; Spanien), 124
Beroe (Bulgarien) (Augusta Traiana) (Stara Sagora), 42°25′N 25°37′O, 140
Beroea (Griechenland) (Veroia), 40°32′N 22°11′O, 140, 146
Beroea (Syrien) (Aleppo), 36°14′N 37°10′O, 150, 157, 174, 220
Berosaba (Israel) (Beersheba), 31°15′N 34°47′O, 157
Berytus (Libanon) (Beirut), 35°52′N 35°30′O, 72, 111, 157, 220
Berzobis (Rumänien) (Reşiţa), 45°16′N 21°55′O, 140
Besanduce (Jordanien), 31°36′N 35°09′O, 199
Besontio (Frankreich) (Besançon), 47°14′N 6°02′O, 84, 129, 192
Besouchis (Irak) (Be'Saukhe), 33°03′N 44°26′O, 191
Bethlehem (Jordanien), 31°42′N 35°12′O, 157, 199
Beysehir Gölü (Türkei), 37°40′N 31°30′O, 150
Bezabde (Türkei), 37°23′N 42°12′O, 157
Bezereos (Tunesien), 33°37′N 9°54′O, 118
Bibracte (Frankreich) (Beuvray), 46°55′N 4°05′O, 70, 129
Bida (Algerien), 36°44′N 4°18′O, 118
Biferno (Fluß), 10
Bigeste (Jugoslawien), 43°18′N 17°29′O, 140
Bilbilis (Spanien) (Calatayud), 41°21′N 2°50′W, 72, 124
Bilitio (Schweiz) (Bellinzona), 46°12′N 9°02′O, 140
Bingium (BRD) (Bingen), 49°58′N 7°55′O, 108, 129, 192
Bisanthe (Türkei) (Rhaedestus) (Tekirdağ), 40°59′N 27°31′O, 140
Biscargis (Spanien), 41°30′N 1°23′O, 72
Bistue Nova (Jugoslawien), 44°08′N 17°46′O, 140
Bistue Vetus (Jugoslawien), 43°47′N 17°30′O, 140
Bizye (Türkei) (Vize), 41°34′N 27°45′O, 140
Blanda, 39°57′N 15°42′O, 46
Blandae (Spanien), 42°02′N 3°11′O, 72
Blavia (Frankreich) (Blaye), 45°08′N 0°40′W, 129
Blera, 42°16′N 12°01′O, 21
Blestium (Großbritannien) (Monmouth), 51°50′N 2°43′W, 135
Bodensee s. Venetus, Lacus
Boiodurum (Österreich) (Passau-Innstadt), 48°35′N 13°32′O, 140
Bologna s. Bononia
Bolsena (Volsinii Novi), 42°38′N 11°59′O, 21
Bolsenasee s. Volsiniensis, Lacus
Bonna (BRD) (Bonn), 50°44′N 7°06′O, 108, 129, 192
Bononia (Bulgarien) (Vidin), 44°00′N 22°50′O, 140
Bononia s. Gesoriacum
Bononia (Felsina) (Bologna), 44°30′N 11°20′O, 10, 13, 16, 20, 21, 29 38, 49, 67, 70, 75, 179
Borbetomagus (BRD) (Vangiones) (Worms), 49°38′N 8°23′O, 108, 129, 192, 209
Bor di Pacengo, 45°33′N 10°43′O, 20
Borysthenes (Fluß; UdSSR), 84, 208
Bosna (Fluß; Jugoslawien), 10
Bostra (Syrien) (Busra), 32°30′N 36°29′O, 107, 157, 174
Bovianum (Boiano), 41°46′N 14°20′O, 62
Bovianum Vetus, 41°43′N 14°28′O, 35, 67
Bovillae 41°45′N 13°34′O, 27, 30
Brac (Insel; Jugoslawien), 43°26′N 16°38′O, 10
Bracara Augusta (Portugal) (Braga), 41°32′N 8°26′W, 124
Bracciano, Lago di s. Sabatinus, Lacus
Bradano (Fluß), 10
Branco Grande (Sizilien), 36°51′N 14°27′O, 20
Brandodunum (Großbritannien) (Brancaster), 52°58′N 0°39′O, 135, 171
Breisach (BRD), 48°02′N 7°36′O, 192
Bremenium (Großbritannien) (High Rochester), 55°16′N 2°16′W, 135
Bremetennacum (Großbritannien) (Ribchester), 53°52′N 2°44′W, 135
Brenner-Paß (Österreich/Italien), 47°01′N 11°31′O, 140
Brescia, 45°33′N 10°13′O, 10
Brigantio (Frankreich) (Briançon), 44°52′N 6°37′O, 129
Brigantium (Österreich) (Bregenz), 47°31′N 9°46′O, 140
Brigantium (Spanien) (La Coruña), 43°22′N 8°24′W, 124
Brigetio (Ungarn) (Szöny), 47°42′N 18°05′O, 140
Brindisi s. Brundisium
Briocum (Frankreich), 48°40′N 2°51′W, 199
Brivodurum (Frankreich) (Briare), 47°38′N 2°44′O, 129
Brixellum (Brescello), 44°54′N 10°31′O, 67
Brixia (Brescia), 45°33′N 10°13′O, 29, 67
Brocolitia (Großbritannien) (Carrawburgh), 55°02′N 2°18′W, 135
Brotomagus (Frankreich) (Brumath), 48°44′N 7°43′O, 192
Brundisium (Brindisi), 40°37′N 17°57′O, 10, 35, 38, 41, 46, 47, 60, 62, 70, 84
Bubon (Türkei), 36°59′N 29°16′O, 150
Budalia (Jugoslawien), 45°01′N 19°31′O, 140
Bulla Regia (Tunesien), 36°26′N 8°56′O, 118
Bu Ngem (Libyen), 30°32′N 15°21′O, 118
Burdigala (Frankreich) (Bordeaux), 44°50′N 0°34′W, 60, 75, 107, 129 171, 179, 219
Burg (Schweiz), 47°43′N 8°49′O, 192
Buridava (Rumänien), 45°01′N 24°13′O, 140
Burnum (Jugoslawien), 44°00′N 15°59′O, 140
Busiris (Ägypten), 31°05′N 31°14′O, 164
Buthrotum (Albanien) 39°44′N 20°02′O, 72, 146
Buto (Ägypten), 31°12′N 30°45′O, 164
Butua (Jugoslawien), 42°15′N 18°43′O, 72, 140
Buxentum s. Pyxus
Buyuk Menderes (Fluß; Türkei), 150
Buzenol (Belgien), 49°38′N 5°36′O, 129
Byblus (Libanon) (Jubaîl), 34°08′N 35°38′O, 157
Byllis (Albanien) (Aulon), 40°32′N 19°39′O, 72, 146
Byzantium (Türkei) (Constantinopolis) (Istanbul), 41°02′N 28°57′O, 60, 75, 140, 150, 171, 173, 199, 208, 214

Cabellio (Frankreich) (Cavaillon), 43°50′N 5°02′O, 129
Cabira (Türkei) (Neocaesarea) (Niksar), 40°35′N 36°59′O, 150, 199, 220
Cabrie (Fluß; Spanien), 124
Cabu Abbas (Sardinien), 40°56′N 9°29′O, 20
Cadiz s. Gades
Cadyanda (Türkei) (Uzumlu), 36°44′N 29°14′O, 150
Caere (Cerveteri), 41°59′N 12°06′O, 21, 27, 30, 35, 62
Caersws (Großbritannien), 52°31′N 3°26′W, 135
Caesaraugusta (Spanien) (Zaragoza), 41°39′N 0°54′W, 72, 75, 124, 179, 199, 214
Caesarea s. Mazaca
Caesarea Maritima (Israel), 32°30′N 34°54′O, 107, 157
Caesarea Paneas (Syrien), 33°08′N 35°42′O, 157
Caesarobriga (Spanien) (Talavera de la Reina), 39°58′N 4°50′W, 124
Caesarodunum (Frankreich) (Tours), 47°23′N 0°42′O, 129
Caesaromagus (Frankreich) (Beauvais), 49°26′N 2°05′O, 129
Caesaromagus (Großbritannien) (Chelmsford), 51°44′N 0°28′O, 135
Caesena (Cesena), 44°09′N 12°15′O, 21, 29
Cagliari s. Carales
Caiatia, 41°11′N 14°15′O, 62
Caieta, 41°16′N 13°32′O, 200
Calagurris (Spanien) (Calahorra), 42°19′N 1°58′W, 72, 124
Calama (Algerien) (Guelma), 36°29′N 7°25′O, 118
Calatia, 41°03′N 14°22′O, 67
Calcaria (Großbritannien) (Tadcaster), 53°53′N 1°16′W, 135
Calceus Herculis (Algerien) (El Kantara), 35°13′N 5°40′O, 118
Caldare (Sizilien), 37°18′N 13°39′O, 20
Cales, 41°12′N 14°08′O, 35, 40, 46, 62
Callatis (Rumänien) (Mangalia), 43°48′N 28°36′O, 140
Calleva Atrebatum (Großbritannien) (Silchester), 51°18′N 1°08′W, 135
Callinicum s. Nicephorium
Callipolis (Türkei) (Gelibolu), 40°25′N 26°41′O, 140
Calpe (Großbritannien) (Gibraltar), 36°09′N 5°21′W, 124
Camaracum (Frankreich) (Cambrai), 5°10′N 3°14′O, 129
Camarina (Sizilien), 36°53′N 14°27′O, 23, 45
Cambodunum (BRD) (Kempten), 47°44′N 10°19′O, 140
Camboglanna (Großbritannien) (Birdoswald), 54°59′N 2°37′W, 135
Camerinum (Camerino), 43°08′N 13°04′O, 35, 40, 41, 62
Campoverde, 41°32′N 12°43′O, 30
Camulodunum (Großbritannien) (Colchester), 51°54′N 0°54′O, 135
Canatha (Syrien) (El Qanawat), 32°44′N 36°36′O, 157
Candida Casa (Großbritannien), 54°52′N 4°23′W, 199
Candidum (Ägypten), 26°19′N 31°58′O, 199
Cannae, 41°47′N 16°10′O, 46, 47
Canatello (Sizilien), 37°12′N 13°39′O, 20
Canopus (Ägypten), 31°18′N 30°01′O, 164
Canusium (Canosa di Puglia), 41°13′N 16°04′O, 35, 38, 40, 41, 46, 62
Canzak (Iran), 36°43′N 46°36′O, 220
Capena, 42°19′N 12°24′O, 30, 72
Capidava (Rumänien), 44°29′N 28°04′O, 140
Capo Graziano, 38°36′N 14°31′O, 20
Capri (Insel), 40°32′N 14°24′O, 10
Capsa (Tunesien) (Gafsa), 34°28′N 8°43′O, 118
Capua, 41°06′N 14°13′O, 35, 38, 40, 46, 47, 57, 62, 67, 72, 200
Caput Stenarum (Rumänien), 45°34′N 24°17′O, 140
Caraca (Spanien), 40°29′N 2°44′W, 124
Carales (Sardinien) (Cagliari), 39°13′N 9°08′O, 10, 12, 23, 47, 72, 107
Carana (Türkei) (Theodosiopolis), 39°58′N 41°09′O, 150, 220
Caranis (Ägypten), 29°31′N 30°54′O, 164
Carcaso (Frankreich) (Carcassonne), 43°13′N 2°21′O, 129
Carmo (Spanien) (Carmona), 37°28′N 5°38′W, 124
Carnuntum (Österreich) (Petronell), 48°07′N 16°53′O, 107, 140, 171
Carpasia (Zypern), 35°37′N 34°23′O, 150
Carpentorate (Frankreich) (Carpentras), 44°03′N 5°03′O, 129
Carpi (Tunesien), 36°45′N 10°29′O, 72
Carpow (Großbritannien), 56°21′N 3°17′W, 135
Carrhae (Türkei) (Harran), 36°51′N 39°01′O, 150, 220
Carsioli (Carsoli), 42°07′N 13°06′O, 35, 40, 62, 200
Cartenna (Algerien) (Ténès), 36°34′N 1°03′O, 72, 118
Carthago Nova (Spanien) (Cartagena), 37°36′N 0°59′W, 47, 60, 70, 72, 75, 124, 179, 208, 214
Carystus (Euböa; Griechenland) (Karistos), 38°01′N 24°25′O, 146
Casablanca (Marokko), 33°39′N 7°35′W, 118
Cascantum (Spanien) (Cascante), 42°00′N 1°40′W, 124
Casilinum, 41°07′N 14°14′O, 38, 67
Casinense (Monte Cassino), 43°21′N 13°26′O, 199
Casinum (Cassino), 41°29′N 13°50′O, 38, 62, 200
Casium (Ägypten), 34°14′N 33°04′O, 164
Casmenae (Sizilien), 36°52′N 14°46′O, 23
Cassandrea s. Potidaea
Castel Gandolfo s. Alba Longa
Castellum Dimmidi (Algerien) (Messad), 34°11′N 3°31′O, 118
Castellum Nenapiorum (Frankreich) (Cassel), 50°48′N 2°29′O, 129
Castellum Tingitanum (Algerien) (El Asnam), 36°11′N 1°21′O, 118
Castiglione, 40°43′N 13°52′O, 20
Castione dei Marchesi, 44°58′N 9°49′O, 20
Castlesteads (Großbritannien), 54°53′N 3°14′W, 135
Castra Augusta (BRD) (Geiselhöring), 48°50′N 12°25′O, 140
Castra Batava (BRD) (Passau), 48°35′N 13°28′O, 108, 140
Castra Exploratorum (Großbritannien), (Netherby), 55°03′N 2°56′W, 135
Castra Regina (BRD) (Regensburg), 49°01′N 12°07′O, 108, 140, 214
Castra Traiana (Rumänien), 45°05′N 24°12′O, 140
Castrum Hannibalis, 38°47′N 16°34′O, 49
Castrum Novum, 42°02′N 11°51′O, 35, 67
Castrum Novum, 40°54′N 14°12′O, 35, 38, 41
Castrum Truentinum, 42°53′N 13°55′O, 38
Castulo (Spanien) (Cazlona), 38°05′N 3°36′W, 124
Catana (Sizilien) (Catania), 37°31′N 15°06′O, 10, 23, 45, 57, 72, 75, 173
Catania s. Catana
Cataractonium (Großbritannien) (Catterick), 54°22′N 1°38′W, 135
Cauca (Spanien) (Coca), 41°13′N 4°32′W, 124
Caudine Forks, 40°52′N 14°47′O, 35
Caudium, 41°03′N 14°45′O, 62
Caulonia, 38°23′N 16°24′O, 23, 41, 46
Caurium (Spanien) (Coria), 39°59′N 6°32′W, 124
Causennae (Großbritannien) (Ancaster), 52°59′N 0°32′W, 135
Cavillonum (Frankreich) (Châlon-sur-Saône), 46°47′N 4°51′O, 129
Cecina (Fluß), 10
Celaenae (Türkei) (Apamea) (Dinar), 38°05′N 30°09′O, 150
Celeia (Jugoslawien) (Celje), 46°15′N 15°16′O, 140
Cellae (Algerien), 35°32′N 5°32′O, 118
Celsa (Spanien) (Gelsa), 41°24′N 0°28′W, 72, 124
Cemenelum (Frankreich) (Cimiez), 43°41′N 7°14′O, 107, 129
Cenabum (Frankreich) (Aureliani) (Orleans), 47°54′N 1°54′O, 129, 214
Cenchreae (Griechenland), 37°54′N 22°59′O, 146
Centum Putei (Jugoslawien) (Sarduc), 45°10′N 21°48′O, 140
Centuripa (Sizilien) (Centuripe), 37°37′N 14°44′O, 45
Cepha (Türkei), 35°53′N 41°20′O, 220
Cephalenia s. Kefallinia
Cephaloedium (Sizilien) (Cefalù), 38°03′N 14°03′O, 45
Cephisia (Griechenland), 38°04′N 23°49′O, 146
Cerasus ((Türkei), 40°57′N 38°16′O, 150
Cetium (Österreich), 48°12′N 15°37′O, 140
Chaeronea (Griechenland), 38°30′N 22°53′O, 60, 146
Chalcedon (Türkei) (Kadiköy), 40°59′N 29°02′O, 60, 150
Chalcis (Euböa; Griechenland) (Chalkis), 38°28′N 23°36′O, 146
Chalcis (Libanon), 33°47′N 35°43′O, 220
Chalcis (Syrien) (Qinnesrin) 35°50′N 37°03′O, 157, 174, 199, 220
Characmoba (Jordanien) (Karak), 31°11′N 35°42′O, 157
Charax (Libyen), 31°06′N 17°15′O, 164
Charcha (Irak), 34°19′N 43°50′O, 191
Charton (Türkei), 40°35′N 43°04′O, 220
Cheliff (Fluß; Algerien), 118
Cher (Fluß; Frankreich), 129
Chermela (Israel), 31°16′N 35°12′O, 157
Chersonesus (Kreta), 35°18′N 25°23′O, 164
Chienti (Fluß), 10
Chios (Insel; Griechenland), 38°23′N 26°07′O, 150
Chlomaron (Türkei), 38°10′N 41°49′O, 220
Choba (Algerien), 36°45′N 5°24′O, 118
Choma (Türkei), 36°49′N 29°52′O, 150
Chrysas (Fluß; Sizilien), 45
Chullu (Algerien) (Collo), 37°06′N 6°35′O, 118
Chytri (Zypern), 35°14′N 33°30′O, 150
Cibalae (Jugoslawien) (Vinkovci), 45°16′N 18°49′O, 140
Cibyra (Türkei), 37°05′N 29°24′O, 150
Cillium (Tunesien) (Kasserine), 35°04′N 8°38′O, 118
Cilurnum (Großbritannien) (Chesters), 55°03′N 2°11′W, 135
Cinca (Fluß; Spanien), 124
Circeii (San Felice Circeo), 41°14′N 13°05′O, 30, 35
Circesium (Syrien) (Buseire), 35°10′N 40°26′O, 157, 174, 220
Cirrha (Griechenland), 38°26′N 22°28′O, 146
Cirta (Algerien) (Constantine), 36°22′N 6°40′O, 47, 60, 70, 72, 75, 118, 179
Cisamum (Kreta) (Kastelli), 35°29′N 23°38′O, 164
Cissa (Jugoslawien), 44°24′N 15°04′O, 140
Cissi (Algerien), 36°51′N 3°41′O, 118
Citharizon (Türkei), 38°55′N 39°58′O, 220
Cithira (Insel; Griechenland), 36°15′N 22°50′O, 146
Citium (Zypern) (Larnaka), 34°54′N 33°39′O, 150
Cius (Türkei) (Gemlik), 40°26′N 29°10′O, 150
Civitas Alisinensium (BRD) (Wimpfen), 49°14′N 9°08′O, 108
Civitas Portus (BRD) (Pforzheim), 48°53′N 8°41′O, 108
Clambetae (Jugoslawien), 44°10′N 15°40′O, 72
Clampetia, 39°03′N 16°04′O, 46
Clastidium (Casteggio), 45°01′N 9°07′O, 29
S. Claudii (Frankreich), 46°23′N 5°52′O, 199
Claudiopolis (Türkei), 40°45′N 31°33′O, 150
Claudiopolis (Türkei) (Mut), 36°38′N 33°27′O, 150
Clausentum (Großbritannien) (Bitterne), 50°55′N 1°21′W, 135
Clavenna (Chiavenna), 46°19′N 9°24′O, 140
Clazomenae (Türkei), 38°19′N 26°47′O, 150
Clonard (Irland), 53°41′N 7°10′W, 199
Clunia (Österreich) (Feldkirch), 47°15′N 9°38′O, 140
Clunia (Spanien) (Coruña del Conde), 41°45′N 3°24′W, 84, 124
Clupea (Tunesien) (Kelibia), 36°50′N 11°05′O, 45, 72
Clusium (Chiusi), 43°02′N 11°57′O, 21, 38, 41, 62, 67, 200
Cluviae, 42°02′N 14°21′O, 62
Clysma (Ägypten), 29°59′N 32°32′O, 164
Coche (Irak) (Mahoza), 33°05′N 44°35′O, 191
Cocusus (Türkei) (Göksun), 38°03′N 36°30′O, 150
Cohors Breucorum (Algerien), 34°44′N 0°50′O, 118
Coliuthion (Ägypten), 31°08′N 29°58′O, 199
Collatia (Lunghezza), 41°54′N 12°33′O, 27, 30
Colle dei Cappuccini, 43°35′N 13°32′O, 20
Colonia Agrippina (BRD) (Köln), 50°56′N 6°57′O, 107, 129, 171, 179, 192, 214
Colophon (Türkei), 38°06′N 27°16′O, 150
Colossae (Türkei), 37°40′N 29°16′O, 150
Columnata (Algerien), 35°37′N 1°50′O, 118

Comama (Türkei), 37°20′N 30°27′O, 72, 150
Comana (Türkei) (Hieropolis), 38°15′N 36°13′O, 150
Comana Pontica (Türkei) (Hierocaesarea), 40°22′N 36°36′O, 150
Comarum (Ägypten), 30°51′N 29°07′O, 165
Comer See, 46°00′N 9°25′O, 10, 129, 140
Commagena (Österreich) (Tulln), 48°20′N 16°03′O, 140
Complutum (Spanien) (Alcalá de Henares), 40°28′N 3°22′W, 124
Compsa 40°49′N 15°44′O, 46, 62
Comum (Como), 45°48′N 9°05′O, 29
Conangium (Großbritannien) (Chester le Street), 54°52′N 1°34′W, 135
Concordia (Concordia Sagitaria), 45°45′N 12°50′O, 38, 67
Condate (Frankreich) (Rennes), 48°06′N 1°40′W, 129
Condercum (Großbritannien) (Benwell), 54°58′N 1°37′W, 135
Conelle, 43°23′N 12°58′O, 20
Confluentes (BRD) (Koblenz), 50°21′N 7°36′O, 108, 129
Congavata (Großbritannien) (Drumburgh), 54°56′N 3°08′W, 135
Conimbriga (Portugal) (Coimbra), 40°12′N 8°25′W, 124
Consabura (Spanien) (Consuegra), 39°28′N 3°36′W, 124
Consentia (Cosenza), 39°17′N 16°16′O, 38, 41, 46
Constantia (BRD) (Konstanz), 47°40′N 9°10′O, 140
Constantina s. Antinonopolis
Coppa Nevigata, 41°28′N 15°56′O, 20
Coptos (Ägypten), 26°00′N 32°49′O, 164
Cora (Cori), 41°38′N 12°55′O, 27, 30, 35, 62, 200
Corcolle, 41°54′N 12°47′O, 30
Corcyra s. Korfu
Corduba (Spanien) (Cordoba), 37°53′N 4°46′W, 72, 75, 76, 107, 124, 179, 214
Corfinium, 42°03′N 13°51′O, 38, 62, 70
Coriallum (Frankreich) (Cherbourg), 49°38′N 1°37′W, 129
Corinium (Großbritannien) (Cirencester), 51°44′N 1°59′W, 135
Corinium (Jugoslawien), 44°08′N 15°41′O, 140
Corinthus (Griechenland) (Korinth), 37°56′N 22°55′O, 47, 72, 76, 107, 146, 208
Corniculum (Montecelio), 42°02′N 12°45′O, 27, 30
Corno, 46°17′N 12°59′O, 10
Corobilium (Frankreich) (Corbeil), 48°37′N 2°29′O, 129
Corstopitum (Großbritannien) (Corbridge), 54°58′N 2°01′W, 135
Cortona, 43°17′N 11°59′O, 21, 35, 62
Corycus (Türkei), 36°28′N 34°08′O, 150
Cosa (Ansedonia), 42°25′N 11°17′O, 35, 38, 41, 49
Cosilinum, 40°23′N 15°37′O, 46
Cossura (Insel) (Pantelleria), 36°50′N 11°57′O, 10, 39
Cotronei, 39°09′N 16°47′O, 20
Crati (Fluß), 10
Cremera (Fluß), 30
Cremna (Türkei), 37°30′N 30°37′O, 72, 150
Cremona, 45°08′N 10°01′O, 29, 38, 47, 49, 67, 84
Cres (Insel; Jugoslawien), 44°58′N 14°25′O, 10
Creuse (Fluß; Frankreich), 129
Crexi (Jugoslawien), 44°58′N 14°25′O, 140
Crna (Fluß; Jugoslawien), 146
Croton (Crotone), 39°05′N 17°08′O, 23, 35, 41, 46, 47, 49
Crustumerium, 42°00′N 12°31′O, 30
Ctesiphon (Irak), 33°06′N 44°36′O, 191, 220
Cucullae (Österreich) (Kuchl), 47°38′N 13°10′O, 140
Cucuruzzu (Korsika), 41°41′N 9°08′O, 20
Cuicul (Algerien) (Djemila), 36°25′N 5°44′O, 118
Cuijk (Niederlande), 51°44′N 5°53′O, 192
Culaco (Frankreich) (Gratianopolis) (Grenoble), 45°11′N 5°43′O, 10, 129
Cumae, 40°47′N 14°05′O, 21, 23, 46, 62, 67
Cumidava (Rumänien), 45°43′N 25°27′O, 140
Cunetio (Großbritannien) (Mildenhall), 52°21′N 0°30′O, 135
Cunna (Syrien), 34°09′N 37°51′O, 174
Cures, 42°13′N 12°40′O, 30, 38, 200
Curicum (Jugoslawien), 45°02′N 14°34′O, 140
Curium (Zypern), 34°40′N 32°53′O, 150
Curubis (Tunesien) (Korba), 36°37′N 10°54′O, 72, 118
Cyaneae (Türkei), 36°21′N 29°46′O, 150
Cydonia (Kreta) (Chania), 35°31′N 24°01′O, 164
Cyme (Türkei), 38°47′N 26°56′O, 150
Cynoscephalae (Griechenland), 39°25′N 22°33′O, 47
Cyrene (Libyen) (Shahhat), 32°48′N 21°54′O, 70, 75, 107, 164, 171, 214
Cyrrhus (Türkei), 36°33′N 36°51′O, 157
Cyrus (Fluß; UdSSR), 220
Cyzicus (Türkei), 40°25′N 27°54′O, 60, 140, 150, 171, 173

Damaskus (Syrien), 33°30′N 36°19′O, 75, 157, 174, 179, 220
Danaba (Syrien), 34°19′N 36°52′O, 157, 174
Danuvius (Fluß; Mitteleuropa) (Donau), 10, 47, 60, 70, 72, 75, 84, 140, 171, 173, 179, 208, 214
Dara (Türkei), 37°19′N 40°46′O, 157, 220
Darantasia (Frankreich) (Moutiers), 45°29′N 6°32′O, 129
Dardanus (Türkei), 40°08′N 26°25′O, 60
Darioritum (Frankreich) (Vannes), 47°40′N 2°44′W, 129
Darnis (Libyen) (Derna), 32°49′N 22°15′O, 164
Decem Pagi (Frankreich) (Dieuze), 48°49′N 6°43′O, 192
Decetia (Frankreich) (Decize), 46°50′N 3°28′O, 129
Decima, 41°43′N 12°26′O, 20, 27, 30
Delminium (Jugoslawien), 43°46′N 17°10′O, 140
Delos (Insel; Griechenland), 37°24′N 25°20′O, 60, 146
Delphi (Griechenland), 38°29′N 22°30′O, 146
Demetrias (Griechenland), 39°25′N 23°00′O, 47, 146
Derbe (Türkei), 37°18′N 33°25′O, 150
Dertona (Tortona), 44°54′N 8°52′O, 38, 67
Dertosa (Spanien) (Tortosa), 40°49′N 0°31′O, 47, 72, 124
Derventio (Großbritannien) (Littlechester), 52°54′N 1°25′W, 135
Derventio (Großbritannien) (Papcastle), 54°38′N 3°13′W, 135
Deultum (Bulgarien), 42°22′N 27°24′O, 140
Deva (Großbritannien) (Chester), 53°12′N 2°54′W, 135
Devoll (Fluß; Albanien), 146
Diacira (Irak) (Ihi de Qira) (Hit), 33°38′N 42°50′O, 191
Diana Veteranorum (Algerien), 35°50′N 5°52′O, 118
Dianium (Spanien) (Denia), 38°51′N 0°07′O, 124
Dibio (Frankreich) (Dijon), 47°20′N 5°02′O, 129
Dierna (Rumänien) (Orsova), 44°42′N 22°22′O, 140
Dinia (Frankreich) (Digne), 44°05′N 6°14′O, 129
Diocaesarea (Libanon), 32°46′N 35°13′O, 157
Diocletianopolis (Bulgarien) (Hissar), 42°25′N 24°45′O, 140
Diolcus (Ägypten), 31°18′N 31°38′O, 199
Dionysias (Ägypten), 29°25′N 30°25′O, 164
Dionysopolis (Bulgarien) (Balchik), 43°24′N 28°10′O, 140
Diospolis (Jordanien), 31°57′N 35°02′O, 157
Dium (Griechenland), 40°13′N 22°32′O, 72, 146
Divitia (BRD) (Deutz), 50°56′N 6°59′O, 129
Divodurum (Frankreich) (Mediomatrici) (Metz), 49°07′N 6°11′O, 129, 192
Divona (Frankreich) (Cahors), 44°28′N 0°26′O, 129
Diyala (Fluß; Irak), 191
Djedi (Fluß; Algerien), 118
Dmeyr (Syrien), 33°44′N 36°39′O, 174
Dodona (Griechenland), 39°42′N 21°01′O, 146
Doclea/Meteon (Jugoslawien), 42°33′N 19°06′O, 140
Doliche (Türkei), 37°04′N 37°22′O, 150
Domavia (Jugoslawien), 44°06′N 19°21′O, 140
Donau (Fluß) s. Danuvius
Dorchester (Großbritannien), 51°39′N 1°10′W, 135
Dordogne (Fluß) s. Duranius
Doriscus (Griechenland) (Traianopolis), 40°57′N 25°56′O, 140, 146, 150
Dorylaeum (Türkei) (Eskisehir), 39°46′N 30°30′O, 150
Dos Zelor 46°11′N 11°22′O, 20
Doubs (Fluß; Frankreich), 129
Doucen (Algerien), 34°36′N 5°05′O, 118
Douro/Duero (Fluß) s. Durius
Drava (Fluß) s. Dravus
Dravus (Fluß; Österreich/Ungarn/Jugoslawien) (Drava), 10, 72, 84, 140, 208, 214
Drepanum (Sizilien) (Trapani), 38°02′N 12°32′O, 45
Drin (Fluß; Jugoslawien/Albanien), 140, 146
Drina (Fluß; Jugoslawien), 10, 140
Drobeta (Rumänien) (Turnu-Severin), 44°36′N 22°39′O, 140
Dubris (Großbritannien) (Dover), 51°08′N 1°19′O, 135, 171
Dubrovnik (Jugoslawien), 42°40′N 18°07′O, 10
Duna (Fluß) s. Danuvius
Dura (Irak), 34°29′N 43°48′O, 191
Dura-Europus (Syrien), 34°46′N 40°46′O, 157
Durance (Fluß; Frankreich), 10, 129
Duranius (Fluß; Frankreich) (Dordogne), 72, 75, 129, 208, 214
Durius (Fluß; Portugal/Spanien) (Douro, Duero), 47, 60, 72, 75, 124, 173, 208, 214
Durnovaria (Großbritannien) (Dorchester), 50°43′N 2°26′W, 135
Durobrivae (Großbritannien) (Rochester), 51°24′N 0°30′O, 135
Durobrivae (Großbritannien) (Water Newton), 52°32′N 0°21′W, 135
Durocasses (Frankreich) (Dreux), 48°44′N 1°23′O, 129
Durocatalauni (Frankreich) (Châlons-sur-Marne), 48°58′N 4°22′O, 129
Durocortorum (Frankreich) (Remi) (Reims), 49°15′N 4°02′O, 84, 107, 129, 192
Durolipons (Großbritannien) (Cambridge), 52°12′N 0°07′O, 135
Durostorum (Bulgarien) (Silistra), 44°06′N 27°17′O, 140
Durovernum (Großbritannien) (Canterbury), 51°17′N 1°05′O, 135
Durovigutum (Großbritannien) (Godmanchester), 52°19′N 0°11′W, 135
Dwin (UdSSR), 40°04′N 44°44′O, 220
Dyme (Griechenland), 38°06′N 21°35′O, 72
Dyrrhachium s. Epidamnus

Ebora (Portugal) (Evora), 38°34′N 7°54′W, 124
Ebro (Fluß) s. Iberus
Eburacum (Großbritannien) (York), 53°58′N 1°05′W, 107, 135, 199
Eburodunum (Frankreich) (Embrun), 44°33′N 6°30′O, 129
Eburodunum (Schweiz) (Yverdon), 46°47′N 6°38′O, 129
Eburum (Eboli), 40°37′N 15°03′O, 62
Echetla (Sizilien), 37°14′N 14°32′O, 45
Ecnomus (Kap; Sizilien), 37°07′N 13°58′O, 45
Edessa (Türkei) (Urfa), 37°08′N 38°45′O, 60, 150, 171, 199, 220
Egadi (Insel), 37°57′N 12°28′O, 10
Egeta (Jugoslawien) (Brza Palanka), 44°30′N 22°25′O, 140
Egridir Gölü (Türkei), 38°00′N 30°50′O, 150
Eilithyopolis (Ägypten), 27°07′N 32°48′O, 164
Elaeusa (Türkei) (Sebaste), 36°32′N 34°12′O, 150
Elba (Insel), 42°45′N 10°15′O, 10
Elea (Velia), 40°08′N 15°11′O, 23, 41, 46
Elephantine (Ägypten), 24°05′N 32°53′O, 164
Eleusis (Griechenland), 38°02′N 23°23′O, 60, 146
Eleutheropolis (Israel), 31°38′N 34°44′O, 157
Elimberris (Frankreich) (Auch), 43°40′N 0°36′O, 129
Elis (Griechenland), 37°54′N 21°22′O, 146
Elusa (Frankreich) (Eauze), 43°51′N 0°06′O, 129
Elusa (Israel), 31°06′N 34°39′O, 157
Elvira s. Illiberis
Emerita Augusta (Spanien) (Merida), 38°55′N 6°20′W, 72, 75, 107, 124, 179
Emesa (Syrien) (Homs), 34°44′N 36°43′O, 157, 174, 220
Emona (Jugoslawien) (Ljubljana), 46°04′N 14°30′O, 10, 140
Emporiae (Spanien) (Ampurias), 42°08′N 3°03′O, 23, 39, 47, 72, 124
Engedi (Israel), 31°28′N 35°23′O, 157
Enna (Sizilien), 37°34′N 14°16′O, 45, 57
Engers (BRD), 50°27′N 7°29′O, 192
Ensérune (Frankreich), 43°38′N 3°49′O, 39
Ephesus (Türkei), 37°55′N 27°19′O, 60, 70, 75, 107, 111, 150, 179
Epidamnus (Albanien) (Dyrrachium) (Durrës), 41°18′N 19°28′O, 60, 70, 72, 146, 214
Epidaurus (Griechenland), 37°38′N 23°09′O, 146
Epidaurus (Jugoslawien) (Cavtat), 42°35′N 18°13′O, 72, 140
Epiphania (Syrien) (Hama), 35°09′N 36°44′O, 157, 174
Epora (Spanien) (Montoro), 38°02′N 4°23′W, 124
Eporedia (Ivrea), 45°28′N 7°52′O, 49
Equizeto (Algerien) 35°59′N 5°04′O, 118
Erbil (Irak), 36°12′N 44°01′O, 220
Ercavica (Spanien), 40°25′N 2°27′W, 124
Eretum, 42°08′N 12°37′O, 27, 30
Erice (Sizilien), 38°03′N 12°35′O, 20
Eriza (Türkei), 39°44′N 39°30′O, 150
Erythrae (Türkei), 38°24′N 26°00′O, 150
Eryx (Sizilien), 38°05′N 12°38′O, 45
Esbus (Jordanien), 31°47′N 35°49′O, 157
Estrées-sur-Noye (Frankreich), 49°47′N 2°20′O, 129
Etsch s. Adige
Euhesperides (Libyen) (Berenice) (Bengasi), 32°07′N 20°05′O, 164
Eumenia (Türkei), 38°19′N 29°55′O, 150
Eupatoria (Türkei) (Magnopolis) (Erbaa), 40°42′N 36°37′O, 150
Euphrat (Fluß; Irak/Syrien/Türkei), 60, 72, 75, 150, 157, 171, 194, 220
Europus (Syrien), 36°32′N 38°13′O, 157

Fabrateria Nova s. Fregellae
Fabrateria Vetus, 41°35′N 13°20′O, 40
Faesulae (Fiesole), 43°49′N 11°24′O, 41, 67
Falerii (Civita Castellana), 42°17′N 12°25′O, 21, 41, 62, 200
Falerio, 43°07′N 13°33′O, 67
Fanum Fortunae (Fano), 43°51′N 13°01′O, 38, 41, 67
Faustinopolis (Türkei), 37°27′N 34°38′O, 150
Faviana (Österreich) (Mautern), 47°24′N 14°50′O, 140
Felsina s. Bononia
Ferentinum (Ferentino), 41°41′N 13°15′O, 30, 35, 40, 200
Ferrara, 44°50′N 11°38′O, 10
Fès (Marokko), 34°05′N 5°00′W, 118
Ficana, 41°44′N 12°21′O, 27, 30
Ficulea, 41°57′N 12°38′O, 27, 30
Fidenae (Fidenae Romulus) (Castel Giueileo), 41°55′N 12°31′O, 27, 30, 35
Filottrano, 43°16′N 13°31′O, 20
Fimon, 45°29′N 11°29′O, 20
Firmum Picenum (Fermo), 43°09′N 13°44′O, 35, 41, 62, 67
Fishbourne (Großbritannien), 50°50′N 0°50′W, 135
Flanona (Jugoslawien), 45°11′N 14°26′O, 140
Flaviobriga (Spanien) (Castro-Urdiales), 43°23′N 3°11′W, 124
Flaviopolis (Türkei) (Kadirli), 37°22′N 36°05′O, 150
Florentia (Florenz), 43°47′N 11°15′O, 10, 13, 16, 38, 67
Florenz s. Florentia
Foce (Korsika), 41°50′N 9°04′O, 20
Foggia, 41°28′N 15°33′O, 10
Fonte e Mola (Sardinien), 40°32′N 8°43′O, 20
Forentum, 40°52′N 15°52′O, 62
Forli s. Forum Livii
Formiae (Formia), 41°16′N 13°37′O, 35, 62
Forum Anni (Polla), 40°31′N 15°27′O, 38, 57
Forum Clodii (Materano), 42°09′N 12°09′O, 200
Forum Cornelii (Imola), 44°22′N 11°43′O, 38
Forum Hadriani (Niederlande) (Municipium Cananefatum) (Voorburg-Arentsburg), 52°04′N 4°22′O, 129
Forum Iulii (Frankreich) (Fréjus), 43°26′N 6°44′O, 72, 129
Forum Livii (Forli), 44°13′N 12°02′O, 10, 29, 38
Forum Novum, 44°42′N 10°06′O, 38
Forum Segusiavorum (Frankreich) (Feurs), 45°44′N 4°13′O, 129
Forum Sempronii (Fossombrone), 43°42′N 12°48′O, 38
Frattesine, 45°00′N 11°25′O, 20
Fregellae (Fabrateria Nova) (Ceprano), 41°33′N 13°32′O, 35, 40, 46, 49
Fregenae, 41°52′N 12°12′O, 35
Frusino (Frosinone), 41°38′N 13°22′O, 62
Fucinus, Lacus, 42°00′N 13°45′O, 35, 40, 41, 200
Fulginium, 42°57′N 12°43′O, 62
Fundi (Fondi), 41°22′N 13°27′O, 35, 62, 200

Gabii (Osteria dell Osa), 41°52′N 12°45′O, 27, 30, 200
Gadara (Jordanien) (Um Qeis), 32°39′N 35°41′O, 157
Gades (Spanien) (Cadiz), 36°32′N 6°18′W, 23, 39, 47, 70, 72, 75, 124, 208
Gangra (Türkei) (Germanicopolis), 40°35′N 33°37′O, 150
Gardasee, 45°30′N 10°45′O, 10
Gariannonum (Großbritannien) (Burgh Castle), 52°30′N 1°44′O, 171
Garonne (Fluß) s. Garumna
Garsaura (Türkei) (Archelais), 38°20′N 34°02′O, 150
Garumna (Fluß; Frankreich) (Garonne), 47, 72, 75, 129, 208
Gaza (Gaza-Streifen), 31°30′N 34°28′O, 157
Gediz (Fluß; Türkei), 150
Gela (Sizilien), 37°04′N 14°15′O, 20, 23
Gemellae (Algerien), 34°35′N 5°39′O, 118
Genava (Schweiz) (Genf), 46°13′N 6°09′O, 10, 129, 214
Genf s. Genava
Genfer See s. Lemannus, Lacus
Genil (Fluß; Spanien), 124
Genoa s. Genua
Genua, 44°24′N 8°56′O, 10, 12, 13, 16, 29, 38, 39, 47, 75, 208
Genusia, 40°35′N 16°45′O, 41, 46
Geraestus (Euböa; Griechenland), 37°59′N 24°31′O, 146
Gerasa (Jordanien) (Jarash), 32°17′N 35°54′O, 157
Gergovia (Frankreich) (Gergovie), 45°47′N 3°05′O, 70, 129
Germanicia (Türkei) (Caesarea Germanicia), 37°34′N 36°54′O, 150
Germisara (Rumänien), 45°56′N 23°12′O, 140
Gerunda (Spanien) (Gerona), 41°59′N 2°49′O, 124
Gerunium, 41°38′N 15°08′O, 46
Gesoriacum (Frankreich) (Bononia) (Boulogne), 48°50′N 2°14′O, 129, 192
Ghadames (Libyen), 30°10′N 9°30′O, 118
Gheria el-Garbia (Libyen), 30°21′N 13°12′O, 118
Ghirza (Libyen) (Qirzah), 31°00′N 14°39′O, 118
Gigia (Spanien) (Gijón), 43°32′N 5°40′W, 124
Gigthis (Tunesien), 33°30′N 10°41′O, 118
S. Giovenale, 42°13′N 12°03′O, 21
Giugliano, 40°55′N 14°12′O, 39
Glanum (Frankreich) (St Rémy), 43°47′N 4°49′O, 129
Glevum (Großbritannien) (Gloucester), 51°53′N 2°14′W, 135
Gnathia, 40°56′N 17°18′O, 46
Gobannium (Großbritannien) (Abergavenny), 51°50′N 3°00′W, 135
Golo (Fluß), 10
Gomphi (Griechenland), 39°23′N 21°36′O, 146
Gonni (Griechenland), 39°52′N 22°29′O, 146
Gorsium (Ungarn) (Tac), 46°47′N 18°26′O, 140
Gortyn (Kreta), 35°07′N 24°58′O, 107, 164
Gorzano, 44°42′N 10°42′O, 20
Gottolengo 45°17′N 10°16′O, 20
Graccuris (Spanien) (Alfaro), 42°11′N 1°45′W, 124
Grannona (Frankreich) (Port en Bessin-Huppain), 49°21′N 0°45′W, 171
Graviscae, 42°13′N 11°42′O, 21, 23, 49
Graz (Österreich), 47°05′N 15°22′O, 10, 140
Great Chesterford (Großbritannien), 52°04′N 0°11′O, 135
Ouse (Fluß; Großbritannien), 135
Grenoble s. Cularo
Grottaferrata, 41°47′N 12°40′O, 30
Grumentum (Grumento Nova), 40°17′N 15°53′O, 41, 46, 62
Guadalquivir (Fluß) s. Baetis
Guadiana (Fluß) s. Anas
Guntia (BRD) (Günzburg), 48°27′N 10°18′O, 140
Gunugu (Algerien), 36°32′N 1°32′O, 72
Gythium (Griechenland) (Yithion), 36°46′N 22°34′O, 146

Hadria (Atri), 42°35′N 13°59′O, 35, 38, 41, 67
Hadrianopolis (Libyen) (Driana), 32°21′N 20°13′O, 164
Hadrianopolis (Türkei) (Edirne), 41°40′N 26°34′O, 140, 208, 214
Hadrumetum (Tunesien) (Sousse), 35°50′N 10°38′O, 23, 39, 45, 47, 70, 118
Halae (Griechenland), 38°41′N 23°10′O, 146
Halaesa (Sizilien), 37°59′N 14°16′O, 45, 72
Halicarnassus (Türkei) (Bodrum), 37°03′N 27°28′O, 150
Halicyae (Sizilien), 37°54′N 12°52′O, 45
Hallstatt (Österreich), 47°34′N 13°39′O, 140
Haluntium (Sizilien), 38°04′N 14°09′O, 72
Halycus (Fluß; Sizilien), 45
Halys (Fluß; Türkei) (Kizil Irmak),

60, 72, 75, 150, 171, 173, 179, 208, 220
Hanau (BRD), 50°08′N 8°56′O, 108
Hasta (Spanien) (Mesa de Asta), 36°48′N 6°10′W, 72, 124
Heba (Magliano), 42°36′N 11°18′O, 21
Hebron (Jordanien), 31°32′N 35°06′O, 157
Hedum (Jugoslawien), 44°03′N 18°18′O, 140
Heidelberg (BRD), 49°25′N 8°42′O, 108, 192
Helela (Syrien), 34°46′N 38°41′O, 174
Heliopolis (Ägypten), 38°08′N 31°18′O, 164
Heliopolis (Libanon) (Baalbek), 34°00′N 36°12′O, 72, 157, 220
Helorus (Sizilien), 36°51′N 15°07′O, 45
Hemerium (Syrien), 36°42′N 38°04′O, 220
Hemeroskopeion (Spanien), 38°51′N 0°07′O, 23
Hephaestia (Lemnos, Insel; Griechenland), 39°58′N 25°20′O, 146
Heraclea, 40°14′N 16°41′O, 35, 41, 46, 62
Heraclea (Türkei), 41°02′N 27°59′O, 173
Heraclea (Türkei), 37°31′N 27°36′O, 150
Heraclea Lyncestis (Jugoslawien) (Bitola), 41°01′N 21°21′O, 146
Heraclea Minoa (Sizilien), 37°24′N 13°17′O, 45
Heraclea Pontica (Türkei) (Eregli), 41°17′N 31°26′O, 72, 150
Heracleia (Rumänien) (Axiopolis), 44°20′N 28°03′O, 140
Heracleopolis (Ägypten), 29°02′N 30°52′O, 164
Heraea (Griechenland), 37°36′N 21°51′O, 146
Herculaneum, 40°46′N 14°22′O, 62
Herdonia, 41°18′N 15°35′O, 40, 41, 46, 62
Heri (Frankreich), 47°03′N 1°56′W, 199
Hermaeum (Tunesien), 37°03′N 10°58′O, 45
Hermione (Griechenland) (Ermioni), 37°23′N 23°15′O, 146
Hermonthis (Ägypten), 25°37′N 32°32′O, 164
Hermopolis (Ägypten) (El Ashmunein), 27°47′N 30°47′O, 164
Herodion (Jordanien), 31°41′N 35°14′O, 157
Hierapolis (Syrien) (Membij), 36°32′N 37°55′O, 150, 157, 220
Hierapolis (Türkei) (Pamukkale), 37°57′N 28°50′O, 150
Hierapytna (Kreta) (Ierapetra), 35°00′N 25°45′O, 164
Hieropolis Castabala (Türkei), 37°18′N 36°16′O, 150
Hierosolyma (Israel/Jordanien) (Aelia Capitolina) (Jerusalem), 31°47′N 35°13′O, 75, 84, 157, 199
Himera (Sizilien) (Thermae), 37°57′N 13°47′O, 23, 38, 45, 72
Himera (Fluß; Sizilien), 10, 45
Hippo Diarrhytus (Tunesien) (Biserta), 37°18′N 9°52′O, 72, 118
Hipponium (Vibo Valentia), 38°40′N 16°06′O, 23, 38, 40, 46, 49
Hippo Regius (Algerien) (Annaba), 36°55′N 7°47′O, 118, 199, 208, 214
Hippos (Libanon), 32°44′N 35°43′O, 157
Hispalis s. Tartessus
Hispellum (Spello), 42°59′N 12°41′O, 67
Histiaea (Euböa; Griechenland), 38°57′N 23°06′O, 146
Histonium, 42°06′N 14°43′O, 62
Histria (Rumänien), 44°32′N 28°07′O, 140
Horonon (Türkei), 40°04′N 42°28′O, 220
Horreum Margi (Jugoslawien) (Cuprija), 43°56′N 21°21′O, 140
Hucumbra (Irak), 33°51′N 44°31′O, 191
Hvar (Insel; Jugoslawien), 43°18′N 16°36′O, 10
Hypata (Griechenland), 38°49′N 22°07′O, 146
Hypsus (Fluß; Sizilien), 45

Iaca (Spanien) (Jaca), 42°34′N 0°33′W, 124
Iader (Jugoslawien) (Zadar), 44°07′N 15°14′O, 72, 140
Iasus (Türkei), 37°17′N 27°35′O, 150
Iberus (Fluß; Spanien) (Ebro), 23, 47, 60, 72, 75, 84, 124, 173, 179, 214
Iconium (Türkei) (Konya), 37°51′N 32°30′O, 150
Icosium (Algerien) (Algier), 36°50′N 3°00′O, 118
Iculisma (Frankreich) (Angoulême), 45°40′N 0°10′O, 129
Iesso (Spanien) (Guisona), 41°47′N 1°18′O, 124
Igaeditani (Portugal), 39°56′N 6°54′W, 124
Igilgili (Algerien) (Jijel), 36°50′N 5°43′O, 72, 118
Iguvium (Gubbio), 43°21′N 12°35′O, 41, 62
Ilerda (Spanien) (Lerida), 41°37′N 0°38′O, 70, 72, 124
Ilici (Spanien) (Elche), 38°16′N 0°41′W, 72, 124
Ilipa (Spanien), 37°28′N 5°56′W, 47
Ilium (Türkei) (Troy), 39°55′N 26°17′O, 150
Illiberis (Spanien) (Elvira), 37°17′N 3°53′W, 124, 179
Iluro (Spanien), 41°43′N 2°56′O, 72
Inchtuthil (Großbritannien), 56°32′N 3°23′W, 135
Ingila (Türkei), 38°11′N 40°12′O, 150
In Murio (BRD) (Moosham), 48°55′N 12°17′O, 140
Inn (Fluß; BRD/Österreich), 140
Interamna, 41°23′N 13°41′O, 35, 40, 45, 62
Interamna (Terni), 42°34′N 12°39′O, 10, 62
Interamnia (Teramo), 42°40′N 13°43′O, 40, 67
Intercisa (Ungarn), 46°59′N 18°56′O, 140
Inveresk (Großbritannien), 55°58′N 2°56′W, 135
Iol Caesarea (Algerien) (Cherchell), 36°36′N 2°11′O, 75, 107, 118, 214
Iomnium (Algerien), 36°56′N 4°00′O, 118
Iona (Großbritannien), 56°19′N 6°25′W, 199
Iovia (Jugoslawien), 46°10′N 16°59′O, 140
Ioviacum (Österreich) (Schlögen), 48°27′N 13°55′O, 140
Iovis Latiaris, 41°46′N 12°42′O, 27
Iria Flavia (Spanien) (el Padron), 42°44′N 8°40′W, 124
Isaura (Türkei), 37°12′N 32°15′O, 150
Isca (Großbritannien) (Caerleon), 51°37′N 2°57′W, 135
Isca (Großbritannien) (Exeter), 50°43′N 3°31′W, 135
Ischia s. Pithecussae
Iseosee, 45°35′N 10°08′O, 10
Isère (Fluß; Frankreich), 129
Isolone, 45°15′N 10°42′O, 20
Issa (Jugoslawien), 43°02′N 16°12′O, 72
Issus (Türkei), 36°51′N 36°10′O, 150
Isthmia (Griechenland), 37°55′N 23°00′O, 146
Isurium (Großbritannien) (Aldborough), 54°30′N 1°41′W, 135
Italica (Spanien) (Santiponce), 37°26′N 6°03′W, 72, 124
Itanus (Kreta), 35°18′N 26°17′O, 164
Ithomi (Berg; Griechenland), 37°11′N 21°55′O, 146
Itucci (Spanien) (Baena), 36°37′N 4°20′W, 172
Iuliacum (BRD) (Jülich), 50°55′N 6°21′O, 129
Iuliobona (Frankreich) (Lillebonne), 49°31′N 0°32′O, 129
Iuliobriga (Spanien) (Refortillo), 43°03′N 4°09′W, 124
Iuliomagus (Frankreich) (Angers), 47°29′N 0°32′W, 129
Iuncaria (Spanien) (Figueras), 42°16′N 2°57′O, 124
Iuvarum (Österreich) (Salzburg), 47°48′N 13°03′O, 140

Jamnia (Israel), 31°45′N 34°48′O, 157
Jericho (Jordanien), 31°51′N 35°27′O, 157
Jerid, Schott (Tunesien), 33°45′N 8°20′O, 118
Jiul (Fluß; Rumänien), 140
Joppa (Israel) (Tel Aviv-Yafo), 32°05′N 34°46′O, 157
Jordan (Fluß; Syrien/Israel/Jordanien), 157
Jucar (Fluß; Spanien), 124
Julier-Paß (Schweiz), 46°28′N 9°43′O, 140

Karthago (Tunesien), 36°54′N 10°16′O, 23, 39, 45, 47, 60, 70, 72, 75, 84, 107, 111, 171, 173, 208, 214
Katalaunische Felder (Frankreich), 48°05′N 3°36′W, 124
Kefallenia s. Kefallinia
Kefallinia (Insel; Griechenland), 38°20′N 20°30′O, 146
Kelibia (Tunesien), 36°50′N 11°05′O, 39
Kelkit (Fluß; Türkei), 150
Kerkira s. Korfu
Kerkouane (Tunesien), 36°52′N 11°05′O, 39
Khabir (Fluß; Türkei/Syrien), 157
Kilikische Pforte (Türkei), 37°17′N 34°46′O, 150
Kinyps (Libyen), 32°32′N 14°37′O, 23
Kirmosti (Fluß; Türkei), 150
Kizil Irmak (Fluß) s. Halys
Klagenfurt (Österreich), 46°38′N 14°20′O, 10
Kleiner Lauten (Schweiz), 47°36′N 8°15′O, 192
Klos (Albanien), 41°28′N 20°10′O, 146
Knossos (Kreta), 35°18′N 25°10′O, 72, 164
Korfu (Stadt; Griechenland), 39°38′N 19°55′O, 146
Korfu (Insel; Griechenland), 39°30′N 19°45′O, 146
Kos (Insel; Griechenland), 36°53′N 27°19′O, 150
Kreuzberg-Paß, 46°42′N 12°13′O, 140
Kreuznach (BRD), 49°49′N 8°01′O, 192
Krk (Insel; Jugoslawien), 45°05′N 14°40′O, 10
Kupa (Fluß; Jugoslawien), 10
Kuria (Schweiz) (Chur), 46°52′N 9°32′O, 140

Labici, 41°46′N 12°45′O, 27, 30
Lactodorum (Großbritannien) (Towcester), 52°08′N 1°00′W, 135
Lactora (Frankreich) (Lectoure), 43°56′N 0°38′O, 129
Lagentium (Großbritannien) (Castleford), 43°44′N 1°21′W, 135
Lagona (Fluß; BRD), 108
Lagozza, 45°39′N 8°41′O, 20
Lambaesis (Algerien) (Lambese), 35°31′N 6°15′O, 118
Laminium (Spanien), 39°01′N 2°54′W, 124
Lampsacus (Türkei) (Lapseki), 40°22′N 26°42′O, 72, 150
Lancia (Spanien), 42°25′N 5°25′W, 124
Lanuvium (Lanuvio), 41°40′N 12°42′O, 27, 30, 35
Laodicea (Syrien) (Latakia), 35°31′N 35°47′O, 157
Laodicea (Türkei), 37°46′N 29°02′O, 75, 150
Lapethus (Zypern) (Lapithos), 35°20′N 33°11′O, 150
Lapurdum (Frankreich) (Bayonne), 43°30′N 1°28′W, 129
Laranda (Türkei) (Karaman), 37°11′N 33°13′O, 150
Larinum (Larino), 41°48′N 14°54′O, 40, 41, 46, 62
Larisa (Griechenland), 39°38′N 22°25′O, 146
La Rustica, 41°53′N 12°35′O, 27, 30
Las (Griechenland), 36°41′N 22°31′O, 146
La Spezia, 44°07′N 9°48′O, 10, 12
La Starza, 41°10′N 15°02′O, 20
Latmos, Mons (Türkei), 37°33′N 27°35′O, 199
Latopolis (Ägypten) (Isna), 25°16′N 32°30′O, 164
Laurentum, 41°40′N 12°19′O, 200
Lauriacum (Österreich) (Lorch), 48°14′N 14°29′O, 140
Laurium (Berg; Griechenland), 37°45′N 23°53′O, 146
Laus, 39°54′N 15°47′O, 23
Lausanne (Schweiz), 46°32′N 6°39′O, 10
Lautulae, 41°21′N 13°21′O, 35
Lavatrae (Großbritannien) (Bowes), 54°30′N 2°01′W, 135
Lavinium (Pratica di Mare), 41°40′N 12°30′O, 20, 27, 30
Lebadea (Griechenland) (Levadhia), 38°26′N 22°53′O, 146
Lebedus (Türkei), 38°04′N 26°55′O, 150
Lechaeum (Griechenland), 37°55′N 22°53′O, 146
Le Colombare, 45°32′N 11°05′O, 20
Lederata (Rumänien) (Palanka), 44°52′N 21°24′O, 140
Ledro, 45°33′N 10°34′O, 20
Lefkadia (Griechenland), 40°39′N 22°04′O, 146
Lefkas (Insel; Griechenland), 38°40′N 20°17′O, 146
Legedia (Frankreich) (Avranches), 48°42′N 1°21′W, 129
Leghorn, 43°33′N 10°18′O, 10
Legio (Spanien) (León), 42°34′N 5°34′W, 84, 124
Leiria (Spanien) (Edeta) (Liria), 39°38′N 0°37′W, 124
Lejjun (Israel), 32°39′N 35°06′O, 157
Lemanis (Großbritannien) (Lympne), 51°05′N 1°02′O, 135, 171
Lemannus, Lacus (Frankreich/Schweiz) (Genfer See), 46°45′N 7°00′O, 10, 129, 192
Lemnos (Insel; Griechenland), 39°52′N 25°20′O, 146
Lentia (Österreich) (Linz), 48°19′N 14°18′O, 140
Leontini (Sizilien) (Lentini), 37°17′N 15°00′O, 23, 45
Leporano, 40°23′N 17°20′O, 20
Leptis Magna (Libyen), 32°38′N 14°16′O, 23, 118, 171
Leptis Minor (Tunesien), 35°39′N 10°54′O, 70, 118
Lerinum (Frankreich) (Îles de Lerins), 43°32′N 7°03′O, 199
Lesbos (Insel; Griechenland), 39°15′N 26°15′O, 70, 150
Lesina, Lago di, 41°53′N 15°30′O, 10
Letocetum (Großbritannien) (Wall), 52°40′N 1°50′W, 135
Leukas s. Lefkas
Libia (Spanien) (Leiva), 42°21′N 3°04′W, 124
Libisosa (Spanien) (Lezuza), 38°57′N 2°22′W, 72, 124
Liger (Fluß; Frankreich) (Loire), 47, 60, 72, 75, 84, 129, 171, 173, 179, 192, 208, 214
Lilybaeum (Sizilien) (Marsala), 37°48′N 12°27′O, 39, 45, 47, 70, 72, 214
Limenia (Zypern), 35°09′N 32°33′O, 150
Limonum (Frankreich) (Pictavi) (Poitiers), 46°35′N 0°20′O, 129, 199
Limyra (Türkei), 36°20′N 30°11′O, 150
Lindinis (Großbritannien) (Ilchester), 51°01′N 2°41′W, 135
Lindum (Großbritannien) (Lincoln), 53°14′N 0°33′W, 135
Lindus (Rhodos, Insel; Griechenland) (Lindos), 36°05′N 28°05′O, 150
Lipara (Liparische Inseln) (Lipari), 38°27′N 14°58′O, 20, 23, 45
Lipari (Insel), 38°30′N 14°57′O, 10
Liri (Fluß) s. Liris
Liris (Fluß) (Liri), 10, 35, 40, 41, 46, 200
Lissus (Albanien) (Lezhë), 41°47′N 19°39′O, 47, 72, 140, 146
Liternum, 40°55′N 14°02′O, 49
Lixus (Marokko), 35°12′N 6°10′W, 23, 118
Ljubljana s. Emona
Llandovery (Großbritannien), 51°59′N 3°48′W, 135
Llantwit (Großbritannien), 51°25′N 3°30′W, 199
Locri, 38°14′N 16°15′O, 23, 35, 41, 45, 46
Loibl Paß (Österreich/Jugoslawien), 46°25′N 14°17′O, 140
Loire (Fluß) s. Liger
Londinium (Großbritannien) (London), 51°30′N 0°10′W, 107, 135, 171, 173, 179, 192, 208
Lopodunum (BRD) (Ladenburg), 49°28′N 8°36′O, 108, 129
Lorch (BRD), 48°48′N 9°42′O, 108
Lot (Fluß; Frankreich), 129
Luca (Lucca), 43°50′N 10°30′O, 49, 67
Lucentum (Spanien) (Alicante), 38°21′N 0°29′W, 124
Luceria (Lucera), 41°30′N 15°20′O, 35, 40, 46, 62, 67
Lucus Augusti (Spanien) (Lugo), 43°00′N 7°33′W, 124
Lucus Feroniae, 42°12′N 12°34′O, 30
Lugdunum (Frankreich) (Lyon), 45°46′N 4°50′O, 72, 75, 84, 107, 111, 129, 173, 179, 192, 214
Lugdunum Batavorum (Niederlande), 52°14′N 4°25′O, 129
Lugdunum Convenarum (Frankreich) (St. Bertrand-de-Comminges), 43°02′N 0°34′O, 70, 129
Lugherras (Sardinien), 40°06′N 8°48′O, 20
Lugio (Ungarn) (Dunaszekesö), 46°06′N 18°49′O, 140
Luguvalium (Großbritannien) (Carlisle), 54°54′N 2°55′W, 135
Luna, 44°02′N 10°02′O, 38, 49
Lunghezza s. Collatia
Luni sul Mignone 42°19′N 11°47′W, 20, 21
Lussonium (Ungarn) (Dunakömlöd), 46°38′N 18°51′O, 140
Lutetia (Parisii) (Frankreich) (Paris), 48°52′N 2°20′O, 129, 192, 199, 214
Luteva (Frankreich) (Lodève), 43°44′N 3°19′O, 129
Lychnidus (Jugoslawien) (Ohrid), 41°06′N 20°49′O, 146
Lycopolis (Ägypten), 27°23′N 30°58′O, 164
Lystra (Türkei), 37°36′N 32°17′O, 72, 150
Lyttus (Kreta), 30°08′N 25°23′O, 164

Macepracta (Irak), 33°22′N 43°44′O, 191
Mactar (Tunesien) (Maktar), 35°51′N 9°12′O, 118
Madaba (Jordanien), 31°44′N 35°48′O, 157
Madauros (Algerien) (M'Daourouch), 36°05′N 7°50′O, 118
Magdalensberg (Österreich), 46°42′N 14°20′O, 140
Maggiore, Lago (Italien/Schweiz), 10, 129, 140
Magia (Schweiz) (Maienfeld), 47°01′N 9°32′O, 140
Magnesia ad Meandrum (Türkei), 37°46′N 27°29′O, 60, 150
Magnesia ad Sipylum (Türkei) (Manisa), 38°36′N 27°29′O, 150
Magnis (Großbritannien) (Carvoran), 54°58′N 2°20′W, 135
Magnis (Großbritannien) (Kenchester), 52°05′N 2°55′W, 135
Magnum (Jugoslawien), 44°03′N 15°59′O, 140
Mago (Menorca, Insel; Spanien) (Mahon), 30°54′N 4°15′O, 124
Maia (Großbritannien) (Bowness), 54°22′N 2°55′W, 135
Maiden Castle (Großbritannien), 50°41′N 2°30′W, 135
Mailand s. Mediolanum
Main (Fluß; BRD), 129
Mainake (Spanien) (Velez Malaga), 36°47′N 4°06′W, 23
ad Maiores (Tunesien), 34°23′N 7°54′O, 118
Maius Monasterium (Frankreich), 47°36′N 1°20′O, 199
Malaca (Spanien) (Malaga), 36°43′N 4°25′W, 23, 47, 124
Maluesa (Jugoslawien), 43°51′N 20°03′O, 140
Malventum s. Beneventum
Marne (Fluß; Frankreich), 129
Mampsis (Israel), 31°02′N 35°04′O, 157
Mamucium (Großbritannien) (Manchester), 53°30′N 2°15′W, 135
Manduria, 40°24′N 17°38′O, 46
Mannheim (BRD), 49°30′N 8°28′O, 192
Mannu (Fluß; Sardinien), 10
Mantinea (Griechenland) (Antigonea), 37°27′N 22°23′O, 146
Mantua, 45°10′N 10°47′O, 21
Marathon (Griechenland), 38°09′N 23°57′O, 146
Marcianopolis (Bulgarien), 43°20′N 27°36′O, 140
Marcis (Frankreich) (Marck), 50°57′N 1°57′O, 171
Mardin (Türkei), 37°34′N 40°29′O, 220
Margum (Jugoslawien) (Crasje), 44°44′N 21°08′O, 140
Mariana (Korsika), 41°23′N 9°10′O, 72
Marino, 41°46′N 12°40′O, 30
Maritsa (Fluß; Bulgarien), 140
Marmantarum (Syrien), 35°34′N 37°21′O, 174
Maronea (Griechenland) (Maronia), 40°56′N 25°32′O, 140, 146
Marrakesch (Marokko), 31°49′N 8°00′W, 118
Marsala s. Lilybaeum
Marsiliana, 42°32′N 11°21′O, 21
Martyropolis (Türkei), 38°09′N 41°09′O, 220
Marzabotto, 44°21′N 11°12′O, 21
Masada (Israel) (Mezada), 31°19′N 35°21′O, 157
Mascula (Algerien) (Khenchela), 35°22′N 7°09′O, 118
Massilia (Frankreich) (Marseille), 43°18′N 5°22′O, 23, 47, 60, 70, 75, 111, 129, 179, 199
Matianus, Lacus (Iran) (Urmia-See), 37°40′N 45°30′O, 220
Matreium (Österreich) (Matri), 47°06′N 11°28′O, 140
Matterhorn (Italien/Schweiz), 45°49′N 7°39′O, 10
S. Mauritii (Frankreich), 46°07′N 7°05′O, 199
Mazaca (Türkei) (Caesarea) (Kayseri), 38°42′N 35°28′O, 107, 150, 220
Mediolanum (Mailand), 45°28′N 9°12′O, 10, 12, 13, 16, 29, 47, 60, 75, 129, 171, 173, 179, 199, 214
Mediolanum (Frankreich) (Evreux), 49°03′N 1°11′O, 129
Mediolanum (Frankreich) (Saintes), 45°44′N 0°38′W, 129
Mediomatrici s. Divodurum
Medma, 38°29′N 15°59′O, 23
Megalopolis (Griechenland), 37°24′N 22°08′O, 146
Megalopolis (Türkei) (Sebastea) (Sivas), 39°44′N 37°01′O, 150, 199, 220
Megara (Griechenland), 38°00′N 23°20′O, 146
Megara Hyblaea (Sizilien), 37°12′N 15°10′O, 23, 45
Melilli (Sizilien), 37°11′N 15°07′O, 20
Melita (Insel; Malta), 23, 45, 46, 47, 75, 214
Melitene (Türkei) (Malatya), 38°22′N 38°18′O, 150, 220
Mellaria (Spanien) (Fuente Obejuna), 38°15′N 5°25′W, 124
Mellégue (Fluß; Tunesien), 118
Melos (Insel; Griechenland), 36°42′N 24°26′O, 146
Melrhir, Chott (Algerien), 34°20′N 6°10′O, 118
Melta (Bulgarien) (Lovech), 43°08′N 24°45′O, 140
Membressa (Tunesien), 36°39′N 9°50′O, 118
Memphis (Ägypten), 29°52′N 31°12′O, 70, 75, 164, 179
Menapolis (Ägypten), 30°50′N 29°41′O, 199
Mesarfelta (Algerien), 35°09′N 5°31′O, 118
Mesembria (Bulgarien) (Nesebur), 42°39′N 27°43′O, 140
Messana (Zancle) (Messina), 38°13′N 15°33′O, 10, 23, 38, 45, 47, 57, 70, 72, 214
Messene (Griechenland), 37°11′N 21°58′O, 146
Messina s. Messana
Metallum Vipascense (Portugal), 37°56′N 8°18′W, 124

Metapontum, 40°23′N 16°50′O, 23, 41, 46
Metaurus (Gioia), 38°26′N 15°55′O, 23
Metaurus (Fluß), 47
Metellinum (Spanien) (Medellin), 38°58′N 5°58′W, 72, 124
Methone (Griechenland), 36°49′N 21°42′O, 146
Metropolis (Griechenland), 39°20′N 21°50′O, 146
Metulum (Jugoslawien), 45°16′N 15°19′O, 140
Meuse (Fluß) s. Mosa
Mevania (Bevagna), 42°56′N 12°37′O, 62
Micia (Rumänien), 45°57′N 22°40′O, 140
Milazzo (Sizilien), 38°16′N 15°14′O, 20
Miletus (Türkei), 37°30′N 27°18′O, 150
Milevis (Algerien), 36°32′N 6°15′O, 118
Miltenberg (BRD), 49°42′N 9°16′O, 108
Mina (Algerien), 35°44′N 0°35′O, 118
Minatiacum (Frankreich) (Nizy), 49°35′N 4°04′O, 129
Mineio (Fluß), 10
Minervium s. Scolacium
Mino (Fluß; Spanien), 124
Minoa (Sizilien), 37°24′N 13°17′O, 23
Minturnae (Minturno), 41°16′N 13°45′O, 35, 46, 57, 62, 67, 200
Mirobriga (Spanien) (Capilla), 38°50′N 5°05′W, 124
Misenum (Miseno), 40°46′N 14°06′O, 200
Missua (Tunesien) (Sidi Daoud), 36°52′N 10°57′O, 118
Misurata (Libyen) (Misratah), 32°24′N 15°04′O, 118, 164
Mochlus (Kreta), 35°11′N 24°54′O, 164
Modena s. Mutina
Moenus (Fluß; BRD), 108
Mogador (Marokko) (Essaouita), 31°30′N 9°48′W, 23
Mogentiana (Ungarn), 46°47′N 17°16′O, 140
Moguntiacum (BRD) (Mainz), 50°00′N 8°16′O, 84, 107, 108, 129, 192, 208, 214
Mons Albanus (Monte Cavo), 41°45′N 12°43′O, 80
Mons Argentarius (Monte Argentario), 42°23′N 11°11′O, 200
Mons Iovis (Syrien), 34°45′N 37°25′O, 174
Mons Nitria (Ägypten), 30°24′N 30°18′O, 199
Mons S. Antonii (Ägypten), 28°56′N 32°19′O, 199
Mons Sinai (Ägypten) (Jebel Musa), 28°32′N 33°59′O, 199
Montana (Bulgarien), 43°37′N 23°12′O, 140
Mont Blanc (Frankreich/Italien), 45°50′N 6°52′O, 10
Montecelio s. Corniculum
Monte Castellaccio, 44°12′N 11°42′O, 20
Monte Giove, 43°53′N 11°26′O, 57
Monte Loffa, 45°36′N 11°11′O, 20
Monte Sant'Angelo s. Aefula
Mont Genèvre Paß (Frankreich/Italien), 44°56′N 6°45′O, 129
Mopsuestia (Türkei), 36°57′N 35°35′O, 150
Morava (Fluß; Jugoslawien), 140
Morgantina (Sizilien), 37°10′N 14°45′O, 57
Moridunum (Großbritannien) (Carmarthen), 51°52′N 4°20′W, 135
Mosa (Fluß; Frankreich/Belgien/Niederlande) (Meuse), 129, 192
Mosel (Fluß) s. Mosella
Mosella (Fluß; Frankreich/Luxemburg/BRD) (Mosel), 108, 129, 192
Mostaganem (Algerien), 35°54′N 0°05′O, 118
Motya (Sizilien) (S. Pantaleo), 37°53′N 12°29′O, 23
Moulouya (Fluß; Marokko), 118
Municipium (Jugoslawien) (Kaliste), 44°30′N 21°21′O, 140
Municipium Celegerorum (Jugoslawien), 43°44′N 20°41′O, 140
Municipium Dard (anorum) (Jugoslawien) (Socanica), 43°03′N 20°50′O, 140
Municipium Iasorum (Jugoslawien) (Daruvar), 45°36′N 17°14′O, 140
Municipium Latobicorum/Neviodunum (Jugoslawien) (Krsko), 45°58′N 15°30′O, 140
Municipium (Splonum) (Jugoslawien), 43°21′N 19°21′O, 140
Mur (Fluß; Österreich), 10
Murat (Fluß; Türkei), 150
Muresul (Fluß; Rumänien), 140
Murgi (Spanien), 36°46′N 2°35′W, 124
Murlo, 43°09′N 11°23′O, 21
Mursa (Jugoslawien) (Osijek), 45°33′N 18°41′O, 140
Mursella (Ungarn), 47°30′N 17°27′O, 140
Mursella (Jugoslawien) (Petrijevci), 45°41′N 18°26′O, 140
Musti (Tunesien) (Henchir Mest), 36°25′N 9°15′O, 118
Mutina (Modena), 44°39′N 10°55′O, 10, 29, 38, 49, 67
Mycenae (Griechenland), 37°44′N 22°45′O, 146
Mylae (Sizilien), 38°13′N 15°15′O, 23, 45, 47
Mylasa (Türkei) (Milas), 37°19′N 27°48′O, 150
Myra (Türkei), 36°17′N 29°58′O, 150, 199
Myrtilis (Portugal) (Mertola), 37°38′N 7°40′W, 124
Mytilene (Türkei), 39°06′N 26°34′O, 60, 150
Mytistratus (Sizilien), 37°37′N 13°40′O, 45

Naarmalcha Kanal (Irak), 191
Nacolea (Türkei), 39°29′N 30°37′O, 150
Naissus (Jugoslawien) (Nis), 43°20′N 21°54′O, 140, 209, 214
Napoca (Rumänien) (Cluj), 46°47′N 23°37′O, 140
Narbo (Frankreich) (Narbonne), 43°11′N 3°00′O, 47, 60, 70, 72, 75, 107, 129, 209, 214
Narce, 42°13′N 12°28′O, 20, 21
Narnia (Narni), 42°31′N 12°31′O, 35, 40, 41, 62
Narona (Jugoslawien) (Neretva), 43°02′N 17°39′O, 72, 75, 140, 209
Naryca (Griechenland), 38°48′N 22°43′O, 146
Nasium (Frankreich) (Naix), 48°43′N 5°16′O, 129
Naucratis (Ägypten), 30°54′N 30°35′O, 164
Naupactus (Griechenland), 38°23′N 21°50′O, 146
Nauportus (Jugoslawien) (Vrhnika), 45°58′N 14°15′O, 140
Navio (Großbritannien) (Brough), 53°21′N 1°40′W, 135
Naxos (Naxos, Insel; Griechenland), 37°06′N 25°24′O, 146
Naxos (Insel; Griechenland), 37°06′N 25°24′O, 146, 150
Naxus (Sizilien) (Capo di Schiso), 37°49′N 15°17′O, 23
Nazianzus (Türkei), 38°16′N 34°23′O, 150
Neapel s. Neapolis
Neapolis (Neapel), 40°50′N 14°15′O, 10, 12, 13, 16, 21, 23, 35, 40, 46, 47, 62, 111, 200, 209, 214
Neapolis (Zypern), 34°40′N 33°03′O, 150
Neapolis (Griechenland) (Kavalla), 40°20′N 21°24′O, 146
Neapolis (Jordanien), 32°13′N 35°16′O, 157
Neapolis (Tunesien) (Nabeul), 36°30′N 10°44′O, 45, 72, 118
Nebrissa (Spanien) (Lebrija), 36°55′N 6°10′W, 124
Neckar (Fluß; BRD), 129
Nedinum (Jugoslawien), 44°06′N 15°31′O, 140
Nehardea (Irak) (Tel Nihar), 33°04′N 44°11′O, 191
Nemausus (Frankreich) (Nîmes), 43°50′N 4°21′O, 129
Nemetacum (Frankreich) (Arras), 40°17′N 2°46′O, 129
Nemetae s. Noviomagus
Nemi, 41°43′N 12°43′O, 30
Nemrud Dagh (Türkei), 37°46′N 38°15′O, 150
Nene (Fluß; Großbritannien), 135
Neocaesarea s. Cabira
Nepet (Nepi), 42°14′N 12°21′O, 21, 35, 62, 200
Nepete (Tunesien) (Nefta), 33°53′N 8°02′O, 118
Neptunia-Tarentum s. Tarentum
Neretva (Fluß; Jugoslawien), 10
Nertobriga (Spanien) (Frejenal de la Sierra), 38°10′N 6°39′W, 124
Nessana (Israel), 30°53′N 34°26′O, 157
Netum (Sizilien), 36°53′N 15°05′O, 45
Neuchâtel, Lac de (Schweiz), 46°55′N 6°55′O, 129
Nicaea (Türkei) (Iznik), 40°27′N 29°43′O, 70, 150, 179
Nicaea (Frankreich) (Nizza), 43°42′N 7°16′O, 10, 129
Nicephorium (Syrien) (Callinicum) (Raqqa), 35°57′N 39°03′O, 157, 174, 220
Nicer (Fluß; BRD), 108
Niciu (Ägypten), 30°39′N 30°45′O, 164
Nicomedia (Türkei) (Izmit), 40°47′N 29°55′O, 75, 107, 150, 171, 173
Nicopolis (Ägypten), 31°19′N 30°04′O, 164
Nicopolis (Griechenland), 39°00′N 20°43′O, 146
Nicopolis (Jordanien), 31°53′N 34°59′O, 157
Nicopolis (Türkei) (Susehri), 40°12′N 38°06′O, 60, 150, 220
Nicopolis ad Istrum (Bulgarien) (Nikjup), 43°14′N 25°40′O, 140, 171
Nicopolis ad Nestum (Bulgarien), 41°38′N 24°09′O, 140
Nida (BRD) (Frankfurt-Heddernheim), 50°06′N 8°41′O, 108
Nidum (Großbritannien) (Neath), 51°40′N 3°48′W, 135
Nil (Fluß) s. Nilus
Nilus (Ägypten/Sudan/Uganda) (Nil), 70, 75, 164, 171, 173, 179
Nisava (Fluß; Jugoslawien), 140
Nisibis (Türkei) (Nusaybin), 37°05′N 41°11′O, 60, 150, 157, 199, 220
Nizza s. Nicaea
Nobiliacus (Frankreich) (St. Léonard), 45°50′N 1°29′O, 199
Noguera (Fluß; Spanien), 124
Nola, 40°55′N 14°32′O, 21, 40, 46, 60, 62, 67, 199
Nomentum, 42°04′N 12°39′O, 27, 30, 200
Nora (Sardinien), 39°00′N 9°01′O, 23
Norba (Norma), 41°34′N 12°59′O, 27, 30, 35
Norba (Spanien) (Caceres), 39°29′N 6°23′W, 72, 124
Norchia (Norcia), 42°47′N 13°05′O, 21
Nördliche Sporaden (Inseln; Griechenland), 146
Noreia (Österreich) (Neumark), 46°56′N 16°09′O, 60
Novae (Bulgarien) (Swisjtow), 43°36′N 25°22′O, 140
Novae (Jugoslawien) (Cezava), 44°36′N 21°54′O, 140
Novaesium (BRD) (Neuss), 51°12′N 6°42′O, 129, 192
Novaria (Novara), 45°27′N 8°37′O, 29
Noviodunum (Frankreich) (Jublains), 48°15′N 0°29′W, 129
Noviodunum (Frankreich) (Soissons), 49°23′N 3°20′O, 72, 129
Noviodunum (Rumänien), 45°10′N 28°50′O, 140
Noviodunum (Schweiz) (Nyons), 46°23′N 6°15′O, 129
Noviomagus (Frankreich) (Lisieux), 49°09′N 0°14′O, 129
Noviomagus (Frankreich) (Nijon), 48°03′N 5°31′O, 129
Noviomagus (Niederlande) (Nijmwegen), 51°50′N 5°52′O, 84, 129
Noviomagus (Großbritannien) (Chichester), 50°50′N 0°48′W, 135
Noviomagus (BRD) (Nemetae) (Speyer), 49°18′N 8°26′O, 108, 129, 192
Noviomagus (BRD) (Neumagen), 49°51′N 6°55′O, 129
Noviorigum (Frankreich) (Royan), 45°38′N 1°02′W, 129
Nuceria (Nocera), 40°43′N 14°38′O, 40, 46, 62, 67
Numantia (Spanien) (Soria), 41°46′N 2°28′W, 47, 60, 124
Numerus Syrorum (Algerien), 34°50′N 1°45′W, 118
Numistro, 40°45′N 15°29′O, 46
Nuraghe Losa (Sardinien), 40°13′N 8°49′O, 20
Nursia (Norcia), 42°47′N 13°05′O, 40, 199, 214
Nysa (Türkei) (Sultanhisar), 37°52′N 28°10′O, 150
Nyssa (Türkei), 37°52′N 28°10′O, 150

Oboda (Israel), 30°50′N 34°44′O, 157
Obulco (Spanien) (Porcuna), 37°52′N 4°11′W, 124
Occariba (Syrien), 35°02′N 37°28′O, 210
Ocelum Duri (Spanien) (Zamora), 41°30′N 5°45′W, 124
Ocriculum (Otricoli), 42°25′N 12°29′O, 35, 40, 62
Octodurum (Schweiz) (Martigny), 46°06′N 7°04′O, 129
Odessus (Bulgarien) (Varna), 43°12′N 27°57′O, 140
Oea (Libyen) (Tripolis), 32°58′N 13°12′O, 118
Oeniadae (Griechenland), 38°23′N 21°12′O, 146
Oenoanda (Türkei), 36°49′N 29°38′O, 150
Oescus (Rumänien), 43°44′N 24°27′O, 140
Ofanto (Fluß), 10
Offenburg (BRD), 48°29′N 7°57′O, 108
Oglio (Fluß), 10
Ohridsko (Albanien/Jugoslawien) (Ohridsee), 140, 146
Olba (Türkei), 36°42′N 33°55′O, 150
Olbasa (Türkei), 37°13′N 29°50′O, 72, 150
Olbia (Libyen) (Qasr el-Lebia), 32°38′N 21°26′O, 164
Olbia (UdSSR), 46°56′N 31°58′O, 171
Olisipo (Portugal) (Lissabon), 38°44′N 9°08′W, 72, 124
Oltul (Fluß; Rumänien), 140
Olympia (Griechenland), 37°38′N 21°39′O, 146
Olympus (Berg; Griechenland), 40°05′N 22°21′O, 146
Olympus Mysius (Türkei), 39°55′N 29°11′O, 199
Ombos (Ägypten) (Kom Ombo), 24°26′N 32°57′O, 164
Ombrone (Fluß), 10
Onchesmus (Albanien), 38°22′N 23°09′O, 146
Oneuatha (Syrien), 34°01′N 37°30′O, 174
Onoba (Spanien) (Huelva), 37°15′N 6°56′W, 124
Onnum (Großbritannien) (Halton), 55°01′N 2°01′W, 135
Opitergium (Oderzo), 45°57′N 12°29′O, 38
Oppidum Novum (Marokko), 35°04′N 5°57′W, 118
Opus (Griechenland), 38°39′N 23°00′O, 146
Oran (Algerien), 35°45′N 0°38′W, 118
Orchomenus (Griechenland), 37°43′N 22°18′O, 60
Oresa (Syrien), 35°07′N 38°52′O, 174
Oretum (Spanien), 38°46′N 3°46′W, 124
Oricum (Albanien), 40°22′N 19°25′O, 146
Orolaunum (Belgien) (Arlon), 49°41′N 5°49′O, 129
Orontes (Fluß; Libanon/Syrien/Türkei), 157
Ortles (Berg), 46°31′N 10°33′O, 10
Ortopla (Jugoslawien), 44°42′N 14°54′O, 72
Ortucchio, 41°57′N 73°38′O, 20
Osca (Spanien) (Huesca), 42°08′N 0°25′W, 72, 124
Ossonoba (Portugal) (Faro), 37°01′N 7°56′W, 124
Ostia, 41°46′N 12°18′O, 21, 27, 30, 35, 47, 200
Ostia Aterne (Pescara), 42°27′N 14°13′O, 10, 62
Othona (Großbritannien) (Bradwell), 51°44′N 0°54′O, 171
Otranto, 40°08′N 18°30′O, 39
Otthora (Syrien), 34°22′N 37°08′O, 179
Ouse (Fluß; Großbritannien), 135
Ovetum (Spanien) (Oviedo), 43°21′N 5°50′W, 124
Ovilava (Österreich) (Wels), 48°10′N 14°02′O, 190
Oxyrhynchus (Ägypten), 28°33′N 30°38′O, 164

Padua s. Patavium
Padus (Fluß) (Po), 10, 14, 20, 21, 23, 29, 38, 47, 49, 67, 72, 75, 171, 173, 179, 214
Paestum (Poseidonia), 40°24′N 15°00′O, 23, 35, 39, 41, 46, 62
Palermo s. Panormus
Pallantia (Spanien) (Palencia), 41°01′N 4°32′W, 124
Palmavera (Sardinien), 40°36′N 8°18′O, 20
Palma (Mallorca, Insel; Spanien), 39°35′N 2°39′O, 72, 124
Palmyra (Syrien), 34°36′N 38°15′O, 75, 157, 171, 174, 179, 220
Palombara Sabina, 42°10′N 12°46′O, 20, 30
Panaro (Fluß), 10
Pandosia, 39°08′N 16°44′O, 46
Panium (Türkei), 40°55′N 27°28′O, 140
Panopolis (Ägypten), 26°28′N 31°56′O, 164
Panormus (Sizilien) (Palermo), 38°08′N 13°23′O, 10, 12, 13, 15, 23, 38, 45, 47, 72
Pantelleria s. Cossura
Paphus (Zypern), 34°45′N 32°25′O, 107, 150
Paraetonium (Ägypten), 31°21′N 27°14′O, 164
Parentium (Jugoslawien) (Poreč), 45°14′N 13°36′O, 67
Parisii s. Lutetia
Parium (Türkei) (Kemer), 40°25′N 27°04′O, 72
Parlais (Türkei), 37°40′N 31°43′O, 72
Parma, 44°48′N 10°19′O, 10, 20, 38, 49, 67
Parndorf (Österreich), 47°59′N 16°52′O, 140
Paros (Insel; Griechenland), 47°04′N 25°06′O, 146
Patara (Türkei) (Arsinoë), 36°06′N 28°05′O, 150
Patavium (Padua), 45°24′N 11°53′O, 10, 20, 29, 38
Paterno (Sizilien), 37°34′N 14°55′O, 20
Patrae s. Patras
Patras (Griechenland), 38°14′N 21°44′O, 72, 146
S. Pauli (Ägypten), 28°49′N 32°33′O, 199
Pautalia (Bulgarien), 42°22′N 22°40′O, 140
Pavia s. Ticinum
Pax Iulia (Portugal) (Beja), 38°01′N 7°52′W, 72, 124
Pelendava (Rumänien), 44°18′N 23°47′O, 140
Pella (Griechenland), 32°27′N 22°30′O, 72, 146
Pella (Jordanien), 32°27′N 35°37′O, 157
Pelusium (Ägypten), 31°02′N 32°32′O, 164
Pelva (Jugoslawien), 43°50′N 17°04′O, 140
Pergamum (Türkei) (Bergama), 39°08′N 27°10′O, 60, 70, 75, 107, 150
Perge (Türkei), 36°59′N 30°46′O, 150
Perinthus (Türkei) (Heraclea), 40°59′N 27°57′O, 107, 150
Perugia s. Perusia
Perusia (Perugia), 43°07′N 12°23′O, 10, 21, 35, 41, 62
Pescale di Prignano, 44°27′N 10°29′O, 20
Pescara s. Ostia Aterne
Peschiera, 45°26′N 10°42′O, 20
Pessinus (Türkei), 39°17′N 31°32′O, 60, 150
Petelia, 39°16′N 17°03′O, 41, 46
Petra (Jordanien), 30°20′N 35°26′O, 157
Petra (Sizilien), 37°48′N 14°06′O, 45
Petra (UdSSR), 41°37′N 41°36′O, 220
Petuaria (Großbritannien) (Brough), 54°32′N 2°19′W, 135
Peyriac-de-Mer (Frankreich), 43°08′N 2°59′O, 39
Phaenae (Syrien), 33°08′N 36°24′O, 157, 174
Phainon (Jordanien), 30°40′N 35°37′O, 157
Pharsalus (Griechenland) (Pharsala), 39°17′N 22°23′O, 70, 146
Phaselis (Türkei), 36°39′N 29°22′O, 150
Phasis (UdSSR), 42°11′N 41°41′O, 220
Phazemon (Türkei) (Neapolis), 40°52′N 35°35′O, 150
Pheison (Türkei), 39°29′N 36°42′O, 220
Phigalia (Griechenland), 37°23′N 21°51′O, 146
Philadelphia (Jordanien) (Amman), 31°57′N 35°56′O, 157
Philadelphia (Türkei) (Alaşehir), 38°22′N 28°32′O, 150
Philae (Ägypten), 24°01′N 32°53′O, 164
Philippi (Griechenland), 41°05′N 24°19′O, 72, 140, 146
Philippopolis (Bulgarien) (Plovdiv), 42°08′N 24°45′O, 140, 171, 209
Phissenia (Irak), 33°11′N 43°51′O, 191
Phlius (Griechenland), 37°51′N 22°38′O, 146
Phoenix (Kreta), 35°12′N 24°08′O, 164
Photice (Griechenland) (Paramithia), 39°38′N 20°30′O, 146
Phrygia (Irak), 34°04′N 43°55′O, 191
Piacenza s. Placentia
Piave (Fluß), 10
Picentia, 40°38′N 14°53′O, 62
Pictavi s. Limonum
Pietroasa (Rumänien), 45°08′N 26°40′O, 140
Pinios (Fluß; Griechenland), 146
Pinna (Penne), 42°27′N 13°56′O, 62
Piraeus (Griechenland), 37°57′N 23°42′O, 146
Pirisabora (Irak) (Pumbedita) (Anbar), 33°21′N 43°36′O, 191, 220
Pisa s. Pisae
Pisae (Pisa), 43°43′N 10°24′O, 10, 21, 38, 41, 47, 67
Pisaurum (Pesaro), 43°54′N 12°54′O, 41, 49, 67
Pispir (Ägypten), 29°47′N 31°44′O, 199
Pisuerga (Fluß; Spanien), 124
Pithecussae (Insel) (Ischia), 40°44′N 13°57′O, 10, 23
Placentia (Piacenza), 45°03′N 9°41′O, 10, 29, 38, 47, 49, 67, 84
Plataea (Griechenland), 38°12′N 23°16′O, 146
Plavis (Fluß), 29
Plöckenpaß (Österreich/Italien), 46°37′N 12°58′O, 140
Plotinopolis (Griechenland), 41°22′N 26°29′O, 140
Po (Fluß) s. Padus
Podalia (Türkei), 36°35′N 29°59′O, 150
Podandus (Türkei) (Pozanti), 37°51′N 34°53′O, 150
Poetovio (Jugoslawien) (Ptuj), 46°27′N 15°51′O, 84, 140
Poggio Buco, 42°38′N 11°46′O, 21
Poiana (Rumänien), 45°08′N 25°44′O, 140
Pola (Jugoslawien) (Pula), 44°52′N 13°52′O, 67, 140
Polada, 45°28′N 10°30′O, 20
Polla s. Forum Anni
Pollentia (Mallorca, Insel; Spanien) (Pollensa), 39°52′N 3°01′O, 124
Polyrrhenia (Kreta), 35°27′N 23°29′O, 164
Pomaria (Algerien) (Tlemcen), 34°53′N 1°21′W, 118
Pomègues (Insel; Frankreich),

43°16′N 5°17′O, 39
Pometia (Caprifico), 41°35′N 12°50′O, 30
Pompaelo (Spanien) (Pamplona), 42°49′N 1°39′W, 124
Pompeii, 40°45′N 14°27′O, 21, 40, 46, 62, 67
Pons Aelius (Großbritannien) (Newcastle), 54°59′N 1°35′W, 135
Pons Aeni (BRD) (Rosenheim), 47°51′N 12°09′O, 140
Pons Aluti (Rumänien), 44°52′N 24°12′O, 140
Pontecagnano, 40°38′N 14°53′O, 21
Pontiae (Insel) (Isole Ponziane), 40°53′N 12°58′O, 35
Populonia, 42°59′N 10°30′O, 21, 38, 41
Porolissum (Rumänien) (Moigrad), 47°10′N 23°07′O, 140
Porsule (Griechenland) (Maximianopolis) (Komotini), 41°06′N 25°25′O, 140
Portus Adurni (Großbritannien) (Portchester), 50°51′N 0°59′W, 135, 171
Portus Cale (Portugal) (Oporto), 41°09′N 8°37′W, 124
Portus Magnus (Algerien), 35°50′N 0°23′W, 72, 118
Portus Namnetum (Frankreich) (Nantes), 47°14′N 1°35′W, 129
Portus Victoriae (Spanien), 43°28′N 3°48′W, 124
Poseidonia s. Paestum
Potaissa (Rumänien) (Turda), 46°35′N 23°50′O, 140
Potentia (Potenza), 40°38′N 15°48′O, 41, 62
Potidaea (Griechenland) (Cassandrea), 40°10′N 23°19′O, 72, 146
Praeneste (Palestrina), 41°50′N 12°54′O, 21, 27, 30, 35, 62, 67, 200
Praetorium (Rumänien), 45°20′N 24°20′O, 140
Prespansko (Albanien/Griechenland/Jugoslawien) (Prespasee), 40°58′N 21°00′O, 140, 146
Priene (Türkei), 37°38′N 27°17′O, 150
Prilep (Jugoslawien), 41°20′N 21°32′O, 146
Privernum, 41°29′N 13°12′O, 30, 62
Prusa (Türkei) (Bursa), 40°12′N 29°04′O, 150
Prusias ad Hypium (Türkei), 40°52′N 30°37′O, 150
Prut (Fluß; Rumänien/UdSSR), 140
Ptolemais (Israel) (Akko), 32°55′N 35°04′O, 157
Ptolemais (Libyen) (Tulmaythah), 32°42′N 20°55′O, 164
Ptolemais Hermiou (Ägypten) (El Manshah), 26°29′N 31°50′O, 164
Punta delle Terrare, 40°34′N 18°03′O, 20
Pupput (Tunesien) (Souk el Abiod), 36°25′N 10°40′O, 118
Puteoli (Pozzuoli), 40°49′N 14°07′O, 46, 49, 67
Pydna (Griechenland), 40°24′N 22°36′O, 47, 146
Pyrgi (S. Severo), 41°41′N 15°23′O, 21, 35
Pyxus (Buxentum), 40°04′N 15°37′O, 23, 49

Qartmin (Türkei), 37°25′N 41°20′O, 220
Quiza (Algerien), 36°02′N 0°18′O, 118

Rabat (Marokko), 34°02′N 6°51′W, 118
Rabbathmoba (Jordanien) (Rabba), 31°16′N 35°44′O, 157
Radwaniyah-Kanal (Irak), 191
Raetinium (Jugoslawien) (Bihac), 44°49′N 15°53′O, 140
Raizaeum (Türkei), 41°03′N 40°31′O, 220
Raphanaea (Syrien), 32°54′N 36°10′O, 157
Raphia (Ägypten) (Rafah), 31°18′N 34°15′O, 157,164
Rapidum (Algerien), 36°17′N 3°36′O, 118
Ratae (Großbritannien) (Leicester), 52°38′N 1°05′W, 135
Ratiaria (Bulgarien) (Archar), 43°49′N 22°55′O, 140
Rauda (Spanien) (Roa), 41°42′N 3°55′W, 124
Rauraci s. Augusta Rauricorum
Rauranum (Frankreich) (Rom), 46°18′N 0°06′O, 129
Ravenna, 44°25′N 12°12′O, 10, 84, 173, 209, 214
Reate (Rieti), 42°24′N 12°51′O, 38, 40,62
Reggio s. Rhegium
Reggio di Calabria s. Rhegium
Reggio nell'Emilia s. Regium Lepidum
Regina (Spanien) (Reina), 38°11′N 5°57′W, 72, 124
Regium Lepidum (Reggio nell'Emilia), 44°42′N 10°37′O, 10, 38
Regulbium (Großbritannien) (Reculver), 51°23′N 1°12′O, 171
Remesiana (Bela Palanka), 43°13′N 22°17′O, 140
Remi s. Durocortorum
Reno (Fluß), 10
Resaina (Türkei) (Theodosiopolis), 36°52′N 40°05′O, 157, 220
Resapha (Syrien) (Sergiopolis) (Risafe), 35°38′N 38°43′O, 157, 174, 199, 220
Reschenpaß (Italien/Österreich), 46°50′N 10°30′O, 140
Rhabdion (Türkei), 37°11′N 41°48′O, 220
Rhegium (Reggio di Calabria oder Reggio), 38°06′N 15°39′O, 10, 13, 16, 23, 35, 38, 41, 45, 46, 47, 57
Rhein (Fluß) s. Rhenus
Rheinau (Schweiz), 47°37′N 8°37′O, 192
Rhenus (Fluß; Schweiz/Deutschland/Frankreich/Niederlande) (Rhein), 10, 72, 75, 84, 108, 129, 140, 171, 173, 179, 192, 209, 214
Rhinocolura (Ägypten) (El Arish), 31°08′N 33°48′O, 164
Rhodanus (Fluß; Frankreich) (Rhône), 10, 23, 29, 47, 60, 72, 75, 84, 129, 173, 209, 214
Rhodiapolis (Türkei), 36°25′N 30°20′O, 150
Rhodopolis (UdSSR), 42°07′N 42°35′O, 220
Rhodos (Rhodos, Insel; Griechenland), 36°26′N 28°14′O, 60, 150
Rhodos (Insel; Griechenland), 36°26′N 28°14′O, 150
Rhône (Fluß) s. Rhodanus
Rider (Jugoslawien), 43°41′N 16°08′O, 140
Rigomagus (BRD) (Remagen), 50°34′N 7°14′O, 108, 129
Rijeka (Jugoslawien), 45°20′N 14°27′O, 10
Rimini s. Ariminum
Risinium (Jugoslawien) (Risan), 42°32′N 18°42′O, 72, 140
Robur (Schweiz), 47°32′N 7°37′O, 192
Rocca di Papa, 41°46′N 12°42′O, 30
Rocca di Rivoli, 45°34′N 10°48′O, 20
Rocca San Felice, 40°57′N 15°09′O, 57
Rogatica (Jugoslawien), 43°51′N 19°01′O, 140
Roma (Rom), 41°53′N 12°30′O, 10, 12, 13, 16, 18, 20, 21, 23, 27, 30, 35, 38, 39, 40, 41, 47, 57, 60, 62, 67, 70, 72, 75, 84, 107, 111, 171, 173, 179, 199, 200, 209, 214
Rom s. Roma
Romula (Rumänien), 44°07′N 24°14′O, 140
Ronco (Fluß), 10
Rote Waag (Schweiz), 47°33′N 8°08′O, 192
Rotomagus (Frankreich) (Rouen), 49°26′N 1°05′O, 129, 199
Roussillon), 42°36′N 2°44′O, 39, 129
Rubi, 41°07′N 16°29′O, 46, 62
Rudiae, 40°19′N 18°06′O, 46
Rusaddir (Marokko; spanische Exklave) (Melilla), 35°20′N 3°00′W, 47, 118
Rusazu (Algerien), 36°51′N 5°02′O, 72
Ruscino (Frankreich) (Castel
Rusellae (Roselle), 42°45′N 11°10′O, 21, 41, 67
Rusguniae (Algerien), 36°51′N 3°18′O, 72, 118
Rusicade (Algerien) (Skikda), 36°53′N 6°52′O, 118
Rusippisir (Algerien), 36°55′N 4°12′O, 118
Ruspe (Tunesien), 35°10′N 11°06′O, 118
Rusuccurru (Algerien), 36°57′N 3°55′O, 118
Rutupiae (Großbritannien) (Richborough), 51°18′N 1°22′O, 135, 171, 192

Saalburg (DDR), 50°30′N 12°44′O, 108
Sabatia, 44°18′N 8°28′O, 38
Sabatinus, Lacus (Bracciano, Lago di), 10, 30, 35
Sabratha (Libyen) (Zouagha), 32°05′N 12°24′O, 118
Sacco (Fluß), 10
Sa Corona (Sardinien), 39°26′N 8°59′O, 20
Saepinum (Sepino), 41°24′N 14°37′O, 62
Saetabis (Spanien) (Jativa), 39°00′N 0°32′W, 124
Segal Assus (Türkei) (Aghlasun), 37°38′N 30°30′O, 150
Saguntum (Spanien) (Sagunto), 39°40′N 0°17′W, 47, 60, 72, 124
Sankt-Gotthard-Paß (Schweiz), 46°34′N 8°34′O, 140
Sais (Ägypten), 31°02′N 30°42′O, 164
Sakarya (Fluß; Türkei), 150
Sala (Ungarn) (Zalalövo), 46°53′N 16°36′O, 140
Sala (Marokko) (Salé), 34°04′N 6°50′W, 118
Sala Consilina, 40°23′N 15°35′O, 57
Saliso (Frankreich) (Seltz), 48°54′N 8°06′O, 192
Salamis (Zypern), 35°10′N 33°55′O, 150, 199
Salamis (Insel; Griechenland), 37°58′N 23°30′O, 146
Salapia, 41°24′N 15°57′O, 40, 41, 46, 62
Salaria (Spanien), 38°01′N 3°22′W, 72
Saldae (Algerien) (Bejaîa), 36°49′N 5°03′O, 72, 118
Salerno s. Salernum
Salernum (Salerno), 40°40′N 14°46′O, 10, 20, 21, 41, 46, 49, 62
Salinae (Großbritannien) (Droitwich), 52°16′N 2°09′W, 135
Salmantia (Spanien) (Salamanca), 40°58′N 5°40′W, 47, 124
Salonae (Jugoslawien) (Solin), 43°33′N 16°30′O, 70, 72, 75, 107, 140, 209
Salpensa (Spanien) (Facialcazar), 37°10′N 5°47′O, 124
Salso (Fluß) s. Himera
Salto (Fluß), 10
Salvium (Jugoslawien), 44°12′N 16°57′O, 140
Samaria (Jordanien), 32°17′N 35°11′O, 157
Samarobriva (Frankreich) (Amiens), 49°54′N 2°18′O, 129
Same (Kefallinia, Insel; Griechenland), 38°15′N 20°39′O, 146
Samos (Samos, Insel; Griechenland), 37°42′N 26°59′O, 150
Samos (Insel; Griechenland), 37°42′N 26°59′O, 150
Samosata (Türkei) (Samsat), 37°30′N 38°32′O, 150, 157, 220
Samothrake (Samothrake, Insel; Griechenland), 40°27′N 25°32′O, 146
Samothrake (Insel; Griechenland), 40°27′N 25°32′O, 146
Samum (Rumänien) (Casei), 47°08′N 23°55′O, 140
Sâne (Syrien), 32°50′N 36°38′O, 174
San Giuliano, 42°14′N 12°01′O, 21
Sangro (Fluß), 10
Sanitium (Frankreich) (Senez), 43°55′N 6°24′O, 129
Sankt-Bernhard-Paß, Großer (Schweiz/Italien), 42°52′N 7°11′O, 129
Sankt-Bernhard-Paß, Kleiner, 45°40′N 6°53′O, 129
Sant' Angelo, 41°05′N 14°15′O, 57
Sant'Antine (Sardinien), 40°29′N 8°49′O, 20
Santa Sabina (Sardinien), 40°19′N 8°50′O, 20
Santicum (Österreich) (Villach), 46°37′N 13°51′O, 140
Santorin (Insel; Griechenland), 36°24′N 25°27′O, 146
Sanxay (Frankreich), 46°30′N 0°01′W, 129
San Zeno, 46°29′N 10°52′O, 20
Saône (Fluß) s. Arar
Saqlawiyah-Kanal (Irak), 191
Sarajevo (Jugoslawien), 43°52′N 18°26′O, 10
Sardis (Türkei), 38°28′N 28°02′O, 60, 150
Sarisa (Türkei), 37°37′N 40°43′O, 150
Sarmizegetusa (Rumänien), 45°32′N 22°45′O, 75, 107, 140
Sarsina, 43°55′N 12°08′O, 41
Sarthe (Fluß; Frankreich), 129
Sassari (Sardinien), 40°43′N 8°34′O, 10
Satala (Türkei) (Kelkit), 40°07′N 39°28′O, 150, 220
Saticula, 41°11′N 14°30′O, 35, 40, 46, 62
Satricum (Conca), 41°28′N 12°45′O, 27, 30, 35
Saturnia, 42°37′N 11°32′O, 21, 38, 49
Satyrion, 40°28′N 17°15′O, 23
Sava (Fluß) s. Savus
Savaria (Ungarn) (Szombathely), 47°14′N 16°38′O, 75, 140
Savus (Fluß; Jugoslawien) (Sava), 10, 60, 72, 84, 140, 209
Scallabis (Portugal) (Santarem), 39°14′N 8°40′W, 72, 124
Scarbantia (Ungarn) (Sopron), 47°40′N 16°35′O, 140
Scardona (Jugoslawien) (Skradin), 43°48′N 15°55′O, 140
Scetis (Ägypten), 30°25′N 30°38′O, 199
Schaan (Liechtenstein), 47°10′N 9°31′O, 192
Schelde (Fluß; Frankreich/Belgien), 129
Scodra (Albanien), 42°03′N 19°01′O, 72, 140
Scoglio del Tonno, 40°26′N 17°18′O, 20
Scolacium (Minervium) (Squillace), 38°46′N 16°31′O, 49, 57, 214
Scupi (Jugoslawien) (Skopje), 42°00′N 21°28′O, 140
Scyros (Insel; Griechenland), 38°55′N 24°34′O, 146
Scythopolis (Israel) (Beisân), 32°36′N 35°33′O, 157
Sebastea s. Megalopolis
Sebennytus (Ägypten), 30°58′N 31°14′O, 164
Segedunum (Großbritannien) (Wallsend), 55°00′N 1°31′W, 135
Segesta (Sizilien), 37°57′N 12°51′O, 20, 45
Segisamo (Spanien) (Sasamon), 42°25′N 4°02′W, 124
Segobriga (Spanien) (Cabeza de Griego), 39°50′N 3°02′O, 124
Segodunum (Frankreich) (Rodez), 44°21′N 2°34′O, 129
Segontia (Spanien) (Siguenza), 41°04′N 2°38′W, 124
Segora (Frankreich) (Bressuire), 46°50′N 0°29′W, 129
Segovia (Spanien), 40°57′N 4°07′W, 124
Seguntium (Großbritannien) (Caernarvon), 53°08′N 4°16′W, 135
Segura (Fluß; Spanien), 124
Segusio (Susa), 45°08′N 7°02′O, 107, 129
Segustero (Frankreich) (Sisteron), 44°16′N 5°56′O, 129
Seii (Frankreich) (Sées), 48°36′N 0°10′O, 129
Seine (Fluß) s. Sequana
Seleucia (Irak), 33°35′N 44°35′O, 194, 220
Seleucia (Türkei) (Silifke), 36°22′N 33°57′O, 150, 199
Seleucia Pieria (Türkei) (Samandag), 36°07′N 35°55′O, 157, 220
Seleucia Sidera (Türkei), 37°58′N 30°39′O, 150
Selge (Türkei), 37°17′N 31°08′O, 150
23, 45
Selinus (Sizilien), 37°35′N 12°50′O,
Selinus (Türkei) (Traianopolis) (Gazipasa), 36°16′N 32°18′O, 150
Selymbria (Türkei) (Eudoxopolis) (Silivri), 41°05′N 28°15′O, 140
Seman (Fluß; Albanien), 146
Sena Gallica (Senigallia), 43°43′N 13°13′O, 29, 35, 41
Sena Iulia (Siena), 43°19′N 11°19′O, 67
Senia (Jugoslawien), 45°00′N 14°55′O, 72, 140
Senones s. Agedincum
Sentinum, 43°20′N 12°44′O, 35, 62
Septimanca (Spanien) (Simancas), 41°35′N 4°50′W, 124
Sequana (Fluß; Frankreich) (Seine), 72, 75, 84, 129, 171, 173, 192, 209
Serdica (Bulgarien) (Sofia), 42°40′N 23°18′O, 140, 171, 173
Sergiopolis s. Resapha
Seriane (Syrien), 35°21′N 37°47′O, 157, 174
Sermoneta s. Sulmo
Serpa (Portugal), 38°00′N 7°37′W, 124
Serra Orios (Sardinien), 40°20′N 9°36′O, 20
Serra Ilixi (Sardinien), 39°47′N 9°03′O, 20
Sestus (Türkei), 40°14′N 26°24′O, 140
Setia (Sezze), 41°29′N 13°04′O, 30, 35
Severn (Fluß; Großbritannien), 135
Sexi (Spanien) (Almunecar), 36°44′N 3°41′W, 23
Shkodër (Albanien) (Skutari), 42°03′N 19°01′O, 10
Sicca Veneria (Tunesien) (El Kef), 36°10′N 8°40′O, 72, 118
Sicignano, 40°34′N 15°18′O, 57
Sicyon (Griechenland) (Vasiliko), 37°59′N 22°44′O, 146
Side (Türkei), 41°02′N 37°31′O, 150
Side (Türkei) (Selimiye) (Eski Antalya), 36°45′N 31°23′O, 60, 150,
Sidon (Libanon) (Saida), 33°32′N 35°22′O, 157
Sidyma (Türkei), 36°30′N 29°16′O, 150
Siga (Algerien), 35°15′N 1°21′W, 118
Sigean (Frankreich), 43°02′N 2°58′O, 39
Signia (Segni), 41°42′N 13°02′O, 27, 35
Sigus (Algerien), 36°10′N 7°10′O, 118
Sil (Fluß; Spanien), 124
Silvium, 40°49′N 16°34′O, 46, 62
S. Simeonis (Ägypten), 24°40′N 32°56′O, 199
Simeto (Fluß; Sizilien), 10
Simitthu (Algerien) (Chemtou), 36°30′N 8°45′O, 72, 118
Singara (Irak), 36°20′N 41°51′O, 157, 220
Singidunum (Jugoslawien) (Belgrad), 44°50′N 20°30′O, 140, 214
Sinope (Türkei) (Sinop), 42°02′N 35°09′O, 60, 70, 72, 75, 150
Sinuessa, 41°07′N 13°53′O, 35, 46, 57
Siphnos (Siphnos, Insel; Griechenland), 36°59′N 24°40′O, 146
Sipontum, 41°37′N 15°55′O, 49, 62
Sipovo (Jugoslawien), 44°26′N 17°04′O, 140
Sippar (Irak) (Abu Habbah), 33°04′N 44°22′O, 191
Siretul (Fluß; Rumänien), 140
Siris (Heraclea), 40°10′N 16°42′O, 23
Sirmium (Jugoslawien) (Mitrovica), 44°59′N 19°39′O, 75, 140, 171, 173, 209, 214
Sisapo (Spanien) (Almaden), 38°47′N 4°50′W, 124
Sisarbanon (Syrien), 37°09′N 41°49′O, 220
Siscia (Jugoslawien) (Sisak), 45°30′N 16°22′O, 140, 173
Sitifis (Algerien) (Setif), 36°11′N 5°24′O, 118
Skadarsko (Albanien/Jugoslawien) (Skutarisee), 42°15′N 19°20′O, 10, 146
Skidros, 40°04′N 15°38′O, 23
Smyrna (Türkei) (Izmir), 38°25′N 27°10′O, 150
Soli (Zypern), 35°00′N 32°48′O, 150
Soli (Türkei) (Pompeiopolis), 36°35′N 34°19′O, 150
Soloeis (Sizilien) (Solus), 38°06′N 13°32′O, 23, 45
Solus s. Soloeis
Solva (Ungarn) (Esztergom), 47°46′N 18°42′O, 140
Solva (Jugoslawien), 46°31′N 16°18′O, 146
Sopianae (Ungarn) (Pécs), 46°04′N 18°15′O, 140
Sora, 41°43′N 13°37′O, 35, 40, 46, 62, 67
Sorviodunum (Großbritannien) (Old Sarum), 51°00′N 1°49′W, 135
Soura (Syrien) (Souriya), 35°52′N 38°44′O, 157, 174, 220
Sousse s. Hadiumetum
South Shields (Großbritannien), 55°00′N 1°25′W, 135
Sovana, 42°31′N 11°38′O, 21
Sparta (Griechenland), 37°05′N 22°25′O, 47, 146, 209
Spina, 45°29′N 12°09′O, 21, 23
Split s. Aspalathos
Splügenpaß (Italien/Schweiz), 46°31′N 9°21′O, 140
Spoletium (Spoleto), 42°44′N 12°44′O, 35, 41, 62
Stabiae (Castellamare), 40°47′N 14°29′O, 62
Stanwix (Großbritannien), 54°54′N 2°55′W, 135
Stobi (Jugoslawien), 4°33′N 21°59′O, 72, 140, 146
Stratonicea (Türkei) (Hadrianopolis), 39°06′N 27°40′O, 150
Stratonicea (Türkei) (Eskihisar), 37°17′N 28°22′O, 150
Stratus (Griechenland), 38°41′N 21°19′O, 146
Strimon (Fluß; Griechenland), 146
Struma (Fluß; Bulgarien), 140, 146
Stuttgart (BRD), 50°38′N 10°52′O, 108
Sublacense (Subiaco), 41°56′N 13°06′O, 199
Submuntorium (BRD) (Neuburg), 48°44′N 11°12′O, 140
Subur (Fluß; Marokko), 118
Sucidara (Bulgarien), 44°06′N 27°17′O, 140
Sucidava (Rumänien) (Celei), 43°46′N 24°31′O, 140
Suessa (Sessa Aurunca), 41°14′N 13°56′O, 35, 46, 62, 67, 200
Suessula (Cancello), 41°00′N 14°26′O, 46, 62
Sufes (Tunesien), 35°33′N 9°05′O, 118
Sufetula (Tunesien) (Sbeitla), 35°13′N 9°03′O, 118
Suindinum (Frankreich) (Le Mans), 38°00′N 0°12′O, 129, 171
Sulci (Sardinien) (s. Antioco), 39°04′N 8°27′O, 23, 70
Sulmo (Sermoneta), 41°33′N 12°59′O, 20, 30
Sulmo (Sulmona), 42°03′N 13°56′O, 62
Sumelocenna (BRD) (Rottenburg), 48°28′N 8°55′O, 108, 129
Sumere (Irak) (Samarra), 34°13′N 43°52′O, 191
Sunium, Kap (Griechenland) (Kap Sunion), 37°39′N 24°01′O, 146
S'Uraki (Sardinien), 40°02′N 8°32′O, 20
Surrentum (Sorrent), 40°37′N 14°23′O, 62
Sutrium (Sutri), 42°14′N 12°14′O, 21, 35, 62, 67
Sybaris (Sybari), 39°45′N 16°29′O, 23
Sybrita (Kreta), 35°29′N 24°45′O, 164
Syedra (Türkei), 36°30′N 32°05′O, 150
Syene (Ägypten) (Aswan), 24°05′N 32°56′O, 164
Symaethus (Fluß; Sizilien), 45
Synnada Türkei), 38°31′N 30°29′O, 150
Syracusae (Sizilien) (Syrakus), 37°04′N 15°18′O, 23, 45, 47, 60, 72, 107, 179.

Tabennisi (Ägypten), 26°13′N 32°39′O, 199
Tabernae (BRD) (Rheinzabern), 49°07′N 8°18′O, 129
Tacape (Tunesien) (Gabès), 33°25′N 10°06′O, 118
Tagus (Fluß; Portugal/Spanien),

47, 60, 72, 75, 124, 173, 179, 209, 214
Talabriga (Portugal), 40°45′N 8°35′W, 124
Tamassus (Zypern), 35°01′N 33°16′O, 150
Tanagro (Fluß), 10
Tanagra (Griechenland), 38°20′N 23°32′O, 146
Tanis (Ägypten), 31°07′N 31°50′O, 164
Taparura (Tunesien) (Sfax), 34°45′N 10°43′O, 118
Taposiris Magna (Ägypten), 30°57′N 29°31′O, 164
Tappa (Korsika), 41°33′N 9°14′O, 20
Taranto s. Tarentum
Tarasco (Frankreich) (Tarascon), 43°48′N 4°39′O, 129
Tarastica (Jugoslawien), 45°19′N 14°28′O, 140
Tarentum (Neptunia) (Taranto), 40°28′N 17°15′O, 10, 13, 16, 23, 35, 38, 41, 44, 46, 47, 57, 62, 70, 75
Tarhuna (Libyen), 32°27′N 13°36′O, 118
Tarn (Fluß; Frankreich), 129
Tarquinii (Tarquinia), 42°23′N 11°45′O, 21, 35, 41, 62
Tarracina (Terracina), 41°17′N 13°15′O, 30, 35, 38, 62
Tarraco (Spanien) (Tarragona), 41°07′N 1°15′O, 47, 70, 72, 75, 84, 107, 124, 171, 179, 214
Tarrha (Kreta), 35°14′N 23°48′O, 164
Tarsatica (Jugoslawien), 45°19′N 14°28′O, 72
Tarsus (Türkei), 36°52′N 34°52′O, 70, 75, 107, 150, 179, 220
Tartarus (Fluß), 29
Tartessus (Spanien) (Hispalis) (Sevilla), 37°24′N 5°59′W, 23, 75, 124
Tarvenna (Frankreich) (Thérouanne), 50°38′N 2°15′O, 129
Tasaccura (Algerien), 35°31′N O°11′W, 118
Tasciaca (Frankreich) (Thésée), 47°20′N 1°18′O, 129
Tasgaetium (BRD) (Stein am Rhein), 44°25′N 11°01′O, 140
Tauchira (Libyen) (Arsinoe) (Tukrah), 32°32′N 20°35′O, 164
Taurasia s. Augusta Taurinorum
Tauromenium (Sizilien) (Taormina), 37°51′N 15°17′O, 45, 57, 72
Tavium (Türkei), 39°47′N 34°24′O, 150
Tay (Fluß; Großbritannien), 135
Teanum (Teano), 41°15′N 14°05′O, 40, 41, 62
Teate (Chieti), 42°21′N 14°10′O, 62
Tebtunis (Ägypten), 29°06′N 30°45′O, 164
Tees (Fluß; Großbritannien), 135
Tegea (Griechenland), 37°30′N 22°24′O, 146
Telamon (Talamone), 42°33′N 11°08′O, 47
Telesia, 41°13′N 14°31′O, 46, 62, 67
Telmessus (Türkei) (Fethiye), 36°37′N 29°08′O, 150
Tempsa, 38°55N 16°12′O, 49
Tenea (Griechenland), 37°49′N 22°55′O, 146
Tentheos (Libyen) (Zintan), 31°55′N 12°15′O, 118
Tentyra (Ägypten) (Dandara), 26°06′N 32°37′O, 164
Teos (Türkei) (Sigacik), 38°12′N 36°47′O, 150
Terenuthis (Ägypten), 30°23′N 30°40′O, 164
Tergeste (Triest),45°39′N 13°47′O, 10, 13, 16, 67, 140
Terina (S. Eufemia), 38°55′N 16°13′O, 23
Terlizzi, 41°08′N 16°33′O, 20
Termes (Spanien), 41°25′N 3°13′W, 124
Termessus (Türkei), 37°01′N 30°32′O, 150
Terni s. Interamna
Terventum (Trivento), 41°47′N 14°33′O, 62
Teudurum (Niederlande) (Tüdden), 50°57′N 5°59′O, 129
Teurnia (Österreich), 46°48′N 13°30′O, 140
Teuthrone (Griechenland), 36°38′N 22°29′O, 146
Tevere (Fluß) s. Tiber
Thabrace (Tunesien) (Tabarka), 36°55′N 8°45′O, 72, 118
Thabudeos (Algerien), 34°50′N 6°00′O, 118
Thaenae (Tunesien), 34°37′N 10°38′O, 118
Thagaste (Algerien) (Souk Ahras), 36°14′N 8°00′O, 118, 199
Thala (Tunesien), 35°38′N 8°40′O, 118
Thamanon (Irak), 37°12′N 42°41′O, 220
Thamesis (Fluß; Großbritannien), 135, 171
Thamugadi (Algerien) (Timgad), 35°29′N 6°28′O, 118
Thamusida (Marokko), 34°20′N 6°32′W, 118
Thannurium (Syrien), 36°32′N 40°43′O, 220
Thapsos (Sizilien), 37°09′N 15°14′O, 20
Thapsus (Tunesien) (Ras Dimas), 35°30′N 11°03′O, 70, 118
Tharros (Sardinien), 39°53′N 8°25′O, 20, 23
Thasos (Thasus, Insel; Griechenland), 40°46′N 24°42′O, 146
Thasos (Insel; Griechenland), 40°46′N 24°42′O, 146
Theadelphia (Ägypten), 29°21′N 30°34′O, 164
Thebae (Ägypten) (Luxor), 25°41′N 32°24′O, 75, 164, 199
Thebae (Griechenland), 38°19′N 23°19′O, 146
Thebae (Griechenland), 39°15′N 22°45′O, 146
Telepte (Tunesien), 35°45′N 8°43′O, 118
Themiscyra (Türkei) (Terme), 41°12′N 37°OO′O, 150
Themse (Fluß) s. Thamesis
Theodosiopolis s. Carana
Thera (Santorin, Insel; Griechenland), 36°24′N 35°27′O, 146
Thermae s. Himera
Thermopylae (Griechenland), 38°50′N 22°35′O, 47
Thespiae (Griechenland), 38°15′N 22°58′O, 146
Thessalonica (Griechenland) (Thessaloniki), 40°38′N 22°58′O, 60, 70, 107, 140, 146, 171, 173, 179, 209, 214
Thevestis (Algerien) (Tébessa), 35°21′N 8°06′O, 118
Thignica (Tunesien), 36°32′N 9°22′O, 118
Thilutha (Irak), 34°23′N 42°06′O, 191
Thisbe (Griechenland) (Thisvi), 38°15′N 22°58′O, 146
Thmuis (Ägypten), 31°07′N 31°30′O, 164
Thospitis-See s. Vansee
Thubsurnica (Algerien), 36°34′N 8°43′O, 72
Thurburbo Maius (Tunesien), 36°24′N 9°54′O, 118
Thuburbo Minus (Tunesien) (Tebourba), 36°54′N 9°50′O, 72
Thubursicu Numidarum (Algerien) (Khamissa), 36°06′N 7°37′O, 118
Thugga (Tunesien) (Dougga), 36°29′N 9°19′O, 118
Thurii (Thurii Copia), 39°43′N 16°31′O, 35, 41 46, 49, 62
Thyatira (Türkei) (Akhisar), 38°54′N 27°50′O, 150
Thysdrus (Tunesien) (El Djem), 35°15′N 10°35′O, 118
Tiaret (Algerien), 35°20′N 1°20′O, 118
Tiber (Fluß) s. Tiberis
Tiberias (Israel), 32°48′N 35°32′O, 157
Tiberiassee (Israel), 31°30′N 35°30′O, 157
Tiberis (Fluß) (Tiber), 10, 14, 20, 21, 30, 35, 38, 40, 49, 57, 67, 72, 173, 200, 214
Tibiscum (Rumänien), 45°30′N 22°12′O, 140
Tibur (Tivoli), 41°58′N 12°48′O, 27, 30, 35, 38, 62, 200
Ticino (Fluß) s. Ticinus
Ticinum (Pavia), 45°12′N 9°09′O, 107, 173, 209, 214
Ticinus (Fluß; Italien/Schweiz) (Ticino), 10, 47
Tigava (Algerien), 36°15′N 1°51′O, 118
Tigisi (Algerien), 36°09′N 7°13′O, 118
Tigranocerta (Türkei), 38°08′N 40°58′O, 60, 150
Tigris (Fluß; Irak/Türkei), 60, 72, 75, 157, 171, 191, 220
Tilurium (Jugoslawien), 43°45′N 16°46′O, 140
Tindari s. Tyndaris
Tingi (Marokko) (Tanger), 35°48′N 5°50′W, 47, 72, 75, 107, 118, 171, 209, 214
Tinos (Tinos, Insel; Griechenland), 37°33′N 25°08′O, 146
Tinos (Insel; Griechenland), 37°33′N 25°08′O, 146
Tinurtium (Frankreich) (Tournus), 46°33′N 4°55′O, 129
Tipasa (Algerien) (Tefessad), 36°40′ 2°42′O, 118
Tiranë (Albanien), 41°20′N 19°49′O, 10
Tirso (Fluß; Sardinien), 10
Tiryns (Griechenland), 37°36′N 22°48′O, 146
Tisza (Fluß; Ungarn), 10, 140
Tius (Türkei), 41°33′N 32°01′O, 150
Tlos (Türkei), 36°33′N 29°24′O, 150
Toletum (Spanien) (Toledo), 39°52′N 4°02′W, 75, 124, 179, 209, 214
Tolosa (Frankreich) (Toulouse), 43°37′N 1°27′O, 47, 75, 129, 209, 214
Tomi (Rumänien) (Constantiana) (Constanta), 44°12′N 28°40′O, 140
Tormes (Fluß; Spanien), 124
Torre (Korsika), 41°38′N 9°18′O, 20
Torre Castelluccia, 40°21′N 17°22′O, 20
Torre Guaceto, 40°41′N 17°52′O, 20
Torre Saturo, 40°24′N 17°19′O, 20
Totes Meer (Jordanien/Israel), 31°30′N 35°30′O, 157
Toulon, 43°07′N 5°55′O, 10
Tragurium (Jugoslawien) (Trogir), 43°32′16°15′O, 72, 140
Traiectum (Niederlande) (Utrecht), 52°06′N 5°07′O, 129
Trajans-Kanal (Irak), 191
Tralles (Türkei) (Aydin), 37°52′N 27°50′O, 150
Transmarisca (Bulgarien), 44°02′N 20°40′O, 140
Trapezus (Türkei) (Trabzon), 41°00′N 39°43′O, 60, 150, 171, 220
Trasimenischer See s. Trasimenus Lacus
Trasimenus, Lacus (Trasimenischer See), 10, 35, 47, 200
Trebbia (Fluß) s. Trebia
Trebia (Fluß) (Trebbia), 10, 47
Trebula Mutuesca, 42°16′N 12°52′O, 200
Trefontane (Sizilien), 37°32′N 14°56′O, 20
Trent (Fluß; Großbritannien), 135
Trerus (Fluß), 30
Tres Tabernae (Frankreich) (Saverne), 48°45′N 7°22′O, 192
Treveri s. Augusta Treverorum
Tricasini s. Augustobona
Tricca (Griechenland), 39°33′N 21°64′O, 146
Tricciana (Ungarn) (Sagvar), 46°46′N 18°09′O, 140
Tridentum (Trient), 46°04′N 11°08′O, 29, 140
Triest s. Tergeste
Trimontium (Großbritannien) (Newstead), 53°36′N 2°44′W, 135
Tripolis (Libanon) (Tripolis), 32°58′N 13°12′O, 157
Troesmis (Rumänien), 45°06′N 28°10′O, 140
Troezen (Griechenland), 37°30′N 23°21′O, 146
Tropaeum Traiani (Rumänien) (Adamclisi), 43°58′N 27°50′O, 140
Tubunae (Algerien), 35°19′N 5°32′O, 118
Tucci (Spanien) (Martos), 37°44′N 3°58′W, 72, 124
Tudae (Spanien) (Tuy), 42°03′N 8°39′O, 124
Tuder (Todi), 42°47′N 12°24′O, 21, 41, 67, 200
Tullum (Frankreich) (Toul), 48°41′N 5°54′O, 129
Tungri s. Atuatuca
Tunis (Tunesien), 36°50′N 10°13′O, 10, 45, 118
Tupusuctu (Algerien) (Tiklat), 36°42′N 4°50′O, 72, 118
Turia (Fluß; Spanien), 124
Turiasso (Spanien) (Tarazona), 41°54′N 1°44′W, 72, 124
Turin s. Augusta Taurinorum
Turnacum (Belgien) (Tournai), 50°36′N 3°24′O, 129, 214
Turones (Frankreich) (Tours), 47°23′N 0°42′O, 199
Turris Libisonis (Sardinien) (Porto Torres), 40°51′N 8°24′O, 72
Turris Tamalleni (Tunesien) (Telmine), 33°42′N 8°43′O, 118
Tuscania (Toscanella), 42°24′N 11°52′O, 21
Tusculum (Frascati), 41°48′N 12°41′O, 27, 30, 35
Tuz Gölü (Türkei), 38°45′N 33°25′O, 150
Tyana (Türkei), 37°48′N 34°36′O, 150
Tyndaris (Sizilien) (Tindari), 38°08′N 15°02′O, 20, 45, 72
Tyne (Fluß; Großbritannien), 135
Tyras (UdSSR), 46°10′N 30°19′O, 171
Tyrus (Libanon) (Tyr), 33°16′N 35°12′O, 75, 157, 179

Ucetia (Frankreich) (Uzès), 44°01′N 4°25′O, 129
Ucubis (Spanien) (Espejo), 37°40′N 4°34°W, 72, 124
Ugultunia (Spanien) (Fuente de Cantos), 38°15′N 6°18′W, 124
Ulcisia Castra, (Szentendre), 47°40′N 19°02′O, 140
Ullastret (Spanien), 42°06′N 2°46′O, 39
Ulmetum (Rumänien), 44°43′N 28°23′O, 140
Ulpianum (Jugoslawien), 42°33′N 21°15′O, 140
Ulpia Traiana (Rumänien), 45°30′N 22°33′O, 140
Una (Fluß; Jugoslawien), 10, 140
Urci (Spanien) (Huércal), 36°53′N 2°26′W, 124
Urso (Osuna), 37°14′N 5°06′W, 72, 124
Uselis (Sardinien) (Usellus), 39°48′N 8°51′O, 72
Ustica (Insel), 38°43′N 13°12′O, 10
Uthina (Tunesien) (Adus) (Oudna), 36°44′N 10°06′O, 45, 72, 118
Utica (Tunesien) (Utique), 37°03′N 10°12′O 23, 39, 45, 47, 70, 72, 118
Uxama Basca (Spanien) (Osma), 42°52′N 3°03′W, 124
Uxana Argela (Spanien) (Osna), 41°35′N 3°04′W, 124
Uxellodunum (Frankreich) (Puy d'Issolu), 44°53′N 1°29′O, 129
Uzentum (Ugento), 39°55′N 18°10′O, 46

Vadimon, Lacus, 42°28′N 12°13′O, 35
Valderaduey (Fluß; Spanien), 124
Valentia (Frankreich) (Valence), 44°56′N 4°54′O, 72, 129
Valentia (Spanien) (Valencia), 39°29′N O°24′W, 72, 124
Valeria (Spanien) (Valera Vieja), 30°46′N 2°13′W, 124
Valkenburg (Niederlande), 52°11′N 4°26′O, 129
Vallis Alba (Syrien), 33°54′N 37°17′O, 74
Vansee (Türkei), 38°30′N 43°00′O, 220
Vangiones s. Borbetomagus
Varae (Großbritannien) (St. Asaph), 53°13′N 3°25′W, 135
Varano, Lago di, 41°55′N 15°45′O, 10
Vardar (Fluß; Jugoslawien), 140, 146
Vareia (Spanien), 42°28′N 2°26′W, 124
Varvaria (Jugoslawien), 43°55′N 15°50′O, 140
Vasates (Frankreich) (Bazas), 44°26′N 0°12′W, 129
Vasio (Frankreich) (Vaison), 44°14′N 5°04′O, 129
Vegia (Jugoslawien), 44°32′N 15°05′O, 72, 140
Veii (Veio), 42°02′N 12°24′O, 21, 27, 30, 200
Veldidena (Österreich) (Innsbruck), 47°17′N 11°25′O, 140
Velia s. Elea
Velitrae (Velletri), 41°41′N 12°47′O, 27, 30, 35, 62, 200
Venafrum (Venafro), 41°28′N 14°03′O, 46, 62, 67
Venedig, 45°26′N 12°20′O, 10, 12, 13, 16
Venetus, Lacus (BRD/Schweiz/Österreich) (Bodensee), 47°40′N 9°50′O, 129, 140, 192
Venonae (Großbritannien) (High Cross), 52°30′N 1°18′W, 135
Venta (Großbritannien) (Caerwent), 51°37′N 2°46′, 135
Venta (Großbritannien) (Caister), 52°39′N 1°44′O, 135
Venta (Großbritannien) (Winchester), 51°04′N 1°19′W, 135
Venusia (Venosa), 40°57′N 15′49′O, 35, 38, 40, 41, 46, 49, 62, 67
Vercellae (Vercelli), 45°19′N 8°26′O, 29, 60, 129, 199
Vercovicium (Großbritannien) (Housesteads), 55°03′N 2°19′W, 135
Veriaraca (Syrien), 34°19′N 38°04′O, 174
Vernemetum (Großbritannien) (Willoughby), 53°14′N 0°12′O, 135
Verofabula (Syrien), 34°12′N 37°39′O, 174
Verona, 45°26′N 11°00′O, 10, 29, 38
Verterae (Großbritannien) (Brough), 54°32′N 2°19′W, 135
Verulae (Veroli), 41°41′N 13°26′O, 32, 40
Verulamium (Großbritannien) (St. Albans), 51°46′N 0°21′W, 135
Vescera (Algerien) (Biskra), 34°50′N 5°41′O, 118
Vesunna (Frankreich) (Périgueux), 45°12′N 0°44′O, 129
Vesuvius (Vesuv), 40°44′N 14°26′O, 10
Vetera (BRD) (Xanten), 51°40′N 6°27′O, 129
Vetulonia (Colonno), 45°58′N 9°10′O, 21, 41
Vibinum (Bovino), 41°15′N 15°20′O, 62
Vibo Valentia s. Hipponium
Vicenza, 45°33′N 11°32′O, 10, 20
Vico, Lago di, 42°20′N 12°09′O, 10
Vicus Aurelianus (BRD) (Öhringen), 49°12′N 9°30′O, 108
Vicus V. V. (BRD) (Dieburg), 49°54′N 8°52′O, 108
Vienna (Frankreich) (Vienne), 45°32′N 4°54′O, 72, 84, 129, 192, 214
Vienne (Fluß; Frankreich), 129
Vijosë (Fluß; Griechenland/Albanien), 146
Vilaine (Fluß; Frankreich), 129
Viminacium (Jugoslawien) (Kostolac), 44°43′N 21°12′O, 75, 107, 140, 171
Vindobona (Wien), 48°13′N 16°22′O, 140
Vindolanda (Großbritannien) (Chesterholm), 54°59′N 2°20′W, 135
Vindomora (Großbritannien) (Ebchester), 54°54′N 1°50′W, 135
Vindonissa (Schweiz) (Windisch), 47°29′N 8°14′O, 108, 129
Vindovala (Großbritannien) (Rudchester), 55°00′N 1°46′W, 135
Vintium (Frankreich) (Vence), 43°43 ′N 7°06′O, 129
Viroconium (Großbritannien) (Wroxeter), 52°41′N 2°39′O, 135
Virodunum (Frankreich) (Verdun), 49°10′N 5°25′O, 129
Virovesca (Spanien) (Briviesca), 42°33′N 3°19′W, 124
Virunum (Österreich) (Zollfeld), 46°41′N 14°16′O, 75, 107, 140
Visentium, 42°34′N 11°44′O, 21
Vitelia, 41°47′N 12°55′O, 35
Vivarium, 38°26′N 16°34′O, 199
Viviscus (Schweiz) (Vevey), 46°28′N 6°51′O, 129
Volaterrae (Volterra), 43°24′N 10°52′O, 21, 41
Volcei, 40°38′N 15°20′O, 46
Volsiniensis, Lacus (Bolsena, Lago di), 42°35′N 11°57′O, 10, 35, 200
Volsinii (Bolsena), 42°38′N 11°59′O, 21, 35, 41, 62
Volturno (Fluß) s. Volturnus
Volturnum, 41°02′N 13°57′O, 49
Volturnus (Fluß) (Volturno), 10, 35, 40, 41, 46, 200
Volubilis (Marokko), 34°15′N 5°47′W, 118
Voreda (Großbritannien) (Old Penrith), 54°40′N 2°44′W, 135
Vorogium (Frankreich) (Vouroux), 46°19′N 3°29′O, 129
Vouillé (Frankreich), 46°38′N 0°10′O, 214
Vrbas (Fluß; Jugoslawien), 10
Vulci 42°25′N 11°36 ′O, 20, 21, 35, 41

Walton Castle (Großbritannien), 51°58′N 1°20′O, 171
Welzheim (BRD), 48°53′N 9°38′O, 108
Wye (Fluß; Großbritannien), 135

Xanthus (Türkei), 36°22′N 29°20′O, 150

Yonne (Fluß; Frankreich), 129

Zabi (Algerien), 35°46′N 4°55′O, 118
Zadar (Jugoslawien), 44°07′N 15°14′O, 10
Zagreb (Jugoslawien), 45°48′N 15°58′O, 10
Zakynthos (Insel; Griechenland), 37°47′N 20°54′O, 146
Zama s. Zama Regia
Zama Regia (Tunesien) (Zama), 36°15′N 9°23′O, 47, 118
Zamzam (Fluß; Libyen), 118
Zancara (Fluß; Spanien), 124
Zancle s. Messana
Zarai (Algerien), 35°50′N 5°43′O, 118
Zela (Türkei) (Zile), 40°18′N 35°52′O, 70
Zenobia (Syrien), 35°41′N 39°51′O, 157, 220
Zeugma (Türkei), 37°03′N 37°56′O, 157, 220
Zliten (Lybien), 32°32′N 14°37′O, 118
Zuccabar (Algerien), 36°17′N 2°05′O, 72, 118
Zulil (Marokko), 35°12′N 6°10′W, 72

# REGISTER

*Kursiv* gesetzte Seitenzahlen weisen auf Abbildungen bzw. Bildlegenden hin.


Abgar IX. von Edessa *156,* 194
Ablabius, Praetorianerpraefekt 190
Abruzzen 11, 37
Accius, C. 54, *95*
Achaea, Provinz 147, *147,* 149
Achaeische Liga 48, 51, 149
Acquaecetosa Laurentina *30*
Actium, Schlacht von 74, 77
Adam, Robert *144*
Adamclisi 145, *145*
*Adoratio purpurae* 174
Adria 12, *20,* 29, 37 f, 47 f, 51, 71, 117, 216
Adrianopel (Edirne) 188, 192, 213 f
*adsidui* 22, 42, 56, 61
Aedilen 26, 36
Aeduer 82
Ägäis 50, 63, *64*
Ägatische Inseln 43, *44*
Ägypten 48, 71, 73 f, *75,* 80, 103, 104, *104, 131,* 164, 169, 171, 176, 179, 196, 216 f
Aelia Capitolina s. Jerusalem
Aelia Eudocia s. Eudocia
Aemilius Lepidus, M. 66, 71 ff
Aemilius Paullus, L. 51
Aeneas 17, 43, 76
Aequer 29, 34, 37, *48*
Aesculapius *14,* 43, 112
Aesernia 39
Aetius Flavius 208
Ätolischer Bund 48, 50
Ätolier 50
Africa, Provinz 51, 61, 64, 71, 73 f, 82 f, 107, 118, *119,* 122 f, *123, 124, 147,* 164, *170, 174,* 179, 186, 192, 202, *203,* 211, 214, *215*
Afrika *39,* 43, 45, 47, *47,* 60 f, 63 f, 71, *73,* 106 f, 109, 114, 118, 194, 201, 209, 211 f, 214 f, 221, 223
*ager Gallicus 29,* 44
*ager publicus* 36, 39, 55 f, *57,* 62
*ager Veientanus* 34
Agnellus *219*
Agricola s. Iulius Agricola, Gn.
*Agri decumates* 106, *170,* 173
Agrigentum 43 f
Agrippa, Gaius Caesar 77, *77*
Agrippa, Lucius 77
Agrippa, Marcus s. Vipsanius Agrippa, M.
Agrippina *78*
Ahriman *96*
Alanen 213
Alarich 147 f, 208 f, *208, 209,* 210 f, 213, 215 ff
Alarich II. 215
Alba Fucens 37, *48*
Alba Longa 17 f, 27
Albaner Berge 14, 17, *17, 26*
Albaner See 14
Albano *200*
Alcantara, Brücke von *126,* 127
Alemannen 105, 168, 191
Albinus, Clodius 105
Alesia 71
Alexander der Große 41, 48, 68, 103, 166
Alexander von Abounoteichos 112
Alexander von Alexandrien, Bischof 197
Alexander Severus, Kaiser 105, 109, 140
Alexandria 43, 103, 106, 164, 166, 179, 217
Alexandrien 74, 105, 131, 161, 172, 194, 197
Algidus, Paß von 29
Allectus, Usurpator 171, *172*
Allia 30, 34
Alpen 11, 30, 202
Aluta (Olt) 106
Amalasuntha 221, *221,* 223
*ambacti* 25
Ambrosius von Mailand 132, 149, 193 f, *196,* 198, 201
Amiata, Monte 14, *17*
Amida *220*
Anagnia 29, 37, 39
Anastasias, Kaiser 221, 223, *223*
Anatolien 68, 151, *151,* 201, 213
Ancus Marcius, König 14, *14,* 18, 21, *26,* 27, 92
Ancona 12
Andriskos 51
Andronicus, Livius 54
Andronicus von Cyrrhus *148*
Anicius Manlius Severinus Boethius 216, 220 f, *220*
Anio 27, 29
Anio Vetus 42
Annaeus Lucanus, Marcus 79, 83, 107
Annaeus Seneca, Lucius 78 f, *78,* 83, 107
Annius Milo, T. 69 f
Annius Verus, M. s. Marc Aurel
Annualität 24, 54, 61, 70
Anthemius, Praetorianerpraefekt *205,* 208, 211
Anthemius von Thralles *205*
Antigoniden 48
Antinous 103, *104*
Antiochien 83
Antiochia 142, 156, 191, 194, 196, 216 f
Antiochos, Anführer der Sklavenaufstände 96
Antiochos III., König *49,* 50
Antipolis (Antibes) 128
Antium 28
Antonia Minor *77*
Antoninus Pius, Kaiser 91, 102 f, 109, 131, 177
Antoninus-und-Faustina-Tempel *91*
Antonius, hl. 198
Antonius, L. 73
Antonius, Marcus *67,* 70 ff, *71,* 74, *97,* 158
Anubis *97*
Apamea, Frieden von 50
Apennin 11 f, *11, 21,* 29, 34, 37, 44, 48
Apenninkultur *20*
Aper, Praetorianerpraefekt 171
Aphrodisias (Geyre) 154, *154*
Apiolae 21
Apollinaris, Sidonius 214 f, 218
Apollo *55, 94,* 188 f, *196*
Apollodoros aus Damaskus *90,* 100, *115*
Apollonia 164
Apollonius von Tyana 112
Appius Claudius (Schwiegervater des T. Gracchus) 57
Appius Claudius (Attius Claudius) 25, 42, 88
Appius Claudius Caecus 37, 40
Appius Herdonius 25
Appuleius Saturninus, L. 61 f
Apuleius, Lucius 107, 112, 177
Apuler *46*
Apulien 12, 37, 45 f, *46,* 203
Aqua Appia 42
Aqua Claudia *91*
Aquae Sextiae 61
Aquae Sulis (Bath) 83, 139, *139*
Aquileia 48, 190, 193, *194,* 211, 216, 218
Aquincum (Budapest) 142 f, *143*
Aquinum 107
Aquitanien 214
Araber 124, 162
Ara Pacis Augustae *77*
Arausio, Schlacht bei 60 f, *60*
Arbogast *191,* 193
Arcadius, Kaiser 193, 208
Ardea *26,* 27 f, 37
Arethusa 194
Arezzo 14
–, Chimäre von *33*
Arianismus 197, 215, 217
Aricia *26,* 28, *29*
Ariminum s. Rimini
Aristides, Aelius 112
Arius 197
Arles 132, *185,* 210, 213
Armenien *64,* 74, 78, 80, 106, 151, 155, 192
Arminius 80
Armorica *128*
Arno 12, 14, *21*
Arpi 37
Arpinum *41,* 60, *67*
Arretium 39, *75*
Arthur, König 210
Ascanius 17
Asculum *63*
Asien 51, 58, 61, 64, *64*
–, Provinz 63, *64,* 69, 73, 112, 147
Aspendus *151,* 155
Atargatis 96, 161
Atellaner *46*
Athalarich 221, *221*
Athanasios von Alexandrien, Bischof 194, 197, *198*
Athaulf 209
Athen 48, 103, 107, 147 f, *147,* 170, *177,* 191, 194, *194,* 217
Athene *196*
Atilius Regulus, C. 43
Attaliden 48
Attalos I. von Pergamon 50, 148
Attalos III. von Pergamon 57, 151
Attalus, Priscus *209*
Attika 168
Attila 211, 213, 216
Attius Claudius s. Appius Claudius
*auctoritas* 18, 25, 74
Auguren 18, 36, 94
Augsburg *117*
Augst (Augusta Rauricorum, Rauraci) 132, *132*
Augustinus, hl. 134, 193 f, 196 ff, *198,* 201, 210, 212
Augustinus von Canterbury *198*
Augustodunum (Autun) 70, 81 ff, *128,* 174, *192*
Augustus, Kaiser 11, 19, 27, 40, 48, *49, 67, 71,* 72 ff, *73, 75, 77,* 80, 90, *94,* 98, *98,* 105 f, 120, 124, 131 f *131,* 148, 154, 164, 174, *200,* 218
Augustus von Prima Porta 76, *77*
Aurelian, Kaiser 158, 172, 176 f, *176, 177*
Aurelianus, Aurelius 210
Aurelius Antonius Caesar, M. s. Commodus, Kaiser
Aurelius, M. s. Caracalla, Kaiser
Aurelius Symmachus, Q. 193 f, *193,* 201
Al Aurès 106
Aurunker 34, 39
Ausculum 39
Ausonius 196
*auspices* (Auspizien) 18, 25
*auspicium* 18
Autun s. Augustodunum
Auximum *49*
Aventin 26 ff, 58
Avienus 215
Avitus Bassianus, Varius s. Elagabalus, Kaiser

Baal 161, *161*
Baalbeck s. Heliopolis
Babylonien 83, 156, 164
Bacaudae 169, *170,* 210 ff
Badian, E. 64
Bad Kreuznach *186*
Baecula 47
Baetis (Guadalquivir) 124
*ballistae 100*
Banditaccia 32
Barbegal, Wassermühlen von 184 f
Barcelona *124*
Bari 12
Bar-Kochba *102,* 103
Bar-Kochba-Aufstand *81*
Barletta 98
Barnabas 83
Basilica Iulia *88*
Basilius von Caesarea 198, 201
Bassus, Iunius 175, *186*
Bastarnen 106
Bath s. Aquae Sulis
Battus von Thera 166
Beduinen 174
Belgica Secunda *202*
Belisarius *184,* 221, 223
Bellona 42
Beloch, K. J. *26*
Benedikt, hl. 198
Beneventum 39
Ben Ya'ir 163
Berytus (Beirut) 156, 194
Besouchis *190*
Bibracte (Mont Beuvray) 71, 81
Biferno 12
Bilbilis 107
Bischampur 168
Bithynien 66, 68, 112, 151
Bleda 211
Boethius s. Anicius Manlius Severinus Boethius
Boier *29,* 30, 48
Bologna s. Felsina
Bolsena-See 14
Boscoreale *84*
Boudicca, Königin 81
Bourg-sur-Gironde 215
Bovianum 37
Bracciano, Lago di 14
Brescia *29*
Britannien 71, 80 ff, *84,* 103, 105 ff, 132, *132,* 134, *134,* 169 ff, *171,* 177, 179, 188, 192 f, *198,* 202, 208, 210
Britannicus 80, 154
Bronzezeit *20*
Brundisium (Brindisi) 39, 68, *71,* 74
Brunt, P.A. 48, 61
Bruttier *46*
Bruttium 46 f, *46,* 66
Brutus, D. 71
Brutus, L. Iunius s. Iunius Brutus, L.
Brutus, Marcus *20*
*bucchero*-Keramik 23
Budapest s. Aquincum
Bürgerrecht 62 f, *63*
Bundesgenossenkrieg 63, *63*
Burgund 71
Burgunder 210 f, 213, 215
Burrus, Praetorianerpraefekt *78*
Byzanz s. Konstantinopel
Byzantium 170, 172, *172,* 189, 204

Cacus 14
Caecilius Iucundus, L. *103*
Caecilius Metellus, L. 43, 45
Caelian 20
Caere (Cerveteri) 30, *32, 33,* 34
Caesar, Aelius 102, 109
Caesar s. Iulius Caesar, Gaius
Caesarea 84, 162
Cagli, Krieger von *33*
Calagurris 107
Calama 194
Cales 37
Caligula, Kaiser 78, *78,* 80, *97,* 166
Callinicum 198
Callinicus 51
Calpurnius Piso, C. 79
Camerina 44
Campaner 34, *46*
Campania 46
Campus Martius 76, *77, 97*
Camulodunum (Colchester) 81
*canabae* 142 f, *142*
Cannae 45 f, *46,* 50 f, 60, 95
Canuleius, C. 27
Canusium 37
Capitol *18,* 25, 30, *31,* 71, 189, *224*
Capri 78
Capua *21,* 37, 39, 46, *46,* 66, *200*
Caracalla, Kaiser 90, *90,* 105 f, 108, 110, 169, 180
Carinus, Kaiser 168, 171
Carnuntum 80, 140, 142 f, *142, 143*
Carrhae (Harran) 69, 80, 105, 194
Carseoli 37
Carthago Nova (Cartagena) 47
Cassianus, Johannes 198, *198*
Cassiodorus 216, 220 f
Cassius, Avidius 102
Cassius, Spurius 22, 25, *25,* 26, *28*
Cassius Caecianus, L. *25*
Cassius Dio *115,* 140, 168 f
Cassius Longinus, C. 71 f
Castor-Tempel *88, 89*
Catilina s. Sergius Catilina, L.
Cato der Censor s. Porcius Cato Censorius, M.
Cato Uticensis s. Porcius Cato, M.
Cataliner *46*
Celtes, Konrad *116*
Cenomanen *29,* 30
Censoren 24, 36, 56
Centurien 24, 41
Centuriatskomitien 21, 24, 41
Ceres *25, 26, 193*
Cerveteri s. Caere
Chaeronea 64
Chalcedon 204
–, Konzil von 217
Chaldaeische Orakel 176
Châlons-sur-Marne 211
Chester *134*
Chiana, Val di 14
Chichester (Noviomagus) 139
Chlodwig, König 214, 221
Christentum 176 ff, 188 ff, 193 f, 196, 198, 200, 206, 212, 214 f
Chrysaphius 208
Chrysopolis, Seeschlacht bei 188
Cicero s. Tullius Cicero, M.
Cilicia 68, 74, 103, 151
Cimbern 11, 60 f, *61, 64*
Cinna s. Cornelius Cinna, L.
Circeii 28
Circesium *174*
Cirta (Constantine) 63, 107, 109, 123, 190, 193
Circus Maximus 20, *91*
Citharizon *220*
Civilis, Iulius 79, *84*
*civitas optimo iure 41*
*civitas sine suffragio* 34, 37 f, *41*
Claudinische Pässe 37
Claudius, Kaiser 21, 78, *78,* 80 f 83, *91,* 92, *92,* 106, 109, *121,* 138, 139
Claudius II. (Gothicus), Kaiser 188
Claudius Drusus, Nero *77*
Claudius Marcellus, M. (Eroberer von Syracus) 46
Claudius Marcellus, M., Neffe des Augustus 77
Claudius Maximus, Tiberius *103*
Claudius Nero, C. 47
Cleander 103
Clementis-Sarkophag *110*
Clermont 215
*clientes, clientela* 19, 26, 51, 54, 70
Clodius, P. 69 f
Clusium 21, 30
*Codex Theodosianus* 200 f, 211
Cogidubnus, König 138 f
Colosseum 90, *91,* 102, 216, 220
*comitia centuriata* 21, 41
*comitia curiata* 18, 21, 24 f, 41
*comitia tributa* 41
Commagene 80, *101,* 151, 156
*commercium* 28, 34, *34,* 37
Commodus, Kaiser 102 f, 105, *105,* 176
Comum 107
*concilium plebis* 41
Conimbriga 126
Constans 188
Constantinus s. Konstantin II., Kaiser
Constantius, Vater Konstantins des Großen 132, 171 f, *172,* 179, 188 ff
Constantius, Sohn Konstantins des Großen 188 ff, *192,* 194, 197, 213
Constantius II., Kaiser *198,* 202
Constantius, Flavius 208
Constantina *220*
*conubium* 28, 34, *34,* 37
Corduba (Córdoba) 107, 124
Corfinum 63, *63*
Coriolan 29
Corne, Berg 28
Cornelius Cinna, L. 64, 66, *68*
Cornelius Fronto, M. 107
Cornelius Rufinus, P. 42, 63
Cornelius Sulla, Lucius 63 f, *64,* 66, *67,* 68 f, *68,* 73, 86, 88, *89, 97,* 147, 154
Cornelius Tacitus, Publius 81, 90, 105 ff, 109, *112,* 155, 178
Corsica s. Korsika
Crassus, L. 62
Crassus s. Licinius Crassus, M.
Cremera-Krieg 25, 30
Cremona 44, 48, 79, *84*
Crispus, Sohn Kontantins des Großen 189 f
Croton 39
Crotonienser *46*
Crustumerium *26*
Cunliffe, B. *104*
Curia *89*
*curiae* (Curien) 17 f, 22
Curium *151*
Curius Dentatus, M. 38, 42
*cursus publicus* 114, 197
Curtius, Manlius *88*
Cybele (Magna Mater) 96, *96, 97,* 193, *193*
Cypern *31*
Cyprianus, Bischof von Karthago 177 f
Cyprus von Panopolis 208
Cyrenaica 103, 216
Cyrene 66, 166, *166*
Cyrillus von Alexandria 191, 217
Cyrus, Praefekt 217

Dacia s. Dakien
Daker 106
Dakerkrieger *91,* 100, *101,* 106, *107,* 145
Dakien 102, *103,* 106, *107,* 140, *170, 173*
Dalmatien 109, 140, *179,* 189, 211
Damasus, Papst *206*
Daniel, hl. 217
Daphne *156*
Dara *220,* 223
Darius der Große *169*
David, König 162
Dawkins, James 224
Decebalus, König 102, *103,* 106
*decemviri* 27
Decima *30*
Decius, Kaiser, 176 ff
Delos, Insel 63, *197*
Demetrias 50
Dexippos 168
Diana 27 f
Didius Iulianus, D. 105
Diktatur 24, 64, 71
Dinocrates von Rhodos 166
Diocletian, Kaiser 90, 95, 98, *98,* 144, *144,* 149, 154, 170 ff, *170, 173, 174,* 178 ff, 188, 190, 196, 199, 202
Diocletians Höchstpreiserlaß 154, 169, 172, *172*
Diözesen 174
Dionysius, Filocalus, Furius *206*
Djebel el Akdar 164
Djemila (Cuicul) 123, 123
*castellum* Dimmidi (Oase Messad) 106
Domitian, Kaiser 79, 81, *91,* 102, *102,* 106, 145
Domitius Zmaragdus, C. 142
Domus Aurea 90
Donatisten 197 ff
Donau 80, 105, *108, 115, 141,* 168, 170 f, *173,* 189 ff, 209, 211, 223
Dougga (Thugga) 122, *123*
Drepana, Niederlage von 43
Drobeta *115*
Dschebel Sinjar 106
Drusus s. Claudius Drusus Nero *77*
Dughet *207*
Duero 48
Duilius, C. 43
Dura-Europos 106, 160 f, *160, 161*

Ebro 45
Edessa *156,* 168, *169,* 193 f
Egerius Baebius 28
Eisenzeit *20, 31,* 52
Eknomos, Schlacht von 43
Elagabalus, Kaiser 105, *106,* 109, 177
El Arish 161
Elbe 80
El-Djem s. Thysdrus
Elephantine 164
Eleusis 191
Eleusinische Mysterien 148
Elvira (Illiberis), Konzil von 124
Emesa *101,* 194
–, Sonnengott von 105, *106,* 177
Emilia 11, 48, *49*
Ennius, Quintus 54
Ephesos 83, 109, 112, 152, *152, 153*
–, Konzil von 152, 216 f
Epirus 51, 147
*equites* 75
Eratosthenes 43
Esquilin 20, 28, 52, *52,* 90
Estrées-sur-Noye (Somme) 128, 130
Etrurien 12, 14, *20, 21,* 24, 27, 30, *31,* 37, 44 ff, *57,* 64, 68, *89*
Etrusker 21 f, *21,* 23, 25, *28,* 32, 37 f, *39,* 40, *63*
Etschtal *29*
Eudocia, Frau Theodosius' II. 162, 208, 216 f
Eugenius *191,* 193, *193*
Eumenes II. von Pergamon 50
Euphrat 106, 158, *158,* 160, *160, 190*
Eurich II. 215
Euryklidische Dynastie 147
Eusebios aus Caesarea 178 f, 188
Eusebius von Veralli *198*
Eutropius 168, 208
Exeter/Somerset *115,* 134

Fabier 18, 25, 30
Fabius Maximus, Q. 46
Fabius Quintilianus, Marcus 107
Fabricius, L. *89*
Fabricius Luscinus, C. 42
Faesule (Fiesole) 66
Falerii 38, *55*
*familia* 18
Fannius Sinister, Publius *84*
*fasces 18,* 23 f
Fausta, Frau Konstantins des Großen 188 f
Faustina, Frau des Marc Aurel 102
Faustulus *17*
Felsina (Bologna) *21, 29,* 30
Ferentina, Hain von *(Lucus Ferentinae)* 28
Ficana 27, *30*
Ficulea *26*
Fidenae *26,* 30
Fishbourne/Sussex 139
Flaminius, C. 44, 54
Flavianus, Nicomachus 193, *193*
Flavius Fimbria, C. 64
Flavius Vespanius, T. s. Vespasian, Kaiser
Florenz (Florentia) 14, *49*
Foggia 12
Fortuna 21
*Forum boarium* 14, 21, *53, 55, 56*
Forumiuliense (Fréjus) 107
Forum Romanum 17, 20, *22,* 52, *52, 53, 63, 88, 89, 90, 91, 95*
Fossagräber-Kultur *20*
Fossati *205*
Fosse Way *115,* 134
Franken 168, 215, 221
Fregellae 37
Frentaner 37, *62*
Frigidus (Wippach), Schlacht am *191,* 193
Frontinus s. Iulius Frontinus, Sex.
Fronto s. Cornelius Fronto, M.
Furius Camillus, M. 30, 34

Gabba, E. 42
Gabii *26*
Gabinius, A. 68
Gades 71
Gafsa (Capsa) *187*
Gainas 216
Galater 50
Galatia 83
Galba, Kaiser 79, *84*
Galenus 112
Galerius *149,* 170, 171 f, *173,* 178 f, 188
Galla, Tochter Valentinians I. 208
Galla Placidia 208 f, 211, 216
*Gallia cisalpina* 30, 44, 48, *49,* 69, 71, 73
*Gallia comata* 73, 128, 134
*Gallia inferior* 79
*Gallia lugdunensis* 79
*Gallia Narbonensis* (Provence) 48, 73, *73*
Gallicanus *200*
Gallien 60, 63, 66, 68 f, 72, 74, 80, 82 f, *82, 83 f, 84,* 106 f, 109, 130 ff, 168 ff, *170, 171,* 177, 179, *184,* 188, 190 ff, *192,* 198, *198,* 202, 208 ff, 221
Gallier *29,* 30, 34, *34,* 36 ff, 44 f, *46, 47,* 71, 83, 107, 131, *225*
Gallienus, Kaiser 168, 176 f, *176, 177*
Gallio, Prokonsul 149
Gard, Aquaedukt über den 131
Gargano-Gebirge 12
Gaza 83, 161, 194
Geiserich, König 211
Gellius Publicola, L. 66
Gennadius Probus Orestes, Ruffius *221*
*gens, gentes* 18 f, 25, 54
Geologie *17*
Germanicus 77, *77,* 80, 158, 161
Germanen 60 f, *60,* 190 f
Germanien 48, 78, 80 f, 102 f, 106, 109, 170, *170,* 177
Geta *90,* 105
Gibbon, Edward 102, 112, 193, 202, 212 f, 224 *224*
Gildas 210
Glycerius, Kaiser 211
Gnostik 176, 198
Gornea (Garni), Castellum 155
Goten 124, 154, 168, 171, 178, 190, 192 f, 201, 209, *209,* 211, 213 ff, *220,* 221
Grabfunde 19 f, 30, *31, 32, 33,* 52
Gracchen 22, 27, *57,* 58, 60 f
Graccus, Gaius 57 f, 60 ff, 69
Graccus, Tiberius 56 ff, *57,* 64
Gracchus, Tiberius, Ackergesetz des 56, *57,* 62
Gracchus, Titus Sempronius 48
Gran Sasso d'Italia 11, *11*
Gratian, Kaiser *193*
Griechen 29, 43, 51, 63, *64,* 83 f, 111, 166, 176, 180
Griechenland *31,* 48, 50 f, 61, 63 f, 78, 176, 208
Gregor von Nazianz 194, 196, 201
Gregor von Nyssa 201
*groma* 48
Gundobad, König 215

Hadria 38
Hadrian, Kaiser 81, 102 f, *104,* 105, 108 f, 120, 126, 148, *148, 149,* 154, *156,* 162, 166, 180
Hadrianopolis s. Adrianopolis
Hadriansvilla *104*
Hadrianswall 81, 103, 134, *134*
Hamilkar Barkas 43
Hannibal 11, 40, 43ff, *46, 47, 49,* 50, 54 f, *97*
Hasdrubal 44 f, 47
Hatra 105
Haufendörfer 20
Helena, Mutter Konstantins des Großen 171, 189 f
Heliopolis (Baalbek) 154, 161, *161,* 194
Helvetier 70
Helvius Pertinax, P. 105
Hellene 194
Hellenismus 54
Hephaistos *53*
Heraclea 39
Herculaneum *97,* 102
Hercules *53,* 103, *105,* 176 f
Hercules, »Großer Altar« des 14
Herculius 217
Hermes *18*
Herniker 29, 34, 37
Herodes Agrippa 81
Herodes Atticus 107, 147 f, *148*
Herodes der Große 81, 162 f, *162, 163*
Herodion 163, *163*
Heruler 168
Hienheim 106
Hieron II. von Sizilien 43, 46
Hieronymus, hl. 194, 196 ff, *198,* 210, 212
Hilarius von Poitiers *198*
Hippolytus, Bischof 177
Hippo Regius 107, 198, 210, 212
Hirpiner *46,* 62
Hirtius, A. 70
Hispalis (Sevilla) 126
*Hispania citerior*
*Hispania ulterior* 48
Hispellum 193
Homer 110
Honorius, Kaiser 193, *207,* 208 f. *208, 209,* 211, *211,* 218
Hopliten 22
Hopkins, Keith 55
Horatius (Cocles) 21
Horatius, M. 27
Horatius Flaccus, Quintus 76
Horus *97*
Huelva 124
Hüttendörfer 19, 30
Hunerich, König 215
Hunnen 142, 192, 209, 211, 213, 216 f

Iamblichos 177, 191, 217
Ibera 47
Icknied Way/Norfolk *134*
Illyrer 50
Illyricum (s.a.Illyrien) 188, 190, 192, *203,* 208
Illyrien (s. a. Illyricum) 50, 69, 74, 80, 147, *149,* 169 f, 202
Illyrischer Krieg, Erster 50
Illyrischer Krieg, Zweiter 50
*imperium* 18, 23 f, 26, 44, 61, 68, 70, 74, 77, 171
Inchtuthill 81
Indien 158, 161
Insubrer *29,* 30
Interamma 37
*interrex* 18, 25, 36
Iohannes Chrysostomus 194
Iohannes Lydianus 217
Iovianus 191
Irland *198*
Isauria 151, *151*
Isidor von Milet *205*
Isis 96, *97,* 112, 176
Islam 162
Italica 109, 124, 126, *126*
Italiker 39, 62 f, 73
Ituraea *101*
Iugurtha 60 f, *64*
Iulia, Tochter Caesars 69
Iulia, Tochter des Augustus 75, *77*
Iulia Domna 105, 109
Iulia Mammaea 105
Iulian Apostata, Kaiser 148, 168, 179, *190,* 191f., *191, 192,* 194, 198, 201, 213
Iulius Agricola, Gnaeus 81
Iulius Caesar, Gaius *20,* 25, *44,* 48, *50,* 58, *67,* 68 f, *68,* 70 ff, *70, 72, 73,* 76, *77,* 82, 88, *89,* 95, *95,* 120, 132, 148, 154, 212
Iulius Celsus Polemaeanus, Tiberius 152
Iulius Caesar, L. 63
Iulius Frontinus, Sex. 81
Iulius Lacer, C. 127
Iulius Maximinus, C.s. Maximinus, Kaiser
Iulius Rufus, C. 82, *82*
Iunius Brutus, L. *20,* 25, 73
Iunius Brutus, M. 71 f
Iunius Iuvenalis, Decimus 102, 107, 156, 186
Iuno *52*
Iunonia 58
Iupiter *18,* 23, 42, *52,* 97, 161, *161,* 177, *193*
Iupiter Latiaris 28
Iustina, Mutter Valentinians II. 193
Iustinian, Kaiser 98, *99, 120,* 148, 152, 162, 205, 217 f, *218, 219, 220,* 221, 223, *223*
Iustinus I., Kaiser 220 f, 223
Iuvenal s. Iunius Iuvenalis, Decimus

Jerusalem 68, 80 f, *81,* 103, 162, *162,* 189 ff, *190*
Johannes, Usurpator 208, 211, 216
Johannes I., Papst 221
Jordanien 161
Josephus, Flavius 163, *163*
Jugurthischer Krieg 61, 63
Judäa 80 f, 103, 156, 162, 176

Kaiseraugst 132
Kalabrien 11 f. *17, 203*
Kallimachos 43
Kampanien 12, 14, 19, *21,* 29, 37, 54, 64, 203
Kantabrische Kriege 124
El Kantara 106
Kappadokien 106, 151
Karpathen 106
Karrhai s. Carrhae 80
Karthager *28,* 38, 43 ff, *44, 46,* 47, *47,* 51
Karthago *26,* 27 f, 34, 38, 43 ff *44, 47,* 51, 58, *60,* 107, 119 f, 122, 210 f, *215*
–, Konzil von 177
Kastalia *156*
Katalaunische Felder, Schlacht auf den 211, 213
Kelten *29*
Keltiberer 48
Khusro I. *220*
Kimbern s. Cimbern
Kleinasien 48, 50, 63, 71, *73,* 82 f, *96,* 109, 112, *120,* 147, 151, *151, 155,* 168 f, 176, 204
Kleopatra 71, 74, 80, 97
Klima 11 f, *13*
Köln *128*
Königtum 18, 20 ff, *26*
Kollegialität 24, 54
Kom el-Shuqafa *97*
Konstantin der Große, Kaiser 98, 132, *133,* 145, 168, 170, 172, 174, 179, 188 ff, *188, 190, 192,* 196 f, 199 f, *200, 205,* 206, *207*
Konstantin II., Kaiser 188, 190
Konstantin III., Kaiser 210
Konstantinopel 166, *170,* 189 ff. 193, 200, 204, 208, 212, 216 ff, 221, 223 f
–, Konzil von 217
Konstantinsbogen *104, 145,* 175, 175, *188, 189*
Konsuln, Konsulat 18, 23 f, 26, 36, 64, 70 f, 74, *75*
Korinth *50,* 51, *60,* 147, 149
Korsika 44, 48, 73
Kreta 164
Ktesiphon *190*
Kurdistan 171
Kynoskephalai, Schlacht bei 50

Labici *26*
Lactantius 149, 172, 174, 179, 190
Lambaesis *100,* 103, *115,* 118, 123, *123*
Langobarden 223
Lanuvium *26*
Lapis Niger *22,* 23, *88*
Laren 94
Largo Argentina *89*
Lars Porsenna 21, 23
La Rustica *30*
La Spezia 12
Latifundien 55
Latiner 29, 34, 39
Latinischer Krieg 37, 42
Latium 12, 14, 17, *17,* 19, *24, 26,* 27 ff, 34, 37
Latium Vetus *26,* 30, *30*
Latium-Kultur 30
Latulae 37
Laudanum *225*
Laurentius 220
Lavinium 17, *26,* 27 f
Lazica 220
Leo I., Papst 216 f
Leo von Narbonne 215
Leon 211
León 124
Leontius, Pontius 215
Lepidus s. Aemilius Lepidus, M.
Leptis Magna 82, 105 f, 109, *115,* 120, *120, 121, 154,* 175
Lérins, Insel 198, *198*
*lex Publilia* 26
*lex Sacrata* 26
Libanius von Antiochia 194, 196, 200
Liberius von Rom, Bischof 197
*libertas* 22, 78 f
Licinius, Kaiser 36, 145, 179, 188 f
Licinisch-sextische Gesetze 36
Licinius Crassus, M. 64, 66, 68 f, *68,* 73
Licinius Lucullus, L. *64,* 66, 69
Licinius Nerva, P. *56*
*lictores 18*
Ligurien 48, *49*
Lincoln/Somerset *115,* 134
Lingonen *29,* 30
Liri (Liris) 14, 37
*litus Saxonicum 128, 171, 202*
Livia, Frau des Augustus 77
Livius, Titus 14, 17 f, 25, *29,* 30, 36 f, 39, 45, *46,* 50, 52, 76
Livius Drusus, M. 62
Locri 39
Loerer *46*
Loire 213
Lombardei *29*
London (Londinium) 81
Lorrain, Claude 224
Lorsch 106
Luca 69
Lucania 39
Lucanus s. Annaeus Lucanus, Marcus
Lucilius, C. 54
Lucrezia 21
Lucullus s. Licinius Lucullus, L.
Lugdunum (Lyon) *82,* 177, 192
–, Altar von *83*
Lukaner *29,* 39, *46, 63*
Lukanien 11 f, 39, 46, 75
Lukianos aus Samosata 112, 156, 177
Luna *49*
Lusitaner *49*
Lusitanien *126,* 185
Lutatius Catulus, C. 43
Lutatius Catulus, Q. *63*
Lutetia Parisiorum (Paris) 191
Luxorius 214
Lycia 151
Lydien 83
Lykophron 43
Lyon s. Lugdunum
Lystra 83

Maccius Plautus, T. 54
Macrinus 105
Macrobius 215
Madaba *162*
Madalelensberg 81
Madaurus 107
Maecenas, C. 75 f, *200*
Maelius, Spurius 22
Magna Graecia 27, 39
Magna Mater s. Cybele
Magnentius, Magnus 190, 213
Magnesia 50
*Maiestas* 78
Mailand (Mediolanum) *29,* 44, 188, 193, *196,* 198, 208, 211, 216, 218
Mailänder Edikt 196
Makedonien 48, 50 f, 56, 60, *73,* 147, *147,* 149, 223
Makedonischer Krieg, Zweiter 50
Malventum s. Beneventum
Mamertiner 43
Manichaeismus 176, 198
Manilius, C. 68
Manlius, M. 22, 36
Manlius Vulso, Cn. 50
Mantua *21*
Mann, J.C. *78*
Marc Aurel, Kaiser 90, 102, 105, *105,* 106, 109, 142, 169, 176
Marcellinus, Ammianus 118, 132, 142, *168,* 175, 197 f, 200
Marcellus, Neffe des Augustus, s. Claudius Marcellus, M.
Marcellus-Theater 76, *77*
Marcian, Kaiser 98, *99*
Marcianus 211
Margus 211
Marisia (Mures) 106
Marius, Gaius, 60 ff, *61,* 63, *64, 66, 68*
Markomannen 103, 106
Marmoutiers, Kloster 198
Maroboduus 80
Marruciner 37, *62*
Mars 17, 25
Marseille s. Massalia
Marser 37, *62, 63*
Martial s. Valerius Martialis, Marcus
Martin von Tours 132, 198, *198*
Martyropolis *220*
Masada 81, *81,* 163, *163*
Masinissa von Numidien 51
Massalia (Marseille) 27, 128, 212
Mastarna 21
Mathew, Gervase 176
Mauretanien 80, 106, *107, 119,* 171 f, 211
Maxentius, Kaiser 188, *189*
Maxentius-Basilika *91*
Maximian, Kaiser 98, *98,* 171, 175, 177, 188

Maximianus, Bischof *218*
Maximinianus, Valerius 109
Maximinus, C. Iulius (Maximin der Thraker), Kaiser 98, *98,* 109, 168
Maximinus Daia, Kaiser 179, 188
Maximus, Usurpator 193
Maximus von Madauros 194
Mediolanum s. Mailand
Mercur 161
Mesene (Maisan) 158
Mesopotamien 48, 105 f, *107,* 156, *170,* 191, 217, 223, *225*
Messalina 78
Messana (Messina) 43 f, *44*
Messene 63
Messina, Straße von 11, 39
Metapontiner *46*
Metaurus 47
Metellus s. Caecilius Metellus, L. *45*
Metellus, Q. 60
Metellus Pius, Q. 64, 66
*migratio* 28
Milvische Brücke *89*
Milvische Brücke, Schlacht an der 188
Minerva *52, 53*
Minervium 58
Misenum 218
Mithras *96,* 191, 193
Mithras-Kult 96, *96,* 176 f
Mithridates VI. von Pontus *60,* 63 f, *64,* 66, 68, 71
Modena 11
Moesien 106, 193
Moguntiacum (Mainz) 105
Molise 12
Molosser 51
Momigliano, A. 24
Mommsen, Theodor 17
Monophysitismus 217, 221
Mons Albanus (Monte Calvo) 27
Mons Seleucus 190
Montagna della Maiella 11
Monte Velino *48*
Mosel 170, *188*
Münzprägung 42 f
Münzsystem 169
Mummius 147, 149
Munda 71
Mundus 223
*municipia* (Munizipalitäten) 34, *73,* 80 ff, 142 f, 145
Murge, Hochland von 12
Mursa, Schlacht von 190, 213
Mus, P. Decius 37
Mussolini, Benito 224
Mutina *49,* 72
Mylae, Seegefecht bei 43
Mysterienkulte 96, 177, 193 f

Naevius, Gnaeus 54
Naissus 170, 211
Namatianus, Rutilius 211
Naqsh-i-Rustam 168, *169*
Narbo s. Narbonne
Narbonne (Narbo Martius) 83, 131, 209, 213
Narnia 37
Narses, König 171
Narses, General 223
Navius Manlius Boethius, Flavius *221*
Neapel 12, 14, 37, 39, *69,* 200
Neapolis *147*
Negev 161
Nemausus s. Nîmes
Nemi-See 14
Neon, Bischof 216
Neoplatonismus 177, 191, 194
Nepet 34
Nepos, Iulius 211, *211*
Neptunia 58
Nero, Kaiser 77 ff, *78,* 80, 83, 106, *112,* 149, 155, 169, 186, 223
Nerva, Kaiser 102, 123
Nestor 217
Nestorianismus 217
*nexum* 26
Nicaea 112
–, Konzil von *179,* 197
Nicomedia 112, 149, 170 ff, 178, 190, 202
Niederschläge 11 f, *13*
Niger, Pescennius 105
Nil 164, *164,* 177
Nîmes (Nemausus) 83, 109, 130 f, *131, 185*
Ninive 171
Nisibis (Nisaybin) 106, 191
*nobiles* (Adlige) 36, 40 f, 54, 60
Nobra *126*
Nola *21,* 63, 77
Nomentum *26*
Noreia 60
Noricum 80
*Notitia Dignitatum 117, 119,* 128, *134, 141,* 147, *151, 156,* 164, *171, 174,* 200, 202
Novaesium (Neuss) *101*
Nuceria 75, *112,* 186
Numantia 48
Numa Pompilius 18
Numidien 80, 82 f, 106. 115,

Octavia *71*
Octavian s. Augustus
Octavius, Cn. 64
Octavius, M. 57
Odaenathus 158, 169
Odoaker 211, *211,* 220, *223*
Olybrius 211
Opimius, L. 60
*optimates* 63
Orestes, General 211
Orléans 213
Orosius 211 f
Osiris *97,* 176
Osrhoenes *220*
Osteria dell'Osa *30, 31*
Ostia 18, *26,* 92, *93, 117, 220*
Otho, Kaiser 79, *84*
Ovidius Naso, Publius 17, 76
Oxyrhynchos 164, 178, 187

Pachomios 198
Pacuvius, M. 54
Paeligner 37, *62*
Paestum *29,* 39
Paetus, Thrasea 78 f
Palästina 179, 217
Palatin 17 ff, 20, 52, *52, 89,* 90, *91, 94*
Palestrina (Praeneste) *31, 37*
Palmyra 80, 106, *134,* 158, *158, 159,* 161, *174*
Pamphylia 151
Panini, G. P. *104*
Pannonien 83, 105, 107, 109, *140,* 171, 177
Panormus (Palermo) 43 f, *45*
Pantheon 76, *104*
Panvinio, O. *205*
Papirius Carbo, Cn. 60
Parma 11, *49*
Parther 68 f, 74, 80, *90,* 102, 105 f, 158, 166
*pater familias* 19, 36, 77, 94, *111*
*patres* (Patrizier) 18 f, 22, 24 ff, 36, 40
*patria potestas* 19
Patrizier siehe *patres*
Paulinus von Pella 212
Paullinus Suetonis, C. 81, 107
Paullus s. Aemilius Paullus, L.
Paulus, hl. 83, 148 f, 152, 156, 189, *207,* 216
Paulus von Antiochien, Bischof 177
Pavucius, M. 54
Pedum *26*
Peisistratos von Athen 21
Pelagius 134, 216
Pella 149
Penaten 94
Pentapolis 164
Pentrer *46*
Peregrinus 112
Pergamon 48, 51, *56,* 109, 155
Perge 109
Périgueux 83, *83,* 170
Persarmenia *220*
Perseus von Makedonien *48,* 51
Perser *149,* 160, 168, 171, *174,* 178, 190 ff, 220, 223, *223*
Perusia (Perugia) 73
Peter aus Illyricum *206*
Petra 80, 161, *161*
Petronell 142
Petrus, hl. 216
Peutingersche Tafel *92, 116*
Pharnakes von Pontus 71
Pharsalos 71
Philipp V. von Makedonien 46, *47,* 50 f
Philippi 73, *147*
Philippopolis 211
Philippus Arabs, Kaiser 168, *169,* 178
Philo 166
Philo, Q. Publilius 40
Philostratos 112
Phlegräische Felder 14
Phrygien *97*
Piazza Armerina 175, *175, 186*
Picentiner *62*
Picenum 46
Pictor, Q. Fabius 17, 54
Pilatus, Pontius 84, 179
Piranesi, Gianbattista *207, 224*
Pirisabora *190*
Pisa 39, *220*
Pisidien *73*
Piso s. Calpurnius Piso, C.
Placentia (Piacenza) 44, 48
Plato 177
Plautus s. Maccius Plautus, T.
*plebs* (Plebijer) 25 f, 29, 36, 40, 58, 68 f, 72, 77
Plinius Secundus, Gaius (d.Ä) 162
Plinius Caecilius Secundus, Gaius (d. J.) 107, 112, 177 f
Plotin 177
Plutarch aus Chaeronea 66, 147, 176
Po (Padus) 11
Po-Ebene 11, *21,* 30, 44, 48
Poltorium 27
Polybios 28, *29,* 43 f, 46, 51, 56
*pomerium* 28
Pompeii *21, 67, 69,* 86, *86, 97,* 102, *103, 112,* 164, 186
Pompeius, Gnaeus 71
Pompeius Magnus, Gnaeus 64, *64,* 66, *66,* 68 ff, 74, 88, *89,* 155 f
Pompeius, Sextus 71, 74
*Pons Aemilius* 14
*Pons sublicus* 14, *14*
Pontia, Insel 37
Pontinische Sümpfe 71
Pontus 68, 112
Pomponius Secundus 81
*populares* 58 ff
Porcius Cato Censorius, Marcus 42, 48, 51, 54 f, 69
Porcius Cato Uticensis, M. 69, 71
Porcius Cato, M., Enkel Catos des Censors 60
Porcius Laeca, P. *23*
Porphyrios 177, 212
Porträtkunst 180
Portus *92*
Postumius Albinus, A. *28*
Postumus, Usurpator 168
Praeneste (Palestrina) *26,* 29, 42, 56, 64
Praetextatus 193 f
Praetor 36, 44, 64, 74, *75*
Praetuttier 38
Pratica di Mare *30*
*prinaps* 74
Priscillian 124
Probus, Petronius 194
Proclos 177, 217
Procopius, Usurpator 192
Procopios, Historiker *205,* 223
Prohaeresios von Athen 191
Proklos 148, 177, 217
Prokonsul 74, *75*
*proletarii* 22, 34, 42
Propertius, Sextus 76
*proscriptiones* 64, 66
*provinicia* (Provinz) 44
*provocatio 23,* 24
Prudentius *207,* 216
Ptolemaier 48, 164, 166
Ptolemaios II. Philadelphos 43
Ptolemaios XIV. 71
Ptolemais 216
*publicani* 56, 58, 63, 68 f
Pulcheria, Schwester Theodosius' II. 208
Punier *46,* 83, 122
Punischer Krieg, Erster 37, 44, *44*
Punischer Krieg, Zweiter 40, *47,* 50, 55, 64, 88, *92*
Punischer Krieg, Dritter 51
Pydna *48,* 51
Pyrenäen 183, 210
Pyrrhus von Epirus 39 f, *41,* 43
Pyrgi *28*

Qalet Sem'an *217*
Quaden 103, 142
Quaestoren 24, 64
Quinctius Cincinnatus, L. 29
Quinctius Flaminius, T. 50
Quingentiani 170
Quintilian s. Fabius Quintilianus, M.
Quirinal 17 f, 20, 28, 52, 90
*quirites* 18

Raetien 80, 106
Ravenna *21,* 208, *209,* 211, 215 f, 218, *218, 219,* 220 f, 223, *223*
Reate (Rieti) 109
Regillus, Lacus 28, *28, 88*
Remus 17, *17,* 43, *52,* 148, *188, 207,* 216
Resaina 106
*rex sacrorum* 24, 36, *53,* 94
Rhegium 39
Rhein 71, 79 f, 105 f, *108,* 128, 132, 171, *192,* 210, 215
Rheinbrohl 106
Rhetorik 110, 196
Rhinocorura (El Arish) 161
Rhodos 48, 50 f, *56,* 63, 77
Ricimer 208, 211
Rimini (Ariminum) 11 f, 39, 48
Rio Tinto 124, *185*
Roberts, David *161*
Romagna *29*
Romulus 17 f, *17,* 19, 25 f, 43, 52, *52, 88,* 148, *188, 207,* 216
Romulus Augustulus 211, 220
Rostovtzeff, Michael 170
Roxan, Margaret *78*
Roxolanen 106
Rua (Rugila), König 211
Rubicon 70
Rudiae 54
Rufinus, Anhänger Theodosius' I. 208
Rufinus s. Cornelius Rufinus, P.
Rufus, Annobal *12*
Rufus, Verginius 79, *84*
Rullus 68
Rusticiana, Frau des Boethius *221*
Rutilius Rufus, P. 58, 63

Sabazios 96, *97*
Sabiner 17, 21, 29, 38, 40, *41,*
Sacco 14, 29, *39*
Sachsenküste s. *litus Saxonicum*
Sachsen *171,* 210
Saguntum 45, 47, 66
Saintes (Mediolanum Santonum) 82, *82*
Salentinische Halbinsel 12
Salerno *21*
Salier 18
Salona 144, *145,* 211
Salvianus, Priester 212
Salvius Otho, M., Vater Kaiser Othos 75
Salvius Otho, M. s. Otho, Kaiser
Samniten 26, *29,* 34, 37, 46, *62,* 63 f, 86, *186*
Samnitenkrieg, Erster 34
Samnitenkrieg, Zweiter 37
Samnitenkrieg, Dritter 37, 39
Samnium 38 f, 46, *46*
Sanxay 128
Sardinien 44, 48, 73
Sardis 83, 216
Sarmaten 106, 190 f
Sassaniden 158, 168, *220*
Saticula 37
Satricum *24,* 25, 34
Saturn 83
Saturnius, Antonius 102
Scaurus, M. Aemilius 11
Schalmath, Königin 156
Schapur I. 160, 168, *168, 169, 190*
Schott el-Hodna 106
Scipio Aemilianus, P. Cornelius *44,* 48, 51
Scipio Africanus, P. Cornelius 47, *47,* 50, 54
Scipio Asiaticus, P. Cornelius 50
Scipio Barbatus, L. Cornelius 37
Scipio, Gnaeus 47
Scipio, Publius 46
Scolatium *57*
Scribonius Curio, C. 70
Segovia 126
Segovia, Aquaedukt von *126*
Seianus 78
Seleukiden 48, 50, 156, 160
Selinus 44
Senat 17 f, 21, 24 f, 36, 40 f, 42, 47 f, 54, 56 ff, 60, 66, 68, 70 ff, 74, 77, 79, 83, 170, 176, 194, 201, 220 f, *221*
*senatus consultum ultimum* 58, 70
Seneca s. Annaeus Seneca, Lucius
Senonen *29,* 30
Sens *192*
Sentinum, Schlacht bei 37
Septimius Severus, Kaiser *90,* 105 f, 109, 120, 121, 134, 142, 169, *173*
Septimius-Severus-Bogen 175
Serapis 193 f
Serdica 170
Sergius Catilina, L. 68
Sertorius, Q. 66
Servianische Mauer 28
Servilius Caepio, Q. 61
Servius 215
Servius Tullius 21 f, 25, 27 f, 42, 52
Setia 34
Settefinestre 68
Severus, Acilius 190
Severus, Libius 211
Severus, Sulpicius 194
Severus Caesar 188
Sextius, L. 36
Sicca Veneria (El Kef) 123
Sidiniker 34
Sidon 155, *155*
Silchester (Calleva) 138, *138,* 183
Silius 78
Silva, Flavius 163
Singara 106, 191
Sirmium 149, *149,* 170, 191, 211
Sitifis (Sétif) 106
Sixtus, Papst 216
Sizilien 11, 39, *39,* 43 f, *44,* 46 f, *47,* 56, *57,* 61 f, 71, *73,* 73, 201, 216
Sklavenkriege, 61, 63, 66, 96
Sklavenwirtschaft 42, 55, *47,* 184
Sklaverei 54 ff, *57*
Skordisker 60
Skythien *141*
Smyrna 152
*sodales* 25 f
Somerset *134*
Sora 37
Sources-de-la-Seine *82*
Spanien *39,* 44 ff, *47,* 61, 63, 66, 69 ff, 73 f, 78, 80, 82 f, 107, 109, *119,* 124, *124,* 131 f, 168 f, 202, 209 ff, 214, 221
Spanier 48
Sparta 48, 147
Spartacus 66, 68
Split (Spalato, Aspalathos) 144, *145*
Spoletium 39
SPQR (Senatus Populusque Romanum) *225*
Squillace 221
Statilius Taurus, T. 75
Statius, Caecilius 54
Stilicho 208, *208,* 209
Stoa 176
Strabo 11, 63, *75,* 84
Straßburg 191
Straßenbau *39,* 40, 114, *115, 116, 117*
Subiaco *91*
Sueben *209,* 210 f, 214 f
Suessa Aurunca 37
Suetonius s. Paullinus Suetonius, C.
Suetonius Tranquillus, Gaius 102
Sulla s. Cornelius Sulla, Lucius
Sulpicius, P. 63
Sulpicius Galba, Ser. s. Galba, Kaiser
Sulpicius Galba, Ser., Vater Kaiser Galbas 48, 58
Sutrium 34
Symmachus, Papst 220
Symmachus s. Aurelius Symmachus, Q.
Synesios von Cyrene 216
Syrakus 46, 184
–, Königreich 44, 46
Syrien *31,* 48, 68 f, 73 f, *73,* 78, 102, 105 f, 109, 156, 158, 217, *217, 220*
Syrianos 148, 177, 217

Tacfarinas 80
Tacitus s. Cornelius Tacitus, Publius
Tanit 83
Tapae, Schlacht von 102
Tapapus, Himilcho *121*
Tarent 12, 39, 46, *46,* 55, *57*
Tarentiner 39, *46*
Tarquin I. 20 f, 23, 52
Tarquin II. *18,* 21, 23 ff, 28
Tarquinia *32*
Tarquinier 42, 52
Tarraco 83
*taurobolium* 96, 194
Taurus-Gebirge 50
Tavoliere-Ebene 12
Teanum 37
Teja, König 223
Telamon 44
Tellenae 27
Terentius Afer (Terenz), Publius 54
Terentius Varro, M. 17, *95*
Terracina 28, 37
Tertullian 107, 148, 177 f
Tetrarchie *170,* 171 f, 174 f, 188
Teuta, Königin von Illyrien 48
Teutoburger Wald 80
Teutonen 60 f, *61*
Thapsus 71
Themistios 196
Theodahad 221, 223
Theoderich (I.), der Große *218, 219,* 220 f, *223*
Theoderich I., König der Westgoten
Theoderich II., König der Westgoten 213 f, 216
Theodora *218,* 223
Theodosius I., Kaiser 124, 149, *191,* 193, *193,* 197 f, *205, 207,* 208
Theodosius II., Kaiser 208, 211, 217
Theodosius, General, Vater Theodosius' I. 192
Theodosiopolis Arzanene *220*
Theotecnos aus Antiochien 179
Thermopylen 50
Thessalonica 198
Thessaloniki 147, 149, *149*
Thetford, Schatz von *134*
Thrakien 50, 60, 80, 192, 202, 213, 216
Thrasyllos 84
Thurii 39, *46, 49*
Thysdrus (El Djem) 106, *187*
Tiber 12, 14, 18, *21, 26,* 27, 30, 37, 177
Tiberius, Kaiser 77 f, 80 f, 142, 158, *200*
Tibur (Tivoli) *26,* 27 f, *56,* 103, *104*
Ticinum 211
Ticinus 45
Tigris 105 f, 171, 173, 191
Timaeos 43
Timgad (Thamugadi) *115,* 124, *124*
Tiridates von Armenien 78, 80
Tisia (Theiss) 106
Titus, Kaiser 79 f, *80, 91,* 102, *102,* 106, 162
Titus-Bogen *80, 81, 88*
Titus Tatius 17
Toskana 14, *17*
Toulouse 214 f
Tours 170
Toynbe, Arnold 54
Traian, Kaiser 81, 83, 92, 100,

*101,* 102 f, *103,* 106, *107,* 109, *111,* 123, 126, 177, 220
Traianssäule *91,* 100, 103, *103,* 115, *145*
Traians-Thermen 90, *90*
Trasimenischer See 45, 50
Trebia 45
Trebonius, C. 71
Treverer 132
Tribonian 223
Tribun, Tribunat 18, 26, 36, 58, 68 f, 74, 77
Tribus 18, 22, 24, 28, 34, 41, *41*
*tributum* 42, 56
Trier (Augusta Treverorum) 128, *128,* 130, 132, *132, 133,* 170, *188,* 190, 193, 201, 212
Triest 216
Tripolitanien 105, 120, 164, 172
Triumvirat *68,* 69, 74
Troia 17
Tropaeum Traiani 145, 145
Troyes *192*
Tullius Cicero, Marcus 12, 54, 63, *67,* 68 ff, 224
Tullus Hostilius 18, 27
Tunis *119*
Tur Abdim *220*
Turin 11
Tusculum *26,* 28, 34
Tyrannis 21
Tyrrhenisches Meer *17, 21*
Tzani *220*

Ürdingen *128*
Ulfilas 214
Ulpian, Gardepraefekt 105
Ulpianus, Jurist 109, 156
Umbrien *20,* 37, 46 f, *89*
Umbrier 37 f, *63*
Unzentiner *46*
Urnenfelder-Kultur *20*
Utica 71
Uthina *119*

Vaballath 158, 169
Valence 213
Valens, Kaiser 191 f, 213 f
Valentinian I., Kaiser 98, 142, 191 ff, *192,* 220
Valentinian II., Kaiser 193, 211
Valentinian III., Kaiser 208, 211, 216 f
Valerian, Kaiser 168, *169,* 178
Valerio-Horatianische Gesetze 26
Valerius, L. 27
Valerius Flaccus, L. 64
Valerius Martialis, Marcus 107
Valerius Publicola, P. *24,* 25
Vallia 209
Vandalen 120, *209,* 210 f, 214 f, 217
Varro S. Terentius Varro, M.
Varus, Quinctilius 80
Veji 18, *18,* 23, 27, 29 f, 34, 42
Velitrae 72
Venedig *170,* 216
Veneto 11
Venus 161, *161*
Venus- und Roma-Tempel 90, 91
Venusia 38, 63
Vercellae 61
Vercingetorix 71
Vergilius Maro, Publius 17, 76, *97,* 108, *134,* 216
Verona *29,* 189
Verres, C. 63, 68
Verulanium 82
Verus, L. 103
Vesontio (Besançon) 79
Vespasian, Kaiser 79 ff, *80, 84, 91,* 102, *102,* 106, *108,* 109, 163
Vesta 94
Vesta-Tempel *89*
Vestina *200*
Vestiner 37, *62*
Vesunna *83*
Vesuv 14, *17,* 66, 86, 102, *103*
Vetulonia 18
Veturius, T. *43*
Via Aemilia 48
Via Appia 37, 40, 66, 68, 70
Via Egnatia *147,* 149
Via Flaminia *89*
Via Latina *39*
Via Sacra *88*
Via Valeria 37
Vibo *49*
Vico, Lago di 14
Victor, Aurelius 168
Victoria 42 f
Victorinus, Bischof von Poetovio (Ptui, Pettau) 107
Victorinus, Marius 191
Vienne 83, 194
Villen-Kultur 110, 130, 134
Viminal 28, 52
Vindex, Julius 79, 84, *84*
Vindobona (Wien) 103, *143*
Vipasca 124
Vipsanius Agrippa, Marcus 75 ff, *77*
Virgo Caelestis 83
Viriathus 48
Virunum 81
Vitellius, Kaiser 75, 79, *84*
Vitellius, P. 75
Vitruvius *131, 184*
Vivarium 221
Vologaeses, König 80
Vologesias 158
Volsinii 39
Volsker 29, 34
Volturno (Volturnus) 14, 37
Volturnus s. Volturno
Vouille, Schlacht von 221
Vulca *18,* 23
Vulcanus s. Hephaistos

Wales 134
Ward-Perkins, J. 160
Wood, Robert *224*

York 188

Zama 47, *47*
Zaghouan *119*
Zeloten 163, *163*
Zenobia 158, 169
Zenon 211
Zliten 186
Zwölftafelgesetz 19, 27

*Abkürzungen von Vornamen:*

| | |
|---|---|
| C. | Gaius |
| Cn. | Gnaeus |
| D. | Decimus |
| L. | Lucius |
| M. | Marcus |
| M'. | Manius |
| P. | Publius |
| Q. | Quintus |
| Sex. | Sextus |
| Ser. | Servius |
| Sp. | Spurius |
| T. | Titus |